广东学校德育“百系列”丛书——以德立校系列

GUANGDONG ZHONGXIAOXUE BAIGE YOUXIU DEYU ANLI

广东中小学百个优秀德育案例 上

广东省教育厅◎编著

南方日报出版社
NANFANG DAILY PRESS
中国·广州

图书在版编目（CIP）数据

广东中小学百个优秀德育案例 ：全 2 册 / 广东省教育厅编著. — 广州 ：南方日报出版社，2018.1
（广东学校德育“百系列”丛书. 以德立校系列）
ISBN 978-7-5491-1356-9

Ⅰ. ①广… Ⅱ. ①广… Ⅲ. ①中小学－德育工作－案例－广东省
Ⅳ. ①G631

中国版本图书馆 CIP 数据核字(2016)第 010253 号

GUANGDONG ZHONGXIAOXUE BAIGE YOUXIU DEYU ANLI
广东中小学百个优秀德育案例（上）
广东省教育厅　编著

出版发行：南方日报出版社
地　　址：广州市广州大道中 289 号
出 版 人：周洪威
出版统筹：周山丹
责任编辑：方　明　杨柳青
特约编辑：梁小冬
封面设计：劳华义
内文设计：胡馨怡
责任校对：王　燕
责任技编：王　兰
经　　销：全国新华书店
印　　刷：虎彩印艺股份有限公司
开　　本：787mm×1094mm　1/16
总 印 张：34.25
总 字 数：677 千字
版　　次：2018 年 1 月第 1 版
印　　次：2018 年 1 月第 1 次印刷
总 定 价：90.00 元（全 2 册）

投稿热线：（020）83000503　读者热线：（020）83000502
网址：http://www.nfdailypress.com/

序

p r e f a c e

◎景李虎

党的十八大明确指出，要全面贯彻党的教育方针，把立德树人作为教育的根本任务，培养德、智、体、美全面发展的社会主义建设者和接班人。这一重要论断深刻揭示了学生思想道德素质培养在学生教育中的基础性地位及德育工作对于学校教育的重要意义，为我们进一步做好学校德育工作增添了动力、指明了方向，我们必须全面学习领会、深入贯彻落实。

在贯彻党的十八大精神、落实立德树人要求的过程中，广东紧紧围绕培育和践行社会主义核心价值观，着眼课堂教学、校园文化、社会实践、学校管理“四育人”平台建设，着力推进课堂育人，创新高校思想政治理论课和中小学德育课教学，探索建立高校党委书记、校长上第一堂思想政治理论课制度，把学科育人纳入学科教师日常培养培训及教育教学考核；着力推进文化育人，举办学校校训、校徽、校歌展示活动，引导师生对学校文化蕴含的传统文化和时代精神进行挖掘、阐发，持之以恒分类开展高校、中小学、中职学校主题教育活动，促使活动教育化、系列化、品牌化；着力推进实践育人，加强大学生社会实践活动的正确引导，让大学生通过实践增强对中国特色社会主义的政治认同、情感认同和实践认同，加强中小学生综合实践基地建设，破解中小学生社会实践安全难题；着力推进管理育人，全面深化德育管理队伍培养，精心打造“三项赛事”（高校思想政治理论课青年教师教学基本功比赛、辅导员职业能力比赛、中小学班主任专业能力比赛）、“三种培养”（高校思想政治理论课名教师骨干教师培养、名辅导员培养、中小学名班主任培养）、“三类工作室”（高校思想政治理论课名师工作室、名辅导员工作室、中小学名班主任工作室），形成优秀德育教师从发掘选拔到培养成长到辐射带动的完整链条。凡此种种，不胜枚举。

总结广东近几年学校德育工作的成功实践，有一条基本经验——重视学校德育工作的“四性”建设，即科学性、创新性、实践性、实效性建设，其中，科学是基础，创新是动力，实践是关键，实效是根本。可以说，新形势下广东学校德育工作取得的每一点进步、每一分收获，都得益于对“四性”的深刻理解和自觉运用，得益于在对“四性”一贯坚持中的丰富发展。

一是突出科学性。德育工作的对象是活泼的学生个体，其工作成效如何不仅影响学生当前成长，更关乎学生长远发展，来不得半点任性和马虎，必须认真遵循学生身心成长规律和德育自身工作规律。把握科学性，广东依托高校成立了中小学德育研究与指导中心、中职学校德育研究与指导中心、中小学心理健康教育指导中心等专业机构，建立起行政推动与专家指导相结合的工作推进机制，使得省级德育工作宏观管理具备了坚实的学术支持、学理支撑和科学奠基。

二是突出创新性。当今时代，经济社会深刻转型，思想文化多元多样多变，互联网、手机等新兴媒体迅猛发展，“新”和“变”已然成为学生所处环境的重要特征。做好德育工作，我们比以往任何时候都更加需要创新，“老办法”可以不灵，但绝不能够不会“新办法”。把握创新性，广东设立了省级学校德育创新项目和高校思想政治教育工作创新项目，积极鼓励和支持各地各学校进行德育理念创新、手段创新和基层工作创新，促使德育创新蔚然成风、德育创新成果竞相迸发。

三是突出实践性。常言道，实践出真知，没有经过实践的道德认知难免苍白无力，难以支撑起学生终身认同和践行的道德法则和价值准则。德育的入耳、入脑可以通过课堂教学实现，但要入心、要真正刻入学生心灵，唯有通过实践、通过学生亲身经历、亲身体验和自我感悟、自我理解才能达成。把握实践性，广东在推进“创强争先建高地”教育中心工作的过程中，明确将实践育人、青少年校外活动场所建设等写入创建教育强市、强县（市、区）、强镇及推进教育现代化先进市、先进县（市、区）指标体系，并对推进教育现代化先进市的中小学生综合实践基地建设指标、推进教育现代化先进县（市、区）的青少年宫建设指标实行“一票否决”。

四是突出实效性。加强德育工作的科学性、创新性、实践性建设，根本目的就在于增强德育工作的实效性，让德育在学生中更好地落地、生根、开花、结果，让德育真正润进学生心田。也就是说，德育要见实效，工作的科学性、创新性、实践性必须落地，落实到德育工作的各个实施层面。把握实效性，广东对学校德育科研工作进行大胆改革，树立实践导向，把重心下移到德育实践操作层面，通过整合零散的理论研究力量，集中优势团队进行少数重大理论问题研究，大力释放实践研究空间，大幅度提升了德育实践研究项目的立项比例，引导各地各学校多出德育方法载体、渠道途径等实施层面的成果，减少那些缺少新意、反复注解、难以推广运用的理论“研究”成果。

一分部署，九分落实。广东各地各学校在推进“四育人”、加强德育“四性”建设的过程中，坚持务实进取、主动作为、积极探索，创造了一大批优秀德育理论和实践成果。为加强各地各学校间的学习交流，发挥先进典型的示范引领作用，广东省教育厅于2014年在全省范围内组织开展了“百系列”学校德育优秀成果展示活动。活动面向各级教育行政部门和各级各类学校，分为“教书育人”“践行社会主义核心价值观”“以德立校”“科研引领”“聚焦课堂”“实践育人”六个系列，经层层推荐、严格遴选，集中展示了“百名优秀德育教师”“百名优秀学子”“百个优秀德育案例”“百篇优秀德育论文”“百个优质中小学德育课、高校思想政治理论课课例”以及“百项优秀校外教育成果”。这套“百系列”丛书所呈现的就是展示活动中的部分优秀成果。通过这些成果，我们对基层一线的德育工作也有了更深的认识。

第一，基层一线德育经验之丰富多样，令人欣喜。这些优秀成果从实施途径来看，涵盖了课堂教学、校园文化、社会实践、学校管理等各种育人渠道；从实施内容来看，包括了理想信念教育、中国精神教育、道德品行教育、法治知识教育、职业生涯教育、心理健康教育等各类教育内容；从实施主体来看，大到一个区域、一所高校，小至一所中（小）学、一个院系、一个班级。难能可贵的是，这些成果来自基层一线，符合基层实际并经基层实践检验，操作性、实用性、可学性都很强，普遍具有较高的推广应用价值。

第二，基层一线德育方法之不断改进，令人振奋。从这次展示活动来看，基层一线对德育方法的科学性越来越重视，再也不是囫囵一堆、不管先后、不分轻重地一拥而上、使劲灌输，而是注重针对学生身心特点和思想实际，采用适合的德育方法。例如，更加关注学生的个性化需要，更加重视与实践的结合，更加突出学生的主体性，更加发挥手机、网络等新媒体作用等等，呈现出多样化、精细化、特色化的良好态势。

第三，基层一线德育教师之奉献精神，令人感动。随着时代发展和社会进步，无论是教育部门和学校，抑或是家长和社会，都对教师的期盼越来越多、要求越来越高。即使这样，基层仍然有大批德育干部和教师承受住重重压力，刻苦钻研、辛勤耕耘，全身心投入到德育工作中，并取得骄人的业绩。尤为可贵的是，这些优秀德育干部和教师不仅有爱心，更有智慧、有思想；不仅敬业爱岗、辛勤付出，更能将科学的思想和理念贯彻到工作实践中。他们可以说是治教、教书和育人“全面发展”的优秀教师，希望大家把他们立为标杆、树为榜样，见贤思齐、不断进步。

大学生思想政治教育和未成年人思想道德建设任重道远，必须持续用力、久久为功。殷切期望德育战线全体同人抖擞精神，在巩固好“百系列”展示活动成果的基础上，继续保持改革创新的锐气、昂扬向上的朝气和争创一流的勇气，继续开阔视野、开动脑筋、开拓思路，争创广东学校德育工作新优势，为我省教育“创强争先建高地”不断做出新贡献！

是为序。

（本序作者系中共广东省委教育工委书记、广东省教育厅厅长）

目录

contents

行动的力量

——90后高中生的领导力

广州市执信中学
案例负责人：林间开
案例主要贡献者：林少惠　何院琴

一、产生背景

广州市执信中学是广东省重点中学、广东省首批国家级示范性普通高中，在长达90多年的办学历史过程中，取得了丰硕的办学成果，形成了优良的德育传统，积累了丰富的德育资源。近几年来，我校更是认真贯彻落实《中共中央国务院进一步加强和改进未成年人思想道德建设的若干意见》（中发〔2004〕8号），积极践行活动育人的理念，积极探索，在实践活动中培养高中学生的道德品质，初步形成了富有执信中学特色的德育工作体系。而2010年9月以来的执信中学“中学生领导力开发”特色德育实践活动课程，也正是在这背景下应运而生的一个创新性较强、效果较显著，而且具有较高的推广价值的德育实践活动项目。一群群高中学生，他们充满着远大的理想和抱负，涌动着青春的活力与激情，表现着学生特有的天真与真诚。在繁忙的学习之余，他们积极参加学校领导培养项目，在老师的指导下从事服务他人、改善社会的工作，经历着书本上和课堂里没有的实践与体验，收获这别样的成长与发展——领导力的提升。

领导力是指影响和改变他人思维与行动的能力。我们通过该项实践就是要培养中学生以对团队、公众、社会、人类事务的正义感、责任感、使命感为价值取向，以学习力、决策力、组织力、教导力、执行力、感召力为核心能力要素，善于进行团队领导和自我领导的人格魅力，服务他人、奉献社会的价值追求。

二、理念支撑

该项目以“中学生领导力开发”特色德育实践活动课程的模式进行设计与管理，

既具有专业性、严谨性、目的性、完整性的课程特点，又具有研究性学习、社区服务、社会实践的特点和功能，属于综合实践课，以学生团队进行项目学习的方式实施。在设计理念上，我们力图引进和结合国际中学生领导力课程的先进理念及培训方式，如两岸中学生台湾未来领袖培训营、领导力（香港）培训课程、中学生哈佛博雅教育体验课程、伯克利领导力课程、北欧创新领导力课程、中学生（哈佛）国际领导力课程等，并且根据我校每一届学生的实际情况不断地调整和完善课程。此外，我们将团体心理辅导的理论、技术及社科研究方法融进课程，希望学生以优秀的团队素质及优秀的科学素养完成项目，使项目既具有较强的社会影响力，又具有社会科学研究的逻辑性、严谨性和科学性。

三、具体做法

本活动以“中学生领导力开发”的校本特色选修课程进行组织。该课程是一门由学校老师指导，学生主动参与，家庭与社区支持配合，校内培训及校外社会实践相结合的体验式及项目完成式的学习课程，兼具研究性学习、社区服务、社会实践的特点和功能。该课程以项目学习的方式实施。这种学习方式具有以下特点：第一，所有项目都是真实的。每个项目力图解决每一个同学们发现的问题，或同学们在成长过程中遇到的问题。解决问题的过程和结果也都是真实的。在项目实施过程中，选课的同学事实上和实际工作中的人一样议事、决策、实施和评估。第二，每个项目都是独立的，都由项目目标确定、实施、结束和结果评估等阶段构成。每个项目都有自己的组织机构。组织机构由项目主席、项目秘书、活动小组组长等构成，负责本项目的实施。组织机构的产生及运转都依据严格的团队活动规则。第三，项目实施活动所影响学生的，不仅是将来做事所需要的知识和能力，而且可能就是学生将来所要做的事情本身。课程的宗旨不在于向学生传授、灌输领导力知识，而是让学生在完成项目任务的过程中，感受作为人的责任，发展潜在的为公众事务、社会事业有所作为的使命意识，以及实现使命的领导力。

培养对象为选修了该课程的50名高一学生，进行为期一年的学习。他们组成“中学生领导力开发”课程班，以选修课的课程模式进行管理。除了每周三下午4点至5点一个小时的固定课程时间之外，学生更多地利用节假日和课余时间进行项目的社会实践活动，在一年内完成项目。学生以5—8人自由形成一个团队，历经团队建设、项目选题、项目开题、项目实践、项目结题与专家评估等过程，完成一个项目，大约需要50个学时和一定的节假日时间，每完成一个项目可获得4个学分。期末给予学生选修课成绩主要依据学生自评、项目组内部整体评价、指导教师评价、专家项目评估等多种方式，对学生的领导力进行综合评价。

第一学期主要是项目组的团队建设、项目的选题、开题报告及基本方案的形成；第二学期是根据开题报告及行动方案进行实践并最终完成项目，进行项目汇报和专家评估等。

一年内主要的活动安排如下：

第一次活动：“闪亮登场”。请每位同学上台进行自我介绍，以自己认为特别的方式向别人介绍自己，全班相互认识彼此。以此促进课程班学生的相互认识，并培养学生展示自己的能力。

第二次活动：“自我愿景”。请每位同学通过自我愿景的分享，激发对自我内在发展动力的觉察，加深对同伴的理解。

第三次活动：班委、项目主席竞选演讲。目的是培养学生的民主、公平、公正竞争的观念及领袖意识。

第四次活动：班委和项目主席就职演讲，初步形成团队。目的是初步建立课程班及项目团队，培养学生对班级及团队的责任意识。

第五次活动：“融入团队”团体建设活动。利用团体心理辅导技术指导学生进行室外团体建设活动，深度建立团队，培养所有学生的团队归属感及团队协作能力。

第六次活动：往届课程班优秀学员进行项目经验分享。目的是让高年级学生的项目经验帮助新一届的同学进一步了解如何开展项目并完成优秀的项目。

第七次活动：“领导与跟随”的理论学习。课程指导老师介绍“领导者与跟随者”的关系，帮助学生理解领导力的真正形成过程，促使共铸愿景的达成。

第八次活动：开题专家指导。请校内外课题专家对学生进行开题指导，主要介绍科研的思路、研究方法等，让学生学习如何进行社会科学研究。

第九次活动：开题的团队酝酿。由项目组进行开题前的选题讨论，初步明确选题方向。

第十次活动：开题报告及研究方案的撰写。由项目组进行充分的讨论并初步完成开题报告及研究方案。

第十一次活动：开题报告会。让学生在严肃、严谨的开题报告会中进一步认识到开题的意义，并且在老师和同学的质疑和建议中学会对课题进行深度思考。

第十二次活动：项目组工作会议。让学生自主对已经开题的项目进行深度评估，充分讨论并完善项目实施方案，形成良好的团队工作会议氛围。

第十三次活动：项目组中段总结。以项目小组为单位，由个人进行自我评价，由团体进行反馈和评价，让每位同学在小组中清楚自己的工作，提升对自我及团队的洞察力。

第十四次活动：寒假期间项目小组实践工作情况的汇报。

第十五次活动："明确目标，超越自我"团队主题培训。采用团体心理辅导技术让学生在体验式的团队活动中认识到自身的潜能，提升克服困难的勇气及完成任务的自信。

第十六次活动：项目小组关于团队当前问题及解决方案的工作会议。

第十七次活动："信任、沟通、理解"主题团队培训。利用团体心理辅导技术指导学生进行室外团建活动，增强所有学生团队成员间的信任、沟通和相互理解。

第十八次活动：提升领导力的专家培训。邀请企业高管对课程班学生进行培训，进一步提升学生对领导力的理解。

第十九次活动：项目小组关于执行力的工作会议。

第二十次活动：项目小组社会实践。

第二十一次活动：项目小组社会实践。

第二十二次活动：领导力讲演专家培训。

第二十三次活动：项目小组共同撰写项目结题报告。

第二十四次活动：课程班项目汇报预演。

第二十五次活动：课程班项目汇报与评估大会暨毕业典礼。

四、基本成效

项目自2010年9月份以选修课模式进行开设，每一学年一个循环，业已顺利完成四届课程班学生的培养工作。每一学年，课程班学生都能出色完成项目。例如，2010—2011学年，我校第一届课程班50多名同学组成了三大项目组，分别为校园服务之"执信中学图书馆现状及改进"项目组、改进公共政策之"解决广州市外来务工人员子女教育适应问题"项目组、改进公共政策之"越秀区康乐设施的维护和推广"项目组。2011—2012学年，我校第二届课程班50多名同学组成了四大项目组：改进公共政策之"拯救'威尼斯'：广州市城市内涝问题及其解决方案"项目组，分别为改进公共政策之"关于广州市亚运场馆闲置问题及解决方案探究"项目组；组织帮助弱势群体活动之"点亮灰暗：广州三无老人救助计划"项目组；组织文化遗产保护活动之"心心乡惜：城市文化保护项目"项目组。2012—2013学年，我校第三届课程班40多名同学组成了五大项目组，分别为：创建纪念日活动之"梦想开拓者——创立梦想日并探究如何将其推广”项目组；改进公共政策之“绿色安全出行——广州市单车道设置及改善方案”项目组；组织帮助弱势群体活动之“冲破寂静，聆听花开的声音——关爱听障儿童项目”项目组；组织校园服务活动之“拯救纸张——执信青蛙小分队”项目组；改进公共政策之“广州市越秀区食品安全现状浅析及意识推广”项目组。2013—2014学年，我校第四届课程班40多名同学组成了五大项目组，分别为改进公共政策之“广州市高峰期打车难问题研究及其解决方案”项目组；组织帮助弱势群体活动之“Warm Heart爱心行动”项目组；组织帮助弱势群体活动之“广州市待用快餐的推广”项目组；改进公共政策之“浅探天河商业圈小贩乱象的解决方案”项目组；改进公共政策之“广州市盲道现状及改进探究”项目组。

“拯救‘威尼斯’：广州市城市内涝问题及其解决方案”荣获了2013年第28届广州市青少年科技创新大赛一等奖和第28届广东省青少年科技创新大赛二等奖。该项目入选商务印书馆出版的《行动的力量——90后高中生的领导力》，负责人林间开老师正是《行动的力量——90后高中生的领导力》第七位作者，荣获首届全国基础教育科研成果网络博览会三等奖。

五、社会反响

我校自2010年9月份始开设“中学生领导力开发”特色德育项目课程。四年来，课程不断完善，成绩斐然，硕果累累，达到了预期的项目目标。

2010—2011学年，我校第一批选修了该实践课程的50多名同学组成了三大项目组，最终撰写完成了报告并以项目汇报会的形式完成了项目的评估工作，获得了评委的好评。2011年暑假，我校第一次赴北京参加了第二届全国中学生领导力大赛就取得了优秀的成绩。由我校课程班的雷子胤、朱意欣、王雨薇、张卓及潘鼎高5位同学组成的代表队所提交的项目“解决广州市外来务工人员子女教育适应问题”荣获全国二等奖，张卓荣膺“2011年度中学生领袖”，执信中学荣获“2011年度中学生领导力培养优秀学校一等奖”称号。

2011—2012学年，我校第二批选修了该课程的50多名同学组成了四大项目组。这四大项目从开题、实施到完成项目评估，历经一年，取得了突出的成果，受到了媒体、社会和政府的大力关注和支持。据不完全统计，四个项目总共被电视、报纸等报道了18次，其中《新快报》报道了6次，南方电视台TVS2、《信息时报》、广州电视台各报道了2次，广东卫视、《广州青年报》、《南方日报》、《南方都市报》、《羊城晚报》和大洋网各报道1次，报道的情况详见附录。

2012年7月19日至25日，第三届全国中学生领导力大赛在北京大学、北京一零一中学隆重举行，来自全国26个省、市、自治区的优秀高中学生汇聚一堂，为此次大赛呈上了精心准备的中学生领导力项目。在第一轮“优秀中学生领导力开发项目成果展示”中，由我校课程班黄婷、王东方、骆紫妍、何东莹、孙至纯5名同学组成的代表队所汇报与展示的项目“拯救‘威尼斯’：广州市城市内涝问题及其解决方案”荣获全国中学生领导力大赛优秀项目一等奖；由我校江璐、林明钊、刁慧琳、黄显雅4名同学组成的代表队所汇报与展示的项目“点亮灰暗：广州市三无老人救助计划”荣获全国中学生领导力大赛优秀项目二等奖。在第二轮“改进公共政策实践”比赛中，我校林明钊、刁慧琳、江璐3名同学表现优秀，荣获“最佳改进公共政策奖”。在第三轮“中学生领袖风采展示”中，我校江璐、黄婷两名同学荣膺“2012年度全国中学生领袖提名奖”。全面开花的成绩，更使执信中学成为全国仅有的获得第三届全国中学生领导力大赛“综合评比特等奖”这一殊荣的五所学校之一。

此外，“拯救‘威尼斯’：广州市城市内涝问题及其解决方案”项目组及“关于广州市亚运场馆闲置问题及解决方案探究”项目组在完成项目调研和充分讨论后，都认真撰写了《致市长的一封信》，提出问题及其解决方案，都得到了陈市长的回复和重要批示，责令相关部门根据学生的建议进行充分调研并提出改进方案。广州市水务局及广州市体育局都分别与我校中学生领导力项目组同学进行约访，认真听取同学们的建议并提出改进的措施。2012年10月18日星期四下午，广州市水务局吴学伟副局长亲自带领水务局卢绍琨主任、李明处长、陈超雄副处长、张绍辉主任等领导莅临执信中学，认真聆听我校中学生领导力开发课程班项目之一“拯救‘威尼斯’：广州市城市内涝问题及其解决方案”的项目汇报。吴学伟副局长对同学们的汇报表示了高度的赞赏，感谢同学们对水务工作的关注与宝贵建议，提出了水务局将进一步改进的措施，并鼓励同学们报考水务专业。

我校课程班黄婷与江璐两位同学表现出色，作为项目主席带领小组成员完成了“拯救‘威尼斯’：广州市城市内涝问题及其解决方案”“关于广州市亚运场馆闲置问题及解决方案探究”公益项目，被提名推荐参与第三届“责任中国2012公益盛典”的评选。主办方邀请了南都公益基金会理事长徐永光、北师大壹基金公益研究院院长王振耀等公益行业领袖和往届获奖NGO负责人等公益圈资深人士40余人，参与发掘年度值得表彰的公益人物、公益行动、公益组织。暨大新闻与传播学院院长范以锦、凤凰卫视知名记者和主持人闾丘露薇、知名时事评论员杨锦麟等参与终审评选。通过专家们的层层评选，黄婷与江璐两位同学作为“广州少年”的其中两名代表，都被授予了第三届“责任中国2012公益盛典”的“公益人物奖”。

综合四年来的实践探索及已经取得的实践效果，我们认为我校“中学生领导力开发”特色德育实践活动课程促使学生开始关注社会，在实践中了解社会，激发他们的社会责任意识，开阔了视野，提升了能力，收获了成长，是一个能够有效培养青少年形成以对团队、公众、社会、人类事务的正义感、责任感、使命感为价值取向，形成学习力、决策力、组织力、教导力、执行力、感召力等核心领导能力要素，善于进行团队领导和自我领导的特色德育实践项目。

很难说学生的这些行动对于解决实际问题、改善社会现状有多少立竿见影的帮助，但难得的是，社会各界对中学生这样的实践活动抱有鼓励、肯定的态度，并给予了相应的支持与配合。各媒体也都从正面引导的视角对相关事件进行了报道，营造了良好的社会舆论，给学生、学校和社会带来了积极的影响。

立德·立人·立校

——“荔风儒韵”校本德育课程开发与应用

广州市增城区荔城中学
案例负责人：张文虹
案例主要贡献者：张文虹

“荔风儒韵”是在新课程改革的大背景下，以我校“爱人·树人·立人”的办学理念为指导，以孔子“兴于诗，立于礼，成于乐”教育观念为借鉴，在不断的探索中逐渐开创出来的一种校本德育课程。它由“礼韵”和“乐韵”两部分课程架构而成，课程名称援引于“兴于诗，立于礼，成于乐”的儒家经典，取材于荔乡“尚礼仪、善歌舞”的民俗民风，立足于荔中实际，传承儒学精神，弘扬荔乡文化。本课程既关注“以礼立人”的基本层面，又关注“以乐立人”的发展层面。从两个层面拓展教育“立人”的途径，实现教育“立人”的目标。

一、课程的开发背景

《国家中长期教育改革和发展规划纲要（2010—2020年）》明确提出：鼓励有条件的普通高中根据需要适当增加职业教育的教学内容。探索综合高中发展模式。采取多种方式，为在校生和未升学毕业生提供职业教育。近年来，我校正是沿着这一办学方向不断尝试，并走出了一条适合学校发展的特色教育之路。

1. 课程的出发点：荔中生源实际

按广州区类划分，荔城中学属于广州市五类生源学校，学生平均入学成绩在增城市5000名开外，学生基础差，底子薄。按此入学成绩，这样的学生要想考一个本科大学就已经很困难了，更不用说考取名牌大学。高中生虽然还处在半成熟的年龄段，也懵懂地知道自己的处境并隐隐地为自己的前景担忧、迷茫、焦躁。另一方面，他们中90%以上是来自农村家庭，大部分是“留守学生”，父母长年打工在外，一向对他们疏于教导。由于缺失良好的教育环境和家庭氛围，他们更像是一群没经现代城市文明洗礼的“泥娃娃”，身上保留着可贵的质朴气息，就像是一块未经雕饰的璞玉。

2. 课程的切入点：荔中德育资源

我校的音乐和空乘特色专业取得了显著的成效，本科上线率及上线人数连续六年居增城第一，并多人考取增城市术科状元，为民航学院和各级音乐学院输送了一大批优秀人才，赢得了社会广泛的赞誉。2009年我校成为增城市10所高中中唯一一所“广州市艺术特色学校”，多次受到上级部门表彰，并被《增城日报》、增城电视台等多家媒体报道，受到增城各界广泛的赞誉。管乐社、民乐社、舞蹈社等每年都作为高中学校代表，参加在增城广场举办的各类演出活动。音乐特长生多次代表增城参加省、市比赛，并取得优异成绩。

二、课程的理论支撑

1. 支撑于校本德育优势

我校“爱人·树人·立人”的办学理念，师承孔子的“己欲立而立人，己欲达而达人”的道德理想和鲁迅先生“生存两间，角逐列国是务，其首在立人”的启蒙思想以及北大著名教授钱理群先生“以立人为中心”的教育理念。“爱人”是着眼于教育的情感态度，也是育人的基础；“树人”关注的是教育的过程以及育人的举措；“立人”是我校的价值追求。“爱人·树人·立人”，既是希望学生在成功中成长，更是希望学生在成长中成人。

2. 植根于儒家礼乐文化

儒学是中华文化的精髓，继承、发扬和创新儒学是现代教育义不容辞的责任。中国古代儒家要求学生掌握的六种基本才能：礼、乐、射、御、书、数。其中礼乐是中国传统教育的基础，也是儒家思想的重要组成部分。礼乐教育的目的是培养健全的人格，其根本目的是育人。

“兴于诗，立于礼，成于乐”，这可以看作是孔子教育体系的高度概括。既显示了“成人”的三重境界，又揭示了“立人”所必修的三项课程。这个体系，与我校“爱人·树人·立人”的办学理念是一脉贯通的。具体来说就是，我们注重以传统的文化来濡养学生的品性，以彬彬的道德礼仪来修养学生的品格，以高雅的音乐艺术来提升学生的品位。

三、课程的开发应用

“荔风儒韵”校本德育课程由“礼韵”和“乐韵”两部分课程构成，一般情况下高一开设通识课程，高二开设兴趣课程，高三开设专业课程。

“礼韵”课程系列包括交际礼仪、公民修养和空乘礼仪三门课程。在社会生活中，人们常常把礼仪看作是一个民族精神面貌和凝聚力的体现，把文明礼貌程度作为衡量一个国家和民族是否发达的标志之一；对个人而言，则是衡量道德水准和有无教养的尺度。本课程主要由本校教师授课，并定期聘请广州民航职业技术学院的老师为学生开讲座。

“乐韵”课程是从“琅琅读书声”的单一课堂，到“歌声乐声书声声声入耳”的复合架构，它使学校的音乐特色教育有了新的蜕变，它融合了国家课程与校本课程，拓宽了音乐教育的外延，丰富了教育的内涵，形成了我校“荔风儒韵”独具匠心的亮点。

学校通过对学科教学和特色教育资源的挖掘和目标分类、功能整合、内容选择，架构了学校“乐韵”课程框架，该课程体系分为通识课程、兴趣课程和专业课程三部分。

“荔风儒韵”校本德育课程体系提供给了学生丰富的学习经历，不仅从各个层面满足了各班学生的学习兴趣，而且也为学校形成特色教育核心奠定了基础。

四、课程的基本成效

（一）形成了体系的校本德育课程

经过系统的研究、开发、应用与总结，“荔风儒韵”校本德育课程最终形成了“荔风”和“儒韵”两大体系，隐性课程、活动课程、礼韵课程和乐韵课程四套课程。“荔风”体系由隐性课程和活动课程构成，“儒韵”体系由礼韵课程和乐韵课程构成。

1. 开掘出校本德育的隐性课程

我校充分发挥校园环境的育人功能，努力打造现代儒雅校园。校园文化已折射出荔中整体精神的价值取向，它不是简单地外化为对环境的艺术加工。校徽、校训、校旗、校歌，以及校园、班内随处可见的标语、口号都以励志为主题，激励学生做有理想、能奋斗的年轻人。

2. 开启出校本德育的活动课程

活动既是课堂的延伸，又是对教学成果的集中展示和检验。因此，我们把活动纳入课程的范围之内。荔风儒韵的校本活动课程系列活动，如《弟子规》颂读比赛、成人典礼、千人竖笛合奏、班班唱、音乐航班等。这些活动课程锻炼了学生的能力，进一步奏响了“荔风儒韵”的交响乐。

3. 开发出校本德育的系列教材

礼韵课程由“弟子规”“现代交际与礼仪”“增城历史与文化”“公民素质与修

养”“空乘服务与礼仪”“拓业英语”等校本课程组成。

乐韵课程由“音乐入门与竖笛演奏”“客家山歌”“器乐演奏”“合唱”“音乐特长生培训”等校本课程组成。

（二）推动了学校特色建设

“荔风儒韵”校本德育课程的开发与应用大力地推动了学校的特色发展，在现有的音乐、空乘特色项目的基础上，学校的特色课程被广州市教育局重点立项，学校被评为广州市特色学校，2014年又获得了提前独立批50名特长生的招收名额。下学期将在增城率先开设“荔风儒韵”特长生班，这已经成为增城教育的一张名片。

（三）促进了学生多元发展

该课题有力地促进了学校的高考工作，学校连年实现高考突破，连续几年被评为广州市普通高中毕业班工作一等奖。我们为基础较弱的学校找到了出路，立项以来已经有358人通过自主招生考入广州民航、广铁、广交等院校的特色专业。

（四）促进教师专业成长

周丽红校长的多篇论文已经发表，并成为广州名校长。我校有13位老师被认定为广州市或增城市骨干教师。其中郑细军老师成为广州名班主任培养对象。

“荔风儒韵”校本德育课程的开发与应用在增城教育界起到了引领和示范作用。在特色课程的引领下，学校经常代表增城参加各级比赛，屡获大奖，广受好评。2010年“百威K歌之王”全国赛冠军刘俊宇，毕业于我校音乐特长班，现已是国内小有名气的青年歌星，在2011年2月和台湾明星阿信一道，前往美国洛杉矶参加第53届格莱美音乐盛典颁奖典礼。学校礼仪队在增城市委市政府举办的教师节慰问、贫困生助学金发放等活动中，得到了广泛的好评，成为整个活动的一道亮丽风景，是宣传我校特色课程的一张精美的名片。

五、“荔风儒韵”校本德育成果列表

1. 论文发表

成果形式	作者姓名	字数	完成年月	出版单位、发表的刊物时间、获奖或转载引用情况等
论文《中国梦　荔中梦》	周丽红	3400	2013年10月	《广东教学》国内统一连续出版物号：CN44-0702/F第2141期，2013年10月16日出版

续表

成果形式	作者姓名	字数	完成年月	出版单位、发表的刊物时间、获奖或转载引用情况等
论文《荔风儒韵特色课程》	吴天学、任士见	6000	2013年8月	论文《荔风儒韵特色课程》发表在《普通高中特色课程新思路》，出版单位：广东教育出版社ISBN978-7-5548-0481-0，中国版本图书馆CIP数据核字（2013）第207006号
论文《荔风儒韵》	吴天学、任士见	2000	2013年12月	论文《荔风儒韵》发表在《广东2013基础教育发展报告》，出版单位：广东经济出版社ISBN978-7-5454-2938-1，中国版本图书馆CIP数据核字（2013）第207070号

2. 证书

获奖证书	周丽红	证书	2012年12月	广东省教育促进会颁发：《“荔风儒韵”校本德育课程开发与应用项目》荣获2013年广东省中小学教育创新成果三等奖
获奖证书	周丽红	证书	2013年10月	广州市中小学德育研究会颁发：《“荔风儒韵”校本德育课程开发与应用》荣获2013年广州市中小学优秀德育成果评选一等奖
获奖证书	周丽红	证书	2013年11月	广东教育学会颁发：论文《中国梦　荔中梦》荣获第十一届广东省中小学校长论坛征文一等奖
获奖证书	周丽红	证书	2013年12月	广东省中小学德育研究会颁发：《“荔风儒韵”校本德育课程开发与应用》荣获2013年广东省中小学优秀德育成果评选一等奖
优秀班主任、骨干教师证书	张继添等13人	证书	2013年12月	广州市教育局、增城市教育局颁发

3. 课题立项与获奖

增城市（现广州市增城区）“荔风儒韵特色课程的研究”负责人　周丽红（已结题）；

广州市“高中生人生规划指引研究”负责人　周丽红（已结题）；

广东省“荔风儒韵”校本德育课程的开发应用研究　周丽红；

广州市特色课程重点立项通知书；

增城市第五届中小学生诵读中华经典美文表演活动（中学组）一等奖；

广州市第五届中小学生诵读中华经典美文表演活动（中学组）二等奖。

4. “荔风儒韵”校本德育课程系列教材

礼韵课程由“弟子规”“现代交际与礼仪”“增城历史与文化”“公民素质与修养”“空乘服务与礼仪”“拓业英语”等校本课程组成。

乐韵课程由“音乐入门与竖笛演奏”“客家山歌”“器乐演奏”“合唱”“音乐特长生培训”等校本课程组成。

入队就是志愿者

——在“红领巾小区”活动中践行社会主义核心价值观

深圳市蛇口育才教育集团第四小学
案例负责人：崔学鸿
案例主要贡献者：白雪峰　彭　艳

鹏城是志愿者之城。在南山区育才四小，“红领巾小区”活动让学生们入队就成了志愿者。

一、“红领巾小区”概况

2007年4月，为了响应深圳市创建全国文明城市的号召，育才四小倡议全体学生在生活的社区创建“红领巾小区”，开展服务社区的志愿者活动。

“红领巾小区”是学校和社区联合在学生所生活的社区建立的少先队校外活动基地。“红领巾小区”活动是指少先队员们利用节假日在“红领巾小区”自主开展的小队主题活动。

“红领巾小区”活动的内容除大队部每年组织开展一至两次的主题宣传（如“红领巾迎大运”）、专题活动（如“善小我亦为”）之外，日常活动均由各小队自主确定，内容大多涉及社区服务、环境保护、敬老助贫、亲子互动以及队员们自身增强能力、拓宽视野等方方面面。

二、活动背景

《国家中长期教育改革和发展规划纲要（2010—2020年）》强调要“把社会主义核心价值体系融入国民教育全过程”。“拓展社会教育大平台，建好用好中小学生社会大课堂。完善学校、家庭、社会教育网络，健全大中小学生志愿服务长效机制”。育才四小的“红领巾小区”活动为家校配合、社校合作找到了很好的结合点，把整个社会变成了学生“开展实践活动、进行自我教育”的大课堂，孩子们成了活动的主人，成了教育的主体。

“红领巾小区”活动是少先队工作社会化的需要。队员们通过参与社会实践，从丰富的社会资源中汲取营养，快乐体验，自我成长。

“红领巾小区”活动是实施素质教育的需要。“红领巾小区”活动的出发点和归宿点是为了提升学生的综合素养、促进学生全面发展，队员们在自主策划并主动参与的“红领巾小区”活动中，服务社区、快乐体验、幸福成长。

“红领巾小区”活动是创建文明社区的需要。城市是由社区组成的，文明社区创建是文明城市创建的基础和途径。学校是社区的组成部分之一，学校在文明社区创建中理应发挥其独特的作用。这个独特的作用就是每个学生可以带动一个家庭，从而发挥“小手拉大手，文明一起走”的社会效应。

三、理念支撑

生活即教育。“生活即教育”是陶行知生活教育理论体系的重要命题和基本内涵。生活是教育的目标，“促进自觉性之启发，创造力之培养，教育之普及，及生活之提高”；生活是教育的内容；生活是教育的方法；生活是教育的场所。从陶先生的理论中我们认识到，学生的德育工作要基于生活，通过生活，在生活中去实现，让学生在活动中把这些良好素养自然而然地体现出来，从而达到“润物细无声”的教育效果。

道德认知发展理论。首先是皮亚杰的道德认知发展理论。皮亚杰研究认为，随着年龄的增长，儿童的道德发展经历两个阶段：第一，他律性道德；第二，自律性道德（大约10岁以后）。其次是科尔伯格的道德发展理论。科尔伯格把人的道德发展分为三个水平。水平一：前习俗道德水平；水平二：习俗道德水平，大约自小学高年级开始；水平三：后习俗道德水平。两位心理学家的理论尽管有细微的差别，但都认为学生道德的发展过程是由他律到自律的。由此看来，一方面，小学低年级的孩子不可能对道德有深刻的理性认识，因而单调的说教几乎是无效的，但是可以让学生在活动中养成良好道德品行习惯，让“行”成为“知”之始；另一方面，随着年龄的增长，学生对道德的理解与认知逐渐深刻，这时更需要通过活动，引导学生的正确认知与理解，并逐渐内化为他们的人生观与世界观，成为他们道德品质的一部分。

四、主要做法：“四大策略”形成家、校、社区联动育人的新格局

“红领巾小区”活动实行学校少先队大队辅导员指导、大队委领导下的中、小队组织“双轨制”管理模式：在校内，以中队为单位开展中、小队活动；在校外，队员们根据自己的兴趣爱好及家庭居住情况，自由组成假日小队，充分利用身边的社会资源，发挥创造和想象，设计丰富多彩的社会实践活动。每支小队每个月利用半天时间来开展。为确保活动的安全及有效开展，每支小队都聘请校外辅导员和校内联络员。校外辅导员由队员家长们轮流担任，校内联络员由学校老师担任，包括校长在内的每位老师联络、指导2—3个小队开展活动。

“红领巾小区”活动开辟了一条让孩子们在快乐体验中自我成长的未成年人思想道德教育新途径。以队员自主活动为核心，通过“四大策略”，形成了家、校、社区联动育人的新格局。

社区搭台。学校是社区的组成部分，“红领巾小区”活动是学校参与和谐社区建设的特殊形式。学校在社区建立“红领巾小区”得到了街道办和居委会的支持，从而形成了“学校、家庭、社会共建‘红领巾小区’促进和谐社区建设”的氛围。学校周边的海月等四个居委会分别建立了“红领巾小区”，每月都安排了小队参与社区管理体验等活动。

队员唱戏。学校、家庭和社区共同支持“红领巾小区”活动，孩子们的积极性被充分调动起来。队员们参与活动由低年段家长陪同、组织策划、开展活动，到中年段部分家长陪同、参与组织策划、开展活动，再到高年段个别家长陪同、完全独立组织策划实施、自主开展活动。活动由队员们自行组织、自主策划、自主实施、自主评价。7年来，全校“红领巾小队”共开展各类社会实践活动6000余次，每次活动队员都是主角。队员

们活动之后自主撰写活动日志，记录活动的过程和感受。几年来，队员们与家长在校园网共同发表活动日志5万余篇。

家长辅导。育才四小的学生家长几乎都是自己孩子小队的校外辅导员。家长和孩子一起参加“红领巾小区”活动对孩子增进了了解，融洽了亲子间关系，家长之间也增进了交流，一举多得。南山区优秀义工刘妙音女士指导孩子们开展为汶川灾区募捐的义卖活动之后，在日记中写道：“虽然很累，但这一切都非常值得，因为我和孩子们一起在活动中体验到了奉献的快乐。辅导孩子们开展活动并和孩子们一道享受快乐、幸福成长，这样的活动太有意义了！”

教师指导。四小的老师平均每位联络、指导一至三支“红领巾小队”开展活动，校长就是“小虎队”和“GPS小队”的校内联络员。校内联络员的主要职责是与队员和校外辅导员保持密切联系，了解小队的活动情况，并提供指导和帮助。老师的指导能够有效提高活动的教育性、安全性和实效性，更有利于老师、学生、家长之间的沟通和交流，增进了解，建立信任。

五、基本成效与社会影响

7年来，每逢双休日和节假日，队员们戴着鲜艳的红领巾，手拉着手高高兴兴地走出家门，走进社区，走向社会，一面面鲜艳的队旗飘扬在学校周边社区，很多小队活动的足迹已经踏遍全市，全校师生、家长参与率达100%。“红领巾小区”活动俨然成了鹏城一道亮丽的风景。

“红领巾小区”，让学生从家庭中走出来、从习题中走出来、从孤独中走出来，切合了现代人渴望融入社会、了解社会、改造环境的心理，切合了学生们渴望减轻学习负担、丰富课余生活的心理，它也切合了独生子女渴望群体交流、互动互助的心理，整合了家庭、学校、社区、社会的教育资源，学生越来越主动，家长越来越热情，教师越来越轻松，社区越来越欢迎。

《南方日报》曾以“放下书本练习题，走进社会大课堂”为题，以整版的篇幅对活动进行了报道。《中国新闻》杂志、《深圳特区报》《深圳晚报》《蛇口消息报》、广东新闻网对“红领巾小区”活动也进行过多次关注和报道。

2012年广东省德育示范学校评估组评价："育才四小的 '红领巾小区' 活动是新时代的学雷锋活动，既符合现代儿童乐群好动的特点，又体现了新课程合作学习的理念，不愧为一项适应时代要求、适合儿童特点的德育创新。"

共青团广东省委梁均达副书记考察后指出："育才四小的'红领巾小区'活动，真正让少先队员成了主人。全体家长成了老师，全体老师成了家长，非常好，是个创造！是对队员进行社会主义核心价值观教育的一条有效途径，应该在全省推广。"

实践证明，"红领巾小区"活动是一项全面提升未成年人思想道德素养的综合工程，是对学生进行社会主义核心价值观教育的一条有效途径。

中小学活动德育模式的探索与实践

深圳市育新学校
案例负责人：杨春良
案例主要贡献者：杨国强　蔡彦锋

一、活动德育的背景与理念

改革开放以来，我国社会急剧转型，学校德育工作面临严峻挑战，传统的以“听话”为标准、以“服从”为目的的“强迫”式德育或“灌输”式德育已不能适应学生主体性发展要求；现代道德认知发展理论虽然重视了学生的主体地位，但其忽视道德实践的缺陷也不利于学生道德能力的培养。

“活动德育”，正是在反省传统德育的弊端、克服认知主义德育局限的基础上，为突出学生的主体性和道德教育的实践性本质而提出的一种新的道德教育模式。它肯定“活动”（个体自主活动）是个体道德形成发展的根源和动力，是个体自我教育的真正基础，只有通过活动体验，个体才能正确地理解人与社会、人与自然、人与自己的关系，才能产生德行，最终养成德性。

活动德育包括四个实施环节，即制定方案，创设情境；参与行动，体验感悟；积极反思，生发观念；正面评价，自主发展。它具有情境性、实践性、参与性、差异性、反思性和开放性等特点。

二、我校活动德育的实践策略

根据活动德育的内涵及特点，我校相继开发或整合了丰富的德育资源，精心设计和组织开展了内容鲜活、形式新颖、吸引力强的道德实践活动，形成了特色鲜明的活动德育课程体系，学生在参与“活动”的过程中，思想感情得到熏陶，精神生活得到充实，道德境界得到升华，道德能力得到锻炼。

1. 创办德育实践基地，落实全面素质教育

为充分发挥工读学校德育资源优势，弥补普通学校德育工作实践性不足，1994年我校在全国率先创办了综合型德育实践活动基地——深圳市中小学德育基地。基地宗旨是立足素质教育，着眼人才培养，通过军训与国防教育、法制教育、生存教育、环境教育、劳技教育等社会实践活动，使学生掌握基本的军事技能和国防知识，增强国防观念、法纪观念、劳动观念和环境保护意识，弘扬爱国主义、集体主义和革命英雄主义精神，锻炼体能体魄，磨砺意志品质，激发战胜困难的信心和勇气，培养艰苦奋斗、吃苦耐劳的作风和基本的生存实践能力，为学生全面发展和终身发展奠定基础。德育基地已建成五大教育模块，形成了五大课程体系，包括军训与国防教育、法制教育、生存教育、环境教育和劳技教育。

2. 校外社会实践活动制度化

我校每年组织学生到贵州遵义、江西井冈山等革命老区或粤北农村等开展"1+1"帮困助学活动、农村生活体验活动和农村社会调查活动等。活动中，特区学生与农村学生同吃、同住、同劳动，双方都能强烈感受到特区城市和山区农村的强烈反差，相互了解学习对方身上的优点。

3. 将"活动"引入传统德育课，改变德育课教学模式

把德育课还给学生，让学习基于学生的经验，密切联系学生自身生活和社会实践，促使学生的道德意识、道德情感和道德判断逐步内化。

初中思想品德课、礼仪课和职高思想政治课、职业生涯规划课等，变传统说教式、灌输式教学为研究性学习或活动式（分组合作学习、角色扮演等）学习，或结合教学内容，将学生带到社区或有关企业（如盐田港、华为公司、同洲电子公司、邮政公司、电信公司等）观摩学习。

心理健康教育课与户外拓展运动等各种团队游戏相结合，让学生在活动体验中挑战自我、超越自我，培养自己人际交往能力和团结协作精神。

法制教育课采用案例分析、模拟法庭（角色扮演）、现场参观（或采访）、专题讨论或社会调查等形式教学。

4. 综合实践活动课渗透德育

学生在综合实践活动中能获得亲身感受和直接经验，在实践中形成热爱生活的态度，在实践中获得信息时代所需要的能力。所以，综合实践活动课无论是教学内容还是教学形式，其本身都具有较强的德育功能：就内容来说，综合实践活动的内容非常广泛，其中许多"课题"本身就是德育课题；就教学形式来说，综合实践活动课倡导研究性学习和合作学习，这种教学形式有利于培养学生的合作意识、集体观念和社会责任感。我校重视发挥综合实践活动课的德育功能，要求教师在教学过程中有意识地渗透德育内容。

三、活动德育实施效果

1. 改善了师生关系和教育氛围，增强了德育的亲和力

在活动德育中，教师不再是发号施令的道德权威，而是活动的组织者和引导者，他们与学生共同体验、共同感悟。这种平等、互动、和谐、民主的师生关系促使师生双方都能以平和的心态重新认识对方，从而拉近了双方距离，改善了师生关系和教育氛围，增强了德育的亲和力。

2. 改革了德育课程活动模式，提高了德育实效性

第一，“活动德育”的开展，促使学校思想政治、心理健康、法律、职业指导等课程教学活动化和班会活动化，初步形成了上述科目的活动教学模式；第二，“活动德育”通过活动课程将学生引向现实的道德情境中，活动过程需要学生动身、动手、动口、动脑，这体现了活动德育的生动性、民主性、现实性和生动性，强化了德育的亲和力，容易激发学生参与的积极性，从而实现德育实效性；第三，学生在活动中体验成功，促使其个性发展，在团队合作中增强合作意识和团队精神，锻炼了学生的道德实践能力。

3. 促进了校本德育课程开发，提升了德育队伍素质

第一，“活动德育”推动了德育活动项目的开发及相关场地设施建设，国防教育馆、公共安全教育馆、蝴蝶馆等十大教育场馆和十几个劳技教育功能室建设到位；第二，根据“活动德育”的要求，学校加强了各类劳技教育的课程化建设，开发了蝴蝶标本制作、木工、木工、烹饪、数码摄影摄像等十几个劳技教育项目，编写了相关教材；第三，“活动德育”促进了学校德育队伍建设和相关制度建设，涌现出了一批德育骨干，他们的德育教学水平和德育科研水平显著提高。

4. 促进了工读教育德育辐射作用的发挥，扩大了办学的社会效益

通过创办中小学社会实践基地，组织各普通中小学生前来开展社会实践活动，充分发挥了我校（工读教育）的德育辐射作用，极大地拓展了我校办学的社会效益。同时，德育基地实践活动密切了我校与普通中小学乃至社会各界的广泛联系，促进了工读教育的良性发展。

四、“活动德育”的经验推广与社会反响

截止到2012年7月，工读教育（初中）成功转化“问题学生”2000多名，其中95%以上升入高一级学校就读，有20多人继续升入职业技术学院学习。中小学德育基地已组织50多万人次中小学生开展德育实践活动，受到普校和社会的广泛赞誉。

学校因开展活动德育成效显著先后获得第二届中国青少年社会教育“银杏奖”优秀团队奖、全国德育科研先进单位、广东省心理健康教育先进单位、法制教育先进单位、深圳市教育系统先进单位等80多项荣誉称号。

中国教育学会中小学德育研究分会、工读教育分会、广东省教育厅等多次在我校召开德育工作现场会，我校办学经验在广东省和全国广泛推广；另有来自全国各地的200多个教育考察团先后到我校参观学习，如今，借鉴我校办学经验创办的中小学德育基地（学生综合实践活动基地）在全国已达到上千家。

国家教育部及省、市多位领导先后到我校考察、调研，对我校构建“活动德育”模式给予高度评价，教育部领导称赞我校德育改革是“新思路、新模式、新特色、新起点；领导高明、别具一格、起步虽晚、后来居上”；广东省教育厅李小鲁副厅长等多位领导称赞我校是全省乃至全国德育工作的一面旗帜。

让生命教育润泽校园

汕头市河浦中学
案例负责人：陈升孝　杨光勇
案例主要贡献者：陈升孝　杨光勇

汕头市河浦中学建于1995年秋，是汕头市濠江区的一所全日制高级中学。学校2006年评为市一级学校，现有教职工155人，教学班37个，学生2558人。

学校坐落在远离闹市且相对闭塞的河浦片区，来校就读的学生都是附近村镇的农家子弟。

为实现学校的跨越式发展，学校制定了“以人为本，和谐发展”的办学理念。在该办学理念的指引下，加强师资队伍建设，努力打造一支师德高尚、适应学校发展需要的专业化教师队伍，成为我们的当务之急；重视学生的全面发展，不断强化生命教育，搭建成长成才平台，造就一批批德智体美劳全面发展的社会主义建设者和接班人，成为我们的培养目标。

一、产生背景

生命是珍贵的。虽然每个人都置身于生命之场，但不是每个人都能珍惜生命、欣赏生命，也不是每个人都能发现生命的价值和真谛、享受生命的多彩和欢愉。

通过报刊、电视、网络等媒体，我们几乎每天都可以看到有关生命逝去的报道，他们或死于自然灾害，或死于人为事故，或死于悲观情绪，或死于各种疾病……

上述生命的悲剧是显性的，容易引发世人的关注和警醒世人，但日常生活中，更多的不当的生命状态却是习焉不察的，比如不愿意接受新鲜事物、对过去的一切耿耿于怀、总要等到最后期限临近才付诸行动等。

生命是单向度的，在生命有限的背景下，为什么还有人不去享受生命，不去寻觅生命的真谛，反而蹉跎人生甚至戕害自己或他人的生命呢？这是一道绕不开的、亟待我们去破解的生命难题。

二、理念支撑

1968年美国学者杰•唐纳•华特士出版《生命教育》一书，明确提出“生命教育”的思想，随后，生命教育在世界各国广泛兴起。

20世纪90年代，叶澜教授发表了《让课堂焕发出生命活力》一文，该文指出“我们需要课堂教育中完整的人的教育”，反对“把生命的认知功能从生命整体中分割出来”。

“十一五”期间，肖川教授主持了国家级课题《中小学生命教育的理论与实践研究》，他认为“生命教育就是要培养学生的积极生活态度，成为一个自信、快乐的人，能够学会简单、安静的生活，成为幸福人生的创造者”。

基于上述理解，我们认为生命教育，从内容上讲，就是教育学生如何看待生命、敬畏生命；从形式上讲，就是如何引导学生认识生命、体验生命，实现生命的价值。

三、主要做法

生命教育的达成路径必然与“人是什么”相关联。为此，我们把生命教育解构为五个命题：1．人与人类之外的生命；2．人作为一种自然存在；3．人作为一种精神存在；4．人作为一种社会存在；5．人作为一种情感存在。我们在生命教育的达成上紧紧围绕上述五个命题来展开。

（一）人与人类之外的生命

1．开展与生命相关的专题讲座，提高学生对人与自然关系的认识

林丽璇老师的专题讲座《走进奇趣的生物世界》将学生领进了一个奇趣的生物世界，向学生介绍了繁殖能力特别强的动物、长相奇特的植物、生物的生存意志等内容。林老师的课堂轻松诙谐，充满趣味，拉近了学生与生物之间的距离，使学生领略到了大自然的奇妙。

2．让生命教育走进课堂

陈佩丽老师《生态系统的物质循环》以碳循环为例，分析生态系统中的物质循环，培养学生迁移和分析的能力；通过分析“温室效应”的形成与危害，培养学生环境保护的意识。

3．引导学生亲近大自然

李明老师的“呵护生命，绿动青春——植树活动”课，把学生领进了姹紫嫣红、鸟语花香的丹樱生态园，使学生感受大自然的清新、美丽，使学生在亲手栽种“绿色”的过程中感受与小树同成长的喜悦。学生们在植树活动之后，还写下了《三月，金黄的油菜花》等优美的诗歌和散文。

（二）人作为一种自然存在

1. 加强学习研究，提高教师对学生生命健康的认识

人作为一种自然存在，其意义是重大的。失去肉体，精神便失去附丽。基于这种认识，我们的教育应当重视学生的健康，重视对学生的保护。杨玉坤老师、陈光辉老师、陈佩丽老师分别撰写论文《让心灵熏陶驿动生命活力课堂》《让生命之花美丽绽放——浅谈中学生生命教育》《浅谈在生命现象中实践生命教育》对该问题进行了探讨。

2. 与体锻健康结合

开展校运会和各种体育运动，增强学生体质，提高其生命活力，弘扬刻苦拼搏的精神。

3. 与逃生演练结合

开展安全逃生演练，提高学生的自救意识及团队互救能力。

4. 与消防安全教育结合

聘请濠江区消防中队官兵开展消防安全知识讲座及消防安全演练，师生参与演练，掌握相关消防器材的使用方法，学会自救，珍爱生命。

5. 与法制教育结合

聘请濠江区人民法院法官及法制副校长举办法制知识讲座；开展法制知识竞赛、法制知识书法比赛、法制教育主题班会等活动。增强学生的法制观念，培养健康向上的人格。

6. 与禁烟、禁毒教育结合

开展禁烟、禁毒教育讲座、宣誓仪式、图片展、辩论赛等活动。让学生认识毒品的危害，从而远离毒品，珍爱生命。

7. 开展生命教育主题班会

王熳老师开展的“生命在于坚持与信念”主题班会课效果突出，学生在活动中深深地体会到意志与信念是自然生存的力量。

（三）人作为一种精神存在

1. “热爱生命，为毛俊佳同学撑起一片蓝天”美食义卖活动（毛俊佳是本校一位患有白血病的学生）

整个活动自始至终，从陈升孝校长到全校学生都表现出了极大的热情，也表现出了对毛俊佳同学的热心和慷慨。本校教师也在活动上摆出了一个义卖摊位，他们把自己精心制作的美食甜点摆放在桌面上义卖，募集了大量的善款。

这可能是我校“生命教育”中最值得一提的活动之一。通过这个活动本校全体师生都体会到了生命的可贵，体会到了人性的真善美。

2. 举办形式多样的校内外活动

我们举办了成人节宣誓仪式、“传承美德，珍爱生命”朗诵演讲比赛、“让生命飞舞激扬”剧本创作比赛、“关注蓓蕾”青年志愿者义务助教活动、青少年“扶苗”行动等校内外活动。这些活动大大丰富了学生的课外生活，也引导了学生思考自身生命的价值。

3. 举办创作大赛，使学生在创作的过程中思考人生的价值

我们举办了“践行广东精神，共创幸福生活”“感悟生活，珍爱生命”等创作大赛，涌现出了陈兰君《我有我的尊严》、郑丽丹《为爱而牺牲》等优秀的学生作品。

4. 课堂渗透价值观教育

我们有意识地在课堂教育中渗透价值观教育。如佘晓宜老师《在画布里搏斗的人生》、林霞老师《热爱生命》等课例都很好地把价值观教育渗透到了学科教育中，使学生的精神品质得到很好的提升。

（四）人作为一种社会存在

1. 编写校本教材《河浦中学养成教育与文明礼仪常识读本》

《读本》由本校教师独立编写，编写该读本是本校在校本教育方面的一次大胆探索。该读本图文并茂，故事性强，对于指导中学生如何与人相处具有积极意义。

2. 搭建平台，展现学生风采

为提升学生自信，让学生树立积极的人生观和价值观，学校想方设法搭建平台。如我们组织了“校园十佳歌手赛”等大型校园活动，给予学生展现自我的平台。

3. 举办教师讲座，指导学生立身处世

为端正学生的交往心理，我们邀请了汕头市心理学名师刘威老师到我校开展心理辅导讲座，从细微处解决学生心理上的一些困惑和人际交往难题。

杨光勇老师主讲了《中学生如何处理好人际关系》的全校性讲座，陈汉锐老师深入课堂主讲了《中学生人际关系浅谈》，杨锡胜老师则针对不同群体学生主讲了《你了解中学生人际交往的心理特征吗》和《怎样在同学当中“得人缘”》。

4. 认真总结，撰写论文

我校教师在“生命教育”开展过程中十分注重经验总结，并撰写成论文，一些作品通过发表不断扩大影响，使生命教育得以延伸扩展。

杨锡胜老师先后撰写了《对中小学心理健康教育的思考》《从心理学角度谈生命教育》等文章；杨光勇老师撰写了《心理效应与学习互助小组》一文；郑惠如老师撰写了《心理效应在班级文化建设中的运用》一文。

（五）人作为一种情感存在

1. 进行亲情观问卷调查

我们对本校800多名学生做了一次亲情观的问卷调查。结果显示，只有11%的学生每年都记得父母的生日，72%的同学没有为父母盛过饭等。通过调查，我们了解到了学生的亲情观以及学生在与家庭成员相处中存在的一些问题，这有利于我们亲情教育的开展。

2. 收集感恩教育故事

千百年来，我们国家产生了许多感恩的故事。我们组织了以“感恩”为主题的小故事收集活动，并充分利用班会和语文课前十分钟时间，让学生将自己收集的小故事拿出来交流，和大家一起共享感恩教育资源。学生通过阅读、分享这类故事，从各个主人公的事迹里得到心灵的震撼。

3. 开展关于“亲情、友情、爱情”的专题讲座

我们开展了“敞开心扉，拥抱青春——青春期异性同学交往”心理讲座，本讲座主要是让学生思考与异性同学交往的益处，把握与异性交往的原则，促进男女同学进行健康、正常的交往。

我们还开展了如“生命中永不凋零的爱”的主题班会课，让学生真切感受到亲情的温暖，理解亲情的内涵，促进学生与家长之间情感的交流与沟通。

4. 编写读本，造感恩教育之势

通过前面的材料采编活动，学生的手中虽然积累了大量的感恩资料，但这些只是零散不系统的材料。我们要实施感恩教育，就必须将学生手中已有的分散的感恩教育资源汇聚在一起进行宣传，从而有效地营造一种有利于班级感恩教育开展的氛围。为此，我们汇编了《“三情”教育读本——直达心灵的温暖》。

四、基本成效

1. 理论成果

通过研究，我们认识到生命教育是基于对教育本质的理解而提出的。开展“生命教育”，实际上也是在全面育人。

生命教育开展期间，我们出版了《生命华彩——“生命教育”专题教师作品集》，该作品集收录了老师们的教案、论文、教育案例共计29篇。校刊《青青子衿》“生命教育”专栏发表了教师论文4篇。

陈升孝老师、陈楚周老师的论文《生命教育：基于对教育本质的理解》发表于《师道·教研》（2012年第11期）。陈楚周老师的论文《谈德育中的“快教育”》

《“子钓而不纲”——一个生命教育中的两难问题之我见》发表于《汕头教育》（2012年第6期、2010年第6期）。杨光勇老师的论文《心理效应与学习互助小组》发表于《耘心文集（五）》。

郑惠如老师的《心理效应在班级文化建设中的运用》发表于《濠江教育》（2013年1月总第2期）。

我们还向广东省教育厅申报了题为“中学生生命教育实践研究”的德育科研课题，该课题于2011年成功立项，并于2013年顺利结题，结题结论为优秀，成为汕头市该年度的三个优秀课题之一。

2. 实践成果

通过开展生命教育，我们的学生对生命价值的认识有了进一步的提升，更加懂得了热爱自然、热爱生命，更加懂得了与人相处，更加懂得了亲情、友情的可贵。

我们出版了《邂逅生命——“生命教育”专题学生作品集》该作品集收录了优秀学生作品81篇。校刊《青青子衿》“生命教育”专栏发表了学生作品11篇。

在生命教育开展的过程中我们还汇编了两个读本，分别是《养成教育与文明礼仪常识读本》和《“三情”教育读本——直达心灵的温暖》。

王熳老师的课例《生命在于信念和坚持》获广东省第二届“聚焦课堂提升学生思想道德素质”教学成果展示交流活动系列普通高中组一等奖。

陈楚周老师的诗歌《而我，只是栾家濑的一只白鹭》获广东省首届环保诗歌大赛优秀奖。黄春龙老师的诗歌《你是我的诗歌——写给濠江的山水》获濠江区“濠江秋韵”诗文大赛二等奖。

五、社会反响

我校开展生命教育以来，广大师生对于生命的认识已经提升到一个新的高度，并涌现出了许多尊重生命、敬畏生命、爱护生命的先进集体和个人。

先进集体方面，比如我校成立了濠江区首支青年志愿者服务队——唤希青年志愿者服务队。服务队自2010年成立以来，开展了许多有益于队员、有益于学校、有益于社会的活动，如“青少年关爱”盲童生活自理教习、“阳光计划”义务募集、“消除灾痕”义务劳动、“走向海洋”海洋权益保护和“校园环保行”等内容丰富、形式多样的志愿服务活动。因为事迹突出，服务队2013年被团汕头市委、汕头市青年志愿者协会授予“汕头市青年志愿服务先进集体”荣誉称号；我校2014年被汕头市文明办、团汕头市委、汕头市教育局授予“汕头市青年志愿服务示范学校”荣誉称号。

先进个人方面，比如我校涌现出了轰动一时的陈晓玲、陈业文等助人为乐青年学生。陈晓玲、陈业文是我校2014届高三级学生，也是河浦中学青年志愿者服务队成员。2013年10月30日下午5时50分，陈晓玲、陈业文在放学回家路上看到一位老人骑电动车不慎摔倒，由于天色已晚，来往车辆较多，老人又刚好摔倒在路中央，在这危急时刻，两位同学毫不犹豫地上前将其扶起并询问伤情。在得知老人无法自行回家后，两人主动把老人送到家，老人的家属对两位同学的行为表达了谢意。没想到第二天，老人的家人却找到学校，向学校反映是这两位同学撞倒了老人，要求两位同学给予赔偿。陈业文的家长在不了解事实真相的前提下主动陪同老人及其家属到医院检查，并垫付了1200元医疗费。当天下午，陈业文同学回家后得知此事，感到十分委屈，因为自己做了好事却被冤枉。为了澄清事情真相，他先找到学校领导反映情况，希望学校领导帮助他们还原事情真相。学校领导对此事十分重视，在分别询问两位当事人后，通过广播、网络等多种途径寻找到目击证人，后经警方核查，事情终于真相大白。受助老人承认自己一时糊涂，老人的家人也向两位同学表达了歉意，并退还了1200元的垫付医疗费。

陈晓玲、陈业文救人生命，急人所急，不图回报，弘扬中华传统美德，传递社会正能量，成为《都市晚高峰》高峰人物。此事还被中央电视台《焦点访谈》、《东方时空》、汕头电视台《今日视线》、《环球时报》、《羊城晚报》等广泛报道，事件受到社会广泛好评。陈晓玲、陈业文也被团汕头市委授予“汕头市助人为乐好青年”“汕头市优秀团员”等荣誉称号。

激发内动力，让师生主动发展

——佛山市南海区九江中学“点亮教育”德育特色报告

佛山市南海区九江中学
案例负责人：梁刚慧
案例主要贡献者：田冬冬　陈　熹

佛山市南海区九江中学是一所教育积淀深厚的区直属中学，有82年的办学历史。学校现有52个教学班，教职工205人，是国家级示范性高中、广东省普通高中教学水平优秀等级学校、广东省一级学校、广东省心理健康示范学校、中国特色教育理念与实践项目学校、佛山市德育示范学校……

《人民教育》对我校点亮教育的报道

我校在点亮教育的办学理念引领下，学校发展更加健康稳健，近年来，在同类学校中脱颖而出，高考成绩纵横对比呈大幅上升局面，涌现出了一大批品学兼优学生，体育、艺术类的特色教育精彩纷呈。我校点亮教育得到慕名前来参观访问的教育专家、学者的高度赞赏，点亮教育的做法和经验在《人民教育》《广东教育》《发现》和《学校品牌》等报纸杂志上均有介绍。近三年接待来自全国各地的兄弟学校学习团队近万人，极大地发挥辐射和引领作用。

一、“点亮教育”的提出

在新的形势下，学校德育“高投入、低产出”的现状正日益引起人们的重视，中学德育必须在创新中实现超越，走出低效的峡谷。在传统的教育思想中，教师是蜡烛，燃烧了自己照亮了别人，“照亮”只是一种被动接受的状态，而“点亮”才是一种主动的生命行为。我们认为，在教育的过程中，每一个人应该都得到发展，教育的发展应该以教育者与被教育者共同发展为归依。通过几年的探索与实践，学校鲜明地提出“教育，是点亮人的事业”的教育理念，逐渐形成了“点亮教育”德育办学特色。

二、理论论据

我们所倡导的“点亮教育”就是让人拥有一种主动发展的能力，一个被点亮的人，其内在活力就会被唤醒。点亮学生既符合育人的规律，也是育人的根本。具体而言，“点亮教育”是指通过创造性地利用各种优质、多元化的教育资源和手段，激发师生自我发展的内驱力，引导师生在人生目标的指引下，主动寻求自我发展的策略和方法，最终实现成就自我和激励他人发展的一种教育理念。这实质也是一种自我教育。同时，“点亮教育”包含双重意思：一是点亮自己，二是点亮别人。不管点亮自己还是点亮别人，其核心是激发内驱力，促使自我发展和激励他人发展。

三、主要做法

“点”是唤醒生命内在的精神力量，它的终极目标是“亮”，“亮”是精神、是文化、是教育的一种境界。所以，我们提出“点亮教育”的理念，并通过实践来探寻教育的真谛，进而点亮学生，点亮教师，点亮我们的校园。

（一）点亮“点灯的人”，推动班主任点亮自我和学生

1. 完善班主任自主成长模式

最好的成长是自主成长，最好的“点亮”是“自我点亮”。我校积极搭建自主成长的平台，提升班主任自主发展的意识和能力，让班主任在自主成长的同时感受成功的喜悦。我校班主任培训自主成长模式如下：

专家引领，激发自主发展意识。我们甄选最优秀的班主任专家，像魏书生、任小艾等，借助于他们的讲课录像、录音、发言稿及著作开展班主任培训。为班主任的发展指明方向，激发班主任的学习和自我发展的意识，让班主任踏上自主成长的快车道。

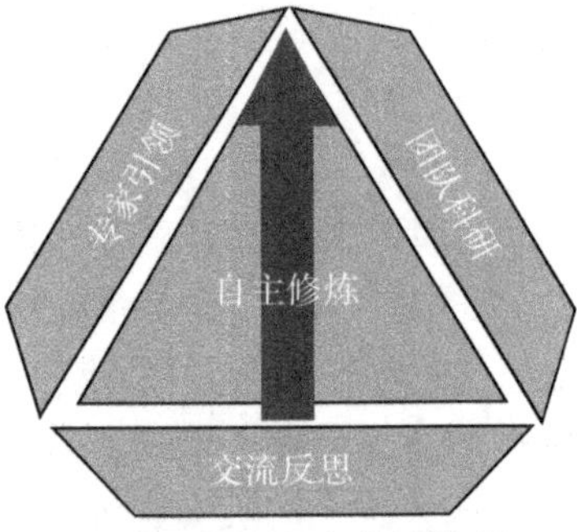

完美班主任自主成长模式

团队科研，提升科研意识和科研能力。我们引导班主任以团队科研的形式将理论指导和班级管理实践相结合，在实践中科研，从而推进整个班主任队伍的科研意识和科研能力，促进班主任的专业发展。

交流反思，发挥并生成班主任的主体智慧。我们促使班主任加强交流，学会在实践中反思，发挥班主任自身的能动性，促进班主任专业能力的提高。

自主修炼，享受自主成长的喜悦。我们通过有效促进班主任的自主发展，推动班主任不仅要做一个被“点亮”的人，更要做一个能够主动“点亮”自我和“点亮”他人的人。

2. 优化班主任培训方式

开展常态化德育系列讲座。我们以本校现有的省、市、区骨干班主任为骨干，借助省内、国内德育资源对班主任进行全员系统培训。通过常态化的系列德育培训活动激发班主任自主发展意识，提升班主任自主发展能力，更新班主任教育观念。这也为南海区班主任培训基地积累更加丰富的培训经验，进而探索更高效的班主任培训思路。

（二）创建“体验式”校园实践组织，促学生“自我点亮”

“体验式”校园实践组织是以学生为管理者的校园团体，以突出学生在活动中的主体性。通过向现实生活领域扩张，引导学生在学习知识的同时，自觉遵循道德规范，营造一个既有校园特色又有社会生活气息的学习氛围，使学生在这种氛围中获得道德体验，同化和凝聚情境中的道德规范，从而实现最理想的德育方式——“自我点亮”。

1. 坚持开发以学生为主体的活动情境

校园实践组织的开发应该从学生的生活经验和背景出发，提供充分从事体验活动和交流的机会，同时在学习过程中提高人文素质，增强实践能力，并积淀情感体验，自觉地调整道德认识。

2. “体验式”校园实践组织的工作流程

学校“体验式”实践组织的核心是走进生活，实现体验、外化和内化的道德培养过程，所侧重培养的是生活中最基础的道德认识、道德能力和道德智慧。我校“体验式”校园实践简要工作流程如下：

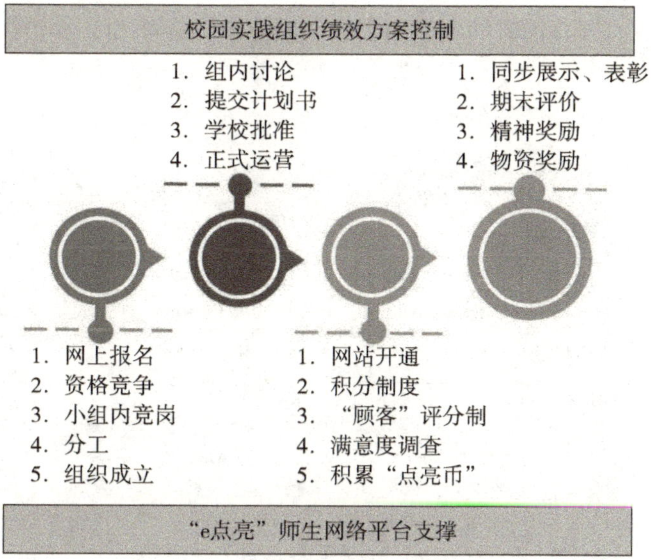

“体验式”校园实践简要工作流程

3. “体验式”校园实践组织德育框架

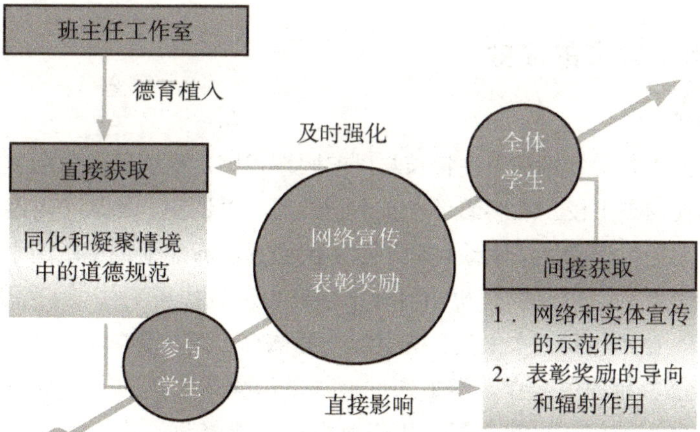

德育的时间和空间维度得到放大

（三）建设“e点亮”师生网络平台，让德育管理智能化

“e点亮”师生网络平台是以数字化信息和网络为基础，在计算机和网络技术上建立对教学、德育、科研、管理、技术服务、生活服务等校园信息的收集、处理、整合、存储、传输和应用，是使数字资源得到充分优化利用的一种虚拟教育环境。通过实现从环境、资源到应用的部分数字化，在传统教育基础上构建一个教育数字空间，以拓展现实德育的时间和空间维度，提升传统德育的运行效率，扩展传统德育的功能。

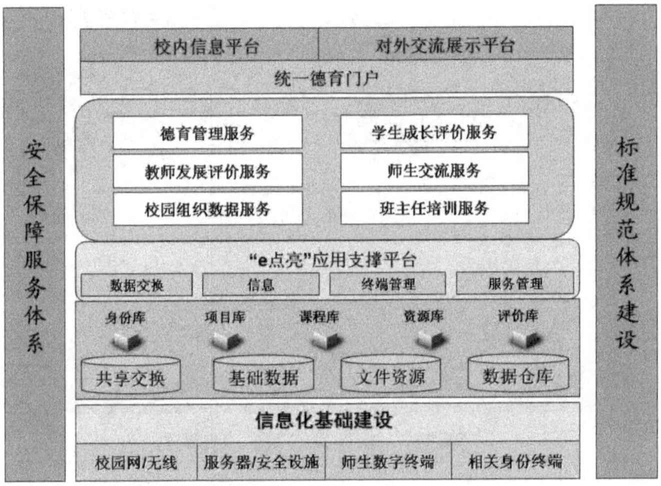

“e点亮”师生网络平台

四、点亮教育的成效

1. 点亮学生

我校学生的人文素质和个性特长与以前同期相比，实现了较大的发展。众多充满丰厚人生体验的杰出校友陆续踏进“礼山学堂”，以讲座、论坛、主题活动等形式就当前热点话题进行讲学，深深地触动了学生的心灵，激起他们无限的学习热情，鼓舞着每个九中学子为了自己的理想和目标不懈努力。我校班主任自主探索出的“小活动，大德育”“小视频，大人生”等多样化的德育手段，唤醒学生内在的精神力量，让其找到自己生命的闪光点。学生通过参与“体验式”校园实践组织的活动，自主选择目标，自我调控，自我发展，懂得对自己的选择负责，较好地促进了学生的自我点亮。

同时在2013年和2014年的高考中，我校出色完成上级下达的指标，不但实现了自我超越，更超越了同层次的兄弟学校。

2. 点亮教师

班主任自主成长模式引领着学校德育工作的蓬勃发展，近年来学校班主任屡获佳绩，班主任工作发挥标杆作用，班主任团队充盈着朝气和合作精神，实现了班主任自我发展和群体发展的整合。广东省中小学名班主任工作室、南海区班主任培训基地在我校相继挂牌成立，并涌现了一批省、市、区骨干班主任。德育团队近两年内发表在省以上正式刊物的就有13万字。

3. 点亮校园

我校初步形成了具有特色的、突出德育特征的“宏观、专业、量化”型德育模式，让问题探究和需求分析成为德育工作的开端，成为贯穿整个德育工作的主线，成为德育工作的归宿。

校长梁刚慧在全国新学校研究中心第八次实验工作会议上发言

“点亮教育”引领着学校的发展，也是学校品牌建设的立足点。通过实施“点亮教育”，让每一位师生找到自己生命的闪光点，点燃心中最美的梦想，成就璀璨人生，这是我们孜孜不倦的追求！

搭建平台聚爱心　创新体系育春蕾

河源市源城区源南学校
案例负责人：黄国良
案例主要贡献者：黄国良

一、产生背景

随着我国现代企业制度的建立、发展和劳动市场的日趋成熟，一部分农民逐渐离开农村，走向城市。“农民工”作为一个新的社会群体，迅速产生并发展壮大。由于经济发展相对落后，社会保障制度体系还不完善和户籍制度的滞后，大部分农民工还没有享受到城市居民的待遇，他们的未成年子女只有留在原籍，于是便形成了一个庞大的“留守儿童”群体。据了解，农村留守儿童的生活状态堪忧，他们生活上缺少关心，心灵上缺少关爱，学习上缺少辅导，是当前实施素质教育的难点。因此，关注农村留守儿童的教育研究势在必行，2011年源城区首个“希望家园”示范点在源南学校挂牌成立。希望家园的建立为留守儿童开辟爱的家园，为他们的茁壮成长撑起一片蓝天。

二、理念支撑

心理学理论告诉我们，人在需要中产生动力，在满足或基本满足需要时产生稳定的情绪，在和谐的情绪中才能接受外界的刺激和要求。关爱留守儿童是一项系统工程，涉及学生家庭（监护人）、社会环境、教师观念等诸多方面的问题，为了更好地、全面系统地进行农村留守儿童问题的研究，推动学校教育教学的发展。经过三年的研究，我们实现了预定目标，真实、全面地了解农村留守儿童的心理、学习生活状态，为学校和相关部门制定政策提供背景资料和学术支持，同时学校的“希望家园”也成为河源市关注留守儿童的示范基地。

三、主要做法

1. 给留守儿童一个“希望家园”

在团市委、团区委、区教育局的大力支持下，我校于2011年3月成立源城区第一所占地800多平方米的“希望家园”。为确保“希望家园”发挥其作用，达到育人目的。首先成立希望家园管理机构，我校“希望家园”由政教处负责，各部门相互协调，由团委会具体负责日常工作和安排各项活动，配备有专门的辅导老师。学校还制定了《希望家园工作制度》《希望家园工作职责》《留守儿童成长档案制度》等，进行规范、科学管理，并建立长效机制。其次做到“四保”：保证有一支有责任心的管理、服务队伍；保障经费的投入，学校有专项经费投入各种功能场室建设和各项活动的顺利开展；保证开放时间，“希望家园”的开放时间为周一至周五下午放学至18：00，双休日、节假日开放时间为8：30至18：00；保证教育内容、各项活动的有计划开展。孩子们可以在“希望家园”自主地活动，唱歌、跳舞、下棋、看书学习、健康上网、看电影、做手工、画画……每一项活动都有老师和志愿者参与、辅导，使孩子们在健康快乐中成长。

2. “希望家园”成留守儿童的乐园

学校充分利用和挖掘关爱留守儿童的资源，拓宽关爱渠道，争取社会各界力量关爱留守儿童，在“希望家园”开展形式多样的主题教育活动。如邀请对越作战法卡山“坚守英雄连”连长、战斗英雄、一等功臣丘潭安为留守儿童做“生死较量，尽显军人本色”的爱国主义教育讲座；镇关工委组织大学生村官做“读书成长、立志成才”前途理想教育专题报告；争取香港慈善机构为留守儿童赠送学习和生活用品，配合团区委组织全区各团组织、部分团员在“希望家园”开展“幸福源城，青春情暖”“朝阳行动”，参与深圳罗湖区团委和源城区团委“手拉手”关爱留守儿童志愿服务活动；邀请广东木偶艺术剧团的志愿者们来到“希望家园”为留守儿童表演。以上所有

河源市源城区源南学校“希望家园”

活动的开展，体现了社会各界对留守儿童这个群体的关注、关怀，有效地促进了留守儿童身心健康的发展。

3. “希望家园”是留守儿童心灵的港湾

农村留守儿童与父母聚少离多，缺少父母应有的关爱，与普通孩子相比较，容易出现心理失衡、亲情失落、生活失助等问题，极不利于他们的健康成长。因此，“希望家园”开设了心理辅导室，聘请心理专家为学校留守儿童提供切实有效的心理服务，帮助他们克服成长过程中遇到的各种心理问题，及时给留守儿童解答各种困惑，促进其身心健康发展。200多名志愿者不定期到学校与留守儿童开展沟通交流活动，使他们接触外界、感受社会提供的细致的志愿服务。三年多来，一个又一个团体、一批又一批的热心人士来到我校“希望家园”，为留守儿童伸出援助之手，奉献出爱心，打造了留守儿童心灵的港湾。

四、基本成效

1. 留守儿童情感、心理的需求得到一定的弥补

通过三年的研究实践，留守儿童的教育管理状况出现了“四个好转”。一是留守儿童生活自理能力增强，行为习惯明显好转。二是留守儿童心理健康水平明显好转，由于集体活动、校园文化活动的增多，一些留守儿童孤僻、任性、暴躁、自控能力差等不良性格明显好转，心理健康水平提高，厌学心理得到有效控制，逆反心理得到缓解。三是留守儿童监护人教育观念明显好转。通过家访、电访和家长沟通，通过举办家长学校，对家长、临时监护人进行培训，提高了寄宿留守儿童监护人对留守学生教育、保护的认识和水平，明确了职责，增强了监护能力。四是广大老师对留守儿童的关注意识、关爱意识、帮扶意识明显增强。

2. 培养锻炼了留守儿童工作队伍，促进了教师的专业化成长

我校教师在关爱农村留守儿童研究过程中，自觉学习相关理论知识，自觉根据“希望家园”实施方案要求开展研究活动，遇到问题或与同组组员共同探讨，或向专家请教，努力攻克难关，使自己的科研能力得到了锻炼和提高。在希望家园研究过程中，通过学习理论，锻炼了一批改革意识强、业务能力强的青年教师队伍，提高了他们开展教科研活动的能力和水平。他们根据实际、根据现状，积极参与希望家园研究，把研究与理论联系起来，与实际联系起来，并努力寻求解决这一问题的途径，使教研水平有了很大提高。希望家园研究成员通过实践，完成了相当数量的专著、论文、总结等。 如文柱国老师撰写的论文《爱心培养在农村学校留守儿童中的作用》在《知识经济》月刊发表；邱小军老师撰写的论文《以人为本的班级管理初探》获市一等奖；肖伟辉主任撰写的论文《农村留守儿童的心理健康教育研究》获市三等奖；

游周芳老师撰写的论文《将和谐的师生关系进行到底》获市优秀奖。希望家园的成员将完成的希望家园研究论文、荣誉等进行收集，并汇编成册，这其中有学校教师1人被评为“南粤优秀教师”，3人被评为“河源市优秀班主任”，2人获源城区“十佳教坛新秀”称号，4人获源城区“十佳教学能手”称号，3人被评为“源城区优秀班主任”，1人被评为“源城区优秀教师”。教师参加教育教学评比荣获国家级奖励1人次，省级奖励5人次，市级奖励31人次，区级奖励35人次。教师撰写的论文在省、市级刊物发表有40多篇。学生荣获各级奖励中国家级奖励1人次，省级奖励1人次，市级奖励7人次，区级奖励32人次。

五、社会反响

源南学校自2011年3月9日成立河源市第一所“希望家园”以来，我校的“希望家园”受到广泛的关注和赞誉并成为全市“希望家园”的示范基地。源南镇和平村老人罗世忠说起“希望家园”，脸上挂满了笑容。他说，孙子的父母在广州务工，常年不在家。以前一放学，孩子就四处溜逛，不听教导，现在有了“希望家园”这个场所，他迷上了看书，比以前更懂事了。

学校“希望家园”的建立和活动的开展，使师生关系更加融洽、平等、民主，大大提升了我校德育工作水平，创造了良好的校风。同时，为社会各团体、各界人士关爱农村留守儿童提供了平台。很多热心人士来到这里看望留守儿童，给他们以父母般的温暖。源南学校以创新关爱留农村守儿童关爱体系作为学校德育工作经验先后在源城区教育局和河源市教育局中小学德育工作会议上做经验交流，受到上级教育主管部门和社会各界的称赞。

感恩教育与小学生社会责任意识培养研究

惠州市第一小学
案例负责人：黄焕新
案例主要贡献者：童剑波　严庆云

一、研究背景

在一小百年的历史进程中，千千万万的莘莘学子用他们的所学、所得、所感、所悟回报国家、回报社会。这种知恩图报的精神是我们教育教学的生动教材。针对近年来普遍孩子感恩意识缺失，缺乏责任意识的问题，我校旨在通过本案例研究，营造一股浓厚的校园人文氛围和感恩情怀，用3年时间，逐步培养起全校师生的“知恩、感恩意识”，并形成在此意识指导下的能体现和谐与进取精神的校园文化，引导学生树立正确的世界观、价值观和人生观，具有强烈的社会责任感和历史使命感，使学生拥有健康的、积极的心态，学会用爱心回报他人、回报社会。

二、理念支持

“感恩”一词在《现代汉语词典》里解释为“对别人所给的帮助表示感激”。感恩教育是教育者运用一定的教育方法与手段、通过一定的感恩教育内容对受教育者实施的识恩、知恩、感恩、报恩和施恩的人文教育。也就是要引导学生逐渐养成感恩的心态和习惯，使“感恩”成为一个人的不自觉的思维意识和行为习惯，突显社会责任意识，作为个人个性品质的组成部分馨香而恒久地存在，对他人、对社会、对自然、对生命常怀感激之心和致谢之情。常怀感恩之心，从个人角度而言，会使心胸恬淡、胸怀宽容广博，促进和谐人际关系的建立，有利于事业的成功；从社会角度而言，人人常思回报，少索取，将使整个社会和谐、稳定，是社会整体文明程度提高的重要表现。这对树立正确的人格有着十分重要的意义。

有效的德育活动离不开德育资源的支持，感恩教育应是学生思想教育的有机组成部分，只有和其他思想教育内容结合起来，才能发挥其真正作用。因此，我们尝试充分开发利用和挖掘整合德育资源。开发和利用德育资源，我们更多的是借鉴心理辅导的活动方式，根据学生的现实生活制定感恩教育内容。在一小百年的历史进程中，千千万万的莘莘学子用他们的所学、所得、所感、所悟回报国家、回报社会。这种知恩图报的精神是我们教育教学的生动教材。作为一小的后来人，我们有责任，也有义务把这种精神传承下去，从知恩开始，从感恩出发，用行动传承百年老校的优良传统，以感恩教育为主线，为国家、为社会培养出合格的接班人。

三、主要做法

我校致力打造硬环境，让感恩遍及校园每个角落。自2009年起，我校就着手规划校园环境，统筹学校布局，彰显百年老校的优良传统。如校园里隽刻百年老校的百年大事纪、学校发展历程、知名校友的动人事迹等，营造耳濡目染的感恩氛围等。

案例研究阶段，我校全面实施“感恩教育”，努力夯实软环境，让感恩教育春风化雨，形成了以“责任心”为核心的学校教育特色。我校编撰了《走校友成功之路》《古诗文风韵》《成就一生好习惯》校本教材，不断修正和完善方案，积累相关资料，根据实施执行计划进行研究。分别组织实施各类“感恩与珍惜”教育活动，引导学生开展丰富多彩的体验活动，帮助学生树立感恩、珍惜意识，并使之转化为前进的动力；收集第一手资料，并进行整理分析，根据不同的年龄段，建构小学生感恩、珍惜教育的目标、内容、方法、途径体系，撰写阶段性研究报告。

我校还注重拓展感恩渠道，在教育活动过程中，通过家长会、家校联系卡、电话联系、家访等方式让家长了解案例实施的意义，积极参与到教育活动中来，以共同实现对孩子的感恩父母感恩社会教育。并让感恩教育进入社区，使其成为培养学生有责任心的补充渠道。例如，由学校牵头，协同社区组织，构建学生社区服务体系，成立了假日服务小队。通过引导学生参与社区服务活动，在社区服务的亲身实践中，明确对社会的责任。

四、基本成效

1. 形成了以“责任心”为核心的学校教育特色，打造硬环境，让感恩遍及校园每个角落

我校坚持把德育作为学校工作的重中之重来抓，并把“责任心”作为一小精神的核心。自2009年起，我校就着手规划校园环境，统筹学校布局，彰显百年老校的优良传统，让感恩遍及校园每个角落。

2. 夯实软环境，让感恩教育春风化雨；开展了丰富多彩的感恩活动，让感恩教育植入孩子们的心田

我校努力夯实软环境，让感恩教育春风化雨，并坚持开展丰富多彩的感恩活动，让感恩教育植入孩子们的心田。我校编撰了15,379字左右的《走校友成功之路》、142,790字左右的四册《古诗文风韵》及52,399字左右的《成就一生好习惯》校本教材；案例主持人黄焕新校长撰写了《黄焕新论文、案例汇编》《用整个的心　做整个的校长》。学校将近年来的成果汇编成了《通过知恩感恩，培养学生社会责任》成果之教师篇、《通过知恩感恩，培养学生社会责任》成果之学生篇、《通过知恩感恩，培养学生社会责任》成果之家长篇等文集；制作了“岁月如歌　感恩永存”毕业生欢送会、“学雷锋　我争章”总结表彰大队主题队会等音像制品。

3. 案例研究促进了学校的内涵发展和可持续发展

案例研究转变了教师的教育观念，促进了教师的自我发展。我校教师论文获奖率大大提高，学生在国家、省、市、区各级各类比赛中获奖达282人次。案例研究亦促进了家校合作的发展，提高育人实效。在感恩活动过程中，我们重视教师自身的素质，以身作则，关爱每一位学生，教师的言行对孩子们有着潜移默化的作用，无形中就培养了他们的感恩意识，同时也收获孩子感恩的心。越来越多的家长义工积极参与到学校的教育活动中，减轻了学校管理的负担，形成了非常和谐的家校教育合力，为学生健康成长创造了有利条件。同时，家长义工这种助人为乐的精神经过家长言传身教，也逐渐渗透到孩子内心深处，对孩子成长不无裨益，由家长义工延伸出的义工精神也会让这个社会更加温暖。

五、社会反响

两年来，案例研究推动了我校新的德育管理模式的发展，学校管理民主化、人性化。案例研究亦优化育人环境，促进了学校的内涵发展和可持续发展。学校的社会影响力不断扩大，成长为全市最好的学校之一，在社会上拥有很高的知名度。2011年以来，学校先后被评为广东省首批安全文明校园、广东省首批语言文字规范化示范校、广东省集邮示范校、广东省现代技术实验学校、惠州市“美丽校园”、惠州市心理健康教育示范学校、惠州市安全文明校园、惠城区文明单位、惠城区创建广东省教育强区工作先进单位、惠城区师德师风建设先进集体、惠城区交通安全文明学校、“一、四、七”工程验收先进单位、区教育科研先进集体、区“先进党支部”、人民群众满意学校、惠州市城乡教育联动发展先进集体、惠州市未成年思想道德建设“旭日奖”先进单位、惠城区中小学教师校本培训现象观摩活动校本培训展板优秀设计奖、校务

公开民主管理贯标认证省A级单位；2011年被评为市级绿色学校，2011年4月顺利通过区德育绩效示范校、区青少年科学教育特色学校的评估，成功创建惠州市党务公开示范点。原四（3）中队被评为广东省少先队“先进中队”称号。在2011年小学教学评优活动中我校语文科组被评为优秀科组。仅2011至2012这一学年，我校教师有52人次获得国家、省、市、区各项荣誉。而学生素质不断提高，促进学生的可持续发展。在以感恩教育为核心的系列化的德育活动中，不但提高了学生的思想品德，同时还促进了学生的自主管理能力，提升了学生的综合素质。2011年至今，我校学生在国家、省、市、区各级各类比赛中获奖达282人次。

日行一孝：让行孝成为每一个人的生活习惯

中山市体育路学校
案例负责人：罗坚红
案例主要贡献者：孙　华

一、产生背景

“百善孝为先”是中国的传统美德，是每一个中国人都认同的道德观念。但由于国家计生政策的实施和社会发展，我国已经进入老龄化社会，空巢老人多，亲情淡薄，行孝成了一种可有可无的道德施舍，继而常出现空巢老人状告子女的现象，习近平总书记也号召人民常回家看看。因此，我校创新性地提出“日行一孝”，让行孝成为每一个人的生活习惯。

二、理念支撑

我校罗坚红校长提出：“成功的人生从好习惯养成开始！”行为心理学家提出的小步子技术认为，人要养成一个基本习惯需要21天，要形成比较固定的习惯需要坚持90天。因此，“日行一孝”坚持21天、90天，甚至在体育路学校学习的六年，学生定能“让行孝成为每一个人的生活习惯”。

三、主要做法

（一）亲子交流：因了解而尊重

亲情的淡薄是导致孝道缺失的重要原因，而亲情淡薄的原因是缺少亲子思想沟通。因此，我们组织“孝顺主题班会”，要求每一位学生回家了解父母长辈的成长、工作历程，知道他们为家庭付出的努力和艰辛，从而培养学生尊重、关爱长辈的思想感情。此外，学校利用妇女节组织“做孝顺妈妈的好孩子”主题班会，通过“每期一梦”、日记等形式加强亲子沟通交流，融洽亲子关系，使亲子间、亲人间因为加强沟通而相互了解、相互尊重，为“日行一孝”的实施打下坚实的情感基础。

（二）孝顺故事：因感触而行孝

我校利用红领巾电视台，每天中午播放《中华德育故事》《感动中国》的孝顺故事，播放有关孝顺的新闻报道等，触动学生的心灵，营造孝顺教育的氛围。此外，学校有针对性地让学生了解古代孝道与新孝道的区别，掌握正确的行孝的方式与方法，为“日行一孝”的实施打下坚实的方法基础。

（三）日行一孝：因行动成习惯

1. 达成共识，形成教育合力

我们发现，许多家庭的孩子不懂得孝顺，是因为家长的教育方式出现了问题。所以，我校在实施活动前召开家长会，把实施的意义、方法告诉家长；组织家长观看孙云晓先生题为“培养孝心从培养爱心开始”的家庭教育讲座等，形成教育合力。

2. 明确指引，促使孝道可行

首先推行《感恩作业》指导师生和家长的孝行，就是要求师生每天选取其中的一两项来完成。例如，捶背；盛饭；递拖鞋；倒一杯茶；与父母聊天；送生日礼物；参与家务劳动；为爸爸妈妈讲讲故事、唱唱歌；上放学打招呼、问好等。这些都是师生举手之劳，完全可以做到的。然后，再利用母亲节、父亲节、敬老重阳节及空余时间等，设计节日孝顺作业，如，给父母一个吻；给父母一个一分钟拥抱；给父母端茶、请安、做家务；给爷爷奶奶捶背、梳头、洗脚；和父母聊聊天等，增强亲子间的沟通，促进情感间的相互理解及处事上的共同认识。通过力所能及的孝顺作业，把孝顺教育融入日常的小事中，促使孝道可行。

3. 每天登记，形成行孝习惯

我们根据行为心理学小步子技术原理，设计了“日行一孝”登记表、“日行一孝”积分卡。就是要求家长配合，每当孩子在家完成孝顺作业以后，就在相应表格上填写记录，并进行评价。教师的行孝记录以教师每天组织孩子进行自我反思、自我教育的形式进行。

4. 落实评价，树立孝顺榜样

每天下午放学前五分钟时间，由班主任组织，四人小组总结昨天“日行一孝”的情况，然后，四人小组长对于做得好的组员在“日行一孝”积分卡上加分。班主任及班委每周统计，并给每周“孝顺之星”颁发胸章，每天佩戴；每月统计分数，评选班级每月“孝顺之星”，在升旗仪式上校长亲自颁发奖状。学校定期出版《孝顺报》发布学校“日行一孝”的校园工作信息，树立孝顺榜样；收集师生的孝顺故事，编辑出版了《最美孝顺孩子》一书，树立孝顺榜样，完善整个“日行一孝”的管理机制，使该项工作落到实处。

5. 亲子作业，落实全员行孝

在“日行一孝”活动中，最显著、有效的特点是，孝顺作业由学生和家长共同完成，使家长在跟着孩子完成孝顺作业的同时，学生的父母与爷爷奶奶、外公外婆的亲情得到进一步的融洽，父母们也更加懂得孝顺。许多爷爷奶奶、外公外婆写来了表扬信，表扬“日行一孝”惠及家庭、惠及老人。

四、基本成效及社会反响

1. 促进了学生、教师的发展

学校通过问卷对实行“日行一孝”活动前后进行调查，得出了以下的一些数据：学生方面，99.92%的家长认为学校举行“日行一孝”活动后，孩子的道德觉悟有明显的提高；99.81%的家长认为孩子比以前更健康、更快乐；97.78%家长认为孩子学习更加轻松、快乐，成绩有进步。在实施“日行一孝”活动的三年里，学校的教学质量得到稳步提升。学生参加各种学科竞赛获奖每年平均增长20%；学校参加石岐区教学质量检测每年均名列前茅。教师方面，师德表现有明显提高。教师们更加敬业、乐业，爱校如家、爱生如子；教师们的精神状态、工作积极性有明显的提升。学校被评为了石岐区师德先进单位、中山市师德先进单位。

2. 促进了家庭的和睦

一位妈妈这样说：“我儿子以前一直很调皮。经常在妈妈上街前把妈妈的手机藏起来；每天放学以后，一进家门鞋子乱扔；在家里当小皇帝，每件事都是衣来伸手饭来张口。自从学校实施了‘日行一孝’以后，孩子每天放学第一件事就是整理家门口的鞋子，每个周末主动要求和奶奶一起买菜；每顿饭都主动为长辈盛饭，还经常为我捶背、梳头，简直变了一个人似的。”

有一位妈妈这样说：“每天看到孩子回家做‘日行一孝’孝顺作业，还经常回家督促我和她一起做。刚开始的时候，我觉得不好意思，因为我和我婆婆关系不好，我不情愿去做，但是在孩子的监督下，为了教育好孩子，我硬着头皮对婆婆做孝顺作业。慢慢地，我发现婆婆变得不难相处了，发现我的先生更加疼爱我了，是‘日行一孝’给我的家庭带来了更大的幸福。”

像这样的例子还有很多很多。

3. 促进了学校的发展

“日行一孝”活动推出后，学校的各项工作上了一个台阶。学校被评为广东省德育示范学校、中山市德育示范学校，被中山市委宣传部评为中山市修身学堂示范点、中山市修身学堂总校、石岐区修身学堂总校。近年共有30多个批次，2000多同行到校参观。《南方日报》中山观察、《中山日报》、《中山商报》、《中国德育》等报纸杂志对我校“日行一孝”、师德建设、德育工作等进行报道并给予了高度的评价。

时任广东省委常委、广东省委宣传部部长庹震到校视察后感慨地说：“你们学校‘日行一孝’工作做得非常好！孩子们懂事、孝顺，还惠及了每一个家庭。我们一定要好好宣传你们这一个典型。”2013年4月7日，广东电视台到校进行采访，并在新闻联播节目报道我校“日行一孝”的做法。广东省委宣传部组织的“广东省修身研讨会”于2013年7月30日在中山举行，我校作为教育界的唯一指定点，接受来自全省的100多位省委、市委领导到校视察。

国球文化育人模式的构建与推广

中山市石岐高家基小学
案例负责人：黎爱珠
案例主要贡献者：李晓瑛　尹　程

一、国球文化育人模式产生的背景

高家基小学有着悠久历史，在百年发展历程中全面推进素质教育，也十分注重学校特色的打造。经过一代代高小人薪火相传，乒乓球已成为高小的品牌。学校乒乓球队参加一年一度的中山市容国团杯小学生乒乓球赛和中山市传统项目学校比赛，连续20多年获团体总分冠军。因培养了以世界冠军江嘉良为代表的大批乒坛健将而被誉为"乒乓摇篮"。卓越的办学成效，使学校先后被评为国家、省体育传统项目学校先进单位、广东省体育特色学校，享有极高的知名度和美誉度。

现实困惑：一是长期以来，每个年级只有三四个学生有机会打球，其他学生无缘触球；二是在新的历史时期，如何将学校优势资源乒乓球的效益最大化？

思路与出路：一是真正的特色应该是金字塔式的人才培养模式，在普及的基础上进行尖子培训；二是通过课题研究，将乒乓球作为育人的载体，将学校体育特色上升为学校特色文化，探索出具有本校特色的国球文化育人模式，达成以文化人、以文育德的目标。基于以上思路，"国球文化育人模式的构建与推广"经过了前后六年的实践与探索，应运而生。

二、国球文化育人模式的理念支撑

著名教育家杜威倡导的"从做中学"是乒乓球文化育人模式的理论支撑。"从做中学"也就是"从活动中学""从经验中学"。我校乒乓球文化育人模式的构建就是以学生的直接感性经验为依托，学生在与乒乓球亲密接触的同时，吸取育人的营养，促进学生知识技能与情感价值观的和谐共进。

三、国球文化育人模式的概述

我校国球文化育人模式可以概括为以球辅德，体验升华；以球促智，感悟明理；以球怡情，超越自我。

1. 以球辅德，体验升华

在开展乒乓球文化育人模式的研究过程中，乒乓球为我们搭建了一个平台。在这个平台上，对乒乓球运动的认识不是停留在“体”的层面，其育“德”的作用被充分挖掘出来了。

2. 以球促智，感悟明理

乒乓球蕴含着丰富的教育资源，对人的智力发展和智慧的生成是潜移默化的。在国球教育系列活动的参与中，一件件创新性作品的诞生，就是师生智慧的结晶、学校精神的凝练。

3. 以球怡情，超越自我

我校充分挖掘百年老校的内涵，围绕明显优于同类学校的乒乓球特色项目，通过具有个性化的外显环境、校本化的课程体系、独特的教育教学管理制度，让全校师生在与乒乓球的亲密接触中，在实实在在的文化拓展的教育教学活动中感悟乒乓文化并受其滋养，在春风化雨中拓宽师生的文化视野，陶冶师生的情操、启迪师生的心灵，实现自我超越。

四、国球文化育人模式的构建

1. 构建的思路

第一层面是打球实践。主要是针对乒乓球训练的普及，着眼于师生增强体能，掌握和应用基本的乒乓球运动技能，培养运动的兴趣和爱好，形成坚持锻炼的习惯，培养可能对他们的一生产生重大影响的一技之长。

第二层面是拓展活动。是对乒乓球的深度挖掘，充分开发和激活人体自身的各种潜能，使之成为具有较强的综合能力、分析理解能力和创造能力全面发展的综合型人才，核心是促进学生全面和谐地发展。

第三层面是提炼文化。国球的文化内涵很丰富，我校努力让研究的过程成为师生共同探索的过程，成为共同挖掘国球文化并浸润其中，受其激励与引导的过程。

2. 构建的举措

乒乓创意——乒乓球手工制作、乒乓主题书画创作、乒乓球操舞、乒乓球小品、乒乓球服装设计展示——培养了学生欣赏美、创造美的优秀品质。

乒乓探密——乒乓球创新玩法、乒乓球科学小报告、小发明、乒乓球主题数学英语实践活动——培养了学生突破自我、不断超越的创新精神。

乒乓畅想——乒乓主题手抄报、乒乓运动发展史、乒乓名将、“我心中的乒乓明星”征集、“乒乓精神伴我行”征文——培养学生立志成才、为国争光的爱国主义精神，培养学生敢于竞争、勇于拼搏的意志品质。

乒乓调查——“中山市乒乓球运动发展现状调查”综合实践主题调查，搭建从学校走向社会的桥梁，为学生沟通、协调能力和搜集处理信息能力的提高提供锻炼与成长的时空。

乒乓班级——创建特色班级，拓展乒乓特色班级文化是校园文化的重要支撑点、落脚点。

乒乓盛宴——综合性的乒乓文化盛宴提升了师生的文化品味、学校的文化品质。

五、国球文化育人模式的创新之处

挖掘学校乒乓球运动特色教育的内涵，将开展体育活动、校园文化建设和爱国主义教育有机地融为一体，整合培育小学生的健康体质、活力志向、创意思维、拼搏意志和爱国精神。将学校的体育特色项目打造成学校的特色文化。将乒乓球文化校本化、课程化，进一步整合教育资源，促进学校品牌文化的形成。通过学科渗透、开发校本课程，形成有系列、有主题的乒乓文化课程，让孩子们能更多更全面地接触并感受国球文化的魅力，形成和深化其思想道德观念。以乒乓球为载体，以球辅德，以球怡情，在弘扬传统特色的同时，从乒乓球精髓中吸取育人的营养，形成独特的校园文化，以文育德，以文化人。

“国球文化育人校本模式”，是全省推广的中山市“教化育人”德育经验在基层单位的缩影。“国球文化育人校本模式”基于学校传统特色，把学校传统特色资源与学校发展、与德育特色品牌创建相结合，是一种德育创新举措，也是中山“教化育人”德育经验的学本体现。“乒乓传统和国球精神”系列教育活动，结合学校日常教育教学工作，实效性强，能充分挖掘体育教学的德育功能和育人功能，将德育与学科教学有机整合，体现了现代德育的发展方向。

六、国球文化育人模式的社会反响

学校开展的“乒乓传统和国球精神”系列教育活动和“国球文化育人”的办学模式得到家长和上级教育行政部门的高度认可与广泛好评。我校国球教育广受关注，《南方都市报》、《中山日报》、中山电视台、《中山教育信息港》也对我校的乒乓球主题活动进行了报道。近年来，同样具有乒乓球特色的省市内外几十所兄弟学校近千人，纷纷前来交流学习，切磋球技，交流育人体会。

经过八年的实践与研究，我们明显感觉到学生的身心得到锻炼与提升，个性张扬，学校的校风、学风、教学质量也在研究的过程中得到进一步提升。学校连年被评为区推进素质教育目标评估先进学校、教学质量先进学校；先后多次获得中山市文明单位、校园文化先进单位、市师德建设先进单位等荣誉称号；先后被评为国家、省、市体育传统项目学校先进单位、广东省体育特色学校，多次获得省传统项目学校体育道德风尚奖。学校的知名度和美誉度得到进一步彰显。学生的健康成长，学校的发展进步，正是国球文化育人模式的构建与推广在我校开出的绚烂花朵。

体育德育融合，创建学校德育特色

东莞市莞城运河小学
案例负责人：谢光厚
案例主要贡献者：李保光　刘翠萍

毛泽东主席曾经说过：“体者，载知识之体而寓道德之舍也。”这句话形象地说明了体育和德育之间的关系，在今天看来，体育仍以其丰富的活动性、社会性不断地对学生的思想品德进行教育，并起着重要的影响。以下是我校在德育工作中的实例。

一、案例背景

莞城运河小学以招收新莞人子女为主，新莞人子女占65%以上。这些新莞人家长大部分文化素质偏低。他们往往忙于生计而耽误了对孩子的家庭教育，致使新莞人孩子的行为习惯、身体素质、心理素质等方面存在着很大的不足。在日常的课堂教学中，表现出注意力不集中、自我约束能力差，课堂参与积极性低等问题；在集体活动中，他们则常常表现出集体意识不强，爱打闹。可见，外来工子女的心理健康也亟待关注。

我校一直秉承“尚善阳刚”的教育理念。希冀在同一蓝天下，所有的孩子都能健康、快乐地成长为德、智、体全面发展的社会主义建设者和接班人。通过大量的观察，我们发现运河小学的学生特别热衷于体育活动，在体育活动中表现出课堂学习中少有的积极与热情。于是，学校经过集体研究，提出了通过将体育与德育进行融合，以体育德，以体促德的教育发展思路。

二、理念支撑

毛泽东早年在《体育之研究》一文中就曾指出：“体育一道，配德育与智育。而德智皆寄于体，无体是无德智也。”他认为体育的作用在于能“强筋骨”“增知识”“调感情”“强意志”。因此，体育、德育是人的综合素质中两个重要的方面，体育和德育的融合能更好地促进学生的全面发展。

我校提出的“体育和德育融合”，正是指学校通过有目的、有计划地开展一系列的体育活动，让学生在掌握体育知识、技术的同时，锻炼学生的意志，培养学生爱国主义和集体主义精神，培养学生服从组织、勇敢顽强、积极进取的心理品质，培养学生良好的个性修养和道德风尚。

三、主要做法

（一）根据学校的实际情况和学生的年龄特征，研究编写大课间体育活动校本课程并实施

1. 编写大课间体育活动校本教材

设计理念：尚志求美（刚柔相济，健、美合一）。

设计原则：

循序渐进，张弛有度；

因地制宜，因时而宜，因人而宜。

2. 建立测试评价体系，落实校本课程

建立评价制度；

制定评价方案。

3. 实施校本课程，形成三级教学网模式

学校成立大课间组（一级大课间组），由学校有关行政、体育老师、音乐老师组成，负责大课间的编排、组织、协调等工作，并制定相关制度、规则。

由正、副班主任组成二级大课间组，实行包干制，每个班分成两个小组，正、副班主任各负责一个小组，主要负责督促该小组学生练习，负责教学本班的大课间的教学任务。

由表现突出的学生组成三级大课间组，负责个别同学的帮学工作。

（二）在实施大课间活动的同时，开展丰富的体育文化活动，创设与德育融合的环境

1. 积极开展阳光一小时体育活动

晨跑：每天早晨学生到校后，进行15分钟左右的跑步锻炼。

大课间体育活动：每天8:55—9:25进行体育大课间活动。

班级体育活动：当天没有体育课的班级，下午第三节进行体育活动。

2. 以丰富的活动营造体德融合的氛围

（1）举行大课间比赛

为了增强学生集体主义观念、培养学生良好的行为习惯，提高学生身体素质，我校以年级为单位，举行大课间比赛。大课间比赛，对丰富校园文化生活，营造积极向上的学风起到了很好的作用。

（2）校运会

为进一步提高我校阳光体育运动的水平，增强学生体质，营造体德融合的氛围，我校每学年举行一次校运会。通过运动会弘扬公平竞争、团结协作的道德风尚，弘扬奋发进取、追求卓越的拼搏精神，进而铸造一种自强不息、刻苦努力、求实创新的人文精神，取得自身更大的进步。

（3）大课间开放日、亲子运动会

举办大课间展示活动，旨在让家长亲身感受大课间给孩子们带来的变化，让“每天锻炼1小时”的意识和习惯不但深入师生，还能深入家庭，让学校大课间走得更远。

（4）走进军营

近几年，我校每年组织学生到德育基地和附近海军部队军营参观交流，体验军营生活，与部队官兵开展联谊活动。通过军营体验活动，增强了他们的自尊、自强、自立的能力，促进了他们养成良好的行为习惯，激发了他们的爱国热情，让学生树立报效祖国的远大志向。

（5）开展“励志阅读”活动

生活因读书而精彩，为了让书香溢满校园，让奋发向上、自强不息成为师生最好的品格，我校开展了“翰墨书香溢校园，励志经典助成长”的励志阅读活动。

（6）“我心中的大课间”征文活动

为了进一步培养学生体育锻炼的兴趣、团体合作精神和个人坚强毅力，促进学生身心全面发展，营造文明、健康的校园文化氛围，开展了“我心中的大课间”征文评比活动。

（7）“阳光大课间　感动你我他”感动校园十大人物评选活动

学校举行了“阳光大课间　感动你我他”感动校园人物评选活动，通过发现身边的感人故事，以自荐、推荐的形式，评选出在大课间体育活动中勇于挑战、奋发向上的同学，他们的感人事迹，感动着同学们，给同学们的心灵带来了震撼，对同学们的学习、生活有着积极的作用。

（8）创建“自强不息，励志进取”的班级、校园文化

班级特色体育活动是同学们展示自我的一个平台。各班根据自己的实际情况，开展读励志书、讲励志故事、进行演讲比赛、办小报等活动渲染班级文化氛围，激励同学们在活动中培养勇于吃苦的精神，在健美、健心、健性中培养自己高尚的情操和自强不息的精神。

（9）建设校园广播站

少先队大队部充分利用红领巾广播站作为宣传教育阵地，突出德育功能。让红领

巾广播站成了孩子们展示的舞台，丰富校园文化，发挥校园文化育人功能。

（10）加强网络宣传

通过电视台、阳光网、信息网等对我校的大课间多次的专题报道，激发了师生的自豪感，扩大我校体育大课间的影响力，把“以体载德”的育人理念推向社会。

（三）创建体德融合的育人模式

我们在实践中探索和总结出德育体育融合的“一•二•三”相结合的育人模式，即：一个核心、两个基本点和三结合。

一个核心：以“尚志求美、自立自强”为核心。

两个基本点：以“身体素质训练和思想素质提高”为基本点。

三结合：与家庭教育活动相结合，与社区康乐活动相结合，与德育基地、驻地部队相结合。

四、案例成效

通过开展丰富多彩的体育活动，尤其是通过开展有特色的大课间活动，以体载德，既促进了学生的全面发展，也提升了教师的整体素质。同时，学校提升了办学理念，形成了一套具有本校特色的德育实践和理论成果体系。

（一）学生运动兴致高，身体素质提高快

我校根据学生年段的特点和兴趣爱好，不断创新大课间的活动项目，引进竞赛、游戏等激励机制，并在内容、形式和系列上进一步深化，使学生对大课间乃至其他各项体育活动的热情持续高涨。一股“我运动、我快乐、我健康”的风潮在学校中兴起。

（二）以体促德见成效，师生面貌焕然新

大课间活动的开展让学生们有了更多展示自己多种兴趣爱好和特长的机会，也有利于培养学生的团结协作精神，促进了同学之间的交往与沟通，对学生的身体素质、心理素质和道德素质的提高都有很好的促进作用。今天，大课间活动成为了学生们强身健体的多彩舞台，放飞身心的快乐驿站。

（三）体德融合促发展，谱写学校新篇章

1. 学校坚持体德融合的教育理念，增强了全员德育的意识

我校就成立德育领导小组，由校长总负责，少先队具体抓，实行德育小组——班主任——科任老师三级常规管理的制度，形成了各部门密切配合，班主任和任课教师共同承担的纵向连接的德育工作管理体系。我们建立了“教书育人、服务育人、管理育人”的德育工作思路，形成以学生为中心、以学生自主活动为基础、全方位育人、

全过程育人、全员育人的德育网络体系。因此，使每位师生认识到体德融合教育理念的有效价值，增强了全员德育的意识。

2. 提升了学生的学习积极主动性，提高了学校各科教学的成绩

更为可喜的是，学生把参加体育锻炼的热情迁移到了各科的学习中来，还把在大课间所培养的永不言败的意志用来克服学习中的困难。这使他们感受到了学习带给他们的成功感，享受了学习的快乐，从而提高了学校各科教学的成绩。

（四）体育创新显特色，社会各界同肯定

我校以实施体育德育融合以来，每一位教师都尽心尽力地参与其中。我校大课间活动在公开展示和比赛中皆表现出色，得到了社会各界的一致好评。参加区、市、省的大课间体育活动比赛均获一等奖。学生在体育活动中表现积极向上、健康、快乐的精神面貌征服了无数观众。网络及电视台等有关媒体，对我校的大课间体育活动的表现和成绩进行了多次的专题报道。

总之，德育是学校教育的灵魂，它渗透于各科教学。体育教学与德育的关系又有它的特别的优势，因此在体育教学中德育的渗透显得尤为重要。寓德于体的大课间等体育活动在增进健康、增强体质的同时，弘扬了一种公平竞争、团结协作的道德风尚，一种尊重自己、尊重他人、自强不息的道德品质，一种促进相互交流、相互协作的精神，这正是我们学校所追求的人文主义精神。

茂名卫生学校“十好”天使德育模式

茂名卫生学校
案例负责人：梁明进
案例主要贡献者：谭伟群　李　祎

一、模式的内涵

天使是圣洁善良的使者，也是对医务工作者的美誉。构建新时期学校德育工作模式，旨在培养具有良好思想品德和行为习惯，有明确职业理想和良好职业素养，勤学敬业，诚实守信，明礼博爱的德技双高卫生技术人才。“十好”天使德育模式的主要内涵有“十好”育人目标和四个核心理念。

（一）“十好”育人目标

为了让学校的育人目标深入师生脑海，铭记于心，发挥目标的激励作用。学校经过认真的思考，借鉴外校的经验，创新地提炼出了学校素质教育“十好”目标，即：理想明确思想好、勤奋好学学业好、遵章守法纪律好、讲究卫生仪表好、爱好运动身体好、尊孝友爱人缘好、自信自强心理好、说到做到诚信好、珍爱生命安全好、德技双高就业好。“十好”涵盖了思想、行为、学习、做人、职业等方面，是全方位的要求，为师生指明了努力的方向。

（二）四个核心理念

以学生为主体、以评价为手段、以活动为载体、以职业素质为重点，是学校德育工作的思想出发点和行动指引。

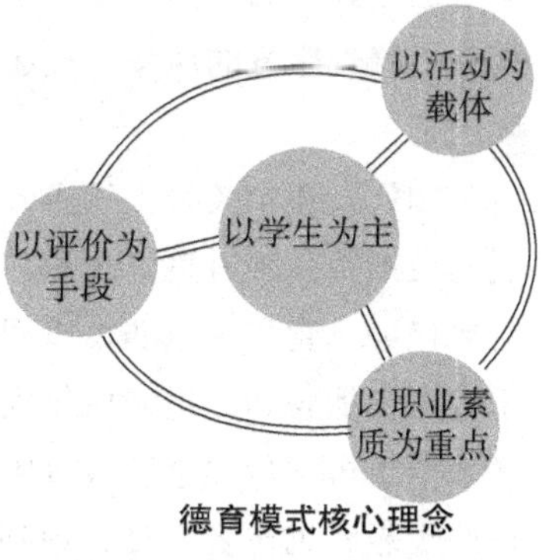

德育模式核心理念

1. *以学生为主体*

要树立以人为本的德育理念，在德育工作中贯彻落实科学发展观和实施主体性教育，是学校德育工作的思想出发点。以学生为主体即要充分认识学生是德育的主体地位，做到以人为本，为学生的成长和发展服务；学校德育工作应根据社会发展的需要和人的发展需要去实施教育，重在启发和引导，把学生培养成为能够自主地、能动地、创造性地进行认识活动和实践活动的社会主体，从而把德育要求转化为学生的自我提高、自我完善的内在要求。

2. *以评价为手段*

德育评价对学生的思想品德和行为具有导向、诊断和评定的作用，引导学生的品德朝着期望的方向发展。通过评价使学生能及时地发现自己的进步与不足，明确努力方向，规范行为表现，符合学生积极向上的心理特点，从而促进学校各项德育工作落到实处，提高德育工作的实效。

3. *以活动为载体*

良好品德行为的形成是从认知到行动，从行动深化认知的循环提升过程。学校德育工作应紧扣培养目标，有计划地开展一系列的德育活动，以活动为载体调动学生的主体能动性，让学生在活动中获得体验和感悟，在活动中陶冶情操，提高思想认识和整体素质，从而自觉地遵守社会和学校的行为规范，形成积极向上的道德品质。

4. *以职业素质为重点*

中职学校的主要任务是把学生培养成为具有良好职业素养的“职业人”。因而，学校德育工作应以不断提升学生的职业素质为重点，培养学生热爱专业，敬业奉献，作为医学生还应具有救死扶伤、唯民安康、关心病人的高尚医德、医风。

二、模式提出的背景和目的意义

1. *背景*

中等职业教育是培养数以亿计的高素质劳动者和中初级的专业技能型人才，在国务院关于大力发展职业教育方针的指引下，中等职业教育的办学规模迅速扩大，在校学生已达到2000多万。中职学生的整体素质、思想品德、职业道德如何，直接关系到为人民群众服务的质量、社会经济的发展和“和谐社会”的构建，更关系到国家和民族的未来。

如何发挥学校育人的主阵地作用，加强和创新学校的德育工作，培养适合社会发展建设需要，具有良好思想品德和职业道德的社会主义事业接班人是学校德育工作的首要任务。党和国家非常重视中职学生的思想道德教育，颁发了《中共中央国务院关于进一步加强和改进未成年人思想道德建设的若干意见》《中等职业学校德育大纲》和《关于进一步加强和改进中等职业学校学生思想道德教育的意见》等纲领性文件，使广大教育工作者充分认识到加强和改进中职学生思想道德教育的重要性和紧迫性，明确了新时期中等职业学校德育工作的目标、任务和内容，促进了各中职学校积极进行德育工作的探索、改革和创新。

我校是一所全日制中职卫生学校，随着中职学校招生和办学政策的变化，报读我校的学生踊跃，招生规模逐年扩大，办学形势喜人。但也面临生源素质下降，学生的文化素质、思想素质、遵纪守法表现等情况与卫生技术人才培养目标及社会用人单位对人才要求存在较大差距的困惑。因而，如何培养适合新时期卫生医疗单位需要的、具有良好职业素养的德技双高卫技人才，促进学校的持续发展，学校德育工作面临新的挑战，现行的德育工作模式有待改进和创新。2010年，我校申报了“关于卫生学校德育模式的创新研究”课题，通过研究和实践，逐渐构建起了“茂名卫生学校‘十好’天使德育模式”。

2. 目的意义

“十好”天使德育模式的构建和实施旨在使学校的德育工作更加具有科学性和系统性，以科学的德育理论和先进的教育思想为指导，充分践行“以人为本”的教育理念，遵循学生身心发展的规律，坚持知行统一的原则，探索有针对性、有特色的方案与措施，有力地将各项德育工作落到实处，提高学校德育工作的实效性，育德技双高的卫技人才。

三、模式的实践内容和途径

1. 积极宣讲“十好”，让师生铭记于心

目标是行动的指南，是激励人前行的动力源泉。“十好”是学校的育人目标，也是同学们的成长目标，学校通过师生大会、班主任会和学生班会，宣讲“十好”，解读“十好”；将“十好”张贴于宣传橱窗和镶嵌在醒目的外墙上；组织“十好引领我成长”演讲和编排“十好”快板书表演等。让全体师生将“十好”铭记于心，使之真正成为行动的指南，工作和学习的动力源泉。

茂名卫生学校素质教育“十好”目标

理想明确思想好　勤奋好学学业好
遵章守法纪律好　讲究卫生仪表好
爱好运动身体好　尊孝友爱人缘好
自信自强心理好　说到做到诚信好
珍爱生命安全好　德技双高就业好

思想好：志存高远，爱国、爱校、关心班集体，具有奉献和服务社会的思想，德育评价≥90分。

学业好：学习勤奋、态度端正，学习成绩优良，平均成绩≥80分、无不及格科目。

纪律好：自觉遵守校纪校规，不迟到旷课，未受到学校违纪的批评和处分。

仪表好：自觉搞好卫生和内务，穿着、打扮符合中职学生的行为规范。

身体好：积极锻炼身体和参加校运会，早操认真，体育成绩≥80分。

人缘好：尊敬师长，孝敬父母，关心同学，人际交往好。

心理好：做到自信、自强、自尊，遇事能正确面对和自我调节。

诚信好：言行一致、守信用，不讲谎话，不抄袭作业和报告，无弄虚作假和考试作弊。

安全好：珍爱生命，安全意识强，自觉遵守学校有关安全规定和安全注意事项。

就业好：职业理想明确，对职业品质和职业能力的理解好，职业素质提升快。

2. 构建德育评价体系，定期组织德育评价活动

教育部印发的《中等职业学校德育大纲》明确指出对学生品德的评定要根据《大纲》规定的德育目标，结合行业和用人单位对从业者的品德要求，对学生在思想政治觉悟、道德与职业道德品质、遵纪守法等方面的行为表现提出具体要求，由学校制定具体测评办法，组织测评工作。在德育模式的促进下，我校重新制定了学生德育评价的内容和方法，以及相应的评价表，将评价结果作为学生评优评先和认定是否毕业的依据。德育评价做到充分调动学生的积极参与，坚持“科学性与可操作性相结合、个人评价与集体评价相结合、定量评价与定性评价相结合、月评价与学期评价相结合”。通过评价让学生及时发现自己的进步和不足，明确努力的方向；通过评价让学生获得成功的情感体验，激励学生不断地完善自己。从而将德育工作落到实处，提高了德育工作的实效。

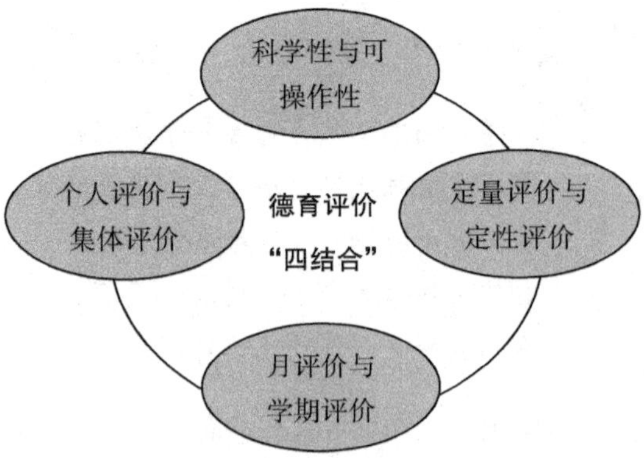

3. 构建以系列主题班会为主的德育活动方案，开展富有成效的德育活动

主题班会在中职学校德育工作中发挥着重要的作用，通过主题鲜明、内容丰富、形式多样的主题活动，班级学生之间、师生之间可以进行更广泛而深入的思想交流。在德育模式的指引下，学校针对学生的素质情况、根据德育工作的目标，探索构建起了系列主题班会方案，并将文体活动、传统节日、时事和兴趣爱好等活动与德育工作有机地结合起来，使学生在活动中得到体验、感悟、增进思想认识，达到启迪作用；在活动中锻炼他们的组织能力、表达能力、思辨能力和增进团结协作的精神，促进学生综合素质的提升。从而提高了学校育人工作的针对性和实效性，推进了学校的德育工作。

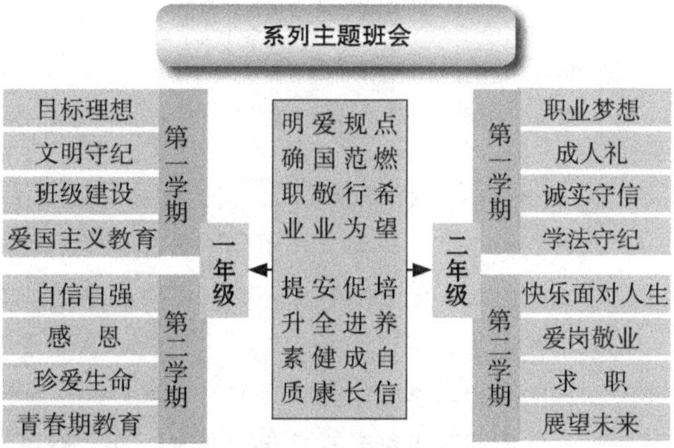

职业理想主题班会

恋爱观主题班会

4. 积极推进班级文化建设，营造良好的育人环境

班级是学校教育教学的基本单位，是每个学生在校生活的“家”，是学生实现成长和社会化的重要基地。一个班级的班风正、学风好，班级人际关系和谐，同学们就会得到更好的成长和更多的收获。班级建设的核心是班级文化建设，在德育模式的指引下，学校积极推进班级文化建设活动，打造富有个性、具有职业特色的班级文化，增强了班级的凝聚力和班级的魅力，提升了学生的职业素养和适应社会的能力，使班级真正成为学生健康成长和职业发展的平台，有助于同学们放飞梦想，展翅翱翔。

班训：诚信、团结、勤恳、进取

班训：诚实、敬业、博爱、进取

5. 评选“十好优秀学生”，树立榜样，激励成长

德育的核心是“心育”，用鼓励去开启学生心灵的大门，一句激励的话语，可以增强学生的信心，促进学生良好心理品质的形成。“大家好，才是真的好！”这是人们常常挂在嘴边的话语，每一位学生都能成人成才，这也是我们教育工作者的心愿。本着这样的思想，学校结合“十好”育人目标，制定了“优秀学生”表彰制度和评选方案，每学期评选表彰一次，学校只定标准，不限名额，让更多的学生通过努力获此荣誉，也为同学们树立了身边的榜样。榜样的力量是无穷的，荣誉可以点燃学生的希望，激发学生的潜力，从而促进更多的同学勤学进取，争当优秀，受表彰的同学从开始（2011年）每学期400多人，上升到现在的每学期900多人，营造了良好的校园氛围，激励同学们进步、成长！

四、模式的实施成效

1. 推进了学校德育工作上新台阶

德育模式的构建和实施使学校的德育工作更加具有了科学性、系统性和实效性，以科学的德育理论和先进的教育思想为指导，在总结学校的办学经验的基础上，形成

了一系列有针对性、有特色的方案与措施，有力地将各项德育工作落到实处，保证德育工作的成效，推进学校德育工作上了新台阶。学校被授予“广东省安全文明校园”“广东省先进学生会”；茂名市“无偿献血先进单位”“志愿者服务行动先进集体”及“五四红旗团委”。学校实施的德育评价体系、系列主题班会方案、“十好目标”、班级文化建设和班主任队伍建设等特色做法，在省中职骨干班主任培训及中职学校德育工作经验交流中得到同行的认可和好评。由于我校毕业生思想品德好，整体素质高，专业能力强，得到社会的认可和用人单位的好评。由于我校学生就业率高，就业前景好，报读我校的学生踊跃，远远超过了学校的招生计划，在茂名地区的中职学校独树一帜，多次受到上级部门的表扬。

2. 促进了学校教师队伍的专业化发展

“十好”天使德育模式的实施使学校形成了良好的育人氛围，教师积极开展德育理论研究，探索德育工作的有效方法和途径；同时，促进学校加强了对教师的校内外培训，通过举行主题班会公开课和班主任专业能力竞赛等活动，有效地提高了教师德育工作的能力和水平，促进了学校教师队伍的专业化发展。新模式实施以来，我校教师在德育工作领域受上级部门表彰、获奖、参编德育教材和撰写发表的论文明显增多。近三年来，荣获省级德育优秀论文奖45篇，其中一等奖13篇、二等奖15篇、三等奖11篇、优秀奖6篇；获第十届中职学校“文明风采”竞赛省复赛优秀指导老师一等奖14人次、二等奖6人次；主编了由人民卫生出版社出版的广东中等卫生职业教育《心理健康》教材。一些同志被评为省、市中职学校德育先进工作者和优秀班主任；许多班主任在学生管理工作中做到以先进的教育理念为指导，形成了富有个性化的、有成效的育人思想和经验，成为深受学生爱戴的良师益友。

3. 学生的思想品德素质和行为表现明显提升

德育模式、系列主题班会、德育评价体系的实施、特色班的创建，以及贯彻落实“十好”育人目标，开展“十好优秀学生”的评选等，使我校学生的整体素质明显提升，学生日常行为规范明显改善，学校领导和老师们明显感到学生好管多了，既有礼貌也更懂道理了；一些家长来到学校参加活动，向学校和老师说出了发自内心的感言。德育模式的实施，以及丰富而有针对性的德育活动开展，形成了良好的校园文化氛围，学生的思想认知不断提高和加深，逐渐形成了正确的人生观、道德观和价值观。师生助人为乐，好人好事蔚然成风，如，2011年我校09级护理班一名学生被诊断为白血病，师生得知后自发捐款3万多元，并到医院进行慰问，缓解了该生治疗费用的压力，为身患重病的同学送去了师生的温暖；2012年6月13日，茂名晚报报道了我校两名学生“捡到驾驶证，辗转找失主”的先进事迹。学生思想表现积极，踊跃参加各种志愿者活动，经常到敬老院为老人们做护理，到社区、街道为群众量血压和进行健康宣传，以及积极参加义务献血等活动。一批表现突出的学生受到省市的表彰，被评为“优秀学生”“三好学生”和“优秀学生干部”；学生荣获省卫生中职技能竞赛一等奖6人、二等奖15人、三等奖20人；许多学生荣获省中职学生“文明风采”大赛一、二、三等奖。因为学生的思想认识和行为表现不断提升，学校每学期评选的“十好优秀学生”人数都在增加，从2011年每学期的400—500人，上升到现在的每学期900—1000人；一些品学兼优的学生还积极向党组织靠拢，递交了入党申请书，成为党组织的培养对象。这些充分说明了实施该德育模式对学生提升思想品德和整体素质有明显的促进作用。

探索潮人阳光德育模式，积极培育社会主义核心价值观

潮州市城南中英文学校
案例负责人：卢春梅
案例主要贡献者：黄美璇　陈鉴浩

一、课题研究背景

根据《国家中长期教育发展纲要（2010—2020年）》“育人为本”要求，以及当前德育存有“虚、空、泛”，不接地气，脱离学生，脱离生活的实际，如何探索“以人为本、以德树人、育人为本、全面发展”的教育新思路、新模式，城南中英文学校做了积极有效的探索实践，形成了“以德树人、以智启智、以体健身、以美修心、以劳巧手”的阳光教育办学特色。而潮州在新时期，积极培育社会主义核心价值观，提高新时期潮州公民的道德思想素质，积极传承与创新潮州传统文化，是建设美丽潮州，推进全国文明城市创建的科学选择。因此，我们根据阳光的自然属性提出民主公正、自强不息、主动创新、服务奉献等阳光德育特征，借喻阳光来塑造学生，使其具有阳光的优秀品质和人格魅力。我们要用潮人阳光德育去塑造学生服务他人，奉献社会的高尚品格。

二、课题创新之处

突破传统德育内容只是时政教育的极限，构建一个以人为本、以生命教育为特征，具有潮人文化特色与元素，促进学生和谐成长的“阳光德育”工作体系，开放多维的教育网络，实现学习即德育、生活即德育、做人即德育。

突破传统德育形式仅是思想品德教育单一封闭的途径问题，构建一个把德育渗透到学校教育、教学、文化、管理等各个层面的活动中，从而构建德育回归生命之源，符合人性之美，符合儿童成长规律的生活道德教育之路，构建培育社会主义核心价值观的教育阳光环境，优化育人的目标与途径，以阳光之心育阳光之人，促进学生思

想、品德、学习、行为、心灵皆健康阳光，为学生的美丽人格播种，为学生的终身幸福打基础。

三、课题研究与实践应用

（一）建构阳光德育研究模块，培养学生阳光品质

1. 建构“阳光小主人”成长模块，培养学生自立自强的自我教育能力

一是创设“阳光小主人”管理德育机制，以“小主人”体验教育锻造自主管理。主要采取做管理、学习、创造、自理、劳动“五个小主人”的活动去推进。让学生参与到学校日常的各项管理活动中，锻炼学生的综合能力，增加他们的主人翁意识。

二是开展多元化阳光自我评价活动。①实施阳光评价激励机制；②实施发展性评价展示。即把传统的仅靠老师管制性的评价变为富有人文性和自主性的评价，变评价为自我教育的阳光过程。

2. 构建“阳光课堂”模块，把德育贯穿于学科课堂教学之中

通过构建阳光课堂，走向阳光德育；学科渗透德育，形成阳光辐射的途径；构建“三构式阳光课堂”教学模式，探索把德育教育元素融入课堂教学之中。创设学科教学大德育氛围，形成科科有德育、课课皆育人的课堂教学方法，落实三维目标。

3. 构建“微德课”模块，创新德育小课堂

我们创新的“微德课”的时量一般为10—15分钟，根据年级特点选定守纪、感恩、劳技、养成、国学、励志等德育主题，设计教案，共收集了20多个“微德课”教案，出版“阳光微德课”研究专辑。

4. 构建“阳光律动”模块，以体健身、以美修心

健康活力、朝气蓬勃是阳光德育的新要素。我们把其他艺术融入课间，要求一级一特色，创设了阳光律动操，歌满校园，健体修身。

（二）渗透“潮人文化”，形成潮人文化元素的阳光德育

1. 潮人文化的渗透

我们把海滨邹鲁的潮州的文化创建引进校园，形成“三品”即品茶、品艺、品食的潮人文化特色，把潮州八景、潮州木雕、潮州瓷板画、潮州陶艺等具有地域特色的潮州工艺文化元素渗透到阳光校园的文化环境建设中。

2. 潮州童谣律动操创编

我校活用潮州歌谣文化，创作了富有地方特色的课间阳光律动操。把潮州歌谣引进三年级特色课间操，编成潮州歌谣广播操，让学生在诵读潮州歌谣与做操中，传承潮州歌谣文化艺术。

3. 潮人工艺校本教材的开发

我们开发具有潮味的校本教材，把学校的阳光德育拓展到社会、到潮人文化的传承光大之中。一是编写《优秀校友教我学》校本教材，二是编写了《小学生道德品质潮州歌谣综合读本》，三是编写《潮州历史文化读本》。这体现了潮州文化特色，把传承光大潮州文化植根于校园，落实于学校的课程。

4. 潮人工艺创意制作课程的设置

我们把潮州工艺陶瓷、泥塑、剪纸制作引进学校的课程，探索开发潮艺特色校本活动课程，通过制作“潮州花灯、剪纸、麦秆画、陶瓷、石头画”等工艺作品，培养学生的动手操作能力，丰富学生的文化生活，熏陶学生的阳光人格，促进学生健康成长。

5. 共建潮人文化实践活动基地

通过共建有效的学工、学农、学军、学警、学艺的社会实践基地，把提升社会主义核心价值观的认识，落实到阳光行为上。我们充分利用潮州的自然环境、社会人文景观以及历史文化遗址等一系列资源，开展符合学生年龄特点的参观学习和富有浓厚的潮州文化特色的社会实践调查等活动。引导学生关注自己的身边生态的变化和发展，增强社会责任感，有助于学生综合素质的提高。

四、研究成效

1. 发表的成果与论文

我校2009年申报了广东省德育科研课题“构建阳光德育，培育积极人生”，于2011年顺利结题并被评为广东省中小学德育科研优秀课题。“搭建阳光教育平台，培养阳光少年”在广东省中小学德育创新成果展示活动中，荣获一等奖；“两主两全，和谐育人”研究项目在首届“广东省中小学德育创新奖”评选中荣获一等奖。课题负责人卢春梅是广东省潮州市城南小学、城南中英文学校校长，广东省小学特级教师，广东省首届名校长、广东省中小学校长工作室主持人，全国德育标兵；主编《主体互动　创新教育》《在新课程理念下互动教学模式的实践与探索》《两主两全，和谐育人》、著述《阳光下成长》4部专著；有15篇文章在《中小学德育》《人民网》等有国家级影响力的刊物上发表。

2. 师生素质的变化与成长

我校实施“阳光德育”课题，激活德育的内在活力，强化师生的高尚人格情操和社会主义核心价值观，释放学生的正能量，塑造学生的美丽品格。在课题的研究过程中，全校师生的精神面貌、行为举止、内心世界、思想认识等都发生了巨大的变化，大家懂得珍惜生命、丰厚自我健康人格、提升自己的生命价值，实现幸福生活。近年来，全校共有8位教师在国级省级观摩比赛中获奖；教师论文获省级奖项65篇，市级64篇；学生获省级奖项361人次，市级329人次。

3. 成功举办了三场现场会

2011年11月，成功举办了潮州市“阳光德育”现场会，把阳光德育理念辐射到全市兄弟学校。

2012年6月15日，我校成功协办了第二届广东省中小学德育指导委员会2012年年会暨全国“阳光德育”论坛，广东省委教育工委副书记、省教育厅党组副书记景李虎充分肯定了潮州德育教育工作成效以及我校的“阳光教育”模式。

2013年10月，又一次成功举办了广东省“深化课程改革，提高教学质量”现场。

为推动阳光德育向纵深发展，我校在原有研究基础上，进一步探索并形成具有潮州特色的阳光德育模式，积极发挥阳光德育在潮州乃至全省、全国的引领辐射作用。2012年12月深入两县两区下乡送教，把阳光教育播撒到农村山区学校。潮州市绵德小学、潮安县福庆小学、潮安县凤南小学成为阳光德育的辐射单位，饶平县将新建饶平阳光实验学校，学校名扬南粤！

五、课题研究的思考与展望

把潮人阳光德育研究回归生命、回归社会，塑造每一个潮州人的阳光人格，是接下来课题研究的延伸。希望通过潮人阳光德育的课题研究，能提升潮州公民道德修养，促进潮州精神文明的建设，推进全国文明城市的创建。

精细品质立校　特色文化育人

——陈村职校开展“精细德育”的实践探索

佛山市顺德区陈村职业技术学校
案例负责人：彭志斌
案例主要贡献者：林家祥　韩雨龙

2001年，陈村职业技术学校面对国家城市化进程的推进，适时提出“城市化意识教育”的职教新理念，并构建了以“城市化意识”为核心的学生文明素质培养的德育新模式，培养“高素质、高品位、高度文明、高尚道德”的现代城市居民，发挥职业教育助推乡镇城市化进程的作用，取得了良好的成效，赢得了广泛的赞誉，被《南方日报》《中国教育报》等多家媒体做了专题报道。

随着城市化进程的逐步推进，区域产业结构调整升级，许多企业经营从粗放型向集约型转变，企业的管理也逐渐走向精细化、高质化。我校为进一步深化和拓展“城市化意识教育”，强化学生的细节和品质的教育，主动融入企业“精细管理”文化，注重精品意识的培养，突出细节的教育，以培养适应现代企业精细化管理、深受企业欢迎的具有精细型品格的技能人才。

一、精雕细琢铸品质——精细德育的基本内涵

“精”就是做精，求精，质量上追求最佳、最优。“细”就是做细，过程上追求细致入微。作为产业后备军的中职学生，提高其职业竞争力具有重要的现实意义。我们将企业精细管理的文化精髓融入学校文化之中，为企业提前培育精细品质的人才，从而实现学校与企业的无缝对接。

“精细德育”是在我校德育工作精细化管理的基础上构建的一种德育模式，是将企业精细化管理的核心思想和核心理念创造性地移植到学校的德育工作当中，以“精细”作为人才培养的特质和德育的核心价值取向，是以“精”作为实施德育工作的标准，以“细”作为实施德育工作的措施，以细节为抓手，将过程做细，将细节做精，以“小细节，大德育”为特色，以培养具有精细型品格的人才为目标追求的德育新

模式。精细德育注重将育人放在中心地位，注重在常规处着手、在细节处育人、在行动上体现、在品格上着力，让精细成为一种习惯，使精品成为一种追求，实现了职业学校与企业文化的相互交融，使中职教育所培养的人才更加符合社会和企业的发展需求。

二、精耕细作育英才——精细德育的实践探索

精细德育的首要任务是使全体师生达成共识，具有精细理念和精细意识；其次是用“将过程做细，将细节做精”指导学校的管理，培育精细文化；再次是对学生各种行为进行反复训练，使之形成精细行为；最后是将学生的精细行为内化为精细型品格，以适应企业的精细管理。我们具体做了以下的实践和探索。

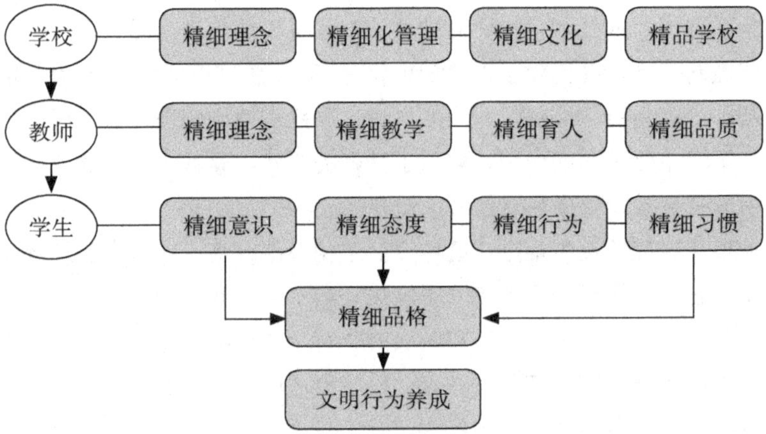

中职生精细品格培养框架

（一）树立精细的理念

将“精细化管理”理念从企业引进中职学校，既要充分发挥企业文化的优势，又要切合中职学校教育的特点，使两者无缝对接，完美融合。首先，教师要树立全员、全程和全方位的精细育人理念。其次，学生要加强对精细理念的认识和理解。

（二）建立精细的机制

1. 从五个维度八个方面构建精细育人模式

学校的精细目标及标准主要体现在以下八个方面：环境塑造精雅化；制度管理精细化；师资建设精良化；课堂教学精致化；活动设计精心化；实践操作精准化；家校合作精密化；学生培养精品化。

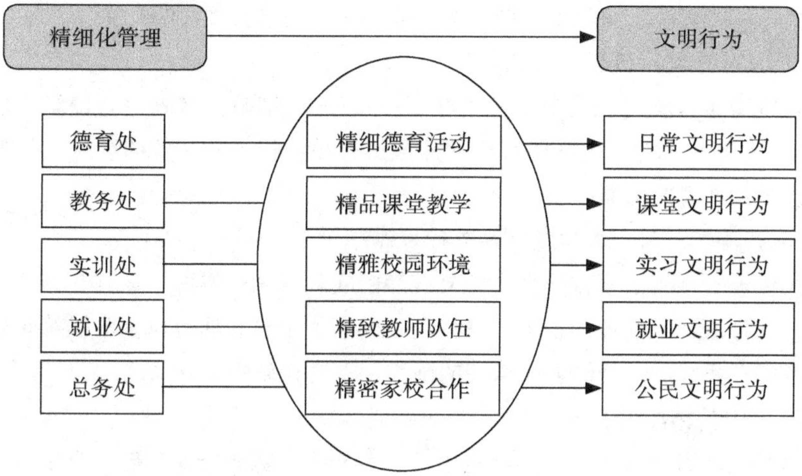

五维度精细育人框架

2. 从精细评价教师入手抓管理

我校在教师精细考核评价方面主要突了两方面的做法：一是设计“德、勤、能、绩”考核，分七项一级指标、二十二项二级指标，并突出八十四个可操作的细节；二是成立专门考核小组，实施多部门多个维度和分阶段进行量化考核，考核结果直接与绩效挂钩，有效促进了精细管理目标的达成与控制，确保了管理的质量。

（三）打造精细的文化

“精细文化”是优秀企业的文化，对于中职学校来说具有良好的职业导向性，有利于培养和塑造中职生的良好职业人格。

为了营造出精细文化的氛围，我校着手构建全方位、多形式、内容丰富的文化氛围：一是进行环境文化建设，开展全方面的精细宣传；二是建设精细班级特色文化；三是借助校企合作项目举行优秀学生作品展示；四是将企业文化融于实习实训教学中，实行精细化管理和考核评价，充分发挥学校、企业文化融合育人。

学校全面推进6S管理模式，经过“点”“线”“面”“体”结合的立体式的文化打造，学校形成了独具精细特色的文化。

（四）强化精细的行为

1. 从小处着手，规范日常行为训练

将中职学生的日常行为细分成“文明上学”“文明课堂”“文明宿舍”等十八个小项、一百零八个细节并通过“我就是班级的形象”“我就是学校的形象”等活动进行反复渗透和强化，取得了良好的效果。学生行为细节训练形成了“单车停放成直线、桌椅摆放成直线、实验工具摆放成直线……”的典型“直线”文化。

2. 从细节出发，强化礼仪教育

学校制定了《陈村职校学生校内文明礼仪100个细节》《陈村职校学生校外文明礼仪100个细节》，对学生文明行为的养成进行精细指引。学校的会场礼仪教育已成为了当地学校学习的标准。

3. 从严要求，强化工作岗位细节行为训练

学校创设一系列的平台让学生独立有序的实践精细的操练，让其在岗位上主动重视并遵守工作流程上的各个细节，安排充足的训练项目和通过反复的操练来促进学生精细行为的自我养成，最终形成精细的精神、态度和品质。

（五）内化精细成品格

品格是人的道德素质的核心，是道德教育的一个重要方面。要把学生培养成精细型的人才，就必须将“精细”转变和内化成为学生的一种品格。我校制定了《中职生精细素养养成手册》，引导学生从日常行为、课堂学习行为、实习实训行为等方面进行细节的养成，促使学生精细品格的养成。

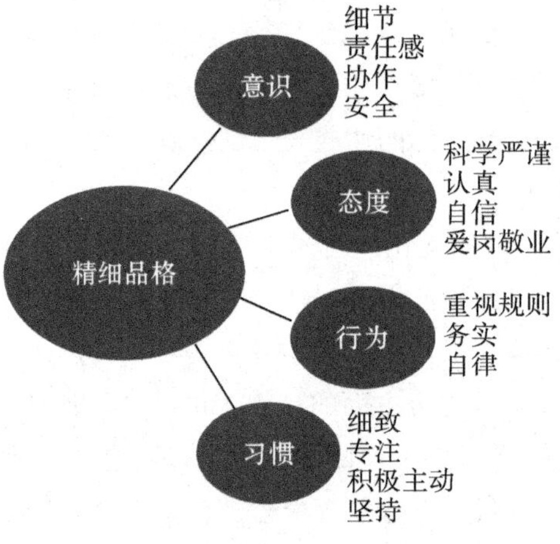

中职生精细品格组成元素图

1. 加强校内主题活动的实践熏陶

我校在养成学生的精细品格时主要采取了以下方式：①学校开展以养成“精细”行为为目的的系列主题活动和心理拓展活动，培养学生认真的精神、负责的态度。②通过创设“志愿一百·千人义工团”服务工程，引领广大青年学生积极参加志愿100小时实践活动，激励学生在实践中磨炼精细的品质和服务的意识。③通过自评自省进

行品德内化。实行精细的评价来促使学生的行为从他律到自律的转化，从被动到自动的转化。

2. 加强企业顶岗实习的对接教育

品格的形成离不开学校的教育，更离不开社会的实践。对中职生来讲，企业的顶岗实习和社会实践对品格的形成显得更加重要。我校通过与50多家优秀企业和单位结成“职教联盟”，建立起了人才培养合作的长效机制，确保学生职业训练和精细品格的形成。

三、精细精致精品显特色——精细德育出成效

1. 精品成为师生追求的一种习惯

精细德育的实施对师生精细品格的养成起到了积极的作用，精品成为了师生追求的一种习惯。技能竞赛，师生获全国一、二、三等奖；科技创新，获奖820多件，申报专利641项，授权222项；高职高考，一直居全区、全省前列；德育科研，两次获全省德育创新项目一等奖。

2. 精细德育成学校的一张名片

学校自开展精细德育后，曾先后多次在全省作经验介绍。2012年“精细德育”成果获得第三届广东省中小学德育创新成果展示一等奖。杭州技师学院、河南驻马店财经学校、宁波镇海职教中心学校等多所学校前来我校考察交流。学校成为了广东省中职德育队伍培训基地之一。

3. 德育创新得到了专家的赞誉

精细特色文化不仅得到了上级领导与同行的肯定和赞赏，而且得到了专家与企业的认同与支持。全国职教专家浙江信息工程学校金毅伟校长、广东技术师范学院党委书记邝邦洪、广东省中职德育研究与指导中心主任汪永智教授、广东中小学德育指导中心的李季教授等纷纷大加赞赏。

4. 精细品格获得了企业的认同

实践证明，我校学生“上岗快，转型快，职业素养高”。科达洁能股份有限公司、唯品会（中国）有限公司、广州星梦动漫有限公司、志高集团中格威电子有限公司、浦项（佛山）钢材加工有限公司等知名企业特别青睐我校的毕业生——因为他们具有不一样的精细品质。

现在，“精细德育”的实践总结出了“五维八精”的精细做法，形成了一套从教育本质、从人的发展规律出发的精细管理体系，实现了无形文化与有形规范紧密结合的实践育人模式。

“成才百分百”理念下“四位一体”的中职德育管理模式的构建

佛山市顺德区乐从陈登职业技术学校
案例负责人：马敬雄
案例主要贡献者：马敬雄　陈要求

我校是一所由旅港乡彦陈登先生捐资、政府投资合力兴建的全日制三年制中等职业学校，建成于1997年，于2005年被评为国家级重点中等职业学校。学校坚持“德育为魂、能力为本”的办学方针，在2009年获得全国德育管理先进学校的荣誉称号。我校针对中职生的优点和不足，经过深入探索与实践，以美国哈佛大学教育研究院的心理发展学家霍华德·加德纳的“多元智能理论”为理论基础，创造性提出了“成才百分百”办学和教育理念。

经过多年的探索和总结，我校现已构建了以坚持以“培养合格职业人”为导向的德育体系为统领，以班主任团队建设为品牌，以校园满天星为活动载体，以社团建设为特色的“四位一体”的中职德育管理模式。

一、构建“培养合格职业人”德育体系，为学生成长提供方向和指引

（一）以课题为导入，构建合格职业人德育体系

在“百分百”理念的引领下，2005年，我校对学校德育工作现状进行认真分析总结，深入企业开展市场调研工作，多方论证，广泛收集意见，于2006年7月构建了“以培养合格职业人为导向”的德育管理体系，并成功申报立项为广东教育学会“十一五”科研重点课题，展开了相关研究实践，于2009年结题。

根据“百分百”理念强调发挥学生潜能及专长，重视学生综合素质，特别是职业素质培养的相关要求，我校构建了“以合格职业人为总导向，三个年级三层螺旋式提升，时间纵向深入”的德育模式框架，形成了我校德育教育与管理工作的特色。

（二）德育体系的创建，体现了“四化”的特点

1. 德育目标科学化

德育目标是教育目标在思想品德方面的总的要求，是德育活动的出发点和归宿。我们根据年级的特点，将目标年级化。

高一年级：职业意识的形成、职业素养的陶冶、职业理想的熏陶；

高二年级：职业素养的提高、职业道德的培养、职业理想的确定；

高三年级：职业道德的强化、职业能力的提高、职业理想的修正及再确定。

2. 德育工作的系统化

我们坚持“一项专题，多条途径；有主有辅，协调配合；分工合作，形成合力”的原则，将每学年德育目标通过每学期的常规专题教育和职业专题教育来落实，多部门合作、多主题开展、多形式组织。

将德育课、专业课、文化课教学、社会实践活动、心理健康教育、班主任工作、就业指导与创业培训、团组织及学生会工作等多种德育途径运用到各年级的德育工作中去，从整体上对处于不同阶段的学生因势利导，扬长避短，实施具有针对性的指导。

3. 德育内容特色化

德育工作的专业化是中职德育的最大特色。围绕体系，我们把学校德育工作与学生就业紧密相联，围绕应对挫折、匹配职业、适应社会开展工作，突出职业素养的培养和职业能力的提高，使培养目标更符合社会对高素质人才的需求，彰显了职校德育特色。

4. 德育评价社会化

为进一步促进学生的道德认识和道德行为的形成和发展，我们制定了《“合格职业人”德育品质评价表》及《学生社会实践评价表》，力求通过校内评价与校外评价相结合，采取学生自评、企业评价和教师评价的多元化主体评价，合理、科学地对学生作出综合性德育评价，使我校的学生德育评价体系更全面和完善，更具社会性，培养的学生更符合社会企业对人才的需求标准。

（三）德育体系进一步规范我校的德育活动

我们根据德育体系的要求，每月根据实际情况确定了每月的常态的主题活动。

月份	主题	效果
一月	诚信教育月	结合寒假教育，做一个诚实守信的公民
二月	文明礼仪教育	加强学生文明礼仪、仪容仪表的教育
三月	安全教育展示月	强化学生安全意识和自我保护意识

续表

月份	主题	效果
四月	感恩教育月	加强学生感恩教育
五月	学生才艺展示月	展示学校团委、各专业部和社团的成果
六月	星级学生展示月	展示校园满天星活动中的星级学生
七月	诚信教育月	结合暑假教育，引导学生做一个有诚信的公民
八月	社会实践教育	引导学生积极参与社会实践活动
九月	尊师礼仪月	引导学生尊重师长，团结团学，注重礼仪
十月	爱国爱乡教育月	培养学生爱国主义和热爱家乡的情感
十一月	学生才艺展示月	引导学生在活动展示能力、文明素养和自信
十二月	学生就业心理培训月	加强校企合作，将企业文化引入校园，培养学生就业品德和心理素质

德育体系的建立进一步教师树立了“培养合格职业人”人才培养理念，促进学生的综合素质的提升，促进我校的德育向科学化、系统化、特色化、社会化方向发展。

二、打造和谐高效的班主任团队，为学生成才提供良好的保障

龙舟文化是学校的核心文化，我校积极弘扬“同舟共济、团结拼搏、奋勇争先”的龙舟精神，推动和谐高效的班主任优秀团队的打造。

1. 以团队合作为目标，积极打造优秀的班主任团队

我校以常规工作为平台，以培训为形式，以课题为引领营造良好的班主任工作状态。我们以班级常规工作的有效性作为班主任能力推进的切入点，通过形式多样的学习交流培训作为手段，如品牌班主任的专题讲座，班主任经验交流，班主任论坛，每年一次的外出学习和参加德育专题讲座级，每年一次的校级班主任技能大赛等。我们先后举行以“班级文化”“后进生帮教”“班级建设团队”“校园满天星”为主题的班主任论坛，效果明显。我校还通过《中职学校班主任压力管理行为研究》的省级课题为引领，开展班主任团辅等活动。在多年的实践中，我校的班主任团队高效强大，优秀班主任、新班主任成长步伐也加快，在班级管理、技能比赛等各方面取得了很大进步和成绩。

2. 建立了品牌班主任机制，培养各级班主任名师

2010年10月，我校制定了《陈登职业技术学校品牌班主任评选方案》，以绩效为依据，以双向为意愿，每两年评出一届学校的品牌班主任，品牌班主任有规定的权利、义务和职责。学校通过外出学习、参加德育教研、辅导新班主任、开展班主任工

作专题讲座、撰写德育论文、参加班主任大赛等形式提升品牌班主任的理论水平、语言能力、工作技巧，通过与校外的交流和推荐到更高层次的平台交流，加强校内外的辐射效果。至今，我校已经评选了两届品牌班主任，产生了10名品牌班主任，他们在各方面获得了很大提高。杜秋老师在2010年广东省中职系统班主任技能大赛中勇获省一等奖，为学校、镇、区、市争得了殊荣。2011年葛文琳、黄莉萍两位老师、2012年张凤莉老师在乐从镇班主任专业技能大赛中获一等奖，葛文琳老师获得2011年顺德区班主任技能大赛三等奖，杜秋老师被推荐为广东省第四届名班主任培养对象。

3. *以杜秋名班主任工作室为平台，打造优质团队*

为了将广东省名班主任培养对象杜秋老师的班主任工作理念、求真务实的工作态度、关爱学生的师德和科学有效的工作方法总结、提升和推广，学校于2013年10月成立了以杜秋为主持人的校级名班主任工作室，聘请广东省中职学校德育研究与指导中心主任汪永智教授和顺德班主任项目负责人张滴珍主任为导师，在高度和深度上引领我校班主任工作的全面提升，工作室开展理论学习、课题研究、专题讲座，已经辐射到镇和区的相关领域。名班主任工作室成功申请了并立项为2013年广东省的一般性课题的《中职“三位一体”教师团队班级管理模式的实践研究》，在班级管理模式总结、团队科学分工、班级管理绩效进行探索研究，带动我校班主任的教研氛围。

三、开展“校园满天星”活动，为学生健康成才提供载体

为践行“成才百分百”理念，树立学生身边的榜样，弘扬正气，激励先进，促进学生特长的发展，提升学生自信心，我校开展了主题为“星光熠熠耀校园”的校园满天星活动，每一个学生都有参与和争取“五星级学生”的荣誉的机会。

1. *制定星级学生评价标准，搭建学生成才契入点*

校园满天星活动是我校践行“成才百分百”办学理念的创新尝试。在2012学年度，我们根据学校专业设置、教学教育环境和学生活动等情况制定了《陈登职校校园满天星活动方案》，方案分礼仪模块、品德模块、才艺模块、技能模块，共设置48颗学生星，各种星级学生的评比，展示了学生的自信和阳光。具体为：

礼仪模块：讲究卫生之星、语言文明之星、服装整洁之星、文明礼貌之星、正义之星、沟通之星等。

才艺模块：主持人之星、歌唱之星、舞蹈之星、绘画之星、棋类之星、摄影之星、美术之星、书法之星等，体育类的龙舟之星、乒乓球之星、篮球之星、足球之星、羽毛球之星、宣传之星、学生干部之星。

技能模块：机电部——钳工技能之星、plc技能之星、工厂电气技能之星、电子技

术技能之星、机械制图技能之星、电工技能之星；财经部——会计书法之星、点钞技能之星、企业经营之星、营销礼仪之星、英文书法之星、英文故事之星、叉车之星、物流知识之星；信息部——文字录入之星、Photoshop图像处理之星、Flash动漫设计之星等。

品德模块：尊敬师长之星、热爱集体之星、团结同学之星、爱护公物之星、孝敬父母之星、勤俭节约之星、助人为乐之星等。

2. 借助信息化手段，开发操作系统，提升评价的效率

我们开发校园满天星网上操作平台，由班主任、活动负责老师进行操作，最后系统自动生成。操作平台减轻了评价负担，提高公平和效率。

3. 统领学校各项体验式德育活动，推动学生参与活动的积极性

校园满天星囊括了学生的德育活动，规范和推动学校的德育活动工作的开展。年级、学习部、专业科组、班主任根据满天星的活动要求制定德育活动内容和形式，在大家的努力下活动开展常态化、精细化、评价客观化。在活动中，培养了学生的团队意识和上进心，取得了很好的效果。学校德育活动丰富多彩，先后举办了校园文化艺术节、龙舟文化节、专业部的技能比赛、传统美德进校园等活动。校园满天星的舞台为每位学生提供成就梦想的舞台，学校涌现了耀眼的礼仪之星、才艺之星、技能之星、品德之星，为学校注入了正能量，促进了良好班风、校风的形成，进一步提升了学生的综合素质。

校园满天星活动的推进，学校校风、班风进一步提升，学生卫生习惯、住宿生文明程度和学生的综合素质进一步提高，自信心进一步增强。我校学生参加各种比赛，成绩优秀，光彩夺目，校内外涌现了各种耀眼的明星。

四、开展和完善社团活动，为学生个性成才和自信心培养提供了绚丽的舞台

学生社团是学校校园文化建设的重要载体，它丰富了学生的校园生活，开阔了学生的视野，提高了学生的实践能力和综合素质，逐步形成了凝聚学生、服务学生、发展学生的独特功能，也充分体现了学校“成才百分百”的办学理念。

1. 制定了科学的社团管理思路，完善星级社团评选和管理机制，引进社会力量打造重点社团

社团管理思路清晰。第一，全力打造龙舟、文学社、摄影、棋类四张名片；第二，积极扶持有参加镇或以上比赛的社团建立和正常活动开展，使学校常规工作与各种比赛结合在一起；第三，保留优秀群众社团开展活动。我们制定了星级社团评价机制，引导社团自主管理。每学期学生社团数量达35个，参与学生1500人，基本满足了学生的需求。学校实行了“校社结合，繁荣社区文化、校园文化”的举措，引进社会力量重点了发展荆棘鸟文学社、龙舟、棋类、摄影等精品社团，四大社团影响力日益扩大。

2. 积极开展社团交流活动，提升学生的社团活动能力

学校每年都开展社团展示交流活动。街舞社团参加乐从镇“物联天下、智慧新城”文艺会演；舞蹈社团取得2012年、2013年顺德区文艺会演二等奖，2012年广东省群舞比赛二等奖，舞蹈队《紫斑·飞》获得2013年广东省中职中专舞蹈比赛一等奖；我校在第二届广东省中职学校学生社团优秀成果展示评比中先进单位奖；我校文学社团先后被评为“顺德区十佳文学社”“佛山市优秀文学社”评比特等奖、“广东省优秀文学社”和“全国50佳文学社”。龙舟社团战绩辉煌，女子龙舟队参加顺德区2009年至2013年连续四年获得顺德区青少年龙舟赛的冠军，她们还活跃在“中华龙舟大赛”“中国龙舟公开赛”等各种影响较大的比赛场上，赛场上的她们不畏强手，团结拼搏的精神及场外的青春靓丽的良好形象令组委会及其他队伍印象深刻。

德育工作是影响学生行为习惯、思想和文明素养的重要工作，“四位一体”德育模式的构建有利于统筹学校德育工作的全面开展，有利于践行“成才百分百”的办学理念，有利于培养城市化进程的对劳动者素质的要求。我们期待我校德育工作继续开花结果。

扬雷锋精神　育时代新人

——东风东路小学“社会公民道德”建设实践

广州市越秀区东风东路小学
案例负责人：黄　晖
案例主要贡献者：陈　晓　黄　玲　黄　晖　刘远峰

踏入21世纪这个全球化、文化及价值多元的新时代，随着社会环境的转变所带来的挑战，良好的公民素质是民主社会建立和发展的前提和基础，提升学生的公民性，优化他们的内涵，拓宽他们的视野，促进他们植根本土，情系祖国，服务世界，更好地与国际接轨是时代赋予我们的光荣而艰巨的使命。构建社会主义和谐社会、幸福社会依赖于良好的公民素质，而加强学生的责任意识，加强学生的公民素质教育，培养现代小公民是学校教育工作的重要内容。东风东路小学以“做一名优秀的东风东人”为培养目标，实现学生从自然人到社会人的转变，是实现和谐社会、幸福社会的基础工程。

一、社会公民道德建设产生背景

在2001年10月20日印发《公民道德建设实施纲要》中，公民道德建设占有重要的地位。加强公民道德建设，对整个国家的长远发展和中华民族的伟大复兴，对更好地培养一代又一代有理想、有道德、有文化、有纪律的社会主义公民，都有着重要的促进作用。加强社会主义的道德建设，是一个巨大的系统工程，而公民道德素养的建设，是这个系统工程中的基础性工程，是重中之重。

东风东路小学作为全国红领巾示范学校、广东省少先队红旗大队、广东省小公民道德建设实践基地，一直在社会上享有很高的美誉度。多年来，广州市东风东路小学坚持以德为首，以做一名“优秀的东风东人”为口号，追求卓越，构建鲜明的学校价值文化。在“学校的发展是以人的发展来实现”的价值引领下，学校率先倡导每周一天“无作业日”，东风东路小学的孩子们能有更多的自主时间走出校园，去关注社会时事、去参与社会实践，去体验生活的乐趣，去感悟并在最终获得智慧。

在多年的实践中，我校以“学雷锋”活动为实践载体，初步构建出“一点两线”的“社会公民道德”建设体系，即以“雷锋精神”为核心点，以“爱心”教育和“责任”教育两线为培养方向，开展符合小公民年龄特点的教育实践活动，使学生在家庭、学校、社会等不同环境中成为自我教育的主体，在参与活动中学做文明人，学做社会人，学做中国人，学做现代人，逐步成长为有理想、有道德、有文化、有纪律的社会主义公民，逐步成为中华民族伟大复兴有力的缔造者。

二、社会公民道德建设实施策略

（一）东风东路小学公民道德教育传承和发扬雷锋精神

雷锋，曾经广泛、深刻而又直接影响几代人成长；雷锋，作为一种精神文化，在当下更具有核心价值的引领意义。学校是育人的场所，更是传承文化的领地。东风东路小学用行动诠释着这个时代所赋予雷锋精神的新含义。公民道德建设要坚持以爱祖国、爱人民、爱劳动、爱科学、爱社会主义为基本要求。雷锋精神是真情与爱心的凝练、美德与素养的标准、发展与进步的楷模。多年来，在雷锋精神的引领下，学校坚持倡导孩子们从小事做起，从平凡事做起，用自己的实际行动传承和弘扬“关爱家人、助人为乐、奉献社会”的雷锋精神，使学雷锋活动具有常态、普及、可行的特点，极力打造“爱心”教育和“责任”教育工程。

我们用行引导，用爱关注，使雷锋精神融入时代生活，走进东风东人的心灵，从自己做起，从家庭做起，学会关爱家人，关注社会，引领社会风尚，让孩子在学和行中体验到人生的幸福、奉献的乐趣与生命的真谛。我们引导孩子追求真善美，争做社会主义核心价值体系的传播者和实践者，努力让自己成为一名具有良好社会道德观和社会责任感的新一代小公民。

（二）构建东风东路小学公民道德建设项目体系

1. 东风东路小学公民道德建设目标体系

根据《公民道德实施纲要》要求，我校赋予雷锋精神新的时代意义，以“6年”决定“60年”的育人信念确立了我校学生社会公民道德建设的基本目标：

透过“一点两线”的公民道德建设体系，使学生在家庭、学校、社会等不同环境中成为自我教育的主体，树立高尚的博爱精神和崇高的社会责任感；

养成良好的道德行为习惯，弘扬雷锋精神和中华传统美德；

逐步成长为有理想、有道德、有文化、有纪律的社会主义公民。

2. 社会公民道德建构内容体系

（1）雷锋精神与社会公民道德的关系

过去，雷锋曾是全国人民学习的楷模，是精神文明的代名词。雷锋精神，始终发挥着提升社会道德水平和文明程度的重要作用；今天，我们重提雷锋精神，因为它所代表的崇高境界，与社会公民道德教育所提倡的不谋而合，紧密相联，并始终引领着社会道德风尚和时代精神。我校把雷锋精神注入了新的时代意义，把雷锋精神与推动社会公民道德建设紧密结合，通过传承弘扬雷锋精神，作为推进社会主义核心价值体系建设、提升社会精神文明的重要举措，把传承和弘扬雷锋精神，发展成为今后每人都能自我实现、自我提升、自我发展的社会公民道德。

（2）用“爱心教育”诠释“关爱他人，助人为乐”的雷锋精神

爱心教育，指的是对学生进行是以爱为内容的教育活动。爱心教育既是教育问题，又是发展问题，爱心教育的核心是让学生和谐健康而充分全面地发展，其目的是让被爱者在生理和心理上得到健全成长。爱心教育在内容上是丰富的、多层次的，因此，我校透过雷锋精神把对学生的爱心教育从三个方面进行培养。①培养对自然的爱心；②培养对他人的关心；③培养对社会的奉献之心。

（3）用“责任教育”提升“奉献社会、全心为民”的雷锋精神

责任教育，是指培养学生具有责任感和责任意识，形成相应的优秀品质和高尚人格的教育。前苏联教育家马卡连柯明确指出；“培养学生一种认真的责任心，是解决许多问题的教育手段。”如果把社会比喻成一座大厦，那么每个公民的责任感就是这座大厦的基石，有了责任感，人们才会去关注生活中的点点滴滴；有了责任感，才会时刻准备着伸出一双援助之手；有了责任感，才会将个人融入社会的海洋中，充分发挥个人的才干，为国效力。

培养中小学生责任感是一项育人的系统工程，应集学校、家庭、社会各方面的教育力量于一体，让学生学会对他人、对集体负责，对家庭、对社会负责，也对自己负责。因此，我校把雷锋精神的革命责任感转化为四个层次的责任感对学生进行培养。①让学生学会对自己负责；②让学生学会对家庭负责；③让学生学会对他人、对集体负责；④走进社区、接触社会、体验公共责任。

3. 社会公民道德实施途径

根据雷锋精神和社会公民道德的构建内容，学校采用“家庭—学校—社会”三位一体的社会公民道德实施途径，从形式和内容进行实践。

（1）以家庭教育为基础的社会公民道德教育

家庭是学生成长最重要的沃土，良好的家庭教育和家庭美德最能体现个人的公民

道德修养。作为广州市首批家长学校示范点，我校在以往家长学校多年实践基础上，构建学校、家庭、社会“三位一体”融合互动的教育网络，形成极具特色的“把家长请进校园——体验学校生活”和“把孩子带向社会——感悟多彩人生”的双向家校互动模式。建立家长志愿者协会，通过教学及活动等多种途径面向家长，有目的、有计划地传递科学的家庭教育知识和社会道德规范，帮助家长掌握科学的家庭教育方法，使教育工作达到学校、家庭、社会合力育人的目的，从家庭提升学生的社会公民道德素养。

（2）以学校课程为主要载体的社会公民道德教育

学校是学生学习的主要场所，因而学校课程对推动社会公民道德建设显得尤为重要。学校主要透过学科课程、德育课程、心理课程、校本课程、班会课、队课等对学生进行全方位、多角度、跨学科的公民道德教育，透过一系列的课程渗透，将雷锋精神和公民道德规范贯彻到学生整个学习过程中，让新时代的雷锋精神和社会公民道德规范潜移默化到学生的学习生活中。

（3）以大型活动为推动的社会公民道德教育

多年来，学校结合学生特点，以体育节、科技节、艺术节、德育主题活动为载体，开展了品味高雅、内涵丰富的校园文化活动，着力为全体师生打造具有人文情怀的校园生活，从而推动了社会公民道德教育。特别是在一些德育主题活动和纪念日中，学生更是用自己的行动和情感去践行公民道德教育所带来的成果。如2010年我校开展的“我有社会责任，学争‘时政’章”活动、2011年举行的“红领巾心向党幸福手拉手”全省统一主题队日活动、2012年举行的“学雷锋·东风东颂”庆“六一”主题活动等，从不同的角度和侧面展示了东风东人如何理解和践行新时代雷锋精神和社会公民道德。

（4）以社区活动和社会实践为主的社会公民道德教育

在学校里，每个班级都会根据自己的班级特色成立“学雷锋志愿服务中队”，利用课余时间与社区牵手，同时也与各种社会力量一起进行许多公益性的志愿服务来提升学生的社会公民意识。每个学期，各班的“学雷锋志愿服务中队”不但会定期走进社区，走到城市的每一个角落，参加各项的义务劳动和公益活动，全面践行新时期的雷锋精神，还会与家长志愿者服务队联合一起，让家长带领孩子们走入社会一个个需要关爱的角落，体会真实世界的人间冷暖……

三、社会公民道德建设体系实施过程

（一）以“雷锋精神”为核心，谱写“爱心传奇”

1. “家校互动”建立志愿者协会，历史悠久

作为广州市首批家长学校示范点，我校从20世纪80年代就开展家长志愿者活动，成立了家长志愿者协会。每学期各班的家长志愿者协会都会组织各种活动，让老师、家长、学生共同投入社会实践中。学生的情感、态度、价值观发生了巨大的改变，关爱家人、助人为乐、奉献社会以及生活中表现出来的自信心和责任感等优良品质都是在一次次活动中逐步形成的。

如：我校2006级10班的家长们连续6年组织孩子走进山区，让孩子们真实地感受到付出的快乐，唤起了孩子们关心身边人，关注困难同胞、关心公益事业的社会责任心。教会孩子学会感恩。感恩父母，感恩老师，感恩于帮助、关心和爱护自己的那些人，感恩祖国，感恩大自然……

2. “爱心月饼”牵手贫困山区，领开先河

2007年至今，东风东路小学已连续六年开展“爱心月饼”捐赠活动，六年共捐赠月饼一万余盒，分赠给山区儿童、留守儿童。为广东省120个希望家园100%捐赠月饼，并到广东省16个希望家园与当地的留守儿童开展“手拉手”活动，开创了跨城市学校牵手希望家园的先河。自2010年与“希望家园”的牵手活动以来，我们共收到3000多封留守儿童的回信，与“希望家园”几千个留守儿童建立起沟通的桥梁。爱心交汇已成为两地儿童牵手迈向幸福的心灵窗口。

3. 创立广东省红领巾基金，关爱留守儿童

在团省委组织的“捐赠爱心压岁钱，幸福广东第一棒” 活动中，东风东路小学率先为“红领巾基金”，为全省希望家园小伙伴等困难同龄人前后共捐赠爱心压岁钱27万余元，为一个个希望家园添砖加瓦，被团省委授予 “广东省红领巾基金募捐活动”先进单位称号。在“情系灾区，大爱无疆”“羊城迎甘泉　东风东情系旱区”等主题活动中，同学们积极响应倡议，捐资捐物，支援灾区，全校各项捐款近50万余元。在大灾大难面前，我校学生用爱心、用每一分力量为灾区人民建设美好的家园。

4. “爱心红包”，寄予感恩和孝顺

为教会孩子孝顺与关爱，我们为孩子准备特殊的开学礼物，已经坚持了10年。上学期，我们给每个孩子发了一封印有东风东校徽的红包，要求让孩子们把它一直保留到母亲节，制作成“爱心红包”，写上自己给妈妈的祝福，许多妈妈接到孩子们发自内心的感恩，忍不住激动落泪。于学校而言，只是一份礼物，孩子却要保留三个月，

而对于一位母亲，或许就是一辈子收藏的珍贵礼物。但我们教会孩子的却是分享、责任、感恩和孝顺。

（二）以“雷锋精神”为核心，培养公民责任意识

我们倡导“做一名优秀的东风东人”，东风东的孩子们一直以帮助小伙伴、奉献爱心为己任，人人积极参与社会公益事业，积极承担社会责任，彰显公民道德素养。

1. “我有社会责任　争‘时政’章”活动，树立社会责任感和历史使命感

2010年，我校开展了“我有社会责任，争‘时政’章”活动，向社会宣传东风东人崇高的社会责任意识，实现培养学生从学校人到社会人的转变。此次活动我们共收到了1000多份少先队员的提案，涵盖城市管理、绿色环保、学校发展、少先队建设、家庭教育五个方面。孩子们大胆提出了自己的建议和看法，真正体现了少先队员当家做主、承担社会责任的精神。

以下是当年学生们的一些具有代表性的提案：

俞天同学提出《改装嵌入式垃圾桶》。她发现自从广州实行垃圾分类之后，街头巷尾多了很多分类垃圾桶，影响城市美观。她提出把“站立式垃圾桶改装成嵌入式垃圾桶”，把垃圾桶嵌入地下，人们丢垃圾的时候只要用脚轻轻一踩就可以了，既扔得方便又保证了城市美观，让后亚运广州城变得更加美丽。

五年级的王唯唯同学提出《争当校园志愿者　携手创造新生活》。作为广州市首届“小道德模范”，她通过自己的志愿活动经历向同学们提出了成立东风东“校园志愿服务队”。在她的倡议下，越来越多的班级成立了志愿服务中队：爱心雨伞中队、医护天使中队、护鞋天使中队、礼仪天使中队、乐知书屋中队……同学们带着微笑，行走在校园的每一个角落，志愿服务蔚然成风。

一份份提案，无不彰显了东风东学子关注时政，做社会人的热情与风采，更重要的是培养了东风东人崇高的社会责任意识和历史使命感。

2. “学雷锋　争志愿服务章”活动，争做社会主义核心价值体系的传播者和实践者

2012年，为弘扬雷锋精神，学校全面开展了“学雷锋　争志愿服务章”活动。全校68个中队以志愿服务为基本宗旨，纷纷成立了各具特色的“志愿服务中队”，全面践行着“关爱家人、助人为乐、奉献社会”的雷锋精神。

学校围绕学雷锋开展的一系列活动引起了社会媒体的广泛关注，《人民日报》《南方日报》《广州日报》《南方都市报》《新快报》《今日花都》《中国青年报》《岭南少年报》以及广东卫视新闻、南方少儿频道等主流媒体分别对我校开展的各类学雷锋活动进行了报道，把我校的学雷锋特色活动辐射到全社会，受到了社会的普遍赞誉。

3. 与时俱进，打造东风东亮丽的教师志愿服务队

学校的人文氛围打造了一支高素质的教师队伍，高度的政治觉悟和责任心让“送温暖，献爱心”活动成为了教师的常态工作。56名党员响应越秀区委“万名党员与困难群众结对开展‘服务群众、温暖民心’”号召，定期为越秀区诗书街温良里社区的36户困难群众家庭送上节日的慰问与礼物现金，受到社区居民的真情感激和高度赞誉。平时，通过电话、短信、登门等方式，送上他们最真诚的祝福，而每年的广东扶贫济困日，老师们更是“踊跃捐款，奉献爱心”，为建设幸福广东、幸福越秀做出东风东人应有的贡献。学校教师以实际的行动给广大的学生日后“回馈社会、奉献社会”树立了良好的榜样，让学生如沐春风，更加积极地参与到各类志愿服务中去。

四、社会公民道德建设卓见成效

在多年的社会公民道德建设实践中，孩子们已经具有朴实的博爱精神和社会责任意识，东风东孩子的人文素养，精神风貌有目共睹。

1. 胡锦涛与我校少先队员们亲切地握手问好

2011年8月13日，胡锦涛总书记在东濠涌亲水平台，与我校少先队员们亲切地握手问好，盛赞越秀区孩子体现了全国文明城市的人文风貌。这是对我校孩子社会公民道德素养最大的肯定。

2. “垃圾分类”成为孩子们的生活习惯

2011年，学校积极响应《广州城市生活垃圾分类管理暂行方法》，建立东风东路小学的垃圾分类行动纲要，积极开展垃圾分类活动。这不是走过场，更不是为了应付检查，每一件小事，我们都扎扎实实地做活、做透，孩子们不仅把垃圾分类变成了一种生活习惯，更将监督别人实施垃圾分类形成一种社会责任。

记得有一次在越秀区召开的亚运精神总结会议上，会议后我校一位二年级的同学自发走到主席台，向全体与会的嘉宾发出倡议：“请大家把没有喝完的矿泉水带走，把喝完的矿泉水瓶放到可回收垃圾桶！”话语一出，全场不约而同地响起了热烈的掌声。广州市谢晓丹副市长更高度评价：“东风东的孩子把垃圾分类变成一种环保生活习惯。”并对学校培养孩子们小手拉大手，走进社区、走向社会，宣传垃圾分类的理念，监督别人实施垃圾分类的社会责任意识的做法称赞不已。

东风东的孩子，用对社会的责任，用自己的一言一行，影响着身边人！

3. 与社会发展同步，唱响亚运主旋律

2010年是广州的亚运年，我们的学生以高度的社会责任意识积极投身到亚运活动中，受到了广泛的社会赞誉。在亚运期间仅仅半个月的主要媒体报纸上，就有25份主

流媒体报道了“优秀东风东人！”的社会行动，在社会极具影响力。

2010年11月27日，《广州日报》头版头条刊登了黄华华省长给东风东路小学师生和五年级（1）班的崔曼舒和刘泓庆、刘泓毅3位代表的亲笔回信，对于他们所汇报的东风东人“关注亚运、积极投身亚运”的感人事迹给予充分肯定。信中同时勉励东风东人“积极传承和发扬奥林匹克和亚运精神，树立远大理想，坚定爱国信念，努力做到德智体美全面发展，早日成长为祖国的栋梁之材！”

2010年，我校学生参加中国体育代表团入亚运村欢迎仪式，为与会领导嘉宾、运动员代表献上吉祥物并大方地进行采访。同时，他们还向领导嘉宾介绍广州这个岭南名城。时广州市委书记张广宁、时广州市市长万庆良亲切地搂着我校的少先队员代表赞叹道：“东风东路小学的孩子真是江山辈有人才出！”

在亚运的日子里，芭蕉男孩熊钰翔的熠熠风采；亚运会开幕式唯一参演的小学团队；最小火炬手黄天来传递的亚运精神；广东市志愿者王唯唯的爱心奉献；第一批“亚运小先锋”到勇夺“广州市亚运志愿助威团比赛特等奖”，并受亚组委的邀请，与广州电视台合作拍摄《为梦想加油》和《一起来更精彩》的MV宣传片；关爱亚运志愿者团队到拜访亚运村村长……

一次次卓越的社会行动把东风东的名字镌刻在发展的丰碑上。

从敬业爱生到为人师表，从人文课堂到书香校园，从故事到传奇，从传奇到理念，不断探索从传统教学观念迈向现代教育理念与践行的成功之路，铸就了“东风东”学养深厚、人文荟萃的文化品牌。

4. 德育先行沐春风，结硕果累累

三年来，在“社会公民道德”建设的指引下，学校荣获“全国优秀少先队集体”、全国艺术教育工作先进单位、“全国中小学百佳校园网站”、广东省体育特色学校、广东省中小学廉洁修身手抄报创作大赛优秀组织奖、广州市语言文字规范化示范校、“广东省语言文字规范化示范校”“广东省少先队红旗大队”等荣誉。

学校涌现了一大批优秀志愿者和少先队员代表：肖任虹等3人被评为2011年“广东省优秀少先队员”；王唯唯等3名同学被评为2010年“广东省优秀学生”；郑楚凡和王唯唯还被评为广州市首届“小道德模范”。鼓号队获越秀区少先队鼓号仪仗队检查评比颁奖暨少先队鼓号仪仗队花样操展示活动的特等奖等。近年来，在德育、班主任方面共获奖99项。其中，李颖老师荣获“第四届广东省中小学班主任专业能力大赛”一等奖及第四届全国班主任大赛三项一等奖；陈晓校长更获得了广州市第十二届广州市杰出青年的称号和“2010—2011年度广州市支持少先队工作好校长”；黄玲副校长被评为广东省第二批教师工作室主持人；邱小雪老师被评为广州市优秀辅导员；等等。

近年来，学校共获奖3112项，其中国际级30项，国家级736项；省级546项、市级600项。平均每个工作日获奖4.1项。东风东迈入了一个崭新的历史发展时期。

五、思考与展望

十年树木，百年树人。首先，育人是一项长期的教育工程，今天东风东路小学在“社会公民道德建设”所取得的成果并不是一朝一夕所获得的，而是在点滴中的实践中一步步积累起来的。如果学校没有一个坚定的信念，没有一套完整的育人制度，没有大胆创新、勇于挑战的魄力，育人工程必定会半途而废。因此，我们要清楚地认识到，学校在对学生进行社会公民道德的培养一定要持之以恒，利用各种契机和活动，让学生在潜移默化中逐渐成为一名优秀的社会公民。

其次，学校的社会公民道德建设不能脱离于社会进行“乌托邦”式的探讨和实践，因为每一个学生所体现的优秀公民素质必然与社会有密切联系，培养的学生能否符合当前社会的基本公民素养，是检验社会公民道德建设成败与否的重要条件。

最后，我们要紧跟时代的脉搏，开展更多符合当前社会发展主流富有意义的活动。同时，也要自编出更多具有学校特色和时代特质校本教材来指引学生的行为和思想。让学生在理论和实践中，逐渐成为合格的社会道德公民。

千帆竞渡，百舸争流，以“雷锋精神”为核心的社会公民建设在东风东路小学蓬勃开展、接力传承，成为引领道德风尚的一面旗帜。我们将引领孩子不断践行雷锋精神，感悟道德力量，把雷锋精神的种子播种在每一位孩子的心里，让它生根、发芽、开花、结果，永远扎根在孩子的心灵。

崇廉尚洁　正心正身

——市桥北城小学廉洁文化进校园活动案例

广州市番禺区市桥北城小学

案例负责人：麦叶勇

案例主要贡献者：冯　霞　陈志荣

一、背景分析

少年儿童是中华民族的希望，担负着建设祖国未来的重任。廉洁、诚信是中华民族的传统美德，也是新时期公民道德建设的重要组成部分。现在的青少年，生活在经济发达的时代，不愁吃不愁穿，生活条件优厚。甚至在有的家庭里，父母对孩子过于溺爱，对他们过高的生活要求一一满足，助长了孩子的虚荣心。而且当今社会上一些负面的人物和事件对孩子的思想意识也有一些不良的影响。所以推进廉洁文化进校园，在学生当中开展廉洁教育活动，帮助学生从小树立"廉洁光荣，腐败可耻"的意识，培养健康向上的人生理念和道德观念，并通过小手拉动大手，使廉洁教育从校内到校外得到有效辐射，这对于孩子们自身的成长，对于整个社会的反腐倡廉工作，都具有非常重要的意义。

二、问题成因

廉洁教育听起来似乎是成年人的事，与少年儿童相距甚远。但廉洁、诚信作为中华民族的传统美德，是未成年人思想道德建设的重要组成部分，让少年儿童从小就树立"廉洁光荣，腐败可耻"的意识，对他们的成长有很大的帮助。为此，上级教育部门下发了《关于进一步推进廉洁文化进校园活动的实施意见》，要求在校园内大力开展廉洁教育。如何有效落实上级的文件精神，如何将廉洁教育与学校德育工作有机结合，融入学生思想品德教育中，内化成师生们的行为，如何更好地发挥辐射作用，让廉风吹拂校园的每个角落，吹遍每一个家庭，提高人民群众的廉洁意识，是摆在我们面前值得深思的问题。

三、主要做法

“百年大计，教育为本；教育大计，育人为本；育人大计，育‘心’为本。”心正则身正，因此，我们紧紧抓住“心”的教育，引导广大师生明辨是非、区分善恶、分清美丑，开展了以“崇廉尚洁 正心正身”为主题的系列教育活动。综合运用思想教育、纪律教育、法制教育等手段，积极倡导社会主义核心价值观，营造出正气昂扬、清廉文明、和谐发展的舆论氛围，让全体师生在系列活动中学会做人做事。使廉洁文化教育理念入耳、入脑、入心，成为每一位教师和学生的座右铭。具体通过以下几个方面进行实施：

（一）理念篇——树立正确的校园廉洁文化理念

全面推进校园廉洁文化建设，对于加强校园建设，培养学生崇廉尚洁的思想品质、弘扬整个社会的廉洁文化、促进社会和谐发展具有十分重要的意义。积极推进廉洁教育进课堂、进校园、进学生头脑，立足当前、着眼长远、因势利导、循序渐进，不断增强廉洁教育的针对性、实效性和吸引力、感染力，培养青少年学生正确的价值观念和高尚的道德情操，这都为我们树立正确校园廉洁文化理念指明了方向。

崇尚科学文化、弘扬传统美德、追求真理先进、激发创新精神的文化建设是学校教育和发展的目标。市桥北城小学在长期的办学实践中形成了“幸福教育”办学品牌和以“雅秀慧”为特征的校园文化。在此基础上，形成了“崇廉尚洁，正心正身”的廉洁文化理念。学校综合运用思想教育、纪律教育、法制教育等手段，积极倡导社会主义核心价值观，营造出正气昂扬、清廉文明、和谐发展的舆论氛围，引导广大师生明辨是非、区分善恶、分清美丑，使廉洁文化理念入耳、入脑、入心，成为每一名教师和同学的座右铭。

（二）校园景观篇——打造“崇廉尚洁 正心正身”的廉洁校园文化景观

学校积极挖掘岭南文化所蕴藏的人文精神，营造与中华民族优良传统相传承的宪法、廉洁教育文化氛围，尽力为学生的发展提供廉洁宽阔的空间。在北城大道建造了“廉洁教育主题景观”，将“雅·秀·慧”与“宪法、廉洁教育”有机结合；在教师之家设置了“教师廉洁之路”“教师廉洁之星”；同时还在校园各处开辟了师生宪法、廉洁作品专栏，展示了师生亲手创作的剪纸、漫画、书法等作品；一楼走廊的宣传栏通过“说廉洁、赞廉洁、明廉洁、做廉洁”及“说法、懂法、守法、用法”八大主题展板展示了古今中外名人学者的反腐倡廉名言警句，催人奋进的宪法、廉洁标语、小故事等。使整个校园浸润在浓浓的法制、廉洁氛围中，让学生从小在耳闻目睹中学法、懂法、用法。

（三）主题教育篇——搭建丰富的文化载体，有效落实教育目标

校园是传播文化的场所，各种文化载体很多，我们充分综合利用好各载体开展“崇廉尚洁　正心正身”系列教育活动。

1. 运用好传统载体——课堂主阵地

我们坚持把课堂作为实施廉洁教育的主渠道，将廉洁教育渗透到课堂教学的全过程。一方面，充分挖掘各学科教材里涵盖的廉洁教育内容，结合学科教学对学生进行教育活动。如语文科组开展的读廉洁故事写读后感，积累廉洁诗文、格言警句；音乐科组学唱关于廉洁或社会主义荣辱观的歌曲等。另一方面，利用班队活动课开展廉洁知识传授和廉洁品格培养的专题教育。

2. 设立多种载体——主题系列活动

为了扩大廉洁文化教育阵地，我们多方设立载体，广泛搭建平台，以校广播站、校园网站、校报校刊、板报等为载体，定期播报廉洁先进典型事迹；播放廉洁教育录像片；发布廉洁教育信息；以廉洁文化宣传标语、廉洁漫画、廉洁书法、廉洁剪纸等为载体，大力宣传廉洁文化。如：开展廉洁事迹演讲比赛、主题辩论会、征集廉洁格言、手工剪纸、“廉洁红格子”书法创作活动、“宪法漂流日记”“扬廉洁清风　画心中正气”漫画创作等活动，使廉洁知识在各项活动中得到传播，增强廉洁文化的辐射力。如：“六一节”开展了以“廉洁北城，童梦六一”为主题的廉洁文化展示活动。领导、嘉宾、家长和全校师生一起见证了“廉廉”和“洁洁”学校廉洁形象大使的揭幕。随后，家长和孩子一起参与了围绕“廉洁”主题的亲子游园活动，使廉洁意识从小就扎根在少先队员的心中。

（四）特色活动篇——创新特色活动，探索家校合作新模式

1. 创编“宪法教育漂流日记”

廉洁教育作为宪法教育的一部分，我们在以往“家庭教育漂流日记”的基础上，特意创编“宪法教育漂流日记”。“宪法教育漂流日记”是一种能积极推动家长主动参与、思考、实践、开放交流的宪法学习平台，它有利于家长更好地学习宪法、交流

心得和自我教育，有利于家长务实、拓展家庭教育空间，有利于家校的良性互动，有利于共同做好学生的宪法教育工作。

所谓“宪法教育漂流日记”，是以宪法教育为主题的循环日记，就是借用日记接力的形式写日记。具体做法是：以班为单位，每班一本专门设计制作好的可拆活页日记本，各班内家长依次轮流编写，每三天一篇，一学期一个循环，只要是涉及宪法教育的题材、内容、体裁不限，皆可入文。后写的家长要做前面家长所写的那篇日记的读者，家长可点评前面家长的日记，并在点评处标注自己的名字。这样一来，每位家长既是作者，又是读者，在阅读、评议别人的日记中采他山之石，来琢本山之玉。

2. 开通“言而有信”廉洁教育微信公众平台

我们借用时下最流行的沟通模式——微信，创办了北城小学微信公众平台。拓展廉洁文化建设新载体，率先在番禺打造“廉洁教育微课堂”，优化廉洁教育效能，综合提升学校教育质量。

该平台是利用网媒宣传的形式，向家长和社会各界人士定期推送廉洁教育小故事、学生廉洁作品展示、系列教育活动、廉洁教育专题片等内容。通过图文并茂的形式生动展示了丰富多彩的校园生活，把学校文化和廉洁教育文化渗透到学生、家长和家庭中，真正让教育流动起来，实现学校教育和家庭教育的一对一无缝对接。

开展“微教育”，创新实用。充分发挥网络反腐倡廉宣传教育阵地作用，创新思路，以微信平台作为廉洁文化建设的新载体，将全体教职工、家长的微信号单独列群、集中管理，通过每周一期的“廉洁教育微课堂”的形式，定期推送反腐动态、廉洁警句、廉洁漫画等内容，将线上与线下的廉洁教育实现有机融合，打破了时空与地域的局限，加强队伍（党政、教师、学生、家长）的廉洁建设。

开展“微监督”，便捷高效。借力微信公众平台传递当前开展的廉洁工作新动向，积极探索向社会开展教育服务质量跟踪评价，主动接受群众和社会的监督，促进党风廉洁和行风建设的有效开展。

开展“微服务”，服务提质。目前，在该微信平台上提供教育动向信息、违法举报、校长信箱、服务监督等服务功能。树立了学校品牌形象，获得家长、社区的充分认可和一致好评。

同时，为进一步延伸廉洁“防火墙”，鼓励教职工家属加入微信群，相互教育、相互监督、相互提高，发挥廉洁文化潜在的熏陶、引导、影响力量，进一步增强廉洁文化建设的渗透性。

四、活动成效

我校在“崇廉尚洁　正心正身”廉洁文化的建设中指导思想明确，组织机构健全，规划方案具体，举措得力有效，工作机制常态，创建成果显著。大大提高了学校的美誉度，促进了北城小学稳定发展、内涵发展、科学发展、特色发展，师生、家长因廉洁而幸福、快乐。北城小学的形象日益鲜亮，学校先后被评为：广东省珠心算教学先进单位、广东省现代教育技术实验学校、广州市优秀家长学校、广州市德育示范学校、广州市德育创新奖、广州市示范家长学校、番禺区德育示范学校、番禺区家长示范学校、番禺区校园文化建设一等奖等荣誉。同时积累了多本活动成果集：汇编了低、中、高三本《宪法教育漂流日记》集、《宪法教育漂流日记——精华合集》《宪法教育漂流日记——教师篇》《廉洁教育漫画作品集》《廉洁教育书法作品集》《廉洁教育绘本》等成果资料。

廉洁文化独树一帜，秀立校园，让学校清风竹韵，让教师橘绿橙黄，让学生吐翠含芳。廉洁文化建设，收获着喜悦，收获着殊荣，收获着教育的希望。让廉洁文化的成果，为北城小学明天的辉煌锦上添彩。

创建国际生态学校　促进低碳校园建设

广州市东山培正小学
案例负责人：陈　军
案例主要贡献者：陈　军

一、创建国际生态学校背景情况

我校创建国际生态学校是响应中共中央、国务院建设节约型社会和环境友好型社会文件精神的具体行动，也是落实科学发展观、建设和谐校园、促进学校各项事业全面协调可持续发展的客观要求。环境问题是我国社会经济发展过程中出现的重大问题之一，也是世界性的重大问题之一。因此，我国把环境保护作为一项基本国策，它是我国社会经济可持续发展的重要保证。当今世界，人们倡导低碳、绿色生活，这是一种与自然相和谐，又科学、健康、适意的生活方式。提倡低碳生活、创建国际生态学校的目的，就在于培养学生的低碳环保意识，引领他们走向健康的低碳绿色生活。

广州市越秀区东山培正小学创办于1889年，建校124年，积淀着深厚的文化底蕴。校训“至善至正”，红蓝校色及“爱国爱校”的传统，培育出不少顶尖的科学家、艺术家、国内外政界要人。新时代的培正人一直勇立于教育教学改革的潮头，追求高质量、高效益的内涵发展，增强培正优质教育品牌的魅力。1994年被评为广东省一级学校，1997年被评为全国现代教育技术实验学校，2005年被评为广东省绿色学校。我们在创建绿色学校的实践中所取得的成效，再次验证实施环境教育对加强家校互动教育，以及学校教育与社会生活的联系，对培养学生创新精神和实践能力，提升学校办学水平和教育质量均产生巨大的促进作用。多年来，我校坚持以党中央建设资源节约型和环境友好型社会的方针路线为行动指南，把环境教育作为推进素质教育的重要途径。如今我校积极创建国际生态学校，以丰富的活动为载体，以科学管理为手段，创造性地做好校园节能减排的各项工作，落实到学科课程和专题教育活动中，并通过学生带动家庭，辐射社会，使更多人广泛地参与到保护环境的行动中，积极促进生态文明建设，用实际行动贯彻落实“十八大”精神。经过全体培正人的共同努力，我校的创建国际生态学校工作具有一定的特色，取得明显效果。

二、体验式活动促进低碳校园建设

低碳校园就是校园的基础设施和日常运营是低碳环保的，师生的生活理念和生活方式是低碳环保的，以“低能耗、低排放、低污染”三低为基础，以提高能源利用率为实质要求，以技术创新、制度创新和科学发展观为贯彻核心的绿色生态运营模式。我校在创建国际生态学校活动中通过使用“七步法”，让学生们带领全校师生，用实际行动使学校及周围社区的环境得到改善；学生们学习到环保知识，树立积极的态度，养成良好的行为习惯，并锻炼他们发现问题并解决问题的能力。生态学校项目具有全面性、参与性，以及学习与行动相结合的特点。通过建立生态学校委员会、开展环境评审、制订行动计划、对效果进行监测评估等一系列步骤，能够提升环境保护和可持续发展意识，提高学校环境教育和环境管理水平，改善学校和周边社区的环境。

我校积极推动“国际生态学校”创建工作，主要开展了垃圾减量和节水两个主题活动。以两个环保主题活动为中心，积极开展各项环境保护工作，将“国际生态学校”理念渗透到学校工作的各个方面，从而促进学校、教师和学生的可持续发展。

1. 建立生态学校委员会

生态学校委员会是生态学校过程的驱动力和迈向生态学校的第一步，直接负责和总体管理本学校的国际生态学校项目的运作。2012年5月，各班学生自荐、推荐、选举的方式选出一名生态学校委员会委员，学校选举产生校级生态委员会委员，确保有50%以上的学生代表参加。邀请校级管理者代表、教师、家长代表、社区代表、当地环保机构代表等参加。

生态委员会每学期至少召开四次会议，学生成员负责收集其他学生的建议，会议决议得到校长的支持，并向全校师生及家长联合会公布。

2. 开展环境评审活动

广州每天排放生活垃圾达到1.78万吨，相当于4450头成年大象的重量，而且还在以5%—10%的速度增长。广州市中心的垃圾填埋场2年后将填满，而番禺、花都、南沙等周边区依赖的垃圾填埋场半年后也将被填满，面临垃圾围城的严峻形势。填埋这种需要占用大量土地的方法早已遭遇困境，堆肥和焚烧势在必行，而后两者都必须以比较严格的垃圾分类为基础。校园中的可回收资源包括有：空闲课本、报纸、书本纸、包装用纸、办公用纸、纸盒、各种塑料袋、塑料包装、塑料杯子、矿泉水瓶等。回收这些可利用资源不但能美化环境，而且资源再利用可以减少新资源的开采，从而从根本上减少垃圾。

“水是生命的源泉”。当前，我们一方面面临水电资源短缺的困扰：全世界的水有93%是咸水，淡水只占7%，而能喝的水只有0.8%，全世界50亿人就靠饮用这0.8%的淡水。

为了充分了解培正小学的校园环境质量，我校生态委员会全体成员带领全校其他学生，积极开展了学校的环境评价研究。根据研究结果，同学们热情地向学校各部门建言献策。

我校做得比较好的是以丰富的活动为载体，以科学管理为手段，创造性地做好垃圾减量和节水的各项工作，把垃圾减量和节水的教学落实到学科课程和专题教育活动中，并通过学生带动家庭，以及辐射社会，使更多人广泛地参与到保护环境的行动中，积极促进生态文明建设，但也存在不足，需要努力改进。

3. 有针对地制订行动计划

自成立国际生态学校委员会以来，学校把“国际生态学校”作为重点工作来抓，以科学发展观为指导，进一步提高师生的环境意识，推进绿色文明建设，彰显人文精神，促进学校健康、可持续发展。在省、市、区环保局和区教育局的关心指导下，把创建国际生态学校工作融入学校教育教学及管理之中，建立长效的运行机制，推动创建国际生态学校工作深入开展，构建生态文明校园。行动计划是生态学校工作的核心，通过讨论，征集意见制定。

垃圾减量行动计划

活动目标：大量垃圾已成为城市一个长期存在的污染源，严重地影响人类的生存和可持续发展。城市垃圾既是危害环境的污染物质，又是可以被回收利用的再生资源，因此城市垃圾减量化、资源化、无害化处理已成为环境综合治理工作中的新难点、新挑战。我校开展垃圾量减量行动，减少对生态环境的破坏，提高环境保护的意识。

行动步骤	负责人（部门）	时间
（一）加强学习，重视环保培训	张淑华校长、潘俊青书记、徐紫主任、陈军主任	2012年9月
（二）加强宣传，全校师生行动：“善正志愿团”垃圾分类宣传活动	潘俊青书记、陈军主任、梁玉玲总辅导员	2012年9、10月
“易书部落”活动	易敏副校长、张涓主任	2012年12月
环保示范家庭评选活动	张淑华校长、梁玉玲、许宏俊总辅导员	2013年2、3月

续表

行动步骤	负责人（部门）	时间
年桔回收活动	张淑华校长、张涓主任	2013年2、3月
旧物交换爱心驿站活动	陈军主任及各级主管行政	2013年3月
环保科技节	易敏副校长、区宝华科长及科学老师	2013年3月
学长制家庭结亲碳补偿植树活动	潘俊青书记、梁玉玲总辅导员	2013年3月
（三）积极开展综合实践研究	孙芳综合实践科科长和区宝华科学科科长	2013年4、5月
（四）调研总结，撰写建设性的研究报告	孙芳综合实践科科长和区宝华科学科科长	2013年6月
（五） 学校垃圾减量的检查和监督，及时向全校公布，调整措施	区永健主任及生态委员会委员	2013年6月

节水行动计划

活动目标：水是生命之源，是人类赖以生存的最珍贵的资源。由于近代世界人口急剧膨胀，加之工业化现代化对生态环境带来的负面影响，水的污染严重，地球上的水资源日益紧缺，人们对水资源的浪费十分严重。我校开展节水行动，提高环境保护的意识。

行动步骤	负责人（部门）	时间
（一）加强学习，重视环保培训	张淑华校长、潘俊青书记、徐紫主任、陈军主任	2012年9月
（二）加强宣传，全校师生行动：节水宣传活动	潘俊青书记、陈军主任、梁玉玲总辅导员	2012年9、10月
环保示范家庭评选活动	张淑华校长、梁玉玲、许宏俊总辅导员	2013年2、3月
环保科技节	易敏副校长、区宝华科长及科学老师	2013年3月
节水日、节水周主题教育活动	陈军主任、梁玉玲总辅导员	2013年3月
（三）积极开展综合实践研究	孙芳综合实践科科长和区宝华科学科科长	2013年4、5月
（四）调研总结，撰写建设性的研究报告	孙芳综合实践科科长和区宝华科学科科长	2013年6月
（五）学校用水的检查和监督，及时向全校公布，调整措施	区永健主任及生态委员会委员	2013年6月

（四）监测和评估活动

我校从2003年开始在校内开展垃圾分类、垃圾减量活动，至今已有十多年，结合时事和校情，创造性地开展环境保护社会实践活动，推动节能减排校园行动，建立了一些可行的机制，为深入推进垃圾减量奠定了良好的基础。

节能减排行动评价表

等级：A、B、C	自评	小组评	老师评
具有良好的公共环境道德和日常生活习惯，能够自觉学习、积极宣传有关节能减排知识。			
参加过社区节能环保社会实践活动。			
崇尚节俭、合理消费、绿色消费等理念，养成节约、环保的消费方式和生活习惯。			
在节能减排活动中表现突出，节能意识强，能够起到示范带动作用			

备注：垃圾分类调查问卷40分，节能减排小标兵评选问卷60分，分数在90分以上可获得“节能减排小标兵”称号。

广州市东山培正小学垃圾分类调查问卷统计表

（此项问卷每题5分，共40分，占节能减排小标兵评选活动的40%）

垃圾处理是我们美化城市、美化环境、提升城市品位的重要领域和重要抓手，也是改变人们行为习惯、提升市民文明素质，建设低碳、文明、幸福城市的重要内容和重要体现。

1．你知道广州市正开展垃圾分类活动吗？

（知道 1856 人，不了解 16 人）

①知道　②不了解

2．我们生活中的垃圾都有哪些？

（正确 1751 人，错漏 121 人）

简单举例说明生活中的垃圾________________

①餐厨垃圾　②可回收垃圾　③有害垃圾　④其他垃圾

3．你知道我们日常生活中的垃圾经投掷垃圾箱后都去了哪里？

（正确 1788 人，错漏 84 人）

①被扔到海里　②运到垃圾填埋场填埋　③一把火烧光

4．你手中的A．牛奶盒　B．玻璃瓶　C．旧衣服　应分别投入哪个垃圾箱？

（正确 1651人，错漏 221 人）

①餐厨垃圾（　）　②可回收垃圾（　）　③有害垃圾（　）　④其他垃圾（　）

5．你知道垃圾分类处理的好处吗？

（正确 1778 人，错漏 94 人）

①减少了环境污染　②提高国家经济水平发展　③发扬中华美好传统

6．你知道广州市的生活垃圾处理采取什么方法吗？你有没有参与？

（正确 1746 人，错漏 136 人）

①卫生填埋　②焚烧　③堆肥　④综合利用

7．你知道广州市的生活垃圾分类要领吗？

（正确 1771 人，错漏 111 人）

①能卖拿去卖　②有害单独放　③干湿要分开

8．你知道各类垃圾桶的颜色吗？

（正确 1800 人，错漏 82 人）

A．蓝色　B．绿色　C．红色　D．灰色

①可回收垃圾（　）　②餐厨垃圾（　）　③有害垃圾（　）　④其他垃圾（　）

广州市东山培正小学节能减排小标兵评选问卷统计表

（以下问卷每题10分，共60分，占节能减排小标兵评选活动的40%）

节能减排是深入贯彻落实科学发展观、建设生态文明、构建社会主义和谐社会的重大举措。实施节能减排小标兵评选行动，不但直接的节约环保效益巨大，而且能帮助青少年树立节能环保意识，养成珍惜能源、爱护环境的行为习惯，对于推动全社会的节能减排工作，具有十分重要的作用。

1．你会把家中或学校里废弃的纸类、塑料、饮料瓶等变卖吗？

（有环保意识 1783 人，需提升环保意识 89 人）

①会定期卖　②偶尔卖　③不卖直接扔掉

2．你了解到的垃圾处理方式哪一种是最好的？

（正确 1837 人，错漏 35 人）

①单纯填埋　②直接焚烧　③减量填埋分类焚烧相结合的综合处理方式

3．购物时所拿回家的塑料袋你是怎样处理的？

（有环保意识 1840 人，需提升环保意识 32 人）

①随手扔掉　②压缩成团后扔掉　③将其收集好下次利用

4．你是否会将垃圾分类投放？

（有环保意识1776人，需提升环保意识119人）

①经常　②有时　③从不

5．你对垃圾分类回收利用有何看法？

（有环保意识1859人，需提升环保意识13人）

①是每位公民应尽的义务，要积极参与

②是环保部门的事，与我无关

③没必要，这样对保护环境并没什么帮助

6．如果出汗，你会选择哪种处理方式？

（有环保意识1804人，需提升环保意识68人）

①用纸巾

②用小手帕

问卷调查分析：本次调查发出问卷1872张，收回1872张，回收率100%。学生有垃圾分类、减量的活动的意义明确，如对垃圾分类回收利用有何看法，1859人认为是每位公民应尽的义务，要积极参与，占99.3%。

但关于垃圾分类、减量的一些知识还需进一步提高。如具体物品应分别投入哪种垃圾箱，正确1651人，占88.2%，错漏221人，占11.8%。

今后我校在垃圾分类、减量的知识教育应加强。

分类回收的措施及数据统计

1．可回收物定期收购，促进循环再用

我校坚持把节纸、节电、节水、垃圾分类、减排减污的成绩纳入“善正优秀班”“环境管理模范班”的检查评比范围，每天检查，每周评比。每个班学生自行设计和使用有本班特色的资源分类回收箱，每周由学校联系的公司进行分类回收。学生和该公司的工作人员一起统计，登记在各班的资源分类回收爱心卡上。期末，把所得款项用于买树苗，为我校所属社区增添绿意。各班小管家承担清洁卫生、垃圾分类回收、关电灯风扇、抄电表……每个岗位都交给孩子管理。校级小管家实行竞争上岗，他们每天检查校园的环境，并进行评比。两周一次的环境管理模范班评选，有清洁卫生、节约资源、资源分类回收等项目，让学生真正成为校园垃圾分类和资源管理的主人。

同时，建立教师级组（个人）使用纸张的登记制度，除上交材料和档案需要外，所有复印纸都必须双面使用。学校发挥网络优势，积极推进电子政务，推行无纸化办公。期末由教导处组织回收教师的教学参考资料，留着下学年循环再用。我校每月对教师的办公室进行文明环保办公室评比，评比项目包括节纸、节电、资源分类回收等。

可回收资源数据表

日期	班级收集（公斤）	办公收集（公斤）	原因简述
2012年3月	170		
2012年4月	90		
2012年5月	110		
2012年6月	100		
2012年9月	105	80	班内自设资源回收桶，自行统计回收量
2012年10月	60	57	
2012年11月	100	76	
2012年12月	93	40	
2013年3月	112	23	
2013年4月	118	58	
2013年5月	122	75	
2013年6月	135	70	

2. *餐厨垃圾节约为先，尝试转化再生资源*

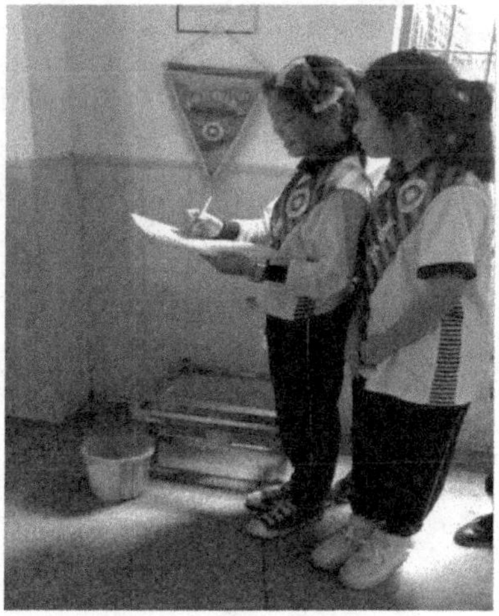

学校集体食堂不使用一次性餐具；中午搭食教师将吃剩食物、瓜果皮核投入食堂专设的收集桶；倡导中午搭食学生实行“光盘行动”，吃剩骨头、菜渣投放到课室门口带刻度的专用小收集桶内，校园小管家12：20到各班登记数量，12：30后由厨工运送倒入食堂专设的大收集桶内；每天晚上由公司运走回收餐厨垃圾，并在保安室专设记录本登记数量。

学校取得专业环保公司支持，配送了厨余处理机，科学科组老师带领环保科技小组开展研究性学习，尝试将厨余转化为肥料，用于天台生物园部分蔬菜种植中使用。该项实践目的是建立一个体验教学点，启迪学生思维，培养探究处理垃圾的科学方法的兴趣。

餐厨垃圾减量数据表

日期	处理垃圾数量（升）	原因简述
2012年1、2月	900	学生放寒假，在校搭食人数减少
2012年3月	1300	
2012年4月	1100	试将部分餐厨垃圾用于制肥
2012年5月	1100	
2012年6月	1200	
2012年7、8月	200	学生放暑假，在校搭食人数减少
2012年9月	1100	
2012年10月	1000	倡议“食光碗中的饭菜”
2012年11月	1000	
2012年12月	1050	
2013年1、2月	1100	学生放寒假
2013年3月	1000	
2013年4月	1100	
2013年5月	1020	
2013年6月	920	

3. 有害垃圾定点贮存，集中运送深度处理

废旧灯管由电工师傅收集，废水银温度计及过期药物由校医收集，废弃电子产品、打印机墨盒由信息科老师及维护公司人员收集。

专人负责收集的物品统一放到学校设置的“有害垃圾储存间”指定的收集桶内，由总务处定期联系专业公司运送及处理。

损坏的电脑及其他电子产品能维修则设法维修再用。

4. 其他垃圾倡导合理消费，源头节能减排

校园的其他垃圾放入本班指定的垃圾桶内，每天下午放学后倒入学校专设的“其他垃圾”收集池，由街道环卫站集中运送和记录数量。教师推行无纸化办公，使用DC上传下载电子文档。倡导通讯信封二次再用，教师用书循环使用等。

结合学校开展校园特色文化活动，以及各种专题探究实践活动，反对铺张浪费，倡导低碳生活。如要求学生带手帕和水壶（水杯）回校，校园内少用纸巾，不随地丢垃圾，不喝饮料，节约资源，并将学生的具体表现纳入善正好学生的评选条件。

其他垃圾减量数据表

日期	处理垃圾数量（桶）	原因简述
2012年1、2月	101	
2012年3月	110	
2012年4月	104	倡议厨房减少使用带一次性包装的食品
2012年5月	105	
2012年6月	102	评选最佳节约办公室，减少纸张的使用，废纸在指定地点投放以便回收
2012年7、8月	45	学生放暑假
2012年9月	105	不带零食回校，常备环保袋在书包
2012年10月	95	细化环境管理模范班的垃圾排放评选细项
2012年11月	98	
2012年12月	93	
2013年1、2月	121	
2013年3月	101	处理树枝生成较多的垃圾
2013年4月	104	
2013年5月	95	
2013年6月	92	

东山培正小学用水总价统计

月份	用水计价（元）	备注
2012.06	2402.78	
2012.07	688.9	暑假
2012.08	758.98	暑假
2012.09	1825.8	
2012.10	1556.3	
2012.11	1423.6	
2012.12	1329.6	
2013.01	721	寒假

续表

月份	用水计价（元）	备注
2013.02	655.4	寒假
2013.04	1453.12	开学准备及清洁
2013.05	1259.84	
2013.06	1125.8	

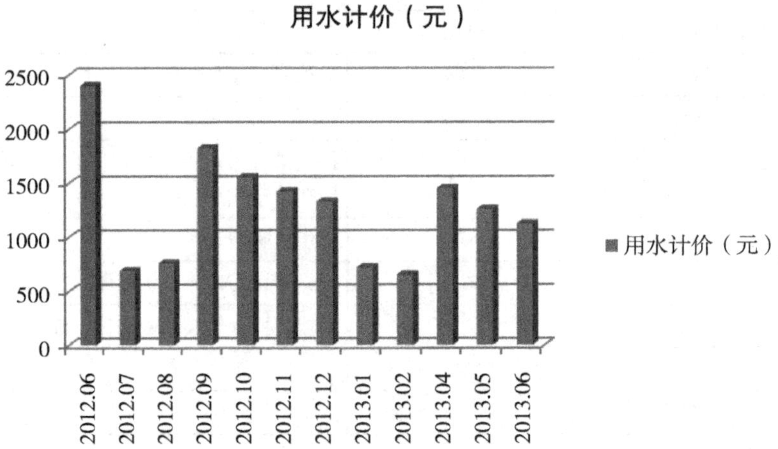

（五）与课程建立联系

环境教育是素质教育的重要组成部分。在开展创建国际生态学校项目活动的同时，采取多种方式把环境教育渗透到学校教育教学的各个环节之中，构建具有培正小学特色的环境课程体系，推行具有开放性、多样性、和谐性特点的环境课程。近年来，师生环保意识的培养与提高得益于学校领导对此项工作的长抓不懈和广大师生的共同的努力，环境教育在我校不仅仅是停留在理论层面上，更是与学校的日常工作、教育教学紧密地结合起来。

1. 着重活动教育，学习垃圾减量和节水知识，形成节约习惯

课程中的综合实践活动是开展环境教育的重要载体。我校把垃圾减量和节水活动与学校思想教育结合，纳入学校工作与德育计划中，在全校性集会进行动员，利用每周国旗下讲话进行做法总结，推进工作。结合各种节日、纪念日开展节约资源内容为主题的活动。以本校、本地节约资源的题材，开展主题教育活动。例如“校服转转”活动、“易书俱乐部”等，牢固树立“垃圾是放错地方的资源”的思想观念，促进学生形成循环再用，节能减排的良好习惯。同时通过开展主题班队会，举办知识竞赛等

多渠道地深入宣传教育。

学校在校本课程设置中成立学生环保科技活动社团，积极开展环境保护教育专题选修学习实践活动，围绕“节能减排”主题组织学生开展社会调查活动。如重点设计开展探究性活动《周边学校及机团单位节纸调查》《家庭减碳情况调查及对策》《厨余变身》《旧纸再造减排体验》，有效地培养学生的生态道德，锻炼了学生的科学精神和科技探究能力。

科技活动结合节约资源、垃圾分类开展学生创作比赛，陈昊琨、梁允舜、梁皓同学以游戏的形式设计的Flash《环保购物记》参加由国家环境保护部宣传教育中心组织的“绿色奥运•全国青少年Flash大赛”荣获唯一的一个特等奖。环保科技活动社团学生的“废纸新用”课题探究获第4届广州市小学生科学小星星专题探究成果评比一等奖，参加香港举办的国际第十二届常谱百搭科学专题探究展览获优异奖。

本学期还开展“节能减排小标兵”评选活动，评选条件是：①积极参加校内外组织的节能实践环保活动，表现突出。②具有一定的节约与环保意识，初步养成良好的节水、节能、节材、节粮等节约环保习惯，并获得同学、教师的认可。③对节约环保课程及相关学习内容兴趣浓厚，学习过程中善于提问，乐于探索，能将所学知识应用到生活和实践中。④“垃圾分类善行正”知识竞赛90分以上。

经过几个月的过程性选拔，全校共评出1412名“节能减排小标兵”，通过以评促学，以评促改的策略，激发与保持学生参与学习与活动的兴趣，进一步提高学生对垃圾分类的知晓率与投放的准确率。

2. 立足课堂教学，普及环境科学知识，增强生态意识

学校要求每一位老师积极挖掘教材中培养学生环境素养的因素，认真上好渗透课，具体做到课前渗透定目标，课中渗透要科学，课后渗透悟道理，引领老师们自觉地有效地结合教材的内容渗透环境保护、节约资源、垃圾分类教育。

语文、思品科组老师结合教材内容，对学生进行垃圾减量和节水目的意义、方法的教育。

数学科组老师结合统计等知识，对垃圾减量和节水的数据进行统计分析。

英语科组老师引导学生了解其他国家的做法，开阔学生的国际视野。

科学科组老师对同学们在进行垃圾减量过程中的一些疑难问题编辑了垃圾分类知识问答，放上校园网，拓展渗透教学空间。

信息科组老师整合信息技术的教学内容，引导学生查找资料制作垃圾减量和节水宣传电子报刊。

音乐科组老师教学生唱垃圾减量和节水的歌曲，增强他们的环境意识。

美术科组老师利用生活中的废旧物品，让学生制作生活用品或装饰物，变废为宝。

综合实践活动科组老师，有计划地开展教材的二次开发教学研究，创新垃圾分类的综合实践活动的课程设计，如开展课题《废纸“新”用》探究活动。

3. 建设宣传阵地，传播垃圾分类方法，营造环境文化

学校专设环境教育资源中心，校园里建造各种环境科学体验活动园地。在过去建成的造纸坊，创展平台，垃圾分类科普园的基础上，分别在两个放置新标准四类垃圾分类桶的地点设立宣传教育点，便于学生学习垃圾分类、观察气象、检测噪声、植物净水、厨余处理、旧纸再造等知识和技能。还有学校定期举行环保作品展览；学校主教学楼的旋转楼梯上，张贴上关于环境教育的宣传画，各个班专题宣传的墙报，操场显眼处悬挂永久性的节能减排教育宣传标语。大队部在红领巾电视台设立善正论坛，每周播出宣传小品或最新的环保信息，德育处运用信息技术，利用电子屏幕、校园网、班级主页等加强垃圾分类教育。

通过宣传教育让师生知晓，大量垃圾已成为城市一个长期存在的污染源，严重地影响人类的生存和可持续发展。城市垃圾既是危害环境的污染物质，又是可以被回收利用的再生资源，城市垃圾减量化、资源化、无害化处理已成为环境综合治理的重要工程。

（六）开展社会宣传和参与活动

生态学校项目的一个重要目的是在全校和更广泛的社区内提升公众对学校环境活动的认识，并确保尽可能多的人有机会参与这些活动。

1. 以培正联盟带动跨地区的多校行动

创新环境教育宣传的思路，通过同学会向各地培正学校发起倡议，相约齐赴白云山云溪生态公园，举行“培正同门学校环保互动协会”成立仪式，开始启动“节能减排，培正行动”，推动跨地区的节能减排学校行动。

邀请香港培正小学校监、香港公开大学科技学院院长、环境与应用科学课程主任、香港绿色力量”的会长何建宗教授，为我校与西关培正小学近300多名师生作《地球好管家，蓝天碧水在我手中》的讲座。结合培正校庆活动，我校多次组织到香港、澳门培正学校参观学习，开展环境教育经验分享活动。

2. 创设“节日垃圾减量”品牌活动

我校坚持多年以一个孩子带动一个家庭的形式，开展“节日垃圾减量”亲子行动，逐渐成为受广大家长和学生喜爱的品牌活动。《广州日报》《南方都市报》和广州电视台等报道了我校的活动。

（1）春节“盆栽年桔分类回收”综合实践活动

今年春节学校组织四至六年级开展“盆栽年桔分类回收”综合实践活动，共有843个家庭参加了活动，要求做好活动过程记录，据统计合计减少垃圾排放约11.5吨。开学前，学校动员全校同学回收家庭欲弃置的花盆和观赏年花，共有177个同学捐献了186盆花卉盆栽植物给学校循环再利用，捐献55个花盆，这些活动让学生真切体验垃圾分类，资源循环再用的过程，有助于建立生态文明思想观。

（2）“向雷锋同志学习”题词纪念日“爱心义卖驿站”活动

在3月5日毛主席题词“向雷锋同志学习”50周年的纪念日，我校组织开展了“学雷锋建生态文明　齐行动促垃圾减排”垃圾分类成果展示和爱心义卖活动，邀请家长参加。启动大会上邀请了广东省科普艺术团45名年迈的文艺志愿者进行“颂雷锋讲环保、垃圾分类我最棒！”优秀节目展演。活动内容丰富，形式多样，有寒假垃圾分类综合实践成果展示、表彰垃圾分类示范家庭、善正志愿团小分队走进社区开展多项志愿服务活动；并向花都区红棉小学师生代表赠送书籍。最精彩的是全校46个班级搭建“爱心义卖驿站”，让孩子回收有用资源义卖，共筹得义卖善款合人民币49065.9元，捐给省红领巾基金。通过活动正面地教育孩子学习雷锋助人为乐的优秀品质，弘扬中华民族勤俭节约的美德，用实际行动贯彻落实十八大精神，促进生态文明建设。

（3）清明节和五一节开展“合理消费、源头减排”活动

4月清明节学校通过校讯通倡议学生家长尝试网上拜祭，或尽量使用可循环再用的拜祭品，减少购买过量节日用品。

5月五一节假期，学校再次发出倡议书，推动“节日垃圾减量亲子行动”。倡议学生及家长五一节假期间从身边小事做起，践行垃圾分类、节能减排，呵护我们赖以生存的共同家园——地球的生态环境。具体做到：①节日期间坚持实施垃圾分类，可回收物能卖拿去卖，做到循环利用。②选购简单包装的节日礼品或环保礼品。③节日期间外出餐饮提倡节约粮食，减少浪费。④外出旅游不随地丢垃圾，自觉按垃圾分类指引投放。⑤从源头节制减少其他垃圾排放，控制过度购物，引领社会形成合理消费的良好风尚。

“五一”节假期学生家庭垃圾减量数据汇总表

年级	数量
一年级	633.5千克
二年级	706.1千克

续表

年级	数量
三年级	1548.6千克
四年级	2186.85千克
五年级	2014千克
六年级	633.5千克
合计	7826.05千克

（4）6.5世界环境日“碳补偿绿色行动”

善正志愿团的志愿者们早早就在校门口向到校的家长和同学宣传环境保护的重要性，提倡人人参与学校开展的“碳补偿绿色行动”，还来到新河浦社区，参与了“垃圾分类、人人参与”活动。向社区居民派发免费垃圾桶，以及介绍垃圾分类的好处并送上环保宣传单，从而达到向居民普及环境保护与垃圾分类知识的目的。

（5）利用培正传统节日——校庆推广节能环保

风华百年弦歌壮，桃李五洲丹心长。2012年12月15日，在秋意渐深，紫荆绽放的日子里，广州市东山培正小学迎来了建校123周年华诞。近2000师生、校友、各界关心培正建设与发展的领导、嘉宾齐聚在这既古老又年轻的学校共襄盛典！

参加活动的嘉宾有广东省、市、区精神文明办领导、区宣传部领导、市、区关工委领导、教育局领导：中国扶贫基金会副会长，原广州市政协主席陈开枝同志、共青团广东省委副书记陈小锋同志、越秀区常委、宣传部部长陈晓丹、区教育局党委书记蔡定基、教育局调研员张远木、教育局副局长危淑玲等领导。文化界名流：著名国画大师、中国美术家协会顾问林墉，著名书法大家、广东省书法家协会顾问苏华，广州市书法家协会名誉主席连登，广东省书法家协会顾问朱颂民、广东省文化学会副会长张智强博士、广州市美术学院林蓝博士、著名书画家任斌强。校庆活动分两个专场同时举行。

8时半，在东山培正小学操场举办书画公益义卖暨垃圾减量宣传活动。校道旁是集纳岭南名家书画展览，舞台前是书画家朱颂民和关工委的六位老领导即席挥毫，同学们分别用葫芦丝、琵琶、竹笛、二胡、古筝演奏优雅的民乐，琴韵悠扬，墨宝飘香，同时我校家长及同学向校庆捐赠了77幅精美书画作品，为校庆送来一份厚重的贺礼。短短的一个半小时，孩子们、家长们、校友们分成三批踊跃认捐，现场竞拍，100多幅作品尽数被热爱艺术，慷慨施善的培正人认捐，“爱心箱”中装满了红蓝儿女的善款与大爱。现场的高潮是广东著名的岭南派画家林墉先生偕夫人苏华女士、女儿林蓝女士亲自上台向东山培正小学赠送一幅他们三人合作的《百年树人桃李满园》，祝愿培正永远生机勃发，桃李芬芳。张校长和潘书记接下这贵重的贺礼，表示衷心的感谢。接着小主持人宣读“垃圾减量从我做起”的倡议，二、三年级的同学以易书交友、赠书交友的善行倡导环保健康的生活，并赠送一批书与我校牵手的花都红棉小学。

3. 家校社区联动推广宣传垃圾减量

我校“学雷锋善正志愿团”的师生经常深入社区对居民宣传开展节约资源垃圾分类活动。

学校与越秀区环境保护局、越秀区教育局共同承办“落实科学发展观，越秀爱心环保行——资源分类回收共建绿色社区论坛”，围绕“学校、家庭、或政府职能部门如何教育孩子从小建立资源意识”等问题各抒已见，引发台下学生、家长以及各方领导的思考和讨论。论坛结束前，我们把废品资源回收所得的全部款项捐助国际狮子会，给贫困白内障患者送光明，为广州打造“首善之区”典范再作新的贡献。

今年寒假，我校组织举办“垃圾分类示范家庭”的评选活动，开学第一周提交自评分表以及活动过程资料包，经学校行政、老师、家长委员会家长代表组成的评选小组对材料进行审评及公布结果，并组织举办“垃圾分类实践活动总结会”，表彰奖励示范家庭的学生及其家长，扩大宣传教育效果，由生态委员会家长和学生负责审阅材料进行评选，共评出516个“垃圾分类示范家庭”。评选条件①学生及家庭成员，以及亲朋好友熟知垃圾分类的做法：能卖拿去卖，有害单独放，干湿要分开；②活动期间家庭垃圾分类见行动、垃圾处理有效果。

这一系列综合实践活动的开展，体现了进行环境教育所产生的实效性，又产生非常实际的成果。让学生既重视学习环保知识，又重视开展课外实践活动，使学生从小就培养起积极的“参与”意识，增强社会责任感。拓展教育时空，做到教育一个学生，带动一个家庭，创建一个绿色学校，带动一个社区，影响全市。

（七）制定生态规章

创建“国际生态学校”使我校学校环境教育系统化。我们针对不同的对象，分不同的阶段，选取不同的宣传内容，采用不同的宣传方式，有计划、有组织、有指导、有控制地开展活动，将环境保护这一宣传工作长期性地发展下去。同时使我校形成环境教育规范化的管理措施，即建立规范化的宣教校本课程，形成规范化的教育内容，努力使其逐步形成固定时间、有组织、有监督的宣传体系。国际生态学校的“七步法”成为我校实施各项环保活动的行动指南。

国际生态学校项目是一个国际环境教育和环境管理项目，我校通过课堂学习以及在学校和社区采取环保行动，提高学生师生员工对环境和可持续发展问题的意识与实践能力，并通过各类环境教育活动和研究的开展和宣传提升学校周边居民对环境和可持续发展问题的认识，形成“教育一个孩子，带动一个家庭，文明整个社会”的推动模式。

三、现阶段成果

通过创建国际生态学校，学校环境管理不断完善，迈上可持续科学发展的大道，校园发生可喜的变化，提高了办学效益。体现在：

1. 有助于师生树立良好的生态道德观

通过创建工作，增强了教师资源意识，在教育教学活动中能对学生进行渗透教育，提高了实施生态文明教育的专业水平；学生了解学习许多关于节约资源途径与方法，较好掌握垃圾分类的知识，逐渐养成低碳环保意识，形成良好的节约资源习惯，并自觉地在家庭和社会中推广。

2. 实践活动提高学生综合素质

我校多年积极协助承办广州市小学生“我的环保节日”讲演比赛，派出学生代表参赛连年获奖。《地球告状》舞台剧荣获区语言艺术类节目一等奖，参加广州市第二届中小学校园动漫创作活动人偶剧现场比赛获得了一等奖第一名和最佳剧情奖的好成绩，并在培正校友日演出中深受广大校友和众多领导的好评。2013年，我校柳茜、柯盛瀚参加市“我的环保节日”演讲比赛，经过激烈竞争，凭出色的才艺，以优异成绩再度荣获一等奖，彰显善正教育的风采。

3. 促进学校与家庭、社区的良性互动，宣传教育，辐射社会

学校、家庭、社区从来没有像今天这样密切合作与互动。学校召开全校家长会，向家长宣传垃圾减量和节水的意义，争得家长的支持，并明确学校开展工作思路，做到让垃圾减量和节水家喻户晓。学校还派发了家庭学习资料，为家长配合老师进行实践活动给予具体的指引。同时，学校与多个社区团体建立长期的合作关系，作为学生开展垃圾分类实践活动的基地。

我校这一年来在创建国际生态学校的过程中，做了大量工作，取得一定成效。2013年我校成功获得国际生态学校垃圾减量子项目绿旗称号。2013年6月，我校以广州市学校总分第一的成绩被评为广州市生活垃圾分类处理教育示范基地。2014年寒假，我校组织学生参加环境保护部宣传教育中心举办的环境小记者项目2013新闻作品大赛，我校获一等奖1人、二等奖1人、三等奖5人的佳绩。我校通过创建国际生态学校，学校环境管理不断完善，迈上可持续科学发展的大道，校园发生可喜的变化，提高了办学效益，创建国际生态学校，全面促进低碳校园建设。

诵读国学经典，践行社会主义核心价值观

广州市天河区五山小学
案例负责人：许凤英
案例主要贡献者：许凤英　熊桂文

2014年3月教育部印发的《完善中华优秀传统文化教育指导纲要》指出，加强中华优秀传统文化教育，是培育和践行社会主义核心价值观，落实立德树人根本任务的重要基础。我校围绕“办传承中华文化、弘扬科学精神的品牌学校”的目标，秉承“仁智兼修　海纳百川”的理念，于2001年12月全校正式启动中华经典文化诵读实验，组织全校1～6年级学生诵读唐诗宋词、四书五经、名言格言，形成了“以传统美德为主线、以经典诵读为指引、以主题活动为载体、以生活体验为主要形式”的校本德育。通过十多年的实践，我校深深体会到中华优秀传统文化是新时期小学德育工作的特殊的有效的载体，发挥这个载体的作用就能提高德育工作的实效性。

一、形成背景

现在的中国孩子由于家庭条件日趋优越，在家庭中地位特殊，自是集万千宠爱于一身，他们的个性得到了很好的张扬和发展，却出现了如下的问题：缺少独立生活和艰难困苦的磨砺，经不起批评和挫折，责任感缺失，缺乏竞争意识，缺乏开拓进取与自强自立的精神；其次，由于当前很多学校德育的层次性、实效性不符合学生身心特点的发展趋势，实际操作中又重理论宣讲，轻具体实践指导；在家庭教育中则存在思想认识不够，家庭教育过分依赖学校，教育方式传统简单，教育内容单一等现象。再加上随着全球信息交流的广泛传播，西方文化观念和价值观念也随之进入我们的校园，许多负面的不健康的信息会使小学生的身心受到不良的影响，对小学德育工作造成很大的冲击。而中国博大精深的优秀传统文化是素质教育的宝贵资源，它对爱国情感的培育、人格的熏陶、习惯的养成、文学修养的提高等都具有不可替代的作用。国学不仅集中华人文知识之大成，更是中华文明的承载体和推动力量。学校将中华优秀传统文化作为德育的有效载体，可以拓展校本德育研究的空间，丰富校本德育的内涵，探索学校德育工作的新模式。

二、理念支撑

根据皮亚杰的儿童智力发展理论，针对学习的连贯性和层次性，遵循由低到高、由易到难的思路，选择精粹合理的篇目，让小学生零距离接触优秀的中华经典文化。

依据王阳明的“知行合一”理论和陶行知“生活即教育”的思想，挖掘国学经典中有益于践行社会主义核心价值观的内涵，引导学生把优秀传统文化中蕴含的做人做事做学问的道德认识在学校生活、家庭生活和社会实践中进行内化，并转化为行为，养成良好习惯。

三、主要做法

（一）依据学生年龄特征，梯级设计教育主题与内容

中华优秀传统文化是社会主义核心价值观的重要思想源泉，党的十八大报告用24个字从国家、社会、公民三个层面概括了社会主义核心价值观，其中“爱国、敬业、诚信、友善”是对公民个人素质的要求。如何依托国学经典课程来培养孩子“爱国、敬业、诚信、友善”的传统美德和公民道德素养呢？我校对国学经典内容进行系统性和整体性的设计，遵循学生年龄特征，从爱国、处世、修身三个层面来选择国学内容，自主研发了校本教材《少儿国学读本》，其中100首诗词和120句名言格言按照“爱国、好学、明志、诚信、勤俭、自强、敦亲、奉公、审势、荣辱”等这十几个主题编写，古文部分则定为：低年级诵读《三字经》《弟子规》《千字文》等有关行为规范、史地常识的蒙学名篇；中年级诵读《大学》《论语》等论述世情事理的古文；高年段诵读《道德经》、经典美文等内涵深刻、富有哲理的古文。

五山小学国学经典诵读课程中的育人主题

内容	一年级	二年级	三年级	四年级	五年级	六年级
名言格言	爱国篇 好学篇 明志篇 （20句）	爱国篇 好学篇 明志篇 （20句）	诚信篇 自强篇 勤俭篇 （20句）	诚信篇 自强篇 勤俭篇 （20句）	敦亲篇 奉公篇 审势篇 （20句）	敦亲篇 奉公篇 荣辱篇 （20句）
诗词	勤学篇 景趣篇 爱国篇 （10首）	景趣篇 爱国篇 亲情篇 （10首）	勤勉篇 志向篇 思乡篇 （20首）	爱国篇 修身篇 志向篇 （20首）	思乡篇 节操篇 友谊篇 （20首）	思乡篇 勤勉篇 节操篇 （20首）

续表

内容	一年级	二年级	三年级	四年级	五年级	六年级
古文	《弟子规》《三字经》	《百家姓》《千字文》	《大学》《笠翁对韵》	《论语》（1～8）	《论语》（9～16）	《老子》
欣赏篇目	《叶公好龙》《刻舟求剑》《夸父追日》《望梅止渴》《亡铁》	《宰予昼寝》《陈涉世家》《郑人买履》《为学》《鱼我所欲也》	《买椟还珠》《女娲补天》《陋室铭》《爱莲说》《诗大序》	《黔之驴》《劝学》《天时不如地利》《马说》《庖丁解牛》	《湖心亭看雪》《对楚王问》《嗟来之食》《兼爱》《曹刿论战》	《师说》《出师表》《卖柑者言》《愚公移山》《岳阳楼记》
国学小天地	书法、武术、国画	书法、京剧脸谱、国画	书法、国画、对联	书法、国画、民族乐器	书法、国画、灯谜	书法、国画、象棋围棋
国学雏鹰争章	一级评价表	二级评价表	三级评价表	四级评价表	五级评价表	六级评价表
时间安排	每周1节长课（40分钟），每天1节短课（10分钟）					

为了更好地体现小学生思想道德教育的阶段性和梯度，我校依据“明规则—懂事理—悟哲理”的修养目标，开展区级德育课题研究《让国学走进孩子生活的研究》，组织低、中、高年段的老师申报校内德育小课题，针对不同年龄的孩子，采用不同的道德教育方式，如低年级的小课题——《〈弟子规〉中对学生良好行为习惯的养成研究》；中年级的小课题——“学习《论语》，帮助学生养成学习好习惯”的研究；高年级的小课题——《百善孝为先——国学教育促进孩子孝顺父母传统美德的养成》，让学生懂得并珍惜父母对自己的爱和付出。我校确定了低、中、高年级分别注重培养学生的行为习惯、学习习惯、公民意识和社会意识，不同年段在学习内容和教育方式上都有不同侧重点，这与2014年3月教育部印发的《完善中华优秀传统文化教育指导纲要》中的第三条“分学段有序推进中华优秀传统文化教育”的思想是一致的。

（二）巧用国学经典载体，构建校本德育模式

我校秉持“十年树木，百年树人”的信念，坚持国学经典诵读已达十余年。中华优秀传统文化所蕴含的价值观念是中华民族智慧和文明的集中体现，是小学德育的宝贵资源。我校充分认识到国学内容的独特性和教育的深刻性，将它作为特殊载体对学生进行民族精神的教育、诚信教育、友爱教育、尊敬师长教育、自强教育，构建了独树一帜的校本德育模式，丰富了德育活动形式，深化了教育内涵。

1. 校本德育模式的基本内涵

国学作为德育工作的特殊载体，这不仅与国学内容本身的特点有关，更重要的是国学教育的过程与学生思想道德的知、情、意、行的形成过程是吻合的。依据王阳明的“知行合一”理论和陶行知“生活即教育”的思想，我们构建了“感悟→明理→内化→践行”校本德育模式，提高了德育工作实效。

感悟：引导学生理解文字，感受国学经典中蕴含的文化内涵。

明理：懂得经典文字中包含的智慧哲理和道德准则。

内化：引导学生联系生活实际，多读多思，把优秀传统文化中蕴含的道德认识进行内化，并转化为良好的行为习惯，通过涵养形成品性。

践行：将经典文化与生活实践、习惯养成、思想观念相结合，能自觉地遵循经典提供的人生教导，并通过行为体现出来，达到“知行合一”的要求。

2. 多渠道实施，践行社会主义核心价值观

（1）用好课堂教学的主渠道，将社会主义核心价值观内化于心

国学课、品德课、班队会、语文课等是德育工作的主渠道，在课堂上教师有意识地把传授文化知识和提高学生思想道德认识相结合，潜移默化地引导孩子将社会主义核心价值观内化于心。

如：兰润花老师的国学课《孔子格言大放送》，学生能结合学过的名言、格言创作出许多有特色的环保警语，以提醒大家要保护环境，珍惜资源。如：“君子成珠江之美，不成珠江之恶，小人反是。”“天下之罪，莫大于污染，天下之德，莫大于环保。”

2012学年第一学期《品德与社会》学科期末考试的最后一道题：“假如你是人大代表，请对你现今最关注的社会、民生、科技、文化、经济、学习等问题谈谈自己的看法。”六年级学生卓曜龙这样写：“房价高，宜减免开发人的税收，降低房价。多个国家可以建立科学研究所，分享科学技术，取长补短，加快科技发展。乱摆乱卖的小贩太多，是因无须交店租，可建立无租金贩卖所，可美化国容、国体。学生可适当减轻学习负担，作业可在校完成，回家后可自行巩固知识。最终，承老子之思想，施无为之治，则国之安也，民之乐也。”这位学生的答案是课堂上的真实原创，反映出学生背诵了《老子》以后，能活学活用，希望用老子“无为”思想解决民生和社会问题。

（2）在丰富的实践活动中将社会主义核心价值观外显于行

结合社会的发展变化和时代需求，我校组织开展丰富多彩的活动，让学生在活动中自然而然地践行社会主义核心价值观，如结合国庆节开展“向国旗敬礼网上签名活动”培育民族情怀；通过评选“美德少年”加强中华传统美德教育；结合党中央提出的“中国梦”开展理想教育；定期组织孩子开展“走进军营”“走进大自然”等活动；成立南方小记者站、环保社团，深入街道、社区开展垃圾分类调查，学校申报了“广州市学校低碳环保科技教育创新项目——《环保走进生活，培养“绿色小超人”系列环保教育》”“生态学校垃圾减量子项目”两个项目，号召全体少先队员行动起来，绿化美化家园，保护生态环境；2012年，我校王露晓、王天行同学给陈建华市长写了一封《饮水思源　关爱珠江源》的倡议书，并得到广州市教育局的复函，陈市长亲自批示了“人人献爱心”，市教育局屈哨兵局长也批示“值得肯定鼓励，请思政处牵头根据市领导批示及两个小学生的信中所愿，结合实际予以引导、倡行”。这些活动培养了学生“天下兴亡，匹夫有责”的家国情怀。

此外，学校还经常组织学生为贫困山区捐款捐书、举办爱心义卖等活动，为孩子发扬“仁爱共济，立己达人”的社会关爱精神创造机会。

（3）充分发挥家庭在德育工作中的重要作用

每届新生家长专题培训，学校领导、家长代表、学生代表都会从不同层面让家长认识到传统文化对孩子品德修养、习惯养成上的重要意义，发动家长共同参与传统文化的学习与传承。如学校每隔两年举办一次“经典浸润心灵，艺术燃亮生命中”的艺术节活动，安排家长与孩子共同背诵国学经典，家长与孩子共同登台用歌舞、说唱等各种形式表现中华经典文化的精深；校报《子衿报》和班刊《子衿集》向家长广泛征集典型个案；建立家长培训制度，倡导家长通过言传身教，形成爱国守法、孝敬长辈、自立自强、勤俭持家、邻里和睦的良好家风。家长说：“赞磬又要背书给我听，‘积土成山，风雨兴焉；积水成渊，蛟龙生焉’……我知道这是《劝学》。记忆中，我是高中才学的这篇课文。赞磬背完了，我问他知道是什么意思吗，他有些似懂非懂。我大概翻译了给他说了一遍，突然觉得这么一段话也是说给自己听的。离开学校很多年，成天庸庸碌碌、忙于生计，已经不知多久没有静下心来学点什么了。无意中，赞磬和国学经典给了我一次警醒。在有一些经历后重温经典，感悟和当初在课堂所学又截然不同。这样看来，学校开展经典教育，受益的不仅是孩子，也包括家长。”

（4）营造特色校园环境，建立具有中国文化意识的校园精神

浓郁的传统文化氛围有利于对学生传统文化的“吸收”与“消化”，学校精心设计校园文化，使优秀民族文化的宣传随处可见。校园内有书画廊、经典墙、国学馆，

如宣传栏的“引经据典”“古韵新曲”“博古通今”；走廊上民族乐器、民间工艺、四大名著、历代诗人、书法家的介绍，墙壁上的古文欣赏，国学馆里陈列的各种中华传统文化的精粹，使整座校园都富有浓浓的文化韵味，昂扬着一种具有中国文化意识的校园精神。

四、实施效果

在国学经典浸润中，学生越来越喜欢祖国的传统文化，人文底蕴日渐深厚，精神世界得到净化，道德水平进一步提升，更加懂得尊师敬长、诚信友善、自立自强，言行举止都透着儒雅的风范，形成了良好的学风和校风。学校还多次举办国学诵读大型交流活动，接待了来自香港、台湾、省内外多个教育团体的参观交流。研究成果得到国家教育部基础教育司原副司长郑增仪先生、《中国教育报》副社长、《中国教师报》总编辑雷振海先生、中国关工委传统文化诵读工程常务副秘书长顾建华教授和北京师范大学郭齐家教授等大力赞赏和推荐。全国少工委副主任李文革称赞：“五山小学充分结合小学生的年龄特征，通过组织学生诵读中华优秀传统文化，普遍提高了学生的品德修养和文学修养，陶冶了学生的情操，在利用中华民族优秀传统文化开展学生品德教育方面取得了良好的效果，值得全国少先队组织借鉴。”许凤英、熊桂文、罗碧湖、兰润花等国学骨干教师先后到香港、台湾、北京、江苏、山东、广西、云浮等省内外多所学校介绍经验和上示范课，《广东电视台》《南方电视台》《广州日报》《羊城晚报》等多家新闻媒体几十次对学校的国学诵读工作和德育工作成效进行了专题报道。学校先后被授予全国“红领巾国学传承教育系列活动示范基地暨东方少年国学院”“全国语文教改示范校”“广东省书香校园”、广州市首批“特色学校”等称号，德育成果《依托国学经典，构建校本育模式的探索与实践》获得第三届广州市德育创新成果二等奖。

中小学生微公益行动

深圳市教育局
案例负责人：肖盛生
案例主要贡献者：肖盛生　冯妍妍

一、产生背景

为认真落实深圳市委、市政府关爱行动工作部署，搭建学生奉献爱心、参与公益的平台，进一步增强中小学生的社会责任感，提高他们参与社会公益活动的热情，培育文明风尚，共建爱心校园，深圳市教育局以“关爱·感恩·回报”为主题，着重培育“助人者最乐，行善者最美”的道德理念和公益文化，全面动员全市中小学生开展中小学生微公益行动。市文明委、市关爱办、市民政局、市狮子会、深圳市各大新闻媒体共同为“中小学生微公益行动”搭台唱戏，站脚助威，鼓励支持中小学生学生用微小善举，凝聚大爱精神。

二、理念支撑

中小学生微公益行动以“怀大爱心，做小事情”为指导思想，倡导小行动大境界、小个案大道理、小项目大品牌、小事件大智慧、小人物大作为这“四小四大”的教育追求，组织动员全市中小学生参加力所能及的各类微公益行动，鼓励学生发掘身边微小的社会需求，担当社会责任，提倡学生从自己身边做起，从小事做起，以新颖、简单、易参与的微行动方式，积极开展微公益、微倡议、微调研、微活动、微创意等活动。搭建学生奉献爱心、参与公益的平台，强化学生亲身实践体验，不断丰富团结互助、扶贫济困、服务群众、服务社会的关爱精神，提高学生思想道德素质和文明水平，促进中小学生健康成长与全面发展。

三、主要做法

市教育局将中小学微公益行动列入“七彩年华·深圳市未成年人道德教育活动季”和关爱行动项目之中，联合市民政局共同确定了20所慈善教育试点学校，并为每所试点学校拨付10万元慈善活动资金，主要用于学校组织慈善教育社会实践活动之需。

中小学生的微公益行动突出“微小性、公益性、感召性、教育性、实效性、参与性、操作性”的“七大”特点，各项目主要集中在慈善、环保、关爱、感恩、助残、帮困、助学、义工等“八大”方面。

学校通过组织学生开展关注低碳环保、助推社区发展、引领公益风尚和扶助特殊群体等活动，引导学生在生活中发现问题；组织学生就城市建设、社区管理、生活方式、青少年成长、学校及家庭教育等方面提出好的建议或倡议；组织学生开展有关慈善、公益主题的社会调查活动，对经济困难家庭、孤寡老人、留守儿童、农民工子女、孤残儿童及其他需要社会帮助群体的现状进行调查和分析，提出解决问题的办法和措施；组织学生自主开展体现当代青少年特征、健康向上的社区文化服务活动。

活动结束后，各校组织汇报交流，评选“优秀微公益行动”项目。市教育局每年组织评审会，根据活动的创新性、社会影响力、覆盖面等标准，评选“深圳市中小学生十佳微公益行动”获奖项目；评选“深圳市中小学生微公益之星”并予以表彰；表彰在开展“微公益行动”中取得突出成绩的学校，有关媒体也对获奖项目进行一定程度的宣传报道。

下图展现了“微公益行动”内容。

四、基本成效

深圳市中小学微公益行动启动至今，已经历时三年时间，现正如火如荼地在各校深入持续地展开，并已取得了良好的社会效益与教育效益，深受全市中小学生的喜爱和社会各界的高度认同。

全市中小学目前已有22项微公益项目获得“深圳市中小学生十佳微公益行动”获奖项目；21项获得“深圳市中小学生优秀微公益”项目；343名学生获得“深圳市中小学生微公益之星”称号。

在开展中小学微公益行动过程中，全市涌现出一大批成绩卓著的先进典型学校和先进个人。深圳实验学校初中部初二（5）班微公益之星肖琬露同学，通过加入爱心天使团、个人专辑义卖、公益歌会募集等途径，总共募集到了158万余元善款，创国内中学生募捐数额之最。深圳实验学校中学部的学生，针对深圳市存在近4万多孤残儿童的现状，为了让这些孩子感受到温暖，为了让他们知道这个世界还有很多人在关心关注他们，学生们秉持爱心、责任、成就的活动理念，开展“爱心传递”活动，他们走进福利院，走进孤残儿童的世界，走进孤残儿童的心灵。深圳外国语学校龙岗分校的“伴星星的孩子活出‘彩虹’”，龙华中学“心雨阳光关爱自闭症儿童义卖活动”和盐田区海涛小学助残活动，都关注到自闭症孩子。深圳外国语学校龙岗分校的学生主动走进社区和自闭症孩子一起活动。龙华中学通过义卖的方式为自闭症孩子的家庭捐款，海涛小学实行自闭症学生随班就读，并聘请特教老师专门辅导。

大鹏二小的“大鹏所城小导游”已义务为游客讲解上百次。龙岗实验学校“绿树护养”微公益学生社团传达出“人养树，树育人”的理念。福田区南华中学在校园中开展微爱在行动、微善在行动、微亲在行动、微助在行动、微保在行动、微俭在行动、微笑在行动、微力在行动、微劳在行动、微生在行动的“十微在行动”，成果丰硕。深圳第三高级中学的“Life Loving V行动校园互助倡导行动”，育新学校的“美丽计划志愿服务项目”，华新小学的“微爱行动队”，坑梓中心小学的亲子“义”起来，深圳实验教育集团初中部初三（1）班的“公益小队”等。全市中小学生的各类微公益行动，都在从自己身边做起，从小事做起，践行“怀大爱心，做小事情”的人文情怀。

五、社会反响

深圳市中小学生微公益行动自开展以来，一直得到各中小学校的积极响应和社会各界的高度赞誉。深圳市狮子会公益文化部主席高洲先生对中小学生微公益行动给予高度评价：“从你们身上，我看到了朝气蓬勃的青春活力和助人为乐的青春正能量，你们以微小的善举，逐渐传播、放大，凝聚成了大爱精神。”《深圳特区报》、《晶报》、《深圳商报》、深圳电视台、深圳教育网站等当地媒体，都给予了广泛深入的报道。“微公益行动”分别获得深圳市第九届关爱行动“最具创意活动”奖，第七届七彩年华·深圳市未成年人道德教育活动季“十佳人气活动”奖。

以德立校　实施“习性”教育

深圳市坪山新区坪山中心小学
案例负责人：曾宇宁
案例主要贡献者：曾宇宁　王　莉

一、产生背景

学校地处深圳市郊区，是一所典型的城乡结合学校。学生来自四面八方，家庭条件参差不齐，独生子女的数量多，因而在习惯方面存在诸多问题。

二、理念支撑

基于上面的背景，我校于2008年6月首次提出了“习惯引领发展，性格影响未来”的办学理念，并首次在教育界提出了“习性”教育思想，制定了《坪山中心小学十年学校发展规划》，确定了以习性教育为统领的较完善的教育文化体系。

办学理念：习惯引领发展　性格影响未来

办学宗旨：培育学生养成良好的习惯，不断完善自身性格，塑造健全人格，为人生发展奠定坚实的基础。

文化元素：马文化、客家文化、红色文化、高雅文化

校　　训：忠诚、友善、勤朴、进取

教　　风：淡泊明志　宁静致远

学　　风：文明守纪　活泼向上

培养目标：懂礼节、爱运动、善读书、写好字、会欣赏

办学模式：高雅文化引领学生健康快乐成长

办学特色：艺术教育特色

学校习性教育文化统领学校全面工作，包括学校管理习性、教师习性、学生习性、家长习性。

三、主要做法

1. 构建“习性”文化校园

“习性”是根，学校围绕“习性”教育理念构建“习性”文化校园。我校地处传统的客家地区，同时，深圳又是一个移民城市。我们是从传统的客家到现代的大客家来定义学校的特色。客家人具有淳朴、好客、善良、忠义、勤劳、开拓的精神，所以，客家文化是我校文化体系中重要组成部分，也是我们学校确定办学思想、校训的重要依据。坪山是东江纵队司令员曾生的故乡。对于现在的学生来说，我们要学习的是东江纵队忠于国家，以国家和人民的利益至上的爱国精神，这种精神就是红色文化特征。抗战时期，东江纵队营救了许多文化学者和国际友人，充分体现出革命者的友善。在艰苦的岁月里革命者能够保持着勤劳、淳朴的品格；在条件困难的情况下，不断抗争，也体现了开拓进取的精神。

我校地处马峦山下，马峦马峦，马伏群峦。客家人从中原迁到坪山这个地方，和马有着密切的关系。客家先民是中原贵胄，他们知书识礼，礼学兼优则进仕，谓士大夫。古代贵族者外出配有良马，居家穿木屐，以显示高贵身份。后因天灾人祸，客家先民一部分人辗转流落至坪山一带，世易时移，耕读传家，已不可能用上日夜厮守之马，又不忍杀马以食，乃放养山野之中，久之，群马聚集，此山脉故称为马峦山。马之忠义，人之友善，自然和谐。马亦具有忠诚、善良、勤劳、开拓进取的精神。马象征着学生。俗话说，千里之行，始于足下。要培养孩子成为千里马，必须有一个立足点。而小学阶段，最重要的是培养孩子们良好的习惯，并逐渐完善自身性格，为孩子们日后腾飞打下坚实的基础。

这三大因素相辅相成，相互渗透，体现了因地制宜、因材施教的特点，同时也是培养学生的最根本的价值取向。学校以“习惯引领发展　性格影响未来”为办学理念，摈弃教育功利性，回归教育的根本，旨在“培育学生养成良好的习惯，不断完善自身性格，塑造健全的人格，为人生发展奠定基础”，与此同时把习性文化融入学校工作的方方面面，构建了以“管理习性、教师习性、家长习性、学生习性”为架构的习性文化体系。

2. 丰富“习性”文化活动

学校本着以“活动辅德，以活动益智，以活动健身，以活动育心，以活动炼美，以活动促劳”的宗旨，开展了丰富多彩的学生活动，形成了独具特色的习性活动文化。一是开展了“月月有主题、周周有重点”的主题教育活动；二是促进学生在全面发展的同时培养其个性发展，开展了管乐、弦乐、合唱、版画、篮球、羽毛球等54个社团活动；三是针对不同年龄阶段分层推进的学生社会实践活动，如一年级的入队前教育系列活动，四年级的革命传统教育系列活动；四是以“四节”（读书节、体育节、科技节、艺术节）、“一周（英语周）”“一月（篮球比赛月）”为代表的校园传统节日活动；五是通过挖掘教育教学活动的文化内涵的活动，例如每年的师生同乐的经典阅读知识竞赛。在2013年3月份，在全校范围内，举办过为期6个月的以校徽中“马”为设计原型的吉祥物评选活动。活动中，全校师生热情参与，学生充分发挥想象力和创造力，二（1）班的曾圳威同学设计的图案被票选为吉祥物“乐乐”的最终形象。他的作品以咖啡色为基色，高雅又不失朴素本质，与学校的办学理念“高雅文化引领学生健康成长”相辅相成；吉祥物——“马”呈现奔跑状，体现出孩子们天真快乐而又积极进取的精神面貌。

3. 编写“习性”校本课程

为培养学生良好的习性，学校设置习性校本课程。习性校本课程的设立是学校“习性”教育的重要成果：

《习性》教材编写依据我校的办学思想，主要围绕五个培养目标：懂礼节、爱运动、善读书、写好字、会欣赏及学校四大文化元素中提炼出来的校训：忠诚、勤朴、友善、进取来编写。根据小学生的年龄特征及认知水平，通过六册教材的系统学习，学生能养成系列良好的习惯，逐步形成健全的性格和高尚人格，为人生发展奠定坚实的基础。

《习性》编排目录：《习性》试用教材共六册，每册有三个单元，每个单元有三课。目录包括九个方面：文明礼节、学习习惯、书写习惯、阅读习惯、运动习惯、劳动习惯、卫生习惯、生活习惯、健全人格。

《习性》教育一日歌：根据学生一天在校的时间顺序来编写，学生根据一日歌养成进校、早读、上课、集合、升旗、做操、课间、卫生间、放学、回家的良好习惯。

《习性》课例的内容：课例内容丰富，包括心语放送、故事屋、寻宝乐园、智慧小锦囊、行动大本营、心语小贴士、评价表七个环节。

《习性》试用教材使用的要求：逢单周上一节习性课，每课用两个课时；每位科任老师要把习性教育渗透到各个学科当中去，各个学科教案要体现习性教育目标；开展上课、说课、教案比赛；填写评价表；填写习性教育数据跟踪调查表，通过数据对比来反馈效果。

4. 全力打造“习性”课堂

学校以“习惯引领发展　性格影响未来”的办学理念为出发点，本着“自主、合作、探究”的教学理念，要求全体教师自主领会新课程理念，通过集体备课、同课异构、听课评课、反思等教研活动，打造简约有效的“习性”课堂，在一定范围探索实施“课堂教学的三一策略”（摘自曾宇宁校长论文《课堂教学的三一策略》）。即一个问题或者一系列问题贯穿整个课堂；一笔板书概括主要内容；一个活动、游戏或竞赛带活整个课堂。关注学生备、听、说、读、写、议、思、练八个课堂学习习惯的养成。如蔡文仪老师在上学期为新区的数学教师展示了一堂在数学课堂中贯彻“三一策略”的数学课，获得了区教研室及兄弟学校的一致好评。随着习性课堂的探索研究，教师教学水平不断提高。近年来，在各级各类教学比武中我校教师屡获佳绩，吴丹、刘昭、熊容、朱燕花等老师承担市、区级示范课。2013年3月份，我校承担了深港两地语文教学活动。

四、基本成效

我校从内涵丰富的常规教育教学活动到习性教育校本课程开发运用，得益于“习性”教育理念的引领。学校管理和教育教学工作既有思考的高度，又有丰富的实践；既立足于现实情况，又着眼于未来，因此焕发出蓬勃的生命力，在各方面都收到很好的反响，特色品牌已经形成，成效显著。2012年元月8日，我校曾宇宁校长向来深的国家教育部、省教育厅有关领导专家汇报学校教育教学工作，国家教育部于长学副司长对我校开展的习性教育给予了充分肯定。

在全体师生的共同努力下，近三年来，学校各项教育教学成果显著，其中学校共获国家级奖项4次、省级4次、市级45次、区级33次；教师分获国家级奖项36项次、省级13项次、市178项次、区392项次；学生分获省级70项次、市级1103项次、区级464项次。如：我校管乐团获深圳市管乐节比赛金奖、省乐器录像比赛银奖；合唱团获市第九届合唱节一等奖；刘雪莲副校长获广东省阅读之师，黄思惠、李颖、陈泽材获广东省阅读之星；在市童话节比赛中，我校童话创作、童画创作、小主持人、英语童话剧都获得喜人成绩；沙业正老师获第七届中国中小学校园电视校园新闻类评比银奖、铜奖；何婉莉同学代表新区参加了市大运知识竞赛的电视录制等。

近三年来，学校汇编了《引玉集》《习性教育文集》第一、第二册，《马峦花开》《所有梦想都开花》《心灵蓝天》《与绿色同行》《习性》一至六册，《习性——安全教育》《合唱》《书法》《小学数学知识训练》等校本教材及《管乐画册》《美术作品集》《学生优秀作品集》等画册及作品集。2013年12月份，我校被授予由中国教育科学研究院德育教育研究中心颁发的“德育示范基地学校”。这是我校继深圳市德育示范学校、广东省德育示范学校后的又一重要成果。

目前开展的广东省教育科研十二五规划立项课题《农村城市化进程中小学生好习惯培养的行动研究》正在如火如荼地进行。

五、社会反响

近年来，《深圳特区报》、《深圳商报》、《南方都市报》、《晶报》、《深圳侨报》、中央文明网、广东电视台、深圳电视台、坪山新区电视台等新闻媒体对我校的教育动态、教学交流、德育工作、支教帮扶以及社会活动等均作了大量的报道，树立了良好的外部形象，获得了家长与社会的广泛赞誉。

打造宝安家庭教育区域性新模式

深圳市宝安区教育局
案例负责人：吴少平
案例主要贡献者：彭茂发　刘立庆

宝安区是深圳市的人口大区，基础教育规模约占全市的1/3。区委区政府在大力发展基础教育的同时，把家庭教育工作作为实现培育合格人才目标的一项重要工程来抓，使之成为宝安教育的一大特色和亮点。自2000年制定《深圳市宝安区家庭教育工作发展“十五”规划》，2006年制定了《深圳市宝安区家庭教育工作发展“十一五”规划》，2012年，《宝安区家庭教育工作发展“十二五”规划》又制定了。区教育局、区妇联、区关工委等单位通过开办家长学校、举行“宝安区教师·家长培训”督导评估等家庭教育宣传实践活动等，有效提升了全区家庭教育工作水平。2003年宝安区家长学校获“深圳市家庭教育工作先进集体奖”和“深圳市家庭教育工作创新奖”。2005年广东省家庭教育现场会在宝安区召开，宝安区的家庭教育工作经验在全省推广。2005年5月，宝安区获“全国首届双合格家庭教育示范区”称号；10月，区家长学校被授予“全国家庭教育指导研究基地”称号。2007年，宝安区被教育部和全国妇联评为“全国家庭教育工作优秀县（市、区）”。

2005年深圳市宝安区被定为
“全国家庭教育研究基地”

2010—2013年深圳市宝安区被评为
“文明示范窗口”

2009年11月，宝安区家长学校被全国妇联和教育部评为“全国示范家长学校”。2011年7月，滨海小学被评为“全国示范家长学校”称号。2013年11月，新安中学荣获“广东省德育示范学校”称号。2012年，宝安区教育局被荣膺“全国未成年人思想道德建设工作先进单位”。2012、2013年，福永中学、建安小学、沙井荣根学校及西乡中心小学、福永塘尾万里学校五所学校成为广东省第一、二批“全国优秀家长学校实验基地”。

一、打造出宝安家庭教育区域性新模式

宝安区家庭教育工作不断推进、深入，逐步走向成熟，取得了阶段性的成效，打造出以家长学校为依托、以队伍培养为运作实体、以课题研究为引领、以课程创新为基础、以活动创新为载体的宝安家庭教育区域性新模式。

1. 以家长学校为依托，建设区域性家庭教育指导平台

宝安区一直以来都把家庭教育工作作为一项工程，纳入政府工作计划来实施。政府强力推进家长学校三级管理和培训网络，不断充实完善家庭教育工作发展规划，在政策、经费、师资、机制等方面提出了保障措施。十多年来，以家长学校为依托，宝安区家庭教育整合各种资源，红红火火地发展起来，成为学校教育的有力支持，成为提高市民素质的重要途径，在全省、全国范围内产生了较大影响。

目前，全区公民办中小学、幼儿园已实现家长学校100％覆盖率的工作目标。家长年培训量达60多万人次。家长学校实行一把手负责制。通过开办家长学校、举行“宝安区教师·家长培训”督导评估等家庭教育宣传实践活动，有效提升了全区家庭教育工作水平。

宝安区通过开展家长面授课教学、举办各类亲子活动、宣传咨询活动等，普及家庭教育知识，改进家长的家庭教育方法。据统计，全区家长受教育率巩固在95%以上，家长学校听课率已上升到96%。大部分家长家庭教育观念有了明显转变，家庭教育方法明显进步，日趋科学。

2005年广东省家庭教育现场会在我区召开，我区家庭教育工作经验在全省推广。十一五期间，我区先后被评为“全国双合格家庭教育示范区”“全国家庭教育工作优秀县（市、区）”；区家长学校连续荣膺“深圳市家庭教育工作先进集体”“全国家庭教育指导研究基地”“全国示范家长学校”等称号。

2. 以课题研究为引领，提升家庭教育工作的实效性

十一五期间，区家长学校工作重点转向内涵式发展，科研与管理并重发展。我们开展广泛的调查研究，开展家教课题研究，区家长学校承领的《中小学家长学校规

模化实施家庭教育个案跟踪指导的实践研究》课题顺利结题，荣获“GDJYSD”广东教育“十五”科研课题成果特等奖。接着，我们又申请立项开展教育部十五规划课题《对不同类型的家庭分别实施规模化家庭教育个案跟踪指导的实践研究》研究。承担子课题的学校71所，参加个案指导的教师800余人，纳入指导实践的家庭1000多户。来自全国的课题鉴定组专家高度评价：“如此大规模的家庭教育个案指导实验研究，在国内少见”……对全国家庭教育的理论研究和指导具有示范意义。

3. *以课程创新为基础，推动家庭教育工作内涵化发展*

宝安区家长学校组织水平较高、经验丰富的专家学者几次撰写修改，出版了具有宝安家庭教育特色的全套“一纲八本”共60万字的教材，供幼儿园至高中学生家长使用，内容涵盖了孩子成长过程各个阶段所应得到的家庭教育资讯。

每学期，区家长学校组织部分家庭教育骨干编写家长课参考教案、课件等，下发给全区分校供教学参考。我们还创办《家长教育》报，每月一期，每期四个版面，发行量10万份。深受家长欢迎。

“十一五”期间，区家长学校组织骨干教师研究并实践了讲述启发课、咨询讨论课、案例导引课、亲子活动课四种家长面授课课型，精心打造出四课型精品示范教学模式。各分校积极推广四课型，探索新思路；拓展以学生个性特点、家庭教育类型等进行分类的专题指导课程；打造家庭教育团体辅导和名家大讲堂课型，尝试、探索家庭教育“五段式”培训活动；对一些特殊、典型的个案进行个别研讨等。大力开发多元化、多类型家长课课程，尝试菜单式家庭教育主题讲座。

4. *以队伍培养为运作实体，锻造家庭教育职业化工作队伍*

我们着力培养以“专家为引领，骨干为主体，优秀教师参加”、具有“塔高、底宽”特色的家庭教育指导队伍。一是聘请6名全国知名家庭教育专家作为导师；二是聘请区内外优秀教育工作者组成区家庭教育讲师团，2012年，讲师团成员已发展到79人；三是区家长学校有2名专职教师，负责指导全区家长学校工作及家庭教育科研工作；四是全区各中小学、幼儿园组建了一支近1000人的家长学校分校兼职教师队伍，这支队伍经过专家导师统一培训，持证上岗。

针对培训对象特点和教师需求的多样性，我们采取分类立体培训。“走出去”，我们把家庭教育骨干送到国内外培训。“请进来”，我们请进赵忠心、王宝祥、任小艾、陈业彬、骆风等家庭教育专家到宝安指导工作，加速创特色品牌。通过专家讲座、精品示范教学、视频培训等形式，共享资源，不断优化师资队伍。目前，全区已拥有近千人结构合理、专兼职结合、功能互补、分布适当、具有较高素质的家庭教育指导教师队伍，作为家庭教育工程运作实体。2005年10月，宝安区家长学校三位老师应省妇联邀请，赴广州为省家庭教育讲师团第二期培训班的学员作了专题培训，反响很好。2010年，区家庭教育讲师团成员彭丹老师执教的家庭教育创新课例——《启迪孩子构建成功幸福的人生》荣获了由中国教育电视台和中国教育电视协会联合举办的第二届全国中小学公开课电视展示活动比赛一等奖。

5. *以活动创新为载体，增强家庭教育的社会影响力*

我们从两方面做起：一是开展大范围的家庭教育知识传播活动，营造全社会重视家庭教育、关怀孩子成长的氛围；二是举办各类形式新颖、体验性强的活动吸纳家长，使家长乐于参与其中，在体验中学习，在学习中实践。

开办“名家大讲堂”，传播科学家教知识。区教育局与区职开局、区妇联联手举办“家庭教育大讲堂”，邀请如赵忠心、王宝祥、黄沧海等来自全国的名家开设专题讲座；同时，宝安本土的家庭教育讲师团骨干也活跃在街道、社区的家庭教育讲堂上，送教进社区、进学校，全面提高广大家长家庭教育素质。

打造家教亮闪名片，特色活动促进发展。自2001年起，每年坚持举办一届“主题鲜明、形式多样、内容丰富”的大规模家庭教育宣传周系列活动，成为宝安区域性家庭教育的亮丽的“名片”。“优秀家长评选”“绿色读书·爱心漂流”“家庭亲子论坛”“家庭教育格言征集”“亲子手抄报比赛”“优秀传统文化教育综合展示”等特色活动开展得如火如荼。

开展特色活动，彰显家长学校办学特色。我们开展“家长学校特色项目学校”“示范家长学校”评选活动，树典型，促发展。2005年，我们评出首批10个家长教育特色项目学校。2007年以来，以家长义工、社区家长学生学习指导中心、社区教育工作站、家教大篷车、个性化家教教学服务中心等为特色的学校也不断涌现。

二、主要做法

1. *区委区政府高度重视，强力推进，建立三级管理体制*

宝安区家庭教育工作一开始启动就不是作为哪一个部门的事，而是政府行为。区委区政府将家庭教育工作纳入全区社会发展的总体规划，与创文明城市、家庭美德建设和提高公民素质等结合起来，把它作为一项有组织、有计划、有系统的战略“工程”来抓。一是政府高度重视，成立了宝安区家庭教育工程领导小组，构建了“党政统一领导，教育行政部门主管，妇联、关工委、团区委等有关部门密切配合，共担职责，分工合作”的工作格局。二是完善指导家庭教育工作的有效机制。设立了宝安区家庭教育指导中心，成立了区家长学校（总校），建立了区总校——各街道家长学校管理委员会——中小学（幼儿园）家长学校分校三级管理和培训网络。三是在人力、物力、财力上大力倾斜。区家长学校聘请了专职教师，具体研究、指导、管理全区家庭教育和家长学校分校的工作。2003年起全省家长学校停止收费，在家庭教育面临许多困难之际，区委书记和区长亲自率领有关部门主要负责人调研教育工作，决定每年由区政府从财政性经费中下拨100万元作为家庭教育专项经费，并为区家长学校配备了2个事业编制，保障了宝安区家庭教育工作持续、健康、富有成效地发展。

2. 不断完善家庭教育发展规划，建设家长学校分校

区教育局于1997年制定《宝安区“家庭教育工程”实施方案》，2000年、2006年又分别制定了“宝安区家庭教育工作发展”十五、十一五规划。规划不断充实完善，并在政策、经费、师资、机制等方面提出了保障措施。依据《宝安区家长学校基地建设“八条”标准》，区总校每学年定期、不定期开展家长学校工作巡查调研，督促完善分校基础性建设；2008年，区教育局与区教育督导室联合开展“教师、家长培训双优督导评估”，要求2012年底以前对所有公民办中小学、幼儿园分批进行督导评估验收。

3. 发挥教育优势，开展教材编写、课程安排、报纸编印等理论性指导工作

近年来，宝安区不断加强中小学、幼儿园家长学校的创办力度，并积极创新。区教育局、妇联、关工委各自发挥优势，互相补充，联手推进全区家庭教育工作。

区教育局主抓中小学家长学校的创办，不断提高家长的受教育率。同时，利用较强的师资力量出版报纸、编写教材，开展理论研究工作，提升家庭教育水平。区家长学校组织水平较高、经验较丰富的专家学者，几次撰写修改正式出版全套“一纲八本”共60万字的教材，奉献给从幼儿园至高中学生家长使用。2007年我们举行“第三届宝安区家长学校优秀教案比赛”活动，2008年开展“宝安区优秀家庭教育故事”案例评比活动，通过比赛，促进工作。每学期，总校还组织部分家庭教育骨干编写家长面授课参考教案、课件，下发到全区分校供教学参考。

2008年开始，区家长学校着力课型创新，精心打造“四课型”（讲述启发型、咨询讨论型、亲子活动型、案例导引型）示范精品课。经过近两年的打造，“四课型”示范课在2010年第十届家庭教育宣传周期间向全区推广。

为了家长之间更好地经常性地交流、沟通、展示，宝安区家长学校创办了《宝安家教》报。2002年我们将报纸合并到《宝安教育》，成为该报的家长教育版，每月一期，每期四个版面，发行量10万份。内容贴近生活、语言通俗易懂，受广大家长欢迎。

4. 建设专兼结合的师资队伍，拓宽师资培训渠道

宝安区非常重视人才的梯队式培养。既抓一线兼职教师的培训，又抓骨干管理层的提升。

“金字塔”形队伍建设。作为“家庭教育工程”的运作实体，区家长学校注重队伍建设。一是特聘全国知名家庭教育专家作为导师；二是聘请区内外优秀教育工作者组成讲师团；三是选拔各分校优秀教师统一培训组成兼职教师队伍，持证上岗。

分类立体培训模式。针对培训对象特点和教师需求的多样性，“请进来，走出去”，我们采取分类立体培训模式。

我们发挥宝安教育“三地一站”培训机制优势，把家庭教育骨干外送到北京、上海、香港等地培训。2005年5月，区教育局组织60名德育主任和家庭教育骨干，前往清华大学参加了为期半个月的研修；2007年，组织部分家庭教育骨干、校长，赴香港交流学习。同时我们请进赵忠心、王宝祥、任小艾、陈业彬、骆风等家庭教育专家到宝安指导工作，加速创特色品牌。

区总校启动年度家庭教育指导教师培训工作，加强对分校管理干部及兼职教师的业务培训。每年，区家长学校通过专家讲座、家庭教育精品示范课、视频培训等形式，对专、兼职教师进行全面培训。2005年，我们启动了视频培训新模式，实现全区性的师资、资源共享。2010年，我们与区职开局、区妇联联合举办“理想家庭教育”系列专题讲座，邀请名家，送教下乡，深入社区和民办学校，全面提高家庭教育骨干教师及广大学生家长家庭教育素质。2011年4月，我们举办“精彩大运·成功家教”家庭教育系列主题讲座，特邀市关工委领导和专家为学生、家长作主题讲座，探讨“现代教师、父母怎样成为孩子终身的良师益友”，反响良好。

5. 创新家庭教育指导模式，深化个案跟踪实践

十一五期间，区家长学校工作重点转向内涵式发展，科研与管理并重发展。区家长学校承领的《中小学家长学校规模化实施家庭教育个案跟踪指导的实践研究》课题2006年顺利结题，荣获“GDJYSD”广东教育“十五”科研课题成果特等奖。在省级课题基础上，2006年我们又申请立项国家级课题研究，开展家庭教育个案跟踪指导的规模化研究。承担子课题的学校71所，参加个案指导的教师800余人，纳入指导实践的家庭1000多户。来自全国的课题鉴定组专家高度评价：“如此大规模的家庭教育个案指导实验研究，在国内少见”“不仅转化了学生，提高了家长素质，也培养了一批骨干教师，涌现出了一批家庭教育工作先进学校……对全国家庭教育的理论研究和指导具有示范意义。”

6. 开展评优表彰，加强评估督促，推进家长学校工作

优秀家长学员评选活动。2006年7月，我们开展“宝安区中小学十大优秀家长”评选活动。同时，宝安区推荐的宝城小学古羡烃家长、新华中学易志伟家长同被评为“深圳市十大优秀家长”。2005年后每两年，宝安区开展“家庭教育先进单位、先进工作者”及“家长学校优秀教师、优秀家长学员”评选表彰活动，树典型，促发展。

教师·家长培训督导评估。2008年，区教育局与区教育督导室联合下发《关于开展教师·家长培训督导评估工作的实施意见》。至2011年12月，完成135多所试点学校的督导评估工作。据了解，到2012年底前将分批完成所有公民办中小学、幼儿园督导评估验收工作。这套评估机制在全国目前尚属首创。

7. 广泛开展家庭教育宣传工作，营造良好社会氛围

省、市、区各级领导的高度重视和鼎力支持，使宝安区家庭教育指导工作取得了长足的发展，也得到了专家的肯定和社会的高度评价。

媒体竞相报道宣传。各新闻媒体竞相报道宣传宝安区家庭教育特色工作：2005年5月，《深圳特区报》以“宝安教育新亮点”为题报道宝安区家庭教育工程，12月，又发表文章“寄望深圳创造经验推广全省”；2005年7月，《中国教育报》以“心桥如虹绘长天”为题报道宝安区家庭教育工程巡礼；2007年10月，《南方日报》发表“宝安创新家长教育模式获业界关注”专题；2008年底，人民教育编辑部管理室任小艾主任等专访宝安学校德育工作，2009年第5期《人民教育》用了12页登载记者白宏太文章《深圳宝安：创建和谐德育》《德育的活力源于创新》，主要推介宝安区家庭教育指导工作经验。

与省内外兄弟单位互相交流、学习。在实施家庭教育指导工作的征途中，我们不断学习，吸收经验，与省内外兄弟单位沟通交流，不断完善制度，做进一步创新工作。

2005年5月，我们承办广东省家庭教育工作现场会，“宝安经验”得到许德立副省长、省关工委方苞主任等多位高层领导的高度评价。2006年，区家长学校派代表参加教育部关工委组织的家庭教育工作论坛；赴珠海开展家庭教育工作交流；参加两岸七地教育研讨会，区家长学校的专题发言获得香港保良局杜主席的大力肯定。

2006年我们分别接待了市委李意珍副书记、市关工委李海东主任、市教育局、北京市教育系统关工委、东莞市东城区的专题调研参观；2009年，我们协助接待全国教育部、省关工委领导、考察宝安区家庭教育工作，接待浙江台州市教育考察团到宝安区交流家庭教育工作；2010年，我们接待了省关工委领导、中山市教育局家庭教育工作考察团等调研宝安区家庭教育工作；配合市、区妇联做好宝安区“家庭教育工作

‘十一五’规划总结评估”调查及终期评估自查工作；配合广东省重大决策咨询研究课题“加快广东现代化家庭教育事业发展的对策研究”课题组做好家庭教育工作调研；协助省教育厅编写《学校德育的广东创新》，组织撰写“创新家庭教育的研究与实践”文章；配合做好教育系统关工委《家庭教育工作20年成果选编》征稿工作……

家庭教育主题宣传周活动。从2001年起，宝安区每年都开展“家庭教育宣传周”主题活动，区教育局、区妇联等部门联合主办，在社区、广场、学校举办家教现场咨询、亲子活动、文艺表演等，让更多的人了解、关注家庭教育，重视、支持家庭教育工作。家教宣传周每年一个主题，2005年“爱与责任”第五届宣传周，举行了家庭教育有奖知识竞答，宝安日报社为此出版了17万份的《家庭教育特刊》，并送到17万户家庭手中。2006年“文明·立德·和谐”主题宣传周期间，全区举办了“我的家庭教育格言”有奖短信征集大赛，近百名优秀家长登台与大家分享教子经验。2007年“爱与和谐”宣传周启动仪式举行“告别不良家教习惯”大型签名活动，声势浩大。2008年“科学育人，关爱家庭，回报社会”宣传周活动在区文化广场举行启动仪式，省、市、区关工委，区妇联，区教育局领导参加并参观宝安区家庭教育图片展，30多万家长积极参与。2009年“分享科研新成果，同心阅读共成长”宣传周活动，各街道相继开展了“名师大讲堂”“亲子手抄报比赛”“国学经典诵读”“科研课题经验推广”等特色活动。活动丰富多彩，特色显现，亮点频闪。

2013年12月，“塑造阳光心态，健康幸福成长”宝安区第十三届家庭教育宣传周活动隆重举行。省、市、区相关领导出席启动仪式。一周来，各街道、各分校广泛开展“名师大讲堂”、家庭“健康、阳光、幸福”教育签名活动、“故事妈妈说故事”大赛、“我心目中的宝安”演讲比赛、“家庭亲子—信任行走”展示活动、“优秀传统文化课堂教学模式经验交流”、官方微博互动等特色活动。活动丰富多彩，特色显现，亮点频闪。《宝安日报》、《深圳商报》、深圳新闻网、《深圳特区报》、《南方日报》、《南方都市报》等专题报道了启动仪式。

三、工作成效

1. 重视家庭教育的家长越来越多，主动接受家庭教育指导的比例明显提高

据统计，家长听课率从1999年前不足40%上升到90%，宣传周、家庭教育主题班会等，家长的参与率在95%以上。

2. 家庭教育观念有了转变，家庭教育方法明显进步

我们曾对19所中小学的1377名学生家长作过问卷调查，结果显示：未参加家长

学校学习之前，80%的家长简单地认为家庭教育就是照顾孩子生活，或督促孩子做功课。参加学习后，95.8%的家长能引导孩子关注社会。

3. 家庭亲子关系改善，学生获得全面发展

家长的进步和家庭教育环境的优化，对学校教育成果的巩固起到积极的作用。10多年来，全区33万在校中小学生犯罪率为零。一位校长说，“开展家长教育工作，是为学校找到了帮手，而不是对手”，“对1000个学生家长开展培训指导，相当于为学校争取了500个德育资源”。

4. 学校教育发生可喜变化

教师拓展了视野，增强了师德修养，提高了教学水平和科研能力，密切了家庭与学校、家长与老师的关系。学校办学水平明显进步。

5. 家庭教育工程推动我区成为国家社区教育实验区

我区家庭教育工程在内涵上实现了“三个转变”，即：由粗放型转变为精细型；由重管理转变为科研推动与管理并重；由共性指导转变向个性与共性指导；并成功地创造“十个有”的家长学校新模式，初步形成“一个学生带动一个家庭，一个家庭带动一个社区”的学校、家庭、社区三方面互动的良好局面，有力地促进学习型城区的创建工作和社区教育建设。目前宝安区成人教育年培训量达到62万人次。宝安区也成为全国首批28个国家社区教育实验区之一。

四、工作体会

1. 提高认识，是家庭教育工程获得成功的关键

实施家庭教育工程以后，我们在实践中逐渐认识到，学校教育与家庭教育是相辅相成的，学校加强对家庭教育的指导工作，是提高教育质量，完成培养合格人才目标的必由之路。随着家庭教育工程从一般化指导到个性化指导，一批教师深入家庭调研，跟踪指导以后，又进一步深化了我们的认识。越来越多的校长和教师提高了行动的自觉性、主动性和积极性。实践证明，正确的认识来源于实践，而认识深化了，又有力地推动实践。这是家庭教育工程获得成功的关键。

2. 实行三个结合，是提高家庭教育工作水平和效益的有效办法

多年的实践证明，三个结合是有效的办法：一是办好家长学校与深入家访、个别指导、跟踪服务相结合；二是广泛宣传发动与接受咨询相结合；三是依托中、小学校办家长学校和在社区举行家庭教育讲座、接受咨询相结合。

3. 党委和政府的重视是家庭教育工程获得成功的根本

宝安家庭教育工程是在贯彻区委、区政府“科教兴区”，创建教育强区的要求

下启动的。特别是2003年当家长学校不准收费，家庭教育面临许多困难之际，区委书记、区长率有关部门主要负责人调研教育工作，从2004年开始，每年由区政府从财政性经费中下拨100万元作为家庭教育专项经费，给区家长学校划定2个事业编制，保障“家教工程”持续、健康、富有成效的发展。

家庭教育工程的成功，也是上级有关部门支持的结果，区关工委、妇联及有关部门也给了我们许多支持与帮助。原省关工委方苞主任几年来深入宝安调研，悉心指导家庭教育工作达40多次，对家庭教育指导工作的每个阶段、每项重大改革都给予了重要指导和帮助。

家庭教育工作是规模庞大的社会工程，它既靠教育部门和学校的努力，更需要有关部门、广大家长和全社会关心、支持和参与。我们深感责任重大，工作任重道远。

宝安区家庭教育工作虽然取得了一定成绩，但离满足家长多元化的需要还有较大差距。我们应更主动地去适应新形势、新任务，创新载体、完善机制，推动家庭教育工作再上新台阶。

“红色教育”的实践与探索

珠海市兆征纪念学校
案例负责人：罗志勇
案例主要贡献者：汪洁雯　林雪云

珠海市兆征纪念学校是一所以“中国工人运动领袖、省港大罢工领导人——苏兆征”命名的海岛学校，学校现有6个教学班（1个年级1个班），15名教师，274名学生。学校把立德树人作为教育根本，以活动实践为支架，以“红色教育”（社会主义核心价值体系教育）熏陶学生为理念，开展“红色教育”实践与探索，塑造了“淇澳红色教育”品牌。

一、“红色教育”的背景

1. 淇澳岛丰富的红色资源

淇澳岛是中国工人运动杰出领袖、省港大罢工领导——苏兆征同志的故乡，是中国人民抗英斗争的发源地。有苏兆征故居、淇澳白石街等爱国主义教育基地，是对学生进行爱国主义教育、革命传统教育的“活课堂”。这为“红色教育”提供了有利的条件。

2. 学校厚重的红色文化

学校原名淇澳小学，创建于1939年，1985年11月，为纪念中国工人运动杰出领袖、省港大罢工领导人——苏兆征同志的丰功伟绩，将淇澳小学命名为兆征学校，1998年10月，改名为“兆征纪念学校”，并由时任全国政协副主席叶选平同志亲笔题写校名。这为“红色教育”奠定了深厚的基石。

3. 学校思想道德建设的需要

《中共中央国务院关于进一步加强和改进未成年人思想道德建设的若干意见》中指出：“充分利用和整合各种德育资源，深入研究中小学生思想品德形成的规律和特点，把爱国主义、革命传统教育、中华传统美德教育和民主法制教育有机统一于教材之中，要抓住时机，整合资源，集中开展思想道德主题宣传教育活动。”这为“红色教育”提供了政策依据。

二、“红色教育”的理论支撑

《中共中央关于构建社会主义和谐社会若干重大问题的决定》明确提出：“建设社会主义核心价值体系。”社会主义核心价值体系包括“马克思主义指导思想、中国特色社会主义共同理想、以爱国主义为核心的民族精神和以改革创新为核心的时代精神和社会主义荣辱观”四个方面的基本内容。这为“红色教育”提供理论支撑。

三、“红色教育”的实践与探索

1. 寓“红色教育”于管理中

规划先行。学校运用SWOT模式分析学校的状况，制定《学校“红色教育”工作指南》，使“红色教育”有章可循。

营造氛围。学校将苏兆征精神（一是勇往直前的拼搏精神；二是实事求是的科学精神；三是淡泊名利的求实精神；四是真诚和善的合作精神）奉为铸造师德师魂的核心，开展“四比”（比精神面貌、比工作态度、比工作进步、比工作幸福感）活动，强化教师的师德教育。

完善机制。学校通过成果激励、评比激励和制度激励等机制来激励教师提升工作效率，提升教师的专业水平。

团结合作。学校倡导“团结合作”的红色精神，培养教师、学生的合作意识，推动学校素质教育的发展。

2. 寓“红色教育”于教学中

课题研究。学校开展广东省中小学教学研究“十二五”规划课题（批准号：J11-108）——“‘红色教育’校本课程开发的研究”等3个省级课题研究与实践，推动学校教育教学改革。

专家引领。学校邀请市关工委、市教育指导中心等领导、专家到校指导“红色教育”课题研究工作，促进学校全面发展。

走出课堂。学校鼓励教师积极挖掘淇澳岛红色资源，引导学生走出校园，以“苏兆征故居”“淇澳红树林保护区”等为课堂，让学生体验生活，树立学生的自信心。

学科渗透。学校制定学科教学渗透“红色教育”的三维目标。一是列出各学科、各册教材的“红色教育”渗透点，形成“红色教育”教学体系；二是以班会课、思品课、综合实践课为“红色教育”的主阵地，渗透红色精神；三是在语文学科的作文教学中，增加高年级学生写以淇澳白石街、苏兆征故居为题材的作文，加强对学生进行爱国主义教育。

3. 寓“红色教育”于活动中

加强未成年人思想道德建设。一是邀请市关工委毛存英、唐榕达等多位老领导来校对师生进行爱国忠党专题教育，培育学生的坚定信仰和有高度责任感；二是定期邀请老红军张斌、老战士王荻等多位同志为来校举办革命传统教育专题讲座，用亲身经历的事迹告诫全体学生从小要好好学习，学好本领，建设好祖国；三是定期邀请老法官张学茂等多位同志到校开展法制安全教育，强化师生的法制安全意识；四是定期邀请珠海警备区部队的官兵到校对师生进行国防教育专题讲座，强化师生的国防观念。

开展“一中心三基地”教育。“一中心”是指以课堂为中心，把课堂教学作为红色教育的主阵地，要求各学科在课堂教学中渗透红色教育；定期到“三基地”：德育基地——淇澳白石街、苏兆征故居，开展“体验探究”活动，弘扬苏兆征革命精神，让学生更加珍惜今天的幸福生活；国防教育基地——珠海警备区船运大队船舶修理所和两栖侦察队参观，激发师生拥军爱军的情怀；劳动基地——学校种植园，开展种花、种菜和种树等实践活动，激发学生热爱生活的热情，促进学生全面发展。

弘扬中华优秀传统文化，传递正能量。一是学校开设“淇澳讲堂”，传递正能量；二是举办教师读书论坛，促进教师专业成长；三是开展“读红书、唱红歌”活动，坚定师生永远跟党走的信念；四是开展以“扬民族精神，做美德少年”为主题的诵读中华经典活动，弘扬中华优秀传统文化，提升学生综合素质。

开展“爱心教育”。一是“爱心教育”大讨论，端正教师的思想和行为；二是开展“爱心使者”行动，强化“爱的教育”，感化学生的心灵；三是举办“感恩节”活动，让爱心之花在和谐校园盛开；四是开展“扶贫帮困”活动，教育师生学会关心他人，关心社会。

四、“红色教育”的成效

1. 社会尊师重教蔚然成风

社会各界、家长群众对学校的满意度越来越高，对学校越来越关心、对教师越来越尊重，一直来学校被投诉率为零。如有社会不愿意留名的热心人士捐资助学，每年定期捐3万元设立了“励志”扶贫奖学基金（已累计15万元）；淇澳社区在经济十分困难的情况下，仍然坚持每年捐款2万元进行奖教奖学（已累计20万元）；苏兆征后人2011年捐款10万元设立“苏兆征励志奖学基金”；每到“教师节、春节、六一节”等节日，社会各界热心人士都会自发、定期到学校慰问并赠送慰问金和慰问品。更令人感动的是很多村民经常将家里饲养的鸡、鸭，种的蔬菜，渔民将海里打捞的鱼、虾、蟹等都送到教师食堂，给教师加菜。

2. 学生遵纪守法、文明有礼

学生在校园能主动向老师、向同学鞠躬问好，在校外也能主动向游客、向村民主动问好。特别是“苏兆征班”的学生表现更突出，经常利用课余时间深入淇澳社区，开展打扫街道、慰问孤寡老人、帮同学补习功课等志愿者活动，呈现叶臻强、钟雪萍、何恒坚等多位拾金不昧的好人好事（捡到贵重物品交还给失主），受到淇澳村民的夸奖。

6年来，教师办公室无人时也不用锁门，校园里没有发生过失窃现象，让教师安心、放心教书育人。

3. 教师敬业爱岗、无私奉献

2012年，我校有3名女教师同时休产假、5名教师先后休婚假、2名男教师休看护假，面对每天有30%以上的教师请假，又加上校安工程的建设等诸多困难，我们教师毫无怨言，齐心协力、敬业爱岗地做好各项教育教学工作，顺利完成各项教育教学工作任务。特别黎军老师（扎根海岛22年）不仅担任数学、体育教学工作，还义务开校车（学校无经费聘请专职司机）安全接送全校教师上下班6年，从来没有请过一天假，教师们都称他为“活雷锋”，其展示了海岛教师的风采。

4. 塑造了“淇澳红色教育”品牌

学校的教学质量稳步提高，素质教育硕果累累，塑造了“淇澳红色教育”品牌。学校五（1）班被国家教育部授予“苏兆征班”、学校先后被评为“广东省绿色学校”“广东省书香校园”“广东教育系统关心下一代工作先进集体”“广东省巾帼文明岗”等多项荣誉称号，受到各级政府部门、社会各界及广大家长的高度评价，社会声誉渐高，《珠海特区报》、《珠江晚报》、珠海电视台和珠海电台等媒体多次报道宣传学校办学的创新做法与经验，学校的口碑都传到淇澳籍的港澳台同胞心中了。

学生参与社区社会志愿服务活动的实践研究

珠海市斗门区第一中学
案例负责人：饶　萍
案例主要贡献者：陈春光　黎跃友

一、研究背景

《珠江三角洲地区改革发展规划纲要》和广东省委、省政府明确要求珠海开展社会管理综合改革试点工作。加强和创新社会管理，完善社会管理格局，不仅需要专业社会管理人才的力量，还需要社会公众的广泛参与。激励中小学生参与社区社会志愿服务活动，从学生抓起，潜移默化地培养公民道德意识，是社会管理体制改革的一项基础性工作。我校作为首批联动城乡社区社会志愿服务活动试点学校之一，通过两年来的尝试和探索，收到了一定的效果，下面围绕“三个抓好，一个完善”阐述了我校开设社区服务实践课的一些具体做法。

二、理论支撑

人本主义理论：人本主义是与科学主义相对立的现代哲学思潮。人本主义理论认为人的自我实现和为了实现目标而进行的创造才是人的行为的决定因素。人本主义的一位重要代表人物罗杰斯（Rogers，1956）认为，“促进学生的最有效的方法研究之一，是让学生直接体验到面临的实际问题”，强调人的自我表现、情感与主体性接纳。青少年智慧、思维的发展，是通过青少年主体的认知结构同环境的相互作用活动而实现的。青少年只有自己参与各种活动，才能获得真实的知识，形成自己的假设，并给予证实和否定。

三、主要做法

我校在组织学生参与社区社会志愿服务方面的工作主要表现为“三个抓好，一个完善”。

1. 抓好组织管理，为社区服务提供保障

我校成立了以校长为组长，主管德育的副校长为副组长，校团委及综合实践科组教师为组员的工作领导小组，从组织上保证了我校社区社会志愿服务试点工作和课程开设的有序推进。

2. 抓好服务主题，为社区服务明确方向

我校多次召集各相关处室以及学生代表对市委市政府社会管理体制改革相关文件进行学习，并结合新课程改革的先进理念形成了《珠海市斗门区第一中学学生社区服务方案》和《珠海市斗门区第一中学学生社区服务实施细则》。根据学生所处地域的实际情况，有针对性地设置了社区服务的主题：香洲区、金湾区以珠海市创建文明城市为切入点，通过学生担任街道办、社区负责人助理、楼长助理参与社区服务；斗门区白蕉镇新环村、斗门镇南门村、莲洲镇新益村以宣传斗门的生态旅游文化为切入点，通过学生充当旅游宣传大使的形式参与社区服务；斗门区五山镇荔山村以“构建和谐社会、共建文明社区”为服务主题，通过成立学生社区服务小组参与社区服务。

3. 抓好服务内容，使服务形式丰富多彩

两年来，我校组织学生积极参与社区社会志愿服务工作，本着“教师为主导，学生为主体”的新课程理念，社区社会志愿服务在我市三个区全面铺开，目前共有13位同学担任了楼长助理或居委会主任助理等工作，参与社区志愿服务的同学达到了近900人。主要开展了以下五个方面的活动：

一是担任社区主任助理，积极参与社区管理。此项工作主要选择在香洲区展开。我校共有300多名同学参与了梅华街道办和狮山街道办以及拱北街道办辖区内的多个社区组织的活动。他们协助居委会主任在社区内派发创建文明城市宣传单、为社区举行的大型公益活动出谋划策、帮助街道办统计社区的常住人口和流动人口并录入公安局派发的表格里，为人口普查进行了前期的准备工作、在社区内就民众比较关注的民生、环境等问题进行采访，并将内容及时反馈到社区管理处，参与清除马路边及社区内非法张贴物等。

二是组建志愿宣传小组，推介斗门旅游资源。我校共有斗门镇、白蕉镇的学生20多名，以他们为主的50多人组成了社区服务志愿者斗门旅游资源推介队，他们根据自己所学的历史和地理知识，将斗门的名胜古迹，如：金台寺、赵家祠堂、御温泉等景点的材料进行收集整理，并结合珠海市“绿道”建设的实际情况，介绍绿道周边有特色的斗门美食，设计出一张集旅游景点和美食文化为一体的旅游观光图，利用暑期到市区各主要街道进行宣传，吸引市民前来斗门旅游观光、休闲度假。

三是协助社区开展活动，积极共建文明城市。2011年暑期，斗门区井岸镇的社区服务志愿者参与了南湾社区“党群连心”青少年互助教育活动，他们协助居委会完成了活动的策划组织、奖品的准备、场地布置、活动秩序维持等工作，他们热情细心的服务受到了现场家长和居委会领导的一致好评。城东社区的志愿者则对所住社区进行了一次卫生大扫除，同时也向社区居民发出倡议书，倡议大家从自己做起，爱护公共环境，做一个文明的市民，为珠海市创建全国文明城市贡献自己的一份力量。2012年寒暑假期间，我校社区服务志愿者20多人参与组织了拱北街道华平社区的居民联欢活动及海滨泳场的卫生清理工作。连续三年，我校同学都志愿参与市图书馆的义工活动。

四是开展送戏下乡活动，参与和谐社区建设。2011年10月，我校社区服务志愿者共80多人深入斗门区乾务镇荔山村，送上了一场以“构建和谐社会、共建文明社区”为主题的文艺晚会，通过歌唱、舞蹈、器乐演奏等丰富多彩的文艺节目，倡导一种积极向上、和谐共荣的生活方式，并通过现场答题的方式向村民宣传国策、计生、禁毒、卫生、和谐文明社区的知识，倡议大家都积极行动起来，从我做起，为创建和谐文明社区而努力。在晚会现场，精彩的节目博得了村民的阵阵掌声，答题互动的环节更是将晚会推上了高潮。

五是深入社区慰问老人，净化环境奉献爱心。2011年8月份，我校社区服务志愿队40多人深入三灶镇美平社区，以慰问老人，参与社区环境卫生的净化美化工作等形式参与到社区志愿服务工作中去，受到了群众的一致好评。《平沙报》对我校学生参与社区志愿者服务工作做了专门报道，美平社区负责人也表示，以后将和斗门一中的社区服务志愿者们建立一种长效的合作机制，让我校学生参与社区服务的渠道更加畅通。两年来，我校社区服务志愿者先后多次前往斗门白蕉敬老院和坭湾敬老院及许宝英慈恩堂慰问老人，给老人们带去了精彩的节目和我们的关心，并帮助老人们整理了居住环境。

4. 完善评价机制，促社区服务有序发展

评价可以检查情况、发现问题、找出差距、明确方向，从而促进发展。我们在学生参与社区服务活动中采用“发展性”评价。制定了《珠海市斗门区一中学生参与社区服务评价方案及学分评定办法》，实行评价标准多元化、评价周期多元化、评价主体多元化以及评价过程生本化，让学生能多方位地认识自我、评价自我、肯定自我。根据评价结果评选出 “社区服务积极分子”，并及时地进行总结和表彰，让学生的每一点进步都看得见。通过评价和表彰，树立在活动中表现突出成绩卓越的典范，激励同学们以他们为榜样，同时可培养同学们主体意识，有助于推动我校社区服务工作更快更好地发展。为了确保课程开设的规范性，我校规定参与社区志愿服务活动是我校学生的一门必修课程，在高中阶段必须获得6个学分，由学生提供居委会的证明材料，交由校团委审核并进行学分的统计工作。

四、取得的成效及社会反响

1. 学生的组织协调能力得以增强

我校学生参与社区社会志愿服务活动是在老师的指导下，学生自主组织开展的，活动的联系沟通均由各服务小组自主进行。珠海市市长钟世坚、市委常委杨金华、市教育局局长钟以俊及新华社记者多次来我校调研，在听完我校学生关于参与社区社会志愿服务的情况的汇报后，对他们显示出的组织沟通、协调能力给予了高度的赞誉，并预言他们在今后的人生道路上将大有作为。《珠海特区报》《珠江晚报》及市委网站也对我校学生参与社区服务的活动进行了专题报道，市区多次在我校召开学生参与社区社会服务现场会，将我校学生参与社区社会服务的成功经验在全市推广。

2. 学生的心灵得到净化，境界得以提升

社区社会志愿服务活动是学生磨炼意志、砥砺品格、陶冶情操、发展个性的训练所，是学生丰富体验、奉献爱心、服务社会的加油站，是社会传递爱心、传播文明、实现和谐、推动进步的示范场。

高二（1）班的李琳同学在探望完福利院的小朋友后这样写道："当我们走到路口，回头望向那福利院大门时，我们惊讶地发现那些小朋友正目送我们离开。此时，我的眼泪不自觉地流了下来。在与他们相处的短短几小时里，我感悟到我们从呱呱坠地那一刻开始就得到父母无微不至的爱，感受到家庭的温暖。但是福利院的那些孩子却是不幸的，同在一片蓝天下，他们从一出生就承受着我们无法承受的痛苦，他们以后的日子会怎么样呢？他们需要的不是可怜和施舍，而是社会给予他们的平等和关爱，全社会的爱心传递会照亮他们的人生和心灵。另外，这次社区服务也让我们有了一个共同的体会：身在福中要珍惜。"这种心灵的体验和碰撞又岂是家长或老师的说教能达到的呢？同学们在参加活动的同时，社会责任感得到增强，献爱心活动成为自发性活动。他们知道在帮助别人的同时，也是在帮助自己，"赠人玫瑰，手有余香"，爱在给予别人的同时，他们也会感受到。

育德于心　成德于行

汕头市林百欣科技中等专业学校
案例负责人：陈庭照
案例主要贡献者：吕　军　许镇安

一、产生背景

当前的中职生，有不少学生存在着心理和行为上的偏常，学生的厌学问题和人际关系问题相当突出。而学校的德育教育形式、内容较为死板、教条，而我们正处于信息化时代，学生在接受新事物的同时也受到不良影响。而我们采取的德育教育大多却是课堂教学中的附带品，并且渗透的德育教育基本也是停留于形式，再者，内容也是单调枯燥，容易造成学生道德认知与道德实践相脱节，理论教育的效果在学生的道德实践和日常行为中难以得到验证。现实中，学生往往只是知识性地，甚至机械性地接受学校所传授和灌输的价值观念，并没有内化为自己内在的价值信念，并进一步转化为道德行为，体现于道德实践之中。所以，缺少在亲身实践中道德情感的熏陶是难以树立起坚定的道德信念以及养成良好的道德行为习惯。

二、理念支撑

德育既是通过课堂教学灌输，也是依托课外活动及环境因素的影响以“润物细无声”的方式进行的教育活动。德育一方面追求潜移默化地渗透、避免单纯灌输，另一方面又强调知行结合，强调行为习惯的养成，从而实现青年学生道德认知与道德实践的和谐统一。青年志愿者活动在校内外践行“奉献、友爱、互助、进步”的崇高精神和接受社会教育的锻炼形式，是学校德育工作的重要组成部分。青年时期，是学生发展和道德品质形成的关键时期，特别是中职生，求知欲强，精力旺盛，讨厌说教，渴望体验实践。青年志愿者服务活动恰恰适应了当代中职生的心理特点，是中职学生进行成人教育、成才体验的良好途径，它一改以往说教式的思想教育方式，注重学生的“个人体验”，使学生能够“经历·体验·成长”。它不局限在课堂和校园，能充分调动学生的主观能动性，让学生走进社会、服务社会、体验生活，实现理论与实践、学校与社会的有机结合。根据青少年喜欢沟通、交流、联络和聚集等特点，充分尊重青少年的意愿，从心开始，点燃美的追求，激发美的动力。创新德育的载体和机制，使学校德育工作不再生硬，而是变得“美丽”温暖起来，使学生阳光、积极起来。使学生获得幸福和尊严，学会做学习、生活、人生的主人。以体验教育方式更好地促进学生道德的养成。

三、主要做法

以往学生受处分，只要今后不违纪，到期都基本上给予撤销处分，但不少违纪学生并没有受到真正教育，往往忽略自己所犯错误的根源性、严重性与影响，学生反复违纪发生的概率大。必须改变这种情况，我们的主要做法：

一是根据青年志愿者的德育效能，准确把握新时期中职学生思想出现的新变化，寻求德育有效途径。我校采取对违纪学生进行教育处理外，还增加一项违纪学生处分期限内进行志愿服务教育（以学生自愿为原则），让其参加志愿培训、志愿服务，让违纪学生“经历·体验·成长”。根据违纪学生处理程度作相对应对，如下表。

处理层次	通报批评	警告	严重警告	记过	留校察看
服务时间	3小时	6小时	12小时	18小时	24小时

二是若学生第二次违纪处分，志愿服务时间累加计。学生向青年志愿者协会申请，由青年志愿者协会安排认证，上报学生科。如果学生不参与志愿者活动或时间不够，到期将不给予撤销处分。如果学生不愿意参与志愿活动时，老师和志愿者协会的干部就会想方设法，动之以情晓之以理地感化他（学生往往被这种强烈的需求感所折服），这是我校志愿服务一个很重要的德育职能。因为违纪学生的行为“伤害”了自己、他人或集体，造成坏的影响，既然是学生自己造成的，他必须学会负责任地去消除影响，去服务别人、服务集体，使自己的行为赢得别人的尊重与掌声。

三是青年志愿者活动实行学生自我管理，增强学生自我教育的能力。培养学生的合作精神和意志品质。任何教育和管理，只有把制度和要求内化为学生的需求，才能激发学生自觉行为，才能培养学生自我教育和自我管理的能力。在志愿者活动当中，学生们以小组为单位，设计、参与活动，有效形成良好的团队意识，培养合作精神。碰到问题，学生们共同解决，遇到挫折，组员们互相鼓励继续前进。为志愿者搭建一个成长的“舞”台，开展民主自主管理，发挥其主人翁精神，实际地体现其想法，提高志愿者的自主管理意识和能力，促使学生在德、智、体、美、劳等各方面不断提高。在奉献与服务中，学生自己便会不知不觉地成长起来。

四是青年志愿者文化内涵“感恩文化”“奉献文化”，一种能影响人一生、让人追求一生、享受一生的文化。文化魅力将产生一种发自内心改变自我的力量。我校把志愿服务延伸为文化服务，培植“感恩文化”，加强志愿者（违纪学生）积极情感的培养和志愿者文化的熏陶。

五是实施一年来，共有87名学生“享受”到这种服务，学生们参与志愿服务之前，都进行培训后才参与校内外志愿服务，志愿者协会结合各人的特点及不同专业，安排不同志愿服务：卫生清扫、会场后勤、电脑维修、文艺表演等。开展志愿服务过程中，戴上小红帽的志愿者（违纪学生）感受到全新的感觉，很多同学和受服务的对象都会给他们一个笑脸，为他们点赞。这是一种“走心”的力量，它的强大超乎你想象。协会志愿者也会参与其中，及时给予鼓励与帮助，传递的是一种互助，而不是一种惩罚。志愿活动中，表现积极的同学，学校给予通报表扬。在每月的志愿者总结会上，每位同学都要上台谈谈志愿服务感受，传递一份正能量。每月志愿者协会都会在广播站点歌感谢所有参与志愿服务的同学，感谢他们为他人和集体所付出的努力与汗水。让违纪学生深刻地感受到，他们可以从另一个平台上让别人关注他、尊重他，体现他的人生价值。

四、基本成效

自开展以来，不少违纪同学与志愿者协会结下了不解之缘，因为他们感激在受学校处理后，协会给他们的温暖。有一些违纪同学，还带动班上其他同学参与志愿服务。这里面最突出的12031班的陈勉绮同学，因旷课受学校严重警告处分，在志愿服务过程中，他慢慢在改变，最后变成志愿者骨干，处分撤销后，还主动向老师要求协助组织违纪同学的志愿服务，以自己的亲身经历，言传身教，教育感化别人。87位违纪同学中，已撤销的53位同学中仍有42位积极参加志愿服务。这些学生最大的改变是在一个有强大正能量团队里学会了帮助别人快乐自己的心态，明白了很多为人处世的道理，拓展了自己的包容心，锻炼了自己的意志。学生的言行举止、学习、生活状态都有明显改变，他们原来是学校的“麻烦点”，现在变成一个正能量的传递者。从心入手，践行道德，通过实践感受促进学生的道德内化，内化为学生自身的精神，只有身心道德，才能实现青年学生道德认知与道德实践的和谐统一，逐步树立正确的人生观、世界观、价值观，形成良好的道德素养。

五、社会影响

“教育需要培养爱的精神，不能培养爱的教育是没有根基的教育”。违纪学生的志愿服务对学生健康成长、心理发展起着潜移默化的德育教育作用，并能辐射带动影响其他人，有助于弘扬社会主义的核心道德价值。活动开展一年多来，收到良好教育效果，这样的教育方式深受学生、家长、老师的欢迎，学风校风有明显的改变，受到社会的关注和好评。由于学校青年志愿工作突出，青年志愿者协会2013年被评为“汕头市青年志愿服务先进集体”，学校团委2014年被共青团广东省委授予“五四红旗团委”。

整合德育资源　传递美德星火

——创建儒家“八德”与公民基本道德规范有效整合的德育特色

汕头市蓝田中学
案例负责人：姚小敏
案例主要贡献者：陈亚芬　游少丹

一、产生背景——与时俱进，当好“麦田的守望者”

经过30多年的改革开放和随着社会主义市场经济体制的建立，社会价值判断日益呈现多元倾向。多元价值观正在模糊人们特别是广大青少年的道德判断力。许多主流价值被遮蔽和消解，基本的是非、善恶、美丑界限被杂乱无章的多元价值混淆了，社会在很多方面一定程度上丧失了基本的荣辱观。“纯”和“正”的价值形象不断被功利价值观消解，“另类”的价值现象则不断得到强化。

今天的初中学生，性格正朝着稳定与成熟的方向发展，其价值观与人生观本能表现渐少，开始打上社会影响的烙印，但仍具有很大的可塑性，因此迫切需要社会的正道、正心、正见等“正能量”来引导。

德育的最根本乃是培养德行，公民教育的基本道德规范是德育的基础，而儒家“八德”（孝、悌、忠、信、礼、义、廉、耻）是我中华传统美德精华，是我们的祖先对于如何做人、做事的精辟总结，是留给后人的宝贵财富。两者整合，将使学生德育的层次从学校走向社会，即把学生从做一个合格的中学生，提升为做一个合格的社会主义公民。也可以改变现行德育中“缺乏系列化”“文化缺失”“时代针对性差”“效果不强”等现状。《礼记·学记》：“知其心，然后能救其失也，教也者，长善而救其失者也。”学校作为对青少年进行思想道德教育的主阵地，责无旁贷地应该成为继承和弘扬中华优秀传统道德文化的一方“净土”。

二、理念支撑——以“美德”为支点，为创建和谐校园润色

自古以来，我国都非常重视德育，“教之道，德为先”。在西方，古希腊也很重视德育。苏格拉底说“美德是由教育而来的”，认为一个人只有知道什么是善良和正确，才会去实践它，美德是通过教育培养出来的。我校以“仁爱为怀，健全人格”为德育理念，在育人目标上开拓创新。

丰富和深化德育内涵。让学生从中华优秀传统道德文化中吸取养分，从生活体验中探索和思考，逐步建立正面的价值观和积极的人生观。培养学生心存忠诚、行尽职守、孝亲敬长、推己及人、仁爱为怀、礼敬自然、公平正义、勇担责任、内诚于己、外信于人、明辨是非、追求真理、博学笃行、吃苦耐劳、修身养性、完美自我的品质。

创新德育实践方式。研究把儒家“八德” 及公民基本道德规范作为德育途径，达成“中华优良道德文化载道、优良道德文化润德、优良道德文化化人”的目的。

促进人的全面发展。通过课程渗透、活动体验、环境熏陶等多种途径，发挥中华优良道德文化对学生价值观的导向功能，对学生品格的塑造功能和对学生行为习惯的规范功能，促进学生的全面发展。

三、主要做法——多管齐下，无声润物三春雨

1. 全面开设德育校本课程

为开拓我校德育工作新局面，在姚小敏校长的策划与激励下，我校整编了校本课程《儒家“八德”与公民基础道德教育的有效整合课程》初稿。姚校长亲自示范校本课，并与梁晓、詹清海等执教校本课的老师一起探讨，把我校已有的“礼仪常识”“潮汕文化”“人生规划”“法制安全”“心理健康”“学法指导”等系列与儒家“八德”为主体的校本德育课程紧密结合起来，使校本课程深受学生的欢迎。特别是姚校长创立的鼓掌模式，被我校师生亲切地称为“姚氏鼓掌”。

2. 打造班集体精品主题活动系列

自2012年起，在姚校长的直接带动下，采用“资源共享”（即通过每学年度一次的主题班会比赛，筛选精华汇集成我校班集体精品主题活动系列资源库，给各班在班会课上共享）与“激励自创”（鼓励各班班主任一学期内至少要根据本班的实际学情，创设一个主题班会并上交，经过筛选充实我校班集体精品主题活动系列资源库）的方式，把儒家“八德”的优秀传统与公民基本道德规范教育引进初中各年级的德育课堂，逐步形成我校班集体精品主题活动系列，使我校的班会课，突破了原来15

分钟总结上一周，剩余时间大家自习的陈规陋习，不仅生动了课堂，而且提高了德育实效。

在初一级，我们围绕“孝”“悌”“礼”“义”内涵开展班集体养成教育主题活动，使同学们很好地从小学生活过渡到中学生活，师生之间、同学之间关系融洽，互相尊重。

初二级是中学生最叛逆的一年，比较容易发生顶撞老师、打架斗殴、逆反父母、乱交朋友、早恋等不良现象。为防范于未然，我们在初二级围绕“忠、信”的内涵，积极开展班集体诚信、责任教育活动，培养了同学们的正心、正气和正义，使初二级的学生能平稳度过初二特殊的这一年。

初三级学生面临升学、就业的选择，对他们的人生规划的指导非常必要。姚小敏校长亲力亲为，在各班上“人生规划”“职场中的智慧”“财富智慧”等班集体主题活动课，使学生更加明确自己的发展方向；各班集体着力开展“知耻而后勇”等的主题活动，激发了同学们奋发上进的精神，使初三级学生都心理健康，顺利毕业，快乐地奔向自己人生的新起点。

3. 儒学特色主题文化墙的建设

文化墙作为展示学校独特视角的平台，能激励全校学生不断进取，奋发向上；并通过文化墙给学生以美的享受，让一种淡淡的校园文化气息悄悄破“墙”而出！设计制作学校各种宣传栏、特色主题文化墙等宣传系统，旨在建设形成一个“每一面墙壁都会说话”的育人环境。

4. 体艺特色：艺术传承的熏陶

我校全面开展校本活动课程，为学生课余生活创建自我展示的平台。同学们在丰富多彩的校本课活动中获得了思想上的启迪、行为上的训练和美的熏陶。

5. 校园文化节的渗透等

如历经19天的第八届“厚于德，诚于信，敏于行”主题文艺会演中话剧《教师日记》，以发生在我校师生间的真实故事改编的精彩演绎赢得了场下观众们的阵阵掌声。它又一次充分传承和展示了我校文化特色，丰富了我校校园文化活动，推动了校园精神文化建设，也更进一步激发了我校学生学习的内动力与师生的凝聚力和自豪感。

总之，根据学校情况，挖掘校本文化中的德育资源，建立以“亲情、友情、赤子情为主线”的情感德育，“弘扬和培育民族精神”的立体德育体系。通过结合校本整理编辑的“八德”德育课程，在多种途径中创新实践：在管理中引领；在环境中熏染；在活动中体验；在课程中渗透；在班级中整合；在生活中养成；在澄清中选择等。

四、基本成效——巧用“校本课程”，邂逅德育精彩

《汕头市蓝田中学儒家“八德”与公民基本道德规范的有效整合课程》初稿，在校本课实践中不断完善。

结合课程教学实践，做好课程教学反馈。为了了解学生的学习情况，梁晓老师编制了《儒家“八德”课程学习情况调查表》，并对各个班级进行了实测，完成了学生对儒家“八德”学习情况的调查，为进一步梳理教材，开展教学实践提供了参考。

以儒家“八德”及公民基本道德规范内容为主题的班集体主题活动，促班集体凝心聚力，为建设“和谐舒心”的校园气氛奠定了基础。

以儒家“八德”为主题的《立德树人》讲座深受学生欢迎。

学校被授予“中华优秀艺术传承学校”称号。

个案成效显山露水。

五、社会反响——小善大爱，清源开流培沃土

1. 实践文章刊发

政教主任游少丹的《谈有效开展班集体主题活动的探索与实践》，梁晓老师的《孔孟孝道对当代中学生的教育指导意义》，分别被刊登在《汕头市龙湖教育》第2期和第4期上。

2. 丰富了我校及其他学校校本德育课程及为义教服务

由我校陈亚芬老师整编的《汕头市蓝田中学儒家“八德”与公民基本道德规范的有效整合课程》，被龙湖区中小学等借鉴；2013年9月开始，由我校梁晓、徐燕君、陈亚芬、崔燕等老师，用于为汕头市残联盲人按摩班的义教内容之一。

3. 小善大爱，无声泉眼惜溪流

经典浸童年　美德润童心

——金阳小学德育创新案例

汕头市龙湖区金阳小学
案例负责人：谢少玲
案例主要贡献者：谢少玲　林美满

一、产生背景

中华民族有着几千年的悠久历史，我们的传统文化源远流长、博大精深。在经济飞速发展的今天，中华经典文化越来越得到国人的重视，传统美德越来越受到人们的推崇。只有深深植根于民族经典文化土壤，传承中华传统美德，才能为孩子的人生发展尽为师者的职责。

二、理念支撑

《礼记·大学》“修身·齐家·治国·平天下”是说有志者，当以“修身”为要。《易经》中“蒙以养正圣功也”，《孟子·公孙丑上》中“吾善养浩然之气”，“蒙以养正”强调的是蒙童时代培养纯正无邪的品质的重要性，“养浩然之气”却是一种“修身”的过程，是一种道德人格的修炼过程。陶行知先生“生活德育”的理念告诉我们：一切善行的培养都必须植根于生活。我校“经典浸童年，美德润童心”的德育特色培育，就是要在孩子蒙童时代，在人生培养美德的黄金时期，把经典文化内化为孩子的精神需求，在行为活动中外化传统美德，为孩子养浩然之气抟土培根，为孩子的人生打下亮丽的底色。

三、主要做法

（一）经典文化浸童年

1. 环境熏陶润无声

正所谓“蓬生麻中不扶自直，白沙在涅与之俱黑”。现实生活中，生存环境对人的影响是巨大的。因此，我们致力于创设校园软环境，分层设计：一楼大厅篆书款、古朴典雅的名言："立德、修身、树人、报国。"楼梯口、走廊上图文并茂的《三字经》《弟子规》，二楼的书画介绍：文房四宝、名人名画，四楼的音乐名言名家。穿行于校园的每个角落，总会书香扑面。温馨提示淡雅怡人，格言警句催人奋发，触动心灵。孩子在耳濡目染中感受：端行当以"德"为首位，治学当"博学之，审问之，慎思之，明辨之，笃行之"，人生当以"报国"为己任。经典的精华，精心的设置，有序的分布，对孩子人格塑造达到了"润物无声"的效果。

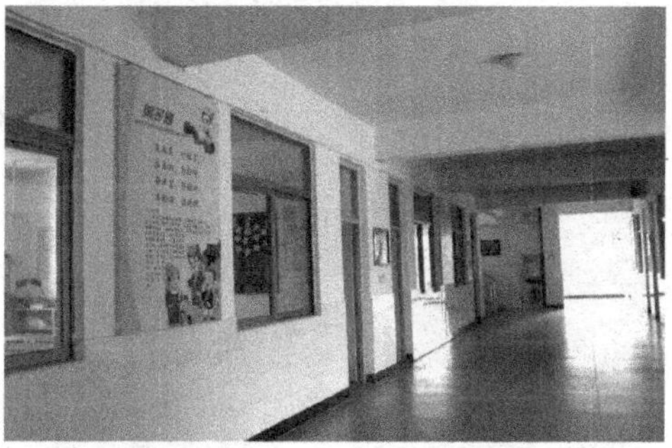

大厅的"立德、修身、树人、报国"和《弟子规》

2. 蒙以养正端品行

叶圣陶先生曾说："小学的教育是培根的教育。"《汉书·贾谊传》中也有："少成若天性，习惯如自然。"我校自办学以来，把养成教育作为重中之重，把"端行"放在首位，成立"文明礼仪监督小分队""执勤队"，坚持"一天常规检查"，开展"好习惯，益终生"的中队主题观摩活动、"没有规矩，不成方圆""学会交往"等思品课、心理研讨课，举行"学会感恩""实践社会主义价值观"为内容的讲故事、演讲比赛"我与地球""我的好家风"创作比赛。从生活细节入手，持之以恒，引导孩子在认知中，播种行为，收获习惯，端正行为，养成"纯正无邪"的美德。

3. 经典诵读沁心扉

经典文化是中华文明传承的重要载体，是我们成长的营养品，是修养道德的心灵鸡汤。因此，我校有计划、有目的地开展中华经典诵读活动。

（1）古诗诵读随身带

我们把小学生必背古诗80首印制成小册子，人手一册，方便携带。并对学生分段要求（从一年级开始，每学期背诵十首，以此类推）。要求每人每周练背一首，在早读、课前诵读检查，期末进行抽查验收，让诗歌的精髓深入人心。

（2）经典诵读共成长

我们把《三字经》《千字文》《弟子规》等经典诵读作为诵读篇目，教给中国传统的吟诵方法。在早读、课前吟诵，在班级中评选“经典诵读之星”，定期举行经典诵读比赛。“父母呼，应勿缓，父母命，行勿懒……”诵出于口，了然于胸，伴随着韵律怡人的诵读声，孩子们在感受中华文化的精髓中，感悟“做人”的道理——谦恭有礼、奋发有为的种子在孩子的心中发芽。

《没有规矩不成方圆》中队课

4. 艺术特长冶情操

《乐论·乐施篇》中：“音乐可以善民心，其感人深。”艺术的魅力在于对心的感动。我校重视艺术教育，率先把排箫教学引进课堂，让每位孩子都学会一种乐器。同时，充分发挥兴趣特长，开办“声乐”“合唱”“管乐”“舞蹈”“美术”等兴趣小组，聘请名师指导。每年结合重大节日举行才艺展演，书画展览，排箫比赛，组织管乐团到社区表演，参加各级各类比赛，丰富校园文化，提高审美情趣。孩子们在艺术的浸润中，获得心灵的感化、情操的陶冶。

5. 书法书品泽心田

汉字书法中凝聚着中华民族的哲学思想，美的追求，人文精神……是一个反映生命的艺术。（沈尹默语）“写字者，写志也。”“字品”体现的是“人品”！书法教育，可以“发展个人潜能，提高生活情趣，健全人格，使艺术能力与人文素质得到综合发展”，使学生“手脑双挥”中成为“教学做合一”的“创造真善美的人”。（陶行知语）把书法教育引入课堂，聘请名师指导是我们的又一特色。每天书写古诗词，每月开展书法比赛。每学期进行书法成果展示。现在“人人爱书法”“写规范字，做高尚人”的文化氛围充盈整个校园，直达人心。

6．棋艺武术怡心智

列宁说：“象棋是智慧的体操。”棋类不但能发展孩子的智力，还能锻炼孩子的心理承受能力、培养孩子欣赏美以及自我欣赏的能力。俗话说：“一着不慎，满盘皆输。”这就需要孩子静心、细心、专心、耐心。我校一二年级棋类进课堂，让每位孩子学会一种棋艺（围棋、中国象棋、国际象棋之一），同时开展棋类兴趣班，聘请名师指导，期望以棋益智，以棋辅德。

（二）传统美德润童心

“赠人玫瑰，手有余香”“一方有难，八方支援”“穷则独善其身，达则兼济天下”是中华民族的传统美德，为了让学生实践美德，增强社会责任感，我们有计划地组织学生参与社会公益活动。

1．社区活动送温馨

队员自由组成雏鹰假日小队。每月定期到小区做公益劳动。每年定期组织管乐团到社区演出。

2. 爱绿护绿美家园

队员自发组成“爱绿护绿小雏鹰”，到小区种花植树，到敬老院栽花除草；定期到农科所实践基地开展绿化活动；参加汕头市百家企业联盟、汕头关工委举办的“大手拉小手，共建少年林”活动。

3. 爱心捐赠彰美德

我校定期举行“捐献爱心压岁钱，汇聚幸福正能量”捐款活动；建立“红领巾爱心储蓄箱”“共享书香　爱心传递”捐书活动，为留守儿童、偏僻山区的小伙伴送去了集体的温暖。近几年来，全体队员踊跃参加，共捐款10多万元，书籍4000多本。

一系列的社会实践活动，揭下的是广告牌，送去的是道德新风；种下的是一棵树，传递的是爱绿护绿的正能量；捐赠的是书，享受的是“赠人玫瑰，手有余香”的快乐；开展的是活动，潜滋暗长的是美德的种子。

四、基本成效：春色满园关不住

我们紧扣中华传统文化，让经典走进校园，让美德陶冶灵性。艺术、书法、棋类进课堂及兴趣小组的开办，经典诵读校本课程的建设，丰富多彩的主题实践活动，让学生在传统文化的浸润中，与经典对话，与圣贤为友。我们欣喜地看到“千树万树梨花开”的可喜成果：漫步校园，书法作品或俊逸、或灵秀；移动的棋子体现着学子的从容与睿智；礼仪的笑脸，温情、友爱、文明、挚诚。近五年来，学校共获得“全国学校艺术教育先进单位”“全国排箫教育示范学校”、广东省安全文明校园、广东省硬笔书法教育示范基地等92项区级以上集体荣誉，其中校园剧《闪光的银项链》获省中小学生艺术展演二等奖并潮汕星河奖（集体）文艺奖；省武术项目锦标赛（集体项目）一等奖；省第八届中小学生机器人比赛二等奖；教师获奖400多人次，其中，有获国家特色教育优秀教师、省优秀少先队大队辅导员、省特级教师、市优秀校长、市优秀教师、优秀班主任等荣誉称号；学生获奖700多人次，其中有荣获省优秀少先队员、市、区三好学生；12人荣获得潮汕星河奖。诗意流淌，墨香飘荡，从一枝独秀到春色满园，无不彰显着我校“经典浸童年，美德润童心”的主题教育特色。我们坚信，被经典文化浸润的童年最精彩，被传统美德润泽的人生最丰厚。

五、社会反响：桂馥兰香满庭芳

我校的德育特色已成为龙湖区一道亮丽的风景，得到了社会各界人士的广泛赞誉：2014年我校少先队大队部被评为广东省“红旗大队”，同时被评为“龙湖区德育示范学校”。汕头电视台新闻部、汕头电视台“生活帮”栏目、《汕头日报》《汕头特区晚报》《潮汕少年报》《龙湖教育特刊》《龙湖教育宣传片》《龙湖文明》、“龙湖教育信息平台”对我校德育特色进行了采访、报道。走进金阳，我们似乎闻到了兰桂散发的幽香弥漫在整个校园。

特色德育“3+1”模式的实践探索

佛山市南海区桂城街道桂江小学
案例负责人：吕淑雅
案例主要贡献者：吕淑雅　韦春江

桂江小学2004年9月起建校后若干年间，德育只限于以少先队组织开展的教育活动、家长学校的课程实施等形式上，缺乏明确的理念和系统的体系。2011年，随着左洁文校长“启航”教育的学校特色建设精神的滋生，我校开始探寻特色的以德立校的创建之路，以“德育制度、德育阵地、德育课程”三个支撑点托起德育实践平台+发展家校协同的“3+1”模式，作为“探索新形势下学校现代德育体系——以德立校”的具体措施。在这样的德育体系的指引下，学校的德育工作逐步形成特色。

一、三个支撑点托起德育实践平台

（一）完善德育制度，坚实学校德育基石

一方面，管理机构完善，负责策划、监督及指导学校德育的各环节。由校长督导，副校长分管德育，校内设德育处、少先队大队部、级部、班级、后勤组；外设家长学校、家长委员会、“暖阳”家长义工服务队、各共建单位等，各施其能，各展其长。

另一方面，评价体系逐步建立起来，如教师评价细则（含各类评优方案）、学生成长评价手册（含各类评优方案）和针对家长的系列评价与评优（如《文明家庭选举条例》《好孩子评选方案》《好家长评选方案》《优秀家长义工评选方案》）等，使学校的德育管理更趋规范化，更体现人文与实效。

（二）精彩德育阵地建设，树好发展学生个性特长的旗帜

少先队组织，是学校实施德育的主舞台，充分体现了德育“活动育人”的内涵，让学生在活动中成长，在活动中感悟，在活动中提升。

1. 队干竞选的舞台，彰显队员才华

每年的10月均举行大队委竞选。候选人通过竞选演讲、少先队知识问答、才艺展示三个环节，全校师生通过视频直播收看竞选过程，由民主推选出的队员代表参与最

后的投票，选出新一届大队委员。这样的传统项目充分体现了队员的主人翁精神。

2. *多元的主题活动，助力学生的成长*

（1）传统教育活动，传承德育传统文化

每年的传统节日，也是我们德育活动的传统活动项目：“迎新年美术作品创作大赛”“学雷锋纪念活动”“劳动节主题活动”“我们的节日——清明、八一”“浓浓师恩庆教师节活动”“我为祖国妈妈庆生”国庆活动、“我的队日，我精彩”建队日庆祝活动，还有感恩教育、爱国主义教育、科级教育月、读书节、体育节、重阳节等节日主题活动，均使我国的传统文化通过德育平台深深渗进了每个孩子的心灵世界。

（2）彰显学生个性的活动，尽展学生才华

每学期都相应举办一些让学生彰显个性，展示才华的特色活动。如以综合科组为龙头，以科技教育为土壤，以“詹天佑杯”大赛为种子，持续开展的环境科技小制作、小发明等科技教育活动。组织学生开展实地调查研究，撰写调查报告，展示调查成果，已经成为我校师生活动新亮点。

（3）参与社会实践，培养学生“社会人”的意识

通过教育，让学生逐渐成为“社会人”，也是德育的另一终极目标。我们努力拓宽学生的活动范围，走出校园，走进社区，走进社会。如组织学校的管乐团参加第十六届亚运会佛山站火炬传递仪式的庆典演出。组织学生参加由南海区各上级单位联合举办的活动，如“爱心家庭结对帮扶阳山学子”活动、区第三届童玩节“今天我当家”系列活动、每年的“南海慈善募捐月”活动、跳蚤市场、爱心义卖活动等。“南海区青少年爱国主义教育‘红色之旅’”同样出现了桂江小学学生的身影。

3. *动态的“南海道德讲堂”，了解身边的德育文化*

随着“创文”行动的不断加热，我校立足“本土性”，请身边的人讲身边的事，用身边的事教育身边的人。故事的主人翁现身说法，有学校里面的“美德少年”，有社区的优秀协警，有桂城关爱“丹桂奖章”的得主，有优秀的义工家长和社会义工……讲堂分学校、班级两个层面。学校的道德讲堂主要利用升旗仪式、年级学生会两个阵地开展。班级道德讲堂，根据每月的主题开展活动：三月以文明礼仪活动为主；四月以爱国教育为主；五月珍爱生命、安全第一；六月励志上进、展望未来。道德讲堂根据教育局主题要求安排有序推进，扎扎实实地开展学生德行教育，如：“道德模范人物进校园”活动、“学习和争做美德少年”活动等。

（三）德育课程的开发，谱写学校德育新篇章

“雏鹰课程”开发与研究，是桂江小学实施德育的突破点。我们的德育课程设置是在学科课程、活动课程和综合课程中找契合点，既有系统化的知识做基础，又有通

过活动形成的经验，广阔的课程空间提供给孩子们翱翔的蓝天。

课程体系包括行为训练课、心育活动课、少先队活动课和实践活动课。“雏鹰课程”的行为训练课程，教会孩子规范言行的技能，举止大方、温文有礼。已经研发出我们的校本教材《天天行　步步高——桂江小学导行手册》，代表的课程有《文明用语伴我行》（本课获南海区特等奖）。快乐心育课程研发了校本教材《桂江小学心理健康教育活动课程》《随心灵去旅行之心育故事》。代表课有《我有我优点》（本课获南海区、佛山市心理健康教育活动课比赛特等奖，佛山市德育精品课例一等奖），《雪亮的眼睛》在桂城街道课程改革开放日上进行交流。少先队活动课堂则成为了孩子们自信、自强的成长舞台，代表课有《我的队会我做主》（本课获南海区特等奖）；《成长十年　感恩有你》班级文化展示课向街道中小学德育领导展示。实践活动课程也大放光彩，《零食是天使还是魔鬼》《胡萝卜的探究》《噪音就在身边》等已成为对外推广的精品课程……雏鹰课程的精心设计，充分体现学校对“修德”工程的具体实施，有效创新学校德育模式。

二、“家校协作，助力学校德育”成为一个有效举措

近几年，一所家长学校，一支家长义工队，让桂江小学的德育工作进入家校协同德育的新局面。

1. 开展小型互动活动，点亮家庭教育智慧

作为南海区示范性家长学校，我们按时开展常规家长交流学习活动（各年级的家长会），开展了“在家长中开展小型互动活动，对家长实行按需指导”家长学校课题研究。在有特殊需要的家长中开展小型互动活动，对家长实行“按需指导”。通过这类“小型互动活动”，满足了家长的需求，帮助家长解决了在家庭教育中的困惑。这一教育研究，得到了佛山市教育部门领导的肯定与赞赏，2012年在佛山市家庭教育现场会上得以展示、推广。

2. “暖阳义工队”，情暖桂小学子

我们的教育可以走“小手拉大手”之路，同样，“学雷锋”传播关爱精神也可以“大手牵小手”。这样，我们的“家长义工进校园活动”启动了，“暖阳义工服务站”成立了。暖阳义工服务队，有严谨的管理机构，健全的管理制度，合理的活动安排，让义工家长参与到学校的管理教育中。交通繁忙时有他们的身影，爱心活动有他们的参与，学校的教育活动有他们的加入与支持。每一个同学都能在“暖阳”义工服务队的影响下，助人为乐，延续传扬雷锋精神。

三、“3＋1”模式的实施成效及反响

学校以“德育制度、德育阵地、德育课程”三个支撑点托起德育实践平台+发展家校协同的“3＋1”模式，成效与反响显著：一方面，学生们讲谦让、讲礼让的多了，学校好人好事层出不穷。教师们爱岗敬业的良好教风得到进一步发扬。讲奉献的多了；与学生交朋友，与家长沟通的多了；关心学校发展的多了……教师真正体会到了德育润泽幼苗的教育乐趣。另一方面，学校德育得到了上级主管部门的肯定与赞扬，社会各界的认可，家长的支持。今天的桂江小学已成为各级各类教育活动的主要现场，学校名师辈出，学生阳光健康，这就是学校特色德育体系成功构建的魅力。

创快乐培训　促专业成长

佛山市南海区西樵镇太平小学
案例负责人：崔丽君
案例主要贡献者：梁银欢　李素仪

一、建设背景

近年来，从中央到地方的教育行政部门都高度重视班主任队伍建设，相继出台了一些法规和政策，反复强调了班主任工作的地位和作用，明确了班主任的任职条件和工作职责。班主任的专业化研究逐步深入，各中小学都采取各种有效方法提高班主任专业素养和工作实效性，以促进学生的成长。但还存在着教师不愿做、不会做、不宜做班主任的问题，班主任自身的专业知识、专业技能、专业道德还有待进一步提高。

我校有50位班主任，队伍较庞大，对教育理念、工作管理等方面存在不同的看法，面对今天的学生，自身仅有的知识水平和工作能力都难以应付沉重的教育任务。而现代教育意义的班主任是重要的德育工作者，有着多种内涵的角色定位，所以学校应结合日常的工作内容，努力创设合作平台，通过多种途径充分调动班主任的工作积极性，提升他们的专业素养和工作实效，与家长形成教育合力，为学生提供更好的教育服务，从而推动学校可持续发展。由此可见，学校开展班主任队伍培训工作势在必行。

二、支撑理念

我校为了全面提高班主任队伍整体素质，构建一支积极向上、合作和谐的班主任队伍，根据各级教育部门在班主任专业培训方面的指导精神，紧扣学校“合作文化”的办学理念，以科学发展观为指导，以提高班主任工作实效性为中心，以理论学习、实践活动和课题研究为载体，以校本培训为主要形式，采取各种措施，引领班主任走快乐成长之路。

三、研究目标

在“合作”理念下，以“务实创新，快乐成长”为目标，依托“快乐成长”班主任工作室为活动平台，通过专家引领、交流研讨、主题实践、自我研修、成果推广等系列途径的研究活动，整合有效资源，创新培训模式，形成班主任发展机制，发挥团队合作功能，营造良好的合作文化，不断提高班主任的专业素养和工作实效性，促使我校的班主任工作形成规范化、现代化、特色化，争取更多的班主任在原有基础上逐步成长，为学生、家长提供更优质的教育服务。

四、实施载体

2011年10月，在南海区、西樵镇教育局的关心与指导下，我校建立了“快乐成长”班主任工作室，以提高班主任教育素养为中心，引领学校班主任工作走专业成长之路。工作室完善的规章制度、专用活动场室、网上交流平台等资源为各项活动的开展提供了有力保障。每一位成员还制订了个人成长计划、建立了成长档案，逐渐形成了具有校本特色的班主任专业发展培训机制。

班主任工作环境

班主任工作室成员日常学习会

2012年10月，学校更根据各级教育局在班主任专业培训方面的精神指导，紧扣“合作文化”的办学理念，班主任工作室成功申报了西樵教育内涵发展项目《“合作”理念下班主任工作实效性的研究》，以理论学习、实践活动和交流研讨为载体，以校本培训为主要形式，努力开展各类班主任专业培训活动，效果显著。

2013年11月，由班主任工作室负责的课题《“合作”理念下班主任专业成长路径研究》成功立项为佛山市中小学德育课题。全体成员以此为培训平台，积极投入各项研究工作中。

五、主要内容

为了更好、更全面地提高班主任的工作实效性，实现班主任的专业化可持续发展，工作室成员对全校班主任队伍的工作现状进行了全面分析，总结出需要解决的主要内容如下：①主题班会的构建与实施；②家校合作有效方式的实践与探究；③班级自主合作管理模式的构建与实施；④班主任专业教育知识的学习与提高。

六、具体做法

在几年的培训中，德育处能根据学校“合作文化”的办学特色，在“合作”理念下，以“务实创新，快乐成长”为目标，依托班主任工作室为活动平台，结合班主任日常必做的几项工作，采取边实践边研究的方法，通过不同的路径来让班主任得到专业化发展，在提升自身素质之余，也提高了工作实效性，从而提高育人效果。

（一）提升开展主题班会的技能

1. *要解决的问题*

班主任设计的主题班会还不够合理、科学，没有根据学生的身心特点，结合学生在学校、家庭、社会生活中容易出现的普遍性问题选取题材，及时对学生进行教育。在班会过程中，显现出活动目标不够具体明确、班会内容过于简单或过于繁重、过于追求形式多样性等种种问题，让主题班会失去了教育的实效。

2. *主要研究活动*

主题班会是学校对学生进行德育教育的主要形式。开展有教育意义和有实效的主题班会的前提就是必须设计出合理的、合适的活动方案。针对班主任出现的问题，工作室展开了系列的培训活动。

（1）组织培训学习

成功的实践离不开理论的支撑。因此，工作室多次邀请了肇庆学院班主任与学校特色品牌研究所教授文丹枫博士和方钦荣教授到校为班主任讲学。多次学习让班主任们明晰了主题班会的含义和作用，知道了主题班会的常见类型与功能、主题班会的影响因素等内容，专业思想、技能得到提升。校内，研究组还组织多次的学习活动，帮助班主任掌握更多开展主题班会的方法技巧。

（2）主题班会方案设计比赛

为了让班主任们更进一步加深理解和运用所学于实际班级工作中，专门开展了主题班会课设计方案评比活动。全体班主任根据所分到的主题，按照该年级学生的年龄特点、心智水平，有针对性地设计主题班会。最后，班主任工作室的成员把优秀的设计方案进行汇编，编制了《太平小学优秀主题班会课设计集》，并派发给每个班主任进行学习借鉴。

（3）主题班会公开课

研究组成员对照一节高效、优质主题班会的评价标准，精心设计、组织了多次的校级、镇级主题班会观摩活动，如：403班的《好好学习，快乐成长》、501班的《心怀慈孝　感恩父母》、204班的《文明礼仪在校园》、304班的《当一个新的我》、305班的《面对困难我不怕》、106班的《做文明礼貌的好孩子》、503班的《责任伴我成长》、401班的《向不良习惯say good bye》……其中有几节主题班会还邀请了全班家长一起参与，活动内容都富有教育意义，通过亲子互动增强孩子与父母的情感交流，让家长们学到了有效的家庭教育方法。学生、老师、家长都得到了一次又一次的快乐成长。

（二）探索班级自主合作管理模式

1. *要解决的问题*

我校目前的班级管理中，大部分班主任缺少一种“学生是班级小主人”的思想和有效的管理方法，让大多数学生置于被管理地位，得不到自我教育和自主发展。

2. *主要研究活动*

班级管理是学校管理的基础，其管理水平的高低，对学生健康全面的发展，对完成教育教学的各项任务起着举足轻重的作用。为了完善我校班级自主合作管理的模式，促进学生自我教育和自主发展，让学生真正成为班级的小主人，工作室在中高年段选取了6个班级进行“班级自主合作管理模式”的研究活动。

（1）日常行为规范管理

班主任把几项常规工作（早读、卫生、午休、集队、交作业等）的要求进行了细化整理，制定了不同类型的记录表，然后在班里以4人小组为单位，定好小组长，由小组长全程、全面地管理自己小组的同学。

（2）培训小干部

在整个研究过程中，班主任不定期集中常务班干和小组长进行管理能力培训，也不断收集班内学生对班集体建设的一些建议或意见，促进班风的建设。

（3）交流研讨

参与研究的班主任会不定期集中学习班级管理的方法，并交流研讨实践过程中出现的困惑，反思工作中存在的问题，互相学习、互相提高。

（4）建立班级成长册

为了增强班级凝聚力，各实验班建立班级成长记录册。班级的整体简介、班干风采、小组情况和日常开展的教育活动剪影及感悟都一一记录在里面。成长册色彩鲜艳、内容丰富，学生们都很喜欢翻阅。

（5）落实激励评优制度

为了让学生时刻保持自主合作管理的积极性，研究成员统一制定了“优秀合作小组”“优秀小组长”“优秀管理星”“优秀合作星”等称号的评比制度，并每月评选一次，颁发奖状及奖品，充分调动学生的参与度和投入度。

（三）创新家校合作有效方式

1. 要解决的问题

班主任在家校合作的过程中起到重要的“外交官”作用，班主任与家长的沟通合作是否有实效，直接关系着对孩子的教育。家校合作中主要存在两方面的问题：合作意识缺失和合作方式单一。

2. 主要研究活动

家校合作是指以促进学生发展为目的，家庭和学校两种力量互相配合、互相支持、互相协调的教育互动活动。家庭与学校间的有效合作，可为学生创造良好的学习和教育环境，促进学生健康成长的重要保证之一。

一直以来，我校都十分重视家校合作工作，经过几年的努力，学校和家长间建立了良好的合作氛围，学校各项工作得到了家长的积极支持和配合。但由于依然存在“合作意识缺失”和“合作方式单一”的问题，所以为了进一步深化家校合作的内涵，创新家校合作方式，拓宽合作渠道，形成家校教育合力，营造优质教育环境，工作室尝试开展了以下形式的家校合作活动。

（1）举行亲子活动

亲子活动是家长与孩子沟通的良好润滑剂。为了丰富学生的课余生活，搭建家长与孩子沟通的平台，工作室多次组织策划了不同主题的亲子活动，如：“文文明明亲子行，你行我行大家行”“大手牵小手”“亲子童玩日”……通过活动增进了父母与孩子的情感，拉近了亲子关系，家长与孩子在活动中一起成长。

（2）开设家长课堂

为了让家长获得更多科学、有效的育儿方法，研究成员尝试开展了“家长课堂”活动，让家长走进课室，当一回学生。在课堂中，班主任会结合上课主题，搜集相关的信息，通过讲授、互动交流、经验介绍、好书推荐等方式向家长授课。家长们都十分喜欢这样的方式，既可从班主任口中知道教育理论，也可从其他家长身上学到有效的实践经验。

（3）成立家长义工队

为了使广大家长能更多地了解、理解和参与学校的管理和教育，同时让学校也分享家长的教育理念和教育信息，实现信息和资源共享，合作育人，特成立了“太平小学家长义工队”，并授予了每位家长义工证。

研究成员结合学校常规的德育活动，充分发挥“太平小学家长义工队”的教育辅助作用。例如："手牵手、心连心"家庭教育进村居活动中，家长义工主动承担了车辆指挥、接待签到、教育咨询、台椅搬运等工作；劳动实践基地成立仪式中，家长义工积极参与，并提供劳动工具和菜苗、瓜苗；慰问孤寡老人活动中，家长义工主动购买部分慰问品，并与孩子一起前往探望老人；"亲子童玩日"活动中，家长义工承担后勤人员工作……

每次的活动中，一些家长义工都积极协助学校组织策划活动，有效地促进了家校间的合作伙伴关系，增进了家长与教师及家长与家长之间的友谊，携手合作营造和谐的教育氛围。家长与学校逐步形成教育共同体，使更多的学生得到教育帮助。

（4）发挥家长委员会的功能

家长委员会是协调家庭和学校教育的有效形式，它有利于家庭与学校协调一致地教育好学生，有利于取得家长对学校工作的理解和支持。为了各班级能更有目的地开展家庭教育工作，每学年坚持构建"学校家长委员会"和"班级家长委员会"，颁发聘任证书，让更多的优秀家长参与到班级管理工作和培育学生工作中，向学校提出合理的办学建议。

（5）家校合作跟踪教育活动

学生的成长过程中，家长和学校都起到不可替代的作用。如果家校能够携手合作，根据学生的问题，共同采取针对性强、科学有效的教育方法，学生必能取得进步。因此，研究组尝试开展了"学生成长的足迹"跟踪教育活动。每学期，班主任选取1位需要帮助的学生，然后与其家长进行沟通达成合作协议，然后针对学生经常出现的问题采取不同的方式进行教育。班主任和家长时刻保持联系，及时反馈学生情况，互相配合，确保学生在家或在校都能在约束下端正学习思想，改正不良的学习习惯。实践证明，这样的方式能帮助学生取得进步。

（四）提高班主任的专业教育知识

1. 要解决的问题

班主任承担多项任务，既要教育管理学生，又要承担一定的教学工作，因此，班主任应具有较全面、系统的专业教育知识。大部分班主任没有良好的阅读习惯，不会从各类教育书籍中学习多方面的专业理论知识；另一方面，也较少有机会参与到主题式、案例式的培训活动中，理论与实践都得不到学习与提高。

2. 主要研究活动

（1）提供学习的用书和场室

要培养班主任的阅读习惯，首先要让班主任有学习的用书，所以工作室购买了大批适合班主任阅读的书籍，统一放在工作室的书柜里，并要求每位班主任每学期至少借阅一本，阅读后撰写读书心得。班主任可以把想看的书籍借走，也可以随时进入工作室阅读。

（2）专题培训提升理念

现时的教育工作需要班主任面面俱到，管理班级的要求也越来越高，工作室为了提升班主任的教育理念，组织开展了不同主题的专题培训活动。例如："做有为班主任"教育论坛、"好好学习，快乐成长"合作学习分享会、"让我们做得更好"教育讲座、"做一个快乐的班主任"座谈会等活动。班主任在培训活动后纷纷表示：这样的专题式培训很有实效，不仅提高了班主任专业知识水平，还加深了对班主任工作意义的理解。在活动中，大家能畅所欲言，创设了良好的合作学习氛围。

（3）经验分享互助成长

在每次的专题培训中，工作室都会安排不同的优秀班主任面向全体分享自己的读书心得、学习感悟和实践经验，起到以点带面的辐射作用。通过交流学习，其他班主任把所听到的理念、方法潜移默化地融入日常的班主任工作中，从而提升自己的教育水平，提高工作实效。

（4）班主任专业能力大赛

学校为了搭建平台让班主任展示所学的专业能力知识，锻炼自己的工作能力，培养更多的优秀班主任，每年都开展"太平小学班主任专业能力大赛"。每次比赛，工作室都精心挑选多位班主任参加，并按照上级正式比赛的内容及流程，严谨地组织比赛。比赛过程中，参赛者都能高度投入，悉心准备，充分展示自己所学到的专业知识。无论是比赛的还是观摩的班主任，都能在教育故事、案例分析等环节中感受到班主任工作苦中有乐，乐中有悟，学无止境。

七、基本成效

班主任是学校德育的骨干力量，是班集体建设和学生成长的引领者。我校的班主任工作室发挥了核心作用，为班主任的成长搭建了一个互动平台，助推了学校整个班主任队伍的专业化发展。有了工作室，班主任不再感到"孤军作战"，班级管理的策略多了，教育学生更有实效了，学校的教育教学质量也随之提升了。

经过两年多的实践，"快乐成长"班主任工作室初具雏形，不少班主任在各种形式的培训和不同业务的锻炼中迅速地成长起来，渐成为学校班主任队伍中的引领者，时刻展现出集体智慧和团队精神，发挥辐射、引领作用。2011年10月至今，学校班主任队伍在"合作"理念下，以"务实创新，快乐成长"为目标，依托"快乐成长"班主任工作室为活动平台，努力探索适合学校班主任工作发展的管理方法与措施，发挥团队合作功能，营造良好的教师合作文化，不断提高班主任的工作实效性。

通过多种形式的培训活动后，班主任在开展主题班会、教育学生、班级管理、与家长合作等方面的理论和方法都有了不同程度的提高，在近几年镇、区组织的各项班主任专业技能培训或比赛中，取得了较好的成绩：

2011年10月，邱延爱老师参加西樵镇班主任专业技能大赛获得二等奖，学校被评为“优秀组织奖”。

2011年11月，工作室组织开展了全镇的“主题班会构建与实施”班主任培训活动，出版了校内的主题班会设计集。

2011年12月，梁银欢老师开展了主题为“好好学习，快乐成长”的亲子主题班会活动。

2012年3月，李素仪老师被聘为南海区骨干班主任；邓英权、符文珊两位班主任参加西樵镇组织的班主任培训获得“优秀团队奖”，邓英权老师被评为“优秀学员”；余颖妍老师参加西樵镇心理健康教育课评比活动荣获一等奖。

2012年5月，工作室开展了校内主题班会观摩学习活动，李容芳、邓英权老师提供了研究课例。

2012年6月，工作室与里水中心小学开展了工作交流会。

2012年7月，在“广东省名班主任工作室启动仪式”活动中参与了班主任工作展示。

2012年7月，李素仪老师被评为佛山市优秀班主任。

2012年9月，工作室被评为“西樵镇十佳新人新事”。

2012年10月，工作室主持的《“合作”理念下班主任工作实效性的研究》顺利申报为西樵教育内涵发展研究项目。

2012年12月，工作室组织开展了“手牵手，心连心”家庭教育进村居活动；邱延爱老师开展了主题为“面对困难我不怕”的亲子主题班会活动。

2013年3月，工作室组织开展了全镇的班主任专业化培训研讨会，张洁珊、李素仪两位老师提供了主题班会课例。

2013年4月，工作室与太平中学携手开展了太平片区的班主任专业能力大赛。

2013年4月，梁少霞、梁银欢、邓英权三位老师参加了西樵镇的班主任专业能力大赛。其中，梁少霞老师获主题班会设计特等奖，梁银欢、邓英权两位老师获师德故事演讲一等奖，团队总分排第四名。

2013年6月，工作室组织开展了“六一亲子童玩日”。

2013年7月，余颖妍老师被评为南海区优秀班主任。

2013年9月，在区、镇的德育成果征集活动中，7人次获镇一等奖，4人次获镇二等奖，1人次获镇三等奖，1人次获区特等奖，6人次获区二等奖。

2013年9月，张洁珊老师参加一年级《品德与生活》评优课获镇一等奖、区三等奖。

2013年11月，梁少霞、李素仪、梁银欢三位老师在区的“德艺双馨杯”班主任专业技能大赛中，主题班会设计和情景案例分析获一等奖，教育成长故事和班级发展规划均获二等奖，团体总分获二等奖。

2013年12月，工作室成功申报了佛山市德育课题《“合作”理念下班主任专业成长路径研究》，并邀请了《佛山教育》的常务主编刘文献所长到校进行课题工作交流会。

2014年3月，工作室出版了校内的《优秀主题班会设计集》；邓英权老师创新开展了“家长课堂”展示活动。

2014年4月，工作室成员梁少霞、刘思桃两位老师的班主任培训心得被刊登在《佛山教育》；李凤琴、陆晓盈两位老师在校内公开展示主题班会课例。

2014年5月，工作室主持的西樵教育内涵发展研究项目《“合作”理念下班主任工作实效性的研究》顺利通过验收，评比等次获A级。

2014年6月，工作室成员李容芳老师的班主任培训心得被刊登在《佛山教育》，并在镇内各中小学传阅学习。

2014年9月，梁银欢老师被评为“南海区十佳班主任”。

此外，更欣喜的是看到较多的班主任在一次又一次的培训过程中，更加明确了自身专业发展的重要性，综合能力得到了提升，自信心、责任感、工作态度时刻保持最佳状态，为专业研修之路注入了源源动力。而这份自信和虚心也感染着学生，带动学生积极投入班级建设和学习活动中，其所带班级的班风、学风有明显改善。由于工作室的班主任在培训过程中收获到不少的理论知识和实践经验，当与其他班主任交流工作时，就会自然地把所学的内容和掌握的方法技巧传递开去，起到以点带面、推广应用的作用，让更多的班主任受惠，在日常工作中奉献出一份份教育智慧，收获着快乐，收获着成长。

探索与实践证明：我校的班主任培训工作让全体班主任明确了专业成长的意义，增强了班主任队伍的凝聚力，提高了班主任的工作积极性，工作室真正成为了促进班主任教育管理工作发展的平台，为班主任队伍的专业成长提供了肥沃的土壤，从而有效地促进了学校发展。

但在收获的同时，也让我们清楚地看到了每位班主任在自身素质、管理水平、专业知识技能等方面存在的不足，班主任工作实效性有待提高。今后，班主任工作室将继续引领全体班主任携手走在知行路上！

七彩社团，唤醒成长文化的德育活力

佛山市第五小学
案例负责人：文丽萍
案例主要贡献者：文丽萍　李就霞

一、产生背景

当今经济、社会飞速发展，少年儿童生理、心理成熟期明显前移，道德养成期必然随之前移，而世界各种文化思想的激荡，给他们的道德养成增加了很大的难度，使得学校德育面临来自社会各方面的挑战：学校德育工作与社会功利化取向之间的不协调、与社会负面影响之间的不协调，教育者的心有余而力不足，使因材施教成为一种理想。往往对学生的了解还仅仅限于与学习有关的方面，而对每个孩子的心灵世界和情感诉求却知之甚少。

二、理念支撑

心理学理论认为从心理学角度来看，体验过程本身是建立在个体自我意识的基础之上的，通过活动或情境的亲历，并在这种亲历的基础上进行个体内心的体悟，以致反思、再产生新经验的反复循环的心智活动。

生活教育理论认为，教育发生于生活，教育不能脱离生活而存在，“生活即教育”，对学生的教育只有在与生活的紧密联系中才会产生实效，学校德育如果脱离了学生生活，便成了无源之水、无本之木。

活动教育理论认为，学生的认识和能力发展主要是在活动和实践中发展起来的，儿童在自由活动的过程中进行感知、体验、学习、提高，教育从儿童当前的实际需要出发，因而具有实效性。学生的德育过程，同样需要在活动实践中内化道德认识，并在实践中外化成道德行为。

三、主要做法

加德纳的“多元智能理论”告诉我们：对于学生来说，天生我才，各具禀赋。开展“红领巾小社团活动”是校园文化隐性课程的重要组成部分，是实现人才培养的重要手段，是德育工作的重要载体。学生社团为德育创造条件，搭设舞台，提供帮助。在德育教育实施者的引导下的学生德育生活的体验、感悟、接受、启迪等身与心的践行。我校开展的“七彩红领巾小社团活动，形成学校特色发展”中的“红领巾小社团活动”，全方位、多角度、多层次地建构德育。

（一）建七彩社团，搭多姿平台

围绕“把社团活动打造成为学生热爱学习、获取知识、发展能力和提升教育质量的新的增长点”，学校成立10多个“红领巾小社团”，引导学生积极参与，以学生为主体，教师指导，创造性地开展“红领巾小社团活动”。坚持“定时间、定地点、定内容、定教师、定学生”开展丰富多彩的红领巾小社团活动，为少先队员们营造了快乐成长的氛围，为队员们搭建了张扬个性、展示自我的平台，从培养、发展学生的兴趣和特长出发，遵循教育教学的客观规律，寓教于乐，让学生在各学科中学有所乐，学有所成。

1. 开展学习型小社团活动

与学校教育内容相结合，组织“小格子文学社”“奥妙数学社团”“科技发明社团”等。同学们利用社团活动互相帮助，提高学习兴趣；互相探讨研究小制作、小发明、小创造、小研究。这种活动没有分数限制，消除了压力，学生自己组织管理，心情放松，学习效果很好。

2. 开展兴趣型社团活动

与如“星星小主持社团”“小记者团”“小神笔绘画团”“小书法家社团”“百灵合唱团”“悦阅湾读书团”等，社团活动鼓励学生发展自己的正当兴趣爱好，弥补了校内时间有限，不能完成此任务的缺憾。

3. 开展能力培养型社团活动

主要以培养学生多方面能力为主要目的，如“大世界网络社团”“快乐田径”“尚武社团”等，培养学生动手动脑的能力和生存能力，使他们在有趣的活动中获得提高。如：武术是我校传统社团项目之一，苗子的选拔，梯队的建构，训练的落实，我们都有一系列专门的制度予以保障和实施。成熟的培养机制，很大程度上得益于我校两名体育教师的辛勤付出。两位老师一起多年的武术执教经验已在我校形成了鲜明的风格，我校的武术队、舞龙队曾代表街道、区被邀请参加了30多次各级各类大型表演活动，每次100多名学生的训练，既为学生搭建成长的平台，又给我们带来挑战，在活动中磨炼了学生的意志品质，培养了体艺人才，张扬了学校个性。同时，我校培养了25名“国家二级运动员”，我校的武术教育都被当作典型得到了上级领导的好评，被评为“区龙狮·武术教育特色学校”。

（二）用社区优势，拓社团空间

江泽民同志指出：不能整天把青少年禁锢在书本上和屋子里，要让他们参加一些社会实践，打开他们的视野，增长他们的社会经验。发挥社区教育优势，引导学生走向社会，开展实践活动，这是我校开展社区德育的重要内容，我校在社区部门的支持下，利用社区教育资源和优势，分别建立：社区老人院实践基地、禅城区博物馆实践基地、永安警长志愿者服务基地等，也先后成立社区特色的学生社团活动，总团长由学校骨干教师担任，共建单位、家长等志愿协助，开展各种调查参观、访问活动，学校定期组织学生赴基地进行实践活动、参观、访问、调查、劳动等，学生在实践活动中不仅增长知识，锻炼胆量，而且培养合作、关心、参与等优秀品质。近年来，我校组建学生红领巾活动特色社团，各社团在辅导老师的带领下，一个个小队员深入社区，进老人院，用稚嫩的声音宣传安全环保，用微薄的力量实践文明礼仪，把良好的道德品德带进居民心中。“少年义工团”以“爱心”为主题，以“凝聚每份爱，照亮每处”为宗旨，以“心怀感恩，爱洒人间”为口号开展各项活动，“少年义工团”活动注重在体验中培养学生博爱、人道、奉献的红十字精神的原则。更多的活动让队员走出校门，进行社会实践，如每月少年义工团的队员到社区盲人陈婆婆家搞卫生、每学期定期到智力工疗场的表演与联欢活动、到社区探访孤寡老人等活动。之后，学生聚在一起交流收获，讨论感受，体验的触角就伸展到方方面面，让他们真切地感受到社会上很多人需要我们帮助，培养了队员对社会的一个服务责任心与爱心，取得良好的效果，我校“少年义工团”获佛山市“优秀红领巾社团”称号。

（三）体验生活，展社团活力

学校是塑造人格的主要场所、主课堂，家庭的配合也是不可或缺。学校德育必然受到家庭和社会的影响和制约，而构建一个能容纳学校德育、家庭德育、社会德育为一体的整体合力。我校假日分队的孩子与家长代表高基社区、沙塘社区联合行动起来，孩子和家长义工们在学校行政、老师的带领下，走出校园，走上街头，参与劳动、参加各种表演和展示活动。如：组织参加了“我的假期，我做主——快乐假期”，孩子们可以根据自己的个性与需求，主动构建自己的知识体系和能力结构，拓宽视野，发挥想象力，为孩子的成长创造一个宽松、愉快、健康的学习和生活环境。如：“今天我当家”“生活技能大赛”“学做一个菜”“和爸爸妈妈对话”“手拉手”等活动让学生在家庭生活中体验。孩子们在体会栏中写道：“做家务看起来简单，做起来还真难！”“现在我终于明白了爸爸妈妈平时为什么喊累了，他们可真辛苦！”“我觉得做一天家务很容易，可要天天坚持真难啊！”“我以后要多为父母分担，再也不把东西弄乱了！”“我觉得非常开心，我已经长大了，会做很多事了，以后不用什么事都靠妈妈了！”而在家长的话里，大人们这样说：“孩子，你长大了，能主动想到做家务了，我们非常高兴！”“孩子进步多了，现在弄乱的东西会马上整理好，知道自己的事情自己做了。”

为了丰富校园课余生活，巩固社团活动成果，同时，七彩红领巾社团的大舞台，为了展示师生风采，定期举行特色社团展示活动，也与上级的艺术节、重大节日的庆典合并举行。这样既让孩子们充分感受社团活动的喜悦，又可以感受自己的成长，感受同学之间互相交流的快乐，在活动中展示自己的才艺，分享自己的收获，体验活动带来的乐趣，对进一步促进了我校德育文化起着积极的作用。

（四）创新管理模式，激发优势潜能

通过社团活动的广泛开展，发展了学生的兴趣特长，提高了学生的实践技能，初步转变了学生的学习方式，促进了学生的全面发展。梦想没有止境，五小人正以一种昂扬的姿态勇于实践，勤于反思，敢于创新，努力让社团活动成为每一个孩子难忘的经历，一生的财富。

1. 自主选择

学生社团如何组织，学生应有自己对的选择权。不同的社团，不同的活动，犹如一道满汉全席摆在学生面前，每道菜各有特色。但是，青菜萝卜各有所爱，什么是自己需要的，什么是自己成长所想学的，每个学生心中都有自己的一杆秤。一个人只有做自己爱做，需要做的事情，才能成事成人。因此，我们把所有社团的风采通过校园宣传展示后，让各个社团进行自主招募，学生自主应聘，选择自己要选的社团。

2. 自觉管理

社团成立后，如何体现一个社团最佳的状态，这需要每个成员自觉的自我管理。自己社团的名称、社徽是什么？制定什么样的社团章程？社团内管理岗位如何设定？等等，都是每个成员应该参与的问题。在自我管理中，一部分学生领袖意识增强，组织能力得到锻炼，每个学生都有不同内涵成长的成就感。

3. 自我评价

社团活动遵循学生主导、教师辅导的原则，采取小组合作学习、探究性学习活动等形式，实行自我评价，注重过程与经历，平衡普及与提高（指竞技类社团）。

4. 成果展示

社团定期在全校或年级举行展示活动，检验开展活动的总体情况，提升取得的效果。

我们认为学校原本的学生社团侧重于有突出才艺的学生培养，存在着培养方向单一化，培养方式简单化的特点，形成大部分学生发展不够积极主动，综合能力未能彰显的现状。我校社团名为“七彩红领巾社团”，“七彩”为彩色的梦想之意，“红领巾”即对先进人与先进思想的结合体。结合现代社会对人才需求类型的背景，融合学校对人才的培养要求，我们明确了七彩红领巾社团的培养目标：培养领袖人才，挖掘优势潜能。由此，建立起七彩红领巾社团的管理模式：从学生出发，培养学生的生命自觉。

适合的才是最好的！符合学生成长需要的，才能唤醒学生自觉成长的生命意识。基于这样的认识，我们重新建立七彩红领巾社团的管理模式。

四、基本成效

七彩红领巾社团活动活动中，使学生逐渐体验到生命的宝贵、爱心的珍贵，为他人服务的乐趣。在家庭中，对父母多了一份感恩和孝心。家长们纷纷表示，孩子们变得更懂事了。一方面及时清除学校、社区不良精神垃圾，净化环境。通过活动，让社区、家长与子女彼此交流，互动，促进家庭的教育健康发展。另一方面，能够凝聚青少年、社区居民、家长成员的价值取向，形成一股健康向上的文化交流，有效改善社区的大环境。

五、社会反响

近三年，我校共获得22项各级各类集体奖；教师教育教学获奖达209项；学生获得各级各类奖项近350项。

在我校浓厚的文化氛围熏陶下，学生在主动参与活动中，磨炼意志、体验成功；在课堂的合作探究中，不断进步、赢得自信。三年来，我校获得国家级奖1个，省级5个，市级3个，区级9个，街道级4个：我校先后被评为街道“先进基层党组织”、区龙狮·武术教育特色学校、区的“全民终生教育先进单位”“爱国卫生标兵单位”“日行一善”示范学校和创文的联系点校、佛山市“德育示范学校”等称号。2013年，我校《爱心义卖，乐善助人》活动方案及活动，参加广东省的飞扬的红领巾队日竞赛活动中获得优秀队日活动、学校的少年义工团被授予佛山市“优秀红领巾社团”称号、我校法纪教育成绩显著，“文明学生”“三好学生”占80%以上，全校学生的操行评定优良率达96%，一直保持未成年人违法犯罪率为零的纪录，形成了文明有礼、遵纪守法、好学上进的良好校风，家长对我校的赞誉日隆。我校的德育特色活动曾多次被《珠江时报》《佛山日报》等媒体报道和赞誉。

“厚德弘善　感恩励志”核心理念下的学校德育创新

韶关市教育局
案例负责人：严志均
案例主要贡献者：张烽艺　伍海波

韶关市中小学德育创新工作启动以来，坚持“厚德弘善　感恩励志”核心理念文化引领，形成了具有鲜明区域文化特色的学校德育创新模式，实现了区域文化与学校德育有效融合，探索出了学校德育特色与创新发展的有效途径。

一、核心理念

1. 核心理念内涵

韶关市学校德育创新核心理念是“厚德弘善，感恩励志”。《程氏粹语•论道篇》中说：“一德立而百善从之。”即“厚德弘善”，“厚德”是切入点，是载体，“弘善”是目标，通过树德、立德、明德，达到知善、行善、扬善。“感恩”是形式、是方法，“励志”是目标，通过知恩、报恩、施恩，达到勉励、激励、自励。

“厚德弘善”体现了韶关人的教育精神，其核心是“弘善”。“善”是韶关人的优良传统、首善品质的根本体现。《易・坤・象》中说：“地势坤，君子以厚德载物。”以厚德对待他人，无论是聪明、愚笨还是高尚、卑劣之人都以包容和宽忍之心待之，使自己的道德修为达到“至善”的境界。“至善”，是中国人个体道德修为的方向，它取之于《大学》开篇的第一句话：“大学之道，在明明德，在亲民，在止于至善。”

“感恩励志”是德育创新的行动纲领，其核心是“励志”。《现代汉语词典》对感恩的解释：对别人所给的帮助表示感激。在这里“感”，有三层意义，第一层是感动，第二层是感悟，第三层是感激，层层递进，因为有“感”，才会达成“知恩、报恩、施恩”。这里的“感”与南宗禅文化的核心“顿悟成佛”强调的感觉与顿悟基本相似。

2. 核心理念的依据

品德的形成规律主要表现在由“他律”到“自律”，由“外塑”到“内化”的形成过程。“厚德弘善，感恩励志”的核心理念正好体现了这一规律。“他律”“外塑”分别是“自律”和“内化”的前提准备。“厚德”是指深化教育行政机关的的行政道德、教师的师德、学生的学习品德，“感恩”是指养成感恩祖国、感恩父母、感恩学校、感恩同伴的心态，两者属于品德形成规律中“他律”和“外塑”的范畴，而这正是中小学生自律能力形成的基础和前提。只有当这些外部的影响和要求被学生所接受，并内化为其内部的道德需要，形成道德信念且表现在一定的行为中的时候，在学生身上才开始形成自律的能力。“弘善”就是引领青少年儿童“知善”，“行善”“扬善”，让“善”成为一种道德品质。“励志”就是由“外塑”的“勉励”“激励”内化成为“自励”。

二、总体目标

形成具有韶关人文精神的“厚德弘善，感恩励志”的德育工作理念、体系和模式，并进一步发展成为广东中小学德育特色创新发展品牌，产生德育示范推广价值和辐射影响作用；

树立和形成韶关德育特色发展、创新发展、科学发展的时代精神和德育促进学校整体发展的观念意识；

以“厚德弘善，感恩励志”为主题，建设一批特色鲜明的中小学德育特色品牌学校和培养一批促进德育创新发展的德育骨干力量，整体提高中小学德育工作实效性和影响力，系统推进韶关市中小学德育上新台阶、新水平。

三、实施内容

（一）以“明德、立德、弘德”为立足点，推进“政德”“师德”“学德”的三德建设

1. 厚“政德”树正气，打造高效务实机关

把干部“行政道德”表现与干部的考察任用、教育培养结合，激活干部重德的内在动力，以实际效果树立了“以德为先”的用人导向，淘汰不合“德”的干部，选拔和提拔一批有德、有才、有能的干部，打造高效务实机关。

2. 尚师德强素质，塑造高尚的教师团队

制定《韶关市教育局关于进一步加强和改进师德建设的意见》，规定师德建设以热爱学生、教书育人为核心，以提高教师思想政治素质、职业理想和职业道德水平为重点，全面落实《中小学教师职业道德规范》。

3. 重学德精品质，培育有道德的人

以培养高尚的思想品质和良好的道德情操为基础，以进行理想信念教育为核心，以培养学生良好的文明行为习惯为重点内容，立足于韶关实际，遵循未成年人思想道德建设的规律，增强道德素养。

（二）以“知善、行善、扬善”为核心，打造“办公、校园、教室、宿舍、饭堂”文化

校园文化建设是实施素质教育的有效载体，是适应素质教育发展需要，是学生的健康成长的需要。“人之初，性本善”。善，是人心最底层的最柔美之地。校园文化建设必须以善为出发点，弘扬高尚品德，培育感恩之心，树立成才之志。

1. 实施“五化”，切实提升校园文化内涵

学校文化包含核心理念文化、校园环境文化、行为文化。校园环境文化建设要实现“五化”：每个学校有自己的校园文化、每个班级有自己的班级文化、每个科室有自己的办公文化、每个宿舍有自己的宿舍文化、学生饭堂有自己饭堂文化。

环境文化：对景观、走廊、楼宇、道路、运动区等进行命名及文化解读，并张贴、雕刻有关名人、故事、警句。

班级文化：创新设计班级的名称、班徽、治班理念、班规、班容班貌、班歌、班旗等文化要素。

办公室文化：规范设计办公室的名称、工作理念、教师行为规范、岗位职责、区域功能划分等文化要素。

宿舍文化：精心设计学生宿舍的名称、物品摆放规则、宿舍公约等方面的文化要素。

饭堂文化：潜心设计饭堂的服务宗旨、服务态度、服务公约等方面的文化要素。

2. 创建“十美”校园，落实校园行为规范

开展“十美”校园创建活动，打造具有美育内涵的校园环境。

3. 开展校园文化建设特色学校评估工作

评估依据是校园环境文化、班级文化、办公室文化、宿舍文化、饭堂文化的建设情况。

（三）以“知恩、报恩、施恩”为途径，培育“感恩祖国、感恩父母、感恩学校、感恩同伴”的品格

1. 开展“四感活动”，树立感恩意识

感谢祖国哺育之恩。从思想认识层面来实施，组织升国旗仪式和国旗下讲话，观看爱国主义教育影片等爱国主义主题活动，引导学生关心国家大事，努力学习知识，树立远大志向，增强爱国之心，爱祖国河山，爱祖国人民，爱祖国文化，感谢祖国哺育之恩。

感谢父母生养之恩。从行动实践层面实施，为家人做一次感恩饭或其他力所能及的家务活动；给父母洗一次感恩脚；向父母说一句感恩话，与父母双方交流心声、增进感情等系列实践活动，孝敬父母，勤俭节约，热爱劳动，感谢父母生养之恩。

感谢同伴帮助之恩。从活动体验层面来实施，如交换角色活动、《感恩的心》合唱比赛、拔河等系列活动，引导学生体验互相帮助的重要性，学会感谢同伴帮助之恩。

感谢学校教诲之恩。从文化艺术层面来实施，可以通过“校歌大家唱”“感动瞬间随笔”，感动校园十大人物评选等系列生动有趣的活动，学会感谢学校、教师的教诲之恩。

2. 升华感恩内容，构建长效机制

为了塑造感恩文化，组织编印《感恩教育读本》等系列地方课程、校本课程，并把感恩教育课程纳入学校课程体系，构建感恩教育长效机制。

（四）以“勉励、激励、自励”为方法，树立“用心服务、用心办学、用心育人、用心学习”之志

1. 教育系统树立用心服务之志

进一步提高机关服务效能，树立优质服务、高效服务之志，开展系列服务活动：深入开展创先争优、“效能亮剑”等活动，进一步落实岗位责任，强化业务培训，改进学风、文风、会风和工作作风；各科室逐步推行限时服务、承诺服务、上门服务、预约服务、机关导办服务等便民措施；在全市教育系统推行“满意科（股）室”评选工作，采用“公述民评”评价机制，打造服务型、高效型机关科（股）室。

2. 校长树立用心办学之志

分批次举行韶关市中小学校长励志培训班、“我的办学思想”论坛等活动，不断提升校长队伍的专业能力和治校水平；开展韶关市中小学名校长评选活动，树立典型，总结经验，营造氛围，激励更多的校长去深入学习，自我成长，打造一批有志气、有思想、有能力、有特色的省级甚至国家级知名校长，提升韶关市教育的知名度。

3. 教师树立用心育人之志

分批次开展韶关市中小学骨干教师励志培训班、“我的教育追求”论坛等活动，推动教师进一步树立教书育人思想；实施“三名工程”，即“培养名教师、创建名学校、争做名校长”三大工程，争取在3年内培养一批市级、省级甚至国家级优秀班主任、校长和德育示范学校。

4. 学生树立用心学习之志

营造一个积极向上的氛围，引导学生建立科学的价值观，提升学习及人生的规划意识，树立远大的志向：以明礼励志为主题的系列读书活动，让学生在阅读中增长见识，挖掘自身潜力，自我激励；开展以磨炼学生意志为主要内容的团队训练活动。充分利用韶关市中小学德育基地，与专业的团队培训机构合作，在初高中新生军训、初高中毕业班考前培训、春秋季综合实践活动、班团队干部培训等系列活动中开设团队训练活动；创建以学生自我激励为中心的励志教育模式，结合“学生成长档案袋”，增加“励志成长”内容，认真记录学生的成长过程；开展“十佳励志少年”评选活动，塑造身处逆境、自强不息、奋发进取，学业优秀等方面的青少年典范。

四、主要措施及成效

1. 强化观念更新

观念是行动的关键。针对当前“德育工作说起来重要，做起来次要，忙起来不要”的情况，我市深入实施观念更新工程，在全市教育系统广泛征集韶关教育精神表述语，提炼出“厚德笃行，立己树人”为韶关教育精神，并在全市教育系统深入开展韶关教育精神践行活动，有效巩固“德育为先、育人为本”战略地位。要求全市各级教育部门和学校做到“三个优先”：德育工作优先考虑，德育经费优先安排，德育队伍优先配置。

2. 强化顶层设计

顶层设计是德育创新的引领。为了让全市学校德育有一个更加明确的发展目标，我市聘请专家团队对学校德育进行规划，提炼出“厚德弘善　感恩励志”核心主题，覆盖“机关干部用心服务、校长用心办学、教师用心育人、学生用心学习、家长用心育儿”5个板块。各县（区）和学校围绕全市主题，结合实际规划主题，确定具有本土文化特色的德育核心理念，目前基本形成实验县（区）一县（区）一品牌，实验学校一校一特色格局。如曲江区积极发挥“禅宗文化”“九龄文化”“石峡文化”及

“红色文化”四大区域文化特色，打造曲江德育品牌。浈江区确立“尚德立人”核心理念，以培育“风采浈江人”为目标，创设“日常、学科、主题、阅读、节日、艺术、班级、信息、社区、野外”十大道德文化情境。武江区积极打造“人文德育 个性发展”为主题的中小学德育特色创新与发展。乳源瑶族自治县深入开展特色学校文化建设。仁化县全面实施以“遵德守礼，以仁化人”为核心的德育创新。

3. 强化队伍建设

队伍是德育创新的执行者。我市德育创新重点依托三支队伍：一是专家团队，借助省内外德育专家团队，加强对德育创新科学性和有效性的指导。二是督导队伍，依托市中小学德育研究会，成立德育创新督导队伍，加强对德育创新工作督导评估。三是德育队伍，对全市德育队伍实施全员培训，提高德育理论基础和工作能力，为德育创新实施提供强大的人才支撑。德育创新工作启动近两年来，举办报告会10多场，德育理念、校园文化建设专题讲座20多场，组织外出观摩交流学习10余次，培训人数3000多人次，受众人群涵盖教育行政干部、学校校长、德育干部、班主任等。

下图展现了我市德育活动情况。

亲子感恩活动

助残日慰问活动

优秀乡村教师表彰大会

市中小学名班主任工作室揭牌仪式

4. 强化科研先导

韶关市中小学校“厚德弘善　感恩励志”
学校德育创新启动仪式

科研是德育创新的助推器。《韶关市“厚德弘善　感恩励志”学校德育特色创新与发展研究》作为总课题获省级德育科研重点立项课题，德育创新实验单位作为子课题研究重点单位，围绕总课题申报省立项课题15个，市级立项课题100多个，涵盖基础性研究，应用性研究和发展性研究。通过规范管理、专家指导、成果阶段鉴定等措施，对课题实施动态管理，有效促进新理念树立，提高了德育针对性和有效性，形成了浓厚的学术氛围。

5. 强化特色发展

特色发展是德育创新的源动力。为了尊重学校德育自主发展，我市要求各级各类学校在抓好德育常规的同时，结合自身德育资源，选择1～2项内容作为德育创新项目积极探索，力争形成特色和品牌。如：广东北江中学以“以德育人，以文化人”为核心理念，以“公”“毅”为主题要素，以“集体主义”“民族精神”“爱国主义”“人类情怀”“四公”建设，培养学生“毅于志、毅于德、毅于事、毅于行”四毅品格。翁源县第三小学积极打造“知善、立善、扬善、至善、崇善”的“善美”文化。始兴县实验小学立足本土生态资源，打造“生态德育文化”。

6. 强化评估体系建设

评估体系是德育创新的导向。制定了《韶关市“厚德弘善　感恩励志”学校德育创新评价方案》，共分三大指标：学校德育常规、学校德育特色创建过程和学校德育特色成果，体现了指导性、发展性，注重了层次性和个性化，坚持了自我发展性评价为主的原则，学校实施“自我发展性目标”与区域“发展性标准”有机结合的原则，下移德育管理重心，通过自主定位发展目标，自主实践发展策略，自主反思发展成果，从而形成自我设计、自我完善、自我约束、自我发展的学校德育成长平台，加快推进了我市中小学校德育内涵发展。

实施更好教育　成就美好人生

——南雄市黎灿学校德育特色创新与发展经验介绍

韶关市南雄黎灿学校
案例负责人：曾凡辉
案例主要贡献者：曾凡辉

黎灿学校自确立为韶关市中小学校德育特色创新与发展实验学校以来，积极贯彻落实《韶关市中小学学校德育特色创新与发展实施方案》，认真践行校德育特色与创新发展的核心理念是“厚德弘善，感恩励志”。结合实际，组织人员，深入调查，分析研究，制定出《黎灿学校德育特色创新与发展实施方案》，确立学校特色与创新发展的核心理念：“实施更好教育，成就美好人生。”学校依据方案，开展德育特色创新工作。现将我校德育创新实施情况汇报如下：

一、认识德育创新意义，明确德育创新目标

育人先育心，育才德为首。只有不断探索新时期德育工作的新思路、新方式，才能培养适应时代发展的人才。学校树立“德育兴校”战略，“以现代教育塑造高素质的四有新人”为办学宗旨，秉承“一切为了孩子的可持续发展”的办学理念，朝着“做更好的自己”这一奋斗目标，以人文精神培养为重点，以生命教育为主线，以良好行为习惯养成教育为抓手，以开展校内外实践活动为载体，充分发挥了活动育人、文化育人和环境育人的功能，打造具有黎灿德育特色的“更好文化”。

为进一步推进学校德育创新与发展工作，学校成立了以曾凡辉校长为组长，德育副校长徐永辉为副组长，班长、级长、班主任为成员的德育创新与发展领导小组；构建了以“德育工作领导小组—班主任—全体教职工—学生干部”为主线的德育管理网络；以学校为龙头、以社区为平台、以家庭为基础构建“学校—家庭—社会”为主线的“三位一体”德育环境网络，形成教育合力。学校德育创新与发展工作走上了系列化、制度化、规范化的轨道，学校各项工作充满了勃勃生机的景象。

二、紧握“生命教育”主线，凝练德育核心理念

俗话说：“没有最好，只有更好。” 教无定法，学无止境。十年树木，百年树人。做更好的学生，当更好的老师，办更好的教育。学校就是在激励师生在不断地追求中，实现自身的人生目标，打造黎灿特色的“更好文化”，积淀出学校的校训“做更好的自己”。

国务院前副总理李岚清说过：“生命不保，何谈教育。”为什么现在的孩子会轻易放弃，放弃一种学习，放弃一种努力，甚至放弃生命？震惊惋惜之余，我们务必需要深度反思。

探究生命教育的最佳途径，打造天人合一的校园生态环境。只有生命更美好，才有人生更美好。只有让学生认知生命存在，理解生命的意义，才能珍爱生命，才能去努力学习，热爱生活，实现生命的价值，实现更好的自己。帮助学生认识生命、理解生命、尊重生命、热爱生命、提高生存技能、提升生命质量，是我校德育特色创新与发展的重要内容。为此，我校结合校训，结合生命教育的特点，确立学校德育特色与创新发展的核心理念，那就是“实施更好教育，成就美好人生”。

在实施学校德育工作中，学校全面开展“用生命教育点亮生命的色彩”为主题的生命教育活动。“认识生命，感悟生命，热爱生命”成为了学校生命教育特色。围绕“生命教育”这一主题，学校开展了形式多样，内涵丰富的教育、实践活动，促进了学生全面、和谐的发展，创建了和美的校园，从而积极、有效地将素质教育推向深入，为学生的美好人生奠基。

三、构建生命教育序列化，开展生命教育活动

（一）浸染生命意识 敬畏生命存在

走进黎灿学校，您会被学校浓郁的环境文化所吸引。校园风清气爽，树木葱茏，芳草如茵，繁花似锦，校园充满着生机，充满活力。学校被韶关市授予“美丽校园”“安全文明校园”的称号。

“校园的花草会说话，校园的墙壁能励人”。黎灿学校的一草一木、一墙一角，都起到教育人、启迪人的作用。树荫下，一种种树木知识的介绍，让学生感受树是我们亲密的朋友，爱护一草一木，就是对生命的热爱。课室走廊，哲理隽语让学生体会，名人名言叫人醒悟思索；台阶过道，学生书法、绘画作品，给小作者鼓励，给他人昭示；花园草坪，小标语、小提示，让学生增强自律，修正行为；“生命教育活动”“书香校园活动”“书法艺术长廊”“种下中国梦，创造美好未来”“禁毒

教育”“反邪教教育”“防溺水教育”“交通安全教育”“弟子规”等一系列宣传橱窗，让学生享受生命文化盛宴，学生在阅读中感悟，在学习中提升，“比学赶超，争当黎灿之星”，身边的楷模让孩子们学有榜样，追有目标……学校还充分运用校刊、小红花广播站、横幅等工具，大力营造生命教育的氛围。充满着健康的、蓬勃向上的环境文化让莘莘学子心灵荡涤，思想升华。黎灿学子在阳光下深呼吸，在绿叶间抖动生命的脉搏。

（二）生命教育在学科中整合，渗透中熏陶

学校重视将生命教育融入课堂教学中，学生掌握的不仅是学科知识，更需要的是人格的塑造。教师们注意围绕教学内容特点，进行拓展迁移，渗透生命教育内容，如：在语文课中，教师通过解读文本、拓展文本，开展学科综合实践活动，对学生进行环保教育、诚信教育、礼仪教育等；在体育课中，开展以学生自我保护动作训练的实践研究，降低学生体育课伤害事故；在数学课中，通过渗透与生命相关的一些数据进行计算，让学生感悟生命的重要。在品德课中，结合交通、人文、环境等教学内容，教育学生珍爱生命。如语文教师在教学课文《一个小村庄的故事》时，注意从一个美丽的村庄在咆哮的洪水中消失，这一惨痛的教训中引导同学热爱每一棵树，保护好每一寸土地，才能保护生命，保护家园。学校以此为契机，在年级组开展“我喜欢的一种树”评选活动以及“生态南雄，美丽家园”演讲比赛。语文组开展“我喜欢的一种树”征文比赛，进一步深化学生对树的认识，对生命的认识。后续我们要围绕这一主题，开展社会综合实践活动，让学生走进自然，亲近树木。

（三）活动让心灵开花，活动为生命润色

学校营造了丰富多彩的活动平台，给学生搭建广阔的表现舞台，让学生的生命充满绚烂的色彩。学生们在各种活动的舞台上飞翔、遨游，陶冶身心。

1. “朝阳读书，丰富生命”

学校长期重视培养学生“爱读书、读好书”的良好习惯，大力营造知书达理、好学求进的校园书香氛围。好读书，读好书，会读书的理念早已深入人心。读书已成为全体黎灿师生的习惯和乐趣，已成为校园中一道亮丽的风景线。美文诵读、默写春联、诗歌征文、作文比赛、课外阅读考级，一系列的“朝阳读书”活动，让校园弥漫着浓厚的书香气息。学生在书香校园里读书、思考，丰富思想；在心灵沟通中对话、感悟，品味生活；在求索之路上实践、发展，积淀人文精神；在读书中提升品味与素养，在溢满书香的校园中成长、进步。以读书长知识，以读书增智慧，以读书促养成，以读书树理想，以读书育人格。

2. “写方方正正的字，做堂堂正正的人”

学校长期重视学生书写教育活动，学校以“创建广东省规范汉字书写教育特色学校”为契机，广泛开展书写活动，每天早上进行20分钟写字晨练，举办师生硬笔书法比赛、毛笔字比赛、“我与书法”征文比赛、“书法之星”评选等活动，在指导学生正确的书写姿势，写一手漂亮字的同时，学校巧妙地将写字与做人有机地联结起来，让学生在写字活动中体会到“字如其人”的道理。

3. 全面开展了“一问好、二整洁、三安静”的德育创新主题活动

培养学生良好的行为习惯。“实施更好教育，成就美好人生”必须从细节中落实，从学生的行为习惯落实。为此我校深入开展“一问好、二整洁、三安静”的德育创新主题活动。一问好：见到领导、嘉宾、教师、同学要问好；二整洁：穿戴、课室、桌椅要整洁；三安静：集会、做操、上课、上下楼梯要安静。学校充分利用升旗仪式、做操期间跟同学们进行讲解、示范。围绕主题活动，总队部开展了一系列“做一个懂礼仪的人”中队主题会，学生们在快乐的主题活动中陶冶了情操。班主任还充分利用周一班级反思会，同学间开展批评与自我批评，学生在总结中学习，在反思中提升。

4. 黎灿精神塑人格

黎灿先生宅心仁厚、爱心博大，一生为黎灿学校的创办共捐献了560多万元。黎灿先生靠着“勤劳”和“自信”，靠着“磊落”和“诚信”打造出了响当当的黎氏品牌，也铸就了黎灿精神，他是学生人生道路的一本活的教科书，一盏明灯，一座丰碑。

学校开展“黎爷爷精神鼓舞我”主题教育活动，校园内，制作的黎灿先生的铜像端坐在综合楼前，荣誉室布置了以黎灿精神为题材的宣传橱窗，学生面对黎灿先生敬礼，瞻仰先生的光辉事迹。去年，学校举行了“品格的光辉——黎灿先生去世一周年追思会”活动，让学生更深刻地感受到黎爷爷永远活在我们心中。

感恩黎灿，感恩社会，感恩父母，做新时代学生。黎灿学校开展多种形式的感恩主题活动，增强学生的感恩意识，培养学生健康的人格。全校师生学唱歌曲《感恩的心》，学做感恩手语；举办中队主题会《感恩的心》，开展“三个一”的感恩教育活动（即利用母亲节、父亲节的机会，要求每个学生给自己的双亲写一封感谢信，送一件能表达自己感谢双亲对自己的养育之恩的礼物，做一件关心双亲的事）。黎灿学校还全面开展《弟子规》实践学习活动，感悟孝文化。将《弟子规》内容与学生日常的学习生活相结合，编写出《黎灿学校学生安全文明公约》。通过观、写、背、讲、演、行、研等方式开展《弟子规》学习实践活动。学生进一步懂得了“感恩”不仅

是一种情感，更是一种人生境界的体现。一个人要永存感恩之情，永怀感恩之心。

（四）实践生命教育，绽放生命光彩

生命的成长需要生命本身的体验。让学生通过体验生命的积极行为，强化生命意识，让学生领悟生命的奥秘，体验人生意义。

社会实践引导着学生走出校门，走向社会，接触社会，感悟生活……它是学生健康成长，融入社会的重要途径。为此，我们组织学生开展了“童眼看世界摄影活动”“红领巾心向党活动”“福利院慰问活动”“参观南雄历史博物馆”“社会调查”“推广普通话宣传”“清除白色垃圾，做环保使者”“参观南雄看守所”、到三影塔捡垃圾、走访慰问优秀贫困学生等系列社会实践活动。孩子们在阅历和经验的不断积累中，期待着将来属于自己的天空。

（五）运动的生命更精彩，健康的生命最美丽

有句古语叫作“流水不腐，户枢不蠹”。生命也是一样，只有运动才能使生命充满活力。学校充分发掘以人为本，重视生命的文本，突现生命的意义，增强学生的生命意识。学校组建了篮球队、乒乓球队、田径队、毽球队、花样跳绳队等，每天开展“阳光体育锻炼活动”，每学年举办一届“校运会”，开展体育健身运动，培养小学生的“生命、生存、生活” 的意识。通过让学生直接参与体育运动，感受运动的乐趣，在运动中体会其中的喜、怒、哀、乐，然后彼此分享。让学生认识到生命在于运动的常识及保健的方法，认识人类生命的来之不易，培养学生热爱生命，尊重生命的意识形成。让学生形成人与自然和谐共处的观念，珍爱生命，不断提高生存能力和生存意志，树立正确的生活观，形成珍爱生命，热爱大自然的价值观。

（六）舞出精彩生活，唱响生命之歌

“以美辅德、以美益智、以美促体”。学校的艺术工作从全新的角度提出了以“艺术为生命添彩”为核心，以“音乐、舞蹈、书法”为主体，面向全体学生、注重个性发展，重视艺术实践，艺术教育工作蓬勃开展，学校常年开设舞蹈、合唱、绘画、书法等兴趣小组，由优秀的专业教师辅导；每年举办一次的艺术节、为学生提供了展示艺术特长的平台，提高了他们对生活中的美的感悟与欣赏。学生们快乐地生活着，感受着生命的美丽，以一颗喜乐的心面对未来，坚强地活出生命的色彩，不论是热情的红、明艳的澄、灿烂的黄、轻松自然的绿、深沉的蓝、冷静的紫、纯净的白及严谨的黑，都能为生活增添丰富的姿彩！

（七）安全在我心中，生命在我手中

培养学生的公共安全意识，提高他们面临突发事件自救自护的应变能力，是学校的基本职责和头等大事，也是落实生命教育的重要组成部分。

为提高学生安全防护意识，保障学生生命安全，学校积极传授学生安全防护知识，充分利用橱窗、宣传画、广播站、中队主题会、知识讲座。我们组织开展教育的过程中，告诉孩子们“我”很重要，要学会欣赏，保护自己珍贵的生命。为此，我们举办了“创建平安文明南雄，我们在行动”“交通安全知识竞赛”“消防应急疏散演练”“珍惜生命，预防溺水”“珍爱生命，远离毒品”“反对邪教，崇尚科学”“法律知识进校园”等一序列安全教育活动；开展了“人与自然”“消防安全，人人有责”主题征文比赛，开展了“生态南雄，美丽家园”演讲比赛。孩子们明白了应该如何保护自己，珍爱自己，爱惜自己和他人的生命。

四、构架“三位一体”的教育网络，促进学生的健康成长

生命教育是一项涉及学校、家庭、社区和全社会方方面面的系统工程。父母对生命的态度决定子女对生命的态度。学校以创建全国优秀家长学校实验基地为契机，在家长中开展生命教育，指导家长学会培养孩子如何尊重生命、爱惜生命，欣赏和热爱自己的生命，明白在一个积极、乐观、奋进的家庭中成长起来的孩子，必然会有健康的人格，懂得珍爱自己和尊重他人的生命。学校成立家长委员会，动员家长自愿订阅教材《父母课堂》，订阅率超过70%，把《父母课堂》作为家庭教育培训的主教材，组织教师开展教材研讨，上好培训课，开展家长论坛，畅谈学习心得，交流家教经验，让《父母课堂》成为家长的良师益友。学校还邀请了省家庭教育金牌讲师罗曼红女士以“家庭教育大讲堂——父母在孩子成长中的角色责任”为主题，做了四场精彩的报告。特请韶州师范高级讲师钟雪梅以“与孩子一起成长”为主题，做了两场黎灿学校家庭教育讲座。组织学生家长参加“广东省‘创建全国优秀家长学校’家长学习使用教材征文比赛”。家长积极参与，踊跃投稿。9位家长分获韶关市级奖；7位学生家长获广东省级奖；学校开展了两届“家长心目中的好老师”评比活动，通过向广大家长发放评价表，通过家长评判，学校已有32位教师光荣地被评为“家长心目中的好老师”。

五、开展生命教育课题研究

为加强生命教育，建构生命教育课程体系，引导和帮助每一个学生认识和理解生命的意义，提升生命的价值。学校开展《小学生生命教育序列化的实践与探索》课题研究，此项课题在今年10月份获得省教厅批准立项，11月，课题组举行了开题报告，正式成立课题科研小组，着手开展课题科研。

六、辛勤耕耘，硕果累累

几年来，学校德育工作内容新颖，方式独特，亮点纷呈，成绩喜人。学校先后被授予“全国优秀家长学校实验基地”“广东省红领巾示范校”“广东省安全教育基地学校”“广东省现代教育技术实验学校”“广东省语言文字规范化示范校”“广东省规范汉字书写教育特色学校”“韶关市义务教育规范化学校”“韶关市德育示范学校”“南雄市德育工作先进单位”“南雄市少先队‘红旗大队’”等光荣称号。学校语文教研组被评为韶关市“群体师德创优活动”先进集体；二年级组被评为南雄市中小学“群体师德创优活动”先进集体。

在共青团韶关市委员会举办的在“学习传统文化，共建文明韶城”（新星源杯）首届《弟子规》朗读比赛中，我校陈宇翔同学荣获一等奖，董美君同学荣获二等奖，黄敏琳同学荣获三等奖。

在第四届、第五届广东省中小学生规范汉字书写大赛中，我校学生沈龙泓同学连续两届荣获特等奖，另外有两位学生获得一等奖，六位学生获得二等奖，五位学生获得三等奖。

快乐学习，享受教育。黎灿学校始终坚持以人为本，生命至上。广大师生常怀一颗跃动的感恩之心，在学习生活中，奋发图强，与时俱进，开拓创新，取得了一个又一个辉煌，勾画出一幅壮丽的和谐幸福的校园图。

实施更好教育，成就美好人生。

立足山区　创新思路
扎实推进中小学德育科研工作

河源市教育局
案例负责人：黄伟云
案例主要贡献者：黄伟云　古锦兵

河源市地处粤东北山区，经济落后，教育经费长期投入不足，德育科研得不到应有的重视。2004年以前，整个河源市中小学科研意识极其淡薄，科研氛围异常冷淡，别说德育科研搞不起来，就是其他学科的教研也举步维艰。2004年河源市教育局设立了德育科以后，为改变这一被动落后的科研局面，我们坚持以德育科研为抓手，创新工作思路，采取各种措施，扎实推进学校德育科研工作稳步向前发展。通过十几年的努力，我市中小学德育科研长期被动落后的局面终于有了较大的改观。

一、主要做法

1. 强化德育科研对德育工作的引领作用，切实提高对德育科研的认识

牢固树立“理念先进，方法才能先进”“理念落后，一切都将落后”的观念。只有强化德育科研的引领，广大德育工作者才能紧跟新形势、关注新变化，接受新理念。多年来，我们每年都把德育科研作为重要工作列入全市德育工作要点，并印发至各县区各学校，每年都把德育科研作为重要内容列入全市年度教育工作会议，由局长亲自强调、亲自部署。这样做的目的就是不断强化德育科研的意识。

2. 加强对德育科研工作的组织领导，整合两种力量

2006年成立了河源市中小学德育专业委员会。由市教育局长任会长，分管德育副局长任副会长，德育科长任理事长，各县区教育分管德育副局长任副理事长，各县区教育局德育股长、德育专干，以及调选科研能力强并对德育科研有热心的学校德育骨干任常务理事。在组织机构中，重视行政推动力量和业务指导力量的有机整合。要求做到既能推动工作，又能指导工作。

3. 采取系列推进措施，为德育科研的开展提供动力保障

一是将德育科研纳入市优秀班主任评选的条件，德育科研成果显者优先；二是将德育科研纳入市名班主任培养对象的考核要求，没有德育科研成果的不能结业；三是将德育科研纳入市级中小学德育工作绩效评估指标体系，在“各地自定指标”（A5）的15分中占了8分（其中重视德育科研有经费保障2分，有组织领导机构1分，有课题研究2分，德育成果在县级以上评比中获奖2分）；四是在市级中小学德育工作绩效评估中坚持德育科研一票否决制度，凡是没有开展德育科研或德育科研成果不明显的，不能评为市级德育示范学校。

4. 打破对课题研究的神秘感，克服对课题研究的畏惧心理

山区很多学校之所以课题研究搞不起来，不是不愿搞，而是不敢搞。一方面是迫于经费压力，另一方面是因为对课题的神秘感和畏惧心理。为此，2008年以来，我们多次邀请省德育研究与指导中心的专家（王颖主任、施铁如教授、李季教授等）前来河源就如何组织开展德育科研作专题指导。通过专题指导，对如何确定课题、撰写实验方案、如何组织开题、结题等课题研究的各个环节都有了更深入的了解，克服了对课题研究的畏惧心理，为后来德育科研特别是课题实验研究工作的开展起到了非常重要的作用。

5. 加强对课题研究的指导，分类推进各个层级的课题研究工作

为了推进我市中小学德育科研工作的全面开展，一是提出了“问题就是课题”“课题研究就是为了解决问题”的思想，日的就是引导学校能从学校德育存在的突出问题中去寻找课题，体现科研的真正价值，让各学校都有课题可做，都能做课题。二是考虑到各学校之间科研基础、水平的差异，提出了“分类指导、分层推进、全面开展”的德育科研工作思路。以推进校本德育课题研究为着力点，大力推进县级、市级、省级、国家级德育科研课题的开展。三是融合多方德育资源，多渠道加强对德育科研的指导。在重视加强德育科自身对德育科研的指导和服务基础上，一方面邀请省德育研究与指导中心专家和河源市中小学德育专业委员会的专家加强对学校课题研究工作的指导；另一方面重视与市县教育局教研室德育学科组的合作，加强对学校德育课题研究工作的指导；再一方面就是与河源教育学会合作，邀请省、市教育学会专家或其他德育机构的专家加强对学校德育科研工作的指导，形成多管齐下、多头并进的科研局面。

6. 对省级德育课题采用“三个集中”的指导模式，力求效益最大化

即集中开题、集中中期指导、集中结题。对我市申报立项的每一批省级德育科研课题，每当开题和结题的时候，我们都选定其中的一所课题实验学校作为开题或结题

报告会的主会场，邀请省德育研究与指导的专家前来指导开题或结题，要求县区教育局组织德育专干和学校德育科研骨干前来观摩。此外，还邀请局领导出席，邀请当地新闻媒体作专题报道。这样做有如下好处：一是节省了经费（如会场布置费用）；二是提高了效率；三是提升报告会的规格，扩大了德育科研的影响；四是有利于实验学校之间的交流；五是培训了基层德育科研指导力量；六是使更多的德育骨干认识了专家并成了朋友，让这些德育骨干对开展德育科研有更多的信心。在课题实验过程中，还关注实验中出现的困难和问题，并邀请专家集中对他们进行指导和帮助。

7. 定期组织全市中小学德育论文评奖和全市中小学德育工作经验交流，积极推动德育科研成果的交流与推广

积极发挥中小学德育专业委员会的职能作用，每年组织一次全市中小学德育论文评选活动，目前已连续组织6次全市德育论文评选活动，共有6000多位在一线德育工作者的论文参加评选。每两年组织一届全市中小学德育经验交流会，集中展示本市各地各学校德育科研最新成果。每召开一届德育经验交流会，我们都邀请当地新闻媒体作专题报道。通过组织评奖和媒体宣传，既是对开展德育科研表现积极的学校和个人的肯定与鼓励，也是对德育科研落后学校的推动和鞭策，同时也是对德育成果的宣传和推广。

二、主要效果

通过全市教育系统的共同努力，特别是在省教育厅思政处、省中小学德育研究与指导中心的指导下，我市的德育科研工作取得明显进步，长期被动落后的德育科研局面有了明显的改观。主要表现在以下几个方面：

1. 德育科研的意识明显增强

“理念先进，才能方法先进”“理念落后，一切都将落后”的观点，已被我市大部分的学校领导和广大德育工作者所接受。德育科研工作已得到普遍重视，参与科研的热情日趋高涨，参与课题实验的学校越来越多。

2. 学校德育科研队伍日益壮大

经过几年来的德育课题实验研究工作实践，各课题实验学校的课题研究人员得到了很好的锻炼，有一大批德育科研骨干正在脱颖而出。

3. 各个层级的德育课题研究实验开展活跃

近几年，我市中小学开展的德育课题，既有校本课题、县级课题、市级课题、省级课题、国家级课题（子课题），既有德育科主要负责指导的课题，又有教研室为主要负责指导的课题，还有是以教育学会为主要负责指导的课题。

4. 德育科研的总体水平有了较大的提升

主要表现在：一是我市德育科组织申报并立项的34个德育研究课题中，有8个课题被定为省级重点课题；二是在05年和09年立项并结题的16个课题中，有5个课题结题结论被评定为“优秀”等次；三是在全省中小学德育创新成果展示评比中，我市共有11项德育成果获奖；四是省教育厅把全省唯一的基础教育阶段教育综合改革试点课题实验学校定在河源，既是对河源的鼓励，也是对河源德育科研水平的认可；五是我市有28名课题组成员被省教育厅评为德育科研先进个人，我市教育局德育科曾先后两次获得省德育课题研究“优秀组织奖”；六是我市中小学学校和个人在省级、国家级刊物发表的德育论文日益增多。

5. 突出科研引领，学校德育特色打造已初显成效

河源市第三小学的“学生自主管理”，河源市第二小学的“叙事德育”，和平县实验中学“三讲一规”的养成教育，紫金县附城中学的“班级精细化管理”等一批学校，通过德育科研的引领，正以自己独特的德育模式，打造着学校自己的德育特色和品牌。在河源市的中小学，一校一特色正崭露头角。

实施“十德”养成教育模式，“全程、全息、全人”育人

惠州商贸旅游高级职业技术学校
案例负责人：梁乃峰
案例主要贡献者：梁乃峰

“十德”养成教育模式是我校典型的德育教育模式，其主要是通过把对学生在德育方方面面的要求概括成“穿衣、吃饭、走路、上课”等10个方面的十分具象的要求，把德育“做小做实”，以此为基础加强对学生的养成教育培养。学校重点探索了“十德”养成教育的实施途径是“学校空间”，主要载体是“活动德育”，主要队伍是“四维教师”，主要空间是“家—校—企业—社区”。“十德”养成教育模式是我校国家示范校建设特色项目中“学校公民”平台建设任务的一项重要工作。通过示范校建设项目的系统推进，成果进一步凝结升华。

一、破解中职德育有效性难题

当前，德育教育是困扰中职学校的一大难题。中职学校的德育课程改革也存在创新不足等问题，主要是由于中职学生普遍存在组织纪律性差，文明礼貌、社会公德、主体意识淡漠等问题，而现有的德育课堂并不能有效地解决问题。

当前中职学校的德育教育存在的主要问题有：在目标定位上，多以形成良好校风为主，鲜见以学生发展为主体的定位，定位普遍不高；在教育途径上，主要是通过开设德育课程的传统课堂渠道实现的，同时辅之以专项教育活动，德育效果难以持续，德育目标十分抽象，德育教育很难落地。在德育队伍建设上，主要依靠学校的专职德育教师和班主任，很难形成合力，德育教育与日常管理界限不清。

惠州商贸旅游学校“十德”养成教育正是基于分析以上情况提出的。所谓“十德”，即：上课讲“课德”——课堂基本规范；开会讲“会德”——开会基本规范；用餐讲“食德”——用餐的基本规范；走路讲“行德”——走路基本规范；穿衣讲

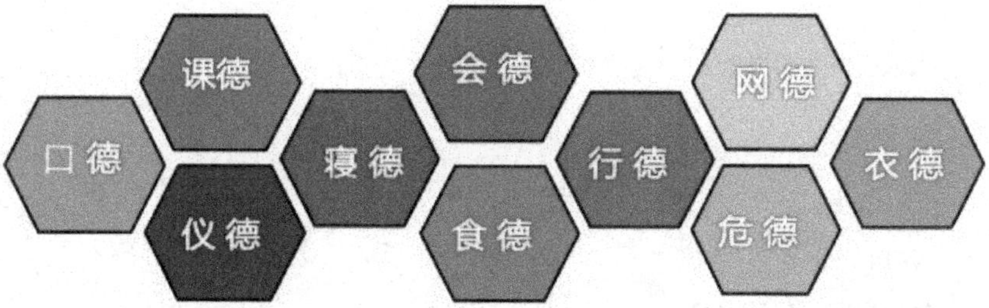

“衣德”——穿衣基本规范；仪表讲“仪德”——仪态、仪表基本规范；说话讲“口德”——说话基本规范；住宿讲“寝德”——住宿基本规范；上网讲“网德”——互联网基本规范；危险讲“危德”——危机应急时的基本道德规范。

“十德”养成教育模式通过把抽象的德育教学具象到以“十德”为核心的范德育项目上，通过一系列教学内容，实现德育教学目标。

二、“全程、全息、全人”系统构建活动德育体系

“十德” 养成教育以培养学生良好的生活、学习习惯及文明行为习惯为出发点，狠抓落实，注重实效，开创了中职学校德育教学新局面。

（一）建立“全程、全息、全人”的十德培养体系

1. 开展全程的“十德”教育

从新生入校的第一天，“十德”教育就开始伴随学生直到毕业。近年来，惠州商贸旅游学校大力推进教学改革创新，成功实施“目标行动导向”“工作过程系统化”教学模式，即使在专业课领域，学校仍要求在每一堂课的教学过程中，专业教师应保证“知识点、技能点、德育素养点”三个基本要素的传授，真正把德育融入每个师生、每个课堂、每个空间。学校重视把课堂教学作为培养中职生健康人格的主渠道，确立课堂德育教育在教育活动中的主要地位。

2. 开展全息的“十德”教育

为了让学生时刻体会到“十德”教育的氛围，让德育教育浸润到每一个学生的身体，学校创设了浓厚的校园文化氛围。学生从进校就开始就接受学校系统的德育文化熏陶，进入校门，校旗、校训、校徽映入眼帘，每个课室张挂文明礼仪规范、十大校规等宣传牌匾，校园内更是随处可见标有学校德育规范，这些基本的文化要素营造了全息的德育实施环境，学校还通过文化教育周、主题学习活动等，系统深入了解校规、校园文化、仪容仪表、行为规范等。耳濡目染中，“十德”养成教育已经被内化为惠州商贸旅游学校学生的基本素质。

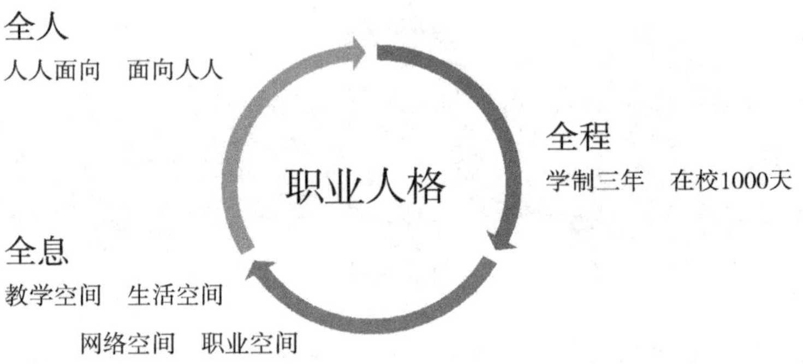

3. 开展全人的“十德”教育

全面开展“十德”教育，教师是关键。惠州商贸旅游学校为全面提升教师职业素质，要求所有教师必须成为同时具备讲师、技师、职业指导师和心理咨询师资格的“四维教师”，经过8年时间的培养，学校已有460名教师获得专业技术领域的技术或者高级技师资格，234名教师获得职业指导师资格，227名教师获得心理咨询师资格，近200名教师同时具备了四个资格，在学校，无论是班主任还是专业课教师都能够为学生提供职业指导和心理咨询的服务。因此，在惠州商贸旅游学校，开展“十德”教育已经成为人人面向、面向人人的全员教育模式。

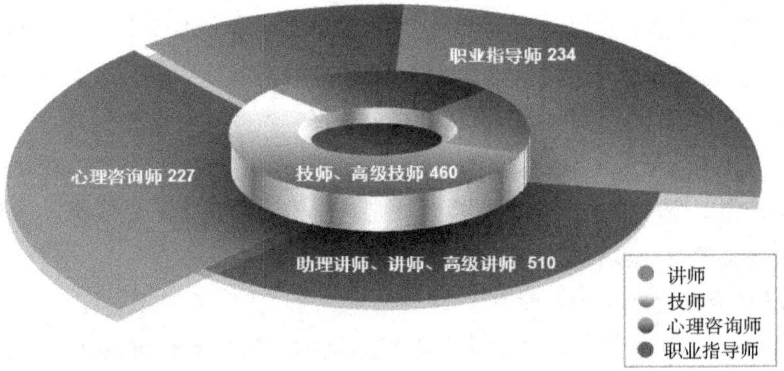

（二）建立从校长到班级的“十德”学校教育立体网络

学校将“十德养成教育”作为一项系统工程来抓，构建了由校长—主管领导—学生工作部—系部—班级为网络的管理系统。重视“十德养成教育”工作指导力度，领导小组成员深入研究工作中遇到的问题，深入基层发现、分析、解决问题。学校制定“十德”养成教育实施目标，分近期、中期、远期几个阶段，然后逐步实施。在每学期初，由校领导牵头，“十德养成教育”领导小组成员参加，共同商讨一学期“十德养成教育”工作计划。每月初各系部召开一次班主任会议，明确当月“十德”教育主题，要求班主任突出重点，明确目的。学校每个系部都有德育目标、德育内容，根据标准严格执行，并和班主任考核挂钩，使行为规范的养成教育做到了具体化、制度化、科学化，增强了行为规范养成教育的针对性和实效性。在养成训练上，每月一主题，每周一重点，每日一评比。

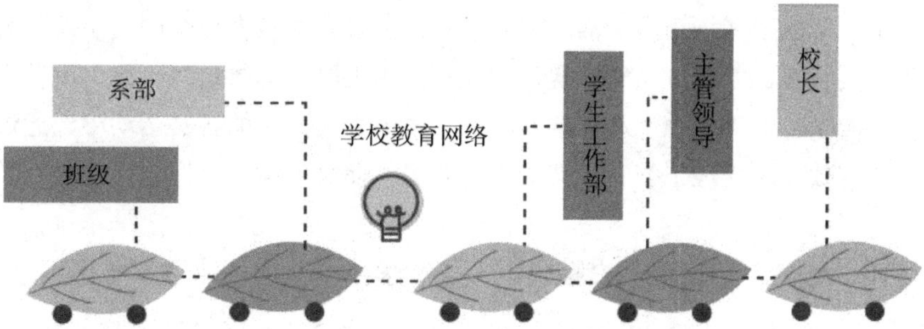

（三）德育制度化，体系化，编制“十德”教育读本，实施“活动德育”

惠州商贸旅游学校“十德”养成教育具有自己独立的课程体系和教材，安排充足的课时，精心设置“十德”养成教育实践活动。学校确立实施“十德”养成教育基本目标和课程标准，制定相应的实施细则，编写相应的教材和读本。学校在“十德”养成教育课程体系中融入以“仁、义、礼、智、信”为核心的中华传统美德教育，赋予它们新的时代内涵，先后制定和编写了《惠州商贸旅游学校“十德”养成教育读本》

1. 实施办法	《惠州商贸旅游学校学生“十德”养成教育实施办法》
2. 行为指引	《惠州商贸旅游学校“十德”养成教育行为指引》
3. 学生读本	《惠州商贸旅游学校“十德”养成教育读本》
4. 阶段目标	《惠州商贸旅游学校“十德”养成教育阶段性目标和内容》
5. 礼仪规范	《惠州商贸旅游学校学生校园礼仪规范》
6. 评价标准	《惠州商贸旅游学校“十德”养成教育评价标准》

《惠州商贸旅游学校“十德”养成教育行为指引》《惠州商贸旅游学校“十德”养成教育评价标准》《惠州商贸旅游学校“十德”养成教育阶段性目标和内容》《惠州商贸旅游学校学生“十德”养成教育实施办法》《惠州商贸旅游学校学生校园礼仪规范》《惠州商贸旅游学校“学长启导”实施办法》《惠州商贸旅游学校校园“文明礼仪之星”评选制度》等规章制度和教育读本。一系列课程体系和评估标准的建立，使得“十德养成教育”具有文本化特征。

同时，学校丰富“十德”养成教育的开展载体，把“十德”的内容有机地融入各类活动中，形成了名扬全国的活动德育模式，通过参加教育部全国文明风采大赛、职业技能精英大赛、才艺风景线大赛、学生社团等主题活动渗透“十德”教育内容。惠州商贸旅游学校把“十德”教育全面融入了学生喜闻乐见的各类活动中，通过“活动德育”的有效渠道实现了德育教育的根本要求，使德育教育浸润到了每一个学生的心中。

（四）延伸“十德”教育触角，形成“学校、企业、家庭、社区”综合教育网络

“十德”养成教育不是一朝一夕的事，也不仅局限于学校教育，而是通过各种渠道如社会、社区、企业、家庭等的紧密配合，相互联系，来促进养成教育目标的有效实现。

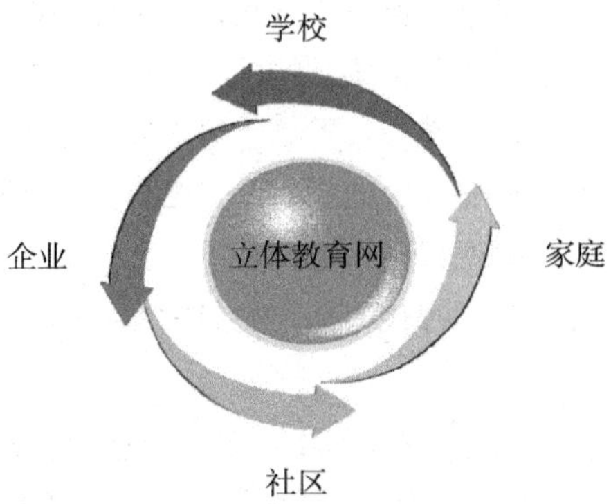

学校推行工学结合四环一体模式，将“十德”养成教育推向社会、推向企业。在学生全程学习过程中分别进行职业体验、专业认知、生产训练、毕业实习四个基本环节。使工学结合成为每个学生必经的一个教学过程，通过一定学时的工学结合，以使学生形成现代职业技能人才的基本素质，这些素质包括体能、意志、服从、规程、团队等主要内容。

学校和社区形成共建关系，使社区成为对学生进行养成教育的大课堂。学校组织学生积极参与社区精神文明建设，开展“做社区义工、为社区服务”的活动，使他们在有意义的公益活动中形成优秀的道德素养和良好的行为习惯。

“家庭是习惯的学校，父母是习惯的教师。”在实施“十德”养成教育中，学校加强与家庭的沟通，共同完成对子女的教育。学校组织学生到同学或邻居家里展开调查，了解别人家的家长是如何教育子女的，让每一个同学至少收集一个案例，在班上交流，展开讨论，将学生调查的结果反馈给家长，与家长共同商议解决办法。另外，还召开家长会，建立家校联系手册，开展百名教师访千家等灵活多样的活动，指导和督促家长从自身做起，配合学校共同抓好对孩子的教育，形成家校合力、齐抓共管的局面。

三、小德做起，立足养成，活动为基，多元评价

“十德”养成教育是在国家教育教学改革创新大背景下，深入研究德育教学规律，在实践中不断总结创新，形成的模式，其创新之处在于：

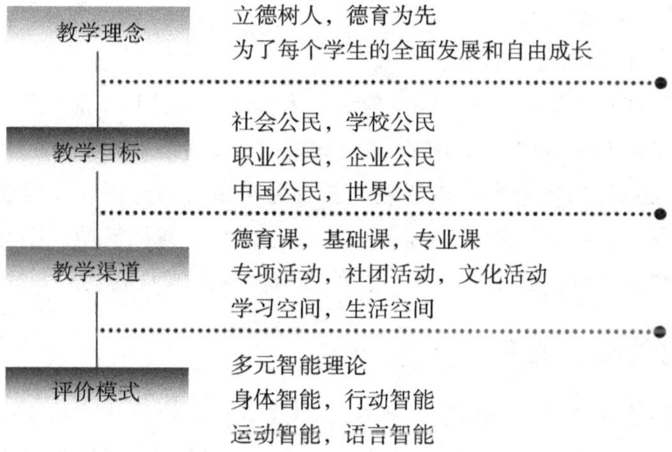

1. *在教学理念上的突破和创新*

职业教育的本质是人的教育，“立德树人，德育为先”是教育的本质要求。中职教育必须把握住这一核心内容，因此，德育教学是实现育人目标的最根本途径。“十德”养成教育模式的基本理念正是如此，其教育教学设计的目标、宗旨、手段、途径、评价都是基于“对人的教育”这一核心要素。它准确分析了中职学生的身心缺陷和智能特点，创新性地设计教育教学内容和方法。

2. *在德育教学目标上的创新*

惠州商贸旅游学校把学生培养目标定位培养具备“学校公民、社会公民、职业公民、企业公民、中国公民和世界公民”素质的“六维学生”。这六个维度不仅涵盖作为学生的基本文化礼仪规范，还强调了学生作为社会一员所应遵守的基本社会规范、道德要求和行为准则等，特别是“六维学生”紧扣职业学校特点，对学生在进入工作领域的素养——即企业、职业规范提出了要求。通过这六个目标的设定，检测学生的

综合德育素养。它不仅涵盖传统德育对学生遵守学校制度、社会制度的要求，还延伸到企业和职业，涵盖面广，且结合学生专业，易于接受。

3. *在教育教学渠道上的创新*

形成“德育课—专业课—校园活动—生活空间”为一体的全覆盖网络，并丰富德育载体。所有德育内容能够通过活动实现的就不进入课堂，让学生亲身感受，贴近实际。学校把抽象的德育具象为“课德、会德、食德、行德、衣德、仪德、口德、寝德、网德、危德”十个方面，并通过设立晨会、主题活动、专业活动、社团活动等活动载体实现教育目标。同时，即使在专业课学习上，学校也要求每一堂课上，课程内容必须涵盖知识点、技能点和德育素养点三项基本内容，德育充满了校园的每一个空间，潜移默化，不留死角。

4. *在评价模式上的创新*

“十德”养成教育以“多元智能理论”为基础，多把尺子衡量学生。我校认为，中职学生以非逻辑智能见长，其在身体智能、运动智能、语言智能等方面要强于“数理化、语数外”的基本逻辑智能，要找到学生的闪光点，发现学生的长处，用多把尺子衡量学生，把对学生热爱劳动、参与公益、参加活动、阳光开朗等评价列入对学生的综合考核，要让学生通过这种评价得到自信并成长。

四、成效与示范意义

惠州商贸旅游学校通过实施“十德”养成教育，引导学生从平时的小事小节做起，从基本的文明礼仪做起，积小德终成大善，以求形成“人人独善其身，人人相善其群”的风气。通过实施“十德养成教育”，使学生形成个体生存的一些核心品格，如仁爱、宽容、共享、感激、诚信、合作、自律等。“十德”养成教育使学生真正地实现了普世道德和价值的沉淀，“积小德”才能“成大善”，“十德”的每一个层面都是一本切切实实的德育养成教育教材。每个学生都具有阳光的品质和个性，并具备了“社会公民、学校公民、职业公民、企业公民”特质。该模式已产生了广泛的影响和示范效应：

2009年7月7日，《中国教育报》头版头条以“广东惠州商校抓小事成大器”为题，向全国推广惠州商贸旅游学校德育模式；

2009年，该模式被列为广东省政府重大政策咨询课题分课题研究项目并顺利结题；

2010年，惠州商贸旅游学校获得教育部“全国德育先进单位”称号；

2010年12月，惠州商贸旅游学校德育模式在教育部全国中等职业教育教学改革创新工作会议上作为经典案例向全国职业院校推广；

2011年，全国中职德育会议在惠州商贸旅游学校召开；

2012年7月，惠州商贸旅游学校德育模式被教育部列为学校文化建设和德育创新范例向全国推广；

2012年12月，作为全省唯一的中职教学模式，“十德”养成教育模式获得广东省未成年人思想道德建设范例奖；

2012—2014年，超过150所学校1865人次到我校学习该模式。

五、体会与思考

1. 跳出德育做德育，跳出教学做教学

德育教学不能紧盯教学不放，要把德育融入学生的学习甚至是生活的所有空间，要把德育作为重要的养成教育，把德育教育成果转化为学生的品质、习惯和素养。因此，德育教育着眼要高远，要能够跳出教学的“笼子”。“十德”养成教育模式在内容涵盖上还有拓展空间。

2. 扩展德育时间、空间、人间

惠州商贸旅游学校构建了学生从进校、到专业学习、到企业实习、到上岗就业以时间为轴的纵向“德育时间”路径；还从学习、生活等全部空间上构建了“德育空间”氛围；同时，学校倡导，除专职德育教师外，每一个班主任、每一个专业教师和员工都是德育的建设者，形成了全员参与的“德育人间”。因此构建一个全维度的德育实施空间很重要。

3. 德育教育目标不能单纯通过课堂教学实现，把德育做实，更需要好的载体

中职学生灵活、好动、思维敏捷，善于行动多于逻辑思考，所以有效的德育教学必须创设符合学生身心特点的情景。以“活动德育”为载体，把对学生世界观、人生观、社会价值观的教育有效地整合成一个个学生能够主动参与、喜闻乐见、贴近生活和学习的校园活动，贯穿于三年校园生活，以小见大，虚功实做，把抽象的德育教学具象到以“十德”为核心的范德育项目上，让德育不再生硬，让德育真正地浸润到学生的内心，转化为学生的素养。因此，以活动为载体的德育效果是难以通过传统课堂教育实现的。

培养学生感恩之心和责任感，增强德育工作活力

惠州市大亚湾区澳头第一小学
案例负责人：陈辉东
案例主要贡献者：白俊玲　杨智聪

一、形成背景

现在的小学生们多属于00后。00后大多备受家人宠爱，自立意识差、依赖性强。根据调查得知，现在家庭教育中却因许多“爱的误区”而使很多孩子不懂得感恩。许多家长只关注孩子的考试分数，不关注其道德品行；有的家长甚至认为，只要孩子学习好，其他方面怎样无所谓，“树大自然直”。长此以往，使很多孩子习惯于索取和接受，而不知道奉献和回报，于是他们渐渐远离了感动，忘却了感恩，忘却了责任，以为父母的养育、老师的教诲和朋友的帮助都是理所当然的，有些甚至对父母老师的爱熟视无睹，对师长、朋友、社会不懂得感恩。针对当前小学生的感情淡薄，道德和责任的缺失的现状，加强感恩教育就显得尤为重要。于是围绕“心怀感恩树社会责任”为主题的一系列感恩教育活动在我校徐徐拉开帷幕，让学生在“知恩、感恩、报恩”的系列活动中培养感恩意识和社会责任意识，感恩为自己的成长付出毕生心血的双亲，感恩辛勤教育自己的老师，感恩耐心帮助自己的朋友，教育学生懂得“滴水之恩，当涌泉相报”的道理，养成孝敬父母、尊敬师长、关心他人、关爱社会，热爱班集体和学校、回报社会的高尚品德。

二、德育理念

无疑，小学生心智刚开始发展，感恩之心和社会责任感还可以通过引导而得以培养，但社会日益发展，小学生们的眼界也越来越宽，过去存在的“德育约束论”“德育模式论”已无法很有效地引导学生。单一的德育考核也已经不足以对学生形成鼓励和鞭策作用。故此，我校开展的一系列培养小学生的感恩之心和社会责任感的德育活动，是以开放、互动、民主的方式开展的。

三、主要活动

1. 专题报告会，唤醒学生感恩之心

在学校的教育环境中，对学生进行思想教育最直接、最有效的途径就是专题报告会。专题报告会通过充分发挥集体的智慧和力量，升华每一个人的思想，提高学生的综合素质，进而达到加强集体建设，增强学校凝聚力的作用。它在预设与生成的过程中传导着教育的内涵，是学生道德认识的阶梯、行为转化的动力、健康成长的沃土。为此，我校通过以下专题报告会活动唤醒学生感恩的心灵，点亮学生感恩的心灯，让学生在集体的活动中受到教育和熏陶。

我校与大亚湾区团委和少工委联合举办了一场“传递感恩，点燃梦想”感恩教育专题报告会。报告会邀请中华感恩教育讲师团的专家文厚精教授到学校举办感恩教育报告会。活动旨在强化学生的感恩意识，激发学生为梦想奋斗的进取精神。报告会由“感恩教师”“感恩父母”“感恩社会”三个环节组成。

伴着《感恩的心》的优美旋律，文教授信手拈来一个个故事，入耳动心，感人肺腑。饱含深情的激励引导和心灵对话，让学生和家长都得到了一次深刻的教育洗礼，掀起了“感恩教育”活动的一个又一个高潮，现场气氛热烈。许多学生、家长和教师都流下了感动的泪水。

此外，报告会安排了学生向老师鞠躬、师生拥抱、家长与老师握手等体验活动，引领孩子重温往事，感念父母师长恩情，拉近了亲子、师生和家校之间的距离，达到很好的教育效果。

会后，老师、家长均表示这是一场别开生面的家校联谊会，更是一场难得的心灵成长教育报告会。澳头第一小学校长黄志文表示，专门邀请感恩教育专家为孩子家长们作报告，不但是要让孩子们懂得要学会感恩，感恩老师，感恩家长，勤奋学习，成就美好未来；也要家长们从中懂得感恩是孩子们成长路上重要的一课，要重视对孩子的感恩教育，配合学校更好地教育孩子，以更好地促进孩子们的健康成长。

在班级进行感恩故事会或感恩诗歌朗诵会中触动感恩的心灵。

学生说出自己心中最想感恩的人，并把最想对他说的心里话大声讲出来。如：把平时对父母的误会说出来；心底里最想对父母说的话表达出来；学生与父母互相寻找对方身上闪光的一面，并说出在平时的生活中最让对方感动的一件或两件事情。

问题调查——你对父母的关爱有多少？提给孩子的问题：父母今年多大岁数了？属什么的？你父母的生日是几月几号？你给父母买过生日礼物吗？你父母平时最喜欢吃什么？你知道父母的头上是否添了白发？很多学生上述问题回答不上来。而诸如此类的问题提给父母，做父母的无不烂熟于心。这一活动让学生感悟到自己对父母的关爱太少，而父母给予自己的关爱却是大爱无疆。相比之下，心中对父母的感恩之情油然而生。

活动效果：上述活动，唤醒了学生感恩的心灵，让学生感悟到生命的意义，明白人的生命有长有短，而爱心却是永恒的，生命的意义就是在有生之年，用一颗感恩的心不断地给予别人关爱……

2. 宣誓、签名妙笔传心，描绘心中感恩之情

我校与大亚湾志愿者协会举办一场“浓情五月感恩母亲节”宣誓签名活动，活动现场洋溢着浓浓的亲情，在《烛光里的妈妈》的乐曲声中，同学们踊跃签名并发言，讲述了自己与母亲的点点滴滴。同学们深情的讲述一次一次地把活动推向高潮。特别是当播放妈妈们对孩子的嘱托、祝愿的录音时，许多同学都流下了激动的泪水，并纷纷为母亲送上节日的祝福。

“感恩母亲节”主题活动是我校感恩教育系列活动之一，旨在利用各种教育机会和体验，让学生在学习科学文化的同时，弘扬中华民族传统美德。

各班结合“浓情五月感恩母亲节”教育内容自主办感恩小报，用感恩之情将自己的人生穿缀成一个感恩的精彩世界。

六年级学生开展“感恩留言创作”活动，让感恩之情扎根学生思想深处，创建校园感恩文化，润泽学生心灵成长。

该活动的基本思路是：六年级全体学生全员参与征集感恩留言——小组逐级推荐评选优秀感恩留言——通过在教室内黑板或宣传栏的一角进行展示优秀感恩留言——学生品读格言，说出感悟，实现感恩教育的目的——结合自身体验创作感恩留言。

学生通过签名和写感恩征文，叙写爱的故事，把自己看到的、体验到的、做到的感恩故事写下来，并择优结集出版《让感恩之心在阳光里延伸》，进一步促使学生洗礼心灵，升华情感，将感恩之情渗透流淌在血液里。

活动效果：学生通过“宣誓、签名、绘制感恩小报、制作感恩贺卡、写感恩征文、创作感恩留言”等活动，用自己的妙笔传达一颗感恩的心，绘制一盏用善做燃料，用爱做灯芯的照亮心灵的感恩灯，给自己和他人带来温暖，带来真诚，带来意想不到的快乐和幸福。同时补充了感恩的精神钙质，将感恩教育引向深处。

四、活动反思

1. *感恩教育深受家长欢迎，宜将其作为我校德育常规性教育活动一以贯之*

感恩是一种品德，也是一种生活态度。古人云：“滴水之恩，当涌泉相报。”苏联教育家苏霍姆林斯基也曾说：“良好的情感是在童年时期形成的，如果童年蹉跎，失去的将无法弥补。”在当前多数家庭结构中，子女多是家中的小太阳，父母宠，外公外婆爱，爷爷奶奶亲，“所有人只为他一人而动”，久而久之，很多孩子都认为得到的东西似乎是理所当然，爸爸妈妈所做的事情当然也是他们应该做的。很多家长或孩子的爷爷奶奶也意识到了这个问题，但依靠他们自身的教育来扭转孩子的“惯性”着实不易。因此学校开展的感恩系列教育活动，最高兴的也最直接受益的是家长。作为学校，有责任也有义务将感恩教育活动延展下去，家校携手共促孩子良好品德的形成。

2. *感恩教育活动要不断创新内容与手段，常抓常新*

作为一项一以贯之的教育活动，如果没有新的教育素材、新的组织方式，往往会导致学生的倦怠，从而影响教育效果。在今后的教育工作中，学校将组织班主任搜集挖掘古往今来的感恩事迹或学生身边的感恩事迹，不断充实感恩教育的素材，探索更新教育方式，引领全体同学继续唱响心中的感恩之歌，让孩子们生命的绿色在感恩的阳光里延伸，让感恩情怀陪伴学生一路健康成长。

“六同教育”构建特色育人工程

惠州市惠台学校
案例负责人：潘春燕
案例主要贡献者：徐婉莹　潘春燕

惠州市惠台学校位于江北24号小区，于2006年9月开办，土地由市政府划拨，总投入5000万元，市、区政府各投入500万元，其余由市台商协会捐资建成的一所公办中学。学校占地面积43970平方米，校舍总建筑面积25800平方米，生均建筑面积21平方米，校园绿化面积17148平方米。学校现有教职工113人，其中，专任教师107人，班主任34人，研究生学历8人，学历全部达标，有34个教学班，学生1738人。

办学以来，我校始终坚持“德育为首、育德为基”的教育思想，强化德育治校理念，认真研究新形势下教育教学中出现的各种问题，在德育内容和方法上努力探索、积极实践，提出了“六同教育”德育模式，实践几年来，赢得了广大家长的充分信任和社会的普遍认可，取得了可喜的成绩，得到了上级领导的充分肯定。2010、2012年两次被中共惠城区委员会、惠城区人民政府授予“师德师风建设先进单位”；2012年，被惠州市教育局授予惠州市第二届未成年人品德教育先进学校“旭日奖”；2012年，被认定为惠州市第三批“德育示范学校”；2013年，我校的省级德育课题《自主参与型班级管理模式研究》（课题号：GDZXXDY13096）立项，目前正在实践研究阶段。德育是教育的灵魂和核心。办学以来，我校始终坚持“育人为本、德育为首”的教育思想，强化德育治校理念，认真研究新形势下教育教学中出现的各种问题，在德育内容和方法上努力探索、积极实践，取得了可喜的成绩。学校先后获省、市“厂务公开民主管理工作先进单位”“市德育示范学校”“市家长学校”“师德师风建设先进集体”“市厂务公开民主管理标准体系A级贯标认证单位”“市绿色学校”“市巾帼文明岗”“市职工职业道德建设先进单位”“市教育优质服务先进学校”“市安全文明校园”“区安全文明校园”“区学校卫生工作先进单位”等荣誉称号。

一、产生背景

惠台学校，寄寓着惠州与台湾能加强互动，因此，在德育工作中，除了根据学校实际外，还巧妙地糅合了台湾的人文特色，奠定了惠台德育工作的基调，除了开展常规的思想教育外，重点致力打造“惠”“台”德育模式——六同教育（同唱感恩歌、同奏快乐曲、同跳健康绳、同写工整字、同读圣贤书、同创人文园），从“立德、立人、立志、立行”出发，学校把六同教育渗透在学生生活的各个方面，把培养学生品德、塑造学生的健全人格放在第一位，始终坚持以学生的发展为出发点，提倡德育的创新，优化育人的途径：以唱带动感恩教育，以奏吹出快乐成长，以跳舞动健康生活，以写规范学习习惯，以读陶冶学生性情，以创促扬人文校风，达到实实在在的育人目的。力求“养成教育净化学生心灵，校园文化促进学生健康发展”，构建了具有我校特色的育人工程。

二、理念支撑

1. 六同教育“育人为本”的理念，符合《纲要》的根本要求

2010年5月，国务院正式审议通过《国家中长期教育改革和发展规划纲要（2010年—2020年）》（简称《纲要》），明确了“育人为本”是“教育工作的根本要求”。“道德教育”之于“教育”，其本质和内核是完全一致的，即塑造更加完善的人。因此，“育人为本”“以学生为本”，亦作为道德教育贯穿始终的核心追求，通过此次《纲要》的颁布再次到得了深化：从理论层面的“学生主体论”“受教育者和教育者双主体论”，到方法论层面的“反对强灌”“疏与导相结合”等，均是强调以“学生”的发展为导向。为了使道德教育在现有的考核制度和课程框架下真正做到“育人为本”，做到“以学生为本”，活动德育应当成为当代中小学道德教育的有效模式之一。而“六同教育”这个德育模式就符合“育人为本”“以学生为本”的理念。

2. 六同教育中蕴含中华传统美德的活动，符合德育过程知行统一的原则

德育过程是知、情、意、行相统一的过程，是学生将德育要求不断内化的过程，是学生在各种活动和交往中进行自我教育的过程。中小学德育工作的对象是未成年人，必须遵循未成年人的身心发展规律，正确把握其身心发展的顺序性和阶段性、不均衡性和差异性、稳定性与可变性等特点，而“六同教育”通过深化德育的融入、渗透，增强德育效果，改变了传统的德育方式，改变以教师为中心、课堂为中心、说教为特色的德育教育为以学生为中心，以活动为载体，以体验感悟代替说教。“六同教育”还把德育工作由课内延伸到课外，由学校延伸到社会，通过活动，营造了良好的育人氛围，使学生体验成长的快乐，感悟做人的道理。

三、具体做法

1. 同唱感恩歌——传承中华传统美德

“感恩”是中华民族的传统美德，是和谐社会的重要组成部分，只有常怀感恩之心，才能从各个方面获得更大的情感回报。为此，我校在全校学生中以同唱感恩歌《感恩的心》、励志歌《我真的很不错》、台商会歌《爱拼才会赢》为切入点分阶段集中开展了系列行之有效的“感恩教育”活动，如“感亲恩”主题班会，“爸爸妈妈，您辛苦啦”“爸爸妈妈，我想对你说”等系列亲子活动，让学生做到“知恩、感恩、报恩”知行统一。

2. 同奏快乐曲——展现学生多元智能

同奏快乐曲是学校才艺教育的一个精华浓缩。学校尊重师生的意见，开设体育性、音乐性、美术性及学术性的社团或兴趣小组，目的不在训练专业的音乐、美术或体育选手，而是培养学生的兴趣，美化学生的心灵，涵化学生的气质。在该前提下，我们期望透过各式才艺活动，开展学生的多元智能，增长鉴赏艺文的能力。全校学生都能用口风琴吹奏《爱拼才会赢》等曲目。

3. 同跳健康绳——培养学生阳光生活

“每天锻炼一小时”，学校旨在通过一系列阳光体育运动让校园的每一处变成了充满活力的“动感地带”。如：大课间活动，七、八年级或做课间操或跳绳、踢毽子，七、八、九年级进行跑操训练等，根据学生的兴趣爱好，学校还组建了篮球队、乒乓球队、羽毛球队、健美操队等，每周固定两个下午的第三节课，学生分班开展跳绳、踢毽子等社团活动，运动的时尚已蔚然成风。

4. 同写工整字——规范学生日常常规

世上的事都是靠认真才能做出来的。由此我们强调要学生将作业字体写得工整，版面整洁，不是为了多培养一些未来的书法家，而是为了培养学生做事认真的态度，并将它转化为习惯，书写的习惯、学习的习惯、生活的习惯。目前，语文科组利用午读时间，开展全校性“同写工整字”活动，每学期举行一次全校性的“优秀书法作品展”等，取得了很好的效果。

5. 同读圣贤书——立君子品做有德人

与尊师好学相一致，我们大力提倡学生“读圣贤书”。提倡读书，是我们“创建学习型校园，造就知识型师生”若干举措中具有代表性的一项。目前，学校专门开设阅读课，每周星期二由语文科组组织各班自行阅读名著、《中华活页》等，拓宽学生视野。各班学生还主动将自己喜欢的书拿来与班上同学分享，自主设立“图书角”，创造了良好的读书氛围。本学期开始，我校进一步拓展“同读圣贤书”的活动形式，在大课间时间，专门开辟了“诵读”大课间，通过学生领读、集体背诵，再次让学生感受到经典国学的博大精深。

6. 同创人文园——涵化学生爱人敬土

为活化学生的校园生活乐趣，学校糅合了惠州与台湾的人文特色，奠定了校园文化建设的基调，体现在“成才先成人”的教育特色上：第一，重视文明礼仪养成教育，并逐渐形成和丰富了独特的“四礼”：欢迎礼、见面礼、上课礼、进门礼。第二，重视开展国学教育。学校特别规划国学长廊，以《弟子规》《三字经》《论语》为主要内容，通过听、说、读、写、比等多样方式把国学教育渗透到日常的教育中，内化到行动中，陶冶情操，激发兴趣，为学习其他文化知识打下坚实的基础。第三，将“永续、生态、环保、健康”的环境教育概念，融入正式及非正式课程中，教导学生如何良性地与环境互动，进而涵养学生“敬天地，尊人事”的人文情怀。

四、基本成效及社会反响

得益于上级主管部门的正确领导、台商的支持，学校德育特色彰显，社会普遍认可。学校先后承办惠州市校园文化现场会、惠城区教育系统“三廉教育”工作现场会等，2011年圆满完成了惠州市和台湾新竹市缔结友好城市植树纪念活动，优美的校园环境和极富惠台特色的社团展示，给领导和来宾留下了深刻印象。学校获得多项荣誉：2009年市职工职业道德建设先进单位、区师德先进单位、区初中教育教学质量进步奖、区青少年科技创新大赛一等奖；2010年广东省厂务公开民主管理工作先进单位、市厂务公开民主管理工作先进单位、市厂务公开民主管理标准体系A级贯标认证单位、区巾帼文明岗、区中小学校体育工作先进单位、区中小学校卫生先进集体、区安全文明校园、区“创强”先进单位、区“普高”先进单位、区学籍管理先进单位、区实验室管理先进集体；2011年被认定为惠城区第一批“德育示范学校”、区首届“春蕾”文化艺术展演比赛中学组舞蹈类二等奖、优秀组织奖、区庆祝建党90周年“移动杯”教师合唱比赛二等奖、被评为“广东省规范化学校”；2012年获得“市德育示范学校”称号、市教育优质服务先进学校、区劳动模范先进集体、区巾帼文明岗等。

实施六大育人措施　建设四个成长平台

东莞市教育局
案例负责人：王晓光
案例主要贡献者：林灼西　邓秀珍

近年来，我市深入贯彻落实党的十八大精神和中共中央、国务院《关于进一步加强和改进未成年人思想道德建设的若干意见》精神，以培育和践行社会主义核心价值观为全市德育工作主线，积极推行课程育人、文化育人、实践育人、管理育人、合力育人和科学育人，建设精神引领、才智展示、心理对话和安全防护“四个成长平台”，全面提升我市未成年人思想道德水平。2012年，我市被中央文明办评为“全国未成年人思想道德建设工作先进单位”。

一、充分发挥课堂主阵地作用，落实课程育人

贯彻落实国家、省关于未成年人思想道德建设工作要求，严格执行教育部颁布的中小学德育纲要和课程标准，开齐开足中小学德育课程。贯彻落实课程改革精神，改进德育课教学，采取对话、互动、活动、实践、体验、探究性学习等方式，增强德育课的吸引力和感染力。制定并落实《关于进一步加强东莞市中小学学科德育工作的指导意见》，开展学科德育专题研修活动；组织教师深入发掘各学科教学中的德育因素，增强实施学科德育的责任意识，全面提升课程实施能力，提升综合育人效果。开展东莞历史文化进课堂活动，将《东莞地方历史读本》作为我市义务教育七年级学生的必读教材。报送小学品德课和初中思品课参加教育部德育精品课程选送活动，在国家和省取得优异的成绩。

二、全面推进校园文化建设，促进文化育人

积极传承并弘扬岭南优秀文化，挖掘利用本地的历史文化传统，进一步因地制宜地开展校园文化建设，打造了一批传统文化特色学校，提升我市校园文化品位。加强

图书馆建设，提升藏书质量，组织开展经常性的读书活动；开展“道德讲堂”活动以及“美德少年”等评选活动，打造“精神引领平台”，让学生学习有榜样；在各种法定节日、传统节日、纪念日以及入学、入队、入团、成人礼、开学和毕业典礼、校庆等有特殊意义的日子，组织班会、队会、团会等集中开展主题教育活动和学校体育、科技、文化、艺术节等活动；加强校风、班风、学风建设，组织开展丰富多彩、生动活泼的文艺活动、阳光体育活动、科技活动；支持学生社团活动；充分利用板报、橱窗、走廊、校史陈列室、校园广播电视网络等设施，营造体现主流价值观、时代特征、学校特色的校园文化氛围。

三、有效开展德育实践活动，推进实践育人

积极将德育实践活动纳入课程管理，制定与落实《关于进一步加强学生校外社会实践管理的通知》要求，进一步加强学生校外社会实践活动的规范管理。通过开展以诚实守信、文明礼貌、遵纪守法、勤劳好学、节约环保、团结友爱等为主题的系列德育实践行动，积极打造学生的“才智展示平台”，让学生实践有载体。通过开展“我的中国梦”主题教育系列活动、“我们的节日”“学雷锋、树新风”主题志愿服务活动等形式，深化爱国主义教育，弘扬和培育民族精神，努力将社会主义核心价值体系融入中小学教育教学全过程。近三年来，我们联合东莞市展览馆举办84场次“幸福东莞、和谐家园”主题教育宣讲会，参与师生达6.2万人。组织学生广泛参加“学雷锋”等志愿服务和社会公益活动；成立东莞市中小学德育基地，建设寮步镇香市影视城等39个东莞市中小学生社会实践基地，培育创建4个国家、省、市级中小学质量教育社会实践基地，整合东莞展览馆、鸦片战争博物馆等校外教育资源，不断拓展学生社会实践活动领域。进一步推动全市青少年活动中心（宫）建设和管理，为我市中小学校外社会实践活动的有效开展提供保证。

四、不断加强德育工作队伍建设，强化管理育人

我市将师德师风教育作为教师队伍建设的重点工作来抓，积极开展师德主题教育宣讲，印发师德宣讲稿汇编，录制东莞市省教书育人楷模先进事迹宣讲活动录像光盘下发至全市中小学校，供学校学习使用。每年9月，坚持开展“师德建设主题教育月”活动。印发《关于进一步加强师德建设工作的通知》，以强化师德建设，规范教师的职业行为；完善学校、家庭、社区全覆盖的德育工作网络；明确学校各个岗位教

职员工的育人责任，把育人要求和岗位职责统一起来，将学生的全面发展作为学校一切工作的出发点和落脚点。开展中小学德育工作绩效评估，认定市级德育示范学校（中小学）208所。加强班主任培训，提高班主任工作能力，充分发挥班主任管理和建设班级的核心作用；积极实施班主任能力提升工程，与广东省第二师范学院联合研发网络培训平台，开展班主任全员培训，有效提升了全市中小学班主任的工作水平和专业素质。组织教师参与省教育厅组织的名班主任培养成果展示交流活动，推荐优秀班主任作为省名班主任培养对象，定期组织开展全市中小学班主任专业能力大赛，选拔优胜选手参加省大赛，取得优异成绩，我市被评为省最佳组织奖。把团队工作纳入学校德育工作的总体规划，充分发挥共青团、少先队在学校德育工作中的重要作用。高度重视心理健康教育，将心理健康教育全面渗透到学校教育全过程之中，着力打造“心理对话平台”，让学生情感有依托。落实“四个工作规范文件”要求，加强心理健康教师培训。近年来，我们共组织省心理健康教育教师资格“C证”培训19期，培训约4300多人；“B证”培训5期，培训1000人；选派60多名骨干教师参加省举办的“A证”培训。积极开展中小学心理健康教育示范学校创建工作。目前，我市共创建了9所省一级示范学校。

五、致力打造“三位一体”德育网络，推动合力育人

重视家校合作，完善“三位一体”德育工作体系。健全家校联系制度，通过建立家长委员会、家长学校，召开家长会和家访等形式，密切学校与家庭的联系，充分发挥学生家长在德育工作中的重要作用。规范管理家校通、班级博客、家长QQ群等家校联系网络资源平台，保持家校间的密切联系和良性互动。全面开展以及现代家庭教育系列培训活动，促进家长由经验育人向科学育人转变。开展“千师访万家”“家庭教育大讲堂”活动、“亲子电影季”等系列活动，将学校、家庭、社会三位一体化的德育资源进一步整合，力促合力育人。积极与公安、司法、团委、妇联、关工委等有关部门联系，大力开展文明共建活动，扎实开展校园周边环境综合治理，净化中小学生成长的社会环境，构建学校、家庭、社会互相促进、互为补充的“安全防护平台”，让学生健康有保障。

六、着力加强德育科研工作，深化科学育人

积极针对新时期教育的规律和特点，遵循学生身心的发展规律和成长规律，加

强德育工作的科学性、针对性、实效性的研究。定期组织中小学校针对当前学校德育工作的重点、难点问题和薄弱环节，积极开展课题研究；按照中小学德育、中职德育、心理健康教育三个类别申报省市的科研课题，寻求破解德育难题的有效方法；提高德育科研成果的应用转化，将研究成果应用到实际德育工作中，提升我市德育工作水平。近几年，我市共有85项课题获批为广东省教育厅德育立项课题，其中有16项为省重点立项课题，2013年我市有6项德育科研成果获得省一等奖，4项获得省二等奖。编印东莞市中小学德育工作简报，引导中小学校不断总结提升本地本校的德育工作特色，积极搭建全市中小学校德育工作学习交流的平台。

“育人为本，立德树人”，未成年人思想道德建设工作任重道远，面对新的形势和新的任务，我们要巩固成绩，开拓创新，继续推动东莞市中小学德育工作再上新台阶，为打造南方教育高地，推进东莞市创建广东省教育现代化先进市做出应有的贡献。

兴贤护苗　家校互助

——在联合办学背景下家校互助德育探究

东莞市凤岗镇中心小学
案例负责人：冯婉玲
案例主要贡献者：曾剑辉　冯婉玲

一、产生背景

2012年9月，家长义工成立兴贤护苗志愿服务队

东莞市凤岗镇政府为了整合教育资源，把兴贤、三联、五联、天堂围、竹塘、竹尾田六所村办小学一起并入中心小学，学生由原来的800多人增加到1800多人，老师从原来30人增加到100多人。当地户籍的学生只占了总人数的32%，而新莞人子女就占了68%。这些新莞人的家庭多数来自全国各地，不同地域的历史背景，生活习俗、文化积淀使每个家庭不同的生活习惯、生活方式，以及由此形成的文化素养、价值观点、家庭教育状况的差异。这些农村和城镇学生兴趣爱好是什么？他们的家庭结构有什么特点？开展德育实践活动对于联合办学的学校来说，家校互助显得尤为迫切。

家校互助德育实践探究是时代对新型家长价值观的呼唤。现代社会的功利取向和价值观发生了翻天覆地的变化，许多家长认为学校教育最重要的是使他们的孩子考到高分，而忽略培养学生良好的学习方式，忽视了培养学生的德育实践能力，所以，学生关心国家命运、社会问题、环境问题的社会责任感就成了空中楼阁。因此，德育活动研究的价值体现在学校教育、家庭教育、社会教育的针对性和实效性，家校互助的形式有助于满足学生成长的需要和社会发展的需要，使德育实践活动更好地面向学生的“生活世界”，密切了学生与生活、社会的联系，更好地促进学生的思想情操、综合素养的动态生成和发展。

案例概念界定：“兴贤”是百年老校“兴贤小学”的校名，兴贤护苗体现了家校互助的德育实践行动的意义，也是对百年老校的教育理念的继承和延续。家校互助德育实践探究是在教师的引导下，在家长的参与帮助下，学生自主进行的综合性德育学习的活动，这是结合教师和家长的优势，基于学生的经验，密切联系学生自身生活和社会实际，体现对知识的应用的家校互助的德育实践性探究活动过程。

理论依据：本德育案例的理论支撑是生活教育理论、认知结构学习理论、教学过程最优化理论、人本主义理论、素质教育理论、构建主义学习理论、课程标准、学校家庭社会三结合的系统性理念。

二、联合办学背景下家校互助德育实践探究三大行动

联合办学背景下家校互助德育实践探究强调以学生的经验、家庭和社会的需要和问题进行的教育活动，利用教师、家长自身的优势，结合社区的资源，为学生自主、合作、探究提供了广阔的空间，补充了学校教育资源，满足了学生成长的需要和家庭发展的需要。因此，联合办学背景下家校互助德育实践探究的三大行动：

家长义工每天在学校门口安全值岗，护送学生过马路

1. *家庭现实生成行动*

新课程标准指出，实践活动的本质特性是生成性。联合办学背景下家校互助德育实践活动具有很强的家庭现实生成性。家校互助德育实践活动从学生的家庭出发，从他们的现实生活情境中发现问题，确定活动的主题，在活动的开展过程中更具有现实生成。这样，德育实践活动根据学生的家庭现实和实际，学生能从他所能接触的生活情景和资源中收集到有用的资料，更能激发学生参与活动的兴趣，使活动的目的更有成效。在家校互助课程的实施过程中，进一步强调学生的家庭经历和父母的生活和工作的经历，并让学生获得实际发展性的体验，并且通过父母的共同参与和老师的必要指导，更好地促进学生的思想情操、综合素养的动态生成和发展。

2. 家校互动互助行动

家校互助德育实践活动之尊老敬老

我校自从联合办学以来，加上近几年积分入学的学生，学校学生的总人数近有2000人，调查发现大部分学生是“四二一”型的家庭结构，就是一个家庭由孩子、父母、外公外婆、爷爷奶奶的家庭成员组成的。这样，家长的人数就是学生人数的6倍，家长的文化水平在高中毕业或以上学历的达90%以上，我们初步统计出，每个家庭都有很好的教育资源。比如：上学期，我们开展的四年级开展的德育实践活动的主题是关于客家黄酒的功效和酒后驾驶的危害，就是在家长的参与和帮助之下完成的，我们了解到有几个家长是医生，而且是学中医的，对黄酒的酿制和疗效都很熟悉，于是我们邀请这位医生参与我们的德育实践课题实践研究，指导帮助我们研究并完成了黄酒的“色、香、味”，以及黄酒的功效。学生通过在家校互助、师生互助、生生互助的过程中体验黄酒的酿制，学习研究黄酒的特性，提高了学生互动互助合作意识。因为家长的文化结构多种多样，有层次高、知识渊博的家长，有工程技术一流的家长，有消防能力的家长，有管理跨国企业的家长，也有参加过东江纵队的老前辈爷爷。正是有这些文化结构多样、分布于社会各个行业、阶层的家庭，组成了在联合办学背景的是一笔巨大的教育资源。联合办学背景下家校互助德育实践活动可利用家长的个人优势，在老师和家长、学生的互助互动下，更充分高效地开发和利用校外教育资源，为学生的发展开辟了面向生活、面向自然、面向职业、面向社会的广阔德育空间。

3. 家校优化统一行动

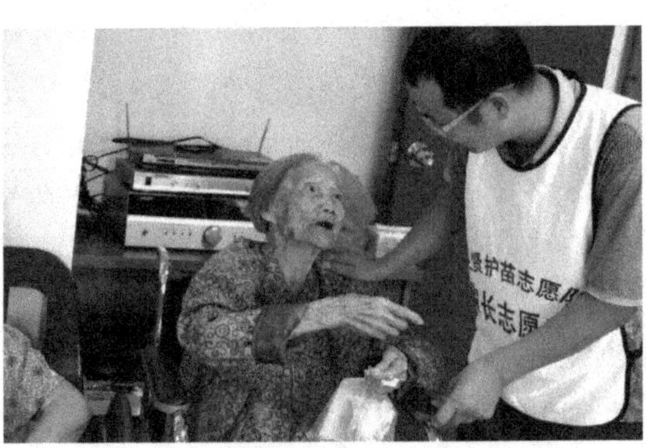

家长义工每逢传统节日都到敬老院探望老人

苏霍姆林斯基说：“教育的效果取决于学校和家庭的教育影响的一致性。”我们知道，学生的生活世界由个人、家庭、社会和自然等基本要素构成，这些基本的要素是彼此交融的，生活世界是丰富多彩的，学生研究处理各种问题需要教师的引导，同样需要家校互助结合。联合办学背景下家校互助德育实践教育就是为了更好的密切家校关系，由此形成家庭与学校一致的教育意见，更好地实现了家校互助、和谐统一。我们在开展《进村入户　感知敬老》的德育实践活动中，充分考虑了家校优化统一性，把《进村入户　感知敬老》的情感目标定位为培养学生和学生家庭成员的尊老、爱老、敬老的感恩意识，从而营造孝顺老人的社会风气。在实施过程中，强调学生的亲身经历，动员家长参与到感知敬老的各项活动中，引导学生和家长一起，通过到凤岗镇政府的社会事务中心采访本镇人口老龄化的情况，到敬老院探望慰问老人，深入村委会了解调查采访老人节的举办，走访孝顺老人的典型模范家庭等一系列实践活动，学生、家长代表从他们所接触的情景和资源中收集活动方案的资料，获得了实际的体验和发展，以点带面，达到家校教育优化统一性的教育效果。

三、联合办学背景下家校互助德育实践活动设计

联合办学背景下家校互助德育实践活动主要以社区服务和社会实践为重点，利用家长的优势，把社区和学校课程有机结合，课程的内容关注家庭、社区存在的现实问题，综合利用社区教育资源，体现当地的风俗、文化、经济等地方特色，引导学生在社区生活中提出活动的内容主题，学生和家长代表一起参与社区情景和社会活动，体验社会成员的生活和活动，懂得他人和社会群体在个人发展方面的重要性。在联合办学的背景下，家校互助的德育实践活动涉及：交通堵塞、中国式过马路、环境污染、耕地减少、人口增长、老龄化、住房紧张、家庭种植养殖、家庭帮手、家庭特色菜、青少年活动场所、公园、当地的工业园特色、本地社区的风俗、特产、传统节日、人文景观、殊荣人物等主题。

以下是2012—2013学年学校家校互助德育实践活动课程安排。

年级	家校互助德育主题	负责老师	家长义工参与人次	参观采访调查计划课时数
四年级	走进家乡的排屋楼	罗慧文	10人次以上	10课时以上
四年级	和家人一起学礼仪	谢翠娥	全校家长参与学习	10课时以上
四年级	安全上网	王梦雅	20人次以上	10课时以上
五年级	凤岗客侨文化	冯婉玲	20人次以上	10课时以上
五年级	进村入户　感知敬老	冯婉玲	40人次以上	15课时以上
六年级	走进凤岗烈士陵园	房月嫦	30人次以上	10课时以上
六年级	我养蚕　我快乐	黄小君	5人次以上	观察期3个月

以下是2013—2014学年家校互助德育实践活动分工和完成情况。

负责老师	德育内容	年级对象	呈现形式	完成时间
冯婉玲 赖聪斐	敬老主题德育 实践活动	五年级 学生和家长义工	自编案例	2012年12月至 2013年5月
冯婉玲	孝心教育	四年级 学生和家长义工	（公开课、微课） 四年级品德上册	2013年11月
冯婉玲	用餐礼仪　待客礼仪	四年级 学生和家长义工	（公开课和微课） 四年级品德上册	2013年12月
谢宜伶	文明姿势　文明用语 文明习惯	五年级 学生和家长义工	公开课	2014年3月
郭颂桢	交往礼仪　集会礼仪 家庭礼仪　邻里礼仪	一年级 学生和家长义工	公开课	2014年3月
罗金红	宴饮礼仪　出行礼仪	二年级 学生和家长义工	公开课	2014年4月
简美秀	喜庆礼仪　探病礼仪 购物礼仪　丧葬礼仪	三年级 学生和家长义工	公开课	2014年5月
谢翠娥	民族礼仪　各国礼仪	五年级 学生和家长义工	公开课	2014年5月
谢锦泰	感恩教育主题班队会	三年级 学生和家长义工	中队主题会	2014年6月
张鸿瑞	感恩教育班级展示	六年级	学生和家长制作的ppt	2014年6月
李婷妮	感恩教育班级展示	六年级	学生和家长制作的ppt	2014年6月

在联合办学背景下家校互助德育活动中，处处彰显着家校的互助和谐。比如五年级德育实践活动主题《进村入户　感知敬老》，充分体现了家校互助课程的特点，综合教学组的家长志愿者在交通安全培训、法制教育、消防技能和卫生保健培训，特别是在德育实践活动指导方面，为我们做了许多的帮助和指导，在“黄酒的功效”和“酒后驾驶的测定”等实践活动，在医生家长和交警家长的帮助下，学生顺利地完成了探究活动，并写出了实践活动案例。这些活动案例获得了2012、2013年东莞市综合实践活动案例评比二等奖和三等奖。

四、家校互助德育实践探究的成效和社会反响

古罗马教育家普罗塔克说：“儿童不是一个需要填满的罐子，而是一颗需要点燃

的火种。”联合办学背景下，家校互助德育实践打开了教育的另一扇视窗，点燃了学生主动参与德育探究实践的兴趣，培养了学生的创新能力和实践能力，提升了道德情操，也树立了家长的正面的教育观和价值观，让学生牵起家长的手，一起关心社会问题、环境问题，关注社会需要，并积极参与社会服务，形成社会责任感，加强了学校教育、家庭教育和社会发展的需要，加强了德育的针对性和实效性。

1. 家长组成的兴贤护苗志愿服务队不断壮大，家庭教育效果明显提升

在2012至2014年，通过实施家校互助德育实践课程，家长的志愿服务人数从原来的60人增加到220人。2012年9月，家长志愿服务队正式命名为兴贤护苗志愿服务队。队伍的年度服务时数从200小时增加到1200小时，兴贤护苗志愿服务队分为安全护卫组、后勤保障组、综合教学组、心灵关爱组。这几年，家长志愿队积极参加德育实践活动，得到学校和社会一致好评，2012年东莞市凤岗镇授予家长志愿队“东莞市优秀志愿服务队”光荣称号，2013年被评为凤岗镇关心下一代先进集体，2013年被评为东莞市凤岗镇优秀志愿队集体。家长的家庭教育知晓率从原来的25%提高到90%。家校互助德育实践探究架起了学生和家长、学生和生活、学生和社会密切联系的桥梁。

2. 学生的文明礼仪习惯得到培养和巩固

在交往和活动中，学生的文明礼仪习惯得到了实实在在的培养和巩固。在2011至2014学年这三年（6学期），在红旗班评比中，学生的文明礼仪纪律的扣分逐年减少（起点从100分扣起，扣完为止），说明学生的文明礼仪纪律不断好转，逐渐养成良好的生活和学习习惯。

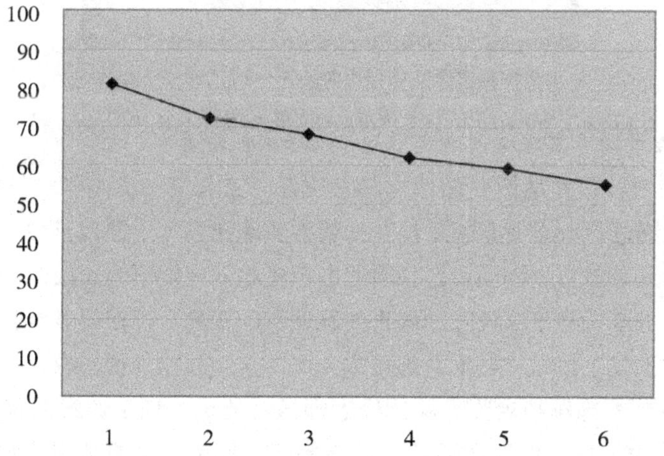

2011—2014学年的6个学期全校学生的文明礼仪纪律评比（扣分）统计

从统计图中看出，2011年上学期至2014年下学期，6个学期全校学生文明礼仪纪律扣分依次是81、72、68、62、59、55，曲线向下，说明了扣分逐年减少，反映出学生的习惯养成处于良好的趋势，这些数据充分体现了在联合办学背景下，实施家校互助德育实践课程取得了很好的成效。

3. 家校互助的社区德育正面影响效果明显

2013年开展的敬老主题德育活动《进村入户　感知敬老》，对学生尊老敬老的思想教育起到了很好的育人效果。在家校互助德育的研究过程中，冯婉玲老师编写的《陪伴学生成长——班主任工作优秀案例》《品德与社会（生活）优秀教学设计和教学课件》、校刊《雏凤》、家长义工报《兴贤护苗　家校互助》等对品德课程的有效落实、学生的习惯养成、家庭教育、社区教育等方面做了很大的贡献。2012年11月12日，冯婉玲老师在全镇关心下一代教育工作会议上，作了题为“兴贤护苗，家校互助”德育经验介绍。同时，也得到了来自惠州、梅州、韶关等地的挂职校长和老师的好评。

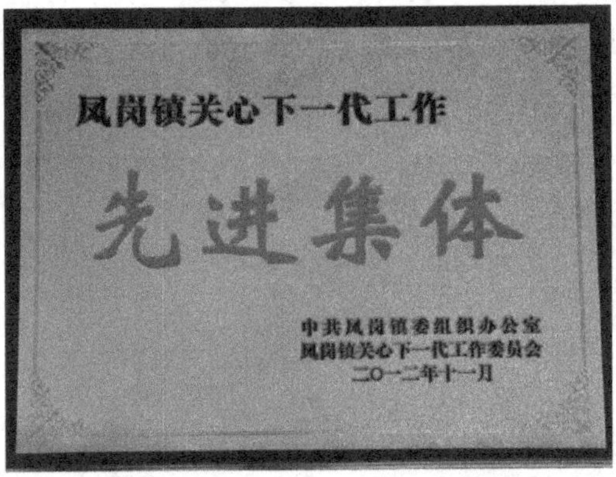

兴贤护苗志愿队被评为关心下一代工作先进集体

4. 家校互助德育实践案例研究带动了教师专业提升

家校互助德育实践案例研究作为国家课题《家长义工参与学校管理研究》的子课题，同时《在联合办学背景下家校互助德育实践探究》于2012年12月被立项为东莞市“十二五”基础教育规划项目。目前课题已经进入中期研究阶段。冯婉玲老师撰写的论文《联合办学背景下家校互助德育实践课程的探究》，在国家级刊物《当代教学与管理》杂志上发表，《“朽木”仍可雕》在国家级刊物《现代教育教学导刊》上发表。谢锦泰老师、郭颂桢老师、谢宜伶老师撰写的班主任工作案例获得2013年度凤岗镇班主任优秀工作案例评选活动二、三等奖。因为该德育成果突出。2013年5月29日，该德育成果作为学校办学成果（家庭教育、养成教育）分别在凤岗镇电视台、凤岗网作了宣传报道。冯婉玲被中共凤岗镇委组织办评为关心下一代工作先进个人，学校被中共凤岗镇委组织办评为关心下一代工作先进集体。

总之，学校以“家校互助德育实践探究的三大行动”为载体，以现代生活为中心，利用现代生活资源，通过家校互助、学生主体参与的道德生活实践，促进学生道德自律体系的自主建构。目前东莞市凤岗镇中心小学“家校互助德育实践探究的三大行动”形成了家校互助德育护苗品行、家校互助德育敬老品行、家校互助德育礼仪品行，发展了良好情感态度价值观，培养了学生的德育实践能力、探究和创新精神，为学生道德情操的体验、探究提供了广阔的空间，补充了学校教育资源，满足了学生成长的需要和家庭发展的需要，为学校教育、家庭教育、社会教育三结合打开了另一扇视窗。

家校互助德育实践打开了教育的另一扇视窗

开发岭南文化校本德育课程的实践与探索

东莞市石龙第三中学
案例负责人：李炳祥　冷芬腾
案例主要贡献者：黄泽鑫　周雪桂

杜威指出："教育即生活。"研究德育校本课程是试图建立一种具有学校特色的、对学生道德成长发展具有针对性、实效性和开放性的德育课程体系，让德育回到学校生活中去，让德育渗透到学生生活中去，真正使德育成为学生精神生活的需要。我校岭南文化校本德育课程开发研究就是利用优秀岭南文化作为背景平台，使用综合实践活动和班级活动为基本手段，让学生参与校本德育课程开发的全过程，在活动中边探究岭南文化内容，边受到优秀本土文化的熏陶，从而真正实现教育走向生活，激发学生兴趣、积累文化知识、锻炼探究能力，增加对优秀本土文化的高度认同，产生对家乡文化的自豪感。通过文化知识传授、文化环境熏陶与实践体验相结合，为将来适应社会，走向社会打好基础。

一、开发岭南文化校本德育课程的现实意义

1. *珠三角地区学校德育的现状*

学校德育实效性低是困扰学校教育的一个老大难问题，是现代德育迈向素质教育的主要路障，也影响着学校的优质发展。一方面，长期以来学生习惯于从教材中认识有关的道德常识和理论，缺乏道德生活的实践能力，缺乏对道德的感性认识，缺乏对道德的亲身体验；德育内容不能有效地内化为学生自身的修养和道德素质。另一方面，珠三角地区学校的文化影响主要来自港台文化，易淡化优秀传统文化。浸染于港台娱乐文化的青少年，喜欢时尚，反叛传统；热爱西洋节日，淡漠传统节日；崇尚个性张扬，忽视传统美德。

2. *基础教育改革的要求*

基础教育改革提出文化育人的理念。新理念强调学校教育不能片面追求分数，

更要注重受教育者文化素质的全面发展。学校要通过文化进校园、进课堂，将学生文化知识传授、文化环境熏陶与实践体验相结合，从而加强对青少年的传统文化教育，进行伦理道德建设，不断将知识升华和转化为内在品质和外在能力与气质，使之形成一种理性与价值判断、科学与人文等素养相协调、真善美相统一的个体人格。

3. 岭南文化传承现状的要求

近几年来，为了弘扬岭南文化，我省许多地区和学校结合自己的德育工作实际，就如何将岭南优秀文化引入校园作了不同的尝试，取得了一定的成效。但是在岭南文化教育方面还存在着不足，主要表现为四个方面：其一，学校还未形成一个崇尚岭南传统文化的氛围。很多青少年对几千年来形成的岭南传统文化知之甚少，以致许多优良传统不仅没有得到很好的继承，反而被认为已经过时。其二，学校缺乏岭南文化教育课程资源。大部分学校仅仅局限于个别岭南文化艺术项目的主题活动综合研究，课程资源有待发掘。其三，学生缺乏对岭南文化的感受和体验。学校在建设岭南校园文化时，主要集中在校园环境的硬件投入上，而忽略了学生内在的岭南文化感受和体验。其四，德育脱离学校生活，德育脱离学生生活，重说教，轻体验，滞后于社会发展，德育内容从而不能有效地内化为学生自身的修养和道德素质。

二、岭南文化校本德育课程开发的路径与内容

学校以课题研究为抓手，整合研究内容，确定研究主题为“岭南文化校本德育课程开发与研究”，通过向省申报立项，商讨研究路径与措施，实施研究。

一方面，根据适合学生成长需要原则，把集中代表岭南文化（主要是莞邑文化）精髓的100个岭南文化小课题研究作为素质教育的切入点，借助学校是教育部综合实践课题组基地学校的有利条件，有效推动和开发岭南文化教育的校本德育课程，建设岭南文化特征的校园。

1. 岭南文化小课题研究实施路径

课题组整理推荐小课题 → 组建小课题探究题库 → 小课题立项申请 → 课题组审核通过 → 探究过程保障与调控 → 结题申报 （教学设计与成果案例）→ 评价奖励 →推荐国家省市参评或期刊发表 → 编写成果汇编

2. 岭南文化小课题探究主题目录（部分）

类别	课题主题
岭南建筑系列	走进岭南寺庙——南华寺
	探究岭南桥文化，传承岭南之乡韵
	骑楼的历史与今天
	广东四大名园（岭南名园文化的探秘）
	岭南文化发源地——珠玑古巷
	陈家祠、西关大屋
	“北车南船”访石龙港
	黄埔军校
岭南历史文物系列	周恩来东征演讲台
	欧公祠——探索佛教文化
	我与可园有个约会——岭南建筑风格探秘
	石龙中山路老店调查——了解老店历史、成因与发展过程
	虎门炮台的历史典故——走进东莞本土文化系列活动之一
	可园中的文化典故——走进东莞本土文化系列活动之一
	竹报平安——石龙竹器街历史发展原因
	走进蚝岗，寻找东莞历史文化起源
	东江抗日纵队的革命文化探究
	百年惠育医院
岭南名人系列	黄松坚：陶瓷工艺家
	何镜堂：建筑家
	袁崇焕：民族英雄
	面对大师——黎雄才访谈
	民国名人在石龙
	研究广东粤剧代表人物——红线女
岭南名人系列	李嘉诚生平及对故乡的投资和善举
	近代英雄——广东十虎
	国学大师——容庚（东莞出来的国学大师）
	苏东坡在广东
	岭南五家诗词（张建白、莫仲予、刘逸生 、徐续、陈永正）

续表

类别	课题主题
岭南名人系列	南派禅宗始祖惠能
	改良主义思想家梁启超
	改良主义思想家康有为
	天才历史学家张荫麟（石龙）
	杰出的体育运动员陈镜开（石龙）
	工程学家詹天佑
	无产阶级革命家叶剑英
	民主革命家孙中山
	中国第一个留学生容闳（广东）
岭南风俗系列	年晚煎堆的制作和寓意
	茶，是故乡浓——走近潮汕茶文化
	走进佛山陶瓷文化——以×××为例
	走近传统，走近粤剧
	岭南特色茶韵研究
	走近岭南荷花文化研究
	走近××（湛江）飘色文化系列活动——××飘色探秘
	亮亮我的家乡名片，认识一方特色文化
	广东人为什么特别重视重阳节
	罗家祖传狮子制作——狮子制作方法
	非物质文化遗产——韶关乳源瑶族“反面绣”
	潮汕红头船的来源
	探讨四大菜系之一——粤菜
	渔乡绝唱——咸水歌
	石龙婚嫁风俗
	走近广府文化，探索广式煲汤的奥秘
岭南风俗系列	走近春节，走过岭南特色对联
	品位传统戏曲 感受民族文化
	走近广州早茶文化调查研究
	调查与探究广东粤曲私伙局的繁衍生息
	探究潮州音乐的表演艺术性、功能性

续表

类别	课题主题
岭南风俗系列	桥头荷花文化及栽培新技术探究实践活动
	南腔北调——粤语探究
岭南特产系列	莞草成长记（记一次种莞草之经历）
	关于东坡肉烹制的调查
	走近石龙麦芽糖，感受本土手信文化
	岭南名树：英雄之树——木棉树
	岭南佳果知多少
	水乡片的“鱼包”——历史渊源和制作工艺
	走进岭南水果之乡——高州
	凉茶文化的起源
	学做岭南特色小吃“油角”

另一方面，探索岭南特色班级文化建设。分别在初一、初二、初三年级开展围绕岭南植物、岭南城市、岭南名人所蕴含的精神、品质、情操的五个“一”（一个特色主题、一个特色班级理念、一堂特色主题的班会课、一次特色班级主题活动、一套特色班级的管理制度）特色班级文化建设。

3. 岭南特色班级文化建设路径

课题组确定年级岭南文化主题系列 → 师生确定班级文化主题 → 班级申报特色主题→ 课题组审核通过 → 特色主题系列活动的开展 → 验收整理 （五个一系列特色班级文化内容）→ 课题组评比奖励 →推荐国家省市参评或期刊发表 → 编写成果汇编集

4. 岭南特色班级主题目录表

岭南特色班级主题名称汇总表

班别	特色班级名称
初一（1）	木棉班
初一（2）	紫荆班
初一（3）	微笑的向日葵
初一（4）	兰花班

续表

班别	特色班级名称
初一（5）	莞香树特色班
初一（6）	玫瑰花班
初一（7）	琴丝竹班
初一（8）	玉兰飘香
初一（9）	青松
初一（10）	威仪的红棉
初一（11）	榕树班
初一（12）	榕盛112
初二（1）	海纳百川，厚德务实
初二（2）	岭南故里、山水名城——肇庆
初二（3）	岭南名郡　魅力惠州
初二（4）	“韶•翼”
初二（5）	粤西湛江　红土乡情
初二（6）	山水之城　活力清远
初二（7）	千年古县“仙邑”翁源
初二（8）	莞香飘逸
初二（9）	岭南名郡　多彩惠州
初二（10）	岭南水乡　幸福珠海
初二（11）	粤北明珠　韶关风情
初二（12）	历史风骨，虎威精神
初三（1）	袁崇焕班
初三（2）	詹天佑班
初三（3）	天佑班
初三（4）	何镜堂
初三（5）	叶剑英班
初三（6）	李嘉诚班
初三（7）	崇焕班
初三（8）	嘉诚班
初三（9）	孙中山班
初三（10）	启超班

续表

班别	特色班级名称
初三（11）	冠军班
初三（12）	激情彭湃
初三（13）	陈镜开班
初三（14）	铮铮铁骨　学成有为

三、岭南文化校本德育课程开发的策略

1. 制定了一系列校本课程研究管理和评价激励制度

在研究过程中，为了保证研究过程的科学、规范和有效实施，增强研究的针对性和实效性，确保研究工作的有序推进，学校制定《岭南文化教育小课题管理办法（试行）》和《岭南文化教育校本德育小课题申报表》（6164字）。教师以岭南文化研究为大背景，结合综合实践活动成熟的课堂教学，在100个岭南文化研究小课题库中选择与自身学科教学有着良好切入点的内容进行研究与探讨。学生通过指导教师的引领，感受岭南文化的熏陶，开发和利用校外的丰富教学资源，感受德育教育的社会立体面。引导教师树立较强的问题意识，掌握基本规范的教育研究方法，完善教师的知能结构，提升教师的自我更新能力和可持续发展能力。也是我校进行课题式德育教育研究的新尝试，同时也是综合实践活动中有关教师与学生评价与管理的重要举措之一。与此对应，课题组还编写了《岭南小课题探究活动案例指导篇》（10350字）。

2. 建设校本课程师生共研共享的网络平台

为了便于师生探究岭南文化小课题和岭南特色班级文化建设，结合我校打造岭南文化为主要特征的校园文化特色，学校信息科组老师，在学校校园局域网建立了我校首个岭南文化教育网（http:10.156.60.253/index.asp）。网站通过介绍大量岭南文化资源以及我校师生探究的优秀案例和岭南特色班级文化建设的优秀项目成果，为课题研究提供了展示、交流、促进的有效平台。

3. 课题研究和综合实践活动课程相融合

根据身边的德育资源最有效的原则，确定50个岭南文化探究小课题，通过综合实践课程教师与课题组教师一起结合综合实践活动将小课题由学生自由组合，选择自己喜欢并熟悉的小课题进行探究，有机地将探究活动任务和综合实践活动课的教学任务和工作量结合起来安排落实。

经过近三年的研究，探究成果丰硕，发掘出一批岭南文化教育校本德育课程资源。课题组每学期根据学校教育科研奖励评比制度，对上报的学生小课题研究成果案例和教师的活动教学设计评出一等奖、二等奖、三等奖。课题组整理出《岭南文化小课题探究活动成果篇》（80677字）、《岭南文化教育小课题探究活动教学设计篇》（94750字）等一系列德育校本课程。

4. 将岭南特色班级文化建设打造为岭南文化教育的德育渗透渠道

紧紧围绕班级文化建设这一形式，着力打造不同年级不同主题的岭南特色主题班级精神。结合不同年级学生的特质分别实施不同的岭南文化内容主题班级文化建设：初一年级围绕岭南植物为主题，初二围绕岭南城市为主题，初三围绕岭南名人为主题，要求各年级挖掘整理出岭南植物、城市、名人所蕴含的情操、精神、品德，从而围绕各自不同主题打造班级体现特色主题的名称、理念、目标、班徽、口号、班会、主题活动、黑板报、管理制度等。学校组织全校性的班级文化建设评比，并邀请华南师范大学《中小学德育》杂志社的王清平书记，编辑部徐向阳主任来校做专题讲座和指导。整理出《岭南特色班级主题班会设计方案集》（88699字）、《岭南特色班级班牌系列内容与黑板报展评集》。

四、岭南文化校本德育课程开发的成效

1. 以岭南文化教育为抓手，德育效果大大提高

学校通过结合综合实践活动课程开展岭南文化小课题探究，创建岭南特色班级文化，实现了从空洞向具体反映时代的要求和本校学生发展的需要；开辟了德育新途径，创建了德育活动的新方式，使形式与内容更协调，能更好地促进知与行的有机统一与结合；岭南文化教育小课题的筛选促使德育能回归学生的生活世界，从学生的成长角度，从学生的实际生活出发，实现学生人人都参与，个个是主体。通过开发利用学生身边的岭南文化德育资源，推动德育的生活化与情境化，使学校形成了浓郁的德育氛围与良好的德育环境。我校于2012年12月被评为东莞市德育示范学校。

2. 打造学校的德育品牌，促进学校德育特色建设

通过岭南文化教育校本课程的开发，把岭南地区的优良传统，文化底蕴转化为可利用的课程资源，营造出浓厚的德育环境与氛围，有效地促进了学校的德育特色建设，使我们传统的德育优势更加彰显，特色更加鲜明，使校园形成了浓郁的岭南文化氛围，成了一个具有磁化作用的“德育场”，能让每一个学生都得到浸润和“磁化”。

浓厚的岭南文化德育氛围把人人都浸润成了育人者，学生打篮球、拔河，教师就会点拨学生相互配合，认识合作的意义，学校主题活动渗透着合作教育和团队精神；

当出现乱丢纸屑、践踏草地等不文明行为时，其他学生看到就会进行批评和指责，并及时将其捡起放在果皮箱内；当学生遇到急难之事，其他同学就会主动帮助，伸出援助之手；校园的广播之声不断对好的现象进行表彰，对不良行为进行批评；校园网上的岭南文化教育网站上定期上传同学们自己在探究岭南文化方面的小课题成果和老师们优秀的小课题探究活动教学设计方案，各班岭南特色班级文化的活动内容介绍等。这种融入学生生活，随时随地都体现着德育的方式，参与面广，时效性强，形式多样，生动活泼。使德育体现出一种亲和力和感召力，使学校的德育建设深入人心，形成了特色，铸就了品牌，彰显了优势，逐步形成了我校的拳头产品。

3. 落实学生主体地位，促进学生全面发展

岭南文化德育校本课程的开发促进了学生主体地位的落实，较好地发挥了学生在育己与育人中的主体作用。如我们在岭南文化小课题的选择上，不仅了解学生的需要，还请学生提意见，谈要求；在活动实施中，我们放手让学生自主体验，教师只适当点拨引导，教师设计的方案，学生可以修改，甚至可以舍弃，重新设计；在活动评价上，以学生的自评、互评为主。使学生的自育能力大大提高，真正成了德育的主人。在岭南特色班级文化建设方面，班主任和学生一起确定班级特色主题，并指导学生紧紧围绕主题开展班徽，班级理念、班目标、班口号、班会课活动设计，坚持班级主题活动的特色彰显等。这样的活动既是学生自育能力的展示与体现，又使学生自育能力在活动中进一步得到磨炼与提高，从而有效地促进了学生主体地位的落实，推动了学生素质的全面发展。

4. 校本教研蓬勃兴旺，教师素质不断增强

岭南文化德育校本课程的开发有效地促进了学校校本教研制度的建立与完善，在开发过程中，全校先后有近半教师参与了课题的研究与实施，不仅使我校形成了人人搞教研、处处兴教研的良好局面，也有效提升了教师的教研能力与水平。近年来，随着教研之风的兴起，教师们围绕实践找课题，围绕课题搞研究，通过研究促工作，各项教研活动从务虚变为求实，教师的教研态度由消极变为积极，校园的教研气氛由淡薄变为浓厚，参与课题研究的人员由个别变为全员。目前，学校承担国家级课题2个，省级重点课题1个，省级普通课题1个，市级课题7个，承担了多次学科年会和全市教研活动。学校重视“科研促教”，2010—2013学年度以来，全校共有646人次的教育科研成果、教育教学论文、教学设计、课件、青年教师优质课评比等获得市以上奖励，其中国家级103人次，省级218人次，市级325人次。

5. 提升学校声誉地位，产生良好社会反响

岭南文化教育的探究活动和岭南特色班级文化建设，促使学生得到和谐发展，素

质全面提升，这不仅使学生的学习热情空前高涨，也有效地促进了学生学习能力的提高，使学校教学质量连年都上新台阶。

近年来，学校先后被评为东莞市德育示范学校，东莞市绿色学校和基础教育课程改革实验先进学校，东莞市一级学校，广东省绿色学校，东莞市现代教育技术实验学校，东莞市文化建设先进学校，教育部基础教育课程改革综合实践重点研究项目组授予基地学校，教育部—中国移动全国中小学校长培训基地学校，全国综合实践重点研究项目先进学校、东莞市科普特色学校，广东省现代教育技术实验学校，广东省青少年科学教育特色学校，广东省书香校园。

开展发展性心理训练
成就“体验践行心育”特色

东莞市南城区阳光第七小学
案例负责人：王　成
案例主要贡献者：黄毅斌　张菲菲

近几年来，我校以《广东省中小学校心理健康教育工作规范（试行）》等文件精神为指导，以立项省级心理健康教育课题开展研究为载体，有计划、有步骤、持之以恒地开展了对学生进行发展性心理训练的实践探索，取得了阶段性成果，初步形成了“体验践行心育”工作特色。2012年6月15日东莞市教育局在我校专门举行“东莞市中小学心理健康教育工作现场会”，2013年1月18日在我校举行南城区素质教育成果展系列活动之阳光第七小学“心育”特色成果展示专场，分别对我校“体验践行心育”方面的成果向全市予以了推介。

一、确立了“体验践行心育”的理念目标

1. 心育理念

我们以“心本教育”“体验教育”等教育理念为指导，提出了“体验践行”的“发展性心育理念”，即引导学生用“心”去体验感悟，用“心”来践行发展。其基本内涵是：让学生在活动、情景、实践中亲身经历、体味、感受一切情绪、情感、认知，从中获得知、情、意、行的内涵，诱发其生命成长的各种需要和内驱力，进而内化为品质，外显为行为，在实践中认知、明理和发展。

2. 心育策略

以发展性心品教育为主，实施“体验训练”策略；以心理预防为主，实施“发展咨询疏导”策略；面向全体、全员参与、全面渗透、全程贯通、全体受益。

3. 心育目标

培养学生积极心理，促进学生和谐发展，营建适合学生成长的“和谐心理、和谐班级、和谐校园”“三和谐”育人环境。

二、构建了“体验践行心育”的课程体系

1. 心育课程

两大板块七项心育课程		分工负责
课堂训练课程	主题专题训练课程	专兼职心理教师班主任、副班主任
	班（队）会专题训练课程	班主任、副班主任
	学科教学渗透训练课程	各学科教师
活动训练课程	户外体验活动训练课程	专兼职心理教师
	发展咨询疏导训练课程	专兼职心理教师
	编演观校园剧训练程课	专兼职艺术教师
	发展性训练营训练程课	专兼职项目教师

2. 心育内容

三方面心品素质培养	十五个主题教学内容	三个核心内容	九个侧重训练内容
健全人格	个性品质、自我认知自信心理、意志品质积极心理	个性品质 自信心理	个性品质 自信心理 意志品质
和谐心态	情绪心理、品德心理亲子教育、生命教育青春期心理	情绪心理	情绪心理 品德心理 生命教育
良好心理素能	沟通能力、学习能力智力开发、升学就业社会适应能力		沟通能力 学习能力 智力开发

3. 心育师资

我们开展的“体验践行心育”，是面向全体学生，贯穿于学校教育全过程中的，学校全体教师全员参与、分工负责。为确保心育课程有效开展，学校非常注重对教师（含新岗教师）“心理健康教育岗位”的培训，形成了教师培训机制。目前学校

有1名专职心理健康教育教师，全体教师都获得了心理健康教育C岗培训证书，8名教师获得了心理健康教育B岗培训证书，2名教师获得了心理健康教育A岗培训证书，每个教师都在各自承担的“体验践行心育”工作岗位上发挥着积极作用。

三、建立了“体验践行心育”的措施机制

（一）课堂教学针对训练——建立了课堂训练课程体系，实施了“导引体验”教学策略，充分利用课堂教学主渠道对学生进行了发展性心理训练

1. 开设与施教“发展性心理训练主题课程”

学校针对学生发展需要和课程设置实际，每学期各年级安排8节课时用于实施发展性心理训练主题课程，由班主任或副班主任兼任，学校还专门研制出了《阳光第七小学“发展性心理训练主题课程”教学计划及训练梯度》，并探索运用“体验—探究—升华”“体验训练”模式，进行了训练方案设计、组织实施。目前，我们已将老师们在这方面的研究成果和教育经验整合成专著《航向心塔》，以期充分发挥其“航向心塔”的作用。

2. 建立与实施“学科教学渗透发展性心理训练的《导学案》”

我们根据《广东省中小学校心理健康工作规范（实行）》有关规定，结合学校实际情况，确定了各学科侧重渗透发展性心理训练的内容，拟定了各学科不同年级、不同课时的具体渗透训练内容。目前，各学科教师深入挖掘教材中所蕴含的心理健康教育因素，根据各年级、本学科学年教学内容和心理训练渗透内容，探索整理出了一套渗透发展性心理训练的学科教学课时《导学案》，已汇编成《轻叩心弦》专辑。语文科组还在“开展古诗诵读渗透发展性心理训练”教学研究中探索编辑出了古诗诵读教学“导学案”专著《诗情画意——诗配画、画配诗》。

3. 设置与开展“班（队）会心理专题训练课程”

我们每周开设有1节班（队）会课，每两周2节课围绕一个主题开展主题班会或主题队会，着重对学生进行品德心理的专题训练，分别由正副班主任兼任。目前，我们已将班（队）会专题训练方案汇编成专辑《花开有声》。

（二）活动参与体验训练——建立了活动训练课程体系，实施了“参与体验”活动策略，充分利用活动课程开放性对学生进行了发展性心理训练

1. 建立与开展“七彩发展性训练营活动”

我们认为，学校开展的各种教育活动，如德育、美育、课外活动等，都是渗透

心理健康教育的有效途径。为此，我们特意面向全体学生免费开设了20多项“七彩发展性训练营活动”，学生自愿、随时参加，每周二至周四下午1小时常年开展，并根据部分学生的实际需要在寒暑假节假日期间也无偿开设有专题训练项目。“七彩发展训练营活动”由各项目老师负责，要求教师在训练计划设计与具体实施训练中要有明确的发展性心理训练目标，有针对性地进行融合训练，不仅要让学生训练掌握一技之长，更重要的是让学生在训练活动中得到良好的心理训练和发展。

2. 开发与实施“户外体验活动训练课程”

户外体验训练活动课主要是针对我校学生心品素质弱势项或心品素质成长阶段性发展需要而专门设计的游戏体验训练活动，侧重于参与活动体验。目前，我们已专门培训并按年级组建了“户外体验活动训练课”教练团，开发设计了“户外体验活动训练课”方案，每班每月专门开设有1节“户外体验活动训练课”，按课程教学计划对学生进行训练。

3. 创编与展演“发展性心理训练校园剧”

“发展性心理训练校园剧”是一种以现实生活为模型、以学生认知经验为基础的对学生开展团体发展性心理训练的方式之一。我们组织成立了一个创编小组，专门成立了学生“七彩阳光话剧团”。目前，我们已创编了23个适合于对学生开展发展性心理训练的校园剧，剧种涵盖心理剧、情景剧、音乐剧、课本剧、快板剧、童话剧、诙谐剧、科普剧、科幻剧等，内容主题涉及校园生活、同学情谊、心理活动、思想情绪、交际言行、环保话题等，每学期由话剧团的学生向全体学生展演，让学生在参演或观看过程中，对于一些心理方面的问题，能够发现问题本质，明确症结所在，找到解决方法，使学生的心理品质得到良性熏陶和训练。我们还编辑出版了校园剧专著《照亮心路》，并配上“七彩阳光话剧团”校园剧展演的光碟。

4. 组织与实施“发展咨询疏导体验训练”

我们专门建设了“心语坊”（心理咨询室、团辅活动室），设置了“心语”信箱，并专门安排心理专职教师和具有心理健康教育A、B岗培训证书的教师每天在“心语坊”值班，阅览登记学生来信，接待学生咨询，对学生开展发展性咨询。“发展咨询疏导体验训练”主要是经过及时整理分析发展咨询的信息后，针对学生倾向性问题而专门设计并给予干预与疏导式训练的活动，侧重于情绪心理疏导，现已开展了几个较为稳定的“发展咨询疏导体验训练”活动，如每月第一周周一的班级“集体生日会”、六年级学生毕业考前放松心情活动等。

四、收获了“体验践行心育”的成果

我们通过几年的“体验践行心育”工作的实践探索，不仅积累了许多研究成果，集结成专著《发展性心理训练实践研究成果丛书》，而且有效地促进了小学生包括心理品质素质、学科文化素质、思想道德素质、身体体能素质、文体特长素质等学业的良性发展，还积极地影响了学校其他方面工作深层次地开展，比如学校教育教学质量获得市、区一等奖，2010年和2011年连续两年被评为“东莞市普教系统文明学校”，2012年顺利通过省、市德育示范学校评估，2012年还被授予东莞市首批高效课堂实验学校和教育科研先进单位，等等。更重要的是让我们进一步明晰了一个理论：“人的心品素质是人的其他素质的基础。”也让我们进一步坚定了一个教育理念：“育人先育心，教育应从‘心’开始。”

求索之路漫长，我们将再接再厉，以更饱满的热情，以坚实的步伐，在“体验践行心育”工作的实践研究探索中扬帆远航，为孩子们带去更多的福祉。

“六面”教育细无声，养成习惯看得见

中山市古镇镇古二小学
案例负责人：林彩颜
案例主要贡献者：林彩颜

一、产生背景

学习海南工业学校的管理经验和先进学校的做法，结合学校的实际，从“六面”入手（即地面、桌面、窗面、墙面、天面和人面），让德育内容进一步丰富，教育手段进一步优化，教育过程进一步精细，教育效果进一步体现，使“六面”教育像呼吸一样自然。

理念支撑：“六面”教育细无声，养成习惯看得见。通过“六面”教育强化学生行为习惯的养成，提高校园文化素质教育，促进学校德育工作的实效性。

二、主要做法和教育成效

开展“人人爱校园，处处爱校园，我为校园添绿色”活动，成立“爱校文明监督小组”，每月“爱校清洁大行动”“节能减排回收活动”“环保弯腰行动”、每周“护树活动”。

（一）“地面”反映出清新自然

为了让学生养成热爱劳动的习惯，每周，各班都组织同学们定期清除垃圾。现在，校园里绿草如茵，没有纸屑、零食袋点缀，只有清新自然的绿色环境。

走进古二小学的校园，公共场所看不到垃圾箱，也没有垃圾桶，地面干净，没有垃圾、纸屑、果皮，只有极少的落叶。为了达到环境育人、氛围塑人的效果，学校管理从严从实，制定了《校园卫生公约》与《争当环保小天使》等管理制度，每个年级都有打扫地面的责任田，每天早上，同学们都能勤劳地打扫包干区。此外，学校各处的走廊也实行了包干制度，早读前同学们自觉打扫，早读时管理员认真检查，课间操时管理员及时反馈检查结果，反复抓，抓反复，渐渐地，同学们变勤奋了，地面变干净了，环境育人、氛围塑人的效果显而易见。

（二）“桌面”渗透出良好的教养

每天学生都与桌子朝夕相处，桌面就是他们的脸面。学校规定：桌面不准乱涂乱画；上课时做好课前准备，书本与文具统一摆放在右上角；课间不得在教室追逐，避免追逐时与桌椅发生碰撞；离开教室或放学时，桌面不放任何东西，桌子与椅子紧靠着，所有课桌横排与竖排对齐。

（三）“窗面”折射出心灵手巧

所有教室每2天进行一次窗面清洁，窗面必须干净，做到“窗明几净”，班级定期搞卫生成了日常常规。经过多年的清洁窗户玻璃，师生找到了擦窗的技巧，例如夏天时可先用湿毛巾擦，然后用干毛巾擦；潮湿的天气就直接用干布擦拭或使用旧报纸抹，使用后的报纸还可以回收，一举两得。现在，同学们一届传一届，在老师的传授下都懂得擦窗了，窗口一脏就有人擦，而且擦得一尘不染，总让人感觉舒服。

窗面文化，窗面管理，成为体现班级管理特色的文化之一，学生讲卫生，爱物公务的形象工程，没有一扇窗玻璃和窗帘破烂，没有一扇窗肮脏。

（四）“墙面”渗透出赞美的语言

“让每面墙都会说话”是校园文化的一项重要内容，也是书香校园的教育特色之一。墙上可以看到“班级特色文化板”，固定的内容是班主任和同学们共同设计的班徽、同学们投票决定的班级吉祥物、班级格言以及班级偶像等。还有好书推荐、每日一句（中英文格言）和一周工作。当你踏入教室，墙上有围绕每月教育主题的黑板报，有展示学生作品的学习园地，有激励学生上进的评比台，有宣传学校工作和学校教育目标的宣传栏；教室外墙有的还粘贴了“安全逃生示意图”和学生的书画作品。

墙上会说话，既教育了学生，又使学生去除了乱写乱画的陋习。学校的每面墙上除了文化之外，没有脚印，没有手印，也没有球印，只有渗透出赞美的无声语言。

（五）“天面”显露出朴实的关怀

“古二小学，平视有文化，连仰视也有文化。”如果你漫步在校园的教学楼和功能楼，只要一仰望天花板，看不到污迹，看不到蜘蛛网，静静地躺在“天面”上的消防管和排水管道，也是我们关怀的对象，为了让排水道排水系统畅通无阻，我们还定期进行疏通，就连排水管的灰尘，我们都定期打扫。虽然消防管道横七竖八地架在天花板上有些碍眼，但我们也想方设法使它融入学校安全教育的元素，那些管道也成为了天花板上亮丽的装饰。

（六）“人面”表现出文明的习惯

“人面”最能检测行为习惯养成的效果。“人面”要“外树形象，内强素质”就要提高人的内心世界，表现人的精神状态和道德觉悟，外表、礼仪、行为文明规范。

1. 细心的“礼仪礼节”

“文明礼仪，不仅是个人素质、教养的体现，也是个人道德和社会公德的体现。”我们着力使学生“貌端品正”，着重从学生的衣着佩戴上下功夫，严格要求师生着装要端庄、大方、得体；不穿奇装异服，学生不佩戴首饰，只佩戴红领巾或队徽；男生不留长发，女生不披头散发；指甲要定期修剪等我们都注重了检查、评价。我们还细心教育同学注重个人说话礼仪、公共场所礼仪和待客与做客礼仪，使校园内文明之花处处开。

2. 匠心的“每月一节”

“每月一节”丰富多彩的活动是展示班级文化落实学校教育的有效途径。我们根据校本特色为学生开设了12个师生、家长都津津乐道的教育节日，做到“天天有教育，月月有节日”：二月慈善爱心节；三月志愿服务节；四月快乐读书节；五月趣味英语节；六月阳光体育节；七月感恩行动节；八月和一月家访实践节；九月尊师爱生节；十月文化艺术节；十一月科技兴趣节；十二月环境保护节。

3. 巧心的“每月一结”

学校落实“每人管一项日常工作”的精细化管理，实行“每月一结”工作，每月利用每周的理论学习或每周利用“小主人TV”让管理的老师轮流小结工作，让教师有表现口才的机会，让教师有教育全校学生的机会，让教师有表现工作能力的机会。老师们在汇报了工作的亮点的同时，也总结了存在的问题，让全校师生共同监督、共同进步。

4. 敬心的“特色管理”

古二小学无小事，事事有教育，处处在管理，班级管理着重“静、净、竞、敬”四境界上做文章。我们认为“静能生慧”“净能生美”“竞能生优”“敬能生德”。这是学校管理的四个标准，也是德育的灵魂。经过几近年的实践，如今我们的校园，既干净又安静，师生相敬相爱，同学们团结友爱，尊敬师长，各项活动奋勇争先，这就是我们管理教育的效果。

三、教育效果和社会反响

“六面”教育成为我们每个学期教育的重点，成为训练学生行为习惯的抓手，经常化的教育，精细化的管理，使学校从平凡走向卓越，学校经受了一次次评估验收，一回回检查评价。“六面”教育的效果成为展示良好行为习惯教育成果的窗口，师生精神面貌发生了巨大的变化，师生行为规范，精神饱满。学校先后通过省一级档案室、广东省文明安全校园、市语言文字规范校的评估验收，评为“广东省书香校园”

“中山市德育示范校”“市红领巾示范校”、连续两年获得镇推进素质教育示范学校等。古二小学还要做教育的有心人，时时处处不忘润物细无声的“六面”教育，让“六面”教育贯穿在学校日常行为教育之中，让学生获得养成良好习惯教育，同时也收获素质教育全面发展的成功。

在国学教育中培养学生现代公民素养

中山市小榄镇升平小学
案例负责人：何敏添
案例主要贡献者：麦嫦红

一、案例产生背景

党的十八大以来，习近平同志提出：准确把握优秀传统文化的时代价值和中国梦的丰富内涵，从优秀传统文化中汲取实现中国梦的精神力量，是我们当前面临的重大理论和实践课题。深入挖掘和阐发中华优秀传统文化的时代价值，使中华优秀传统文化成为涵养社会主义核心价值观的重要源泉。“崇文重道，尚德厚雅”为核心的价值观越来越得到更多升平小学师生和家长的认同，“传统文化与现代文明统一”的办学特色正在全面推进。

二、案例理论支撑

实施素质教育最重要的，就是要培养学生的创新精神和实践能力，培养学生树立建设中国特色社会主义的共同理想和民族精神，树立正确的世界观、人生观、价值观，养成良好的社会公德、职业道德、家庭美德。中华传统文化经典，其核心内涵就是教导我们如何做人，从而学会认真处理好人与人的关系、人与自然的关系以及个人的身心关系，有着丰富的素质教育内涵。

三、主要做法

（一）营造国学经典环境氛围，让经典育人“润物无声”

在环境建设上，集中国元素的“德育文化艺术长廊”展示全国顶尖书法名家的《弟子规》名句错落有致；“立德堂”居中，书法家对联解读广东人“和为贵、步步高”的思想，两边《弟子规》与《少年中国说》明理启志，“尚雅中队”倡导日行一善，传统礼仪“五个一”工程知行合一，“书香亭”潺潺流水细品书香墨韵，学生文化艺术长廊曲径幽深，校园宛如一幅传递真、善、美的教育画卷。

（二）打造国学经典校本课程，让经典育人“春风化雨”

让经典融入课程，每班每周一节“经典诵读”课纳入课程表，把国学教材引入阅读课程，在课中诵读经典、解读经典，分享经典故事，以指导学生的行为，开辟每天10分钟的经典诵读小课，加强朗读、背诵的效果。

（三）活化国学经典诵读活动，让经典育人“日久常新”

为引导学生持之以恒进行国学经典诵读，我校实施常态化、系列化、主题化的管理。

1. 国学经典诵读活动常态化

探索了“日有所诵—周有展示—月有主题—期有展演”的活动模式。每天班级诵读组长组织同学进行10分钟的国学经典诵读小课，要求“人人诵读好、个个会背诵”。每周一升旗仪式后，进行“国旗下千人诵读”活动，展示和检阅全校师生上周诵读情况，每月均定有一定主题进行专项教育活动，每学期举行以诵读国学经典为主题的汇报表演，将诵读、舞蹈、音乐、小品等形式与国学诵读结合起来，加深对国学经典作品的理解。

2. 国学经典诵读活动系列化

全体行政带头进行国学修身学习分享，全体教师读经典，粉笔字摘抄名言警句，每学期国学诵读个人赛、班级赛、年级赛、亲子赛、教师赛等活动如火如荼。读国学，诵经典，厚学养，铸美德，品美文，长智慧。

校园国学展示

3. 国学经典诵读活动主题化

紧密结合社会主义核心价值观的主题内容，将爱国、感恩、孝敬、诚信、友善、自强等纳入每月的活动内容，有针对性地进行设计，开展“个人学—班级学—年级学—家庭学”的专项活动。

教学课堂情景

（四）打造国学经典实践活动，让经典育人"知行合一"

我校把经典感悟与课外实践活动相整合，用大德育的眼光去研究"经典诵读"和"道德素养"的结合。

1. 国学经典诵读和学生生活实践相结合

以《弟子规》作为德育的新载体，通过"诵读—背诵—领悟—导行"的教育模式，开展"践行《弟子规》，构筑新文明"的主题系列活动：演绎《弟子规》小剧、主题班会、讲演《弟子规》故事、观看《中华美德教育片》。坚持每日践行"五个一"的行动（一个鞠躬礼，一身好仪容，一手规范字，一声告慰语，一杯感恩茶），广播、舞台、电视台、课程、课外综合实践作业都是升平孩子学礼仪、明明德的重要平台。

2. 国学经典诵读和传统文化教育相结合

在开展国学诵读活动中，巧用各种契机开展传统文化的教育。如在中国的一些传统节日开展以礼仪、饮食、书法、器乐、风俗为主题的专题讲座，一年级新生入学礼、毕业典礼开展传统文化仪式，引导学生做有根的人。

3. 国学经典诵读和家庭、社区教育相结合

通过开展国学书香家庭评选、国学家庭教育讲座、微信平台分享国学知识等形式的互动，让国学经典诵读和社区、家庭教育有机结合，达到了教育资源最大优化。

（五）立足国学打造"四气"教育，让经典育人"感动心灵"

在国学经典的教育中，我校打造精品特色主题活动，让经典育人赋予时代特点，走出特色发展之路，培养现代文明小公民。

1. 修正气，开展"日行一善"主题活动

"正气"指升平孩子学会明辨是非，成为一个心怀正义、心存感恩、心含仁爱的新世纪优秀学子。"日行一善，善行一生"是少先队部的特色活动，是弘扬社会主义核心价值观的重要载体，"行善举—促善思—达雅行"知行合一。各中队召开"学雷锋，做有道德的人"主题班会、开展"服务校园小行动"、举办"学雷锋爱心集市"、积极参与"创益菊城"义捐义卖义演公益活动，参与爱心社团帮助社会弱势群体，参与亲子义工队服务同学、服务校园、服务社会，形成人人向善、人人崇善、人人行善的社会主义道德新风尚。

2. 铸雅气，开展"文明尚雅"主题活动

"雅气"指升平孩子都应该是中华民族传统文化的继承者。我校以"雅行"新理念创新德育工作，开展"文明尚雅"主题系列活动，建立尚雅中队评比细则，实行少先队文明监督岗的轮值制，开展"做文明先锋，创和谐校园"主题活动、"文明花

开别样红”大队会，积极学雅规、练雅行、扬雅风。

3. 塑志气，开展“追梦圆梦”主题活动

“志气”指升平孩子都应该是追逐梦想的奋斗者。我校开展“追梦圆梦”主题系列活动，大力开展理想信念教育，用社会主义核心价值观引导学生树立正确的世界观、人生观和价值观，让学生为实现人生目标而不懈地奋斗。

4. 展灵气，开展“个性飞扬”主题活动

“灵气”指升平孩子都应该是现代文明的开拓者。在全校树立优秀学生典型，更好地鼓励学生发展多种才能，搭建展示自我梦想的舞台，举办“四气学子才艺海选活动”、评选“校园20星活动”等，让学生体验个性成长之美，促进综合素质的全面提高。

四、基本成效与社会反响

经过几年的教育实践，我们深深感受到国学经典教育力量的巨大和儿童潜能的无穷，开展国学教育对于培养学生现代公民素养具有良好的效果。通过国学经典教育，增强了学生继承优秀传统文化的意识，积淀学生的文化底蕴，进一步促进了小学生的价值观的塑造与人格的优化。通过国学经典教育，提升了教师、家长的国学素养，为学校、家庭、社区的德育工作找到了动力源。国学教育的引领打造了我校鲜明的德育特色，曾获“全国红领巾阅读计划推广示范学校”“广东省模范教工之家”“中山市先进集体”“中山市德育示范学校”“中山市红领巾示范学校”“中山市红旗大队”“中山市亲子义工先进单位”等光荣称号。

立体式的国学教育让每一位升平学子在无时无刻地接受着“爱”的教育，收到春风化雨、润物无声、感动心灵的效果，使学生“礼”从仪起，“敬”从心生，“孝”从茶始，“品”从行来，在“爱”的阳光下茁壮成长。

右图为我校为实现国学教育而建设的校园环境。

教育成果展示

家长学校可以如此精彩

——家长学校电影课的开发与应用研究纪实

中山市沙溪初级中学
案例负责人：华　峻
案例主要贡献者：华　峻

一、家长学校电影课研究的由来

1. 影响德育实效性的主要原因分析

我们认为当前影响学校德育实效性的原因有两大方面，一是学校教育内因，学校德育实施没有有效依托课堂主渠道，同时缺乏先进的技术手段，导致德育内容空洞、形式单一，缺乏情感体验，道德内化的德育目标无法达成；二是外部环境因素，社会发展的复杂性造成学生对道德判断能力的迷失，其中家庭教育误区造成的负面影响最大。

2. “德育就在课程中”的实践探索

针对影响德育实效的学校内因问题，我校从2008年起，尝试立足课堂教学实施德育，探索“德育就在课程中”的有效途径，在课程建设内容上涵盖了国家与校本德育课程、学科德育素材的开发与应用，在课程技术上探索影视素材支持，在德育实施对象上不仅仅面向广大学生，更面向广大教师（班主任）开展校本培训。学校德育课程建设推动了学校德育时间、空间与人力支持的有效扩展，德育实效性得到明显提升，2012年，我校被评为中山市德育示范学校，我校“教师电影课的开发与应用研究”成果获得2012年广东省德育创新成果三等奖和广东省教育创新成果二等奖。

3. 对家长学校办学的反思

“做好家长的工作，我们会多很多帮手；做不好家长的工作，我们就会多很多对手”，所以办好家长学校意义非凡。

在学校德育课程建设取得初步成果后，我校开始着眼于影响德育实效性的外部因素，期待以改革家长学校办学模式，推进家庭教育水平，进而全面地实施德育积极影响，进一步提升德育实效性。通过反思，目前，广大中小学的家长学校办学主要有三种模式：一是家长会议模式，二是信息技术交流模式，三是亲子活动模式，其主要缺陷在于或形式单一，或资源受限，或成本过高，尤其是当主持家长学校授课的老师自己还没有为人父母时，沟通信息尚可，帮助家长提升家教水平就更是勉为其难了。

4. “家长学校电影课”研究应时而生

综上所述，目前家长学校办学信息沟通功能比较到位，但提升家教水平功能不足，而影视教学在面向学生、教师的教育与培训中均有显著实效，将影视教育研究对象扩展到广大学生家长，开发和应用“家长学校电影课”，探索有效的家校沟通新形势，提升家庭教育水平令人期待。2012年和2013年，本课题分别成为中山市和广东省立项课题。

二、家长学校电影课研究的内涵

我校的家长学校电影课研究是以“德育就在课程中”为基本理念，以初中学生家长为主要研究对象，以影视素材为媒介，系统地开发出子女不同年龄阶段家庭教育正反面典型案例，提供家长借鉴，探索有效的家长学校教学新形式，提升家庭教育水平，推动德育实效性的进一步提升。

三、家长学校电影课研究的主要思路与实践

1. 素材选取原则

面对作为成年人的家长，选取素材必须是：好看，或幽默捧腹，或催人泪下，或效果震撼，或兼而有之，“小故事蕴含大道理”，能为教学、交流目标服务。

2. 素材制作形式

包括：影视片段，新闻记录节目选编，以及校园DV（自制微电影）等。

3. 素材开发模式

一是精英团队研发模式，二是大赛海选模式（即组织全体教师开展“家长学校”影视课程研发大赛，“海选”优秀作品）。

4. 基本应用模式

因为家长学校教学时间有明显限定，因此，家长学校电影课适宜综合应用模式，即“提出问题+综合展示对应影视片段+适当点评”，而不是单一的影片赏析。

5. 校本主要素材归类

经过甄选，我校将所收集到的适合影视素材归为八类，选出近30部影视作品作为基本资源库。

合理期待篇：《小孩不笨2》《玩酷青春》《三个白痴》《逆光飞翔》《老妈你真烦》；

心灵探疑篇：《心灵捕手》《我家买了动物园》《弱点》《地球上的星星》《神偷奶爸》；

成长烦恼篇：《小孩不笨2》《早熟》《那些年，我们一起追的女孩》《青春派》《非常主播》；

媒介素养篇：《网络妈妈》《孩子不坏》；

交流技巧篇：《小孩不笨2》《神偷奶爸》《小淘气尼古拉》；

言传身教篇：《小孩不笨2》《岁月神偷》；

安全意识篇：《苏乞儿》《致我们终将逝去的青春》《梦之安魂曲》《心术》，以及各类科教新闻片；

换位思考篇：《重回十七岁》《叫我第一名》。

6. 校本课例精选应用举例

（1）“心灵捕手”——关注孩子的心理健康（2课时），应用对象初三

①关注孩子心理健康的重要性：《我家买了动物园》《心灵捕手》

②如何让孩子心理健康发展

学会欣赏孩子的优点：《神偷奶爸》《小孩不笨2》；

合理期待：《三个白痴》《逆光飞翔》《玩酷青春》；

父母才是孩子最好的心理按摩师：《地球上的星星》；

良好的家庭氛围最重要：《逆光飞翔》。

（2）网络继“诚”者——关注孩子的网络媒介素养（1课时），应用对象初二

①热身运动——什么是媒介素养：创意广告引入

②青少年网络媒介素养的“三个核心”

正确地接受信息：《微信，还是危信？》（新闻片）；

传递正确的信息：《孩子不坏》；

预防网络沉迷：《网络妈妈》。

（3）成长的烦恼——关注孩子的青春期性教育（1课时），应用对象初一二

①看现象

“我从哪里来”这个问题不能回避：《小孩不笨2》《小淘气尼古拉》；

“拍拖了，怎么办”：《那些年，我们一起追的女孩》《青春派》；

甚至突破了“红线”：《早熟》《朱诺》。

②怎么做：《重回十七岁》

③结束语：《世说新语》

（4）亲子沟通小技巧（1课时），应用对象初一

①说得多不等于沟通得好：《小孩不笨2》

②什么叫言传身教：《小孩不笨2》《小淘气尼古拉》

③餐桌不是批斗场：《玩酷青春》《岁月神偷》

④最好的做法：《逆光飞翔》

7. 实践成果体验

不一样的感觉：改变了传统说教的家长会沟通模式，视听结合、声情并茂的影视素材拉近了师生、家长的距离，师生、家长都表示感觉不一样。

不一样的享受：教师期待电影课家长学校教学交流，孩子期待父母到来，家长期待在影视欣赏中感悟家教真谛。

不一样的效果：我校家长学校出勤率由80%增加到95%以上即为效果证明，而且，课堂共鸣显著，共同欢笑，共同泪流，共同感悟，相互理解。

至今，我校“家长学校电影课”研究成果发表于《广东教育》2012年11期（彩页报道），精品课例获得2013年全国电影课比赛二等奖3项，三等奖4项，2014年获全国电影课现场说课一等奖，并成为中山市教师继续教育公共课程之一。2011年至今，先后接待香港、江西及广东各地德育同行访问交流，取得了积极的区域影响。

求真　向善　尚美
倾情打造城区学校德育新高地

中山市西区小学
案例负责人：苏文森
案例主要贡献者：苏文森　许丽君

一、学校概况

中山市西区小学成立于1993年7月，学校现有18个教学班，学生750人。教师42人，其中行政人员6人，教师队伍结构合理、团结有为、敬业创新，充满阳光活力。

二、创新德育理念：结合“三情”，打造“三如”德育

三校合并之初，校舍逼仄，设施短缺，教育资源先天不足，教师间认同度不高，难以形成教育合力。面对这样的“生情、家情、校情”，我们旗帜鲜明地确立了“育人为本，德育为先”的立校、兴校战略，我们深知，德育不立不强，学校就没有希望。

基于此，我们选择了以“真善美”为核心的中华传统美德作为德育的主体内容。育人如树木。学生德行的形成就像树木的成长。在西区办事处魏子华副主任及区文体教育局尹春华局长的指引下，我校确立“树型”德育模式，以传统美德为“土壤”，以真善美为“营养”，以崇高的师德为“阳光”，整合“学校、家庭、社会”三大领域的教育资源，形成德育合力，使之成为“雨露”，树木沐浴着阳光雨露发荣滋长；学生在美德浸润下成人成才，人人求真知、讲真话、发真情，时时有善心、存善念、行善事，处处向往美、体验美、创造美。这样的德育，如水，因势利导，顺势而为；如风，清新和煦，润物无声；如呼吸，亲切自然，滋养生命。

三、倾情筑高地，中华传统美德教育结出累累硕果

成立少年志愿者服务队、亲子义工队，搭建美德实践平台。德育的要义在于实践。丰富多彩、富有教育意义的活动，是最好的德育实践载体。2006年5月，我校率先成立全市首支“少年志愿者”服务队，以“爱心出动”为口号，为患病师生、中山慈善万人行等活动义卖募捐，用实际行动弘扬博爱精神；学校引导学生通过志愿服务感恩回馈社群，在创建文明城市、全民修身行动中做出积极贡献，成为社区全民修身行动的主力军。节假日，亲子义工穿梭于大街小巷，植树种林，美化环境，学雷锋做好事，践行美德。

开设爱心手册、感恩存折，创新激励手段。激励是教育的良方，美德教育同样需要激励，好的激励手段必然产生好的效果。为激励学生积极向善，学校设立校长接待日，校长与学生深情对话，温言慰勉；通过积分式奖票与温馨西餐券、“棒棒星”等奖励制度，对学生的美德言行进行适当的奖赏以激发更大、更积极的美德善行。学校还利用“爱心手册、感恩存折”、“甜蜜阅读”计划、“三个榜样”激励、与校长共进午餐等创新激励措施，促使不同层次的学生积极参与美德实践，对于低年级学生，这样善意的激励，往往更容易收到良好的效果。

举办艺术盛宴进社区，让才艺因奉献而升华。艺术陶冶情操。2006年开始，我校以探讨现代公民教育为结合点和切入口，每周举办“艺术盛宴”，为学生提供展示自我才华的机会，用艺术净化心灵、陶冶情操。每学期从“艺术盛宴”中精选优秀节目，编排成一台文艺节目送到社区、企业。如“艺术盛宴”进好来化工企业、进广浩华庭社区等，这些活动，丰富了社区群众业余生活，培育了和谐社区文化底蕴，收到良好的社会反响。

开设心理工作坊，让心理教育成为快乐体验。我校重视心理健康教育，在全区第一个引进心理健康教育专业教师。学校成立了“心灵港湾”心理辅导站，通过集体授课、小组团康课、培训教师等形式为学生提供心理健康教育服务，受到学生欢迎。心理健康专业教师积极参加西区阳光少年心理工作坊，利用寒暑假，开设夏令营，送课到社区、学校；建立心理网站，在网站上开设家长学校课程，对家长进行培训。阳光少年心理工作坊开放3年多以来，先后有620多个家庭，800多个学生、300多个企业员工参加心理团体辅导活动，对30多个有严重心理问题的学生跟踪辅导，取得明显成效。

建好家长学习服务平台，打造家校同修的美德课堂。为改善家庭教育薄弱的不利局面，我校创办了“家教大讲堂”，整合社会资源，开展家庭教育普及活动。我校与

广浩、彩虹、广丰等社区居委联合举办“家教知识大讲堂进社区”活动，以定期专题培训、集体面授等方式加大对学生家长的培训力度，普及家教知识，提高家长素质和教育水平。学校还邀请家教专家、优秀家长代表、优秀班主任为家长们介绍家教方面的知识，受到家长的欢迎。

关爱“小候鸟”，首推“新老中山人融合”新举措。西区沙朗片区是城乡二元结构明显的地方，汇集了好来化工、大洋电机等知名企业，吸纳了大量的外来务工人员。暑假期间，外来工子女纷纷从家乡来到中山与父母相聚，成为“小候鸟”。2012年8月，我校承担了西区“关爱‘小候鸟’夏令营”，为50名来自不同省、市的“小候鸟”免费提供美术、经典诵读、“团康”活动、音乐、英语、数学、体育、信息技术等十多项培训及趣味活动，此举在全市产生良好的反响，新闻媒体作了充分报道，称之为“新老中山人融合的新举措和幸福工程”。

四、开展德育科研，助“力”增“效”

课题引领，助力德育创新。我校十分注重德育科研活动，以科研引领德育实践。学校现有德育课题4个，省级立项课题“在小学中实施中华传统美德教育”（已结题）、省级立项课题“基于人文关怀理念下的温馨学校特色发展研究”、市重点课题子课题“爱校教育”、区立项课题子课题“创建体艺特色的班级文化，促进学生良好思想品行形成的实践研究”。

开发校本教材，促德育增效。校本教材是最生动、最鲜活的德育素材。2004年，我校结合生情区情，通过深入调查研究、按照不同年龄的学生认知特点、心理特点和群体需要，开发了低、中、高年级的学生版、家长版、教师版多个系列的中华传统美德校本课程，丰富了德育资源。《传统美德教育》校本课程获得广东省中小学校本课程评比二等奖。

精品课程，为德育课堂添彩。在精品课程建设方面，我校品生（品社）科组、英语科组开发的精品课程先后获市入选奖和提名奖，这两个科组被评为中山市先进科组，学校被定为西区学科中心教研校。邵帅老师代表中山市参加北师大教材全国实验区《品德与社会》优质课评比获全国二等奖。

积极承办大型德育交流研讨活动，提升德育影响力。举办和承办大型活动是办学水平综合考验，也有助于提升学校的德育实力和影响力。我校先后举办、承办、协办了“中山市学习传统美德格言”研讨会、省级民族精神教育论坛、全国校长高级研修班主题活动、全国《传统文化与现代公民教育》研讨会、西区少年志愿者工作推进会等多项德育主题交流研讨活动，一方面提升了学校的影响力，另一方面营造了浓郁的德育文化氛围。

五、填“洼地”筑“高地”，“真善美”教育开花结果

在区“用真善美理念引领推进区域德体艺整体发展”的课题（该课题成果获广东省德育创新一等奖）引领下，经过十年的艰辛探索和执着实践，以“真善美”为内核的中华传统美德教育，在一代代学生的心灵深处生根发芽，拔节劲长，在城乡结合部学校开花结果：创出了鲜明的德育特色，激发了办学活力，提升了学校的美誉度。“求真、向善、尚美”成为筑起城乡结合部学校德育新“高地”的鲜明标志。

德育的最高境界是导人向善、促进和谐、缔造幸福。我校在传承实践中华传统美德方面做了积极的探索，并取得了一定成绩，我们将继续勉力前行，努力把学校建成师生“求真、向善、尚美”的共同精神家园。

挖掘侨乡文化德育资源，构建有区域特色的学校德育模式

——“台山人精神”中小学教育活动的实践

台山市教育局
案例负责人：容惠汉
案例主要贡献者：陈灿欢　陈卓光

从2011年9月起，台山市教育局在全市中小学开展“台山人精神”教育实践、研究活动。经过三个学年的实践探索，教育实践活动在各中小学全面铺开、深入开展，逐步形成了我市特色的中小学充分发挥侨乡文化德育功能、实践社会主义核心价值观的德育模式。

一、缘起背景

（一）“全国第一侨乡”的“台山人精神”

台山市目前市内常住人口98.4万人；有130多万台山籍华人华侨、港澳台同胞侨居92个国家和地区，故素有“中国第一侨乡”“内外两个台山”之美誉。台山人出国历史可以追溯到清乾隆三十九年（1774年），至今已有230多年历史。200多年来，一代又一代的台山人踏着先辈的足迹，远渡重洋，到世界各地谋生创业，艰苦奋斗，用他们自强不息、奋力拼搏的民族精神书写了中国历史的一段传奇，形成了以中国传统文化为主，以外来文化为辅，兼容了本土文化、西方文化和港澳文化等元素，具有鲜明的中西合璧特征的侨乡文化。

而今，市委、市政府把“台山人精神”提炼为：“自立自强、开拓开放、爱国爱乡。”“台山人精神”充分体现着中华民族精神的核心本质和社会主义核心价值观。

（二）独特的“台山人精神”具有强大的德育功能和深厚的德育价值

1. 浓烈的爱国爱乡情感凝聚着伟大的民族精神

海外台山人为了谋求生路而漂洋过海，在海外生活地位低下，为西方人所歧视，

因而对祖国的衰弱有更深的感受，盼望祖国强盛的愿望更加强烈。他们虽然身处异国他乡，仍然关心祖国的命运，关心家乡的发展，希望自己的祖国、家乡变得繁荣昌盛。台山华侨一贯支持祖国和家乡的各项事业，涌现出许多感人事迹。众多华侨实业家捐巨资兴办家乡教育事业，伍舜德先生身为香港饮食业巨子，生活却异常节俭，一件衣服竟穿了40年，但捐资办学累计达数亿元之多。华侨们的爱国壮举和感人事迹，对中小学生民族精神的凝聚极具价值。

2. 自立自强的奋斗精神是激励青年学子奋发图强的精神动力

广大华侨在海外谋生，他们克服种种困难、忍受各种艰辛、拼博进取艰苦奋斗的过程是一部部壮美的人生奋斗史。譬如，台山籍华侨陈宜禧，16岁去美国谋生，从最艰苦的铁路工人干起，积累了丰富的筑路经验和技术。回国后，看到家乡几十年无改变，经济落后、交通闭塞，于是决定倾全力修建新宁铁路。筑路时虽遇重重阻挠，他仍矢志不渝，最终修建成新宁铁路，为家乡经济带来前所未有的繁荣。台山华侨的奋斗史是对当下中小学生进行理想信念教育、引导他们坚持不懈地为国家为社会奋斗的最好教材，海外华侨自立自强的奋斗精神是激励台山青年学子奋发图强的强大精神动力。

二、组织实施：实现“台山人精神”德育价值，激励侨乡学子立志成才

德育途径是落实德育内容、实现德育目标的渠道和方式。“台山人精神”德育价值在中小学的实现途径主要有三种：主题教育、课外活动和校园文化建设。

1. 主题教育

以班会课为主阵地，开展主题教育是有计划、有组织地向学生系统传授德育知识和内容、从而实现德育目标的途径。在教育局的统一部署下，各校把“台山人精神”教育活动纳入学校德育工作日程，有计划地开展“台山人精神”主题教育，有效提高了学校德育工作的实效，使“台山人精神”教育在全市各校生根发芽，落地开花。

各中小学发挥班会课德育主渠道作用，举办“台山人精神”主题班会，向学生讲述台山华侨史、台山华侨奋斗故事和杰出台山华侨事迹，塑造艰苦奋斗精神，培养爱国情怀，磨炼意志，培养优秀品格，实践社会主义核心价值观。

2. 课外活动

课外活动主要是在团委会、学生会的领导下，由学生会和学生社团组织的有计划的德育课外活动。这些活动一方面加强“台山人精神”的宣传和教育，一方面以发展学生的个性能力为目的；包括以“台山人精神”为主题的书画比赛、演讲比赛、文艺表

演、征文比赛、摄影比赛和手抄报评比；组织学生参观具有侨乡特色的建筑、圩镇，如梅家大院、冈宁墟，感受中西建筑文化的交集，体会华侨在外谋生时的恋家爱国情怀；还组织学生参观台山博物馆，观看台山华侨爱国爱乡的各种物件；参观陈宜禧的故居、李星衢故居、浮月洋楼、飞虎亭等爱国主义教育基地和台山侨乡文化教育基地，增强学生对侨乡文化的认同感及自豪感，激励学生勤奋学习、热爱祖国、报效国家。

3. 校园文化建设

这是通过校园环境、课室气氛等实现德育目标的途径。校园文化是社会文化的缩影，又深受社会文化的影响，对学生的求学发展和性格养成产生着潜移默化的作用，具有独特的育人功能。各学校通过建设“台山人精神”教育专栏，举行“台山人精神”黑板报比赛等，营造浓厚的校园文化氛围，对学生优良品德的形成，以及学生成长成才、做人做事起着“润物细无声”的作用。加强校园文化建设中台山侨乡文化的渗透，既有效利用台山侨乡文化的德育资源，又弘扬了台山侨乡文化。

三、基本成效：教育实践意义深远，德育活动效果显著

这些活动既丰富了全市中小学生教育内容，拓宽学生的视野，又使学生领略“自立自强，开拓开放，爱国爱乡”的台山人精神的内涵，加深对台山人精神的认识和理解，更激发他们爱国爱乡的热情，形成健康向上的人生观和价值观；激发他们的求知欲望，使他们树立远大理想，勤奋拼搏，立志成才；增强我市中小学生身为台山人的自豪感，激发他们为台山做贡献的责任感，坚定为家乡奉献力量的决心。

通过书画、舞蹈、摄影等大型比赛活动，在社会上营造了弘扬“台山人精神”的良好氛围，群众百姓对“台山人精神”的认识和认同增加，市委、市政府给予了充分的肯定。

“台山人精神”教育已成为我市中小学德育活动的一项基本内容，各校广泛开展，并初步形成机制。

阳江市中小学家长学校办学模式的实践研究

阳江市教育局
案例负责人：周雪燕
案例主要贡献者：林进侵　钟东光

一、产生背景

近年来，我们在抓学校德育的实践中，深切感受到，在当前价值取向多元多变和社会思潮纷繁复杂的形势下，家庭教育是学校教育的基础，是现代国民教育的重要组成部分，在未成年人思想道德建设中具有十分重要的作用。阳江市作为发展中城市，经济越来越发展，竞争越来越激烈，家长对孩子成才的期望值越来越高，他们把孩子成才作为家庭的第一要务，为此付出了大量的精力和财力，但效果却不理想。家长学校是实施家庭教育指导与服务的重要载体，是宣传正确的家庭教育思想、普及科学的家庭教育知识的主要场所，也是联系学校、家庭、社会并促进形成三结合教育网络的工作桥梁。为此，2012年开始，阳江市教育局开展了本市中小学家长学校办学模式的实践研究。

二、理念支撑

1. 家庭系统理论

家庭系统理论认为，家长的素质在家庭教育中占主导作用，产生不可忽略的巨大影响。优秀人才成长与良好的家庭教育分不开，而良好的家庭教育离不开家长良好的素质。在家庭中，家长的文化水平、道德准则、行为规范、心理素质、性格特点等，时刻在潜移默化地影响孩子，对孩子优良品质的形成、健康心理的培养起着十分重要的作用。

2. 家校合作的理论依据

《现代中小学教育》（2005年第10期总第140期）刘翠兰老师的《家校合作及其理论依据》一文，试图从管理学、父母教育权的演变、系统科学的新分支协同学、教师的新职业精神和家庭教育的特点和功能等6个方面来分析家校合作的理论依据。

从管理学的角度分析，学校管理中由家长参与制定的决策，能够增强家长在学校管理中的责任感，提高教育质量；从父母教育权的演变历程来看，家校合作使儿童权利更大限度地得以维护；从系统科学的新分支——协同学角度分析，家校合作正是教育系统内各子系统之间协同效应的表现；从教师的新职业精神角度分析，家校合作是教师职业的要求；从家庭教育的特点和功能来看，学校教育离不开家庭教育的配合。

三、主要做法

1. 开展调研，创新办学模式

据调查，我市中小学家长学校大都停留在一个随意、松散的阶段，存在以下问题：形式是全校家长会，千篇一律；对象是全校家长，针对性不强；内容是通报情况，缺少指导家长开展家庭教育的作用；方式是校长、老师讲，家长听，以学校为中心，以老师为中心，较多考虑学校的需要而较少考虑家长的需求，没有发挥家长的主体作用；管理缺少规范有序，家长参不参加都一样。

为此，我们开展了阳江市中小学家长学校办学模式的实践研究，确定全市30所中小学为实验学校，通过创新家长学校的工作方式，探索一种符合科学发展观要求的、适合我市中小学校家长教育的成人机构的办学模式。我市中小学家长学校的办学理念是“家校携手，亲师同心”，办学模式是四主四辅：以班级为主，其他场所为辅的授课单位（如电教室、家长书友会等场室）；以班主任为主，德育队伍为辅的讲师团队（专家、校长、主任、科任教师和优秀家长）；以父母为主，监护人为辅的学员队伍（留守儿童的监护人为学员）；《父母课堂》为主，校本课程为辅的课程教材（由家长学校自编）。家长课堂的教学模式为：调查引入—分析案例—家长互动—课堂总结—课外延伸（上课时间为45分钟到60分钟）。

2. 制定制度，有效落实措施

2012年，我局制定了《关于进一步加强家校沟通建立家校共管机制的若干意见（试行）》（阳教思〔2012〕74号）（附件1）和《关于进一步加强和改进中小学家长学校工作的意见》（阳教思〔2012〕131号）（附件2），通过建立家校联系、家委会例会、培训、激励、评价、管理和教学等长效工作机制，明确了各级教育部门、学校、校长、班主任在家长学校中的工作职责，大力推动家庭教育，促进家校合作。通过家长学校规范化、制度化建设，把现代化家庭教育的理念、内容、方式、方法渗透到培训过程中，把家长学校办成普及家庭教育知识的重要阵地，教育和引导家长更新家庭教育观念，树立以德育人的思想，促进青少年全面健康发展。每年我局到学校至少调研1次，了解实际情况，发现存在问题，及时提出解决办法。每年至少召开1次全市家长学校现场会，推广特色方法。

3. 开发课程，上好家长课堂

家长学校课堂是为家长提供专业支持的主要途径，课程教材是家长课堂的主要支撑，是主讲教师班主任的重要参考资料，也是家长学校可持续发展的重要保障。我们统一选用了案例式的《父母课堂》为主要教材，结合校本课程使用。课程开发主要根据学生的实际和家长的调查反馈制定出各个年级的教学目标和菜单，各班主任再根据教学目标和菜单备课，撰写教案，课后写反馈，家长写心得体会，这些资料保存下来第二年再加以整理修改，形成家长学校的校本教材（附阳江市实验小学校本教材）。

4. 创新形式，促进家校合作

实验开展以来，我市中小学家长学校对家长家庭教育的指导主要采用集中面授、课后函授和个别交谈指导相结合。每个学期至少保证两次家长集中面授时间，每节课一小时，主讲教师围绕学生普遍存在的教育问题，既解决家庭教育中的共性问题，也对个性问题给予建议。课后函授是集中面授的补充，班主任根据学生的表现定期通过家校通、家校联系本、博客或者QQ等形式向家长通报近期学生表现，推荐相关文章、案例、导读供家长学习，家长们可以根据自己的需要有选择性地根据导读自学。个别指导主要是针对个别问题学生的家长给予特别的指导。帮助家长认识到自己的家庭教育问题并改正过来，就能解决学生的问题。班主任一般通过电话、QQ、移动飞信、家校联系本、面谈、推荐阅读相关家教书籍等形式跟家长个别沟通。

四、基本成效

形成了符合我市中小学实际的家长学校办学模式，提升了家庭教育质量和学校教育质量。我市中小学家长学校能够充分利用现有场所阵地和教育教学资源，形成了符合实际、特色鲜明的办学理念、办学模式，按照“十有”标准进行，即有挂牌标识、有办学经费、有师资队伍、有工作制度，有固定场地、有教学计划、有统一教材、有活动开展、有档案资料、有教学效果。

通过开发教材、开展教研、加强亲师沟通等，提高了中小学校教师教育学生和教育家长的能力。开展实验后，教师运用家庭系统理论，教育学生前先了解学生的整个家庭系统特别是家长对学生的影响，再对学生制定相应的教育方案。这样，教师对学生的了解更加全面，评价更加客观，指导家长开展家庭教育的能力也得到了提升。

通过教学，使家长自觉学习家庭教育知识，提高家庭教育能力，促进孩子的健康成长。我市中小学家长学校已经成为普及家庭教育知识的重要阵地，很多家长都愿意到学校参加家长会、进家长课堂，他们更新了教育理念、内容、方式方法，树立了以德育人的思想，促进了孩子的全面健康发展。

五、社会反响

家长能够主动配合学校教育、社会教育，支持青少年参加社会实践，构建了学校、社会、家庭“三位一体”的现代教育新格局。各学校家校和谐共进，亲师良好沟通，家校矛盾大大减少。家长的家教能力和家教责任感大大提高，主动寻求家庭教育知识的家长大大增多。两年来，我市中小学家长学校办学模式逐渐在全市推广，除了学校常规性的每学期举行两次家长课堂外，市、县两级的家教讲师团共组织家庭教育讲座287场，家长听课66 543人次。我市中小学家长学校办学模式在全省创建全国优秀家长学校实验基地交流会上作了3次经验介绍，到四川省龙泉驿区作了1次经验介绍。

受困于“小夹缝”　突破于“大课间”

雷州市白沙镇第二初级中学
案例负责人：陈华
案例主要贡献者：符澍森　吴立新

白沙镇第二初级中学是雷州市一所农村初级中学。它创办于1989年，坐落在雷州市城郊西部、207国道东侧。五年前，该校仅有教学班27个，学生1700多人。为改变学校原来的薄弱状况，以陈华为校长的新领导班子，大胆提出“一年见成效，两年大变样，三年大跨越”的办学目标，在“以人为本”和“健康、合作、快乐”理念的引领下，从“破解德育难题”入手，开展了以“快乐大课间”活动为主体的“人本化”管理模式的实践探索，促进了良好校风的形成，取得了“使学生向往、令家长放心、让社会满意”的办学效益。

一、在“小夹缝”中求生存

由于地理位置偏离城区等客观原因，白沙二中成了雷州市一所名副其实的“二流”学校。其“二流”程度不亚于在危险的“夹缝”中挣扎，举步维艰。它主要体现在“五差一多”：一是办学条件差；二是周边环境差；三是学生素质差；四是教学质量差；五是社会声誉差；六是学校债务多。在城区几所优质学校的挤压下，白沙二中犹如生存在“小夹缝”之中。

2009年2月，白沙二中迎来新机遇——新校长陈华同志走马上任。面对学校“五差一多”之现状，学校新领导班子通过走访调研、召开民主生活会，集思广益，大胆提出了“一年见成效，二年大变样，三年大跨越”的办学目标。新领导班子清楚地意识到：为实现这一目标，当前的主要任务是首先让学校生存下去。要使学校生存下去，先决条件是把教师疲惫的“心”重新激活，把学生摇动的“根”留住。

二、用“人本化”管理凝聚人心

白沙二中提出了“人本化”德育工作思路：让每一位学生都能在快乐中学习，又在学习中体验进步的快乐；让每一位教师都能在快乐中工作，又在工作中享受成功的快乐。学校采取降低“进步”和“成功”的门槛的做法，让每位师生都能搭乘上“快乐快车”。

一是改变评价观。为帮助学生树立自信心，陈华校长提出“三不看三看”评价标准：不看成绩看表现，不看外表看心灵，不看性格看习惯。短短的一个月时间内，男学生长头发变短了，校园里传出了久违的招呼声、问候声和欢笑声。

二是尊重差异，鼓励发展特长。学校想方设法创造条件搭建平台举办各种活动，给学生张扬个性和展示才能的机会，并大面积表彰有点滴进步的学生，着力培养和提升学生的自信心、荣誉感和成就感，让学困生进得来、留得住、学得好。

三是创设和谐环境。在工作上，学校领导总是挑着苦力干而不计较得失；在生活上，老师的疾苦成了学校领导首先考虑的议题。短短的一个月时间，全校营造了“思想一条心，学习一股劲，工作一家人，生活一盘棋”的和谐环境。

三、以“大课间”突破德育管理“瓶颈”

经过一年多的“人本化”管理的探索，白沙二中总算迎来了走向成功的曙光。2011年，“阳光锻炼一小时”给学校带来了新的机遇。于是，学校组织召开教师代表会议和班子会议，确定了“以大课间活动打造快乐德育”的蓝图，并开始了艰难的推进。

一是统一思想认识，营造快乐体育氛围。白沙二中充分利用宣传栏、标语、横幅，大张旗鼓地对阳光大课间活动进行宣传，向全体学生发出“阳光、快乐、健康、幸福”大课间活动的倡议。学校组织师生分批次送到外地观摩学习大课间，让他们开眼界，长见识，接纳认同大课间，使思想认识趋于统一。

二是加强组织领导，打造全员参与格局。白沙二中成立了校长任组长的大课间领导小组。在短短的时间内，全校师生参与热情高涨，形成了“学校统一领导，班主任、体育、音乐老师积极配合实施，全员参与”的大课间活动格局。

三是全力做好后勤保障。由于运动场凸凹不平，为保证大课间顺利开展，白沙二中安排专项经费，组织全校师生参与平整场地，安排专人淋跑道、画跑道，全校呈现出一派“热火朝天”的景象。

四是精心设计常态化“大课间”活动方案。经多方参考，白沙二中选择动感性强、有精神内涵、旋律优美、充满活力且容易领会的校园歌曲《踏浪》《校园的早晨》等作为“大课间”背景音乐，创编了展现新时代中学生快乐课间生活的大型动感韵律操。整个大课间活动，分为“阳光跑步”“感恩的心”“青春之歌”“勇往直前”五个乐章，全校师生全员参与，有跑有跳，有歌有舞，使整个校园变成欢乐的海洋，让师生大家尽情地享受欢乐的时光。

五是努力拓宽“大课间”外延。白沙二中想方设法创造条件举办各种活动，让更多不同兴趣爱好的学生有充分展示自我风采的机会。例如，每学期举办书画比赛、作文比赛、演讲比赛、球类比赛、航模比赛、科技创新大赛等，每年度都举办艺术节、风筝节、运动会等，每一次活动、每一次比赛、每一次考试，学校都大面积表彰，以树立典型，激励先进。

四、用“大课间”拓宽德育管理空间

两年多的“快乐大课间活动”的大胆探索，让全校师生尝到了进步和成功的甜头。于是，白沙二中抓住难得的机遇，不断丰富学校德育管理内涵。

一是创新学生管理模式，全面提高学生综合素质。根据学生实际，白沙二中提出了学生管理“从大课间开始，从体育课开始，从集会开始，从行为习惯养成开始”的思路，在学生养成教育上落实“三动”：口动，文明礼貌用语先动口；心动，改变陋习常怀感恩要心动；行动，走向成功自己要行动；在学生能力培养目标上，提出和推行“五会五能”和“三读两唱”。“五会五能”即“会做人、会学习、会生活、会办事、会合作”，“能写一手好字、能写一篇好文章、能唱一首好歌、能说一口流利的普通话、能跳一道舞”。“三读两唱”即早读、午读、晚读和上下午正课唱歌。教导处制订计划，科学合理安排科目朗读时间，在师生中发动宣传，接着培训带读学生，召开班干部会议，以点带面，从而全面铺开，学校跟踪记录，鼓励先进，鞭策后进。从以往无人读书到现在的“三读两唱”，校园里充满了读书声、唱歌声。学生在规范上自觉，在生活上体悟，在活动中践行，在学习上进步，最终形成好习惯并转化成自觉行动。

二是改善教师生活条件，打造幸福快乐合作团队。白沙二中拿出大笔资金用于教师生活小区、车棚、校道和学生宿舍硬底化改造，为外聘老师及本地的班主任老师租借住房。为教师健康成长搭建平台，经常组织老师外出参观学习，经常开展有针对性的校本培训，经常组织教师参与有趣的文娱体育活动，着力培养、打造积极向上的团队精神。教师真正感受到学校工作带给他们的健康与快乐，真正感受到集体给予的温暖与关爱。

三是“借力”完善办学设施，提升学校办学水平。有了一支好团队，就要创建一个好平台，才能让团队发挥出最大的效能，才能实现最佳的办学效果。打造好的平台需要大笔的资金，学校班子善于借助外力，大大改善办学条件。2009—2014年白沙二中借教育创强的契机，先后争取上级支持，筹款1000万元建了一幢学生宿舍楼、一幢学生食堂、一幢教学综合楼，同时争取社会力量建筑了硬底化校道、塑料篮球场、塑料跑道和雷祖文化园，并添置了大批电教器材、体育器材和大批教学设备，大大提升了学校的办学水平。

五、以精神文化彰显教育活力

五年来，白沙二中“快乐大课间”活动的常态化开展，形成了“快乐教育”的特色，实现了学校管理从“人治”向“精神文化引领”的转变，促进了校风的明显转变，从而加速了学校规范化、现代化管理的进程，产生了良好的辐射效应。

一是学生精神面貌焕然一新。近年来，白沙二中学生的组织纪律性、责任感及进取精神明显提高。上课迟到、睡觉现象几乎杜绝。从以往无人读书到现在“三读两唱”，校园里充满了读书声、唱歌声。学生文明守纪，勤奋进取。在县级以上各类比赛中学生获奖达158人次，获县级以上各类先进183人次，有一位学生获得2012年宋庆龄奖学金。

二是教师思想境界大大提高，“爱岗敬业、爱校如家、爱生如子”蔚然成风。近三年来，学校领导班子团结协作，全体教师工作投入，撰写论文获县级以上奖励48人次，参加优质课竞赛获县以上奖励9人次，被评为获县以上各类先进47人次，有一位教师获雷州市“百名优秀教师”称号。

三是办学规模不断扩大。近年来，白沙二中学生辍学率明显下降，今年春季开学学生返校率高于同类学校，防流控辍工作受到上级领导的肯定。本学期，白沙二中学生人数继续递增，已发展成为30个教学班、2400多学生的规模。

四是学校谱写了“低进高出”的篇章。连续几年来，白沙二中成为全市中考平均分进步增幅最大的学校，受到了雷州市教育局领导的肯定。近三年来，120位学生被雷州一中以上重点中学录取，学校被评为雷州市中考先进单位，学校综合考评跃居全市第三名、第一名。近两年来，白沙二中“快乐大课间”多次被湛江市教育局推荐参加广东省“阳光体育”展示和“德育创新成果”展评，其中陈华校长主持的德育创新成果《快乐德育研究》先后获湛江市一等奖、广东省三等奖。近三年来，白沙二中获得了“湛江市规范化学校”“雷州市德育示范学校”“湛江市德育示范学校”“湛江市绿色学校”“湛江市特色文化校园”等称号。

五是推动了学校的规范化管理，产生了良好的辐射作用和社会效应。2011年白沙二中“大课间”活动在雷州市第十三届中小学生田径运动会开幕式上成功表演，博得全体运动员、裁判员、与会嘉宾的较高评价，引起了社会较大的反响。近三年，白沙二中“快乐大课间”带来的效应成为社会和媒体关注的焦点，几乎每天都有来自本县和外地的兄弟学校的同行前来参观指导。2011、2012年雷州市教育局两次组织全市中小学领导、教师到白沙二中观摩大课间。到目前为止，白沙二中已接受湛江、茂名地区1500多所学校共达30 000多人次同行的前来参观和交流。

“好风凭借力，送我上青云”。近年来，白沙二中办学水平得到很好的提升，“起点低、进步快”的办学经验得到了社会的认可。陈华校长于2009年、2012年、2014年三次在雷州市教育工作会议上做了管理经验介绍，于2012年5月在湛江市教育局组织的体卫艺工作会议上做了“快乐大课间”经验交流，受到上级领导和专家的肯定和赞赏。上级教育主管部门的关爱和众多兄弟学校的指导，无形中也成为一种“借力”，很好地促进了学校发展“大气候”的形成。这种“借力”，为学校的持续发展带来更好的机遇和动力。如今，白沙二中已旧貌换新颜，到处散发着朝气，正以昂扬自信的恣态，迎接新一轮发展高潮。

农村性别平等教育

高州市石鼓镇中心小学
案例负责人：欧增志
案例主要贡献者：湛炯燕　梁月坚

高州市石鼓镇中心小学创办于1974年，学校占地面积51亩。现有40个教学班，在校学生2530人，教师90人。学校办学条件优越，校园布局合理，设施设备完善，教风学风优良。多年来，学校始终坚持“学做人，会求知，健身心，育特长”的办学理念，倡导“爱校、文明、勤奋、进取”的校风，以“强化管理，开拓进取，优化素质，大胆创新”的思路办出特色。学校1998年被评为广东省一级学校，2000年被评为广东省首批创建美丽校园先进单位，2007年被评为广东省安全文明校园，2008年被评为茂名市书香校园，2009年被评为广东省体育特色学校，2011年被评为省档案管理优秀单位和茂名市规范化学校，2012年被评为茂名市德育示范学校，2013年被定为广东省性别平等教育农村唯一试点学校，2014年被评为茂名市语言文字规范化学校。

2012年12月，省妇儿工委领导在茂名市调研时，把高州市石鼓镇中心小学定为省农村性别平等教育试点学校。一年来，在省妇儿工委，市妇联和市教育局的指导下，学校进行了大胆的探索和实践，性别平等教育试点工作取得了一定的成效，现将性别平等教育这一独具特色的德育工作汇报如下：

一、研究背景

近年来，由于石鼓镇“教育创强”的需要，我校办学规模不断扩大，外校转入的寄宿留守儿童逐年增多，学生生源也愈加广泛和复杂。寄宿留守学生在学校学习、生活中呈现出许多新的问题：自理独立能力差，自我保护的意识不强；缺乏性别认知，青春期的自卑与恐惧，男女生交往的困惑，甚至出现早恋现象，给学校德育工作带来了全新的挑战。为此，我校决定开展“性别平等教育”，提高留守儿童安全防范意识，加强生命教育，以解决学生身心实际问题为出发点，以培养学生“自尊、自信、自立、自强”精神为目标，对全校学生开展性别平等、生理、心理、伦理以及自我保护等教育活动，引导学生正确对待成长过程中的各种问题，树立正确的人生观、价值观，同时以关爱留守儿童为重点，帮助留守儿童健康、安全成长。

世界女性教育的先驱者克鲁普斯娅说过：“如果你在家教育儿子，就是在教育公民；如果你在家教育女儿，就是在培养整个民族。”我国著名的教育家、社会心理学家王东华先生在《发现母亲》一书中也强调指出女生教育对一个民族和国家发展的重要意义。作为学校现在所培养的女生，她们的素质的优劣高低直接关系到下一代我们国家的前提命运。所以女生教育是学校教育的重要内容和重要任务。但是“男尊女卑”的思想在农村至今根深蒂固，有许多女孩在家庭中、在社会上受到不平等的对待，甚至遭受性别歧视。江泽民同志在1995年第四次世界妇女大会上，向全世界庄严承诺：“把男女平等作为促进我国社会发展的一项基本国策。”性别平等教育是贯彻男女平等基本国策的一项具体措施，是建设先进性别文化、构建社会主义和谐社会的需要。什么叫性别平等教育？简单来说，性别平等教育是指教育者根据男女生因性别差异而产生的生理与心理的差异，采用不同的教育措施，使男生和女生都获得充分、自由、平等、全面发展的教育。开展小学生性别平等教育，引导小学生形成正确的性别意识，从小建立平等和谐的两性关系，培养身心全面发展和人格健全的社会主义新人，具有深刻的意义和深远的影响。

二、具体做法

1. 建设一支具有强烈性别意识的师资队伍

为了性别平等教育顺利实施，学校要求所有教师都要确立任何一门课程都是性别教育的理念，教师在所有课程教学中都要融入性别议题。学校通过教育、教学、管理等活动，提醒教师对性别意向的注意，督促教师思考在教学及师生互动方面的性别意涵，培养教师开放、平等与尊重的态度及处理性别议题的知识与能力，确保所有的教师都具有专业素养和两性平等意识转化能力的知识分子。

同时，我们还组建了性别平等教育课程研发团队，由欧增志副校长主管，带领团队对性别平等教育课程开展资料收集、教学实践、集体备课、工作研讨，为性别平等教育课程研发做好师资上的支持和保障。

定期开展师资培训工作，并组织性别平等教育课程研发团队外出到上海理工大学附属小学学习观摩，提高对性别平等教育的认识和理解。

2. 编写适合学生成长需要的课程内容

性别平等教育遵循“活泼干净、通俗易懂”的工作原则，根据小学生年龄层次的不同，分年级循序渐进地开设性别教育课程，共有24课时，分低、中、高三个年段，每个年段8课时。从“生命教育、性别认同与平等教育、自我发展教育、学会基本的身体保护方法和技能”等内容入手，使小学生公开坦然地接受生理、心理、伦理等方面系统科学的性别教育。例如，低年段的“我可爱的身体”，中年段的“打开青春之门”，这两课时是让学生认识自己的身体及发展变化；中年段的“坚强的我”，高年段的“我自信，我快乐”这两课时是根据我校留守儿童比较多的实际情况，让学生接受健康、积极的心理教育；低年段的“我不跟陌生人走”，中年段的“身体红绿灯”，高年段的“加强自我防范”这三课时让学生根据实际情况，判别自身的安全与危险，预防性侵害，学会基本的身体保护方法和技能。

课程内容通过具有童趣的插图，从孩子的视角来解读性别平等教育，用贴近生活的事例让他们感悟道理，掌握解决性别困扰的方法。经过不断的研讨，目前我们课程开发团队已经对教材、教案经过了三次的修改。我们还要经过不断地修改，以确保达到“活泼干净、通俗易懂”的目的。

3. 组织观摩课，召开研讨会

2014年春季学校各年级按照教学计划开展性别平等教学活动。学校对每次的性别平等教育课程都要进行集体备课、课前预审、听课检查、跟踪调研、提出整改，确保试点工作谨慎、有序地开展。每个性别平等教育课程研发团队的教师都要轮流上研讨课。性别平等课程不纳入考试范畴，如果我们用简单的授课方法不一定能引起学生的兴趣，所以，需要教师运用孩子喜闻乐见的教育形式，让有些隐晦的教学内容显得生动活泼、干净明了。因此，在教学设计中，我们充分考虑学生的年龄特点，采用游戏、活动、动画、影像、故事、讨论等多样灵活、有趣直观的教学方式，让学生在活动中感悟道理，在情境中学会迁移，在操作中提升技能，在体验中积累经验。

上完课后，性别平等教育课程研发团队的教师还召开教学研讨会，在会上，大家各抒己见，总结切实可行的宝贵经验，反思失败的根源，调整教学内容，修改教材，调整教案。

4. 大力宣传，形成氛围

性别平等教育是现代教育的新视角，它作为试点走进我们农村小学的课堂，会面临农村社情、文化传统、社会阻力等困难。为了让性别平等教育顺利开展，学校建设完善心理辅导室、多媒体教室，为学生提供健康成长和现代化教育平台。并开设了性别平等教育的宣传阵地，编印宣传资料，拉相关性别平等的标语。此外，在课前让学生背诵通俗易懂、朗朗上口的性别平等教育的诗歌，开展学生关于性别平等教育的手抄报比赛、毛笔字比赛、钢笔字比赛、画画比赛、演讲比赛，每个班级出相关内容的黑板报……性别平等教育经过一年多的时间却已经走进每个学生的心间。

三、卓有成效，反响良好

一年多来，我校的性别平等教育工作扎实有效，反响良好。学校加大了性别平等教育的力度，分级管理，领导班子的性别意识有所增强，过去男女领导比例9:1，在未来将增加女领导人数，领导平等意识大有改变。提高了教师的性别平等意识，增强了性别平等教育在各学科教学中的渗透，提高了教师生理、心理健康教育工作专业化水平；上了性别平等课的学生，性别平等意识增强了，男尊女卑的观念转化了，能正确认识自己在生理、心理的变化，学会基本的身体保护方法和技能，加强自我防范意识，认同自己的性别，打破了性别刻板印象，树立了男女平等的观念，促进了性别间相互了解、尊重和合作。许多家长改变了过去重男轻女的思想，平等对待孩子，让孩子得到了充分、自由、平等、全面发展的教育。在广东省妇儿工委性别平等教育试点工作启动仪式后，社会反响良好，学校进一步加强了师资培训，课程研讨，还有电台到我校采访报道，不论城镇还是农村，性别平等教育反响良好，得到各界的理解和支持。到目前为止，教材编写仍在进一步修改中，学校将会加大开展性别平等教育的力度，争取早日达到省妇儿工委的要求。

现对照“以德立校”系列——“百个优秀德育案例”参展案例要求进行了详细而客观的自评，符合“百个优秀德育案例”的条件，特申报“以德立校”系列——“百个优秀德育案例”。敬请评估组各位专家、领导予以评估验收，并提出宝贵意见。

提高文化修养，完善人格锻造
——传统文化美德教育与少先队主题活动整合研究

潮州市湘桥区实验学校
案例负责人：林　珍
案例主要贡献者：苏东青　林　珍

一、研究背景

中华文化，源远流长，博大精深，是全人类共有的精神财富。《中小学开展弘扬和培育民族精神教育实施纲要》，把中华传统美德确立为中小学开展弘扬和培育民族精神教育的重点。少先队作为学校德育的主阵地，又是培养锻炼队员的大熔炉，肩负着培养世纪新人的重任，把传统文化美德教育与少先队主题活动整合，因地制宜，充分利用现有资源，有利于德育目标的鲜明突出，德育措施的科学具体，德育形式的推陈出新，德育效果的扎实有效。2012年9月以来，我校结合省级课题，开展传统文化美德教育与少先队主题活动整合研究。

二、理念支撑

立足于“传承文化精髓，夯实幸福人生基石”的教育理念，以传承优秀传统文化、弘扬伟大民族精神为主线，以培养队员社会美德，提高文化素养，创建精神家园为目标。

三、具体做法

1. 感知传统，传承文化

“诵读千古美文，争做谦谦君子”。一是利用每周升旗仪式，让各班“晨光小天使”为全校师生诵读一首古诗或围绕“传承传统文化美德”做主题演讲。二是小主持人通过讲解“每周一句古训格言”含义并领读，让古训格言入心入脑，熟读成诵。三是利用排放学队时间开设一分钟课程，齐读古训格言后再离校，营造良好的文化氛围。四是开展“诵经典，学感恩”经典诵读比赛。活动以国学经典名篇为载体，以个人或小组诵读表演为主要形式进行。小选手们粉墨登场，以不同形式诠释、演绎、传诵着经典。我们还编印了《古训格言　亲子读写》校本教材，引导队员们利用课余时间，与父母一起诵读古训格言，练习书写古训格言，传承书法艺术。

传承传统文化“八个一”活动。即：“写一副春联或书法作品、画一幅国画年画、诵读一本国学经典、讲一个传统美德故事、学做一种传统小吃、做一件传统手工、游一处名胜古迹、写一篇节日体验日记。”该项活动引导队员在寒暑假假期活动中学习、传承和发展传统文化，培养传统美德，提高自身素养，完善人格塑造，收到良好效果。大队部共收集到1000多件作品，全校共有20个班级荣获优秀组织奖，评出传统文化小传人300多人。其中部分作品还在走廊、校报进行展示。

创编《弟子规》操，感受经典魅力。我校少先队自编并录制的《弟子规》操，伴以古筝、扬琴等背景音乐，融入朗诵、歌唱、舞蹈、太极、剑术等元素，整套操动作简洁又不失变化，整齐又不失特色，活泼又不失稳重，动感十足又充满古典韵味，实现了传统与现代的完美结合。除了在全体队员中推广学习《弟子规》操外，我们还举行《弟子规》操竞赛。通过竞赛，进一步规范学生的动作，在多感官参与活动的过程中，潜移默化地学会《弟子规》，感受经典的魅力。

弟子规操

传统文化主题活动嘉年华。我们结合学校教学开放日，举行传统文化主题嘉年华活动。一、二年级活动主题为：感恩父母；三年级活动主题为：魅力民俗；四年级活动主题为：家乡工艺；五年级活动主题为：潮州美食。活动当天，各年级八仙过海，各显神通，有的班级师生共绘感恩卡，有的班级家长、学生齐秀绣艺，有的班级邀请家长一同品尝家乡美食，还有的班级包起了粽子、搓起了汤圆、剪起了窗花、制起了花灯……真是精彩纷呈，令人眼花缭乱，应接不暇。潮州电视台《民生直播室》栏目和《潮州日报》均对活动进行了采访报道。这些活动展示了我校开展传统文化教育的成果，调动了孩子们传承祖国、传承家乡传统文化的积极性。

“亲历传统节日，追寻文化之魂”。结合清明节、端午节，我们组织队员开展网上学习及体验活动，出版专题黑板报并举行主题队会，低年级主题为“传统节日知多少”，中年级主题为“夸夸家乡的传统文化”，高年级主题为“我爱祖国的传统文化”，促使队员了解多彩的民俗文化，感受民风民俗的魅力，激发民族自尊心和自豪感。

“玩转传统游戏，体验运动快乐”。2013年元旦前夕，学校大队部联合体育组举行传统体育运动家校互动活动日，让师生、家长代表在轻松愉悦的传统游戏、运动中，提高身体素质，密切关系，推动“全民健身”运动，营造浓厚的运动氛围，取得良好效果。潮州电视台《民生直播室》栏目组对本次活动进行了采访报道。

2. 榜样引领，弘扬美德

“走近历史名人，弘扬中华美德”。我们结合书香节，引导队员阅读中华美德故事，并举行“传承中华文化　讲美德故事”比赛。队员们在一个个引人入胜的名人美德故事中，受到感染和熏陶，争当传承中华美德的小传人。

“懂得感恩奉献，争做雷锋式少年”。为了弘扬雷锋精神，引导少先队员弘扬中华民族传统美德，大队部开展学雷锋系列活动。首先，各中队制定活动方案，成立学雷锋志愿者服务小队并设立“爱心储蓄罐”，引导队员们身体力行，传承雷锋精神，如：开展“美化社区环境，我们在行动”义务劳动；长年学雷锋小组——爱心小队到常年服务对象廖奶奶家和启智学校开展志愿服务活动。潮州电视台《民生直播室》栏目组和《潮州日报》均对活动进行了采访报道。其次，开展“广东红领巾基金”爱心压岁钱捐赠活动。两年来，同学们踊跃参与，为“广东红领巾基金”共捐赠7万多元。再次，开展“情系贫困山区，爱暖留守学童”结对扶贫活动。我校在团市委的牵头下，与饶平县浮滨镇上社小学结成对子。双方现场签订协议书，开启“心连心，手拉手”扶贫结对活动的序幕。以上活动，培养了队员感恩社会、无私奉献的优良品质，并转化为主动关爱他人的自觉行动。2013年暑假期间，我校305班廖湘榕同学不幸被确诊为骨癌，治疗费用高达50多万元。学校少先队大队部向全体师生发起爱心捐款活动倡议，得到师生的积极响应，共捐款10万元。近期，爱心小队队员们通过电视得知一位截肢女孩急需手术费时，他们又到市集德福利会捐款500元，为截肢女孩奉献爱心。404班学生及家长闻讯也行动起来，在人民广场开展义卖活动，为截肢女孩筹得善款1万多元。

“践行核心价值观，争当传美人物”。少先队积极开展“感动实小传美人物”评比活动，大力表彰和广泛学习宣传为实小发展做出突出贡献的先进人物，充分挖掘校内德育资源，传承中华传统美德，树立身边的榜样，用典型人物感动师生，用身边的榜样带动师生，践行社会主义核心价值观，发现感动、分享感动　传递感动。队员们积极参与这项活动，经评选，陈瑶等10名师生被评选为“感动实小传美人物”。他们的事迹做成展板，成为校园里一道亮丽的风景线。今年暑假期间，少先队又推出“最美教师　最美学生”“最美家长　最美家庭”评选活动。

“传承传统文化，争当劳动小能手”。结合五月份的劳动教育主题，在“六一”儿童节前夕，大队部组织各年级开展“传承传统文化，争当劳动小能手”劳动技能大赛。一、二年级开展趣味自理能力比赛；三年级开展搓汤圆、包粽子比赛；四年级举行包饺子比赛；五年级举行传统小食拼盘、插花比赛。活动既洋溢着儿童节快乐的气氛，又散发着浓厚的传统文化气息。队员们在劳动中学习传统小吃的制作，培养劳动能力和创新精神。各中队还邀请家长们参与亲子活动。家长们陪孩子做小吃，吃小吃，一起劳动、拍照，共同庆祝儿童节，拉近了家校距离，密切了家校关系。

“学习践行礼仪，争当文明使者”。为了传承中华礼仪之邦的优良传统，我们将每学期第一学月定为“文明礼仪教育活动月”，开展“与文明握手”系列活动，如：观看文明礼仪讲座及标准队礼视频；以班风量化评比为载体，开展优秀文明班、五星级文明班、卫生先进班、流动红旗班的评比活动；征文比赛、主题班会、手抄报比赛、“文明礼仪童谣”创编竞赛、普通话演讲比赛等，并以此为契机，深入开展“文明小天使”竞赛活动，评选“礼仪之星”和“文明小天使”。活动月结束，各班评比了一批“守纪之星”“礼仪之星”，并出版专题板报，通过表彰先进，树立榜样，营造“学礼仪、讲文明、懂礼貌”的良好氛围，活动效果显著。

“传承中华美德，放飞中国梦想”。

“红领巾相约中国梦”。2013年10月14日，大队部隆重举行“红领巾相约中国梦”主题队日活动。辅导员为队员们介绍少先队的历史，队员们的发言阐述了中国梦的内涵，队员代表还分享了自己的梦想，大家齐诵经典，合唱《歌唱祖国》，彼此分享梦想和收获。各中队辅导员还精心准备主题队课，让全体少先队员在活动中深深感受到党和祖国对他们的关心和爱护，在浓浓的爱国情怀中立下志愿，为祖国的明天而奋斗。同一天，我们还举行了“我们的梦——中国梦”中队主题队会观摩活动，通过一些励志歌曲、快板、中华传统故事等活动形式，帮助少先队员知晓“中国梦”的由来，了解仁人志士和革命先辈为“中国梦”奋斗的艰辛历程和崇高精神，激发对党和社会主义祖国的朴素感情。结合队日活动主题，围绕如何实现中国梦，引导少先队员从现在做起、从小事做起、从身边做起、积极参与“学雷锋”活动，引导学生“日行一善”，做一个有道德的人，形成崇德尚义，见贤思齐的良好风气，从而树立正确的世界观、人生观、价值观。

“中国梦 科技梦 艺术梦”。学校少先队组织二至六年级队员开展“让梦想插上科技的翅膀”科技创新大赛，学生踊跃参加，激发了学生的奇思妙想，培养爱科学、学科学、勇于创新的精神。我们举行校性传统器乐、曲艺、书画比赛，为队员搭建展示才艺的舞台，提高传承传统文化的积极性。

四、活动成效

我们在两年的课题研究活动中，秉持“在活动中传承，在传承中发展”的宗旨，选择符合时代要求和队员年龄特点的内容和方式，开展主题教育活动，虚功实做，让队员们在丰富多彩的“传美”活动中体验中华文化的博大精深，激发民族自尊心、自豪感，引导他们自发学习、传承中华传统文化美德，提高自身文化修养，完善人格锻造，取得丰硕成果：学校被授予“广东省安全文明校园”称号；被授予“全国优秀家长学校”称号；学校获市艺术展演优秀组织奖；学校少先队大队部先后被评为省、市“少先队红旗大队”；“爱心小队”荣获2012年潮汕星河奖品德奖集体三等奖，2013年被评为区青年志愿者优秀集体；学校舞蹈队排练舞蹈《潮州娃儿看大戏》，参加市艺术展演获一等奖，创编的童谣节目获市二等奖；“红领巾相约中国梦”主题队日活动获潮州市红领巾相约中国梦主题队日竞赛活动优胜奖；陈瑶同学被评为广东省“优秀少先队员”；13个班被评为湘桥区“文明小天使”先进集体或优秀班集体；2位老师被评为湘桥区“优秀青年志愿者”；陈思佳同学参加市“学礼立身”演讲比赛获得二等奖；刘湘琳等三名同学参加潮州市“学习践行礼仪，争当文明使者”中小学生手抄报比赛，荣获小学组二、三等奖；林樾凡同学参加市青少年科技创新大赛创新成果竞赛获三等奖；42位同学被评为区“文明小天使“标兵。

五、努力方向

中华传统美德标志着中华民族的“形”与“魂”，成为中华民族的凝聚力所在，绵延数千年不衰，仍将显示出旺盛的生命力和积极的现实作用。继承和发扬中华民族的传统美德，继续加强对青少年的传统文化美德教育，是学校教育的一项重要德育任务，也是少先队活动的主旋律。我们将紧跟时代步伐，不断创新德育方法，发挥此项研究成果的效应，丰富新时期少先队的工作和活动内容，较好地发挥少先队的自我教育作用，提高学生的身体素质及心理素质，让传统美德教育推动少先队的自主建设，提高少先队员的思想道德素质，在深化践行社会主义核心价值观教育活动中做出新的、较好的工作实效。

文化立品，培德为上

佛山市顺德区伦教培教小学
案例负责人：欧阳艳冰
案例主要贡献者：陈一戈　何雪文

一、创建思路

2006年我校开办之初，学校创办人郑裕培先生便提出了“教之以德，而后学文”的遗愿，这恰恰与“五育并举，德育为首”的教育原则相一致。我们认为，创建德育特色之路，归根到底还是要在抓实德育工作的基础上做精做细。正所谓“育人先培德”，结合我校的发展现状和文化氛围，培养师生终身受益的素质，促进师生全面发展已成为学校创建德育特色之路的重点方向。因此，我校把“文化立品，培德为上”作为德育特色创建的理念，我们将致力打造“培德”教育作为学校德育特色，使培小全体师生做到人人自信成长，个个培育美德。

二、领导小组

组长：欧阳艳冰（校长）

副组长：陈一戈（副校长）　何雪文（副主任）

成员：汤昌盛　周淑梅　梁惠芳　杨惠燕　刘翠葵　李玉明　郑智洪

三、创建措施（分三个阶段进行）

（一）第一阶段（2014年7月—2014年9月）：筹备阶段

学校制定德育特色实施方案，召开动员大会，明确创建特色学校的意义及目的，成立创建德育特色学校领导小组，邀请专家到校指导。

（二）第二阶段（2014年10月—2015年1月）：组织实施阶段

1. 文化引领立德品

（1）美育环境，树立品格

学校以办学特色“书香校园，德艺培小”为总导向，充分挖掘浓厚的书香文化和艺术文化为引领，让师生在深厚的校园文化气息中陶冶性情，树立良好品格。在当前校园文化的基础上，进一步整合规划校园育人环境，合理建设各具特色的文化长廊、书香艺术文化墙、悦读园、感恩园等，建设别具一格的“楼梯文化”“走廊文化”“食堂文化”“寝室文化”和“洗手间文化”等。充分利用校园的每一个角落，营造德育的良好环境氛围。

（2）传承精神，塑造品德

学校将大力弘扬和传承郑裕培先生的“仁爱孝义，慈善奉献”的崇高品德，在校园内打造一系列让师生以学习郑裕培爷爷的精神为主题内容校园文化建设，建造“感恩园”“感恩词”“孝道墙”“爱心树”“郑裕培爷爷故事廊”等，让校园文化成为传承美德精神的一个学习平台，熏陶着每一个培小学子，让其在潜移默化中塑造高尚品德。

（3）以字养品，德艺双修

书法特色多年以前就已经是学校素质教育的亮点之一了。我们一致认为：书能载道，更能修身。郑裕培爷爷也是书法爱好者，生前多次为我校写下的一幅幅催人奋进、激励人心的书法作品，是学校开展素质教育的好素材，更是传承文化的瑰宝。因此，我校将深入打造以字养品，以艺修德，让学生在书法中静以修身，艺以养德。

（4）“五德”教育，养成品行

学校德育特色“文化立品，培德为上”，最为关键的还是后者。因此，学校将树立“五德”教育作为德育工作的重心，使之成为学校打造“培德”教育的核心内容：即礼德、爱德、孝德、诚德、能德。并将此贯穿于校园文化建设中，以培养“五德”新人为工作目标，促进和谐校园的健康发展。

（5）班级文化，育人育心

为营造朝气蓬勃，品德为上的班级文化，要求各班文化要做到四有：即有文化特色、有集体凝聚力、有班规班训、有德育活动展区。学校并将班级文化建设与评价机制相结合，开展每月班级文化评比，旨在让学生在浓厚的班级文化氛围中得到熏陶，让教室成为教育学生的主阵地。

2. 立足课程促“五德”

结合学校德育校本课程和国学经典德育课题，开展一系列主题教育活动，促进良好品德的形成。

（1）开展文明礼仪教育，以礼修德。（礼德）

“德诚于中，礼行于外”，文明礼仪是学生发展的必备素质。学校将结合《中小学文明礼仪纲要》和《培教小学学生行为习惯细则》的要求，以《弟子规》《新三字经》《论语》中的礼仪篇为教材导向，开展学习礼仪活动。包括规范学生的问好礼仪、上课礼仪、课间礼仪、个人礼仪、交往礼仪等。以少先队大队部为载体，组织丰富多彩的文明礼仪教育活动，让每个学生都参与到活动中来，在参与体验中成为文明礼仪的宣传者、实践者、示范者，并通过活动展示师生校园礼仪风采，表彰文明礼仪之星。

（2）开展感恩教育，以爱培德。（爱德）

感恩，是中华民族传统美德。学会感恩，才能懂得理解人、懂得尊重人。因此我校着重培养学生感恩之心，开展“爱德”教育。让每个学生常怀感恩之心，感恩父母、感恩老师、感恩同学、感恩祖国、感恩社会、感恩自己的亲朋好友。通过建造“感恩文化”，塑造学生健全人格，养成学生良好道德品质和行为习惯。如开展“亲情作业”“我为长辈做一件事”“我当一天家”等感恩教育活动，从培养孩子的爱心做起，让学生在爱的氛围中培养高尚的品德人格。

（3）开展孝顺教育，以孝养德。（孝德）

正所谓，百事孝为先，孝者德之本。孝敬父母、尊重长辈是中华民族传统美德，因此我校将深入开展孝顺教育，主题活动包括有“日行一孝”、传唱孝心歌、学习诵读孝心格言、“孝心门诊”主题活动、书写“孝心周记”等，定期出版《孝德报》，表彰突出学生。旨在培养学生的良好品格，增强学生的孝心，以孝养德。

（4）开展诚信教育，以诚立德。（诚德）

诚信是是人的立身之本、立德之基。结合德育校本课程内容，我校确立诚信教育（即诚德）为“五德”之一。旨在通过系列以诚信为主题的实践活动，促使学生从小养成诚信的良好品质，树立“言必信，行必果”的思想品德和良好行为习惯。具体活动包括学习诚信格言、讲诚信故事、签订诚信公约，定期表彰“诚信好孩子”等。

（5）开展自信教育，以能促德。（能德）

自信是成功是基石。自2008年起至今，我校一直深入开展自信教育，自信教育已成为学校育人特色之一。现结合校本德育课程和办学理念，充分利用好校本自信教材，开展多彩的主题教育活动，旨在营造“我自信，我能行”的能德教育，培养学生树立自信心。

以上“五德”将贯穿于德育校本课程和年级教育活动进行实施，我们要求学生一年塑造一种美德，五年养成五种美德，第六年便是对学生进行“五德”综合考评总结阶段。

3. 抓实行规教育，以规促德

切实抓好学生日常行为习惯的养成，实行学生自我管理。深入开展“文明星级班评比”活动，以评比活动为切入口，制定“学生文明行为习惯”评价表，充分发挥评比促养成的作用，培养学生良好品德的形成。

确立每学年开学的第一个月为“开端教育月”，开学第一周为“行规安全教育周”。根据年级德育主题，把学生行为规范化成训练表，按时间分月、周；按内容为文明守纪、卫生、两操、大课间、路队等，列出相应的训练要求。如：全校性集合排队、放学队、进退场秩序的训练，向别人问好敬礼的训练等，让学生在实践体验中着重培养“9个好习惯”并汇编在《自信教材》中：微笑以礼待人；主动打招呼；及时感谢别人的帮助；每日为父母做件事；说了或答应了就要努力做，尽力兑现承诺；守规则并按规则办事；团结合作，集体的事一齐干；学会与人分享；坦然面对挫折，在困难面前说“不”。

开展“培小学子一日规”学习活动。明确全体学生在校一天的各项行为习惯规矩，尤其从一年级新生入学第一天开始抓起。各年级组结合德育校本课程的“五德”教育开展好主题活动，让良好行为规范潜移默化地深入每一个学子心中。

内化“培德”理念，明确学习标准。以“仁、义、礼、智、信”为“培德”目标，细化育德标准。学校要求全体教师、学生、家长都要做到以德为志，以人为本，明确好教师德、学生德、父母德的具体标准，并广泛宣传教育。

教师“德”标准：

仁：爱生如子，培育人才

义：面向全体，因材施教

礼：为人师表，相敬互助

智：循循善导，睿智进取

信：忠于职责，以诚待人

学生“德”标准：

仁：感恩父母，善待生命

义：遵纪守法，明辨事理

礼：自律大方，礼仪文明

智：乐学善思，努力上进

信：诚实守信，实事求是

父母“德”标准：

仁：关爱孩子，热心社会

义：宽严有度，明理公正

礼：知书达礼，温文尔雅

智：教子有方，互学共进

信：以身作则，信守承诺

围绕“五德”教育开展好每周德育作业活动。主题形式多样，以实践体验为主，如孝顺作业、道德作业、礼仪作业、感恩作业等。让德育作业常规化，使学生在实践作业中感悟人生美德，塑造健康心灵。

开展创建“德育特色班”活动。各班根据学生年龄特点和班级实际，围绕“培德”育自主创建“礼仪、自信、环保、安全、劳动”等不同主题的特色班级，确定好班级每周细节，要求学生从细节习惯做好。

紧密家校关系，营造德育合力。定期召开家长会，搞好家校关系。要求全体教师每天至少表扬2个学生，撰写学生评语时也要遵循“8+1”模式（即8个优点，1个建议），以拉近家校关系，充分得到家长信任。此外，充分发挖掘家长资源，深入开展家长早课，扩大家长义工服务队伍和班级家委会队伍，管理指导好家长开展德育教育工作。

（三）第三阶段（2015年2月—2015年3月）：总结反思阶段

对方案的实施进行阶段总结，撰写实施总结。摘靠领导小组会议，研究实施阶段出现的问题及需要改进的地方，制定改进与完善的办法。邀请专家到校进行阶段性验收与评估。在实施过程主要采取以下激励措施：

在开展各项主题活动中，加以奖励机制，评选出学校十佳美德少年、十佳美德教师、十佳美德家庭，出版学校德育《表扬报》。

针对实施阶段反馈的存在问题认真总结反思德育成效，对存在问题加以改善。对成效显著的年级、班级进行展示，经验交流分享，加以表彰奖励。

四、保障措施

1. 组织保障

成立由校长、主管德育行政、年级组长、大队辅导员组织的创建德育特色领导小组，确定各项目标的责任人，明确分工。

2. 制度保障

完善学校现有的各项规章制度，创新管理机制，以精细化管理为工作措施，切实制订各部门的实施计划。

3. 专业保障

定期邀请专家到校指导、培训、开设专题讲座，通过专家的诊断及反馈意见指导各部门的工作开展。

GUANGDONG ZHONGXIAOXUE BAIGE YOUXIU DEYU ANLI

广东中小学百个优秀德育案例 下

广东省教育厅◎编著

南方日报出版社
NANFANG DAILY PRESS
中国·广州

图书在版编目（CIP）数据

广东中小学百个优秀德育案例 ：全2册 / 广东省教育厅编著. — 广州 ：南方日报出版社，2018.1
（广东学校德育“百系列”丛书. 以德立校系列）
ISBN 978-7-5491-1356-9

Ⅰ. ①广… Ⅱ. ①广… Ⅲ. ①中小学－德育工作－案例－广东省 Ⅳ. ①G631

中国版本图书馆CIP数据核字(2016)第010253号

GUANGDONG ZHONGXIAOXUE BAIGE YOUXIU DEYU ANLI
广东中小学百个优秀德育案例（下）
广东省教育厅 编著

出版发行：南方日报出版社
地　　址：广州市广州大道中289号
出 版 人：周洪威
出版统筹：周山丹
责任编辑：方　明　杨柳青
特约编辑：梁小冬
封面设计：劳华义
内文设计：胡馨怡
责任校对：王　燕
责任技编：王　兰
经　　销：全国新华书店
印　　刷：虎彩印艺股份有限公司
开　　本：787㎜×1094㎜　1/16
总 印 张：34.25
总 字 数：677千字
版　　次：2018年1月第1版
印　　次：2018年1月第1次印刷
总 定 价：90.00元（全2册）

投稿热线：（020）83000503　读者热线：（020）83000502

网址：http://www.nfdailypress.com/

发现印装质量问题，影响阅读，请与承印厂联系调换。

序

p r e f a c e

◎景李虎

党的十八大明确指出，要全面贯彻党的教育方针，把立德树人作为教育的根本任务，培养德、智、体、美全面发展的社会主义建设者和接班人。这一重要论断深刻揭示了学生思想道德素质培养在学生教育中的基础性地位及德育工作对于学校教育的重要意义，为我们进一步做好学校德育工作增添了动力、指明了方向，我们必须全面学习领会、深入贯彻落实。

在贯彻党的十八大精神、落实立德树人要求的过程中，广东紧紧围绕培育和践行社会主义核心价值观，着眼课堂教学、校园文化、社会实践、学校管理“四育人”平台建设，着力推进课堂育人，创新高校思想政治理论课和中小学德育课教学，探索建立高校党委书记、校长上第一堂思想政治理论课制度，把学科育人纳入学科教师日常培养培训及教育教学考核；着力推进文化育人，举办学校校训、校徽、校歌展示活动，引导师生对学校文化蕴含的传统文化和时代精神进行挖掘、阐发，持之以恒分类开展高校、中小学、中职学校主题教育活动，促使活动教育化、系列化、品牌化；着力推进实践育人，加强大学生社会实践活动的正确引导，让大学生通过实践增强对中国特色社会主义的政治认同、情感认同和实践认同，加强中小学生综合实践基地建设，破解中小学生社会实践安全难题；着力推进管理育人，全面深化德育管理队伍培养，精心打造“三项赛事”（高校思想政治理论课青年教师教学基本功比赛、辅导员职业能力比赛、中小学班主任专业能力比赛）、“三种培养”（高校思想政治理论课名教师骨干教师培养、名辅导员培养、中小学名班主任培养）、“三类工作室”（高校思想政治理论课名师工作室、名辅导员工作室、中小学名班主任工作室），形成优秀德育教师从发掘选拔到培养成长到辐射带动的完整链条。凡此种种，不胜枚举。

总结广东近几年学校德育工作的成功实践，有一条基本经验——重视学校德育工作的“四性”建设，即科学性、创新性、实践性、实效性建设，其中，科学是基础，创新是动力，实践是关键，实效是根本。可以说，新形势下广东学校德育工作取得的每一点进步、每一分收获，都得益于对“四性”的深刻理解和自觉运用，得益于在对“四性”一贯坚持中的丰富发展。

一是突出科学性。德育工作的对象是活泼的学生个体，其工作成效如何不仅影响学生当前成长，更关乎学生长远发展，来不得半点任性和马虎，必须认真遵循学生身心成长规律和德育自身工作规律。把握科学性，广东依托高校成立了中小学德育研究与指导中心、中职学校德育研究与指导中心、中小学心理健康教育指导中心等专业机构，建立起行政推动与专家指导相结合的工作推进机制，使得省级德育工作宏观管理具备了坚实的学术支持、学理支撑和科学奠基。

二是突出创新性。当今时代，经济社会深刻转型，思想文化多元多样多变，互联网、手机等新兴媒体迅猛发展，“新”和“变”已然成为学生所处环境的重要特征。做好德育工作，我们比以往任何时候都更加需要创新，“老办法”可以不灵，但绝不能够不会“新办法”。把握创新性，广东设立了省级学校德育创新项目和高校思想政治教育工作创新项目，积极鼓励和支持各地各学校进行德育理念创新、手段创新和基层工作创新，促使德育创新蔚然成风、德育创新成果竞相迸发。

三是突出实践性。常言道，实践出真知，没有经过实践的道德认知难免苍白无力，难以支撑起学生终身认同和践行的道德法则和价值准则。德育的入耳、入脑可以通过课堂教学实现，但要入心、要真正刻入学生心灵，唯有通过实践、通过学生亲身经历、亲身体验和自我感悟、自我理解才能达成。把握实践性，广东在推进“创强争先建高地”教育中心工作的过程中，明确将实践育人、青少年校外活动场所建设等写入创建教育强市、强县（市、区）、强镇及推进教育现代化先进市、先进县（市、区）指标体系，并对推进教育现代化先进市的中小学生综合实践基地建设指标、推进教育现代化先进县（市、区）的青少年宫建设指标实行“一票否决”。

四是突出实效性。加强德育工作的科学性、创新性、实践性建设，根本目的就在于增强德育工作的实效性，让德育在学生中更好地落地、生根、开花、结果，让德育真正润进学生心田。也就是说，德育要见实效，工作的科学性、创新性、实践性必须落地，落实到德育工作的各个实施层面。把握实效性，广东对学校德育科研工作进行大胆改革，树立实践导向，把重心下移到德育实践操作层面，通过整合零散的理论研究力量，集中优势团队进行少数重大理论问题研究，大力释放实践研究空间，大幅度提升了德育实践研究项目的立项比例，引导各地各学校多出德育方法载体、渠道途径等实施层面的成果，减少那些缺少新意、反复注解、难以推广运用的理论“研究”成果。

一分部署，九分落实。广东各地各学校在推进“四育人”、加强德育“四性”建设的过程中，坚持务实进取、主动作为、积极探索，创造了一大批优秀德育理论和实践成果。为加强各地各学校间的学习交流，发挥先进典型的示范引领作用，广东省教育厅于2014年在全省范围内组织开展了“百系列”学校德育优秀成果展示活动。活动面向各级教育行政部门和各级各类学校，分为“教书育人”“践行社会主义核心价值观”“以德立校”“科研引领”“聚焦课堂”“实践育人”六个系列，经层层推荐、严格遴选，集中展示了“百名优秀德育教师”“百名优秀学子”“百个优秀德育案例”“百篇优秀德育论文”“百个优质中小学德育课、高校思想政治理论课课例”以及“百项优秀校外教育成果”。这套“百系列”丛书所呈现的就是展示活动中的部分优秀成果。通过这些成果，我们对基层一线的德育工作也有了更深的认识。

第一，基层一线德育经验之丰富多样，令人欣喜。这些优秀成果从实施途径来看，涵盖了课堂教学、校园文化、社会实践、学校管理等各种育人渠道；从实施内容来看，包括了理想信念教育、中国精神教育、道德品行教育、法治知识教育、职业生涯教育、心理健康教育等各类教育内容；从实施主体来看，大到一个区域、一所高校，小至一所中（小）学、一个院系、一个班级。难能可贵的是，这些成果来自基层一线，符合基层实际并经基层实践检验，操作性、实用性、可学性都很强，普遍具有较高的推广应用价值。

第二，基层一线德育方法之不断改进，令人振奋。从这次展示活动来看，基层一线对德育方法的科学性越来越重视，再也不是囫囵一堆、不管先后、不分轻重地一拥而上、使劲灌输，而是注重针对学生身心特点和思想实际，采用适合的德育方法。例如，更加关注学生的个性化需要，更加重视与实践的结合，更加突出学生的主体性，更加发挥手机、网络等新媒体作用等等，呈现出多样化、精细化、特色化的良好态势。

第三，基层一线德育教师之奉献精神，令人感动。随着时代发展和社会进步，无论是教育部门和学校，抑或是家长和社会，都对教师的期盼越来越多、要求越来越高。即使这样，基层仍然有大批德育干部和教师承受住重重压力，刻苦钻研、辛勤耕耘，全身心投入到德育工作中，并取得骄人的业绩。尤为可贵的是，这些优秀德育干部和教师不仅有爱心，更有智慧、有思想；不仅敬业爱岗、辛勤付出，更能将科学的思想和理念贯彻到工作实践中。他们可以说是治教、教书和育人“全面发展”的优秀教师，希望大家把他们立为标杆、树为榜样，见贤思齐、不断进步。

大学生思想政治教育和未成年人思想道德建设任重道远，必须持续用力、久久为功。殷切期望德育战线全体同人抖擞精神，在巩固好“百系列”展示活动成果的基础上，继续保持改革创新的锐气、昂扬向上的朝气和争创一流的勇气，继续开阔视野、开动脑筋、开拓思路，争创广东学校德育工作新优势，为我省教育“创强争先建高地”不断做出新贡献！

是为序。

（本序作者系中共广东省委教育工委书记、广东省教育厅厅长）

目录

contents

关注细节　养成习惯　成就未来

——广东省石油化工职业技术学校“化校100”德育案例

广东省石油化工职业技术学校
案例负责人：陈两宁
案例主要贡献者：张　毅　林得鹏

近5年来，我校针对中职生日常行为表现中存在的突出问题，在德育工作中从细节入手，实施具有本校特色的“化校100”德育模式，即学校对学生的日常行为习惯养成教育“化校100——化校人都应该注意到的100个细节”的德育模式。从大处着眼，从小处入手，关注细节，常抓不懈，促使学生养成良好的行为习惯。

一、“化校100”——化校人都应该注意到的100个细节

我校结合学生的实际，从学会学习、学会做人、讲究文明、注重仪表、注重卫生、注意安全等方面制定切实可行的行为规范和一日常规，编印成《化校100——化校人都应该注意到的100个细节》，让学生明确做什么，为什么要这样做，以及如何去做，同时进行自我反省、自我监督，问问自己“我懂得了吗？”“我做到了吗？”。在学生充分认知的基础上，按照循序渐进的原则，对养成教育常抓不懈，注意学生日常行为表现的反复性，对好的行为及时发现，及时表扬，对不良的行为习惯及时批评、制止或纠正，促使行为习惯养成教育的经常化。

二、“化校100” 从细节入手，从细微处抓起

在学生养成教育过程中，坚持从细节入手，从细微处抓起，要求学生从自己、从身边和从小事做起。从“起床叠被子，离开宿舍，随手关灯，见到老师主动打招呼……”等操作性强的体验式德育开始，让每一名学生都知道自己该做什么、该怎样做，使学生做到：学会做人，从打招呼开始；学会做事，从弯腰捡垃圾开始；学会学习，从记笔记开始；学会健身，从做操开始；学会礼貌，从敲门开始；学会交往，从微笑开始；学会自律，从守纪开始；学会审美，从穿衣开始。让学生明白，这些小事做好了，才能做大事。

三、“化校100”细节管理到位，常抓不懈

为了使“化校100”深入人心，成为学生的自觉行动，我们注重细节管理到位。

第一，讲到位。开学伊始集中讲、平常时间经常讲、发现问题及时讲、严重问题专题讲、关键问题反复讲、选择专题学生讲、寻找典型带头讲。我们利用周会和班会课时间，强化“化校100”养成教育。针对各班级、学生出现的问题，学校利用每周一的周会时间及时进行总结强调。各班利用班会课时间进行讨论交流，积极引导学生朝着健康向上的方向发展。课任教师在组织教学中开展“化校100”养成教育渗透，达到润物无声的效果。同时，我们还结合各专业的特点开展讲礼仪知识教育。我们以规范校园礼仪为重点，让学生知晓身边的礼仪，如进入办公室的礼仪、课间礼仪、进餐礼仪、公共场所礼仪等等，让我们化校的学生知礼、懂礼、行礼，让好习惯伴我们的学生一生。

第二，做到位。教师的一言一行对学生的教育起着潜移默化的作用。要求学生做到的，学校领导和教职工首先要做到，处处以身作则，做好学生的表率。如：要求学生不准抽烟，教师就不能在学生面前吸烟；要求学生不乱丢乱吐，教师要做到不乱丢乱吐，并带头捡起每一片纸屑杂物，看到学生不文明的言行举止要批评制止……学校无小事，处处是教育；教师无小节，处处皆楷模。身教重于言教，教师的率先垂范，比任何说教都来得实效。

第三，训练到位。把行为习惯训练渗透到每一项活动，每一个细节，一丝不苟、环环相扣。每学期一开学，我们都组织学生进行“化校100”养成教育训练。在日后的常规管理中，按照“化校100”的要求，根据学生的实际，每月确定养成教育的主题，对学生进行养成教育训练，不断强化学生的言行。

第四，组织策划到位。对每一项活动的真正意图要理解到位、策划到位、组织到位。我们从新生一入学就发给《化校100》，人手一册，对学生进行“化校100”养成教育。在为期一周军训中，教官和班主任都对学生进行了反复训练，增强学生规则意识、秩序意识、安全意识、成长意识。军训后我们又利用班会时间，有目的、有计划地组织学生进行“化校100”的细化训练，讲解“化校100”养成教育的相关要求及对学生的在校言行进行规范训练。

第五，检查反馈到位。针对学生不良行为习惯存在反复性的问题，学校采取定期检查与随机抽查相结合，阶段性管理与长效管理相结合的方式，通过强化教育，将学生具备的良好行为转化为习惯。学生良好习惯的养成不可能一蹴而就，需要长期坚持，常抓不懈，通过对学生每日常规行为的反复强化，逐渐增强良好的行为习惯意

识，进而从思想到行为逐渐成长为合格的中职生。良好的习惯一旦养成，将会成为他们一生受用的宝贵财富。

四、“化校100”养成教育初见成效

长期以来，学校的德育工作得到社会各界的肯定。经过多年的探索与实践，学校形成了以养成教育教学为目标的“化校100”德育管理模式，有效激发了学生的学习欲望，养成了良好的文明行为习惯，大大提升了学校的影响力、竞争力。

近年来，我校学生参加全国化工院校技能大赛多次获得团体总分第一名、第二名；在第九届全国中等职业学校“文明风采”竞赛全国决赛中，学校获得优秀组织奖，有50多名同学获职业生涯设计比赛、征文比赛、摄影比赛一、二、三等奖；涌现出一批批省、市级优秀团支部、优秀团干部、优秀团员、三好学生等先进集体与个人；毕业生以良好的职业素养，受到用人单位的普遍欢迎，学生就业呈现“三高”——学生一次性就业率高，学生工资待遇高，学生稳定率高，使学校招生规模不断扩大，形成了“出口畅，进口旺”的良好态势；学校团委被评为广东省直机关“五四红旗团委”，被授予“亚运志愿者通讯社工作站”称号，被中国关心下一代工作委员会教育发展中心和青少年素质教育工程项目办公室授予“全国青少年道德培养实验基地（2011—2013）”称号，荣获第二届广东省中职学校学生社团文化建设“先进单位”，化工研究协会等5个学生社团荣获“广东省优秀社团”。

学校凭借良好的校风学风，赢得了广大家长、用人单位和社会各界的信任和赞誉，被教育部评为全国职业技术学校职业指导先进学校，被评为广东省中等职业学校文明校园，并连续两次被评为广东省中等职业教育十强单位。

用爱心浇灌学生心灵

——对学生进行人文关怀

华南师范大学附属中学
案例负责人：刘　莉
案例主要贡献者：李　强　陈　妤

教育以育人为本，育人以育心为本。世界上最无私的爱是母爱，最温暖的礼物是爱心。用爱心浇灌学生心灵，对学生进行人文关怀，不仅更容易让学生接受，有利于他们的学业获得成功，而且有利于建立良好的班风学风，班级管理教育效果影响更深更远。所谓人文关怀，就是班主任工作中，秉承着华南师大附中“以人为本”的办学理念，关注人的生存与发展，是关心人、爱护人、尊重人，是对他人的同理、共情。以同学们所处的境况及需求为出发点，尽可能多地给学生以理解、同情、信任、便利与关爱，设身处地为同学们着想，增强其战胜困难的信心和勇气，鼓励他们向既定目标奋进。

一、案例介绍

喻某，女，17岁，学习认真，善于交际。她到美国交换一年，因外界环境的变化，她的学习、思维、生活、交流方式等具有明显的西方特色，所以高二回来后对学校规定有着诸多不适应，特别是与宿舍老师、年级老师的沟通有困难。有一次，她的情绪非常激动，询问原因，是与宿舍老师有些不愉快。她所在的宿舍经常因她而扣分，她又和宿舍老师沟通少，所以难免产生误解。她因为出国考试，想争取多的时间复习，想出去租房子住，宿舍这边的不融洽的事更加刺激了她出去租房子的念头。

她与人沟通、交流方面能力欠缺。这一点不久后又在一件事上表现出来，是因为参加出国考试的事，要请长假，她觉得很紧急，就先离开学校复习，没找教学处主任请假，只是让父亲给主任打电话请假，主任同意可以请假，但要立刻补书面假条，但是过了十天，喻某还没有补书面假条，她有意忽视了请长假的手续，所以按照学校规定就要给她记旷课，她很不服气，情绪异常激动。

我注重个别教育和集体教育相结合。我也总是以朋友的身份给她鼓励和开导，或交流或短信，引导她如何与生活指导老师多沟通，她也很懂事地接纳。通过与其家长的电话的面谈，抓住这个教育契机，教育她除了学习能力培养，还要注意生活能力、与人沟通能力的培养。之后，我都定期发短信关心她，提醒她复习注意身体，鼓励和支持她早日通过出国考试，终于功夫不负有心人，她待人处事日渐礼貌，与生活指导老师及年级老师相处越来越融洽。我和她父亲也是反复沟通，抓住一些教育契机合力和她沟通，帮助她更好地解决问题。

为了增强她的责任感和班级归属感，我召开了“不管出国还是参加高考，都是一家人”的主题班会。

我们班出国的同学较多，共有6个，喻某是其中一个。我很心疼和钦佩他们能够付出比其他同学多一倍的努力。他们准备出国考试会与学校大型考试冲突，所以，我不会责备他们的期中、期末成绩不理想，拉了我们高二（10）班的后腿，只是教导他们协调好两者的关系，及时调整好自己的目标。我相信他们一定会笑到最后，而不是看过程。不管我们班同学选择怎么样的升学途径，但是我相信（10）班同学都是一家人，我对班级的凝聚力深信不疑。

慢慢地，伴随润物无声的熏陶和时间的推移，喻某处事待人更加理智、成熟，让师生更加喜欢。

二、案例分析

中学生正处在身心发育的高峰时期，独立意识和自信心逐渐增强。喻某因学习成绩好，思维活跃，活泼外向，加之在国外交流一年，因而不隐藏自己的喜、怒、哀、乐，情绪容易激动，说话易得罪同学、老师。也因为自我观念很强，只是考虑自身的情况，没有换位思考，沟通不当，难免产生误解，她总觉得宿舍老师就是要存心针对她。再就是她没有意识到良好习惯和纪律意识养成是很重要的，她觉得学知识是最重要的，没有必要在宿舍和与人交往上浪费时间。因此，她在与老师交往方面很不融洽。

三、辅导方法

1. 学会聆听

虚心倾听他人的谈话，这是对别人的极大尊重。即使有不同的观点，也不要立即反驳，让别人把话说完。再发表自己的观点，并且不必强迫他人接受、赞同自己的观点。这样可以改变自以为是的毛病。聆听，先从观众做起，就可以让你走近同学。我很喜欢这群多才多艺的孩子，准确地说，是欣赏这群活泼可爱、善解人意、能力极强的孩子，我从他们身上看到了很多优点，我也学到了很多东西。我经常怀着一颗谦虚好学之心，希望感染身边的这群孩子。常怀感恩之心，我很珍惜这段来之不易的和他们相处于一个班级的机会。我会抓住一些好的契机，大大地放大同学们的优点，特别是宽容、团结、上进方面。我会用书面、短信和纸条的方式，表达我的心情和欣赏。

2. 保持微笑、关爱鼓励

我始终都保持微笑，耐心细致，细心周到，善于观察同学的情绪，嘘寒问暖，让学生感觉很亲切。我一直短信鼓励她宽容，和生活指导老师多沟通，她也很乖巧地接纳。通过与其家长的电话的面谈，抓住这个教育契机，教育她除了学习能力的培养，还要注意生活能力、与人沟通能力的培养。之后，我都定期发短信关心她复习注意身体，鼓励和支持她早日通过出国考试。

3. 多和喻某父亲反复沟通

抓住这个教育喻某处事待人的最好契机，了解她原来在学校的表现，了解她的性格、习惯；并告知其父喻某在学校遇到的困难，并且有信心和耐心与其父一起帮助她。

4. 从家里做起

家是温暖的港湾，家里亲人是最能宽容自己的错误和不良态度的人了。通过父母的包容和鼓励，让她心情好起来，大胆自信，勇敢解决问题。

5. 借助喻某身边同学和老师的帮助

通过身边的同学和师生与她交流和具体的行动来重塑她的威信及形象，呵护她的自信，使她学会换位思考，欣赏他人、合作学习、化解矛盾、和睦相处，让学习和生活气氛开心融洽。

四、辅导效果

终于功夫不负有心人，通过老师、家长的密切配合，喻某积极主动地参与。在经过近一学期的辅导工作后，喻某与同学们相处和谐多了，朋友也多了，她的心情轻松愉快，对班集体更关心，经常与老师谈论自己的想法，并能虚心接受老师的合理建议。她待人处事日渐礼貌，与生活指导老师及年级老师相处越来越融洽。喻某处事待人更加理智、成熟，让师生更加喜欢，她也开心愉快地考进了南开大学。

苏霍姆林斯基说过，教育技巧的全部奥妙在于如何爱护学生。我们的每个学生心里都有一架天平，时时对班主任的爱心进行衡量。当班主任用赤诚之心教诲学生时，就会调动起学生心灵中沉睡的那部分，向你吐露心声；当班主任用真挚之情去关爱学生时，即使水火也能相融。

总之，班主任工作归根到底是做人的工作，涉及的是人的细致微妙的内心世界。如果班主任能有效地实施心理教育，从心理上激励学生，从感情上感召学生，就能扮演好班主任的角色。用爱心浇灌学生心灵，对学生进行人文关怀，倡导“内化”教育，从人性本善出发，以真唤真，以善扬善，深挖真善人性中的原动力，点燃心中激情，激发人本潜能。实践证明，这些措施产生了事半功倍的效果，对学生梦想的实现也发挥了不可替代的作用。让孩子成为一个充满自信、热爱学习、快乐学习、机智学习、提升成绩、塑造个性的佼佼者，成为未来各行各业的精英。

与法同行蓝天下，求真务实行动中

——“蓝天行动　法制援助”德育案例展示活动方案

广州市荔湾区西关培英中学
案例负责人：黄梦华
案例主要贡献者：黄梦华　黄运萍

一、产生背景

法制教育应当成为现代学校教育的一个重点，强化现代学校法制教育，提高现代学校法制教育实效，具有重要的现实意义。学校开展法制教育是教育青少年知法守法、减少青少年违法犯罪最有效的途径。然而在大力加强法制教育的同时，社会上“问题”青少年反而多了，青少年犯罪呈大幅上升趋势，而且犯罪性质、犯罪手段也愈来愈严重，这不能不引起全社会的高度重视。出现这种局面，社会环境的不良影响是存在的，但更重要的一个因素就是多年来学校青少年法制教育存在不少不容忽视的问题。我校高度重视对全体师生进行法纪、法规、防火、防盗和交通安全等的教育。如何正确认识青少年法制教育工作的现状和科学制定对策显得非常重要。

二、理念支撑

江泽民同志在2000年初关于教育问题的谈话中指出：“加强法制重要的是要进行教育，根本问题是教育人，教育要从娃娃抓起，小学、中学都要进行这个教育。”江泽民同志的讲话中指出青少年法制教育工作是预防和减少青少年违法犯罪最有力的手段之一，使学校法制教育工作真正做到“寓法制教育于日常教育之中，构建立体预防模式”。法制宣传教育仅靠说教、灌输来培育法律意识和法治精神是不够的，一次良好的法治实践效果远远胜过百次空洞的说教，要让广大青少年从法治实践中体会法律威严、增强法律意识、树立法治精神。因此，要引导和指导青少年积极参与到法制运行的各个环节，强化和规范各类法律服务，把维权和排解纠纷的过程作为普及法律知识、增强法律意识的过程，使法制宣传教育根植于法治实践中，真正解决普法教育“入耳、入脑、入心”问题。

三、主要做法

“蓝天行动”将法制教育与学校教育、家庭教育结合起来，动员并呼吁家庭、学校及社会各界加强对未成年人的管理和教育，关爱未成年人的健康成长，不断开拓教育新模式，确保教育实效，从思想上筑牢防范堤坝。在这个行动中，首先是双方签订协约，继而开展一系列“送法进校园”活动，通过共建家长学校、召开班主任法制座谈会、对重点学生进行一对一、多对一的帮教等等形式，建立了老师、学生、家长的立体教育模式。

1. 多角度、多层次地实施法制教育，不断强化学生的法制观念

在“蓝天行动”中，学校与荔湾区检察院联成合力，根据学生的教育实际，进行个别学生谈心、学生与家长座谈会、法制教育讲座、部分学生到法院旁听少年庭等一系列法制教育活动。为强化学生法制观念，我校非常注重就在校学生中出现的违纪行为进行具有时效性的教育，提高法制副校长陈燕琴在全校性法制课的授课效率。除了每个学期开学和各种节日放假前，由法制副校长陈燕琴来校举办宏观的法制教育外，还在学校认为有必要的时候，请法制副校长陈燕琴不定期对不同年级的学生、面对不同层次的学生，举办法制教育课。由学校根据校内近期发生的问题提出相应的法律知识点，然后和法制副校长沟通，请法制副校长陈燕琴作专门的教育。法制副校长陈燕琴的讲课内容也会跟着调整。检察官们按照学校定的教育主题，认真备课，力求实效，先后进行了《健康上网　提防网络犯罪》《同学间应如何正确交往　避免触犯法律法规》《如何警惕青少年犯罪心理的滋长》《共同维护公共道德》等法制讲座，让学生在教育中得到成长。

2. 深入学校工作一线，与老师们座谈，不断提升班主任法制教育水平

如学校邀请法制副校长陈燕琴亲自带领区检察院未成年人办案小组的5名检察官到校内与班主任进行法制教育工作交流会。在交流会上法制副校长陈燕琴为班主任分析学生的日常行为、思想动态与违法倾向的联系，指导班主任要细心、留心、耐心地对待关注学生的日常行为规范问题，而且不能只看学业成绩而忽略了思想教育、行为指导。认真地解答班主任老师们提出的法制教育困惑，有效提升了老师们的法制教育水平，并教导其如何在日常学习生活中向学生们渗透相关法律知识，从而预防学生违法犯罪。

3. 发挥家长的教育力量，共同开展法制教育

为了进一步深化“蓝天行动”，公诉科派出检察官两次到我校为初一、初二学生家长讲授法制课，共建家长学校。会上检察官分别针对初一、初二学生的心理特点和

学习生活习惯，以区内发生的青少年犯罪案件为例，深入探讨了现代社会中青少年的家庭教育问题，提出增强青少年的法制观念从家长做起，并向家长解释了与青少年最密切相关的刑法知识，如刑事责任、犯罪年龄及未成年人犯罪的多发性罪名等，并教导家长如何通过观察学生的不良行为预防未成年人违法犯罪。两次讲座共有五百多名家长参加。会上气氛热烈，家长们均表示这样的讲座很生动，帮助他们了解如何有效进行家庭法制教育，收到良好的社会效果。法制副校长陈燕琴就家长关心的法律知识结合案例进行讲解，帮助家长了解犯罪年龄、青少年多发性犯罪等等问题，提高家长法律意识。同时还参加“后进生”及其家长的座谈会，耐心教育、引导“后进生”，向家长阐述作为监护人的责任。对违纪的学生耐心地进行细致的教育工作。主动与涉案学生进行专门辅导，并与其家长多次沟通，了解其生活学习状况，提出如何帮教挽救失足学生的积极建议，让学生树立改过自新的信心，让家长树立教育孩子走上正轨的信心。

4. 挽救边缘学生，与家长和学生面对面

为深化“法制教育进校园”活动，公诉科派出十多名检察官到我校与边缘学生、家长进行面对面、心交心的交流，针对一些问题学生进行深入的座谈帮教。检察官们了解到这些学生有强拿硬要、小偷小摸及携带管制刀具等不良行为，向学生及其家长分析身边发生的案例，解释不良行为的危害性。在座谈初期，部分学生有一定的抵触情绪。但经过检察官耐心的引导和鼓励，学生表达了自己内心感受和在学习生活中的诉求。座谈完毕，家长们均表示这样的交流效果很好，帮助他们了解到子女的真实想法并使他们知道如何改进家庭教育。座谈后，区检察院的检察官们还建立了帮教档案，保持跟家长的联系。

5. 召开法制教育主题班会，提高法制意识

我校要求各班要结合本班学生的年龄和行为习惯特点以及存在的思想道德问题，在法制副校长的指导下，进行法制教育主题班会课，通过各种形象生动、通俗易懂的方式，向学生讲解法律常识，提高学生“与法同行”的意识，学法、知法、懂法，从而更好地运用法律武器保护自己，自觉与不法行为作斗争。最突出的一次是开展模拟法庭主题班会课，以生动活泼的形式帮助学生提高法律意识。在模拟法庭活动中，我们的法制副校长检察官亲历亲为编写模拟法庭剧本，并指导学生排练。选取一起辍学学生伙同在校学生抢劫同学手机的案例，由西关培英中学的同学们担任人民陪审员、检察官及辩护人等角色，检院公诉科骆丽红科长率领相关科室的成员和我们的学生，严格按照刑事诉讼程序进行法庭审理一起出演，派出庭经验丰富的检察官对模拟法庭的开展进行指导，真实地再现了庭审的全过程。同时法制副校长陈燕琴还同步使用

PPT展示了法院庭审的资料，给到场的300多名初二师生上了一堂生动的法制教育课。本次活动还有幸邀请到荔湾区人民法院少年庭的庭长房志红担任模拟法庭的审判长。模拟法庭结束后，法官和检察官对模拟法庭审理的案例分析与点评，何国秋副检察长总结了近期在全区开展“送法进校园”的工作情况，并向同学们提出要学法、知法、守法，提高法律意识，树立法制观念，运用法律武器保护自己的合法权益。何国秋副检察长还表示以后将进一步加强与西关培英中学在法制教育领域的合作，更深入有效地开展“送法进校园”活动。

此外，我们和区检察院合作的法制教育工作还包括开展警示教育活动，组织学生到少教所、少管所参观，通过面对面、零距离的现身说法教育，对边缘学生起到警示作用。

四、基本成效

开展“蓝天行动 法制援助”活动，与荔湾区检察院联成合力，根据学生的教育实际，进行个别学生谈心、学生与家长座谈会、法制教育讲座、部分学生到法院旁听少年庭等一系列法制教育活动。学校邀请家长到校进行座谈，争取家长的理解与支持，积极配合检察官共同对其子女开展教育疏导工作。三位一体的生态德育模式有效联合了学校、家庭、社会之力，让法制教育从面到点形成覆盖型的教育网络，共同为学生撑起了一片蔚蓝的法制天空，增强了学生的法制观念。为行为偏常学生的转化立新起到了有效的教育作用。西关培英中学“蓝天行动 法制援助”活动结合学生的思想和生活实际，用通俗易懂的语言、生动典型的事例、喜闻乐见又切实的形式，做好法制宣传教育工作且效果良好。

五、社会反响

在过去的几年里，西关培英中学的“蓝天行动 法制援助”活动是全方位、多层次，形式多样，内容丰富的。曾于2012年7月面向全区中小学开放观摩。我校的法制安全工作开展的非常顺利，师生的法制安全意识不断提升，法制安全工作不断上新台阶。

尚善凝德，追求卓越

广州市花都区新华圆玄小学
案例负责人：徐晓珊
案例主要贡献者：徐晓珊

“善行，无辙迹；善言，无瑕谪；善数，不用筹策……”从老子的篇章中，从传统文化里，坚持着一份胸怀全局、兼善天下的抱负，新华圆玄小学跋涉于理想与现实的探求，一步步走出了自己独特的教育之路，积淀出以“至善”为核心的育人思想。学校把“做好未成年人思想道德建设，培养‘有善心善行、有创新品质、有健康体魄、有审美情趣’的四有学生”作为德育目标。以“存善心、纳善言、践善行”为主题，构建多维立体化的活动体系，有目的、有计划地开展“至善”教育。经过几年的实践，在全面提升校风、校貌和师生的思想素质、道德情操上，取得了一定的成效。尚善凝德，校园处处有风景。

一、以善引领，尚善立人——构建至善的精神文化

一所誉满社会的名校是靠精神站立的，靠精神站立起来的教育充满力量，深入骨髓。这种精神是一种“教育场”和“文化场”，是学校的“精、气、神”。它赋予学校特有的个性魅力，是学校群体凝聚力、向心力的“核动力”。基于这样的思考和追求，学校把“创至善特色文化，圆师生至善梦想”作为办学目标，致力打造特色至善校园文化，开展一系列“至善”文化活动，引领师生由善出发，从善而行，乐于为善，臻于至善。

学校坚持“以善育人、育人为善”的教育理念，尊重、关心、理解每一位教职员工，做到人尽其才、才尽其用，挖掘教职员工潜在的能力，并创设良好的人际关系环境，强化人际沟通的效能，关注教职工的发展，突出教职工在学校中的主体地位，提高学校成员的工作满足感，维护其身心健康。在工作中我们要求教职工常怀慈善之心，善待、尊重、关爱每一位学生。老师关注学生校园的生活、精神生活，让学生快乐成长，树立正确的人生观、价值观和远大理想；关注学生学习、行为习惯的养成教育，使学生时刻保持善心、善言、善行，最终成为志趣高雅、举止文雅、个性突出的

“谦谦君子”“谦谦淑女”。

学校以“知止至善”为校训，要求学生求知学习，知德识道，知书达理，明白做人做事的道理，明白万事万物的内在自然规律，遵道循德，顺应事理，无私欲邪识。在明理之后，心中礼德光明，不越礼逾规，事事严于律己，循规蹈矩，使自己的一切言行都规范在道德允许的范围之内，止住自己的私心贪欲，使自己的心身达到至善境界。学校以“至善”二字勉励师生追求人格、学识和谐统一的完美境界。尽管“至善”的境界并不容易达到，可追求至善却能够成为全校师生不变的方向，共同的信念，践行“至善”理念已经成为圆玄师生的共同责任和义务。

二、以善育人，育人为善——构建至善特色课程

在学校教育教学中，我们不断地强化课程意识，不断地挖掘整合课程资源，努力建设至善特色课程，推动学校的发展。

（一）德育课程校本化

学校成立校本课程开发小组，按不同内容、不同主题的需要收集了大量的资料，从古代经典著作《论语》《老子》《孟子》《荀子》《墨子》《庄子》《弟子规》《三字经》《增广贤文》《古诗词精选》等书中，精选了通俗、易懂的具有时代传承价值的、趋人向善的格言、诗句，以及经典的外国名言警句，编写了《本善本色》中年级、高年级德育校本课程。

中年级的校本课程由七大专题组成，分别是“知礼也至善”“敏学求至善”“勤劳以至善”“修身以立德”“志当存高远”“日求行一善”“至善则至美”。高年级的校本课程也由七大专题组成，分别是“寻美寻善篇”“勤学至善篇”“惜时如金篇”“爱心传递篇”“海内存知己”“志存高远篇”“铁肩担道义”。在几大板块学习中，孩子们接受道德的锤炼和洗礼，他们追“善”于源，深挖“善”根，存“善”于心。

（二）活动课程常规化

学校坚持以“善心、善言、善行”为主要内容，以“善待自己、善待他人、善待环境”为活动对象，开展一系列的活动。

1. 至善养成教育

学校开展“好习惯成就至善人生”的主题教育活动，要求孩子诵读“圆玄学子善行歌”《弟子规》《三字经》等，学习《善行评比方案》，开展卫生、纪律、学习等各方面的评比活动。学校还开展“和善小达人”“善行小达人”“善学小达人”“仪表小达人”“快乐小达人”“环保小达人”“向善小天使”等评选活动，在活动中习

善扬善，让孩子逐步养成好习惯。

2. 礼仪教育

学校从善心、善言、善行这个行动纲要出发，把“关心、孝心、自律、尽责、尊重、谦让”定为礼仪教育的核心，并成为一切礼仪行动的灵魂。如校园礼仪重点突出“关心、谦让”，提出把关心带进校园；家庭礼仪突出“孝心、尊重”，提出把孝顺带回家中；社会礼仪强调“自律、尽责”等，提出把善心带向社会。学校开展“至善美仪”传统文化体验活动、“‘不学礼，无以立’——知礼教育”“爱文明，我向善”“文明礼仪见‘善’影”“微笑之星”等专题活动，在活动中让孩子接受礼仪教育。礼仪教育成为对个体价值的唤醒，引导孩子生命不断至善的过程。

3. 爱心活动

近几年，我校利用节假日组织学生开展一系列的爱心活动：如到敬老院慰问孤寡老人，到附近的社区义务劳动，到儿童福利院慰问孤儿，为灾区人们捐款，为贫困孩子捐赠衣物等活动，孩子们在活动中一路收获阳光与爱心。

4. 环保教育

学校坚持开展绿色教育主题活动，为孩子们提供绿色教育体验的舞台和场所。如“我和小树同成长”“我为大地添绿衣”——亲子植树活动、“手拉手地球村”——旧报换新报活动、“花都污水调查”……“珍惜资源，保护地球”的理念已在孩子们心中生根、发芽。

此外，学校还不断加强安全、心理健康、法制、诚信、爱国等教育活动，在活动中促进学生正直、善良、文明、诚信等品质的养成。

（三）发展性课程特色化

1. 书香节

每年一次的全校性书香节上，“方寸世界蕴书情”书签制作、“知识交换，快乐无限”好书换着看、“我与好书共成长”主题班会、“名家名篇诵读会”“我爱我家、好书上架”等一系列活动，鼓励全校师生以书为友，培养向书本探求真知的态度，让师生成为“求真、向善、向美”的人。

2. 至善文化节

学校把每年12月定为“至善文化节”，广泛开展校园儿童文化活动，内容包括体育、科技、艺术等。内容丰富，形式多样的至善文化节既为学生们提供了一个放松大脑，放飞心情的空间，也为他们提供施展才华、张扬个性的舞台，让他们受到极好的艺术教育和美的熏陶。

3. 项目课程

学校的项目课程有剪纸、国画、棒球、乒乓球、摄影、油棒画、舞蹈、古筝等二十多项。丰富多彩的项目课程，为学校增添了活力，为不同的学生提供成长的平台，学生的个性得到张扬，综合素质得到提高与发展。

4. 实践课程

学校充分挖掘至善教育资源，致力推进粤港交流，与香港陈吕重德纪念学校、香港圆玄学院石围角小学结为姊妹学校，定期开展网上游戏专题研习（学习村庄）、两地的专题研讨、学习体验夏令营等活动，组建“至善”文化考察团定期到广东圆玄道观、香港圆玄学院开展文化考察活动，让孩子在活动中产生日行一善，一心向善的意向，为师生构建了一个多元、互动的至善教育的平台。

（四）环境课程生态化

1. 兴建“至善特色文化”景观实践场

如“至善堂”“展善厅”“至善大讲堂”“书香园”等，探索并升华至善文化教育的物化成果。

2. 建设至善特色班级

学校制订了创建特色班级的实施方案，各班针对自身班级的特点，确立了特色班级的名称，全校每个教学班按各自的特色，构建风格独特的班文化，制定富有特色的班级总体目标、口号、班风、班训，创作班歌，布置班级文化特色墙，开展丰富多彩的班级活动，让学生触动心灵，怡养性情。

3. 至善大讲堂。学校定期开办“至善大讲堂”

至善大讲堂实行每周一主题，由学校领导、教师、学生、家长和社会知名人士组成讲师团，对学生进行爱国主义教育、理想教育、感恩教育、环保教育等，力求在全校推行“上善若水，至善求真；日行一善，善行一生”的精神理念。

三、精艺善导、严谨善教——构建至善的本色课堂

我们的教师结合学科特点，创设和谐教学场景，引导学生自主参与，自主构建，创造性地获取知识，让学科回归本色，让每一门学科都能上出这门课的原汁原味。我们的课堂强调“四实”：真实、平实、扎实、丰实。真实：关注课堂生成的问题，具有现实性。平实：关注常态设计，不修饰、不摆设，具有普遍性。扎实：关注知识能力的理解掌握与培养，具有基础性。丰实：关注教学相长，具有生成性。

本色课堂的教学架构要思路清晰，简明扼要，在教学中我们深入研究本色课堂的性质、内涵，在此基础上建立本色课堂的总体架构：

第一步：“激情引趣”——想学。开启学生的情感“闸门”，找准学生学习的兴奋点，激发其“学习兴趣”，让学生“想学”。

第二步：“开源导流”——可学。开启学生已有知识仓库的“大门”，找准学生学习的“最近发展区”，科学巧妙地设计问题，由“已知”引向“未知”，让学生“可学”。

第三步：“自主探究”——自学。充分发挥学生学习的主动性，培养学生自主探究精神与自学能力，让学生习惯于“自学”。

第四步：“交流合作”——互学。先交流，后合作，多向互动，优化组合，培养学生的合作学习意识，从课堂环境中汲取各自所需的各种“养分”，促进自己不断成长，让学生“互学”。

第五步：“求知悟法”——会学。开启学生学习的“窍门”，突出学习重点，突破学习难点，获取新知，悟出规律，总结方法，让学生“会学”。

第六步：“拓展升华”——乐学。承前启后，自我发展，运用所学知识解决实际问题，培养其“创造能力”，让学生“乐学”。

在探求本色课堂的实践历程中，呈现出千姿百态的本色课堂风貌，课堂常常有师生智慧碰撞产生的火花，有因会意而发出的笑声，有因领悟而闪光的眼睛，教师与学生相互理解、相互悦纳、相互激励，其乐融融，课堂充满了生命的灵动。

四、慈怀善道，以善导善——打造至善教师团队

培养至善学生，需先提升教师底蕴，塑造至善教师形象，学校以“顺势而为”的工作理念，精心打造一支善学、善思、善做的，具有共同价值追求的至善教师团队。

1. 抓好师德师风建设

通过组织教师认真学习《教师职业道德规范》《教师法》《教育法》和《教师20项修炼》，并向教师提出在工作中要不断地提高自身修养，树立高度的责任心；每年开展一次“师德教育月”，每学期为教师购买教育类书籍，如《给教师的101条建议》《新主人翁精神》《优秀班主任教育艺术66例》等，举办教师读书交流会，为教师提供学习、交流的机会，培养教师正确的价值观。学校还制定了《圆小至善教师公约》，要求教师平等对待每一位学生，尊重学生的人格，做一个有责任心的人，用自身的榜样作用和人格魅力，让学生佩服，从而仿效。

2. 积淀教师文化底蕴

学校鼓励教师不断学习，通过读《于丹〈论语〉心得》，背诵《弟子规》《道德经》《大学》等经典中的名言，观看百家讲坛中的国学栏目等形式，与圣人同行，

系统了解我国传统文化的精华，以国学深厚的文化精神陶冶性情，提高心智，净化心灵，从而让自身良好的品德影响学生。

3. 拓展校本培训的空间，提高教师业务能力

学校开展了形式多样的培训活动，如教师主题学习会、青年教师教学研讨、骨干教师经验介绍，专家专题讲座等多种形式，为教师的学习培训提供平台，为教师的职业成长服务。

此外，学校还组织教师定期开展教职工康体娱乐、户外团队训练等活动，营造倾听、分享、尊重、合作的宽松氛围，让老师们不仅拥有专业的教学技能，还具有独特的人格魅力和优秀的人文素养，成为孩子们“崇德尚善”的引路人。

“尚善凝德，追求卓越”，它昭示的是一种永不止息、创新超越的“进取”心态，是一种对完善、完美境界孜孜不倦追求的崇高精神，是一种以“卓越”为核心要义的境界追求。这种信念还将不断支持着圆玄小学的教学队伍身先士卒，勇攀高峰，也不断激励着圆玄学子们积极进取，超越自我。

培育学生山海般的品格

——广州市南沙区南沙小学“山海德育”创新实践

广州市南沙区南沙小学
案例负责人：朱　敏
案例主要贡献者：朱　敏

在美丽的广州市南沙区，有一颗闪耀的明珠——南沙小学。学校围绕“立德树人”的核心思想，以培养学生“山之仁，海之智”的核心品质为目标，以山海文化特色活动为载体，充分发挥学生、教师、家长的主体作用，打造山海校园，培养学生文明谦逊、真诚坚毅、开放包容、勇敢进取的山海品质和教师踏实谦逊、精诚合作、渴望崇高、追求卓越的山海人格。

一、聚山海灵气，创一流校园

背靠青山、地处珠江口的南沙小学始创于1924年，原名明德学堂，是广东省一级学校。学校占地面积78,618平方米，教师76人，学生1356人，教学班30个。目前学校有广东省中小学“百千万人才培养工程”名校长（市名校长）1人，广州市卓越校长培养对象1人，省市骨干教师、十佳青年教师、优秀教师、名班主任、优秀班主任、名教师培养对象、名班主任培养对象共52人次。教育教学质量稳居南沙区前列，是南沙区的龙头和窗口学校。学校获全国优秀家长学校实验基地、国家级青少年体育俱乐部、广东省一级学校、广东省首批德育示范学校、广东省绿色学校、广东省心理健康教育示范学校等10项国家级、省级集体荣誉以及广州市优秀家长学校示范点、广州市安全文明学校等15项市级集体荣誉。

学校充分利用依山傍海的地域优势和良好的文化积淀，挖掘中国古老的“山水文化”蕴藏的宝贵的现代公民思想道德素质的教育资源，进行文化育人，创造性地提出了以“品比山高，心比海阔”的山海文化教育理念。学校秉承“为孩子一生幸福奠基”的办学宗旨，注重校园文化的建设、师资队伍的锤炼和学生综合素质的培养，形成了浓厚、严谨的教学、教研氛围，积极向上的求学、求知氛围，健康、快乐的成长氛围。着重构建以培育和发展学生成为具有山海品质和健康人格的现代小公民为核心的德育理论与实践体系，为学生创设了一个自主探究学习的平台，通过“熏陶—感悟—体验”的德育范式，培养美德与智慧全面发展的现代小公民。

二、立山海厚德，育现代公民

（一）基本理念：引领成长，塑造品格

教育是发展，而不是挑选，更不是淘汰，教育要对生命负责。我们认为，德育要引领学生的生命成长，培养和发展学生成为具有山海品质和健康人格的现代小公民，让每一个学生都能够找到自己的人生坐标；德育要引领教师的生命成长与专业发展，以教师的发展作为学校发展和学生发展的坚实后盾。

“山海德育”的直接目标是培育学生的山海品质和健康人格，间接目标是促进学校的整体发展。因此，我们将“山海德育”外化为一种“山海文化”和学校精神，并且从具体发展目标上体现其丰富内涵：培育山海学生——着重培养学生文明谦逊、真诚坚毅、开放包容、勇敢进取的山海精神，通过熏陶、感悟、体验，使之转化为学习动力、良好行为和健康人格品质，成为品学兼优、素质全面、和谐发展的“山海南小人”；成就山海教师——“山海德育”和“山海文化”同样促进教师的生命成长和专业发展，成就教师的山海人格，形成踏实谦逊、精诚合作、渴望崇高、追求卓越的“山海南小人”的教师形象和积极、温情的教育者心态；营造山海校园——“山海德育”孕育了山海校园，形成了学校的个性，象征着踏实谦逊、和谐包容、开放创新的“山海文化”，成为一种学校持续发展的精神、动力和不懈追求。

（二）实践创新：熏陶—感悟—体验

熏陶—感悟—体验是“山海德育”范式，指根据教育目的和受教育者的身心发展特点，有目的、有意识、有计划地开发和构建山海文化情境课程，通过日常文化情境中的道德规训、学科文化情境中的道德渗透、主题性文化情境中的道德凝聚、班队文化情境中的道德自主建构，引导受教育者融入其中，激发他们的智慧，鼓励他们自主选择道德行为方式，并在情境中加以感悟与体验，以促进受教育者道德品质的内化和道德习惯形成。

1. 礼仪养成从教师主动和学生打招呼开始

“人无礼则不立，事无礼则不成，国无礼则不宁。”礼仪，是整个社会文明的基础，是社会文明最直接、最全面的表现方式，我们在实施礼仪教育时，不是以说教的形式进行，更多的是让学生感知社会、实践体验，让学生在相应的氛围中学会不同场合所需的礼仪，感悟礼仪的重要性。

我们通过开展“做温情山海之师、礼仪养成从教师主动和学生打招呼开始”的主题活动，创设学生认同的日常文化情境，通过熏陶—感悟—体验式的教育让儿童置

身其间，耳濡目染，使礼仪之风蔚然兴起。我们以此为契机，从学生的起居生活、日常礼仪、课堂规范、课间行为、人际交往等诸多方面规定并进行一日规训，从日常生活的点点滴滴养成良好的行为纪律、操守、仪规、礼节，树立做文明谦逊的小公民意识，促进行为规范的自律。

2. 主题活动凝聚道德文化的影响力

校园文化活动是校园文化的载体，是校园文化最为直接的体现。我们坚持活动育人的思想，通过实践性作业、综合实践活动延伸课堂、主题校会、班队会、纪念活动等主题活动，让学生接受完美人格和社会责任感的塑造和教育。同时，开展以“山海文化”为主题的“知山海—爱山海—悟山海—创山海”的递进式“山海文化”活动序列。通过开展以“山海校园情结”为主题的特色文化活动项目，如“我认识的山海”“我爱山海校园”“我心中的山海校园”等征文、摄影、绘画、故事讲演活动，开展以展示为主体的特色文化活动项目，如英语节、艺术周、科技周、体育周、健康周、各类竞赛等文化展示活动，进一步深化“山海文化”活动序列，让学生在“认、说、写、画、唱”的基础上真正实现“悟、创”，培养学生的创新精神。

3. 校本课程将“山海德育”引向深入

我校积极开发具有学校文化和德育特色、体现办学理念的系列校本教材。如《绽放仁智·幸福之花》《明德露华》。其中《绽放仁智·幸福之花》学生成长手册是根据不同年级学生发展特点，结合三个阶段性主题：尊重感恩、诚信明礼、责任梦想，提出了认知、情感、意志、实践、成果共五个篇章的“十二个一”成长计划，一页页图文并茂的彩纸，印记着孩子们成长的足迹，促使良好行为习惯的养成；《明德露华》读本分为“身边的事”“心育故事”“快乐分享”“快乐加油站”“心语心愿”等板块，涵盖了学习心理教育、行为习惯教育、品德教育、情感教育、审美观教育、人际交往教育等内容，向孩子们传递山海精神和积极向上的正能量。还开发有学生作品集《让山海之风洋溢满校园》、教学论文与教学设计汇编《山海奉献》、心理体会集《山海心路》（学生编）（教师篇）等。我们还进一步开发了校本课程《山海文化之旅（山之行篇、海之航篇）》，通过一个个生动的山海革命故事，激发学生奋发图强的决心；通过“资料袋”读、写、画环节，让学生用心感悟、拓展知识，激发其创新能力。

此外，我们积极与中船龙穴造船基地合作，共同开发了船文化校本教材《钢铁巨轮是怎样炼成的》，介绍我国古代、近代、现代船舶的演变，共同展望未来船舶发展。通过让同学们系统、全面地了解船舶历史及船舶建造工艺流程，提高他们的语言表达能力及动手能力，激发他们热爱科学、勇于创新的精神。

（三）实施效果：共同成长，持续发展

1. “山海德育”引领学生健康成长

先成人，后成才。“山海德育”的创新实践培养了学生良好的道德素质和健康的人格，也促进了学生的个性发展和学业成绩的提高。走进南沙小学的校园，迎接你的是洁净优美，远远会传来向你问好的童音，课堂上看到的是积极思考的“小脑袋”。学生获奖项目多、层次高、数量多。在艺术、科技、信息技术、学科竞赛、田径、球类、游泳等竞赛活动中，成绩斐然。

2. “山海德育”促进教师专业发展

我校山海师德文化建设理性而富有情怀。我们从坚持文化操守、提升文化品位和促进文化养成三个方面，通过山海文化讲坛、山海文化阅读等活动，涵育德性，濡染人格，净化灵魂，滋养信仰，努力塑造自律、仁爱、博雅、奋进的教师形象。我们组织教师观看汶川地震英模团的事迹报告会，灾区老师们用青春和热血谱写感人至深的教育篇章，给全体教师带来强烈冲击；我们聆听广州大学教育学院教授们的师德讲座，开展职业情怀和理想的教育。通过山海师德文化建设着力提升教师的思想水准，教师在更高的平台上谋求专业发展，为课程教学发生真正的历史性变革奠定深厚的思想基础。踏实谦逊、精诚合作、渴望崇高、追求卓越的教师群体是学校立于不败之地、不断攀升事业高阶的永恒动力。如今，南沙小学一批师德高尚、业务精良的梯队式教师群体正在成长，教师的整体教学水平和研究能力明显提高。

3. “山海德育”推动学校持续发展

教育的根本目的就是育人，“山海德育”为全面提升学校的办学水平奠定基础，象征踏实谦逊、和谐包容、开放创新的“山海文化”，成为一种学校持续发展的精神、动力和不懈追求。

南沙小学“山海德育”模式相继被《中国德育》《中国教师报》和《广东教育》《南沙新区报》报道，得到专家学者、同行们的充分肯定。学校“山海文化与现代小公民思想道德素质教育的实践与研究”课题已被列入广东省教育厅“基础教育课程改革加强思想政治教育实验研究”项目，并同时成为“广东省中小学德育研究与指导中心”德育科研“十一五”规划课题。学校教育教学质量位居南沙区前列。《“学校与家庭、社区互动”的德育模式的研究与实践》课题也刚通过了广州市中小学德育研究“十二五”规划2014年度课题申报。

“山海德育”特色的创建，凝聚了南沙小学全体师生的智慧和心血。在南沙小学美丽的校园里，老师爱生如子，工作敬业，专业成长；学生阳光明理，张扬个性，学有所长；师生享受着幸福之果的甘甜，感恩之心、奋进之心犹存。我们会坚持“山海文化”教育理念，以“山之仁、海之智”为核心品质，为培养仁智合一、全面发展的现代小公民而努力。

拍拍微电影，成长你我他

北大附中广州实验学校
案例负责人：龚卫平
案例主要贡献者：陈汉锰

一、研究背景

微电影是微型电影，也是短片的其中一个类型、小型电影，指的是在电影和电视剧艺术的基础上衍生出来的小型影片，具有完整的故事情节和可观赏性。广义的微电影还包含MTV、电视专题片、动画片、广告宣传、VCR、多媒体摄影等形式。

随着社会的发展，DV进入人们的生活。青少年学生已经不再满足传统艺术如绘画、文学、摄影等艺术形式，他们对微电影更有兴趣。微电影因为具备了图像、音乐和声音，更加直观形象，可以广泛地运用于学校课堂教学、大型活动、展演等场合。

微电影活动在中学生中倡导，这在以前是难以想象的。器材、制作、表演、服装、道具、场景，每一项都是难题。

微电影的创作活动是对学生综合能力的极好锻炼。编写剧本，启发他们观察社会，审视人生。拍摄分镜头，锻炼他们的表现能力，合作精神。剪辑制作，又提高他们熟练操作软件的能力。制作出属于自己的作品，体现了团队和自我价值，产生愉悦感。

二、理念支撑

1. 办学理念

创设适合学生发展的最优教育，让孩子的潜能得到最大的发挥，对孩子的一生负责。培养“厚重、大气、高远、时尚”的现代人，为学生创造主动、活泼、富有个性的成长环境，帮孩子懂得和体验到求知和进取是人生最大的快乐，使孩子成为在未来竞争中有实力获得成功的人。

2. 校训

做有中国灵魂、世界眼光的现代人。

3. 初中部的办学特色

帮助青春期的孩子迈好青春第一步。变关键期、危险期为飞跃期、提升期，给青春期孩子一个成功的教育。

三、主要做法

1. 以校园电视台为平台（网址http://tv.bdfzgz.net/）

北大附中广州实验学校校园电视台始创于2004年，在长期的坚持与努力下，校园广播电视台为全校师生创设了一个生动丰富的展示提升平台，成为我校校内外活动视窗的主要阵地之一。2012年，我校通过民办教育资金资助项目对校园电视台进行了升级改造，建成了多功能一体校园演播室，完善了演播室蓝厢抠像系统、灯光系统、录播系统、网络发布系统的搭建与使用，主要运用于校园新闻、校园广播、专题节目的录制，并融入各学部综选课程项目，形成了课程与实践相结合的校园传媒体系。具备专业的采编、制作和主持能力。制作DV分为校园之窗、教育资讯、教师天地、学生时代、校园电视校园直播等栏目。除陈汉锰老师以外，所有工作人员都由学生担任。

2. 以微电影活动为主体

校园电视台与初中美术组合作，拍摄微电影《回来了，铅笔》《停课通知书》《我从云南来》等片子。

3. 以“名画欣赏主题学习研究”课题为载体

这是初中艺术组承担的海珠区“十二五”规划课题。主要是学生欣赏名画，并围绕名画通过收集素材，设计讲座、展览、表演，并用电视片、微电影等演绎形式展示研究成果，丰富课程资源。促进美术欣赏学习，提高学生综合素养。以下是制作的微电影目录：

项目	作者
《墨西哥女画家弗里达·卡罗》视频	龚卫平
《韩熙载夜宴图》视频	龚卫平
《魅力岭南——90后与岭南画派》视频	张兴华
《毕加索与立体主义》视频	龚卫平、陈汉锰
《香凝》视频	龚卫平、陈汉锰、吴宇坤、何金倩
《我和高剑父的约定》	张兴华
《最后的晚餐》视频	龚卫平
《梵高之死》视频	龚卫平、陈汉锰

续表

项目	作者
《名画欣赏：马拉之死》视频	龚卫平
《“看名画的眼睛”之伏尔加河上的纤夫》视频	龚卫平、陈汉锰
米洛斯的阿芙洛狄忒	龚卫平、梁家豪

4. *以活动VCR为辅助形式*

每次学校活动，由校园电视台为学生或者班级制作VCR。

四、基本成效

我校在获奖学校中格外醒目。取得这些成绩，并非一蹴而就。这些成果和上级教育部门、集团和学校重视电视台等设备场地的投入，艺术老师和校园电视台注重培养学生能力，不断给学生创造机会与学校校本课程统整的严密，注重了文化、美术和技术之间的有机融合，初步呈现出融美育特征和文化内涵的现代新媒体艺术于一体的综合性是分不开的。

学生通过微电影活动的开展，锻炼了能力，提高了团队合作的精神。《停课通知书》就是一个真实的自传故事。该同学通过制作和演出微电影，感受到自己知识的欠缺，从一个上课捣乱被老师停课变成发奋读书的好学生，并在此次活动获得多个奖项，提高了自信心。一部微电影就改变了后进生的一生。《羊城晚报》就此进行了报道。《90后与岭南画派》作者张兴华，通过拍摄岭南画派的专题片，走访许多老师，参观了许多美术馆。通过自我探究，实现知识获得和能力的提高。

五、社会反响

2013年在广州市教育局、共青团广州市委员会、广州市中小学美术教学研究会、广州市青年文化宫主办的“寻找幸福广州”——广州市首届青年学生微电影创作大赛颁奖典礼上，北大附中广州实验学校获得优秀组织奖。

《回来了，铅笔》获得一等奖。其中许楚南获得最佳编剧奖、最佳表演奖。《停课通知书》获得一等奖。刘炳昆获得最佳导演奖、最佳创意奖。《致我们即将离开的北附》获得三等奖。陈汉锰老师、龚卫平老师获得优秀指导教师称号。广东卫视对我校学生进行了采访。南方电视台导演沈蔚林对《回来了，铅笔》最佳表演奖许楚南同学进行了访谈。

2014年5月30日，我校微电影《回来了，铅笔》《停课通知书》剧组参加了由

“广州市文联”和“广州市电视艺术家协会”联合主办第四届羊城印象微电影大赛颁奖典礼。这次颁奖典礼，剧组成员与众多中外嘉宾走了红地毯，并在会标上签名。主创刘炳昆同学接受了《信息时报》《羊城晚报》等媒体采访。省影协副主席祁海等老一代电影艺术家对中学生非常关心，让我们十分感动。诸多港粤顶级高手中，我校作品《停课通知书》荣获了包括评委会特别奖、最佳创意奖、最佳中学生微电影奖三项大奖。仪式结束后，评委们特别邀请我校剧组合影签名。剧组同学身着正装，谈吐优雅，表现出高雅的气质。

龚卫平老师在广州市美术教研会、华南师范大学美术学院等单位组织的教师培训活动和学术交流活动上，都就我校微电影活动的开展进行了经验介绍。

名画欣赏电视片《香凝》《我和高剑父的约定》《90后与岭南画派》以及《再临太古仓》多次获得“魅力岭南——中学生DV大赛”全省一等奖。

《名画成小品，欣赏有趣味》——“美术欣赏”研究性学习活动的新探索在“广州美术教研网”发表。

幸福教育模式

深圳市第二职业技术学校
案例负责人：李红梅
案例主要贡献者：詹敏玲　李红梅

高中阶段是完善“三观”的重要时期。中职生作为一个庞大的群体，传统思维模式下的中职学校德育，更倾向于用刚性管理去规范和约束学生的行为，易激发学生的逆反心理。结合中职生的群体特征，应该从提升学生的心智能力入手，树立刚柔并济的德育思维，用人性化、人文化、个性化的德育手段从正面去引导、影响和改变学生的思想和行为。

一、实施背景

当前，我国职业教育领域正发生着前所未有的历史性变革。随着三部委强力推进中职改革创新示范校建设项目，各职业院校的发展也逐渐从外延转向内涵、从追求数量到强调质量。越来越多的研究者和实践者意识到，职业教育要在培养学生职业技能的同时，加强学生综合素质培养，提高学生可持续发展的能力。在当下的社会环境、教育体制和教育思维的共同作用下，素质教育的习惯性缺位已经成为社会公众抨击教育的焦点。职业教育应该回归教育的终极追求，关注个体精神性的存在——教人成人。当前的中职生普遍存在习惯不良、性格不健全、价值迷失、目标迷失等问题，实施幸福教育，帮助中职生找准人生定位，正确规划人生，是帮助中职生成为一个理性的、健康的、幸福的人的有效途径。

二、“幸福教育”模式的内涵及培养目标

（一）“幸福教育”模式的内涵

“幸福”是一种感觉，是一种能力，也是一个过程。很多人为什么觉得自己不幸福？关键是他缺乏正确认识幸福、努力创造幸福和充分享受幸福的能力。我们把正确认识幸福定义为价值判断能力，把努力创造幸福定义为专业技术能力，把充分享受幸福定义为生活休闲能力，一个人如果具备了这三种能力，他至少就是一个健全的人。

“幸福”教育，就是培养学生获取幸福、创造幸福、享受幸福的能力。

（二）“幸福教育”模式的培养目标——培养“幸福的平凡人”

1. “幸福的平凡人”的基本目标

职业教育应从人本思想和人文关怀出发，确立适合中职生身心发展特点和需求的教育目标。中职生的学业水平、综合素质和家庭背景等因素，决定了他们中的绝大多数都成不了社会精英，他们也许一辈子只能过平凡的生活。因此，我校将教育目标确定为“培养幸福的平凡人”，我们希望通过三年的努力，使我们的孩子普遍具有正面的价值观、积极的人生态度、理性的思维方式、良好的生活习惯。

“幸福的平凡人”包含了四层含义：首先，他们是阳光、包容懂得感恩的人；其次，他们有契合实际的理想，有展示能力的岗位；再次，他们拥有和睦恩爱的家庭，懂得家庭的责任并会经营家庭；最后，他们是站在舞台边缘的人，但也是能为别人的成功喝彩的人。

2. “幸福的平凡人”的人才培养子目标

“幸福的平凡人”是综合素质健全发展的人，他们虽然不能成为顶层精英，但他们是高素质的职业公民。围绕培养“幸福的平凡人”这一目标，学校创造性地提出了三个具体的子目标，即身心特别健康、品德特别高尚、技能特别过硬。这三个子目标与我国的素质教育目标相对应，旨在培养学生德智体等方面全面发展。

三、“幸福教育”模式的实现途径

“幸福教育”模式的实施，重在解决怎样培养人的问题，即要创新教育模式，解决教什么、怎么教、谁来教、教得如何的问题。就学校教育而言，这四个问题分别对应课程建设、人才培养模式与教学方法改革、师资队伍建设及评价机制构建。

（一）课程建设

1. 课程建设的依据

从2010年开始，我校开始探索以促进学生有个性地均衡发展为主旨的“幸福教育”模式。其主旨是希望在职业教育人才培养模式的左倾思维和右倾思维中走出一条更切合学生实际情况、更符合人本教育思想、更满足学生有个性地均衡发展的路子，使学生获得价值判断能力、专业技术能力和生活休闲能力。

2. 幸福教育课程体系

我校的幸福教育课程体系由显性课程、隐性课程和特色课程三类课程组成。

在显性课程的构建上，我校尝试为四门传统德育课程注入幸福元素。《职业生涯规划》注重塑造学生的阳光心态，打造幸福人生规划；《职业道德与法律》强调培养学生为幸福而工作的良好状态；《经济政治与社会》注重引导学生正确认识物质与精神的关系，立足深圳的发展实际，实现自己的人生价值；《哲学与人生》注重培养学生的幸福信仰，使幸福成为每个学生的人生追求。

在隐性课程的构建上，我校为学生提供了丰富的社团活动和职业体验平台，构建起校园全覆盖的德育体系，拓展德育空间。当前，我校成立了学生自治委员会，推行学生自主管理；设立学生事务中心，提升学校服务水平；关注校园民生，学生参与学校管理决策；鼓励“校园创业”，培养学生的创业精神与能力；重读经典、践行传统，学习践行《弟子规》。

在特色课程的构建上，我校从选修课入手，开设人文艺术鉴赏课和个性化体育运动课程，使学生至少懂一门艺术，会一种体育技能，以从身心两个方面培养让学生终身受益的休闲能力。

3. 课程特色

幸福教育课程体系的课程特色体现在两个方面。首先，实现了课程结构宽泛化，避免了早先职业教育在课程设置上的左倾或右倾错误，使人文素养与道德修养教育与技能教育紧密契合。其次，实现课程呈现信息化、可视化。当今的中职生是数字土著一代。“数字土著”的大脑结构已与前人不同，“他们的大脑对信息进行重组、过滤，记忆的内容比过去少”，因此，我校积极改革课程内容的呈现方式，与专业公司合作进行可视化课程的开发。厚重的理论书本，通过可视化开发，融进形象的视频课程当中，只占据小小的存储空间。这些可视化课程除了用于课堂教学，学生还可以在网上自主学习，真正实现了为课程减负、为教师减负、为学生减负的目的。

（二）人才培养模式与教学方法

1. “工学结合、六层推进”人才培养模式

根据学校“工学结合，六层推进”的人才培养模式，我校把培养“幸福的平凡人”的德育目标分成三个学习阶段、六个学习层级的分目标。三段目标，各有侧重；六层深入，螺旋上升，使学校的德育目标具有针对性和可操作性。学校的德育教育采用学校学习加企业体验的模式，高阶段的目标以低阶段的目标为基础，层层递进，让学生在职业认知、职业体验、基础学习、专业实习、岗位学习、顶岗实习的过程中逐渐入行、懂行，并最终成为内行。

2. 幸福课堂建设

幸福不应被理解为一种寄希望于未来而获得的一种状态。当前的幸福与未来的幸福之间不是互不相容的，它甚至可能对未来幸福会产生重要作用，因而，作为教育者的我们应该关注学生当下的幸福。师生每天在课堂上度过的时间最多，要做真正的

幸福教育，首先需要课堂上感受幸福。为此，根据调研，我校积极开展“建设幸福课堂，享受幸福教育”活动，以此开启基于幸福教育的课堂教学改革。

信任是整个人类社会的黏合剂。如果没有最起码的信任，生活就寸步难行。从信任的视域来看，幸福课堂应该是对话的、是开放的、是包容的。幸福课堂涉及的主体有两个，即教师和学生。只有幸福的教师才能带出幸福的学生，只有学生幸福才能真正让课堂幸福起来。基于此，我校制定了由教师有“四能”，教学水平有“四力”，课堂有“三声、三动、三量”，学生有“三学”所构成的幸福课堂标准。

幸福课堂标准

项目	评估内容及评分标准	分值	分数
教育思想（四“能”）	由追求知识的完整性、全面性到更加关注学生的性格、人格的健全	8	
	由注重知识、技能的培养到更加关注学生的心理需求和核心能力成长	8	
	由传统共性和整齐划一的教育到更加关注学生的不同需求	8	
	由注重课堂环节、程序的编制到更加关注学情、氛围和师生、生生关系	6	
教学水平	语言规范，语音正确，具有较强的表达能力	6	
	正确分析掌握教材的重难点，充分挖掘教学内容的幸福内涵	6	
	教学活动、教学项目设计富有启发性、趣味性、教学性	6	
	有很高的教学机智和应变能力	6	
	教与学关系和谐，时间分配科学，以学为主，充分调动学生的各种感官，进行自主学习	6	
教学效果	课堂有三声，即掌声、笑声、辩声	10	
	课堂有三动，即身动、心动、思动	10	
	课堂有三量，即信息量、训练量、思考量	10	
	学生有三学，即肯学、想学、动脑学	10	

3. *教学方法改革*

中职学生文化基础薄弱，没有明确的学习目标，进取心弱，缺乏学习兴趣，也没有形成良好的学习习惯和学习方法；但中职学生动手能力强，富有热情，对新鲜事物充满兴趣，可塑性强。从多元智能理论的观点来看，中职生虽然在逻辑—数学智能方面相对更弱，但在其他智能方面却很突出，比如语言智能、身体运动智能、人际关系智能等。因此，中职学生在学习中更喜欢立体化、生动形象的教学呈现方式，也更倾向于参与性的教育方式。针对中职学生的学习特点，学校在进行教学方法改革时，坚持以生为本，重个性、重实践、重现场教学；教学改革以行动导向教学法为核心，灵活运用“项目教学法”“案例教学法”“模拟情境教学法”等多种教学方法，实施理实一体化教学。

此外，我校运用以学生为主体的教育理念，我校在学生技能教学的过程中，探索出了一套主体式技能教学法。主体式技能教学法以尊重、信任学生为基础，为学生营造良好的技能培训环境；以调动学生的积极性为出发点，为学生创造充分发挥能力的环境；以提高教师的服务能力为保障，努力提高教师的教学教研能力；以有效指导学生为中心环节，优化教学过程；以带动学生为发展环节，开展多样的实践教学活动；以激励学生为教学的新起点，拓展灵活多样的技能考核形式。简而言之，主体式教学模式构建起了尊重学生、吸引学生、服务学生、指导学生、带动学生、激励学生的教学环，且环环相扣，联系紧密。

（三）建设一支充满活力和职业幸福感的师资队伍

1. 基于大型企业的职业教育师资队伍建设模型探索

目前，我国的职教教师队伍建设正处于重视和推广阶段，已经初步形成了一些中职教师培训模式，但是这些培训模式大多停留在感性认识或经验层面，已经显现出诸多问题。因此，如果能够结合企业人才队伍培养理论先进性和实践过程中的优越性，尽力规避其局限性，就能为中职师资培训构建一种更为适合的道路。

参考企业，尤其是大型企业人力资源管理的系统模式，针对职教师资培训的现状和特点，依据教师职业生涯发展理论，关于中职师资队伍建设，我校拟定了队伍建设的基础模型，称为“三环模型”，如右图所示。

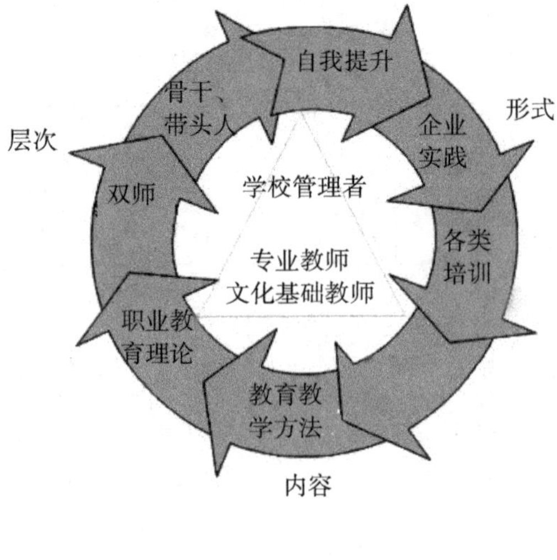

这一基础模型包括三部分，即外环、内环、中环，内容、形式、层次作为保障处于最外环，最内环是师资队伍建设的三大对象，中间一环是整个模型的核心部分，贯穿始终。该基础模型具有以下特点：第一，构建了大系统，强调了外在环境对师资队伍建设的影响。

第二，强调分层次培训的方法，对不同层次的中职教师进行不同形式的培训，按照能力培训的模式使受训者取得最佳学习效果。第三，在设计和实施阶段，应根据知识的本质和学校条件以及个人学习能力，采取多样化的形式，提高效果，强调全过程学习的重要性。

2. 基于大型企业的职业教育师资队伍建设模型指导下的名师“四个一”工程

基于上述基础模型，以及职校教师现状，加强专业带头人、骨干教师和双师型教师培养，提升教师业务水平，已成为职业院校促进内涵发展和可持续发展的必然选择。因此，笔者所在学校制订了名师“四个一”工程，即主攻一个专业方向、主讲一个模块课程、参与一项课题研究、联系一家对口企事业单位，实现专业教师精通专业、熟悉企业，旨在形成一个具备较强专业能力、科研能力、实践能力和职业教育教学能力的，年龄、专业、职称和职业资格结构合理的教学团队。为切实实施“四个一”工程，笔者所在学校制定了一整套关于专业带头人、骨干教师和双师型教师的认定标准、聘任管理办法和考核办法。坚持高标准，高质量，严格选拔；坚持学术水平与师德并重；坚持自下而上，公平竞争，择优选拔；坚持定期选拔，动态管理，重在培养。用两年（2013—2015年）时间至少培养3－5名专业带头人，15名以上骨干教师，90%以上专任专业教师达到“双师型”教师的要求，以此带动教师队伍整体水平的提高。

（四）评价机制创新

1. 基于结果的职业教育评价机制

我校在长期实践探索的过程中，形成了一套以对人才培养的结果或者说效果进行评估为主，即以培养出的学生在社会上的表现及在社会上的声誉作为主要考量内容，以鼓励各个专业部采用具有自己特色的人才培养方式和教学方式。

与普通教育不同，对各部进行评价应从三个方面去进行考量：人才培养质量、服务社会质量以及由这两个方面产生的综合社会声誉的指标。每一个大的方面又可以从不同的角度细分为一些评价角度，每一个评价角度又可以用一些单项指标来表征。综上所述，在查阅大量文献的基础上，结合自身的教育实践，我校拟定了基于结果的评价指标体系，如下表所示：

评价内容	评价角度	评价指标
人才培养质量	毕业时就业水平	毕业时就业率
		毕业时对口就业率
		毕业时平均月薪

续表

评价内容	评价角度	评价指标
人才培养质量	一年后就业水平	一年后就业率
		一年后对口就业率
		一年后平均月薪
	三年后职业生涯发展水平	三年后平均月薪
服务社会质量	服务社会水平	参与企业技术研究课题数量、质量
		年社会培训人数
社会声誉	媒体报道、社会认可度	入学分数线、报考首选率
		媒体报道次数、质量
		社会、家长认可程度问卷

2. 基于发展的学生评价制度

职业学校学生专业能力评价是职业教育评价的核心内容，其理念与实践是否科学合理，对学生的发展和就业意义重大。发展性教育评价制度最先是由英国的学者在20世纪80年代提出并倡导的。他们认为评价制度的构建应以促进被评价者的发展为目的，强调评价者与被评价者之间的合作与交流，评价的目标应是有层次和动态性的，应尊重被评价个体的差异和多样性特征，评价的过程是开放式的。我校结合多年从事职业教育的实践经验，借助于教育学、心理学等学科的相关知识，提出了“现状描述＋发展趋势”的新型评价模式，从理论上建构了学生专业能力发展性评价指标体系，并在实践中取得初步效果。学校从专业知识、专业技能和专业素质三个层面上来设计评教指标，在这个结构系统中，专业知识是基础，专业技能是重点，专业素质是关键。在此基础上，对每一个层面进行分解，对每一项能力进行细化，最终构成一个由三个层次组成的学生专业能力评价指标体系。由于采用“现状描述＋发展趋势”的评价模式，“允许多次评价”作为保障，消除了学生对于竞争失败的恐惧，大大地减轻了学生的心理负担。学生在轻松的氛围下学习，激发出学习的兴趣，真正成为学习的主人。

四、实践成效

1. 营造了幸福的校园文化

学校结合企业文化，创建了幸福班级和幸福宿舍，组织了各种幸福教育特色主题活动，如：班歌比赛、《弟子规》比赛等，丰富多样的幸福实践活动使得“培养幸福的平凡人”的教育目标逐渐深入人心，全体师生深入学习实践《弟子规》，幸福课堂全面铺开，以幸福为主题的校园文化建设逐渐形成。

2. 提升了师生的幸福感

学生自治管理委员会、学生事务中心的成立，为学生提供了锻炼自我、实现自我的平台；重读经典、践行传统让师生再一次感受到了传统文化的魅力，更懂得为人子、为人师的责任和义务；多样化的社团活动丰富了学生的课余生活，拓展了学生的视野；丰富精彩的选修课程为学生张扬个性、发展兴趣提供了平台和空间；幸福课堂的探索、实践，让师生在欢声、笑声、掌声中收获了知识、技能，也巩固了师生之谊；教师事务中心的成立，为老师们办理杂务提供了便捷通道，使老师们更好地全身心投入到教育教学工作当中；教师休闲中心的开放，为教师提供了可以休憩放松的地方，提升了他们的工作动力；全新的评价机制，激发了师生的教、学热情，使师生真正体验到了作为学校主人翁的幸福。

3. 增强了社会的认可度

幸福教育模式的实施，极大地增强了社会对学校的认可度。社会文化与管理专业一年级学生下企业体验两个月期间，行业、企业反应良好，表示学生毕业后非常愿意接收他们为正式员工；教师在暑期下企业实践锻炼，秉着成为专业人士的心态，在学习研究的过程中为企业的技术革新、管理改革等献策献力，得到实践企业的高度认可。

初中体验式德育校本活动课程的开发与实践研究

深圳市龙岗区龙城初级中学
案例负责人：闫　斌
案例主要贡献者：颜　霞　姜阳春

一、研究背景

以往的教育体制，重智育轻德育；注重主体性教育，忽视个性差异；重说教，少实践；方法途径单一，在形式上，纯粹为活动而活动，德育的达成度很低。在以往校本课程开发中，我们往往比较重视资源的知识性，而忽视体验性，就无法在实践中培养学生的实践能力和创新精神。这样的知识性校本课程就没有多少存在的价值。因此我校体验式德育校本活动课程的开发遵循以下两个原则：

第一，体验式德育活动依照“主体、活动、体验、发展”的德育操作模式，以体验为桥梁，将学生自主“体验”作为德育实施的主要途径，使德育工作的重点从重说教的灌输式教育转向重实践体验的启发式教育，促成德育转型。

第二，体验式德育活动校本课程的开发目标：回归本真的学校德育，培育道德情感，提升道德反思力，实现知、情、意、行的统一，升华道德境界。

二、理念支撑

（一）核心概念的界定

体验，即在实践中通过亲身经历或亲身感受来认知周围的事物，它是一种被激活了的经验，是主体心灵与外部世界沟通的桥梁。

德育，顾名思义是道德的教育。这里的“教育”是“教”与“育”的有机统一。“教”是指道德信条的传授，“育”是指道德情感的体验，二者结合就是“知行合一”。学生在从“知”到“行”的践行过程中，达到对“理”的彻悟（即“体验”）。

体验式德育，对学生而言，是一种自内而外的自我教育的内心情感体验，是学生自己教育自己的过程；对教师而言，则更多的是策划与指导。体验式德育的核心是“以生为本”。让学生亲历德育实践活动，获得生命认知，升华道德情感，形成品质态度，培养高尚行为。

“校本课程”，按照现代课程分类理论来考察，校本课程是属于课程管理方面的一个范畴，是正在形成之中的同我国三级课程管理体制相适应的基础教育新课程体系中一个组成部分，即中小学新课程计划中不可缺少的一部分。

（二）国内外研究现状述评

1. 体验式德育研究综述

国外道德教育注重主体性道德素质的培养，强调学生个体的观念和行为，注重个性化教育，在道德实践中，认为学生的道德发展、道德学习是一个自主建构的过程，是一个与学生主体活动息息相关的过程。在道德教育方法上是开放的、多样的，生活体验成为学生生活中不可或缺的一部分。国外对学生道德教育的培养方式方法给我们的德育研究提供了成功的范例。但我国以往的教育体制，仍然是重智育轻德育；注重主体性教育，忽视个性差异；重说教，少实践；方法途径单一，在形式上，纯粹为活动而活动，德育的达成度很低。

2. 校本活动课程开发研究综述

国外的校本课程开发起步较早。由于各国教育管理体制的差异和政治、经济、文化、科技发展等方面的各不相同，使校本课程开发各有特色。英国、美国、澳大利亚等地方分权的国家，国家只是提供统一的课程标准，课程廾发的主体在学校，学校的所有课程都可以称之为校本课程；而法国、俄罗斯、泰国等中央集权的国家，国家制订严密的计划，地方和学校执行计划，在课时安排上只留出一小部分，给学校自主设计课程。在国内，校本课程开发的起步较晚。但近几年来，随着学校在课程决策方面自主权的增多，较典型像杭州临平一小、江苏锡山中学、上海七宝中学等学校在校木课程开发的主体、内容、程度及评价等方面作了大量的研究，积累了一定的经验。但是在以往校本课程开发中，我们往往比较重视资源的知识性，而忽视体验性，就无法在实践中培养学生的实践能力和创新精神。这样的知识性校本课程就没有多少存在的价值。

三、主要做法

第一，对已有的、成功的德育校本活动进行梳理、分类、归纳、提升，纳入到德育校本活动课程体系，对体验式德育活动校本课程的针对性、实效性进行深入细致研究，探索一套适合学生身心发展的、学生乐于参与的、具有地域特色和本校特点的德育活动课程体系。

第二，完善课程体系，出台相关规章制度，制定活动操作规程，提高可操作性，使体验式德育活动课程序列化、系统化，保障课程体系向纵深发展。

第三，整合教育资源，做到体验式校本活动课程与常规教学课程的无缝对接，形成统一的整体，提升教学水平，使教育效果实现最大化。

第四，在课程体系研究过程中，尝试建设一支学习型、创新型、科研型的优秀德育队伍。

第五，以生为本，丰富德育形式，激发参与热情，提升德育的达成度，提高学生德育素养，丰富我校厚德教育模式的内涵，为学生的人格和学历发展奠基，终身发展奠基，最终培养高素养的现代中国人。

四、基本成效

第一，本校已开发了“三立”德育课程。初一年级“立规树德”课程，以学生的12个好习惯的培养为内容；初二年级“立德树人”课程，以培养学生的四大美德24个优秀品质为内容；初三年级“立志成才”课程，以理想前途教育为主要内容。

第二，开发了体验式“青春成长序列”仪式活动。初一年级青春启蒙仪式、初二年级青春奠基仪式、初三年级青春宣誓仪式。还包括体验式同伴教育活动：初二对初一“我眼里的龙城”入校教育活动、初一初二对初三“我的梦龙城梦”送祝福活动、初三对初二“回首龙城岁月”激励教育活动。

第三，学校系列周期性的校园文化活动，多以体验式为主要形式。如：九月红歌会、十月英语文化节、十一月读书月、十二月和元月的体育艺术节、五月科技节。

第四，节日体验活动。元旦和春节探访敬老院和福利院、写贺卡慰问民警、给社区写对联的“微公益”活动；3月5日学雷锋系列活动；3月12日“我为龙城添绿色”环保活动；5、6月的母亲节、父亲节活动；9月10日“感念师恩”教师节庆祝活动；10月1日红歌会；11月感恩节；

第五，系列法制安全教育活动。小交警、阳光义工、模拟法庭、消防安全疏散演练、参观派出所、监狱、禁毒所等体验式教育活动。

第六，其他。如：体验校工活动、“约的就是你”师生共进午餐活动、“快乐午读”活动等。

五、社会反响

我校成立了“体验式德育特色（项目）工作室”，在调研和相关培训上获得了一定保障。我校为广东省德育示范学校，内外部均非常重视我校的德育工作。学校领导大力支持德育科研工作，学校科研处提供文献搜集的网络资源，研究与实际工作紧密结合，时间上得到相对保障。

接纳自我，快乐成长

深圳市福田区红岭中学
案例负责人：杨晓燕
案例主要贡献者：杨晓燕　肖　扬

一、研究背景

学校德育工作目标非常明确，在《中共中央国务院关于进一步加强和改进未成年人思想道德建设的若干意见》和教育部《中学德育大纲》中表述清晰，目前学校德育工作需要解决的问题关键是落实。全国各类学校最普遍的做法就是根据培养目标，深入进行爱国主义、集体主义、社会主义和中华民族精神教育，大力加强公民道德教育，设计各类可行的活动，基本能够实现目标的达成。但是，实际工作中，我们也发现学生们对这类任务式的活动不一定感兴趣。学校德育工作有时有名无实，而学生在这类德育教育中也并没有发自内心地受到影响。究其原因，我们认为，教育工作要符合教育对象的实际情况，什么是教育对象的实际？通过什么来了解教育对象的实际，在这一点上，我们认为学校要充分利用科学的发展心理学理论来了解我们的学生，根据学生身心发展规律来进行教育，举办各类活动，开展各类讲座，这样德育教育才能真正落到实处。在这样的思考下，学校2011年成立了学生成长支持中心，以心理老师为主的团队创新各类活动，为学生的成长支持提供最有效的服务。

二、理念支持

美国著名心理学家埃里克森（E. Erikson）把人的一生划分为八个阶段，每个阶段都有其特定的发展任务，每个阶段都存在着特有的心理危机。由于发展任务完成得成功与否，就有了两个极端，靠近成功的一端就形成了积极的品质；靠近不成功的一端就形成了消极的品质。每个人的人格品质一般都处于两极的某一点上。教育的作用在于发展积极的品质，避免消极品质。而在青少年期的主要发展任务就是形成角色同一性，防止角色混乱。埃里克森认为，在这个一方面青少年本能冲动的高涨会带来问题，另一方面更重要的是青少年面临新的社会要求和社会的冲突而感到困扰和混乱。所以，青少年期的主要任务是建立一个新的同一感或自己在别人眼中的形象，以及他在社会集体中所占的情感位置，也就是我们常说的自我意识。

按照发展心理学原理，学生自我心理的健康发展是超我行为道德规范发展的基础，心理健康是培养一个良好综合素质学生的前提，更是学生成长的基础。自我意识是介于超我的行为道德规范与本我的本能欲望动机之间的心理活动，起着面对客观现实来调节内部心理活动、协调内部心理活动与外部现实环境的作用。健康强大的自我意识是自尊、自律的基础，而自尊、自律又是教育的前提和基础。青春期和青年期心理冲突的基本矛盾是独立与依赖、自我定向和同一性问题。常常表现在人际关系与亲子关系问题、自我意识问题等方面。自我意识起源于童年期，在学龄期和青春期发展迅速达到高峰，在发展过程中容易受到自身素质问题和不良环境扭曲的影响，从而出现自我意识不清、定向不明、自我评价歪曲、自我控制力差等问题。自卑与自傲、独立与依赖、孤僻、不安、不信任、独断独行与迫切需要认同和友谊、盲目跟从等矛盾对立并存，常常导致自我的混乱。这类在心理发展过程中需要解决的问题，在中学生这个年龄阶段的个体均不同程度存在。

中学阶段是自我意识迅速发展的时期，但是学生常常面临巨大的学习压力，在日常的教学活动中我们是假定学生具备健康自我和较高自尊，现实当中其实完全不是这样，如何在高考的巨大学习压力之下帮助学生提高自尊，接纳自我，快乐成长，是学生成长支持中心每一个心理老师的核心任务，日常的心理指导课中我们还发现很多学生的问题仅通过上心理课是没办法解决的，我们需要把有同类问题的学生集中起来，以团体辅导的形式开展活动，希望能通过这样的活动更多更好地帮助学生。

三、主要做法

首先我们制订了以帮助学生自我成长为目的的辅导计划，其次我们张贴海报广泛宣传，第三我们组织和整理相关量表，对于报名的同学进行筛选，保证参加的同学问题同质。第四利用学生晚自习的时间开展每次约150分钟、以12个人为团体的辅导活动。

红岭中学高中部“我爱我”自我成长团体辅导的总体计划

单元	目标	主题	程序	其他
1	初识，破冰 建立团体规则 重申保密协议	团体建立	对对碰 连环认 信任盲行 团体规则	初识阶段 作业：自画像

续表

单元	目标	主题	程序	其他
2	团体成员之间更加熟悉 增进自我了解与彼此了解	自我认知	刮大风 自画像分享	过渡阶段 作业：人际关系中的我
3	加强团体合作 活动让学生学会自我接纳	自我接纳	抛球活动 作业分享 我的小橙子	工作阶段 作业：我的主题曲
4	巩固成员间关系 增加自我探索，增强解决问题的能力	自我探索	我的主题曲分享 我的烦恼四部曲 小组分享	工作阶段
5	巩固团体活动的成果 处理分离焦虑 促进团体的成果生活化	团体结束	我的故事书 热座 处理分离焦虑 分享小组的收获，对小组成员的祝福	结束阶段

单次活动举例：

1．第一次会面

阶段	活动名称	具体操作	目的	材料
开始阶段	开场白、热身活动	开场白，澄清团体的目的、规则 相互认识 对对碰； 这个过程中，领导者注意引导目光运用，倾听	促进成员间相互熟悉，把成员联结起来，增强凝聚力	各种几何形状的彩纸、别针、粗笔，6支以上
中间阶段	信任之旅	信任之旅 享体验	增强信任感	盲行路线（上楼、拐弯等），室内外结合。蒙眼不透光布条，每人1根
	团体规则	四人小组 大组分享	形成团体规则	白板、水笔、白板擦各一；白纸，签字笔，每人1份
结束阶段	我的收获	分享讨论：今天我感受最深的是什么？怎样将团体中所学到的东西，运用到日常生活中 作业：我的自画像	回顾、总结、分享在团体中的经验和收获	每人1张纸，用于每次写感受； 画自画像的纸、彩笔

2. 基本流程

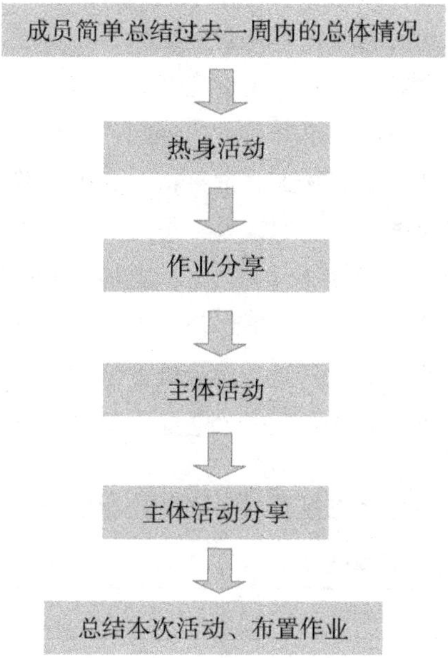

3. 活动设计思路

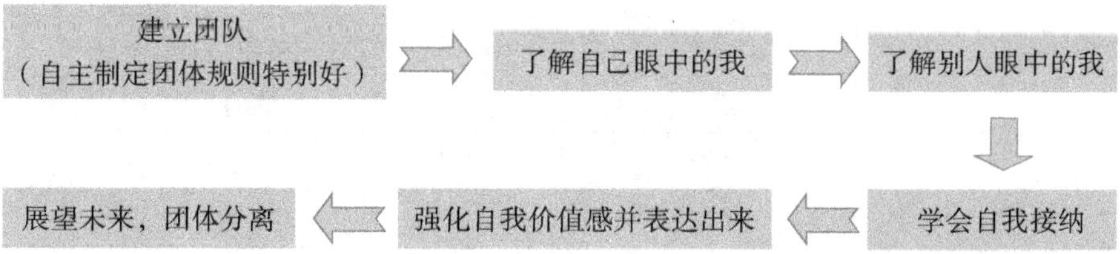

整个活动每周一次，每次约150分钟，学生从陌生到熟悉到好友，短短五周的时间里，他们结下了深厚的友谊。活动核心围绕学生的自我接纳与自信心，所有的学生都在每一次的活动中敞开心扉表达自我，并且在表达与被支持中找到自我，接纳自我。

四、基本成效

学校德育教育基本以讲座和各类活动为主，心理教育大多数以心理课和个体心理咨询为主，如何能更有效的帮助学生，让他们顺利度过青青期？2012年，一项针对全市1000多名中学生进行的调查显示，73.22%的中学生出现青春期性心理困惑，70.13%的中学生认为学习压力大，60.72%的中学生出现亲子关系问题，39.77%的中学生出现人际关系问题，15.1%的中学生认为自己已经出现严重情绪心理问题。在这一时期的学生，目前学校德育包括心理教育所能提供的帮助远远赶不上问题产生的速度。“我爱我”心灵成长小组的活动的设计并不能完全地科学与标准化，但是在我们在实行的过程中希望能更科学、有实效性，所以在小组开始和结束之后，我们为学生施测了部分量表，其实在设计之初，我们并没有太多的预想他们会在短短的几周时间产生太多变化，但是事实上结果还是让我们感到非常兴奋，其中自尊量表的变化达到了统计学的差异，自尊是心理健康的核心，我们认为一个人的自尊指数提高了，那么整体心理健康的水平一定会有所变化。当然尽管不是施测的所有量表都产生了统计学上的变化，即使这样，我们看到其他分量表的平均值在五周之后都发生了改变。压力知觉有所降低，积极情感增加，消极情感降低，自我效能感增强等等。假设这些活动能够持续地进行，那么我觉得这些变化最终会在学生身上发生质的呈现。

自尊状态量表前后测得分比较分析

因子	团体辅导	均值	标准差	*t*
绩效自尊	前测	22.17	4.345	-2.704*
	后测	26.08	4.078	
社会自尊	前测	22.50	6.186	-1.582
	后测	25.42	4.316	
外表自尊	前测	17.50	2.505	-2.333*
	后测	19.25	2.864	
总分	前测	62.17	9.628	-2.479*
	后测	70.75	7.424	

注：$^{*}P<0.05$，差异显著

各因子前后测得分比较分析

因子	团体辅导	均值	标准差	*t*
压力知觉	前测	40.92	6.882	1.536
	后测	36.22	11.097	
自我效能感	前测	25.00	5.009	1.195
	后测	27.00	6.223	
积极情感	前测	27.08	6.156	2.081
	后测	30.25	7.448	

续表

因子	团体辅导	均值	标准差	t
消极情感	前测	22.58	8.607	0.266
	后测	21.92	8.251	
自我与经验的不和谐	前测	49.00	8.739	1.780
	后测	43.98	8.282	

这是从数据上看到的变化，那么参加这个小组本身的学生们他们自己是如何感受这五周的活动呢？以下是摘录了学生的部分感想，看看他们是如何认识这一次经历。

“第三次的活动让我最感动，也是让我觉得这个小组真的没有白来的原因。只是一个简单的橙子就能让我们的心里有那么大的起伏和波动。拿到橙子的那一刻，我并没有觉得什么，甚至有点嫌弃，这橙子真丑啊。可当我在后来辨别这个橙子的时候，它的缺点却成为它最独特的地方。而经过两次的筛选，我竟然清楚地记下了它的各种斑点和老皱的地方，就像一个老友，我非常了解它的一个老友。而当我们要与这个橙子对调身份的时候，我开始有种错愕的感觉。如果我是橙子我一定会竭尽全力地把身上的斑点缺点去掉，不断地磨平自己，使自己光滑完美，可是，作为一个橙子的老友，我却觉得它身上的缺点非常可爱，我很喜欢它，因为它的皱巴巴的皮，因为它并不是很圆。而我，并不喜欢一个非常完美的橙子。这大概就是我的错愕吧，我不断想变完美，可我心中却喜欢着这种有缺陷的样子。忽然觉得，现在的我是如此可爱，一个不完美却真实的我是如此打动人心。”

“第二次活动的自画像让我感受到了每一个人的自我，每个人都是孤单的个体，彼此不同又那么相似，我曾经害怕地以为没人懂我，却在这一刻彼此都逐渐认识……第三次的橙子让我流下了眼泪，或许那一周压力太大（与同桌闹翻，自己参加的杂志需要宣传……），我在橙子面前是如此的相似，那颗橙子并不是完美的，身上有许多白斑，带有无叶的根，像一根刺，我摸着它，感受着它，发现气息是如此好闻，它的平凡却又有另一种美，我想到我自己，是否真能像橙子一样成功结出果实，还是只能永远在枝头，不能成熟……

时间真的很快，快得舍不得分开。我们彼此熟悉了，小组却要分离，我回首这一个月，心似乎在慢慢进化与成长，我那曾经压在心底的刺，已自己磨去棱角，那些无谓的焦虑、害怕、恐惧，还有那些孤僻、胆怯早已在心灵进化的过程中退化，我虽然如今还会焦虑与孤单，却不再恐惧和孤独，心中奔跑的人不再看不见前进的道路。

我感谢小组每一个人，因为你们，我成为一个更好的人，或许一切都在进行，只要有你们就不会停止。我舍不得我们小组分离，但分离后我想我们会更亲密，我们定能在下一个转角遇见一个更好的自己。”

“也正如我在小组结束时所表达的：‘还没有好好地感受，它就结束了。’但我也没有预料到，伙伴们有如此相似的想法——常联系。没有预料到杨妮和小扬对使用昵称的‘完全不介意’和‘严重同意’，更没有预料到，最后，我感到了相信。我想相信童话是真的，我才相信‘过完十二点，灰姑娘的水晶鞋仍在’，我愿意相信，我们都很棒。就像小组结束了，杨妮还是杨妮，小扬还是小扬，伙伴们依旧可以亲昵——因为我们是一个家庭的，而我们在小组里由模糊到逐渐清晰的希望，依然存在——不会消失了。

这就是我体验小组能量的奇葩方式，由昵称而引起，也由昵称得到心满意足的结束——松了大大的一口气。

现在，我开始努力地去相信，去相信他人的关心同样真诚，去相信冷漠是因为恰好不开心，去相信每个人的待人处事方式都是自我风格，也去相信，我，会是个把一团糟的东西最终收拾得有了不一般好的女生，我总会是个幸运的家伙。”

“第三次，渐渐习惯了在这儿的感觉，依然不会说话，橙子我则是太爱他了，现在还在我抽屉里，已经干瘪了，拿出来时依然感动。找自己，接受自己，做自己，爱自己。还有在橙子上大家居然会有截然不同的感受有点让我惊到。那天哭真的是开心加上有点小激动了，之后想起总觉得丢脸啊，但那是我第一次感受到了拥抱能传递多大的力量，这是我曾十分抗拒的东西，也没想到我的一句话能让栎宇那么的感动，每次活动完都跟打了鸡血似的，整个人都放开了，自信了，尤其最后一次亢奋地睡不着。最后的离开有些不舍，也有些轻松，这十多小时里认识了不少朋友，也重新认识了自己。

谢谢你，我的同伴，希望你们手中还留有我的温暖，我会带着希望飞翔。

之前还有点纠结，就在这周末突然地想明白了，我不会去做什么变性手术，为了性别而郁闷自卑了，我只要做我自己，一个女生，但仍然像个男孩子那样打扮、行事、玩闹，但不是在模仿谁，而是我喜欢这样，不管有怎样的质疑，说我是假小子也好，没有女孩子样子、男人婆或有个性也好，我只是一个按自己想法生活的女生，不被社会舆论所约束。”

这里只展示了部分学生的部分片断，老实说，每次看到这些分享我依然不能平静，这个时期的孩子们深刻的体会着孤独的痛苦，友谊与表达，接纳与信任，这些总会给他们带来无穷的能量。

五、社会反响

参加活动的12个孩子在活动结束后，走在校园里，再见到他们，他们都显得更自信，更愿意表达，更开朗。其中一个孩子在活动之后不久，因为三级跳远而致第二次骨折，12个孩子一起去医院看她。在和她妈妈交谈的过程中，我了解到和以前相比，孩子这次的受伤其实更重，但是明显地情绪更稳定和更乐观。我邀请了妈妈和这个孩子的班主任，一起到学校成长支持中心来聊聊关于这个孩子的变化。以下是和妈妈及班主任杨老师的采访记录部分纪实。

杨老师：活动后，我感觉这个孩子会表达了，见到我会主动打招呼：hi，老师！以前她不爱表达，不是不会表达，是不想表达，有点少年老成的味道，所以这一点还要加强引导。也就是说她从不想表达，不爱表达，变得开始想表达了。

妈妈：孩子说她很喜欢这样的活动，觉得高一的心理课不够，其实周围的很多同学都和自己一样有这种自卑心理。当时她看到这个活动的海报就很想参加，开始她还以为很多同学都会报名，但去到发现怎么只有自己一个。她就说，这么少人报名，这个活动不会取消吧！我说，那你去问问杨老师吧。她又说，没事没事，应该会办吧，应该不会取消吧。这时候我就着急了，我了解她的性格，我知道她想去但是不会主动去表达自己的愿望。于是，私下里我就打电话给王老师，王老师就打给了杨老师，最后杨老师说不会取消，我这才放下心来。

参加活动后，我能感受到她的变化。她很期待周四，每次活动的内容回来都会跟我讲。但是有些她说要保密，不能告诉我，她说我们是有纪律的。（笑）她有一次跟我说，妈妈，我第一次感觉到拥抱是有力量的。以前她总觉得这是个很女性化，很尴尬的行为，但她说自己第一次感受到了拥抱的力量。（杨：应该是第三次活动，小橙子那次之后）

还有一件事我感受到了她的变化。12月17日她过生日，以往我都会给她送礼物，但这次她是第一次表达，她跟我说，“我知道你很辛苦，妈妈，我爱你。”听到这些话我非常感动。她做完手术住院的时候，不能自己穿衣服，上厕所，都是我照顾她。其实她知道我很辛苦，有时候她会对着我笑，这个笑就是在表达感谢，但她不会说，我太了解她的性格了。

杨老师：哦，12月17日应该是活动期间，看来她的确是有些转变。

妈妈：你们活动有个橙子，她一直放在桌上，一直没丢。她还说，妈妈，这个橙子怎么这么小了还没坏，只是干了，缩水了。我说，因为你对它有爱啊。她说，等它坏了我还要再放一个橙子。（此时觉得六子很可爱。）

杨老师：“我的小橙子”这一活动，强调孩子们对橙子产生感情实际就是一个接纳自我的过程，学会将自己身上的缺点看成是特点，并没有好坏之分，只是要合理地利用。（六子本次期末考试的成绩有些退步）自我地发展对孩子的一生都将产生积极的作用，可能活动的效果不会那么迅速，但长远来看，一定是有好处的。我们会继续跟踪这些孩子们的这个学期的成绩。

她的表现说明她现在愿意主动在人前展示了。这个时候千万不要着急，给她时间，让她思考，慢慢改变。其实以前她是很犹豫的，因为犹豫才会痛苦，现在她想法清晰了一些，如果着急一鞭子下去，结果适得其反。青少年常常需要时间，我们在背后给予她支持就好。

妈妈：说到这里，我想到她还真是有变化。去买衣服，她一般都是喜欢蓝色，咖啡色，灰色，男孩子的颜色，这次她问我，妈妈你觉得我穿哪个颜色比较好？我说黄色，我也不说更漂亮什么的，我说会显得你的皮肤更亮，显得很阳光。她说真的吗？我说是。然后这次开学，要给她拿被子去学校，我按她往常的习惯打算给她拿个蓝色被罩的，然后她指了指，她说妈妈，拿那个黄色的吧！

而且，我发现她现在学习也主动很多。那天我带她去医院换药，她说妈妈你给我买个快餐拿了药我们直接去学校吧。可以看出她更会节约时间，安排学习了。“变性”这件事其实很耗精力，现在这个问题有了进展，她就可以将更多的精力放在学习上了。

十年坚守　且行且思

——育才三小开展家庭心理教育的实践与启示

深圳市蛇口育才教育集团第三小学
案例负责人：郭艳娥
案例主要贡献者：刘红颜

一、开展家庭心理教育的意义

育才三小于2003年建校，2005年成立“育才三小心理健康教育服务中心”，学校在全面开展心理工作的同时致力于家庭心理教育研究与实践。学校充分认识到，人的教育是一项系统的教育工程，包含着家庭教育、社会教育、集体（托幼园所、学校）教育，三者相互关联且有机地结合在一起，相互影响、相互作用、相互制约，这项教育工程离开哪一项都不可能，但在这项系统工程之中，家庭教育是一切教育的基础。

对于特定的学生而言，家庭和学校是生存和发展的两人支持系统。只有家庭、社区与学校形成合力，为学生发展提供良好土壤，才能让学生更好地发展潜能，培养心智。心理健康教育的三预机制（预防、预警、干预）必须往家庭延伸，得到家长的配合。因此，家长是对学生进行心理教育的一支重要力量，学校要善于调动和组织家庭的力量，以家长学校、家庭教育讲座、家长接待日、沟通手册、家访等形式，有目的、有计划地给家庭心理教育进行指导，提高家庭心理教育实效，为学生的心理成长创造良好的家庭条件。

二、开展家庭心理教育的实践

笔者一直以来从事学校心理健康教育工作，近年来积极探索家校合作的心理教育模式，取得了一定成效。

（一）宣传心理学知识，增进家长的重视及认同

心理学在我国起步较晚，受传统心理学的影响，人们对心理学的认识很大程度上还停止在精神病学层面上，对这门学科望而生畏，对心理学工作者敬而远之。积极心

理学（positive psychology）的出现成为契机。它的目的就是要开发人的潜能，激发人的活力，促进人的能力与创造力，并探索人的健康发展途径。这种新的价值取向在一定程度上满足了人的自我实现的需要，为人们接受心理学这门学科提供可能。积极心理学提供的新的视角必须广而告之。我校主要采取了以下措施：

1. 设立心理专栏普及心理学知识

利用校门外的空间，广泛宣传。如“‘感觉统合’知多少”“多动症释疑”“学习能力——孩子的起跑线”等。

2. 利用家长会进行心理电影和书籍分享、推荐

心理学影片赏析是对心理学电影在专业维度上的心理学探讨，不仅能展现心理学的奇特魅力，探寻人类心灵深处的奥秘，更能让家长在获得基础心理知识和思索自身的同时，满足视觉享受，放松心灵；可以通过观者对剧中人物的心理活动与行为表现进行欣赏和分析，揭示其内涵和启示，从而推动人类对自身的再认识，在别人的故事里解读自己的生命体验，在深层次认识自我的基础上重新规划自我，助其心灵成长，

从而帮助孩子成长，比如《功夫熊猫2》《重返地球》《铁甲钢拳》《明日边缘》等。好书可以提供给家长全面、系统的科学育儿经验及实际操作案例，譬如《倾听孩子》《孩子是如何学习的》《放下孩子》《父母效能训练手册》《孩子，把你的手给我》等。

3. 发挥集团心理辅导中心优势，开展大型心理咨询活动，倡导积极心理

4. 做好心理开放周活动，广而告之

对家长开放学校心理健康工作，并邀请家长参加心理健康教育开放周期间的亲子活动。这既是家庭了解学校心理教育的绝好机会，同时也促进家长对孩子的了解，改善亲子关系。

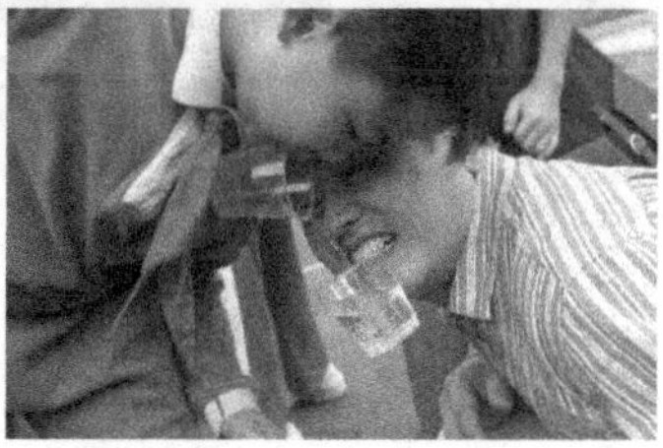

（二）学校搭平台，组织家长进行专业培训，培训由点到面展开

1. 成立家长心理义工队伍

2005年3月，学校成立由20多人组成的家长心理义工队伍。学校组织专业力量对

这支队伍进行心理培训，使其了解心理常识，具备一定的心理素养。随着活动深入，影响力提高，陆续有更多家长加入到学校义工队伍中，截止到2007年7月，已由最初的20余人，发展到80多人。心理教育初见成效。

2. 学校对全校家长进行分段、系统培训

随着家长对心理学的普遍认可及对心理学知识的渴求，学校决定对全校家长分高、中、低三个年段进行系统培训。

育才三小高年级家长培训课程设置（2007年）

时间	内容
5月30日（周五）晚7：30	开学式：学校领导讲话；家长学校管理人员介绍学习要求及日程安排。讲座：青春期生理心理特点。
6月6日（周五）晚7：30	孩子，我在前方等着你
6月20日（周五）晚7：30	读书（《孩子，把你的手给我》）沙龙：家长与青春期孩子沟通技巧
6月27日（周五）晚7：30	讲座：如何对孩子进行理财教育

3. 成立“育才三小知心家长学校”

自2005年3月至2014年7月，每学期4次，一年8次，对家长培训达71场次（2005.9—2007.2为体验式学习），培训达13835人次。笔者以此为素材撰写的论文获深圳市论文二等奖，因其特色突出，特邀在大会上面向全市各校作交流。据了解，我校是全市唯一一所坚持9年固定时间、固定地点、固定场次对家长进行公益培训的学校。此举不仅赢得业内充分肯定（市区各级领导多次在各种心理会议上肯定我校在此方面做出的卓越成绩），其良好口碑在家长口中广为流传。

（三）以专家为中心，发挥专家资源的优势作用，促进家庭教育的反思

任何态度的转变，都是在沟通信息与接受者原有态度存在差异的情况下发生的。而专业权威人士的信息，更容易引起接受者的态度变化。因此，在心理教育中，专家的作用不可忽视。

1. 个别咨询

理论培训提供给家长的是理念和方式方法，与实际操作有差距；团体心理训练很难照顾到个体差异。而个别咨询就具体问题给家长提供更具体的分析及适用的操作建议，促使家长对儿童教育及家庭成长的反思。比如探讨青春期人际交往及亲子关系；孩子厌学、拖拉作业、上课注意力不集中、多动、抑郁（想死，感觉活着无意义）、新生适应等问题，寻找解决问题的办法。咨询人数达575人次。

2. 专家座谈会

与专家面对面会谈，使家庭成员增加成长的技能和资源。每学期一次的与专家面对面对话活动深受家长欢迎。

3. 团体心理训练

重视家长的心理体验是训练的策略。让家长将积极的心理体验内化为积极心理品质是训练目标，让其积极心理品质能对儿童及家人积极关注并建设和谐家庭是终极目标。

（四）成立特殊儿童家庭支持团体，提供援助

积极心理学主张以人的积极力量、善端和美德为研究对象，强调心理学要帮助处于某种“逆境”条件下的人们知道如何求得生存和发展。因此，关注个体差异——特殊儿童团体（多动症、自闭症、注意力障碍等），挖掘他们身上的积极力量，已成为学校心理教育必不可少的一个内容。成立特殊儿童家庭

支持团体（我校取名为“花园爱心俱乐部”），为特殊儿童家庭建立支持系统，定期组织活动，为家庭的和谐、特殊儿童的顺利成长提供积极支持。

（五）关注心理前沿动态，编写心理校本课程，促进学生及其家长心智模式成长

萨提亚模式，是目前美国最具影响力的心理流派之一。将萨提亚模式家庭互动训练在小学低年级心理健康教育中的实践，是以学生的成长发展为中心，以他助、互助、自助为机制，帮助学生在自我探索中解决发展中的心理问题的方法；并同时对家长定期培训，促进家庭互动训练，共同成长。

（六）教育科研为先导，促进家庭心理教育

我校区科技局科研项目“团体心理训练在小学心理教育中作用与实践”已经结题，“小学低年级开展萨提亚模式团体心理辅导以培养积极心理品质的实践研究”与“父亲在小学生家庭教育中的作用的研究 ”等课题正在进行中。

三、学校开展家庭心理教育的成果与启示

第一，对心理学基础知识普及，家长们逐渐认识到心理学与我们的生活息息相关；掌握一定的心理学基础知识，能够帮助更好地了解认识孩子。家长对心理教育的渴慕与日俱增。家长自愿接受培训人数由最开始的2%到现在的85%以上。

第二，父亲重视并积极参与到家庭教育中。在家庭中，父亲象征着一种雄性力量，具有雄壮、威武、勇敢、进取、独立、果断的个性品质，父亲在家庭教育中比母亲更有计划性、目的性，知识面更广。父亲的这些个性品质与特点，是母亲无法模仿的，父亲在家庭教育中的作用也是母亲所无法替代的。在学校里，家长会往往成为“妈妈聚会”，参加家长会的85%是母亲。但在我校，目前此局面已被扭转，每次家长心理培训邀请父亲参加，而望子成龙、望女成凤的父亲们基本上如期而至参加培训。目前我校父亲参加培训的概率已超过50%。区科技局研究项目“父亲在小学生家庭心理教育中的作用的研究”仍在进行中。

第三，教育家把家长称为终身教师，家长“活到老学到老”的影响和示范，为孩子树立了学习的榜样。我校学生学习主动性强，在各项调查问卷中，相关数据显示，孩子学习目标明确性、主动性呈逐年上升趋势，因此在历次各项抽测中，我校成绩名列前茅。

第四，随着特殊儿童增多并受关注，特殊儿童随班就读成为不可回避的现实。和普通学生在同一时间、同一教室，学习相同的课程，这对教师教学方式方法和学生的包容接纳性提出挑战。而学生面对特殊儿童的态度除了教师营造接纳氛围外，家长所持态度影响着普通孩子对待特殊孩子态度。我校家长具备基本心理学常识和较好的心理素养，认为接纳特殊孩子与自己孩子共处一室学习成长理所当然。因此，特殊儿童在我校各班就读虽然备受呵护，却看似“普通”。

"棋"乐融融乐无限，德育为首"行"为先

——深圳市南海小学"立德棋"设计活动案例

深圳市南海小学
案例负责人：陈碧芳
案例主要贡献者：曾 英

一、活动背景

在南海小学校园里，有一处楼梯口比较窄。两个人面对面上下，需要侧身而过。学校非常重视学生上下楼梯的安全有序，利用班会课、国旗下讲话、老师们经常性提醒等方式针对这个问题做教育。但还是避免不了偶尔的摩擦或是小碰撞。德育处发动全校学生创作"校园文明安全提示语"，将学生作品制作出来，标注学生的班级姓名，贴在校园里158级阶梯上。其中有不少学生写了"上下楼梯靠右行""楼梯窄处，相互礼让"。

言语内心，行于当下。当学生自创的文明提示语贴在阶梯后，让老师们意外和惊喜的镜头出现了：学生们上下楼梯自觉靠右，放慢脚步有序上下。

这个显著的变化引起了我们的思考，进一步探索如何在德育工作激发学生兴趣，发挥学生的主动性，充分引导和调动学生有效参与德育过程，让德育不再只是准则与条文。

同时我们发现小学生平日里最感兴趣，乐此不疲地玩各式各样的游戏棋。熟练之处，棋盘上的每个步骤和规则都耳熟能详。结合这些现象，我们再次为学生提供一个大胆创新的德育活动平台。结合小学生爱玩的天性，借助棋类游戏，寓教于乐。分年级确定德育目标，围绕争当"美德少年"为主题，制定具体的行为做法，当作棋子前进后退的行走规则。面向全校学生开展设计"立德棋"征集活动的计划。学生在设计中，要经过一个思考、整理文明行为规则的过程，而这个过程，正是学生加深道德认识，强化自我品德的发展的过程。

游戏中抛出骰子，确定行走距离。当行为规范符合要求时，“立德棋子”向前行驶；行为规范不符合要求时，“立德棋子”向后退步或者停驶。学生在这愉悦身心的棋类游戏中，自致其知、自启其智、自健其德。良好而具体的德行要求，无声无息地在孩子的脑海里生根。

二、理论支撑

学校德育是指教育者按照一定的社会或阶级要求，有目的、有计划、有系统地对受教育者施加思想、政治和道德等方面的影响，并通过受教育者积极的认识、体验与践行，培养受教育者品德的活动。

在所有的教育活动中，兴趣是最好的老师。通过寓教于乐的德育方式和方法，有效地激发学生的兴趣，才能充分地发挥学生学习主动性。杰斯的人本主义理论认为：教育的目的就是人的自我实现、完善人性的形成和人的潜能的充分发展；强调学生在教育中的主体地位；强调学生个性化的自我评价等。学生是正在发展中的社会人，具有一定的主观能动性和可塑性，因而，又是自我教育和发展的主体。开展德育活动时，掌握学生的年龄特征，遵循学生身心发展的规律。激发学生的学习兴趣，使学生在实践活动中加深道德认识，巩固道德习惯，强化自我品德的发展，达到自主德育的境界。

在这个活动中，教师是主导者。从有利于学生品德教育的角度进行指导、设计和管理，对教育内容进行加工和改造，并以适当的方式组织学生学习和掌握德育内容。学生是这个教育活动的主体，是自身身心主动、和谐发展，将道德认识、情感、行为内化为个体认识、情感、行为的主体。

三、主要做法

（一）宣传阶段

德育处向全校师生、家长发布设计“立德飞行棋”征集通知。海报在校内橱窗和校门口同时张贴，激发了全校师生及家长们的极大热情。

（二）设计征集阶段

在不到一个月的时间里，收到近百件各具特色的参赛作品。每一件作品都渗透着设计者的智慧，凝结着设计者的汗水。

梁乃文同学与妈妈合作设计“立德棋”

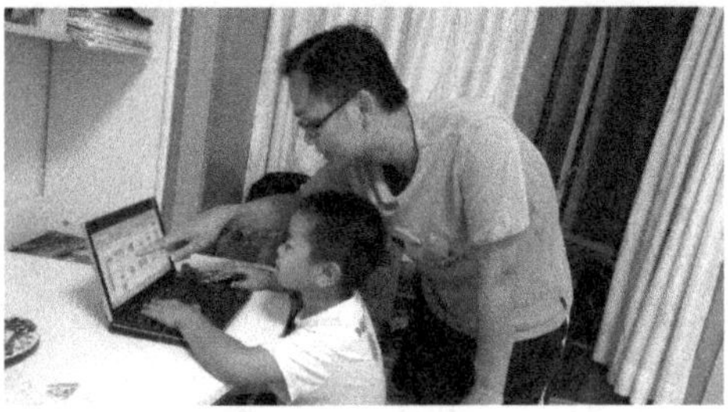

一年级的赵晗同学在爸爸的指导下设计“立德棋”

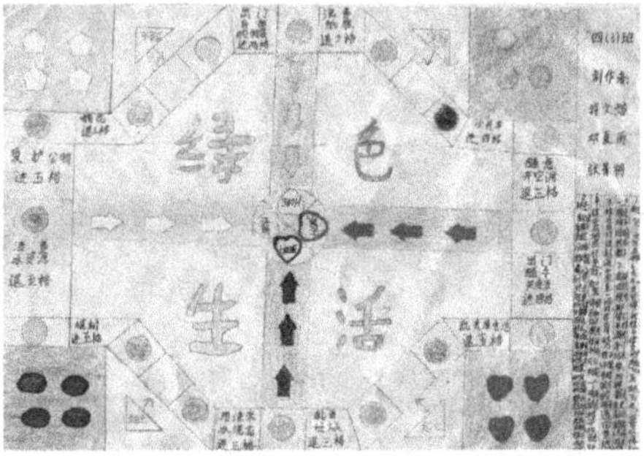

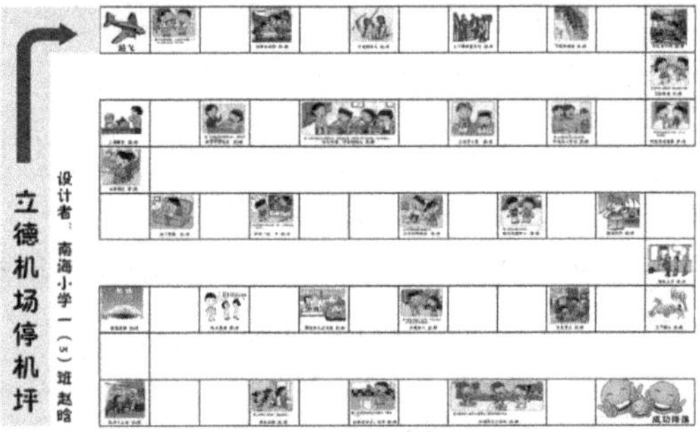

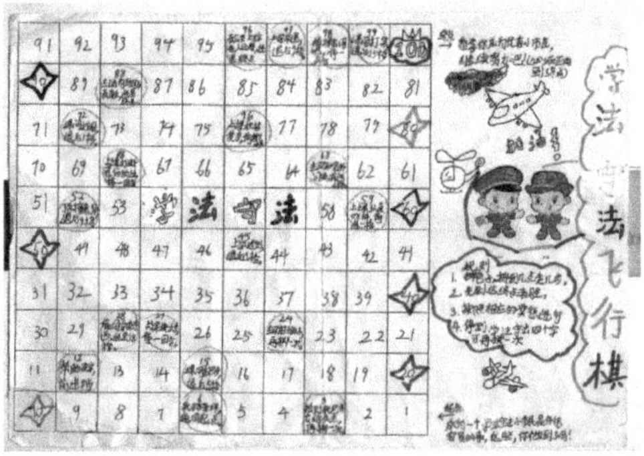

学生设计的作品

（三）评奖定稿阶段

学校成立“立德飞行棋”评委组，学生作品被制作成精美的海报，在校园内进行展览。学生利用课余时间，自由欣赏与评点，投票选出“我最喜欢的设计作品”。最后德育处对选票进行统计，为一、二、三等奖获得者举行隆重的颁奖仪式。

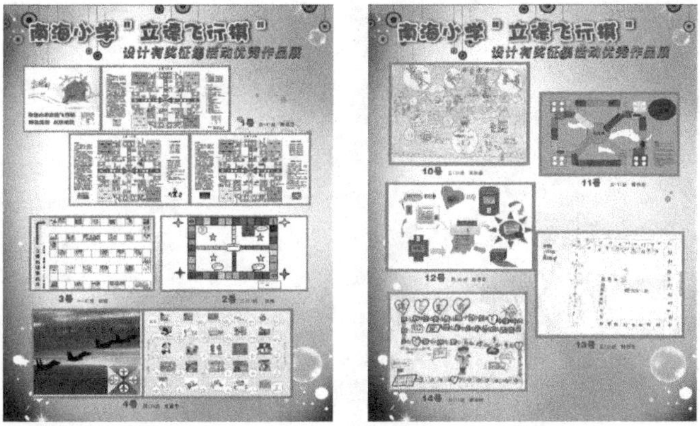

学生作品展板

同学们在课余时间观看展板

（四）实施应用阶段

1. 为棋定名

设计活动点燃了师生的热情与智慧，许多老师和学生不约而同地提出了一个大胆的设想：结合南海小学校园的“海文化”理念，将设计作品命名为“立德航海棋”。寓意着走进南海校园学习的每一个南海学子，如同一艘艘启航的航船。在老师们的引领下，航行在知识的海洋里，成长在立德正心的德育活动中。学校评委组老师们再次召开会议研究，一致同意将名称定为“立德航海棋”。

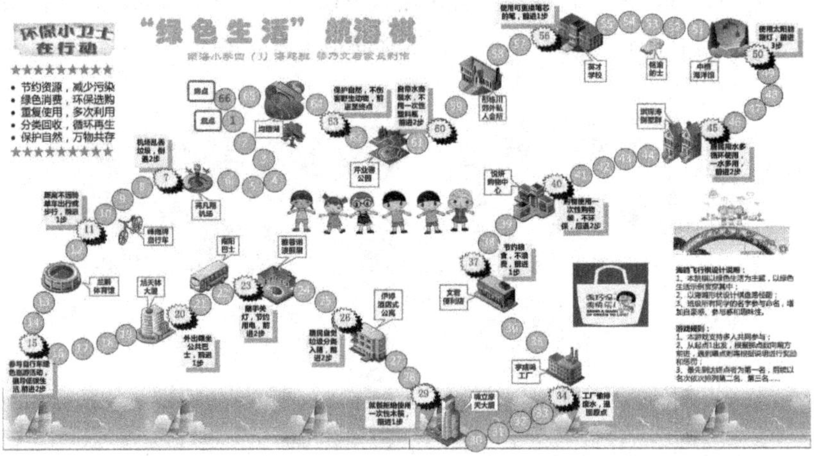

“立德航海棋”学生作品

2. 下棋比赛

德育处携手体育组老师们，制订全校下棋竞赛计划。每学期举行一次班级竞赛、校级竞赛。结合学校少先队活动、班级管理工作，给相应的学生和班级奖励“立德航海棋”。让学生将“立德航海棋”带回家，和父母下，和亲朋好友下。

3. 主题拓展

结合学生实际情况，对学生品德养成过程中出现的问题进行归纳。将如何正确对待，如何做的内容作为第二次设计的主题。例如学校在进行少先队知识的学习中，大队辅导员引导学生将少先队知识、中国文化、掌握生活小常识、培养勇往直前优秀品质等元素融入了棋盘中。

四、主要特色

南海小学“立德航海棋”的活动，在努力培育和践行社会主义核心价值观的大背景下，在南山区开展“争做美德少年”的活动中，针对学生的生理、心理特点，从学生生活实际着手，真正打破品德教育说教的形式，体现了以下三个特点：

1. 将生硬的德育教育融于快乐的游戏之中

学生设计“立德航海棋”的活动方式尊重学生的年龄特点，将学生喜闻乐见的益智游戏与学生的行为指引结合起来。使这个游戏设计的过程和作品都成为重要的德育载体，其承载的内容符合青少年发展规律，具备一定的科学性、合理性。根据小学生认知能力的特点，他们对一些大而虚的道理很难理解，他们更需要一些小而实的、具体的行为指引。而这个具体的指引不只是老师单方面的灌输、说教，而是放手让学生在设计的过程中，自发地思考和整理正确的行为准则。这个过程就是一个激发学生兴趣，从而激发情感，指导行为的过程。

2. 将单一的师生说教拓展到师生、生生、家校之间

本活动面向全体学生、家长和老师，力求人人参与。学生之间合作设计的规则、全校学生投票的方式，形成全体学生的互动，让每个学生从不同的角度参与活动，既准确把握了学生的主体参与，又扩大了活动的参与面，进而实现德育主体与德育者的全体参与。

近1200名学生和他们的家长、亲友、同伴，在一个月左右的时间内，围绕各年级的德育目标和“争当美德少年”的评选标准，在一起商讨、琢磨、争论、涂画、制作、审阅等等，最终拿出来的作品，无一不是精心制作而成的。且不论水平高低，参与设计时学生之间的通力合作，学生家长之间的交流合作，学校与家庭之间的沟通交流，都是以往德育活动所未能达到的。

3. 使学生的成长立足于可持续发展的德育活动之中

德育不能只是一两次活动，而是一个长期的、坚持不懈的、持续发展的教育过程。在这种理解的基础上，学生设计“立德棋”活动的形式具有生成性与开放性，体现其可持续发展性。

随着学生认知水平的不断提升，德育目标的达成难度也随之提高。游戏中的行为要求在逐步提高，六个年级的“航海棋”内容，由学生主动参与整理。游戏中每行走一步，学生就在游戏中得到具体的行为指引，从而构建起南海小学各年级的德育目标系统。

首先，各年级主题不同，每一副“立德航海棋”都可循环使用。同时，在各年级德育主题不变的情况下，根据每学年学生品行养成的实际情况，随着学生的年龄增长，行为的变化，有针对性地确定不同的侧重点。其次举办“立德航海棋”设计活动，德育内容得到再次细化，以确保我们的德育目标符合时代的要求，德育活动的内容紧密联系学生生活。学生在设计过程和游戏过程中，愉悦身心的同时增进同伴之间的交流互动，培养团结协作、友爱互助的精神，创造力等多种才能得到锻炼。

五、活动成果与影响

活动开展之后，德育教育不再是挂在墙上的《守则》《规定》，而是学生的行为

在发生显著的良好的变化。通过设计活动，以学生为主体分类整理了一套融入棋盘内的具体的小学生日常行为指引：围绕争当“美德少年”的目标，一至六年级的主题具体为：文明礼仪、交通安全、珍爱生命、绿色生活、学法守法、热爱祖国。自创了一套主题成系列的“立德航海棋”，每个年级的棋盘都来自学生的设计，难度由简单到复杂，逐年级提高；制定出了一套游戏竞赛规划，以及家校互动的激励措施。

同时，这个活动也产生了一定的社会影响，2014年5月，南山区团委副书记金翠、南山区教育局团委书记王菲菲一行到我校考察德育工作，对“立德棋”设计活动赞不绝口。当时就提出在深圳市庆祝“六一”德育活动中，专门设置一个展览区进行宣传。我校大队辅导员庄雯静老师在深圳市教育局团工委、团市委学少部主办的“感动鹏城，寻找最美辅导员”观摩活动中，就“少先队知识”主题棋的设计与运用给全市小学大队辅导员们做经验介绍。

我们期待，南海学子在校园六年的时间里，“玩”遍所有“立德航海棋”，举棋落子之间，快乐地学习，做一个健康人、做一个文明人。

制作“航海立德飞行棋棋”

南海小学四(3)班 吴沁海

你们知道“航海立德飞行棋”是什么吗？今天，我们就一起来制作吧！

首先要准备好制作材料：飞行棋盘1个，普通飞行棋1张，A3纸1张。开始制作喽！我和爸爸一起合作，老爸画左边，我就画右边。我们用尺子量好了长度，便开始画了。“哎呀！制作飞行棋可真难！”可是，我又想：世上无难事，只怕有心人。所以，我坚持继续做飞行棋。过了两、三个小时，我们终于完成了！

我和妹妹妹妹玩了一下午的自制飞行棋，妹妹情不自禁地说：“自制飞行棋，真好玩。”我想了想：“呀！怎么没写规则。”写清楚了游戏规则，别人才知道怎么玩“航海立德飞行棋。”于是我想好绿色生活的方式，例如：使用一次性筷子退，退5格；节约用水，进5格最后，我用彩铅上色，“耶！大功告成！”我欢呼到。

我将“航海海立德飞行棋”在盒子里摆整齐，好开心！

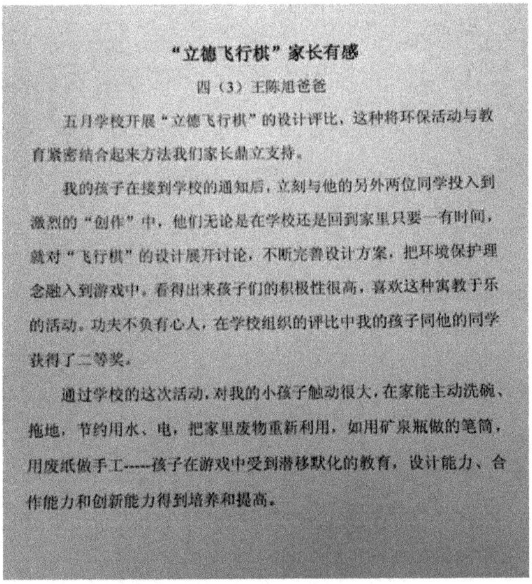
“立德飞行棋”家长有感

四（3）王陈旭爸爸

五月学校开展“立德飞行棋”的设计评比，这种将环保活动与教育紧密结合起来方法我们家长鼎立支持。

我的孩子在接到学校的通知后，立刻与他的另外两位同学投入到激烈的“创作”中，他们无论是在学校还是回到家里只要一有时间，就对“飞行棋”的设计展开讨论，不断完善设计方案，把环境保护理念融入到游戏中。看得出来孩子们的积极性很高，喜欢这种寓教于乐的活动。功夫不负有心人，在学校组织的评比中我的孩子同他的同学获得了二等奖。

通过学校的这次活动，对我的小孩子触动很大，在家能主动洗碗、拖地，节约用水、电，把家里废物重新利用，如用矿泉瓶做的笔筒，用废纸做手工-----孩子在游戏中受到潜移默化的教育，设计能力、合作能力和创新能力得到培养和提高。

参加设计活动的学生和家长谈感想

德善教育体系构建及实践

珠海市金海岸海华小学
案例负责人：彭珊梅
案例主要贡献者：曾小燕　苏宇云

一、产生背景

1. 基于将社会核心价值观融入学校教育的需要

把社会主义核心价值体系融入青少年教育全过程，既是贯彻落实党的十七大和十七届六中全会精神的迫切需要，也是全面推进教育事业改革发展的迫切需要。因此学校要把社会主义核心价值体系融入课堂教学、各项活动、校园文化之中。

2. 基于学校德育体系和品牌建设的需要

一是学校坚持以德为立校之本和立人之本，培养学生完美的品格；二是为突显学校“以美育人”的办学特色，“美”的内涵为好也、善也，“善”指心地仁爱，品质淳厚。学校以“德”和“善”为主要内容构建教育体系，是执行“立德树人”教育根本任务的需要，是创建学校德育特色品牌的需要。

3. 基于解决海华小学学生的道德现状的需要

海华小学地处珠海市金湾区三灶镇，外来工子女约占全校学生的70%，由于生活习惯、家庭教育、文化基础不同等原因，学生的道德素养和文明行为差距较大，开展德善教育，旨在改变学生的道德现状、培养学生良好的道德素养。

二、理论依据

1. 以中华传统十德为理论依据

中华传统“十德”为“仁、义、礼、智、信、忠、孝、节、勇、和”，它是中华民族传统美德的基本内涵，是要义，是精华，是人生的基本准则，是社会伦理规范。

2. 以社会主义核心价值观为理论依据

中共十八大报告明确提出了“富强、民主、文明、和谐，自由、平等、公正、法治，爱国、敬业、诚信、友善”为社会主义核心价值，社会主义核心价值观为“立德树人”的重要内容。

3. 以“善”文化为重要依据

“善”是中华传统文化中最重要的特质和核心价值。宣传和弘扬“善文化”既是传承传统人文美德的需要，也是弘扬时代精神、引领道德价值取向的需要。

三、主要做法

（一）提炼德善核心文化理念

“德”，指品行、品质、道德。“善”，指心地仁爱，品质淳厚。学校围绕“德”和“善”的内容形成了德善教育核心理念。

办学宗旨：让每一个孩子品格更完美，生命更精彩！

学校口号：做阳光的海华人，做最美的海华人！

办学特色：以美育人

校训：明德 向善 勤奋 博学（其中明德、向善为做人之根本，勤奋、博学是成才之途径。）

校风：以德为先，以善至美

教风：善启 善导 善思 善教

学风：好学 好问 好思 好进

（二）构建德善教育体系

学校探索将传统美德和社会主义核心价值观相结合，将常规德育内容和特色教育内容相结合，构建了每月一德的特色教育体系，使德育工作月月有主题，周周有活动，见下表。

我校德善教育体系

月份	月主题	周次	周主题
三月	善教育	2	善待社会
		3	善待自然
		4	善待生命
		5	善待自己
四月	义教育	6	爱国主义教育
		7	集体主义教育
		8	道德正义教育
		9	公民义务教育

续表

月份	月主题	周次	周主题
五月	孝教育	10	尊重劳动
		11	孝敬长辈
		12	扶危济困
		13	报效祖国
六月	智勇教育	14	才智比拼
		15	理智教育
		16	成功教育
		17	理想教育
九月	礼节教育	2	明礼教育
		3	礼仪教育
		4	民族气节教育
		5	礼貌教育
十月	仁忠教育	6	热爱祖国
		7	关爱他人
		7	热爱家乡
		9	热爱学校
十一月	信教育	10	诚信教育
		11	信廉教育
		12	科学信仰教育
		13	理想信念教育
十二月	和教育	14	和谐校园
		15	和睦家庭
		16	和谐社会
		17	和平世界

（三）打造德善主题校园文化

1. 精神文化

为更好地使学校的核心文化深入到每一位师生及家长心中，学校一是建设学校理念墙，展示学校理念及对校训进行诠释；二是对全校师生及家长进行德善主题讲座，让师生、家长充分了解核心文化的内涵和学校倡导的价值观；三是将核心文化全面渗透到校园环境建设和活动当中。

2. 制度文化

学校一是不断完善管理制度，将精神文化渗透在学校的各项管理当中；二是开展“德善教育体系构建研究”课题研究，以课题指导现代学校制度建设；三是制定评选“最美海华人”系列评价制度，引导师生做阳光的海华人，最美的海华人。

3. 物质文化

在物质文化建设中，学校的每一处环境都充分体现了学校的办学理念和办学特色。如：学校围绕“德”和“善”，以中华传统文化和现代公民道德为内容打造围墙文化；以建设“德园”“善园”“美园”主题园打造园林文化；以最美海华人、国学经典、书法教育为主题打造长廊文化；以校风命名的“明德楼”“向善楼”“勤奋楼”“博学楼”打造楼名文化；以与楼名相对应的内容打造楼道文化，如：“明德楼”的楼道以开展创文和道德教育活动图片为内容，“向善楼”则围绕善和学生作品为内容，“勤奋楼”和“博学楼”的一楼为文明礼仪、二楼为安全教育、三楼为廉政文化、四楼为生态环保、五楼为传统美德；以中华传统“十德”和学校理念为内容打造空厅文化；以与功能室相匹配的窗帘图画打造功能室文化；以突出班级个性特色为主题打造班级文化；以绿色环保为内容打造厕所文化等。

4. 行为文化

通过红领巾广播站、学校网站、文化长廊、板报等宣扬“感动中国人物”“德善小故事”，报导“美德少年”“最美的海华人”等身边榜样的先进事迹。

通过月月有主题，周周有活动开展丰富多彩的主题教育活动，提升师生良好的道德素养。如：开展德善讲堂、德善故事比赛和德善主题绘画等引导师生树立“以德为先，以善至美”的价值观；通过经典诵读、在传统节日和特殊节日开展社会体验活动，让学生传承中华传统美德和宣传现代公民道德；通过文艺演出、绘画、仪表美大赛等，让师生感受美、欣赏美、创造美；通过开展书法教育、国学教育和非物质文化教育，对学生进行中华民族传统文化教育和革命传统教育。

四、基本成效

通过构建德善教育体系，全体师生既传承了中华传统美德，又很好地践行了社会主义核心价值观，实现了“以德立校”的办学宗旨。近年来，学校先后被授予“全国特色学校”“全国名优学校”“全国家长学校示范基地”“珠海市德育示范学校”等荣誉称号，一批名优教师和青年骨干教师迅速成长，也培养了“全国百佳美德少年”“广东好人”和“珠海市道德模范”苏晓莹同学。

德育管理出奇招　特殊评价见成效
——珠海市金湾区第一小学校园常规管理及评价体系

珠海市金湾区第一小学
案例负责人：王默涵
案例主要贡献者：曾　芬

古人云，“百行德为首”，德育在人的一生中起着重要的作用。青少年是国家和民族的未来。他们的思想品德如何，直接关系社会主义现代化事业的成败，关系到整个中华民族的精神面貌。因此德育是素质教育的基础和保证，是素质教育的核心和灵魂。所以近些年德育工作越来越受到学校的重视，德育管理模式也是推陈出新，班级、学生的评价方式也是百花绽放。但在每一种新的举措出台后，学生往往是三分钟热度，更有一些学生毫不在乎，事不关己的样子。导致开头轰轰烈烈，之后便了无声息。当学校的德育管理工作遇到这样的瓶颈时，该怎么办呢？这就需要我们以“奇”取胜。

珠海市金湾区第一小学占地面积8万多平方米，现有40个教学班，教职员工110人，学生将近2000人。由于学校地处交通要道，距离居民社区较远，每天会有1300名学生在学校午休、用餐、乘坐校车，这样的一所“大校”光是每日的校园常规管理工作就是非常繁重的。自2013—2014学年我校开始实施校园常规精细化管理制度以及特殊评价体系以来，校园的常规管理更加规范化、有效化。

一、校园常规精细化管理制度

1. 化整为零，片区分管

在校园常规管理的举措中，我们最常见的是值日教师和值周学生共同管理。但现在学校非常的大，检查任务也越来越繁琐，经常会有老师埋怨一轮到他们班值周，一下子不见了十几人，影响了班级的正常秩序。值日老师也觉得检查任务繁重不堪，为了改变管理“难”这一局面，根据学校的实际情况，将学校划分为前、后两个班级管理区，前区有16个班，由四年级负责管理；后区有24个班由五、六年级管理。每周都会有两个值周中队同时进行常规管理，把值日老师的工作范围也进行分区，缩小了每个人的管理范围，但增加了管理人数，让管理做到更高效。

2. 岗位细分，责任到人

对管理范围进行了划分，但岗位职责更要细分。根据我校的实际状况，共细分常规岗位25个，分别是：楼层管理员8个、饭堂管理员7个、礼仪监察员4个、放学秩序员2个、卫生巡查员4个，值周岗位的具体安排都由各中队长负责。值周前两位中队长会提前到德育处领取《值周中队记录册》和值周标识，在班上召开中队会议，按照学校要求做到“专人专岗”，并根据《值周学生岗位职责》进行“上岗培训”。由于对每个岗位的值日时间和细则都有了明确的要求，值周中队就不会存在同一时段大量学生参与值周，而影响班级正常秩序的情况。这一措施充分激发了学生的能动性，在锻炼学生组织管理能力的同时，也满足了他们的“展示欲”。由于每次值周学生的安排都可以有所变化，也促使中队的全体学生“竞争上岗”，成为了中队激励评价中的一把“利器”。除此之外，学校还另行安排了负责校车管理的“乘车长”30个，每日参与校园常规管理的学生就达到了50人。

3. 教室门前设置评比表，实现及时反馈

每所学校都会有一面大黑板来记录每天的常规检查情况，以达到检查反馈的目的。但大黑板的使用有很大的局限性。第一，班级越来越多，检查项目也越来越多，黑板年年变太麻烦；第二，只能记录分数，却没有地方记录扣分缘由，只能另外去查校务日志，不科学；第三，班级事务繁多，经常不记得去看，黑板还是每天一擦，有时到了下周公布评比结果，才知道被扣了分，错过了最好的教育时机。针对以上问题，我校大胆地取消了校务评比栏的使用，化大为小，每个班级的门口都张贴一张《班级评比情况记录表》，值周学生在巡查的过程中，发现问题马上记录，这样老师和学生都能及时查看，而且记录清晰明确，达到了常规检查及时反馈、及时处理的目的。

二、特殊奖励推波助澜

“下面宣读11月的嘉奖令……”这是金湾一小晨会上的一个小片段，全校学生屏住呼吸，希望下面出现的是自己班级的名字。在这个物质丰腴的时代，奖品、奖状早已经备受冷落，到底是什么样的嘉奖让学生这么期待呢？原来是本学年新推出的“特色嘉奖令”。能够连续两周在班级评比中获得100分，被评为“超级星”的班级，或者每月好人好事登记排在第一的班级，可获得此项殊荣。我们将原先的“物质奖励”

转变为“精神奖励”：电影观赏课——为学生提供影院一般的环境，送上一份精神大餐；游戏娱乐课——给学生不一样的教育感受；午餐特惠日——享受提前就餐，等等。这些特殊举措与我校的评价体系相结合，大大促进了学生进行班级内部的有效管理。

三、关注个别学生，建立“关注生跟踪档案”

“关注生跟踪档案”不同于学生平时的“成长档案”，它是由学校德育处设立，专门跟踪、观察个别学生的记录档案。这些孩子往往自我约束力较差，容易有违纪情况出现，所以需要德育处特别关注他们的成长变化。《关注生跟踪档案》施行的是一生一档案，文本档案、电子档案相结合，私密保护、单独处理的方式，内有基本信息、教育观察记录、重大事件记录、阶段性评价记录等材料，形式也不拘泥于单一的文字记录，会有照片、录音等电子材料。此档案是由德育处、级长、班主任、家长共同协作构建的，我们的关注对象也不只在高年级范围，也会将新入学的一年级学生作为关注对象，目的是引导这些学生健康发展，以实现“未病先预”。这些档案袋里保存了每一个被关注孩子的行为变化和心理变化，这些点点滴滴记录着孩子的成长，也促使着他们主动纠正自身存在的问题，将学校的德育教育进行内化，向着更好的方向发展！

四、“校园服务令”帮助孩子净化心灵

在现行的教育制度下，我们不能再像以前私塾的先生那样，手持戒尺打学生的手板。可对于一些经常违纪的孩子，老师们总觉得无可奈何，觉得说也说了，该通知家长的也通知家长了，可过不了几天，就又“旧病复发”，周而复始。我们的教育现在正沦入这样的一个“怪圈”，孩子从小到大，被批评教育惯了，家长、老师的说教对他而言也是左耳进右耳出，所以除了言教，“身教”也还是有必要的。于是，我们效仿一些国家的“社会服务令”，推行了“校园服务令”，由违纪的学生共同组成

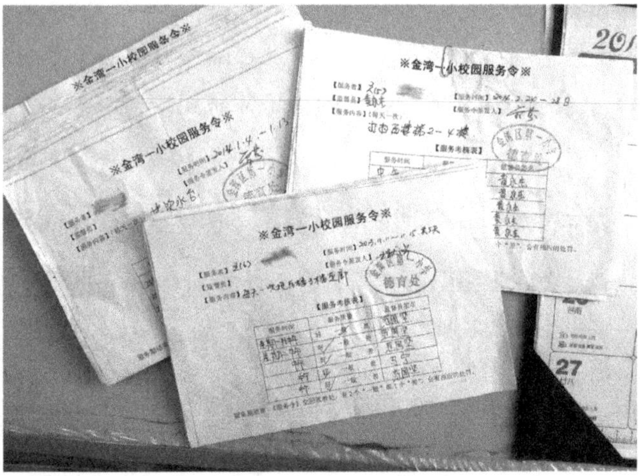

一支校园服务小队，每天为校园的保洁或者监管出一份力量，并由专门的学生对他们的服务质量进行考核，只有通过了考核，服务才能结束。在这项举措实施后，许多学生都能意识到自己的错误，能够认真履行职责，为学校服务，并且在服务令结束后还能够继续监督他人，形成了校园里的另一支“值周小队”。

学校越大，德育管理工作就更需要精细化，更需要有“奇招”，自各项举措执行以来，我校一个月内的违纪数量减少80%，好人好事数量增长90%，常规评比达到满分的班级增长10%，而且更值得一提的是，学校处理过的违纪现象基本上可以杜绝。这套“四管齐下”的德育管理制度，现已成为了我校德育激励评价体系的重要组成部分，与我校的其他工作相辅相成，使各项教育都达到了事半功倍的效果，形成了金湾一小的特色德育管理制度。

办好前山少年军校　彰显我校德育特色

珠海市前山中学
案例负责人：李　梁
案例主要贡献者：王幸福　李　梁

珠海市前山少年军校创建于1993年8月1日，由前山镇和前山中学合办。时任珠海市副市长雷于蓝同志（现任广东省人大常委副主任）亲自到我校参加挂牌仪式，基本上每年举办一期训练班，至今已历时21年，开办了18期，共培训学员3000多人。多年来她始终坚持以《国防教育法》为依据，以提高学生整体素质和培养新世纪合格人才为目标，充分利用少年军校这一有效的德育阵地，开展一系列形式多样、内容丰富的教育活动，加强对青少年的爱国主义教育、国防教育、国家安全教育、革命传统教育和艰苦奋斗教育，为学校开展实践育人、活动育人开辟了一条新的德育途径，拓宽了德育渠道，取得了比较显著的成绩。

前山少年军校于1994年被评为“广东省先进少年军校”，2001年8月被评为全国“少年军校示范校”，原国防部长迟浩田亲自颁发牌匾。珠海特区报、珠江晚报、珠海电视台等媒体多次报道我校“少年军校”创建及活动情况。上级教育部门也认为创建“少年军校”是德育教育的有效途径之一，将我校定为德育重点校。回顾21年来的实践，我们的主要做法有：

一、充分发挥地域优势，创办少年军校

我校地处珠海明清时期著名的前山寨（现保留古城墙100多米，为珠海市文物保护单位），与中山亭相邻，该地区又是解放前抵御外敌入侵的坚强堡垒。我校现与广东边防五中队共建多年，军民关系如同鱼水，部队对学校很关心，学校常年聘请几位部队指战员担任校外辅导员。学校抓住这一有利条件，发挥优势，创建“前山少年军校”，定期对学生进行军事训练，增强了学生纪律、组织观念，促进了良好校风和学风的逐渐形成。

前山少年军校成立之初就受到各级领导的高度重视和驻军部队的大力支持。“少年军校”一成立，广东边防五中队和前山人武部就抽调骨干力量，组成领导组，并对“少年军校”的设置、教员的配备、培训的内容等方面逐一研究决定，保证“少年军校”有计划、有步骤地实施。在过去的21年里，军校充分利用课余时间按计划开展活动，取得了引人瞩目的成绩。为了巩固军校这一德育阵地，每年开学之初就着手新一期“少年军校”的筹备，与共建部队取得联系，前山少年军校举办时间一般都在暑假刚开始的前两星期, 为期15天。军校在本校初一年级学生中招150—180名学员，采取学生自愿、家长同意、学校批准的原则。

前山少年军校的办学理念是：少年的成长——如炼钢，少年军校就是少年加速成长的大熔炉，倾力熔炼、使之成才。前山少年军校的办学模式是：集中训练基本素质和平时活动提升素养相结合。前山少年军校坚持“正面教育、强化管理、积极疏导”的方针，以国防教育及爱国主义教育为主线，以行为规范及学生守则为突破口，广辟活动场地，加强思想品德教育，努力培养学生爱军、拥军、学军、遵纪守法的高尚道德情操。在庄严隆重的开班仪式上，军地双方领导签属“共建协议书”和“少年军校章程”，向教官颁发聘书。军校领导小组每学期召开专门会议共同研究工作，并制定完整的规章制度，坚持定期检查落实情况，务必使少年军校在开班伊始即形成作风严谨、纪律严明的风格。

二、认真开展特色活动，共建精神文明

多年来军地共建双方开展了丰富多彩的教育活动，坚持对学员进行正面教育。采用“请进来，走出去”的办法，促进了军民精神文明建设，提高战士和学生的整体素质，校风校貌发生了极大的改观。

“请进来”，将部队教官请进来。一是将室内课及室外课有机结合，进行部队优良传统和纪律教育。基本课型有：国防知识课、军事常识课、革命传统教育课、组织

纪律课、两史一情及现代高科技军事应用等。让学生初步了解人民军队的光荣历史，掌握一些基础的国防知识，明确军训的目的和意义，打好军训的基础，激发军训的热情。二是利用上下午比较凉快的时候进行军训，让队员学会队列、军体拳等动作要领，培养令行禁止的习惯。训练中教官严肃认真、严格要求、一丝不苟的训练态度给学生们留下了深刻的印象，同时学生也树立了要成为有责任感、有坚强意志的有用人才的决心。三是部队带队来我校进行军事表演。部队官兵那训练有素的动作，吼声如雷的口号，惊心动魄的障碍跨越，步伐一致的正步行走，激起学员的极大热情。四是邀请官兵来我校对学生进行爱国主义系列教育，如军史讲座、介绍英雄事迹等，培养“爱我中华”意识，激励学生学习的自主性。五是学员与战士召开主题活动，交流思想，联络感情。

“走出去”就是有组织地把学员带出学校开展活动。实地参观军营。为了使同学们更好地了解部队及战士们的生活学习情况，去掉身上的娇气，每期少年军校我们都组织学员到广东武警边防五中队和广州黄埔军校参观，学习战士们的内务整理、军事训练，并请战士们根据切身感受讲述独立生活需要什么，同学们听了都表示要向解放军叔叔学习，努力锻炼自己的自立能力，不再做衣来伸手、饭来张口的“小皇帝”。战士们与同学们共同联欢演出节目，互相赠言，赠送纪念品。这一活动进一步增强了军民关系，也教育了同学们要时刻珍惜美好时光，使生命中的每一天都有收获。组织学员到中山故居、孙文公园、广州历史博物馆、虎门威远炮台、驻澳部队等地参观学习，让他们从小树立远大理想，努力学习，长大后报效祖国。

军训情景

三、积极开拓创建思路，增强军校活力

前山少年军校创办至今已有21年，有过辉煌的历史，骄人的成就，但形势在发展，时代在前进，军校建设如果固守原有模式，将会失去活力。只有与时俱进，不断开拓创新，才能使军校建设永葆生命力。为此，我校组织人员调查、跟踪21年来从军校走出的学员情况，调整创办思路，筹划设立“少年军校”校史、办学成果陈列室。同时开展“一、二、三、四”活动，即培养一颗爱心、锻炼两种能力（交往能力和自理能力）、感受三种体验（体验集体生活、体验成功的喜悦、体验成长的忧与乐）、学习四个传统（一切行动听指挥、艰苦朴素、吃苦耐劳、为人民服务）。

四、总结创建经验，提高活动成效

少年军校至今已进行18期的军训，在培训过程中，我们针对学员转移兴趣快的特点，对军校表现突出的好人好事及时给予表扬，每完成单项训练后进行考核评比；每期培训完后举行汇报表演，成绩突出者给予表彰，运用激励机制，使全体学员对军训始终保持良好的状态。同时，每期培训完后，领导组对教员、辅导员、学员、家长等方面进行调查，认真听取意见，不断改进，逐步摸索出一套切实可行的培训方案。

前山少年军校创办二十周年暨第十七期结业留念

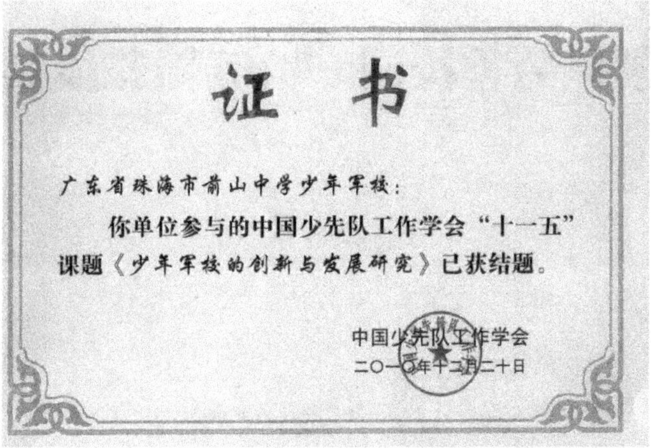

证书

广东省珠海市前山中学少年军校：

你单位参与的中国少先队工作学会“十一五”课题《少年军校的创新与发展研究》已获结题。

中国少先队工作学会

二〇一〇年十二月二十日

多渠道、多形式的共建及国防教育活动，对于学校的发展，对于良好校风、校貌的形成起了巨大的影响和推动作用。走进前中，你可以发现上课课堂很安静，主动学习的，做好事的，见到老师、来宾主动问好的，讲文明礼貌的现象蔚然成风；校园干净，学生上操队列整齐，外出活动表现规范，学生的精神面貌好，学习成绩逐年提高。近年来，我校获“广东省高中水平评估优秀等级学校”“香洲区文明单位”“香洲区德育示范校”等称号；在珠海市大课间评比中获一等奖，在香洲区田径运动会上获第一名等。实践证明，少年军校的创办，是促进学校素质教育的有效形式。我们相信在军地双方的密切配合下，通过不断的实践和努力，一定能够开创军校工作新局面，培养出更多的合格公民和社会主义事业接班人。

创建芳香校园　培养博雅少年

珠海市香山学校
案例负责人：张锦荣
案例主要贡献者：杨葆青　陈英岚

珠海市香山学校原名香洲区山场小学。学校创办于20世纪50年代，原属于村集体办学。2007年更名为香山学校，2008年动工异地重建，2009年搬入现址办学。学校占地面积40000平方米，建筑面积20690平方米，办学规模为48个教学班。

我校坚持立德树人这一教育根本任务，整体构建“芳香校园”德育工作体系，深入推进“花香、墨香、书香、韵香、健香、礼香、文香、格香”校园建设。从原来“逢雨必浸”的“薄弱学校”，到目前作为珠海市主城区小学中占地面积最大、地域特色最鲜明、香山文化最突出的一所“窗口学校”，我校用6年时间实现了“华丽转身”。

一、产生背景

2009年，新校落成启用，为我校的发展创造了前所未有的机遇，也带来了前所未有的挑战。一方面，学校占地面积在全区小学当中最大，设备设施比较先进，校园文化富有地域特色。优越的办学条件自然被赋予了更高标准、更高期望、更高要求。另一方面，学校原来底子薄、基础弱、包袱大，规模的迅速扩张并不意味着质量短期内能快速提升。如何让香山学校能香、真香、更香，成为了摆在全体香山人面前最紧迫、最重要、最根本的课题。

山场是香山文化的源头，这里人脉和文脉都兴旺发达。“传承香山文化”是香山学校历史底蕴、文化承载、特色发展所赋予的办学价值追求。为此，我校确立了“创建芳香校园·培养博雅少年”的办学理念，并以此作为创建学校德育特色、提升办学水平、彰显学校品牌的途径和载体。

二、理念支撑

从宏观上讲，整体构建“芳香校园”德育工作体系是培养博雅少年的需要。培养学生博爱、博学、博雅的品质，为学生成就幸福人生打下良好的思想和道德基础，为实现“中国梦”造就一大批建设主力军，是学校德育工作者光荣而艰巨的时代使命。

从微观上讲，整体构建“芳香校园”德育工作体系是学校打造德育特色品牌的需要。作为全区硬件最好的公办学校之一，我们期待从传统沉淀中孕育生成学校特色。

从德育实践来讲，整体构建“芳香校园”德育工作体系是学校德育内涵发展的必然要求。用系统的眼光、整体的策略和开放的视野，整体思考、整体规划、整体实施、整体构建一种和素质教育相适应、具有学校特色的德育工作体系，有利于提高德育工作的针对性、实效性。

三、主要做法及基本成效

1. 增添花香，让师生在“画”中共同成长

净化、绿化、彩化校园，让师生思想观念、品德修养、行为习惯无不受到校园环境的熏陶和影响。开展创建“全市最干净校园”活动，增强学生的环保意识。培育亲子种植文化，设立香山“植树日”，开展认养、认捐、认种活动。开辟“亲子种园”，使之成为“生态课堂”和“劳技课程”。大量栽种“有色”的花木和“带香”的植物，让校园里一年四季争奇斗艳，芳香四溢。

2. 突出墨香，让师生在“静”中陶冶性情

坚持练字练心，立字立人。着力打造校园“书法十景”，营造浓厚的书法氛围。普及书法教育，每班每周开设 节书法课，落实书法进课程、进课表、进课堂。每年举办“一笔鹅”书法节，遴选优秀的师生书法作品在香山文化源、古元美术馆、市图书馆等场馆展出。近三年我校学生在各级书法大赛中荣获213项表彰奖励，成为名副其实的获奖大户和获奖专业户。

3. 丰富书香，让师生在“阅”中增长智慧

经典启迪智慧，诵读润泽心灵。大力开展经典阅读工程，全面建设开放式、主题式书吧，让学生目之所及、伸手所触都是书，让阅读成为师生智慧之光。举办各类阅读活动，编印《香山学校博雅儿童阅读手册》，制定班级阅读排行榜，成立班级读书会，开展书香少年评选。举办“语文周”，通过课本剧展演、故事大王比赛、诗歌集体诵读等，提高学生的人文素养。倡导师生共写，鼓励班级出版学生文集和编印班报。

4. 增强韵香，让师生在“美”中提升气质

积极构建课堂教学、课外活动和校园文化三位一体的艺术教育发展机制。开齐开足艺术学科课时，艺术课程课时总量达12%。丰富校园艺术活动，每年春有“迎春音乐会”，夏有“校园十大歌手赛”，秋有“香山合唱节”，冬有“美术艺术展”，

校园艺术活动丰富多彩，学生喜闻乐见。组建学校管乐团、戏剧社，抓好文艺作品创作，在香洲区第20届少儿艺术花会中，我校原创节目《香山书韵》夺得金奖（并获市金奖），书法绘画摄影类作品斩获8金4银的佳绩。

5. 提升健香，让师生在“动”中增强体魄

每天坚持开展1小时（除体育课外）阳光体育活动，上午以《七彩阳光》广播操和《香山童韵》自编操为主，下午坚持800米长跑和分年级活动为主，让阳光体育成为健身益智的大课堂。每年初举行学校体育运动队成立仪式，认真研究制定训练方案，精心挑选体育苗子，持之以恒抓好日常训练，不断提高校队训练水平。抓好体育课堂教学常规管理，在体育课堂教学、课外活动以及训练比赛中，既传授体育基本知识、基本技术、基本技能，又贯穿育人思想，培养阳光自信、健康强壮的学生。

6. 扩大礼香，让师生在“雅”中和谐共生

强化礼仪教育，引导学生雅言雅行，让优雅成为一种习惯，让高雅成为一种标志。深入开展雅行教育，制定《香山童规》，将“日常行为规范”变为“礼仪教育指引”。大力创建“平安校园”，举办“博雅学生训练营”，定期举行应急演练，培养学生珍爱生命、文明举止的意识。举办特色礼仪活动，一至六年级分别举办入学礼、入队礼、少男（少女）礼、香山礼、少年礼、毕业礼等，让学生铭记成长路上的每一个重要阶段，学会感恩，担当责任，自信成长。

7. 彰显文香，让师生在“悟”中传承文化

以文化人，润物无声。学校LOGO标志融入香山文化元素，在办学实践中凝练出“闻香悟道·书山启智”的校训，逐步形成了“博雅、仁爱、励志、勤业”的校风。新建“香山名人”大型浮雕，敬立香山名人鲍俊铜像等，挖掘香山文化育人资源。举行“追寻珠海近代杰出历史文化名人的足迹”综合实践活动，三至六年级学生分别参观石溪摩崖石刻、古元美术馆、唐家共乐园和南屏甄贤学校旧址。通过文化实践活动，为学生创设调查研究香山文化的平台。

8. 体现格香，让师生在“格”中成就梦想

追求格高志远、香飘四溢办学境界。构建博雅教室文化，提高学生优秀品格。统一设计“班级名片”，统一规划教室文化室内布置，每间教室分别设立生态区、阅读区、艺术区、书法区、倾情区、荣誉区、事务区，使教室成为生活场、教育场和实验场。打造四合教师团队，增强教师魅力人格。搭建互助平台、学习平台、研究平台、展示平台，打造合心、合力、合拍、合作的教师团队。推进家校互助合作，培养家长博雅性格。实施“开门办学”，邀请家长担任课堂巡视员、安全检查员、考风监督员、多元评价测试员，每学期累计超过500人次参与学校志愿服务。坚持教育理想

追求，形成学校独特风格。强化“顶层设计”，注重“龙头引领”，实施“整体构建”，借助“课题深化”，全面提升办学水平。

四、社会反响

通过全体师生的共同努力，我校各项工作成绩突显，办学特色鲜明，被评为“广东省棋类特色学校”“香洲区德育示范校”，顺利通过广东省义务教育阶段规范化学校验收，在香洲区办学行为及办学效益评估中荣获优秀等次，少先队被评为珠海市红旗大队。学生羽毛球队囊括了市、区2013年度比赛冠军，在全区大课间体育活动评比中夺得一等奖。2013年度，全校教师共有54人次获得区级以上表彰奖励。2014年春季学期，教师参加各级课堂教学和说课比赛13人次荣获一等奖，名列全区第3名。学校社会声誉日益提高，珠海电视台、《珠海特区报》、《南方都市报》、《珠江晚报》持续对我校的发展予以关注，近1年各类媒体新闻报道累计达30篇（次）。

负责任、有爱心地生活

汕头市华新小学
案例负责人：陈东毅
案例主要贡献者：赖俊娟　林华锦

小学《品德与生活》课程旨在培养具有良好品德和行为习惯、乐于探究、热爱生活的儿童。负责任、有爱心地生活是儿童自身的道德需求，也是社会的要求。教育学生形成正确的生活态度，养成良好的行为习惯，为其成为爱劳动的公民打下基础是品德课程的目标之一。

我国近代教育家叶圣陶先生说："什么是教育，简单一句话，就是要培养良好的习惯。"好习惯会使人获得成功和幸福，坏习惯会导致人生的失败与不幸。正如英国哲学家洛克所说："事实上一切教育归根结底都是为了培养人的良好习惯，甚至一个人的成功往往归结于自己的好习惯。"因此，教书育人，首要的不是教书，即不是要教学生学到多少知识，而是要培养一个好习惯。

学校是教育的主阵地，作为品德科教师要根据素质教育的时代要求，以全面提高学生道德素养为目的，加强学生良好行为习惯的养成教育。本学期我校开展"争做劳动小达人"小课题研究，借助这一契机，紧紧围绕我校的办学理念"育人为本，养成为先"，我们教师要求学生从点滴做起，从小事做起。活动激发兴趣，规范行为，促使学生形成健康的人格，增强德育工作的实效性，从而培养出适应社会发展要求的合格人才。

从孩子自身的特点来说，由于他们好动，往往乐意自己动手干点什么，如果因势利导，让孩子参加些力所能及的轻微劳动，看来犹如在进行一场有趣的游戏，但久而久之能使孩子懂得劳动对人生的重要作用，懂得生活的艰辛，得到意志的磨练。孩子是祖国未来的建设者，他们必须热爱劳动、善于劳动，所以要培养孩子从小勤劳肯干、独立自主的品质。

一、劳动创造美好生活

劳动教育是人生必修课。当今社会，普遍认为劳动不如文化课来得重要和独生子女父母过分溺爱的风气影响，不少家庭和学校颇为忽视劳动教育。父母特别宠爱孩子，在家里“小皇帝”“小公主”过惯了衣来伸手、饭来张口的生活，孩子们认为家务劳动是大人的事，自己只要读好书就行了。因此，教师要转变他们的观念，让孩子们懂得劳动的伟大意义。

1. *教育孩子树立劳动光荣的思想*

劳动是人类区别于其他动物的本质特征，劳动不但创造了世界，而且创造了人类本身，要教育孩子热爱劳动、珍惜劳动果实。劳动节，我们举行“劳动创造美好生活”的中队会，通过活动，让学生了解劳动节的由来；通过讲《彭德怀开田的故事》《甘祖昌将军当农民的故事》一系列劳动模范的故事，榜样引导，加深理解。

2. *培养孩子要有远大的理想*

让学生收集名人名言：“勤劳一日，可得一夜安眠，勤劳一生，可得幸福长眠。——达·芬奇”“劳动是幸福之父。——富兰克林”等，感受热爱劳动创造美好生活是幸福的。通过活动，培养学生爱劳动的情操，懂得热爱劳动的人会受到大家的尊敬，是光荣的；不爱劳动，靠别人劳动而生活的人是可耻的。我们少年儿童要从小爱劳动，做一个爱劳动的好少年，这也是体贴家人，爱父母长辈的表现。

教育家苏霍姆林斯基说过：“体力劳动对孩子来说，其意义不仅在于获得一定的实践技能、技巧，也不仅在于进行道德教育，更重要的是能给孩子们一个广阔无垠的、丰富多彩的、积极健康的精神世界，激发孩子的道德、智力、审美情感的培养。”如果缺失这样一片天地，那么对孩子们认识世界就是不完整的。教师应该使孩子充分认识到劳动创造世界，创造文明，创造财富。没有劳动，就没有现代化城市。

二、科学引导，养成习惯

习惯是逐渐养成的，良好的习惯一旦养成，便会产生巨大的力量。小学生有着非常强的可塑性，习惯一旦养成，也很难改变。因此，如何培养和指导学生科学、有效地形成良好的劳动习惯，如何充分利用好我们教育的主阵地课堂教学、各项文体活动、主题班会活动等，让学生自觉形成良好的习惯，这就需要我们教师多花心思。我们根据学生年龄特点，设计了年段目标。

1. *趣味活动*

一年级学生刚入学，我们教育学生自己的事情自己做，如果实在有困难，就让父母帮着做，教着做。通过举行“穿衣服”“系红领巾”等竞赛锻炼学生的动手能力。要求孩子在家做到：吃饭不掉饭菜；随手关灯；节约用水；爱护图书；对家里的各种用品和自己的衣物鞋袜等要爱惜。要让孩子懂得这些用品、物件是经过许多人的劳动才制得的，不能随意浪费。让孩子感受到父母在为社会、家庭付出劳动，“我”也该为家庭做点事。孩子认识到劳动的价值，家长再让他从事适当劳动，他也就乐意接受。

2. 知识技能

中年级的时候，培养学生心中有他人，珍惜他人劳动成果的意识。通过征文比赛，让学生写写劳动中的酸甜苦辣；举行“今天我当家”中队活动，让学生展示劳动技能；学唱赞美劳动的歌曲，画画劳动的场面，让学生在得到艺术熏陶的同时增强对劳动的兴趣，同时，自理能力、动手能力也可得到锻炼和提高。

3. 社会探究

到了高年级，我们还组织学生参加社会实践活动。我们通过“社区劳动小达人”“红领巾行动小组”等形式，带领学生参与植树劳动，篆刻比赛、环保制作大赛等，让学生动手动脑、有创意地生活，开阔学生的视野，为学生劳动技能的提高创造条件。

三、将劳动“作业化”

有些小学生在学校劳动表现很积极，如扫地、拖地等不怕脏、不怕累，虽是同样的活在家里却视为家长的事，自己绝对不干，而且小学生在学习任何事情的过程中，最缺乏的是恒心，在劳动过程中也一样。他们往往会遇到困难或挫折就失去耐性，甩手不干。因此，让家庭参与一定的劳动课内容考核是必要的。我们将学生家务劳动考核表交给学生家长填写，表中列上学生学过的家务劳动内容，如扫地、整理房间等，每项内容下再分几种情况，如分为“经常”“偶尔”“无”等几类，让家长根据学生的家务劳动表现在表中打钩。这样教师可以大致了解学生参与家务劳动的情况，对于表现好的学生给予表扬奖励，增强学生的荣誉感。假如劳动结果不令人满意，也不能随便否定，应善意地帮助孩子分析找出不足的原因，请家长和孩子一起完成劳动任务，使孩子获得劳动成功的快乐，提高他们的劳动积极性。教师通过经常性的督促检查，使学生在不断的实践中养成自觉的习惯，不会把劳动看作一种负担，使课堂教学向社会延伸。

四、服务自我，幸福全家

哈佛大学学者对波士顿地区456名儿童进行了一项长达20年的跟踪调查，他的调查结果显示爱干家务的孩子和不爱干家务的孩子相比，长大以后的失业率为1:15，犯罪率为1:10，爱干家务的孩子平均收入要高出20%左右，他们的婚姻离异率、心理疾病患病率也较低。劳动除了可以创造物质财富，它还可以锻炼人的意志，增强人克服困难的勇气，使人获得巨大的精神财富。

教师要为孩子树立正确的劳动观念，结合品德课教材、校本教材，通过一个个生动的故事，让孩子明白家务劳动人人有责，只有做好每一件小事的人才有可能做好大事。让孩子明白参与家务劳动，能让身心得到健康发展，能让家庭更加和睦幸福。学会自己的事情自己做，不仅能培养孩子的劳动观念，还能培养他们独立生活的能力，更能促进孩子独立性的形成和发展，使孩子能及早摆脱对大人的过分依赖，成为一个独立的社会成员。

实践告诉我们，一个只是埋头苦读书而不参加到实践中的人永远只是一个不切实际的理论学家；只有劳动才会让你养成艰苦朴素、勤俭节约的高尚品格，才会让你明白什么才是生活。宝剑锋从磨砺出，梅花香自苦寒来。真正的毅力与耐力只有在卓越的劳动中才能形成。

五、家校联手，共同培养

家庭和社会是对学生进行劳动教养的重要载体。很多的家长存在这样一个误区：他们认为，孩子长大了，就自然而然地学会干活，根本不需要专门去教。因为在他们的父辈，都是从物资匮乏年代过来的，可现在的孩子不同，家长有足够的时间和精力照顾他们，孩子劳动的机会被剥夺了。其实人的动手能力最好在12岁前培养，那时大脑发育还不成熟，能更好地建立手脑神经的联系。我们通过家长会、校报、微博等与家长进行沟通，让家长认识到孩了的生活能力、劳动能力和成绩是一样重要的。我们开展“我是劳动小能手”活动，让家长拍下孩子劳动的照片，上传到班级QQ群里，由家长、学生在网上投票，评选出“劳动之星”；定期举行“劳动收获展示”“家教心得共享”等活动，在教学开放周邀请家长到校举行座谈会，参观学生劳动作品，交流育儿心得，形成良好的氛围。家庭和学校共同培养孩子的劳动技能，为学生将来顺利走上社会打下坚实的基础。

劳动是培养孩子在激烈竞争时代良好生存、生活的重要手段和基础。一旦养成良好的劳动习惯，就能使学生建立起稳定有效的生活模式，使其受益终生。哲学家裴德曼说过：“播种一个行动，收获一个习惯，播种一个习惯，收获一种性格，播种一种性格，收获一种命运。”儿童的心田是一块神奇的土地，播种了行为，便会有习惯的收获；播种了习惯，便会有品德的收获；播种了品德，便会有命运的收获。让孩子明白养成良好的劳动习惯对我们的一生都有重要的意义，养成良好的品德行为习惯，担负起责任，关爱他人，愉快生活。

争创“六好班级” 营造和谐校园

——实施校园“六好班级”评比制度的实践与探索

汕头市达濠民生学校
案例负责人：吴茂君　林　璇
案例主要贡献者：吴茂君　林　璇

一、产生背景

《小学德育大纲》确定的小学德育工作的基本任务是：培养学生初步具有爱祖国、爱人民、爱劳动、爱科学、爱社会主义的思想感情和良好品德；遵守社会公德的意识和文明行为习惯；良好的意志、品格和活泼开朗的性格；自己管理自己、帮助别人、为集体服务和辨别是非的能力，为使他们成为德、智、体全面发展的社会主义事业的建设者和接班人，打下初步的思想品德基础。因此，对学生的养成教育就是培养学生良好行为习惯的教育，是学校德育教育的一项基础工作。传统的学校管理模式否定学生的主动性，强调教师的权威性，体现在学生的养成教育上，大多是教师提出要求，并实施检查，忽视了教育主体——学生的作用。事实证明，这种做法并没有取得应有的效果。如何改变这种现状，发挥学生的主人翁精神，使之积极主动地参与到培养自身良好行为习惯的学校德育工作中来，并取得成效，是学校德育工作思考的重点问题。

二、理念支撑

苏霍姆林斯基说过：“真正的教育是自我教育。”而自我教育是实现自我管理的前提和基础，自我管理则是提高水平的自我教育的成就和标志。因而，真正的教育是自我管理，或者说是自我教育与自我管理的统一。学校管理本质上是一个“人→人”（即“教师→学生，学生→学生，教师→教师”）系统，系统内部各要素是互动的，我们不能只关注“师→生”，而不关注“学生→学生”和“学生→教师”。为此，我校从1998年起，开始实施“六好班级”评比制度，真正让学生成为校园的管理者，并在自我管理中实现自我教育，收到了良好的效果。

三、主要做法

1. 制定《“六好班级”检查评比活动方案》，形成制度

学校根据《中小学生守则》《小学生日常行为规范》的要求，结合《民生学校文明礼仪手册》的内容和我校学生的实际，制定了《“六好班级”检查评比制度》。该方案确定六好班级的评比标准为“仪表整洁好、劳动卫生好、遵规守纪好、重视考勤好、礼仪友爱好、爱护公物好”。

制定了《“六好班级”检查评比制度》的目的是为了维护良好的校容校貌，建设良好的校风校纪，突出校园小主人翁的自我管理、自我组织的能力，树立争当“六好班级”的良好意识。

“六好班级”检查登记值日生由各班推荐工作能力强，乐意为大家服务，能以身作则的学生干部担任；学校“六好班级”检查登记的值日生由学校学生处和大队部负责培训以后挂牌上岗。

学校“六好班级”检查登记的值日生的工作实行值周制，实行岗位负责，值日生上岗时必须配戴值日标志，坚持客观公正的原则，认真做好检查登记。

主要检查项目：仪表、卫生、纪律、考勤、礼仪规范和公物管理。（详见《“六好班级”检查项目及扣分标准》）

学校“六好班级”检查登记的值日生的监督工作采用固定时间检查和随机抽查相结合的办法，每天的固定检查时间为：

7:50—8:00（早读时间）检查纪律、教室卫生、公共场所卫生；

9:40—9:55检查广播体操（星期一做眼保健操）、考勤；

14:00—14:10检查午写纪律；

15:00—15:10检查眼保健操、考勤；

17:00开始检查教室卫生。

在检查过程中，值日生遇到突发事件、重大事件或难以解决的，应及时与学生处行政领导或大队辅导员联系，妥善解决。

“六好班级”检查登记小组由学生处、少先队大队部指导并负责实施，每天下午放学前将当天的检查登记表交学生处审核并在校园黑板公布；每周五下午第三课后集中学生处汇报一周的值周情况，由少先队大队部负责汇总，第二周的星期一通过广播反馈给各班级。每个学月累计总分，奖励年级前三名的班级，并颁发“流动锦旗”和奖金（作为班级活动经费）。

“六好班级”的检查登记情况将列入各班级常规管理考核，作为先进班集体评比

的依据之一。学期结束对表现突出的“六好班级”检查登记的值日生进行表彰奖励，对不能胜任此项工作的值日生及时调整。

我们把这一制度在学校公布栏予以公布，成为民生学校常规管理检查的一项基本制度。

2. 组织培训与考核

在制定并公布《“六好班级”检查评比活动方案》的基础上，每学期，我们都从五、六年级各班挑选两位学生担任校园六好班级检查登记的值日生。每学期初，我们都要组织“六好班级”检查登记的值日生进行培训，培训内容主要是学习《中小学生守则》《小学生日常行为规范》《民生学校文明礼仪手册》《校园“六好班级”评比活动方案》和《“六好班级”检查项目及扣分标准》等，使全体六好班级检查登记的值日生充分认识自己工作的重要性，明确自己的任务和职责并认真开展工作。培训工作由学生处、少先队大队部具体负责。我们要求所有“六好班级”检查登记的值日生都必须佩带值日标志（印有“值日生”字样的红袖套），对“六好班级”检查登记的值日生的履行职责情况进行考核，采取期中初评，期末总评的方法，表彰优秀的“六好班级”检查登记的值日生。由于职责明确，考核到位，很好地调动了校园“六好班级”检查登记的值日生的工作积极性。

3. 指导实施

校园“六好班级”评比制度的实施，主体是学生，但是也离不开学生处和大队部的指导。在这一方面，学生处主要做了以下四方面的工作：

一是制作了统一的“六好班级标准”的牌匾挂在各班教室里，编印了《民生学校文明礼仪手册》，制定以下具体内容：《“六好班级”评比制度》《“六好班级”检查评比活动方案》《“六好班级”检查项目及扣分标准》，制作了《“六好班级”检查评分表》《“六好班级”检查每周小结表》《“六好班级”学月统计表》。每周一本，周一下发，周五放学前由值日生汇总到大队部。

二是学期初召开检查登记值日生的会议，提出检查工作的目的性和针对性，确定不同年段的检查监督的重点。如一、二年级，侧重于学生文明礼仪、卫生习惯的检查和登记；三至六年级，侧重于学生纪律、爱护公物和团结友爱等方面的检查和登记。

三是督促“六好班级”检查登记的值日生及时、全面的做好检查登记工作。由于有些年级、有些时段，学生的学习任务较重，往往抽不出时间完成定时检查登记工作，有时由于时间紧，检查登记过程中会出现疏漏现象。对此，学生处的老师及时予以提醒，指导六好班级检查登记的值日生及时、全面的做好工作，并对各年级进行随机检查，确保了检查结果的公正和公平。

四是强化检查结果的反馈、整改工作。检查结果的反馈与整改，直接关系到“六好班级”评比制度实施的成效。在这方面，我们给校园“六好班级”检查登记的值日生印发了《“六好班级”检查评比反馈表》，他们在检查的过程中，一旦发现问题，除了作好记载以外，还要立即填写《反馈表》给相关班级的班主任老师，指出存在问题，要求立即整改。每周一，学生处对上周六好班级检查情况进行汇总，在班会课利用广播表扬先进，鞭策待进。

4. 开展班级争“旗”竞赛

为了更好地发挥校园六好班级评比制度的激励功能，我们给每个月总分排列年级前三名的班级颁发“六好班级”流动锦旗和不同的奖金作为班费。同时，我们还将班级争“旗”竞赛情况纳入班主任工作考评。这一小小的改革，使更多的班主任和学生关注班级的荣誉，学校的校风也有了明显的改善。

四、基本成效

实施校园六好班级评比制度十几年来，学校几次修改方案，不断改进激励机制，学生的思想观念和精神面貌有了明显的改观。学生由原来的被管理者变成了管理者，大大的激发他们的主人翁意识，说文明话、行文明事、做文明人的观念逐渐深入人心。学校出现了“三少三多”的可喜现象，即违规违纪的学生少了，文明礼貌的学生多了；乱扔垃圾杂物的学生少了，讲究卫生自律的学生多了；自私自利的学生少了，关心班级荣誉的学生多了。校风、学风得到了淳化，教育质量也稳步提高。特别是文明礼仪方面的表现——学生在校外见到老师，自觉行队礼问好——是本区学校领导和老师、家长一致交口称赞的。近五年来，学校先后获得广东省红旗大队、汕头市德育先进集体、汕头市德育示范学校、汕头市平安校园、汕头市巾帼建功立业标兵岗、濠江区精神文明建设先进集体、濠江区关心下一代工作“先进集体”、濠江区先进妇女组织等多项荣誉称号，还有一大批师生荣获省、市、区的各种荣誉称号。

五、社会反响

校园六好班级评比制度是我校根据未成年人思想现状，结合《中小学德育工作规程》的要求，通过不断地实践和摸索而逐步形成的校园常规管理的新举措。目前，该德育活动举措取得的成效多次在得到了本地区教育局举行的各项管理工作会议中进行交流介绍，有些学校已经纷纷模仿进行实践。当然，随着时代的发展变化，肯定还有需要不断完善的地方，在今后的工作中，我们将根据小学生的认知特点和生理心理特点，认真研究不断出现的新情况新问题，不断改进和完善校园“六好班级”评比制度，同时也要加大宣传力度，使之继续成为我校德育工作的特色和亮点。

阳光德育孕育阳光少年

佛山市禅城区南庄中心小学
案例负责人：张玲玲
案例主要贡献者：张玲玲

南庄中心小学创建于1989年，坐落在美丽的吉利河畔，2008年镇政府投入近亿元新建，是一所设备先进、环境优美的学校，也是目前佛山市唯一一所提供全寄宿服务的公办小学。学校实施“阳光德育”，以“育人育德，育心育情”为核心价值，努力实现阳光管理，共建阳光文化，德育成效显著，被授予“全国优秀家长学校实验基地”“佛山市健康教育与健康促进基地”“佛山市德育示范学校”“佛山市示范性家长学校”等荣誉。

一、“阳光德育”的产生背景

1. *推进阳光品牌德育是素质教育的发展需要*

《国家中长期教育改革和发展规划纲要（2010—2020年）》明确指出：素质教育的核心是育人为本，以德为先，重视学生创新精神和实践能力培养，为学生的终身幸福、可持续发展打基础。

2. *在当前全区的改革大潮中，推进阳光品牌德育是我校发展的必然趋势*

近年来，禅城教育发展迅猛，作为禅西板块的核心区域，社会对教育品牌提升有着强烈的愿望。其次，南庄城市功能不断强化，而我校所在禅城区南庄镇中心城区，作为禅城区现代化的带寄宿公办学校，当义不容辞地进一步优化教育资源、打造教育品牌。

在学校“阳光教育”理念下实施“阳光德育”。我们期待在“阳光德育”下成长的“阳光少年”：像阳光一样明亮，充满理想，热爱生活，朝气蓬勃；像阳光一样灿烂，自信自强，乐观，永不放弃；像阳光一样多彩，知识丰富，兴趣广泛，特长明显，个性鲜明；像阳光一样温暖，品行端正，善解人意，善于合作。

二、“阳光德育”的实施过程

（一）阳光培训，让团队专业成长

1. 机构健全，发展规范

学校高度重视德育工作，坚持“德育为首”的发展策略，建立全员育人的制度，落实校长负责制的德育工作管理网络。还聘请了禅城区检察院少年庭的梁靖科长和南庄派出所严杰华警长为学校的法制副校长，定期到学校上课，参与学校的德育教育。

2. 落实培训，专业成长

展现人文关怀，重点打造德育工作管理者、教师和生活辅导员三支队伍。我们主要采取了以下的具体措施：

实行班主任培养导师制，搞好“传、帮、带”；

实施个案分析，开展德育沙龙活动；

建立考核档案，搭建活动舞台，鼓励公平竞争；

“走出去、请进来”，促进全体教师整体素质的提高；

委重任、压担子，让青年教师经受锻炼和考验；

大力选拔，培养德育骨干教师，分步打造“品牌班主任”。

通过以上措施，更新了教师的育人意识，提升了教师的专业能力，促进了教师的可持续发展，一批优秀的德育工作者茁壮成长，脱颖而出。

（二）阳光文化，让德育潜移默化

学校人文气息和自然风光融为一体，文化建设倡导“儿童化、人文化、现代化”。全体师生共同努力，精心打造精致高雅的阳光文化，美丽的校园就像一本生动的教科书，处处体现个性张扬，处处充满儿童情趣，处处折射人文情怀，处处传递爱的温暖，成为孩子们的学习乐园、缤纷花园、温馨家园和创意梦园。

1. 快乐标志，深入人心

海星是一种生命力特强的生物，它作为启发潜能教育的标志赋予了很多特殊的含义。我们根据这一特征设计出学校的吉祥物——“快快”和“乐乐”，让它伴随并见证着学校的每一个成员合力去实践“尊重”“信任”“关怀”和“乐观积极”，一起做拾海星的有心人。

2. 区域文化，精彩剪影

学校的每一个区域展示的文化，都是孩子们快乐的剪影。“快乐南小人”的幸福笑脸墙，见证了同学们快乐学习和生活的瞬间。学校开展“快乐星”“自理星”“守纪星”“爱心星”等阳光星级学生评选活动，近百名乐观、诚实、有爱心的孩子脱颖而出。学校成立“星星俱乐部”，并把这些孩子的照片和事迹介绍张贴在教学楼的文化柱上，以榜样的力量带动所有的孩子不断进步。

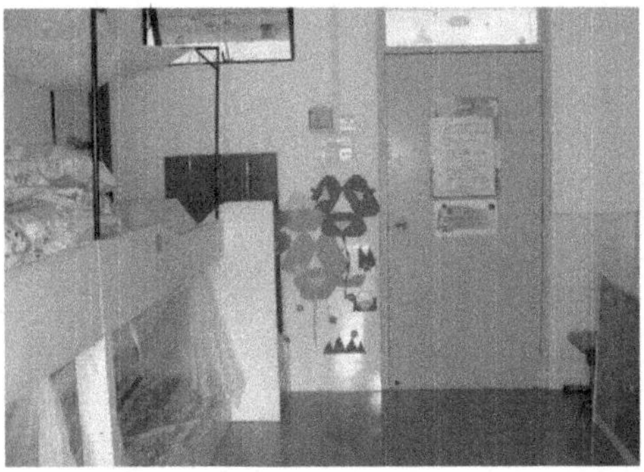

宿舍文化　温馨暖人

值日老师评学生

在走廊通道的顶端有“阳光理念展示墙”。我们还有艺术长廊、科学走廊。我们在饭堂张贴温馨的礼仪提示语，让礼仪教育融在孩子们的生活中。我们还在走廊、楼梯等必经之地张贴温馨提示，提醒过往的每一个人注意安全，让关怀与温馨无处不在。

3. 教室文化，个性飞扬

倡导“我的地盘我做主”，多次组织了教室的个性布置。所有的教室都由教师和学生一起布置，色彩斑斓，内容丰富，个性飞扬，充分展示了学生的风采。

4. 宿舍文化，温馨暖人

与教室相比，学生宿舍除了色彩斑斓、内容丰富之外，更多了一份温馨。这得益于我们实施的“大哥哥大姐姐计划”。在6—12岁之间孩子的世界里，来自于像邻家哥哥姐姐一样的关怀与帮助使得整个生活区永远春意融融。

校园文化展示了孩子们的童真、童趣，阳光文化的熏陶，让孩子们心胸更加广阔，生活充满自信，感恩之心更浓……

（三）阳光评价，让教养成为习惯

养成教育是学校最基础的德育内容。为了让养成教育规范并内化为学生自觉的行为，我校做了以下尝试：

1. 评比促养成

为促使各种行为习惯养成教育落到实处，学校从常规工作入手，抓好“三个一”：建好“一个阵容”，重视（纪律）升旗仪式，课间操的队列，塑造学生的精神面貌；建立“一种秩序”（文明），即课堂秩序、集会秩序以及课间秩序的文明有序；养成“一种习惯”（卫生），做到室内卫生和室外责任区保洁，确保学校环境的整洁优美。

我们还利用“文明班集体”评比促使习惯养成。通过对卫生、两操、礼貌、午饭午休、晚修晚睡等内容进行细化、量化，充分发挥了行政值日、教师值日和“文明小卫士督查岗”在常规管理中的作用，促使学生良好习惯的养成。评比方法：值日教师评各班学生，值日学生评各班学生，总分相加取平均，凡平均分在90分以上的班级获得“文明班集体”称号。我们进行每月一评，师生积极参与，经过一致的努力，每个班级都获得“文明班集体”称号。

2. 竞争激养成

为巩固成果，在“文明班集体”的基础上我们推出了“阳光班集体”的评选，即在每级取平均最高分评出1个“阳光班级”。这样下来，不仅规范了孩子们的行为，而且激励了优秀的班级好上更好，不断奋进。

另外，学校还充分利用升旗仪式、红领巾广播站等宣传阵地，大力宣传校园精神文明，及时表扬学生中涌现出来的典型事例，弘扬学校正气，从而加大了校园精神文明的创建力度，效果明显提高。

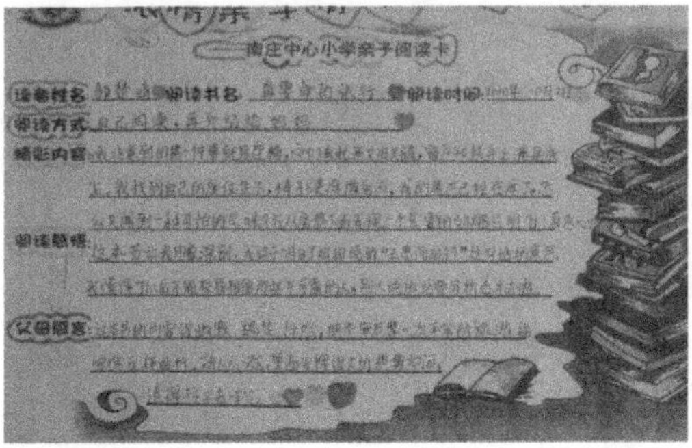

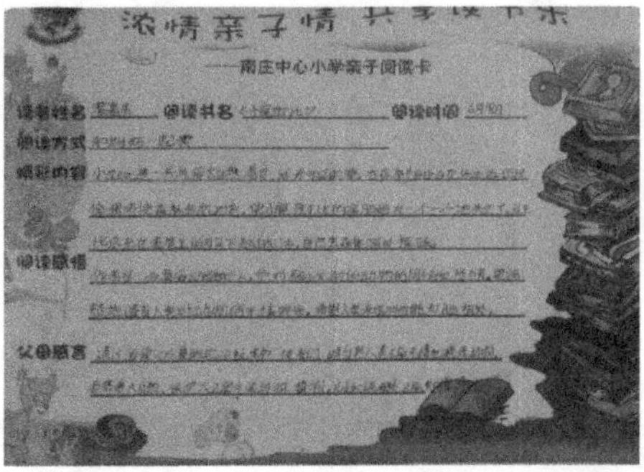

亲子读书卡

“文明班集体”和“阳光班集体”评比活动的开展，推动了学校的校风、学风、班风建设，提升学生思想道德素质。

3. 自律使养成

为了让孩子们的行为由被动的管转为主动的做，我们又开展了“星级学生”的评比。于是在学生当中开展“人人争星”的活动，逐步使学生从“要我这样做”转变为“我应该这样做”“我要这样做”，使良好的行为习惯内化为自觉的行动。

“星级学生”的评选，我们主要采用连环评价的方式，评价具体内容：纪律、文明、学习、卫生四个方面。评价方法：分三级连环，第一级为绿色星，评价人是所有任课教师，学生每累积20个绿色星可找班主任换一个黄色星，每累积10个黄色星找班主任换一个红色星。集几个红色星即为几星级学生。实践证明，学生参与的积极性很高，自觉、自律性较以前加强。

通过持之以恒的开展，孩子们逐渐形成了良好的行为习惯。由于成绩突出，学校还被评为“禅城区创建全国文明城市工作特色示范学校”“佛山市德育示范性学校”。

（四）阳光课程，将阳光播撒孩子心灵

1. 主题班会，学科渗透

加强班队会主题教育，通过班队会积极开展丰富多彩的主题教育活动，如主题班会：“健康成长·安全相伴”“学道德模范、诵中华经典、做有德之人”“向国旗敬礼，做一个有道德的人”等活动，对学生进行有效的思想道德教育，引导学生树立崇尚科学、追求真理的科学态度，提高他们识别真善美的能力，使之形成理想与信念，进而转化为发愤学习、积极向上的内在动力。

2. 兴趣课程，多元发展

学校设有电脑制作、科技小发明、科学影像、四模、信息学等20多个兴趣小组，培养学生学习一技之长，做到全面发展。科技小发明组的同学利用电子积木，拼出多种电路图；科学影像组的同学利用DV拍摄并剪辑制作探究实验短片。我校科技教育成果逐年递增，2013年学校被评为“广东省科普资源共建共享基地”“禅城区知识产权试点学校”。这些课程，不仅培养了孩子们热爱科学的兴趣，更锻炼了他们坚韧不拔、追根求源、大胆质疑的阳光品质。

3. 开发校本，阳光生活

我校努力开发具有学校特色的校本课程，促进学生身心发展及阳光个性的养成。如：我们开发的礼仪课程，分别从学校礼仪、家庭礼仪、社会礼仪来规范学生的行为，使之成为具有良好教养的阳光少年。

（五）阳光活动，让校园充满阳光

1. 阳光体育，健康第一

树立“健康第一”的思想，推行“阳光体育”理念，锻炼健康的体魄。我们设置了丰富的“阳光体育”大课间，传统太极扇、特色少年拳、现代徒手操、温馨手语操等都是我校老师自编自导的活动，孩子们周一到周五每天都在不同的体育活动中快乐成长。鉴于我校是寄宿制学校，学校每天下午5:00—5:45都会由辅导员组织寄宿班的学生开展各种的体育锻炼活动，如打篮球、跳绳、体育游戏等。还坚持开展班级体育竞赛，通过比赛促进学生参加运动的兴趣与积极性，培养了勇敢、合作和积极向上的心态。

2. 阳光小屋，润泽心灵

我校是寄宿学校，学生作为成长的个体，或多或少会出现情绪的问题。为了让学生能在温馨宽松的环境中“敞开心窗说亮话”，我们成立了心理咨询活动室——“阳光小屋”，制定了咨询原则、开放制度。老师利用谈话法、认知法、行为训练法、心理测试等方式，对学生进行辅导，帮助学生走出困境。通过个别谈心、“心里话”日记等方式，让学生敞开心扉，教师了解学生的心理需要，及时做好心理疏导，让学生微笑度过每一天。我们还与老师共同制定了《“呵护心灵，伴你成长”公约》，让老师们的关爱时时伴随孩子们健康成长。

3. “四情”活动，情感体验

我们注重学生的情感教育，根据德育的培养目标，结合社会热点时弊，充分利用主题班会的时间，系统地开展“四情”（祖国情、父母情、师生情和伙伴情）的活动，如“寸草交心，走进亲情”主题活动、“粒粒粮食要爱惜”主题活动、“浓浓恩师爱，鲜花寄我情”主题活动、“创文明学校，做文明学生”的主题活动等。通过一系列的情感体验活动，同学们在爱的氛围中学会了感恩老师、感恩父母、感恩社会，并且在活动中也学会了互相关爱。

4. 校园节日，彰显个性

以校园节日文化为主要内容的德育教育对孩子们的健康成长起着至关重要的作用。根据他们的心理特点，发挥正面的德育教育作用，有利于孩子们的心理和个性健康成长。每逢校园节日，整个校园就成了孩子们释放心灵、张扬个性的乐园。

我们每学期都有校园节日。例如上学期开展“科技节”，本学期开展“中国梦·读书情”读书节等活动。通过精心的设计，让孩子们体验到学校生活的快乐，感动于老师的用心关怀，这份浓浓的师生情温暖着每一个孩子的心灵。

5. “悦读”书香，丰厚生命

阅读可以改变人的态度，开阔人的视野和胸襟，所以我校非常重视孩子们的阅读。除了规定每天半小时的阅读外，还通过一些活动激发学生的读书兴趣。如：“书香家庭”的评选、“读书节”“亲子读书卡”活动、“读书小博士”评选、“中国梦·读书情”读书节活动等。

为使学生时时与书相伴，养成良好的读书习惯，我们还在每班统一设计了图书架，创建了“图书角”。另外，我校还成功申报“小学生中华传统文化教育研究”课题实验，以“翰墨飘香——让经典浸润孩子心田”为研究主题，让孩子们在享受“与经典为伴，与圣贤为友”的吟诵乐趣中，受到教育和启迪。学校还被评为“崇文佛山·诵读经典”禅城区国学经典诵读创建工程示范点。

（六）阳光家校，让德育形成合力

完善、和谐的家校关系能促进学校与家庭之间的信息交流，能使学校与家庭教育更有时效性、针对性，目标要求更一致，能更好地促进孩子们的健康成长。

1. 机构完善活用家长资源

学校成立“家长委员会”，同时在家长委员会的支持下成立“家长志愿者”队伍，邀请他们参与学校的各项活动。如“我为孩子做足一百分”家长沙龙、“让孩子脱颖而出”家长开放周活动等。开展家校合作工作，紧紧联系家长，共同为孩子撑起一片洒满阳光的天空。

2. 网络德育增强家校互动

我们以“智慧校园”建设为契机，充分利用现代化的手段，构建网络德育。一是充分利用我校网站作为“佛山市星级示范网站”的优势，进一步加强学校网站建设的力度，第一时间在网站上向家长反映学校的情况，让家长的思维与学校同步发展。二

小手拉大手　共创文明城

是逐步构建班级的网络社区。班级网络社区是集班级网站、班级主页和个人博客于一体的开放的网络集成系统平台，它将现在主流互联网媒体，用全新的方式呈现给所有的家长，让他们时时刻刻感受到校园班级就在身边。

3. 亲子活动促进情感交流

为促进亲子情感交流，我校每学期都定期邀请家长到校参与亲子活动，如亲子运动会、亲子家庭绘画等活动，使家长与孩子有更多的交流平台和机会，学生主动与家长沟通，有心里话愿意与家长讲，心情更加舒畅，家长与孩子的关系也日益和谐。从调查中发现，学生愿意与家长交谈的比例上升，对家长的信任度也提高了。

4. 家校沟通搭建心灵之桥

学校在教育中起主导作用，但也不可忽视家庭因素，我们通过举办亲子讲座、家长座谈会等，及时与家长进行互动沟通。开办好家长学校，普及心理教育知识。通过召开家长会、进行家访、电访、校访等，与家长共同探讨孩子的教育，交流先进经验与做法，形成学校、家庭教育的合力。如每学期一年级新生家长的培训、组织家长领袖到香港交流学习等都深受家长的欢迎。

（七）阳光实践，让德育走进社会

德育的终点是面向社会，回归生活。我们注重协同社区、家校的一体化教育。

让学生通过社会实践，深化道德体验；通过生活历练，巩固道德行为。

1. 拓展训练，磨练意志

我们充分利用一年一度的德育基地实践活动，有针对性地对学生进行拓展训练。让学生在教官们的指导下挥洒汗水，同时也收获进步和成功的喜悦。通过拓展训练活动，学生在飒爽的正步走、响亮的口号声与团队合作中展现出不服输的勇气，培养了他们战胜困难、战胜自我、共同进步的精神气质。

2. 爱心传递，关怀社群

我们注重在生活点滴中培养学生的爱心。开展“旧报纸换环保铅笔”活动，近千名学生从四面八方拿来废旧报纸，换回环保铅笔，并把环保的理念传递到家庭，传递到社会。利用周末，学校大队部组织少先队员到街头进行义卖活动，把义卖的善款捐给需要帮助的人。在汶川地震、玉树地震等国殇之时，我们组织全校师生员工捐款捐物，一双双大手、小手把一笔笔善款投进捐款箱，一股股爱的暖流也在校园内流淌。我们还建立了“南小爱心基金”，每个学期通过启动“爱心基金”帮忙有需要的人。

3. 缤纷假期，开阔视野

我们重视把学生带出去见识社会。每到寒暑二假，我们会根据上级有关部门的通知，向学生推荐合适的夏（冬）令营。如2010年暑假，我校就有28名学生参加了上海世博夏令营，夏令营为期5天，历经了南京、苏州、杭州、上海等城市。整个夏令营之行，不仅锻炼了同学们互帮互助的团队意识，而且开阔了他们的视野。

4. 国际交流，博采众长

我们重视与国际的接轨。2010年3月及2011年3月，先后有两批来自英国及美国的校长、教师和学生代表莅临我校访问交流。我们还邀请来宾走进课堂、走进社团活动，让双方在教育教学方法上互有收获。我们与英国梅德韦市皮革街小学结成友好姐妹学校，开展更深层次的交流与学习。我们还多次组织学生赴香港交流学习，在香港大埔旧墟公立学校，四名学生的环保作品获香港中文大学颁发“卓越村庄”奖；在保良局锦泰小学，两校学生手拉手一起上课，并开展了辩论赛、篮球赛等系列活动。

5. 社会实践，提升责任

为培养学生的社会责任感，我们组织学生到有社会责任感的企业参观实践、座谈访问；我们充分利用校园场地，在校园的一角开辟“种植园”，组织学生在教室里领养水养植物，让学生在老师的指导下自己播种、自己种植、自己管理，并在种植中培养他们与人合作、珍惜劳动成果的品格；我们还开展了“小手拉大手，共创文明城”的创文活动，清洁社区、派发传单，专注的态度得到了周边居民的一致赞扬。

（八）乡村少年宫让孩子充满阳光

我校少年宫在上级领导下，依托我镇创建乡村学校少年宫的总体目标规划，确立了“学生开心的活动场所、家长放心的教育阵地”的功能定位，明确了少年宫是以未

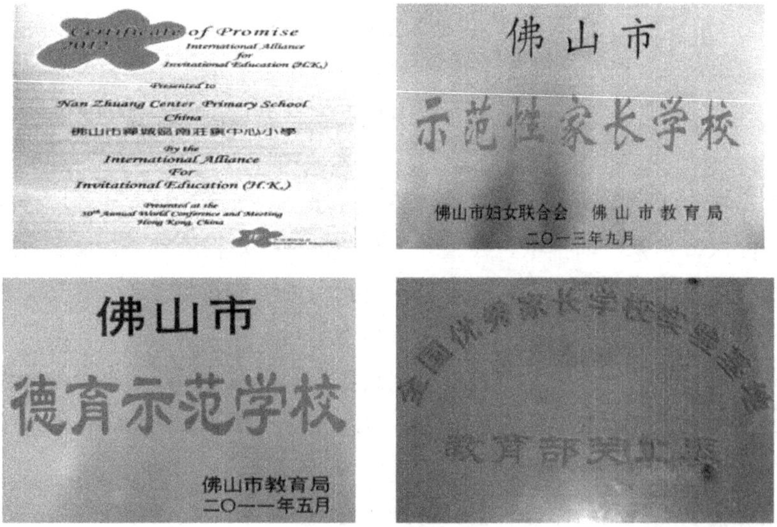

德育荣誉

成年人思想道德建设体系为核心，以贴近和服务广大少年儿童为宗旨，以培养未成年人创新精神和实践能力为重点的未成年人教育阵地，从而探索具有南庄镇特色的乡村学校少年宫建设模式。

1. 健全机制，加强领导合力推进

少年宫成立伊始，就按照“五有”规范管理。成立了少年宫领导小组，由校长张楚材任主任，学校行政、中层干部为成员，具体组织开展日常工作。

2. 加大投入，逐步完善综合配套

学校加大了设施设备的修缮、添置投入，用于少年宫的建设和发展。2013年学校对活动基地——道德讲堂重新修缮，添置了高端商务投影机一台，电动投影幕一张，LED显示屏一套，器乐室购置电钢琴1台，爵士鼓4台，套镲1台。完善了电子阅览室电脑设备等专用场室。

3. 充实师资，确保活动有效运转

学校通过宣传，让全校教师、家长深刻领会参与乡村少年宫志愿服务的重要意义，为全面招募工作创造良好氛围。根据自愿原则，鼓励本校教师兼职少年宫辅导员，逐步打造一支专职辅导员队伍。校外聘请优质师资、学校家谊会成员、退休干部等担任辅导员。同时，积极整合利用各种社会公益性资源，面向社会招募大学生志愿者，充分发挥社会志愿者的作用，充实师资力量，丰富授课内容。现拥有多名具有丰富专业知识和敬业精神的专兼职辅导教师，包含音乐、体育、书法、绘画、舞蹈、科普等方面，做到了每个学科、项目活动都有一名教师或辅导员全面负责、督促、指导，使得少年宫活动逐步趋于规范化、学科化，逐步打造成一支专职辅导员队伍。

4. 丰富活动，提升学生综合素养

（1）开办兴趣小组

少年宫活动项目实行多向选择，学生根据兴趣、爱好和自身条件提出申请，少年宫办公室根据活动时间、活动所需资源容量、师生的选择，统筹安排，统一调控。做到人人要参与，人人有项目。如：本学期少年宫组建了文化学科辅导、艺术培训、科技培训、体育培训等四大类接近30个培训项目。按时间分平时培训项目和周六培训项目两大类。各项目以夯实基础，拓展课外知识为目的，培养创新精神和实践能力，培养孩子高尚情操与综合素养，促进学生的个性形成和全面发展。书法组、四模组、铜管乐队、篮球组、作文组、三棋组、古筝组等课程深受孩子和家长的欢迎。同学们踊跃参与，兴趣盎然。学校也加强管理，每次活动做到了“四定三检查”：定人员，定活动时间，定活动地点，定培训教师，确保了活动的有序有效地开展；检查老师是否到岗到位，检查学员出席人数，检查活动内容落实。每学期检查上课记录，并组织公开课评比，检验上课质量，使学生在课内课外都能学到扎实的本领，为将来的个性发展打下良好的基础。为了突出少年宫其个性化教育特色，学校还定期举办少年宫活动展示周。

（2）主题活动鲜明

我校以少年宫为平台，在暑期也不例外，开展主题鲜明的道德实践活动和丰富多彩的文娱活动，让青少年在活动中快乐学习，丰富和充实课余生活。

①开展“做一个有道德的人”等道德实践活动

在重大节日、纪念日以及某些有特殊意义的纪念日，利用少年宫这一平台开展了道德、法制、国情安全等教育活动，如开展“开学第一课”“我们的节日——中秋”“道德讲堂”等主题实践活动。活动有计划、有过程、有实效。

②开展“中华经典进校园”活动

结合实际开展了“中华经典诵读”活动，制订相关的读书活动计划，把中华经典内容融入课堂教学，计划明确、措施具体、制度完备。每节语文课前安排时间诵读。图书室、阅览室能定时向教师、学生开放。如：校内组织读书征文评比、演讲等竞赛活动，形式多样，内容丰富，效果好。

5. 少年宫开展效果

南庄镇乡村学校少年宫开办以来，以培养学生兴趣、爱好和满足学生课外活动要求为目的开设各类活动课程，深受孩子和家长的欢迎，取得了显著的效果。2013年上半年，共有1453个学生受惠；2013年下半年共有1496个学生受惠。各项活动的扎实开展，促进了学生的个性形成，培养了学生特长，增强了学生自信。充分发挥其特殊教育职能，让学生快乐健康地成长。2012年学校还被评为“禅城区创建全国文明城市工作特色示范学校”。

三、“阳光德育”的基本成效

南庄中心小学在各级领导和社会各界的关怀支持下，在全校师生教职员工的共同努力中，以高瞻远瞩的姿态跻身于禅城小学教育前列。“阳光德育”已逐步打造成为学校的德育品牌。目前，我校师生队伍迅速壮大，形成了滚动发展的良好势头。

1. 春风化雨，茁壮成长

学校以“阳光德育孕育阳光学生”，坚持“育人为本，贴近实际，贴近生活，贴近儿童”的原则，把育人目标分解落实到每一个德育环节上，把德育工作落实到孩子的实际生活中去。学生的自我意识提高了，学会了认识自我、悦纳自我、调节自我。学生适应寄宿生活的时间缩短了，心理素质提高了，敢于面对挫折和困难。我校学生身体心理素质好、开朗、自信，文明守纪，特长突出，更以创新意识强、合作能力好、自我管理能力强，受到家长和社会各界的肯定。

2. 协同发展，成效显著

三年来学校德育先后获得以下荣誉：2011年，被评为“佛山市德育示范学校”“佛山市优秀少先队红旗大队”“佛山市学校健康教育促进基地先进单位”。2012年，被评为“禅城区创建全国文明城市工作特色示范学校”，荣获启发潜能教育国际大奖。2013年被评为“禅城区教育系统关心下一代工作先进单位”“佛山市示范性家长学校”“教育部关工委颁发的全国优秀家长学校实践基地”“佛山市优秀红领巾社团”。我校梁遇富老师被评为市优秀班主任，钟彩红老师已通过区名班主任考核，有9位教师被评为区优秀班主任，3位老师被评为区德育先进工作者，有3名班主任代表镇参加区班主任基本技能大赛并获得优异成绩，18位老师的德育论文获省市区级的奖励；近三年学生参加各种比赛先后有近500人次获区级以上的奖励。因德育成果显著，近两年，我校已成为禅城区教育局外事接待主要学校之一。

过去几年，是充满艰辛的，是享受收获的，更是振奋人心的。感谢辛勤的老师，在打造“阳光儿童”的路子上不辞劳苦地挥洒着青春和智慧；恳请各位专家能给予指导，使我们的“阳光德育”进一步提升，从而揭开学校发展的新篇章。

创办“家谊会”，改革家校教育模式，彰显学校品牌

佛山市城南小学
案例负责人：梁懿华
案例主要贡献者：梁懿华　霍银崧

一、创建“家谊会”，推动学校德育发展

佛山市城南小学敢为人先，勇于探索，于2006年创建禅城区首个“家长联谊会”。8年来，“家谊会”成为城南小学的一个闪亮的德育品牌，推动了学校德育的长足发展。其有别于“家长学校”“家委会”等组织之处在于三大特点：

第一，城南小学“家谊会”是一个由家长自主组建，具有强烈“主人翁”意识的教育团体。在学校的推动下，逐渐形成由班级家长联谊会到学校家长联谊会主席团的架构，有健全的章程和明确的家规。每一位家长都是家谊会的成员之一。

第二，城南小学“家谊会”是一个汇聚了家长优秀资源的巨大的“资源库”。根据广大家长不同的学识才艺，“家谊会”主席团下设义工团、宣传部、活动部、学科组、财务部等组织部门，他们积极协助学校开展各项教育教学活动，他们在学校的各种场合中发挥着重要作用。

第三，城南小学“家谊会”是一个有先进家庭教育理念并与学校同一阵线的综合教育团体，是学校教育的参与者，不是监督者。

二、热心家长助推，“家谊会”成长壮大

佛山市城南小学是广东省一级学校。学校地处中心新城区，家长文化水平较高，有的家长有较高的教育理论知识，有的是各个行业的佼佼者，他们对孩子的成长期望值高，对学校的教育教学关注度大。家长队伍中，不乏热心肠，有一定组织能力的家长。“家谊会”的组建，正是源自一部分热心家长的热心推助。

三、“家谊会”创建的理念支撑

其一，家长是学生的主要监护人，发现自己孩子的问题的观点和角度是独特的，是任何一名教师都不能取代的。其二，家长的素质直接影响到孩子，家长的人生观、日常道德规范、待人处事都会对孩子成长起着潜移默化的作用，在对孩子安全意识方面也起着重要的作用。

“家长联谊会”是学校在管理结构中给家长留出一定的位置，使家长更多地参与学校教育，让家长能相互介绍家教经验，整合学校、家庭和社会优质资源，让学校教育与社会发展和家庭教育同步，从而实现学生发展的最优化。

四、“家谊会”工作实施情况

1. 明确“家谊会”职责，启动“家谊会”阳光管理

“家谊会”要给孩子和家长提供一个适合良好团体心理发展的空间和氛围，要营造家庭心理教育环境，以家长的理想、追求、品格和行为影响孩子。学校与家长建立了和谐的家校关系，让家长明确“家谊会”是主动支持、协助、帮助学校管理的组织，与学校教师是同一战线的管理者，而不是以往“家委会”性质。“家谊会”不仅对学校有监督、质询权，而且还有与孩子们一起学习、一起讨论、一起思考、一起实践、一起反思的义务与责任。我们制定了家谊会家规，特别规范了家长言行，要求每位家长努力做到：和孩子一起成长，做最好的家长；多听听孩子的声音，做孩子最好的朋友等，并提出了“八不”和“八要”：不越权、不谋私、不乱说、不偏心、不干预、不冲动、不送礼、不溺爱；要文明、要低调、要团结、要无私、要务实、要创新、要热情、要主动。

2. 健全“家谊会”机构，成立“家谊会”办公室

城南小学“家长联谊会”首先以班级为基础，逐渐形成由班级家长联谊会到学校家长联谊会主席团的架构，并建立健全家长联谊会章程。章程第一部分就明确了家长联谊会的宗旨：协助、支持学校教育各项工作；保障本校学生在学校学习与受教育的权益；增进家庭、学校的联系与合作，共谋良好教育的发展；联络家长感情，沟通家庭、学校双方意见，提升家庭教育与学校教育的功能。学校发挥这个由家长成立的关心、支持、帮助学校的义务民间组织的作用，组织开展一系列有意义的校外活动，各个家庭自由组合参与，经费为AA制。

3. 搭建家长参与身心健康教育的平台，提升家长育人的素质

“家谊会”不定期组织家长参与学校的活动，自发地捐资出力兼做义工。依托

社区资源，疏通学校和家庭、社区与家庭的交流渠道，开展多样化主题活动。现在，城南小学的“家谊会”拥有义工团、活动部、宣传部、学科部、财务部等机构，每月都能有条不紊地举办各项活动。“家谊会”利用节日如教师节、父亲节、母亲节及传统节日开展送礼物、祝福等活动，组织开展主题丰富的“亲子论坛”活动。家谊会的活动为处于不同层面的家长提供了一个真诚交流的机会，一个互动沟通的平台。在这里，家长们可以围坐在一起谈天说地，交流育儿心得，不少家长因此成为了好友；在这里，家长们逐渐养成反思自身的教育偏差的习惯，从而转变教育观念，提升教育能力，优化家庭育人环境——这就是发生在家长间的相互影响，这也是家谊会有意创设的“共同进步”的自由而开放的氛围。

此外，通过层层评选“好家长”的活动，在学校范围内形成了一部分“好家长”，影响并带动其他家长的良好氛围，使家长群体达到“集体活动、平等互助、身心愉快、共同成长”的目标。

4. 密切家庭与学校的联系，形成综合教育实力

学校发挥家长的作用，维护家长的教育参与权，提升家庭教育与学校教育功能，让广大家长参与到学校的教育教学和管理工作中。学校按照各班家长资源的情况，为孩子在网上安个家，建立了成长博客、作文专题、学科园地。出版了班级作文集、班级求知报刊。“家谊会”经常参加学生组织的社团活动、科技兴趣小组活动、“经典诵读”沙龙活动。在许多老师和家长眼里，家长联谊会就是一个大家庭。为了营造这个新的家庭的浓厚情谊，老师与家长合作开展团队培训的游戏活动，培养家长和老师面临挑战时的信心和勇气，从而磨练团队精神。许多老师欣喜地发现，家谊会成立后，家长与老师的沟通紧密了，彼此能以朋友的身份交流了，双方对于孩子的了解更及时了，教育的时机也把握得更好了。更让老师感动的是，许多班级的QQ群、博客，都是由家长牵头创建开设的，网络为家长与老师之间的信息交流、答疑解惑、化解家校之间的误会和矛盾等提供了便利条件。每天，家长与老师只要有时间，就相互交流，相互鼓励，商量“家务事”、商讨活动等，淋漓尽致地体现了教育的及时性、功效性，给老师的教育教学工作提供了极大的帮助，并取得了事半功倍的效果。

五、“家谊会”德馨丰收，成绩斐然

城南小学“家谊会”的多个项目，获得中国心理学会及心理学普及工作委员会颁发的“心理健康教育优秀集体奖”，并在珠海举办的全国心理健康教育与科普工作暨中国心理学会心理学普及工作委员会年会中作经验介绍；参加了国家教育部“十一五”重点课题“团体心理辅导的理论应用与推广研究”的科研探究工作，城南

小学申报的子课题“‘家谊会’活动促进学生与家长心理和谐健康发展”被评为全国一等奖。2010年11月在广东省小学教育专业委员会第24届年会广泛推介。2012年，我校霍银崧主任《家长联谊会——架起家校共育的桥梁》一文在《中小学德育》中发表，我校德育课题“以‘家谊会’为载体构建小学德育模式的研究——以城南小学为例”2012年10月获佛山市教科所立项。至今为止，城南小学“家谊会”已先后应邀到省内多地进行经验交流。

“家谊会”组建8年来，城南小学许多家长转变了教育观念，掌握了心理健康教育的方法，注重了自身素质的升华提炼，构建了多元化的教育网络，营造了现代教育各种开发智力的教育环境。在广大家长心中烙下了这样的共识：只有学校、社会、家庭紧密结合、共同配合，只有家庭教育与学校教育齐步同行，教育才能真正迎来万紫千红的春天！

初中实施礼仪教育有效途径的校本研究

佛山市城北中学
案例负责人：黄碧玉
案例主要贡献者：黄碧玉

一、礼仪教育校本课程产生背景

礼仪是一个人文化修养和道德修养的外在表现形式，是做人的基本要求。中华民族自古以来就非常崇尚礼仪，素有“礼仪之邦”的美誉。但在科技高速发达、经济日趋全球化的今天，物质文化充盈了，但精神文化却贫瘠了。人们的意识形态中的“礼仪”，逐渐在淡薄，逐渐在缺失，逐渐在远离，使得社会上的一些不良习气已经“润物细无声”地侵蚀到我们的学校教育。特别是初中学生，他们的识别抵制能力差，可塑性强，也使得一些不良的习气有了可乘之机。在我们的教育中，我们不难感觉到，学生存在的问题令人担忧。

我校是处在佛山市的城乡结合部地带，由于社会的发展以及历史原因，城乡结合部学生家长的职业五花八门，文化素质修养也是参差不齐，学生家长大多是“洗脚上田”的农民。由于文化的差异他们未能更好地受到文化精髓的熏陶，对传统文化的认同感不强，他们更讲究实惠、追求私利、崇尚享受。这种消极的态度必然使他的子女逐渐被同化，对其子女的教育方式不是迁就、放任，就是打骂，极少进行朋友式的沟通。家庭对教育青少年遵从社会规范的功能已日益衰减，更严重的是许多家长素质不高，并作为一种消极的榜样给子女直接的教育，极大地影响了青少年的健康成长。青少年幼稚的精神世界正面临着另类的撞击。此外，家庭之间、亲朋之间不良的信息也交叉感染，从而成为影响我校孩子成长的污染源。

我校学生礼仪知识普遍缺乏，待人接物的能力很差，而这种极低的礼仪素养又进一步影响了学生在初中阶段的成长。基于这种状况，学校决定开展礼仪教育校本课程。

二、学生礼仪素质调查情况分析

1. 基本情况

调研涉及对象是我校1000多位同学，调查采用问卷为主、走访、座谈、资料分析为辅的方式进行，使调查具有一定真实性和代表性。调查内容包括初中学生文明礼仪教育来源、程度、方式，文明礼仪观点做法，存在问题的看法和对策，涵盖学校礼仪、社交礼仪、家庭礼仪等三大类，但突出礼仪的做法和态度。

本次调查共发放问卷732份，回收721份，回收率97.04％；其中男性占53.2％，女性占46.8％，年龄在13—16周岁之间。政治面貌为：共青团员占26%，一般中学生占44%，少先队员占34%。本次调查结束后，我们从中随机抽取200份作为样本进行调查分析。

2. 中学生文明礼仪的基本特征

文明礼仪教育主要来源

	份数（人）	百分比（%）
书本	41	20.5
与人交往中	17	8.5
长辈（教师）传授	73	36.5
网络、媒体	69	34.5

中国传统文明礼仪对你的影响程度

	份数（人）	百分比（%）
影响特别深刻	45	22.5
较大影响	128	64
一般影响	25	12.5
没什么影响	2	1

3. 自我意识增强，大局意识削弱

随着经济生活水平的提高，计划生育政策的落实，当代中学生生活在富庶的环境里，这种优渥的生活条件使得他们形成了以自我为核心的价值体系，自私心理严重，狭隘的个人主义有所抬头。

请问在日常生活中有没有以下行为

	经常（%）	有时（%）	偶尔（%）	从不（%）
公车上给老弱病残让座	51.5	22.5	20.5	5.5
排队时插队	2.5	13.5	35	49
横过马路闯红灯	4.5	14	43.5	38
公共场所大声喧哗	3.5	27.5	36.5	32.5
随地吐痰、丢垃圾	5.5	38	43.5	13

只有51.5％的中学生会经常在公共汽车上让座，五成以上的中学生有时会有插队、随地吐痰、丢垃圾等不文明行为，同时中学生闯红灯的行为也比较显著。另外，最近一年里我校组织的公益活动中，参与人数最多的是赈灾、希望工程捐助等这些用金钱可以解决的一次性活动。而至于长期性、体力性的公益活动如环保活动、定期到敬老院清洁卫生等则少人问津。说明当代中学生社会参与意识的从众化、货币化而缺乏持久性。

4. 调查结果

我们特别关注初中学生语言文明、行为文明和生活方式的特征，并采用家长对子女进行评判的方式进行调查。

您的孩子在日常生活中有没有以下的行为

	经常（%）	有时（%）	偶尔（%）	从不（%）
遇到长辈主动问好	70.5	25	20.5	5.5
受人帮助说声“谢谢”	61	30	35	49
主动帮助需要帮助的人	10.5	30	43.5	38
主动及时汇报考试成绩	3.5	27.5	36.5	32.5
穿着有攀比现象	19.5	36.5	43.5	13

我们可以看到，现代中学生的文明语言的使用频率相当高。90％以上的中学生能从语言方面给人以文明的感受，但在行为上则大打折扣。只有四成左右的中学生会主动帮助需要帮助的人。三成多的中学生考试后能及时主动向家长汇报成绩。在生活上现代中学生也出现了攀比现象严重的问题。另外在与家长座谈中了解到家长对自己孩子的生活方式不满程度较高，约有10％的孩子向家长提出过过分的生活要求。

三、礼仪教育内容及途径

为了学生的健康发展，学校及时开设形体礼仪教育，来弥补其他课程的不足。对学生进行系统的专门的指导和训练，发掘本身拥有的学校资源，结合传统礼仪和形体训练内容，编写具有时代气息、学校特色的礼仪课程教材，通过学校礼仪教育的洗礼，把孩子培养成体形健美、体态优雅、举止得体高雅的学生。要求学生把礼仪内涵深化在心里，把礼仪当作一种习惯，自觉地表现在学习、生活的各个角落，真正切实提高青少年思想道德的素养，提高整个学校的道德风貌。

1. 开设礼仪教育的内容课程（校本课程方面）

课题内容包括“校园礼仪”“家庭礼仪”“社会礼仪”。具体如下：

校园礼仪，包括尊重老师，尊重同学，学会请教，学会商量，学会倾听，学会合作，学会感恩，学会师生间的礼仪。需要了解、掌握并使用校园常规礼仪，使同学之间能够以礼相待，和睦相处，团结协作，互助互爱；建立朋友式的师生关系，使师生间交往自然亲切，从而形成良好的校风校貌。

一次握手也要让人感到真诚稳重

端庄的坐姿

家庭礼仪，做客礼仪，迎宾礼仪，待客礼仪，上、下辈之间的礼仪。需要了解、掌握并使用家庭常规礼仪，上下代人加强沟通，消除代沟，建立上、下辈之间朋友式的关系，享受温馨的家庭生活。

社会礼仪，行路礼仪，购物礼仪，节约用水的礼仪。需要了解、掌握并使用社会常规礼仪，使自己更好地融入社会生活中，使自己的社会生活充满快乐，从而培养积极健康的人生态度。

开设礼仪课程（25课时）。

佛山市城北中学初一级校本课程（中学生的礼仪与形体）教学内容计划表

板块/周次		礼仪方面	形体渗透方面	游戏渗透方面
礼仪的起源和发展	第一课	礼仪的基本概念 礼仪的起源和发展 现代礼仪的性质、作用和意义	分享知识和经验；在学习中找到乐趣	学生讨论礼、礼貌、礼节、礼仪、礼宾之间的关系
学生仪容仪表礼仪	第二课	仪表概述 仪容修饰礼仪 仪表规范礼仪	分享知识和经验；在学习中找到乐趣	分小组讨论: 学生着装的基本要求是什么
	第三课	仪态礼仪 气质和风度	站姿的规范 练习	随着音乐个人或分小组展示站的标准姿势
家庭礼仪	第四课	家庭礼仪的含义 家庭成员间的礼仪	坐姿的基本要领 练习	情景剧表演：在赴宴用餐中向长辈敬茶
	第五课	拜访的礼仪 接待的礼仪	行姿的基本要领练习	让学生扮演角色，设计访友、接待的情景
	第六课	家庭娱乐礼仪 探望病人的礼仪	微笑的训练和练习	分小组展示微笑
校园礼仪	第七课	教学区礼仪 课堂礼仪 上课应答的礼仪 课间礼仪	男女蹲立的基本要领练习	随着音乐个人或分小组展示蹲立的标准姿势
	第八课	同学之间的礼仪 住校礼仪 食堂礼仪	下旁腰基本要领练习	比赛背读课堂 礼仪快板
	第九课	教师与学生间的礼仪 集会礼仪	抱压前腿基本要领练习	情景剧表演 在超市遇见老师 进入老师的办公室
	第十课	男女同学交往的礼仪 尊重同学的隐私	地上拉肩练习	自由发言: 怎样看待隐私权
交往礼仪	第十一课	见面礼仪 握手礼 拱手礼 鞠躬礼 注目礼	握手的基本要领练习	随着音乐个人或分小组展示握手的标准姿势
	第十二课	介绍礼仪	鞠躬的基本要领练习	情景剧表演：分角色扮演朋友间初次见面的介绍礼仪

续表

板块/周次 \ 教学内容		礼仪方面	形体渗透方面	游戏渗透方面
交往礼仪	第十三课	交谈礼仪	吸踹腿的基本要领练习	情景剧表演：三个同学为一组做段考后的总结
	第十四课	电话礼仪 馈赠礼仪	压正腿的基本要领练习	让学生扮演角色，设计接、打电话的情景
	第十五课	网络礼仪	背手挺胸腰的基本要领练习	让学生上网查找知名计算机组织制定的规范
公共场所礼仪	第十六课	购物礼仪 乘电梯礼仪	下大旁腰的基本要领练习	情景剧表演：与客人共乘电梯时的情景
	第十七课	公共场所礼仪 中餐进餐礼仪 西餐进餐礼仪	坐位挺腰背的基本要领练习	讨论：中西餐的用餐礼仪有什么不同
	第十八课	公共场所礼仪 在影剧院 在图书馆 在博物馆	坐势曲伸腿的基本要领练习	抢答游戏：罗列出各种公共场所中的不当之处，让同学们指正
	第十九课	公共场所礼仪 在体育场　在游泳池 在公园里	下胸腰练习	谈论：谈谈自己在公众场合所见所闻的感受
	第二十课	在医院里 在洗手间	挺胸后伸臂的基本要领练习	小组展示： 挺胸后伸肩的动作
交通礼仪	第二十一课	交通礼仪 乘公共汽车礼仪 乘轿车礼仪 乘火车礼仪	眼神和微笑的基本要领练习	随着音乐个人或分小组互相用眼神和表情问候打招呼
	第二十二课	乘客轮礼仪 乘飞机礼仪	分享乘客轮和飞机的经历	观看航空公司和客轮公司礼仪小姐宣传片
民族习俗国家礼制	第二十三课	我国的主要节日 春节 清明节 端午节 中秋节	小组分享（在这些节日里有哪些难忘的事情）	观看我国各地区过春节、清明节、端午节、中秋节时的热闹场景
	第二十四课	国旗礼仪 国歌礼仪	注目礼和队礼的练习	知识分享：观看天安门广场升旗仪式。
	第二十五课	外交礼仪 军队礼仪		观看国庆天安门阅兵仪式（VCD）

2. 创设和营造礼仪教育氛围

布置校园环境，让校园内处处渗透礼仪教育内容。

设置校园礼仪岗 。

利用学校广播站、校园电视、网络等多媒体工具，充分利用板报、国旗下讲话等宣传阵地，宣讲礼仪知识，营造礼仪教育氛围。

设置校内礼仪监督员。

各班设班级主页进行礼仪宣传

学校主页的礼仪宣传

3. 创编一套“城北中学礼仪操”

礼仪操

从学生的日常坐、站、行等基本规范入手，自行编排了一套适合青少年年龄特点的礼仪操。“礼仪操”是根据形体礼仪特色教育项目校本课程基础上，综合了中华传统文化、现代体育文化及交通法规等丰富元素内涵创作而成，汲取了礼仪精髓。礼仪操共分八节，包括：优雅的站姿、端庄的坐姿、潇洒的行姿、得体的蹲姿、引导姿势、鞠躬礼、递物礼仪、庄严的队礼等内容。通过朗朗上口的歌谣，配以活泼、轻松的音乐，学生们在学习礼仪的同时还受到了美的熏陶。

4. 开展礼仪认知教育活动（活动方面）

开展“知书达理——看名著、学文明”活动，青少年推荐影响人类文明的30本图书，鼓励广大青少年通过阅读中外名著，学习文明礼仪的知识，体会礼仪的重要性，从而形成原动力。

利用团队活动日、团校开展礼仪教育。

学科教学渗透礼仪教育，抓激情寓意。

以主题班队会为主，开展生动活泼的礼仪教育。

“绅士淑女”主题班会

团课礼仪教育讲座

5. 开展礼仪教育实践活动（活动方面）

“小眼看世界——我身边的美德故事”征文比赛。

看电影、春游活动都结合公共场所礼仪训练，评比“公共礼仪之星”。

开展系列校外实践活动。如：开展义务清扫行动、“我是小交警”“学雷锋”“小公民宣传员”等，深入社区、街道、公共场所开展植绿护绿志愿服务活动；组织学生参加监督市容市貌、维护交通等活动，让学生在社会实践中养成文明礼仪的良好习惯。

开展“文明礼仪伴我成长”为中心内容的演讲比赛。

社区服务。

“礼仪小课题”调查实践活动。通过开展各种探究性活动（小调查、小采访等），通过自己真切体验，主动认识而深刻感受到我们在各种场合、与人交往时应该做到哪些。例如：“我身边的服务小明星”“乘务员的一天”“礼仪现状小调查”“我们身边的不文明现象”等题目。

到社区慰问孤寡老人

共青团社区志愿者活动

6. 发挥家庭教育和社区教育的作用

开办家长学校，建立“家长联系卡”，与家长随时保持联系，对孩子出现的问题给予及时矫正；成立家长委员会，定时召开家长会，进行经验交流，从而最大限度落实家庭教育与学校教育互相配合，使礼仪教育从学校延伸到家庭、社会。

邀请家长参加主题班会活动，填写学生社会实践手册。

在持续孝敬教育的同时，全面开展家庭礼仪教育活动。

家长观摩我校礼仪操

四、礼仪教育成效

1. 学生变化

我们把开设课程前对学生开展的问卷调查与开设课程后的问卷调查中的部分内容进行对比分析，调查对象：101班、108班、201班、205班学生（166人）。调查结果如下：

项目	2011	2012
你遇到老师经常会主动问好的	40.36%	65.01%
对待教师的正确批评态度诚恳的	21.69%	63.53%
放学后，能主动与家长打招呼的	55.42%	82.75%
在家里，经常帮父母盛饭的	69.28%	87.65%
乘车时你的孩子能主动为老、弱、病、残、孕者让座的	56%	82.23%

通过对以上数据分析，经过学校开展一系列礼仪教育活动后，学生的礼仪习惯的养成有了明显变化。

2. 家长变化

下面是我们在开展家长问卷调查时，家长所反馈的信息，家长对礼仪教育有了深刻认识。

我们感觉到城北中学开展这一活动非常好，能够帮助孩子从小就养成好的习惯，对其今后的学习、健康成长以及终身都大有益处。

礼仪教育也是素质教育的一个方面，不但可以培养孩子的品格，更能提升学校的整体形象，作为家长希望能和学校配合，把这方面的工作做得更好。

教育要经常抓，注重环境氛围营造，让孩子自觉养成有礼貌的好习惯，并相互感染，相互激励。

“十年育树，百年树人”，礼仪教育贵在坚持，持之以恒，必将为我国社会主义建设培养出品学兼优、德才兼备的栋梁之才。

学校开展礼仪教育当然是件好事，在保证文化课程正常进行的情况下，根据不同年龄阶段的特点，采用灵活多样的方式进行，效果应该很好。

3. 学校变化

校本课程开发：编写《城北中学礼仪规范手册》《城北中学礼仪教育主题班会资源库》《城北礼仪校本培训博客》《城北中学学生礼仪规范手册》《城北中学礼仪操》《城北中学礼仪课程》，以校本德育课程为载体开展礼仪教育，使学校礼仪教育更加科学化、系统化和规范化。通过对学生进行“学校礼仪”的教育，促进了学生日常行为规范的养成，教育质量得到进一步提高，改善了同学间、师生间的人际关系，形成了积极向上的良好校风、学风。

五、获得德育荣誉

2009年，德育课题项目“中学生形体礼仪的开发和研究”荣获广东省中小学教育创新成果三等奖。

2012年，德育课题项目“初中实施礼仪教育有效途径的校本研究”荣获佛山市中小学德育创新成果特等奖。

2012年，荣获佛山市先进集体。

2013年，荣获佛山市德育示范学校称号。

2013年，荣获佛山市禅城区诚信教育示范单位称号。

2013年，德育课题项目“初中实施礼仪教育有效途径的校本研究”获广东省中小学教育创新成果三等奖。

2013年，荣获佛山市禅城区巾帼文明岗。

我校所获荣誉

六、社会反响

自课程研究实施以来，受到了广大家长的热烈欢迎和高度赞扬，在社会上引起了极大反响。佛山电视台新闻媒体都作了不同角度的报道，产生了较好的社会效应。实施礼仪教育，又丰富了学校德育内容，使师生、家长的道德认知水平和道德行为能力有了较大提高，有效地提高了学校德育工作的整体水平，使学校、家庭、道德风貌发生了较明显的变化，从而提高了学校德育工作的时效性，促进了学生德、智、体、美、劳全面素质的提高。

创新德育模式　提升德育实效

佛山市华英学校
案例负责人：曾庆国
案例主要贡献者：李文康　卢楚瑛

一、实现有效德育，以“三成”为培养目标

“科学与人文并举，规范与个性共存。”一直以来，华英人以智慧和汗水，谱唱出一曲“百年老树发新枝，春风秋雨写颂词”的成功之歌，音韵醇厚，意蕴深长。教育的根本宗旨，在于培养什么人和怎么培养，“千教万教教人求真，千学万学学做真人”，陶行知先生告诉我们，学会做人，这是一切发展进步的出发点和依归。我校根据自身实际，形成了“三成”培养目标和“三齐”德育模式的德育理念，并坚持贯彻到我校德育建设的全过程。为实现有效德育，我们以“三成”为培养目标：初一“成型”（形成规范，重在良好习惯的培养）、初二“成人”（巩固与提升，重在责任意识的养成）、初三“成才”（发展个性，重在理想教育和鼓励拼搏精神）。在总结经验、整体谋划的基础上，我校大胆创新提出了“三齐”德育模式：老师、学生、家长齐思考、齐参与、齐发展，形成班级德育共同体，促进班级德育管理实效。“三成”“三齐”已经成为华英德育的重要特色和风格，规范并指引着华英德育的发展和进步。

二、主要实施策略

（一）建立健全德育管理网络，充分发挥年级组的作用

1. 德育管理网络健全

建立校长负责制的德育工作管理网络，设立了专门德育工作机构：德育处、团委会、学生会、宿管部，工作职责明确，工作计划性强，工作规范明晰，工作效果显著。

2. 级组工作踏实深入

三个年级以各自年级学生的特点，把德育工作渗透到级组的教学和学生日常的学习生活之中。在每月的班主任例会上，级组长经常邀请带班成绩显著的老师传授班

级管理经验，提升年级班主任的管理能力。同时，各年级稳步推行华英“德育月”制度。把主题鲜明，各有侧重的德育内容放在一个月的时间里强化，如为了缩短新生的适应周期，我们推行了“新生德育月”的入学教育活动，为此专门拍摄了短片进行可视化教育，对学生的一日生活进行了细致的要求和指引，让学生以此对照、反省，促进良好习惯的形成。

（二）加强班主任队伍建设，实施多形式校本班主任培训

1. “工作沙龙”彰显实效

近年来，德育处有计划地对每周二下午7、8节的班主任学习时间，建立并有效地落实了班主任的“四个一”学习制度：每个月一次全校班主任集中会议暨班主任工作沙龙；一次年级的班主任会议；一次班主任示范课或师徒结对交流；一次德育骨干例会。班主任学习制度的落实，有助于各时段德育工作的细致规划，制定策略，层层落实，突出了重点，抓好了落实，确保了提高我校德育工作的实效。特别值得一提的是，班主任工作沙龙现已成为我校德育学习的重要平台，工作沙龙形式不拘一格、新颖别致、互动交流、取长补短。由它取代传统的说教味浓郁的专题会议、工作研讨，是我们思考和感悟的突出收获。2008年以来共计有65位老师参与了主题发言，累计举办了《习惯决定高度》《往事并不如烟——在工作中积攒闪亮的记忆》《有心栽花花更艳——班级管理之浇灌幸福大家谈》等十七期主题明确、实效性强的班主任工作沙龙，成为德育团队互相学习、互相促进的德育工作助推器。

2. 精品班会以点及面

班会课一直是我校德育的重要阵地。除每周一节的班会课外，为鼓励探索，引发思考，带动我校班会课教育实效的进一步提升，德育处每学期都坚持组织了全校性的“三成”教育“三齐”模式探讨班主任示范课。实践证明，这些示范课成为班主任进一步交流、学习的平台，在鼓励探索、引发思考、以点带面上提升了我校班会课的教育实效。与此同时，在不断的探索中，我校“三齐”德育模式的外延和内涵都渐渐饱满。

3. 学习氛围丰富积累

学校强调德育团队在德育过程中多阅读、勤学习、常思考。在学校的支持下，德育处不定期给班主任们购买《我的重点班》等书籍作为学习资料，让学习氛围始终贯穿德育工作的全过程。

4. 榜样带引成效显著

通过树典型，促交流，同进步，班主任队伍的整体素质得到了提高。近年来，我校一大批教师被评为“佛山市优秀教育工作者”“佛山市名班主任”“佛山市优秀班主任”“禅城区优秀德育工作者”“禅城区优秀班主任”等。这些身边的榜样，对我校德育管理工作起到了良好的带动作用。

（三）营造良好育人环境，实现环境育人

要营造良好的教育环境，首先要从制度建设和常规管理做起。在制度建设方面：我们修订并完善了《华英学校学生教育管理条例》，建立了《华英学校学生德育评价系统》，推行了“华英学校学生手机使用许可证”，推行了《华英学生仪表规范》，制定并执行了学生宿舍“红黄牌”制度。在常规管理方面：我们强化了安全管理。“安全工作重如山”，我校一直把校园安全工作放在重要地位，常抓不懈；并抓好了值周班工作，落实了卫生检查，做好了“两操”和自习课评比。

环境对人的熏陶作用和潜移默化影响是举足轻重的。近年来，我校十分重视校园文化建设，通过营造良好的校园环境对学生进行春风化雨、润物无声的教育。校史室、文化长廊、心理健康辅导室、学生电视台、英语角、生物园、地理园，还有各种功能场室先后落成并投入使用，极大改善并提升了校园文化环境。德育处及年级组根据需要，在相关的场室开展相关的活动，收到了良好的教化效果。

（四）开展内容丰富的德育活动，引导学生成长

华英德育始终以爱和责任为根本宗旨。着重对学生进行耳濡目染的品行引领和道德熏陶，致力于学生的“全人格”塑造。学校在创设德育平台、开展学生活动时，始终不渝围绕学生的“内化”和“自律”为轴心，有计划有步骤地开展内容丰富、形式多样的德育活动。其中“崇德讲堂”堪称我校德育又一创新之举。崇德讲堂旨在提倡并营造修身立德的氛围，鼓励同学们自觉认可并主动参与“全人格”塑造，帮助自己走稳走好健康人生的每一步。2009年至今，“崇德讲堂”已经成功举办12期，“崇德讲堂”贴近学生实际，针对性强，形式新颖，生动活泼，富有内涵和吸引力，不惟讲座，胜于讲座。已成为了让广大学生喜闻乐见的德育载体。“崇德讲堂”之外，德育处组织的系列活动颇见创意和实效。

1. 重视体验、感悟、践行

根据学校实际，我们设计开展了“春暖元宵”“德润清明”“龙腾端午”“月满中秋”等一系列关于继承和弘扬中华优秀传统文化的体验活动。如在“月满中秋”主题活动方面，组织具有年级特色的系列活动：初一年级“月满中秋，温情永载”，用相机留住与家人共度中秋的温馨的一刻。初二年级“月满中秋，情牵颖林”，前往禅城区外来工子弟学校——颖林学校赠送月饼，并进行交流活动；初三年级“月满中秋，福寿年年”，到祖庙街道敬老院开展了敬老送祝福活动，等等。通过这些体验活动，使学生感受亲情融融，知道感恩，懂得回报，加深对传承回报的感性认识，明确个人前途与社会发展的共生关系，知国情，明责任，立志成才。

2. 重视发挥学生主体作用

我们知道，要让学生“内化自律”，就要充分尊重学生，发挥学生的主观能动性，让他们学习和锻炼独立自主的素质和能力。首先创设平台鼓励学生积极参与日常管理。学校每周的升旗仪式，主持人、国旗下的讲话、国旗班等均由学生负责。各年级鼓励学生积极参与学校民主管理，敦促班主任倡导“学生是主人，人人有事做”的带班理念，尽可能让更多的孩子都有机会担任管理工作，很好地培养了学生干部的自治自理能力。其次让学生社团活动迸发生命力。2011年华英第一次创办学生社团，包括动漫社团、自由音乐社团、推理社和校园电视达人社和文学社，学生报名踊跃，参与热情高涨。展示风采、张扬个性，学生社团已成为了学生校园生活一道亮丽的风景线。宿管部还定期开展学生宿舍主题活动。为使同学们更好地陶冶情操，学会合作，学会生活，我校于学年的第一学期，组织“美的装点”大赛，学年的第二学期，组织“成长见证”主题活动，在倡导高雅、宏扬人文的校园氛围熏陶下，这些活动举措更有利于学生的健康成长。

（五）加强家校沟通合作，打造教育合力

“学校教育如果不与家庭、社会教育紧密结合，学校教育就显得苍白。”我校力主：“家校合力，如虎添翼。”在华英团队中，家长的角色发挥着越来越重要的作用，家长们对学校工作理解支持、默契配合。

构建学生德育评价主体的“三元”体系。通过网络，家长、学校和孩子都可以查询孩子的德育表现，实现德育远程管理，拓展了德育阵地，增添了德育渠道，增加德育管理的透明度，促进凝聚家校教育合力，对学生进行及时的有效教育，帮助学生健康成长。

精心组织“校外拓展”的活动。以亲子活动的方式，借校外天地的依托，在轻松融洽的氛围中，把家长会与家庭式亲子活动有机融合，搭建老师和家长之间、师生之间、家长之间互动交流平台，从而加强彼此之间的了解、增进彼此之间的友谊，为推进班级的建设、促进学生的发展添加新的增长点。

创设校内亲子活动平台。我们根据形势的发展和学校的实际，大胆创新，改版了学校的大型活动。我们把一年一度的校运会改版为体育嘉年华。近几年来，在不断反思、改进下，“华英学校体育嘉年华”已成为了密切家校联系、践行“三齐”德育管理模式的重要途径。

举办“三齐”模式探讨主题班会。我们致力使班会课成为“三齐”德育管理模式实施的重要德育平台和突破口。自2009年起，不少家长亲自参与了我校“三齐”模式探讨主题班会的互动活动。这种形式的班会课受到了学生们、家长们和老师们的普遍好评。

充分发挥校本德育刊物《班讯》的作用。《班讯》是班级制作的一种报刊形式的资料，以班主任主编、学生协助的模式，根据班级的动态、情况设计内容，根据学生的年龄特征、心理特征和家庭情况，融入社会价值导向，定期出版。2008年1月在佛山市中小学德育创新成果评比中，《〈班讯〉对提高学校德育工作实效性作用的实践与研究》荣获二等奖。

多渠道引导家长齐当智慧型父母。通过“校讯通”，以短信的方式把学生在校的动态表现，与家长及时沟通已成为了我校的德育管理常态，家长通过“直接回复”与老师进行互动。这一便捷的家校沟通做法得到了越来越多家长的赞许。

创设平台发挥家长委员会的作用。各年级的家长委员会成员们，在会长、秘书长的牵头下，聚首华英，齐为孩子发展进步献计献策。

三、感悟和展望

华英在前进在发展，德育实效功不可没。这些年来，德育思考和实践收到了丰硕的成果，我们取得的成绩有目共睹，学校的“有效德育”成效显著。2010年，我校荣获第二届佛山市中小学德育创新成果评审一等奖；2011年，我校被评为第一批佛山市德育示范学校；2012年，我校被授予“广东省德育示范学校”光荣称号；2012年，我校成为广东省中小学德育研究会首批成员单位。我们认为，德育工作真正落到实处，可以引领班风，营造校风、学风，带动学生的整体进步，这是显而易见的。“三成”为培养目标，“三齐”为德育模式，华英德育越来越受到家长和社会各届人士的认可和推崇。华英德育也实现了从“救火队”向“领航人”的角色转换，我们的思考和实践收到了令人欣喜的效果。华英学校校风正，学风浓，质量高，是佛山基础教育的优质品牌。对此，华英德育功不可没。今后我们还要沿着这个方向作出进一步的思考和探索，带动学校教育教学工作的顺利开展和办学业绩的稳步上扬。

追寻幸福的教育　享受教育的幸福

韶关市武江区金福园小学
案例负责人：朱彩连
案例主要贡献者：简淑仪

“厚德弘善，感恩励志”，德育特色创新与发展工作是2012年韶关市开启的一项教育新举措，我校有幸成为其中的实验学校。一年多来，我校秉承“金色童年，幸福教育，英才满园”的核心办学理念，不断通过对德育价值、德育主体、德育过程的深刻理解，守望德育的内涵实质，我们在学习思考中实现德育理念的重构与创新，并以“幸福”文化建设和学生良好行为习惯养成为工作重点，以学校的日常教育生活为践行沃土，肩负起德育的时代责任，切实提高德育实效性与针对性，促进学生身心健康、幸福地成长。

一、理念重构

理念是一种无形的力量。我校谨以校名“金福园”三字出发，拟定学校的核心办学理念——“金色童年，幸福教育，英才满园”。那德育理念该是什么呢？1．德育为先，立德树人。由“教书”转至“育人”是一个“人性化”的过程。2．德育无处不在。学校无小事，事事皆育人。人人都是德育工作者，人人都是德育管理者。3．追寻幸福的教育，享受教育的幸福。“培养真正幸福的人，成为真正幸福的人”，让每一个人都能够幸福地度过一生，是德育工作者不断推进道德教育的出发点和归宿，追求幸福人生是教育的神圣使命。

因此，“让幸福伴我成长”便成了我校德育工作的理念，成了每一个金福园人的追求。

二、主要做法

（一）书香沐浴沁心脾——因文化浸润而幸福

我校一直倡导读书明理、读书求知、读书成才的新风尚，2008年我校被评为了“韶关市书香校园”。近年来，学校坚持积极完善图书馆、班级图书角、经典诗文诵读校本课程的开发等工作，每学期坚持积极开展形式多样的“朝阳读书节”系列读书活动。

为了进一步提升校园文化品位，发挥“文化育人”主载体，这一年多来，我校大力投入校园文化建设，全力营造浓郁的书香氛围、打造幸福校园。首先，学校先后对两栋教学楼的墙文化进行了改造，每一层教学楼的楼梯和平台都用小学阶段必背古诗词挂画进行了装饰，并且每一个画框都极具古典特色，富有浓浓的书香气息；其次，我校还在教学楼各层平台创建了一个开放式的阅读专区，并放置各种书籍，让每一位学生随时有好书读，随手可读好书。此外，我校还大胆创新，将书香文化融入艺体活动中，用艺体活动来活跃书香文化。比如“幸福大课间”中我们将“国学经典”融入体育运动中，以《三字经》、古诗词《咏鹅》《司马光砸缸》《春晓》《江南》《游子吟》等耳熟能详的古诗词作为背景音乐，让学生边吟诵经典，边强身健体，让校园生活弥漫书香气息，让学生浸润在书香的海洋中。

（二）良好习惯伴相随——因明礼好学而幸福

学会与人交往是学会做人的重要内容，为培养学生明礼诚信、勤奋好学的良好品质，提高青少年的公民道德素养，为学生完美和谐幸福人生奠定基础，我校一日常规以学生的习惯养成教育为抓手。

一是发挥文明礼仪教育的“课堂主阵地”作用，通过国旗下的讲话、班队课、广播站、道德讲堂等渠道，教会学生明礼诚信、养成勤奋好学的好习惯。

二是通过开发《好习惯伴我成长》的校本教材，加强学生文明礼仪常识教育的渗透。我校充分发挥艺体学科渗透德育的作用，让学生在美术课上通过画画的方式描绘表达自己对生活中、学习上的文明礼仪等习惯养成方面的感悟，从而使学生在潜移默化中形成为信念，内化为习惯。学生的图画作品将被学校优选作为蓝本，并配上习惯养成童谣，形成我校《好习惯伴我成长》的校本教材。

三是健全完备的德育管理网络。全心全意抓好德育管理工作，切实提高德育工作的实效。以“五项制度”（“一日保洁制度”“责任值周班”制度、“周末大扫除制度”“行政现场办公点评制度”“文明班评比制度”）的推行作为德育管理的主要抓手，以《金福园小学习惯养成教育实施方案》的落实作为德育管理的主要内容，让全体师生都牢记“一声问好”（见到熟人主动问好）、“两个轻轻”（走路轻轻、说话轻轻）、“三处整洁”（书包、文具盒、课桌整洁）、“四项自觉”（早读、午练、保洁、排队自觉），“五个认真”（听课、作业、做操、值日、活动认真），在养成好习惯的过程中，体会“责任”的含义，做到明礼诚信、勤奋好学，成就幸福人生。

（三）多彩活动健身心——因个性张扬而幸福

1. 每天阳光一小时体育运动

为贯彻落实“每天阳光一小时体育锻炼”的精神。切实提高学生体质健康水平，我校以开展个性化阳光大课间为突破口，坚守“我参与，我快乐，我运动，我健康”的运动理念，通过设置“趣味性，多样化”的活动项目，大胆创新大课间活动，竭力展现我校的文化特色。2011年，我们将我校羽毛球这一传统体育项目融入大课间活动，创编了羽毛球特色操，荣获省大课间活动录像比赛二等奖；2013年，我校又以“幸福大课间”为主题，融“国学经典”和“体育运动”为一体，自编武术操《功夫扇》和放松操《游子吟》，本套大课间活动在刚结束的全市第一届大课间活动比赛中荣获了小学组的一等奖。

2. 每周艺体社团活动

我校在抓好音乐、美术、体育基础型课程外，还充分发挥我校艺体教师个体特长，充分发挥校内的各项教育教学设施资源，积极开设特色项目的各类拓展型课程和开展丰富多彩的艺体社团活动。学校成立了合唱、舞蹈、羽毛球、篮球、乒乓球、足球、毽球、棋艺、书画、刺绣、手工制作等11个艺体社团。在音体美教师的组织下，各项活动开展得有声有色，给学生创设了一片自由遨游的天空，激发了他们的学习兴趣，充分发展自己的特长。

3. 每月节日、纪念日主题活动

我校将传统节日作为对学生进行思想道德教育的重要载体，通过多种渠道开发创新节日课程，开展以“我们的节日”为主题的系列活动，逐步探索出了一条“以传统节日文化引领学生做一个有道德的人”的生活德育之路。在“我们的节日”系列主题活动中，我校发挥学生的主动性，通过举办制作节日小报比赛、黑板报、班队会等活动，紧紧围绕节日主题，引领学生领悟春节、清明节、端午节等传统节日和“学雷锋”等纪念日的思想道德内涵，用传统文化引导人，用多彩活动教育人、凝聚人，让传统节日“传”得下去。

4. 每学期校园文化艺术节、体育节、科技节

我校把每年的5月和11月分别定为“校园体育节”和“校园文化艺术、科技节”。组织丰富多彩的校园文化比赛活动，如：文艺类特长展示及比赛；体育类的各项竞技比赛、书画类比赛、科技小制作比赛……各种各样的比赛活动，既增强了学生的体质，又陶冶了学生的情操，既可以让有特长的学生个性得到充分展示和张扬，又可以进一步激发学生对艺术、体育、科学文化知识的学习兴趣和信心，对全面提高学生的素质，提高学校的教育教学质量起到一个良好的推动作用。

（四）班级归宿凝力量——因航向明确而幸福

班级是学校的细胞，是学生在校学习生活的“家”。学生对这个“家”的归属感与认同感直接影响到学校教育教学工作的效果。因此我校在德育教育管理中，致力于让学生爱上这个“家”，使班级文化建设成为德育教育管理的重中之重。

一是创建班级特色物质文化：学校要求开学初各班班主任就要组织全班学生对教室“图书角”“学习园地”“黑板报”等进行精心“包装”，体现出班集体的奋斗目标与特色，让教室的每面墙壁、每个角落都具有教育内容，富有教育意义。

二是创建班级特色精神文化：班级奋斗目标是培育良好班风的核心价值观。因此，我校每班的课室门外统一设了一把“钥匙”形状的班级名片，这把钥匙上（名片）涵盖了班级口号、班级集体照等内容。“钥匙”的形状寓意着班级名片就是一把开启智慧的钥匙；“钥匙”的内涵需要各班用心打造并形成自己的班级文化特色。每个班级都有了明确的愿景、使命、价值观，并逐步落实到日常的教育生活中，便是寓意着领到了这把智慧的金钥匙，便可以打开知识的殿堂，走向幸福的人生。

（五）少年先锋领航向——因理想扬帆而幸福

学校德育工作的内涵主要是少先队工作，少先队工作是德育工作的主要阵地。通过组织培养新人既是少先队的教育目的，又是少先队的教育方法。因此我校充分发挥少先队组织的优势，通过少先队集体中的民主选举的方式选拔优秀的少先队员组成多种不同职能的队伍，充分发挥这些队伍的引领作用，让每支队伍通过民主监督、民主参与等民主生活来参与到学校的教育管理中来，体现少先队组织的自治功能，让孩子在自己的组织中学习民主、学会自治。

1. 少先队干部队伍

他们，是一年一度大队委竞选活动中脱颖而出的佼佼者；他们，是以大队辅导员为核心的少先队大家庭的管理者；每周一次的大队委会议让他们井然有序地处理着庞大家庭的大小事务；他们在这里得到快乐的成长，在这里得到迅速的提升，在这里为理想扬帆。他们就是我们的大队委委员。

2. 幸福小天使队伍

每天戴着鲜红的佩带或者在校门口迎接全体师生的回校，或者穿梭于校园检查、督促卫生的打扫、早读、午练的正常进行……他们，俨然就是一支训练有素的执法小队；他们，就是我们每周轮岗的“幸福小天使”。

3. 旗手队伍

每周一的国旗底下，有这样一支庄严的队伍，他们神情专注、踏着整齐的步伐把国旗、校旗高高挂，他们，就是我们庄严的升旗手。

4. 鼓号队

这是一支由16个单元组成的庞大的队伍，当他们英姿飒爽、号鼓齐鸣地出现在校园里时，向他们投去更多的是钦佩、羡慕的目光，他们刻苦训练，勇于拼搏的精神早已传递给了每一个金福园小学的莘莘学子。他们，便是刻苦拼搏、勇夺金奖的鼓号队。

当这几支队伍出现在校园的时刻，正是孩子们民主当家的时刻，正是他们为理想扬帆的时刻，虽然他们的职能不同，但是这个平台让他们享受着成长的幸福，为每一个少先队员实现理想扬起了风帆。

（六）家校合力共发展——因教育延伸而幸福

如果说幸福教育在校园诞生，那么我校的幸福教育还会在校外开花延伸。

我校非常重视家长学校的建设，重视家校联系与沟通工作，坚持每学期召开两次家长委员会会议，每学期召开一次全校家长会的常规工作。此外，我校更是积极推崇“幸福德育5＋2”的教育模式，积极拓宽“幸福德育”的实施途径。“5”即为学生一周在校5天接受的学校教育，“2”即为一周周末两天在校外接受的家庭和社会的教育。我校充分发挥“活动育人”主旋律，通过签订“家庭文明承诺书”、开展“小手拉大手，文明一起走”“亲子共读一本书”“亲子制作小报”等活动让文明礼仪进入

家庭，进入社区，让学校教育延伸到家庭、延伸到社会，让学生成为文明礼仪的践行者、良好社会风气的带动者和传播者。

（七）育人队伍同成长——因满园英才而幸福

让每一个金小人享受幸福的教育，享受教育的幸福，让幸福伴随每一个人成长，是金福园小学的愿景。我们将会乘着德育创新的东风，努力营造幸福的乐园，努力提升育人队伍的综合素质，努力培育满园英才，让每一个金小人都在这片乐土里幸福成长！

三、成果展示

序号	奖项	时间
1	武江区少先队鼓号操比赛金奖	2012.11
2	武江区中小学第二届毽球比赛小学女子组第一名	2012.11
3	武江区中小学第二届毽球比赛小学男子组第三名	2012.11
4	韶关市卫生标兵单位	2013.4
5	广东省中小学阳光体育大课间录像二等奖	2013.5
6	韶关市德育特色创新与发展实验学校	2013.5
7	武江区中小学合唱比赛三等奖	2013.5
8	韶关市英东杯中小毽球比赛第四名	2013.5
9	韶关市第一届大课间评比活动一等奖	2013.11
10	韶关市“校讯通”杯中小学电脑制作活动最佳组织奖	2013.1
11	韶关市“卫生标兵单位”	2013.4
12	武江区第二十二届中小学生运动会田径比赛团体总分第三名	2014.6

弘扬主流　应对流俗

——广东北江中学“六名”系列教育概要

广东北江中学
案例负责人：陈　莉
案例主要贡献者：刘国锋　刘水连

一、产生背景

随着教育开放度加大，信息时代的到来，互联网等新兴媒体的快速发展，一些西方国家，借助文化产品的输出，公开或隐蔽地推销其社会政治理念、价值观念、意识形态和生活方式，宣扬西方的社会制度并散布“西方文化中心论”，使我国民族传统文化受到极大打击，人们对民族文化的认同也极大的被削弱了。

环顾身边，非主流文化甚嚣尘上，“恶搞”盛行，色情文化泛滥，文化娱乐化愈演愈烈，冲击了未成年人纯洁的心灵，淡化了其对社会、对他人的责任感，降低了其道德水准，使其产生了畸形的价值观念和心理需求，深深地影响着其人生观和价值观。

二、理念支撑

我们将如何应对西方文化中心论，如何消弱非主流文化的影响？我国历史悠久，有几千年的文化积淀，而这些就是我们的瑰宝，是永恒的、不朽的，是形成高尚人生观、价值观，并使其为之拼搏的重要载体。它可以提供丰富的精神营养和知识营养，提高自身的综合素质和人格品位，从而把师生认同的价值观自觉地落实到自己的思维方式和道德规范之中，最终升华为信仰和行动，产生巨大的凝聚力、内驱力和推动学校发展的原动力。

三、主要做法

我校“六名”系列教育活动，要求学生三年时间里，读名著10部、看名（影、视）片60部、唱名歌20首、欣赏名画100幅、学名人名言100条。

1. 建设校园物质文化

校园墙壁悬挂名画93幅；制作名著、名画欣赏展板；要求班级文化建设中落实“六名”教育内容；组织退管会教师编写《名人名言》一书并发放给学生人手一册；校报开辟活动专栏，指导活动开展和宣传活动进程；各班黑板报每周宣传一句名人名言；课室外墙体张贴PVC材质名言板141块，校园草丛花辅里安插不锈钢材质名言板90块；建设文化墙一堵，共有23件名人名言烫瓷画。

2. 以活动为载体，“六名”教育花开满园

在校园网设“六名”系列教育活动主页；设立欣赏名画橱窗，定期推出名画欣赏系列；学校周六晚放映名（影、视）片VCD；提供名（影、视）片VCD，免费外借；开展讲座、讨论会、报告会，班级主页设计，寒（暑）假专题读书，书（影）评，每月一歌，“写观后感、小评论征文”“学唱优秀影视歌曲”“表演影视精品片段”“影视知识竞赛”“讲述影视故事”“设计影视宣传广告”等。

3. 挺进课堂教学主阵地

把“名著阅读”的时间列入课程表，推出推荐读物、方法指导、阅读汇报等多种课型；测试中加强对名句名篇的考查；定期进行名言名句默写竞赛；高一开音乐欣赏，让乐器走进课堂，要求学生一人学会一样乐器；高二开美术欣赏，运用各种绘画、雕塑（橡皮泥塑、肥皂雕刻）、设计、剪纸、写生等多种形式教学；开设电影选修课，放映一些“主旋律”电影，对其艺术和审美特点进行点评。

4. 纳入研究性学习

教师有论文《文化塑造人生》《书读百遍，其德自见》；学生有研究性作品《我校学生课外阅读的倾向》《建设校园文化之我见》《寓言对生活的启迪》《名画之所以成名》《探讨传统与流行音乐的差异》等。

5. 组建艺术社团，开展丰富多彩、生动活泼的课外艺术活动

一是先后增建民乐团、合唱团、金帆艺术社、动漫社，把它们作为推动全校艺术活动蓬勃开展的旗帜，发挥带动、示范作用。二是开展班级团队艺术活动，如文艺汇演、歌咏比赛、中秋晚会、红歌赛、周末对对碰综艺晚会。三是普及艺术知识技能和培养艺术尖子相结合。前者如举办艺术节，校（年）级歌咏比赛，校园十大歌手比赛、学生歌曲创作比赛、最佳司仪赛、现场书画比赛、宿舍文化设计大赛、校园服装设计大赛、各主题板报比赛、班级文化建设评比、音乐美术知识讲座、集体舞、健美操比赛、演讲比赛、朗诵比赛、美术书法摄影展览、影视欣赏等。后者如开设提高班

（节假日），进行个别辅导、举办展览等。学生举办个人画展，是我校独创。迄今，已有13人举办个人作品展览或联展。

6. 加强检查考核

检查考核做到过程与结果相结合，定性与定量相结合。检查周记本（反映看名片、唱名歌、赏名画、学名人名言情况）、读书笔记（反映读名著情况）、考核参与活动的量（出勤）与质（态度与效果），综合实际表现评价为“合格”或“不合格”，对“不合格”的学生给予德育考核降一等级。学校定期检查考核各班组织开展活动情况，结果作为评定文明班的重要依据。

四、基本成效

加强学校文化建设，提升中学生的校园文化生活品质是应对流行文化的浮华、恶俗文化的低下、娱乐文化的无聊的良药。开展“六名”系列教育活动，以名著丰厚学生的文化积淀，以名片（影视片）充实学生的课余文化生活，以名歌激发学生热爱生活的情感，以名画纯洁学生的审美情趣，以名人名言树立学生远大的理想，正是应对“入世”和信息时代的挑战，应对流行文化、恶俗文化、娱乐文化的冲击，符合时代和学生实际的、喜闻乐见的、富有感染力的具有德育工作实效性、针对性和主动性的举措。

1. 文艺社团办出名气，文艺比赛硕果累累

晨星文学社先后被评为省优秀文学社、全国百强文学社；2009年全市教师节的演出时，韶大某教授说出了这样的话：“一间山区的中学可以办出这么高质量的民乐团，而我们的大学音乐系都没有一个民乐团，真的惭愧啊！”

近5年来，学生书画比赛，获国家级奖项一等奖12人，二等奖5人，三等奖20人。艺术教育科研（创作）成果颇多：发表（获奖）美术、音乐论文国家级7篇、省级13篇，发表美术创作作品国家级10件、省级15件。

2. 提升我校学生的整体素质，促进了学校的整体发展

“六名”教育，是我校“德育为首，德育与教学相融，德育推动教学”理念的实际践行；“六名”教育对我校教学质量在韶关市的长期领先和学校的整体进步有显效。首先，我校毕业生以“高素质、高能力”获得了高等院校、社会和学生家长的一致好评。近几年，学生违法犯罪率为零；学生思想境界高，曾有四个学生机智辨别、成功举报并协助干警抓获法轮功分子而受到公安、安全机关的表彰。其次，在大规模

扩招的背景下，我校高考各项指标稳居韶关市第一。再次，我校在全国性的评比中也荣获诸如“全国中小学德育工作先进集体”“全国精神文明建设工作先进单位”“全国教育系统先进集体”等荣誉十几项。2009年，被中央文明办定为“做一个有道德的人”活动的联系点。目前，正朝着全国文明单位的目标奋力迈进！

五、社会反响

我校“六名”教育曾获韶关市多个媒体的报道，还受到《中国教育报》的专门报道。2011年，获得省德育创新成果评比一等奖，还成为全国性的校园文化建设经验交流会议上的材料，并入选《全国学校文化与育人环境建设经验集锦》。

行为自主养成：养成教育模式的创新发展

河源市第三小学
案例负责人：叶兴增
案例主要贡献者：刘舒玉　王美霞

我校2005年4月承担了广东省教育厅批准立项的《小学生良好行为习惯培养实效性研究》的课题实验。在专家教授的指导下，我校课题组经过三年的实践与探索，2008年6月顺利结题。在此基础上，结合学校已有经验和我校的“自主参与型班级管理模式”，我们总结出了具有我校特色的“行为自主养成”的养成教育创新模式。

一、主要内容

我们从学校日常的德育活动、课堂教学实践、班级管理、家校互动中发掘培养学生良好行为习惯养成教育的作用，对行为养成教育的目标、内容、途径、方法管理及其评价机制等方面进行研究。指导教师从各学段学生的身心发展的特点出发，对行为习惯目标进行分解，由大化小、由小化细，形成纵向呈系列、横向相关联的多种训练途径，并将学生的日常行为习惯养成教育分解为五个方面：生活行为习惯、学习行为习惯、劳动行为习惯、交往行为习惯、社会活动行为习惯。我们按照素质教育的要求，全方位培养学生的主体意识和主体能力，全面提高学生学习、生活、劳动的实践能力，形成良好的思想道德素养和健康心理等方面的素质，培养学生完美的人格，提高情商，提高自治自理能力，让学生充分发挥其自身的潜能，引导学生学会生活、学会学习、学会合作、学会健体。

二、主要做法

（一）建立与完善科研管理网络，促进全方位“育人”立体化

通过校内组织机构、校外教育基地的建设、社区实践活动的开展、学生社团的发展，着力组成三个机构，培养三支队伍，建立三大体系，构筑起了校内外结合的立体教育工作网络，形成了全方位育人的生动格局。把规范养成教育的触角延伸到学生生活的各个方面，打破了传统教育封闭的局限，建立起了学生自立、自治、自理的机制。

三个机构指：养成教育领导小组（由学校行政组成）；养成教育工作检查小组（由德育处、少队部共同组成）；养成教育工作落实小组（由年级组、教研组、班集体、家长代表等组成）。三支队伍为：主管德育工作的校长、德育处、少队部；全体教职员工；学生干部和全体学生。三大体系是：学校教育体系、家庭教育体系、社会教育体系。以上三个机构、三支队伍和三大体系共同构成了一个合作育人的网络，它们既能发挥各自的独特作用，又可以相互配合，形成合力。

（二）构建育人目标体系，促进师生“养成”一体化

1. 端正师风，规范师德

根据《公民道德建设实施纲要》要求，严格师德，规范师风，开展“说好八句话、实践八承诺”活动；制定《教师文明礼仪规范》《班主任考核制度》，让教师的言行举止成为学生的表率；出台一系列的规章制度和教师考核要求，强化“校园无小事，事事都育人”，促进教师良好行为习惯和良好职业道德行为的养成，形成师生“养成”一体化特色，提高教育教学质量和效益。

2. 健全制度，完善规范训练体系

围绕《小学生日常行为规范》进行管理，从多个方面对学生的在校日常行为进行评价。从“四会”（学会生活、学会学习、学会合作、学会健体）、“三自”（人格上自强、生活上自理、学习上自立）、“三有”（有创新精神、有健全人格、有素质强项）三大方面构建育人目标体系，有层次地制定适合各年龄段学生生活实际的规范化和序列化的养成教育内容。

以《小学生日常行为规范》为基本要求，针对学生的日常行为制定出具有学校特色的校歌、养成教育读本、学生一日常规、学生行为规范三字歌等，同时各个班级还根据本班实际制定了具有自己本班特色的班规、班约、班徽和班歌。通过这些措施，抓实养成教育各项要求，创建了文明有序、整洁优雅、催人奋进的育人环境。

（三）大胆创新实践，积极探索养成教育的途径与模式

1.“自主、合作、探究”学科教学养成教育模式

课堂是落实学生品德教育的主阵地。我们改革和创新养成教育课程、目标、内容、途径、方法、管理，具体策略是：

编写读本，上好养成教育课。根据实际编写了具有学校特色的《小学生养成教育读本》。

把养成教育渗透在各学科教学中。要求教师在各学科教学中都要注重培养学生良好的行为习惯，根据各学科教材的特点，从不同侧面，以不同方式，对学生进行良好个性品质的培养。

注重与活动课的有机结合。在抓课堂教学的习惯养成同时还努力探索在养成活动课、综合实践课程、主题班队会、校本课程以及德育基地和隐性课程之间建立起有机联系，建构了一个既有开放性，又有整体性的养成教育课程体系。

2.“自主、创造、体验”型德智活动模式

在活动内容体系设计上，我们抓住学生活动的自主性与创造性的本质特征，建立了活动内容体系和明确的活动教育目标体系，把活动与思想教育，良好习惯养成结合起来，使各项活动有较强的教育性、实践性，如“五好达标小公民”评选活动、“大手拉小手活动”“书香校园活动”“体育节”“科技节”“艺术节”“绿色行动”以及义务劳动、社会实践、人际交往锻炼等活动，让学生在愉快的活动中受到良好的教育与锻炼。

3.“自主参与型”班级管理模式

班级是学校教育、教学活动的基本单位和最广泛的组织形式，它对学生全面发展有着非常重要的作用，能促进自我教育的教育才是真正的教育。因此，必须建立有助于学生自我教育的新的行为规范管理模式。我们通过构建“自主参与型”班级教育管理模式，把班级交给学生，让学生成为自我发展的主人，在强调学生主动参与、自我管理、自我评价，为学生提供创造发展的机会的同时，把习惯养成教育、日常行为教育与班级管理有机结合，融为一体，互相促进。

4. 学校、家庭、社会合作型养成教育模式

学生整体素质的提高，是学校教育、家庭教育、社会教育综合作用的结果。在优化学校教育环境的基础上，充分发挥学校教育的能动作用，主动取得家庭和社会的配合和支持。着重抓两件工作：一是把家长还原为教师。要求家长既用自身的良好行为熏陶学生，又要求与学校积极配合，做好学生在家时的良好习惯养成教育和训练的督促工作，当好家庭老师。这样有效地弥补学校教育在假期中对学生进行养成教育的“空白”地带。为此我们还成立了“成长有约家长学校”，开通了家校热线，成立了家长委员会，发放“心桥卡”，充分利用“校讯通”沟通学校、家长、教师和学生。二是注重社会资源的作用。根据学生的年龄特点，学校先后与多个相关单位建立爱国主义教育基地、国防教育基地、社会实践活动基地、安全教育基地等，通过共建单位组织学生参加社会实践，接触社会，在社会环境中经受养成教育的训练，把养成教育活动与社会实践活动有机地结合起来。

三、研究效果

一分耕耘，一分收获。“行为自主养成”的养成教育创新模式，有效地促进了学

校素质教育的全面落实。学生的良好行为习惯逐步形成，主体意识增强；学生自我管理、自我教育的能力得到了提高；学校、家庭、社会齐抓共管的新局面形成；教师素质得到了整体的提高，学校的综合实力明显增强。

四、成果的推广及运用价值

我校的“行为自主养成”的养成教育创新模式操作起来简单实用，效果明显：这个由学校、家庭、社会相结合的，全方位、立体化的教育途径——“行为自主养成”的养成教育模式，建构起了与学生及其生活紧密相连的养成教育内容体系，让学生自觉、自主规范自己各方面的行为，彻底解决了学生好习惯难养成、易反复的弊端，有效地促进了学校素质教育的全面落实，且学生、家长、老师、学校各方面均得到发展，达到了一举多得的目的。实验以来，继我校在2008年全省德育课题结题会上做经验介绍后，具有我校特色的“行为自主养成”的养成教育创新模式，得到了上级领导的肯定，引起了省内外兄弟学校的关注。我们先后接待了香港、佛山南海、番禺大石以及山区兄弟学校的同行前来交流指导，得到了很高的评价，这在山区是难能可贵的。2010年我校被评为首批“广东省德育示范校”。

探索班级导师新路子 开创德育工作新局面

河源市第二小学
案例负责人：殷新航
案例主要贡献者：殷新航 柯于莲

一、产生背景

我校提出《基于班级导师制的学校人文关怀全员育人德育模式的研究与实践》项目研究是基于以下三个方面的考虑：

第一，德育压力不断增大。学校各班均是大班额的班级，目前实行的是传统的班级管理模式。这种模式有利于整体提高班级的教学效率和班级管理效果，但它不利于因材施教地发展学生的个体，不利于具体和有针对性地指导学生个人有效成长，不利于引领每一位学生的全面健康成长。

第二，德育方法缺少人文。学校现有的德育模式不能很好地适应新形势下德育工作的进一步开展。“范本德育”在我校的德育模式中仍占主要地位，以关心人、爱护人、尊重人作为德育前提，以发展人、成就人作为德育目标的“人本德育”还不够突出，“人文关怀”在育人的过程中体现得还不够充分。

第三，德育力量缺乏整合。目前育人机制中，德育力量缺少整合，容易产生割裂现象，学校、家庭、社会“三位一体”的全员育人机制不够健全。学校尽情演绎“主角”，在这个“主角”内部，全体教师“人人都是德育工作者”的“大德育”理念也尚未形成。家庭和社会这个“配角”由于教育理念滞后，教育条件不充足，教育水平不平衡等，导致难以形成学校、家庭、社会组成的德育合力，直接影响德育工作的效果。

二、项目研究整体思路

总体目标：“突显人文，全员参与，稳步推进，全面展开”。

总体任务：一是构建互动成长的共同体。结合学校已有的管理资源，不断整合其他资源参与到班级管理中，利用班级导师制进行班级管理研究与实践，构建互动成长的共同体。二是创新德育管理模式。以学生发展为本，以学生需求为依据，以人文关怀为核心，以全员育人为方法，不断创新德育管理模式，构建全员育人新模式。

三、主要做法

（一）组建导师团队，推进班级导师制全员育人建设

我们提出的“班级导师制”不同以往所说的一个导师带多少个学生，而是以班主任为核心，整合各类教育资源，构建互动成长的班级共同体，形成各具特色的班级文化，让各班级特有的“文化”来引领学生健康成长。

1．立足学校实际，组建导师团队

学校科学组建导师团队，发挥导师团队在全员育人中的引领作用。一是以年级为单位：设置管理层导师、后勤导师、社会导师；二是以班级为单位：设置班主任导师、辅导员导师、学科导师、家长导师、学生导师。

2．搭建工作平台，拓宽育人渠道

在组建班级导师后，我校主要通过拓宽三大工作平台，逐步整合教育资源，积极推进班级导师制全员育人工作。

（1）搭建家校互动平台，带动学生健康成长。充分发挥家长导师作用，各班以成立“家谊会”为突破口，开展系列家校互动活动：一是举行亲子互动游戏；二是要求孩子和父母一起读好书；三是结合市“创文”工作开展小手拉大手活动；四是邀请家长导师为学生及家长作育人讲座；五是成立家长导师QQ群。通过一系列丰富多彩的家校互动活动，让学生在互动中学习、在互动中成长。

（2）发挥学生榜样作用，推动学生健康成长。学校在班级导师制的构建中，把班级优秀学生纳入到班级导师团队中，通过学生导师的榜样示范作用来推动学生的健康成长。在校内，我们评出“每周一星”，在国旗下讲话时对他们进行表扬，并通过这些“每周一星”的实例来引领其他学生努力向上，好好学习。在班内，也实行了“每周一星”的评比，还选出表现优秀的学生来带动个别后进学生追求进步。

（3）打造特色班级文化，引领学生健康成长。在不同年级打造各自不同的特色班级文化：一、二年级着重打造行为习惯养成教育特色班级文化；三、四年级结合客家古邑打造家乡特色班级文化；五、六年级以中国传统美德为切入口，打造具有新时代优良品质的特色班级文化。

（二）健全工作机制，提供班级导师制全员育人保障

为确保在班级导师制中落实全员育人，学校逐步健全各类导师岗位职责，还重置了德育岗位，力求建立起一支全员参与的德育队伍，保障全员育人工作机制的有效实施。

1．明确岗位职责

我校相继出台了班级导师制的管理制度，建立班级导师责任制度，以及班级导师教育质量跟踪等一系列制度与措施。每学期，学校根据各类导师进行3—4次岗位学习培训。

2. 重置德育岗位

为了使学校整体的德育管理与班级导师制有机结合，达到全员育人的目的。我校对五个德育岗位进行了重新配置，分别是：

（1）年级和班级导师管理岗位；

（2）班级辅导员和学科导师管理岗位；

（3）德育干事管理岗位；

（4）小行政干部管理岗位；

（5）家谊会管理岗位。

三、实施人文关怀，探索班级导师制全员育人方法

在班级导师制全员育人建设中，我校以“人文关怀”为核心内容，实行“范本德育”与“人本德育”相结合、“说教德育”与“叙事德育”相结合，尊重、保护和引导学生合理的个性发展。

1. 管理中体现人文关怀

在班级管理中让人文关怀落到实处需要机制保障，我校着力探索出一套激发全体师生全员参与、融入其中的有效机制。其中，要求班级导师在制定相关的制度时以激励、竞争、参与为导向，暗示学生这是我自己的目标，我要尽可能实现。如班规制定时着重引导学生“我做到了……”“我要做到……”，力求让班级导师制下的制度更加人文化，更加体现人文特色。同时，每学期班级导师与德育处签订《导师工作承诺书》，承诺微笑对待每个学生，与学生平等交谈，帮学生明理，替家长分忧等，使人文关怀在班级管理中落到实处。

2. 环境中体现人文关怀

我校楼层文化设计了四个不同的主题，分别是安全文明主题、读书学习主题、科技环保主题、心理责任主题。同时，还设立了养成教育专项宣传栏，让每一位学生在温馨提示下自觉检查和规范自己的行为举止。在教室内，我们则充分发挥了导师和学生的创造力，结合学生年龄特点设计形式多样及富有意义的班级文化，营造温馨的班级育人环境。

3. 互动中体现人文关怀

我们把“范本德育”与“人本德育”相结合，导师除了在学业上对学生进行指导外，还对学生的心理、个性发展给予高度的关注与扶持。导师在工作中自觉承担起了三重角色：像父母——在生活上体贴关怀；做良师——在学业、品德、心理等方面鼓励指导；成益友——与学生进行民主平等的思想交流。

四、基本成效

1. 构建了能有效促进每一个教育者成为合格班级导师的全员育人的校本德育模式

重置德育岗位，构建全员育人网络。

完善了班级导师的管理体制，使班级导师制工作在建立多层次、多渠道、全方位的德育管理体制方面迈出了新步伐。

通过“聘、管、培、励”形成了促进班级导师专业成长的学习、导向、激励和评价机制的模式。

2. 积极探讨班级导师制管理模式，力求形成互动影响、健康成长的共同体

领导小组指导班级导师结合各年段学生的特点，以班级为单位，开展多种活动，在家校互动、师生互动、生生互动中优化班级管理，构建了互动成长的共同体。

3. 以人为本

探讨并形成了在育人的过程中如何真正体现学校和教育者的人文关怀的现代德育模式。

4. 制度先行

制定了《河源市第二小学改革课题管理办法》《河源市第二小学班级导师工作制度》等一系列制度。

五、创新亮点

1. 教育观念的转变

此项活动的现实意义在于转变教师的教育管理观念，充分发挥以学生为主体的全新理念，教育引导学生，挖掘学生的潜能。利用特色班级文化潜移默化地对学生进行爱国、法制、环保、安全等方面的熏陶，形成强大的班级凝聚力，最终达到全员育人的目的。

2. 多种关系的互动

我们把往日以教师为主的范本德育转化为人本德育。学生在成长的过程中不再是一味地接受指令，而是在互动中学习、在互动中成长，互动贯穿了整个教育过程。在班级导师制中，我们力求做到几个“互动”，如师生互动、生生互动、家校互动、亲子互动等。

3. 多种文化并存

“前喻文化，并喻文化，后喻文化”并存于整个育人过程中。本着以人为本的目的，为了构建优秀的互动成长共同体，在研究过程中，我们把这三种不同时期的文化有机渗透在班级导师制的建设中。

以人为本　创办“心育”特色学校

河源市源城区上城小学
案例负责人：张志勇
案例主要贡献者：谢淑芬　薛丽萍

随着教育改革的深化，素质教育正逐步得到贯彻和落实，关注学生的全面发展正日益突显为教育的主导观念。因此，在中小学开展心理健康教育，是学生健康成长的需要，是推进素质教育的必然要求。不断为学生引导正确的认识因素，准确地把握学生品德发展阶段的水平，胜于学生呆板地坐在板凳上听那些枯燥的言谈；逆反心理的压制和强制服从的疏导办法，更胜于讲解儿童难以接受的大道理。那么针对少年儿童活泼好动的年龄特点，开展丰富多彩的班队活动，创造良好的教育情境，培养健康向上的品格，积极推进班级管理和教育方式的民主化，充分发挥学生自主管理的有效途径。以人为本，以生为本，努力创办“心育”特色学校。

2002年以来，我们学校开始进行心理健康教育的实践和研究，学校高度重视学生心理健康教育，将其作为素质教育的一项重要内容，渗透在教育教学工作的全方位，并对该课题的研究给予大力度人力物力的投入，积极开展心理健康教育的实践和探索，建立健全有活力的组织机构，深入课题研究，培训师资队伍，开展多种教育教研活动，进一步强化了心理健康教育工作，形成了“全员参与、全面关爱、全程辅导”的心理健康教育“心育”特色学校。

一、健全组织机构，保障心理健康教育工作顺利进行

为了保障心理健康教育工作顺利进行，我校组建了强有力的心理健康教育工作领导小组，组长由校长担任，副组长由主管德育的副校长担任，成员由中层干部和骨干老师组成。领导小组以心理健康教育课堂教学为主渠道、主阵地，科学、规范地组织学校心理健康教育系列教研活动；有针对性地为学校心理辅导提供业务咨询服务；为心理健康教育骨干教师培训提供服务，以保证心理健康教育工作顺利进行。

二、加强硬件建设和投入，为心理健康教育提供物质基础

我校先后开设了心理健康教育办公室、个体心理咨询室（知心屋）、团体心理辅导室（开心乐园）；购置了电视机、录音机、沙包、哈哈镜、电话、电脑、沙发、玩具等设施设备；购买了心理健康教育书籍460多册；设施设备、图书的配备基本按省级B类地区的标准配齐，各功能室均制定了完善的管理制度。

三、积极营造心理健康教育和谐氛围

为了让学生有一个良好的环境熏陶，产生积极向上、健康乐观的心态，学校制作了一系列的心理健康宣传标语，并配上精美图案悬挂在校园显眼的位置上，让学生目之所及，随时随地能感受到温馨的鼓励、中肯的提醒、善意的劝诫、美好的祝愿。

此外把教室后黑板作为向学生进行心理健康教育的阵地，定期出心理健康教育专题，登载格言、警句、短文等对学生进行教育，坚持环境陶冶，有针对性地引导鼓励学生消除厌学心理；充分利用学校的宣传橱窗、校园广播站——心灵小语，对学生存在的心理问题有针对性地进行分析、诊断，及时疏导，帮助学生解开心结，扫除心理发展与成长中的障碍，弥补了课堂辅导的不足，使心理健康教育更有实效。

四、以师为本，提升教师队伍素质

心理健康教育工作要顺利开展，全面提高教师队伍整体素质是关键。为了转变教师的教育理念，拓宽教师的知识面，提高教师的人格魅力，我校采取多种方式，全员参与，重点培训，做到“不断走出去，适时引进来”。

学校从持证上岗着手，先后派出7名教师参加省、市心理健康教育师资培训，取得了由省、市颁发的上岗资格证书，目前持A证2人、B证2人、C证42人。

邀请专家到我校进行心理健康教育知识讲座和心理健康教育工作辅导。

积极组织骨干教师到名校学习先进的理念和管理模式。我校先后分批到广州文德路小学、时代朝天实验小学、桂花岗小学、文昌小学及深圳市罗湖区翠竹小学等学校进行学习交流。

五、以生为本，形成心理健康教育的完整体系

课堂教学是学校教育过程的主体，也是心理健康教育的主要渠道。因此，学校从实施心理健康教育开始，每两周开设一节心理健康教育活动课。学校开展了国家级课题《团体心理辅导》、省级课题《班级团体心理辅导活动课的设计与组织实施》的

研究，依据课题实验收获，根据学生的年龄特征，学校还编了一套6本的心理健康教育校本教材：一年级《学会生活》；二年级《学会交往》；三年级《学会感恩》；四年级《学会思考》；五年级《学会宽容》；六年级《学会承担》。我们以“活动”为载体，牢牢把握“学生主体性、活动感受性、发展前瞻性、自助互助性”原则，灵活地设计活动形式、方法和空间，力创有利于学生与教师直接对话的轻松愉快的课堂气氛，让每一个学生充分体验情感、宣泄情绪，从而使活动课达到了有针对性地帮助和引导学生获得解决自己成长困惑的方法。

每天下午放学后（4:30—5:30）开放个体心理咨询室，每学年有5位兼职心理老师（至少获得心理教育C证以上）在此轮流值班，应有关教师、家长或学生之约，对他们进行个别咨询。十二年来，接受辅导的学生有2000多人次，我们还对存在心理障碍的学生进行个人信息跟踪，建立心理档案，对心理问题较严重的学生加以跟踪辅导，引导学生自我构建健康人格，促进学生心理健康发展。为心理辅导实验工作营造了一块沃土。

我校还设立了以下几种师生心灵沟通模式，如开设“知心姐姐”心语小屋；设立“悄悄话”信箱；开通“心灵小语”红领巾广播热线；让学生写“心理日记”、编手抄报等多种形式，这些心理沟通的模式有效地帮助教师及时发现需要辅导的对象，对学生存在的心理问题有针对性地进行分析、诊断，及时疏导，帮助学生解开心结，扫除心理发展与成长中的障碍，弥补了课堂辅导的不足，使心理健康教育更有实效。

六、家校结合，促进学生心理健康发展

苏霍姆林斯基指出：“孩子是从家庭这个窗口去认识世界的。”民主、温暖、和睦的家庭是孩子良好心理素质的温床。为了提高家长对心理健康教育的认识，更新家庭教育观念，特别邀请专家到我校进行心理健康教育知识讲座和心理健康教育工作辅导。学校曾分别邀请了广州市文德路小学副校长林伟贞、惠州大学基础教育学院副院长刘剑玲、河源市青少年心理学会心理咨询师缪雪娜等专家来学校做专题讲学，组织全校教师与家长共同学习，结合班主任工作和课堂教学，进行专题交流，促成学校教育、家庭教育取得共识，使得学校的心理健康教育一步步走向成熟。

七、主要成效

开展心理健康教育研究给我校的各项工作注入了新的活力，引发了学生和老师精神面貌的新变化，学校教育教学的新气象。

针对山区小学的心理问题成功地开设了心理健康教育课，初步形成了具有地方特

色的课程系列，为开发心理健康教育校本课程打下了基础，并编写了一套6本的心理健康教育校本教材。

师生个性活、身心健。在我校“心理健康教育”研究中，不仅有作为“点”的个体咨询活动，还有以课堂渗透、班级贯穿、社区辐射为“面”的团体心理辅导活动，更有以“德育”“心育”双管齐下、纵横交叉的心理辅导活动。

学校在2007年6月被评为“广东省中小学心理健康教育示范学校”。

教师的心理健康教育论文获省级6篇、市级23篇、区级4篇，并多次发表于国家级、市级报刊杂志。

积极参加河源市组织心理健康活动课比赛活动，叶秀华老师于2007年3月参加河源市中小学心理健康教育团体心理辅导课现场调教比赛，荣获小学组三等奖；赖华老师于2012年5月参加河源市中小学心理健康教育活动课现场比赛，获河源市三等奖。

心理健康教育在全区起到辐射作用，我校每学年都到其他兄弟学校上示范课，受到区领导、各兄弟学校教师的一致好评。

学校的心理健康教育工作踏实细致，在师生共同发展中起着重要的作用。今后，我们将进一步提升心理健康教育工作的科学性和实效性，做到心育与德育、智育、美育、体育等相互渗透、相互促进、相互完善，为培养塑造具有健康人格的人才而不懈努力。

以活动为主线，润泽学生精神

惠州市龙门县永汉镇第二小学
案例负责人：廖木欢
案例主要贡献者：廖英武

永汉镇第二小学创办于1997年9月。目前，学校有50个教职工，教师年龄高、学历低。全校有18个教学班，学生855名。随着城乡化发展，近几年学校的生源发生较大的变化，尤其是外来工、留守儿童的比例逐渐增大。目前学校留守儿童164人，外来工子女146人，80%的学生来自农村。问题学生、问题家庭的增多等给学校的德育工作带来了较大的影响和很多困惑。面对当前的生源特点和教师素质，为全面贯彻党的教育方针，全面实施素质教育，我校在德育管理中，坚持"以德育活动为主线，润泽学生精神"的工作思路，让学生在活动中体验、在活动中成长，丰富学生的精神世界，培养健康健全的人格，着力提高我校德育工作成效，开创我校德育工作新局面。

一、强化德育队伍的建设、开展队伍建设活动

德育队伍的素质和能力是学校德育工作成败的关键，学生的精神状态和教师的精神状态、工作态度、方法息息相关。因此学校在德育队伍的分工、管理上狠下功夫。学校实行全员德育，双班主任制，科任教师蹲班协助好班主任工作，人人皆德育者，人人管德育，大家分工合作，与班级共荣辱，为我校德育水平的提高奠定了基础。注重加强德育队伍建设。学校在教师管理中坚持"以人为本"，重抓情感管理，倡导"三主意识"，即说主人话，做主人事，尽主人责。倡导"一切为了学生、为了一切学生"的工作宗旨。大力提高德育队伍的思想认识，每月召开德育队伍的培训交流、举行班主任沙龙等，提高德育队伍对当前德育形势的认识，从容地解决学生尤其是留守儿童等的各类问题，让教师形成"幼吾幼以及人之幼"的广大胸怀。

二、注重养成教育，开展丰富的养成教育活动

一是开展创建"文明班"活动。争做"文明班"是学校抓好学生养成教育，形成良好行为习惯的有效途径。并规定凡没评过文明班的班主任、教师当年不能评优评

先。通过蓓蕾广播站、橱窗等，大力宣传先进事迹和身边的先进人物，激发学生学习和争做先进典型。每日通过对各班的清洁卫生、组织纪律、行为规范的检查评比，以月为单位评出文明班。“文明班”的创建过程既是一个学生形成良好思想品质的过程，又是对学生进行思想教育成果的综合体现。

二是积极开展环保教育。农村孩子环保卫生意识比较差。我校成立环保小使者，在每个课间加强巡查，对乱扔乱丢的同学就地进行教育。同时，还开展“让我们的校园更美丽”“弯腰捡垃圾”“看到垃圾我弯腰”等活动。通过这些活动，学生全面养成了文明守纪的良好风气。

三是开展争章活动。学校通过每月之星的平台，评选学雷锋之星、读书之星、劳动之星、孝敬之星、环保之星、守法之星，激发学生积极向上，勇于争章的激情，巩固我校的养成教育。

四是以练字促养成。每天开展练规范字活动，每天16:50—17:15组织学生在古典音乐中练字。我们坚信能写一手好字、有好学习习惯的孩子再差也差不了哪儿去。让学生在教师的指导下形成良好的写字习惯，以促良好学习习惯的形成。

五是以阳光体育活动促品格。落实阳光体育一小时活动，以兔子舞、五步拳、长跑、跳绳等体育活动历练学生身心健康，培养其坚毅的品格，塑造阳光般的生活态度。

三、用心立德，在道德活动上花心思

我校始终坚持“以德立校，以德治校”，把学校的德育工作放在首位来抓，要求学生努力做到“六个学会”，即学会做人、学会求知、学会劳动、学会生活、学会健体、学会审美。同时，将社会主义核心价值观在育人过程中有机渗透，有效促进了学生思想素质的全面提升。

一是将德育教育贯穿学科教学始终。学校在上好品德与社会课的同时，要求教师挖掘每堂课的德育因素，并通过组织教学，生动活泼地向学生进行德育教育。利用语文课语言表达的艺术性，培养学生爱祖国、爱家乡、爱父母的情感；利用数学课严谨的逻辑特点，培养学生实事求是、脚踏实地的优良品质；利用音、体、美课特有的魅力培养学生的审美情趣，磨练学生的坚强意志等。坚持每月上好两堂主题班会，帮助孩子疏导生活学习的困惑，促进良好心理的成长，引导他们树立正确的人生观、价值观。强调德育在学科渗透……充分发挥任课教师的育人作用。

二是丰富德育活动。学校利用传统节日开展了一系列少先队主题队会活动，进一步强化学生思想品德教育。例如学校开展“网上祭英烈”“向雷锋同志学习，做一个有道德的人”“童心向党歌咏比赛”“民族精神我传承”等德育主题教育活动，还利用五一、七一、教师节、国庆节等节假日，按照每个节日的不同主题对学生进行思想教育。同时，积极开展系列征文活动、演讲比赛、庆祝活动等。这些活动既陶冶了学生情操，又培养了学生的民族责任感和爱国情怀。

三是建立德育网络，形成工作合力。学校坚持每学期召开家长会，坚持每月向家长发放“家校连心卡”，并通过家访、电话访问等方式与家长取得联系，交换教育意见，及时将学校教育情况传达给家长，把社会的意见及时地反馈到学校。让学生时时、处处置身于良好的教育环境中。

此外，通过课堂教学、主题班会、班队活动、征文活动、演讲比赛等形式，广泛开展“日行一善”“洒扫应对”等尝试活动，有效促进学生良好道德品质的形成，使学生在活动中提升思想，优化品行。

四、关注特殊群体，开展“关爱”活动

留守儿童等的很多问题归根于在生活中缺乏关爱。学校成立教育义工团，加强留守儿童与特殊儿童的心理疏导与帮扶。我校建立留守儿童及特殊儿童的成长档案，倡导教师做教育的千手观音，以情动人，以爱育人。重视这个群体的思想和心理辅导，让学生感受到教师的爱、学校的关怀，引导这些孩子养成良好的行为和习惯，培养他们健康的人格。建立了“七彩小屋”“希望家园”，丰富留守儿童的课余生活。结合乡村少年宫活动，搭建各类兴趣活动的学习平台，让学生在周末和课余时间能参与学习，发展兴趣，拓展视野，在学习和交流中感受学习的乐趣和师生间的温情、同学间的关怀。突出“感恩教育”活动。围绕“感恩”开展了回报父母养育之恩的“感恩父母优秀作文征文”活动；感激老师的教诲之恩的“写给老师的一封信”；感恩他人（同学、亲友）的真诚帮助，搜集身边的好人好事等。让他们更深刻地理解感恩是一种文明，感恩是一种品德，感恩是愉快和健康的条件。心灵的成长是活动体验的历练，学校通过构建各种桥梁，使留守儿童在心理和学习上得到温暖和关怀，身心健康得到全面的发展。

五、用心打造，在校园文化创建活动上下功夫

校园环境建设是学校精神文明建设的窗口，同时又是学校日常德育的载体。优美的环境氛围，高雅的校园文化，给人以奋进向上的力量，学校应发挥环境育人的作用，创设一个时时受教育，处处受感染的德育环境。我校有健全的教育阵地，如：宣传栏、黑板报、广播站、阅览室、少先队活动室等，有统一用磁砖烧制的中国地图和

世界地图，有各种名人名言警句、校风、教风、学风以及《小学生日常行为规范》《中小学生守则》等标志，让每一堵墙壁成为无声的语言，在潜移默化中，向学生进行爱国主义教育和行为习惯教育。学校重视班级文化建设，要求师生共同创建班级文化，班级文化要体现“家”的内涵，让学生每天有家的归宿，每人用爱家般的情怀对待班级，用对“家人”般的感情对待同学。学校长期坚持不懈地开展每周升旗仪式和系列化的国旗下的讲演、丰富多彩的兴趣小组活动并形成了学校文化特色。这都充分体现了教育目的的素质性、教育形式的多样性，使学生在这样的教育环境中，陶冶情操，健全人格，促进学生实践能力和创新精神的提升。

学校坚持“以活动为主线，润泽学生精神”扎实有效的各项活动，深受家长和社会的认可，使学校德育工作取得了显著成绩。学校少先队大队获广东省优秀少先队大队、王健瑶被评为惠州市美德少年，学校曾被授予“惠州市安全文明校园”“中小学德育工作先进单位”“省绿色学校”“巾帼文明岗”等美称，教师学生在各类活动中获得优异的成绩。教师要春风化雨，润物无声，用活动育人、用心育人，才能让我们的学生内心富有、充盈，健康快乐成长。

让心灵的天空阳光普照

——全面开展体验式心理健康教育

惠州市博罗中学
案例负责人：纪少容
案例主要贡献者：欧阳翠娜

为全面贯彻党的教育方针,我校始终坚持“一切为了学生，为了学生一切”“让每一位学生健康成长、体验成功、顺利成才”的教育理念，在搞好教育教学工作的同时，通过多种渠道，全面开展体验式心理健康教育，让学生亲身体验和感受，使心理健康教育成为一种学生由内而外的自我情感体验。

为更好地实现“自我教育，自我成长”的教育目标，我们在全面开展体验式心理健康教育的过程中，注重课内与课外的结合，校内与校外的对接，落实实践主体，动员全员参与，初步形成了具有校本特色的心理健康教育模式，取得了良好的效果。

一、建立体验式心理健康教育团队

1. 成立“心灵家园工作坊”，组建体验式心理健康教育指导团队

学校的心育工作仅依赖几名专职心理老师，显然不够。为扩大心育师资队伍，我们面向全校公开招聘对心理健康教育有兴趣的老师，加入“心灵家园工作坊”心育教师团队。目前已有40多名教师加入，且已开展多次活动，并取得良好成效，得到了学生家长的一致好评。今后我们将继续培育、壮大这支队伍，使它成为我们学校大型体验式心理素质拓展活动的主力军。

2. 创办“水云间”体验式心理健康教育辅助团队

2006年11月我们创办了“水云间”心理社团。该社团由社长、副社长、秘书部、咨询部、内联部、外联部、网编部等部门组成。社团创办以来，通过办社刊报纸、办板报和心理角等形式，积极开展体验式心理健康活动，充分体现了学生的主体性，推动了我校的心理健康教育工作。

"水云间"心理社团合影

二、开发体验式心理健康教育课程

心理健康教育活动课是践行体验式心理健康教育的主要载体。自2003年开始，我们尝试开发以活动体验为主的心理健康活动课模式，设计了符合高中生年龄特点的游戏活动，形成了较完整的体验式心理教育课程体系。该课程体系涵盖人际交往、青春期情感教育、环境适应、学习适应、挫折素质教育、情绪管理、学习动机、生命教育、价值观、自信心训练等方面。

三、践行体验式心理健康教育主体活动

1. 开展心理健康服务周活动

我校把每年12月校庆周定为心理健康服务周，迄今已经举办了六届。心理健康服务周内容多样，包括心理报纸《心语》的出版发行、心理知识展、心理图片展、现场心理咨询、心理测试、心理游戏、心声祝愿树活动、心理影片赏析、班级团队建设示范课、心理专题系列讲座等。这些活动让学生在参与体验的过程中，增长心理知识和培养与他人沟通、合作的能力，提升心理素质，开发心理潜能。

第六届心理健康活动周

2. 举办心理情景剧大赛

心理情景剧由学生自编、自导、自演，选取学生日常生活中常见的一些心理问题，通过夸张的艺术表现形式，用学生自己的语言、动作，表现他们的心理矛盾、冲突、困惑，深入剖析原因，提出解决心理问题的方法，是一个重现生活场景、展示心理现象、讨论解决心理问题方法的一个过程。

从2006年始，迄今为止，我们已经举办了八届心理情景剧大赛。剧本题材丰富，表演风格各异。如2009学年第四届心理情景剧大赛以“学会感恩”为主题，从多角度、多视觉表达对感恩的理解：感恩社会、感恩友情、感恩生命、感恩亲情；2010学年第五届心理情景剧大赛以“同学你我他”为主题，阐释了学生高中生活中蕴藏的角色丰富的内心世界，反映校园生活成长中的矛盾与喜悦；2011学年第六届心理情景剧大赛以“90后的新声”为主题，反映了当代学生的心声，表现高中学习生活适应中迷茫心理与冲破黑暗的奋发向上的生机；2012年第七届心理剧大赛以“沟通从心开始”为主题，让同学们通过展现这个独特的年龄阶段的独特沟通方式，展现矛盾冲突的各种可能，寻求最恰当解决方式的过程。

心理情景剧是体验式心理教育的一种重要途径，它体现了心理健康教育“实践第一”的原则，强调发挥学生的主体作用，突出学生创新精神与实践能力的培养。

第八届“传递青春正能量　放飞阳光好心情”心理剧大赛

3. 开展体验式心理拓展训练

体验式心理拓展训练以“先行后知”的体验式学习方式打破了以“教”为主的教育模式，让学生在积极的参与中学到知识、领悟道理、挖掘自身潜能。

我校成立了专门负责体验式心理拓展训练的“心灵家园工作坊”心育团队，现已多次开展以“拥抱成长之星”“缓解高三压力”“我自信我能行”“共托明天的太阳”“沟通——从心开始”“一路有你 风雨同行”“领袖风采”等为主题的体验式心理拓展活动。老师、家长、学生共同参与，每个人都放下自己平时的身份和角色，回到人与人之间最根本的关系中，相互学习、用心体验、信任、支持和欣赏，重新发现彼此之间更有效、更密切的沟通方式。这些活动不仅促进了学生、家长、教师三者之间的沟通，还能使学生在思考中认识自我，在独立中体验自主、在实践中赢得价值。

四、践行体验式心理健康教育辅助活动

与此同时，我学校还着力于培养积极进取的学生心理援助联络员，建立家长学校，建立健全学生心理档案，开设心理辅导室，开展补救性心理健康教育，并力图通过校本培训方式培养教师有疑问能力，实现全员参与。为创设良好的校园心理环境，我校还举办了心理讲座、创设校园广播和悄悄话信箱等活动。

五、成果

通过以体验式心理健康教育为特色的心理健康教育方式，我校心理健康教育工作的整体水平明显提高。2011年，我校通过了广东省中小学心理健康教育示范校评估。

第四版
学生作品
青春是你所希望的存在
青春无悔
致青春
博罗中学心语室心理咨询开放时间：
【校园心闻】
【心理科研】
高中生学习拖延现状与对策

心理健康教育成果展

教师在全员参与心理健康教育的氛围中改变了传统的教学方式，课堂不再是教师一个人的独角戏，而是师生在课堂上组成一个乐教乐学的学习共同体。在这个共同体中，教师引导学生自主学习、发现问题、思考问题，通过师生间、生生间的对话，分享彼此的思考，交流彼此的情感体验，最终解决问题，达成共识。在体验式心理健康教育过程中，学生学会了认识自我，学会了调节情绪，学会了理解、尊重和关心他人，自信心明显增强，自我发展能力显著提高，更加好学、会学、乐学。

在科研课题方面，也取得一定的成绩。“体验式德育”探索项目荣获广东省中小学德育创新成果展示活动三等奖；《中学生负面身体自我的现状及其对自尊的影响》《高三备考“综合症”现状、原因及对策 》等论文发表在国家级核心刊物；“高中生情绪调节能力的培养”课题获得广东省中小学心理健康教育“十二五”规划课题立项。

我校具有校本特色的心理健康教育模式得到博罗地区兄弟学校的认可，体验式心理素质拓展这种模式在博罗地区得到很好的辐射，赢得了社会各界的一致好评。每当学校开展如心理健康活动周、心理剧大赛等活动时，总能吸引各校心理教师前来观摩，他们多次要求我校“心灵家园工作坊”到各校开展各种主题的体验式心理素质拓展活动。博罗电视台还特地对我校的第三届心理健康活动周进行了专访。

交一颗真心，换一份真情

惠州市仲恺高新区惠环中学
案例负责人：吕苏丽
案例主要贡献者：吕苏丽

一、案例介绍

浩文同学，个性开朗，看问题有自己独到的见解，个子矮小，但与他谈话时，较一般同学要来的成熟、深刻。但他在初中人生观初步形成时期，较多地接触到社会的不良风气，并受到社会青年的唆使，大胆地让自己“长出第三只手”，伸向家里存放现金的抽屉，一拿就是800块钱。据了解，浩文在上小学时也多次偷家里的钱买玩具和零食，但他妈妈舍不得打他，便草草了事，久而久之，他妈妈也管不了他了，他父亲长期在外打工，于是他更大胆放心地偷起来。他对自己的偷盗行为不以为然，这回偷的800元，也是为了“孝敬”他在社会上认的“哥哥姐姐”。进入初中以来，较之小学任务加重了，他的成绩不如人意，思想越发偏激。老师、家长的一次次疏导未能让他清楚意识到自己的错误，反倒让他认为我们的教导是在限制他的自由，以致他反抗学校、老师、家长的教育情绪愈演愈烈。上课时眼神空洞游离，作业也爱做不做，放学很晚回家，泡网吧，有时候起床晚了直接就不到学校上课。最严重的是把偷盗的恶习从家里带到了学校，初二下学期，由于摔伤，家长到学校办了休学，翌年9月，他又重新回到校园。

进入初二后，他的情绪一直都不太稳定，想法越来越偏激，与同班同学发生矛盾、欺负低年级同学、顶撞科任老师，上课讲话，不做作业，旷课。老师、家长多次联手耐心教育，但收效甚微。一次课间，班长跑到办公室，捂着左脸，对我说浩文打了他，还在班上扬言，如果谁敢向我“告密”，就让那个告密者出得了校门回不了家。得知此事，我及时找到了浩文，把他带到了政教处，他欺负同学已经不是一次两次，我觉得这回应该好好教导他，不然他的歪风气焰会越来越嚣张，趁现在他还是怕学校的处分，应该拉他一把，免得他走错道。政教处的领导严肃地批评了他，他意识到了自己的错误行为，并写了道歉信，在班会课上跟全班同学道歉，还保证不再与社会上的不良少年来往，他还走到班长的座位旁，很诚意地拉起班长的手，请求班长原谅他。之后的一段时间，我经常找他谈心，了解他的家庭情况和交友圈子，我还征得全班同学的同意让他担任纪律委员一职，让全班同学一起监督他，帮助他。这么做，一来可以先稳住他，让他觉得老师同学还是接受他的，消除他敌对老师教育的情绪，二来可以增强他的责任意识，不断提高对自己的要求。慢慢地，他有了一些转变，我看在眼里，乐在心里。可是好景不长，这才过了一个月，政教处便打来电话，说学校小卖部阿姨捉到了一个怀疑偷冰红茶饮料的学生，正是我们班的浩文同学，我脑袋一嗡，天啊，这才多少天，老毛病没改，还带到学校，我一阵愤怒。虽然我有千百个不愿意相信，但经过调查，确有此事。在调查中，他找各种借口推脱，矢口不认，直到有目击者指认，他才低下了头。我欲打电话给他家长告知此事，他拉着我的手几乎要跪下来哀求，说他后悔了，说他会改，说他如果再有偷盗的行为就把手给剁掉，但千万不要打电话给他父母，不然，他爸一定会打死他。为了这名学生，我花了多少心血想要转变他，我深知“小时偷针，大时偷金”的道理，毅然给他父亲打了电话。第二天，他父亲拽着他来到学校，说偷东西的事情就让学校处理，他没有品德恶劣的儿子，还是报警抓这个小偷好了。他听他父亲这么一说，也倔起来，指着他父亲说他父亲从小到大只知道打骂，根本不知道要怎么爱他。他们父子的态度、言辞都非常激烈，在办公室大吵大闹，若不是学校领导及时制止，就要动手。在他父亲说出气话“要断绝父子关系”时，他竟然说：“断绝就断绝，不稀罕，你们给我的所有东西，我都记着，就算割肉削骨，我以后一定会还给你们的。”在旁的政教主任呵斥他，问他父母养育他这十几年的感情怎么还？经济账要如何算才能算得清？他父亲在旁眼睛发红，浩文一声不吭，转身就走，我拉也拉不住，随即，他父亲从口袋掏出10块钱放在办公桌上，匆匆离开了办公室。

在这之后的一个星期里，他都没有来学校上课，致电家长，他父亲说他离家出走一个星期，至今未找到，也不继续找了，等他回家之后再好好教训他。我劝说，但他父亲听不进去，匆匆挂机。在这期间，我也一直坚持打电话了解情况，但是电话要么通话中，要么未接，要么接了匆匆挂掉。对他父母的态度我也实感无奈。又两星期过去了，浩文的父亲来到学校办理休学手续，说他摔伤，要治疗好长一段时间，经过多番询问，得知浩文是从家里三楼“摔”下来。我觉得奇怪，多番追问，他父亲才支支吾吾说，浩文离家出走一星期多才回家，他的怒火没法释放就拿着棍子追着他打，追到三楼，浩文没有退路，就从三楼跳下。我震惊了，小小年纪，为何做出如此极端的事情。追根究底，家庭教育很重要，他父亲火暴的脾性在他成长中已造成了毁灭性的伤害。

本想组织班干去医院看望他的，但每次他家长都拒绝，说他要静养。学期末，我意外地收到了浩文发来的一封邮件，说他经历了这件事后，触动很大，他的思绪不再平静，在这段特殊的日子里，他真切地感受到了父母的疼爱、老师和同学们的关心，心头暖暖的。对于他以前的所作所为，实在是幼稚、可笑、自私。他说他双脚骨折，腰椎也受了轻伤，每天只能躺在床上，晚上睡不着的时候，就会将自己所做的事情反复思量，逐渐他认识到自己的错误。因为自己的愚蠢，现在在为自己造的孽买单，他还说等他好了，要重新回到校园，做一名合格的中学生。对于家长、老师，他无以回报，只有发奋刻苦，争取在学业上学有所成。我回邮件让他好好休养，等好了，期待看到一个全新的他。

翌年9月，开学了，我的办公桌上放着一份小礼物和一张包装精致的手工卡片，卡片上的署名是浩文，上面写着："老师，祝您教师节快乐。谢谢您对我的谆谆教导，为我指引了明灯，我一定好好做人。我现在留级在八年级，我会让您看到我的进步的。"礼物是几根精致的彩色蜡烛，我心头一阵暖意，现在就看他的表现了。希望他真的能好好自律，开开心心，健健康康。

二、案例评析

在这信息爆炸的时代，学校不再是封闭的象牙塔，学生在现实生活中受到的影响，可能比书本知识、老师、父母的说教来的更直接、更生动、更丰富。浩文因受到社会过多的不良影响，以及暴力环境下的家庭教育，使自己的人生出现了偏差，但同样的，是现实生活教育了他，纠正了他，令他重新回到校园，回到正常的人生轨道。他会有如此大的人生偏差，我归纳为以下几点：

家庭教育方法不当，家长教育粗暴，使孩子在呵斥和棍棒中学会仇视一切"教育"。浩文的父亲在他最需要耐心教导的成长阶段，却长期在外打工，孩子在"自由"中疏远了棍棒，也疏远了感情，养成了懒惰，也养成了散漫。

由于他是"后进生"，身上有很多恶习，他反映，在上小学时，免不了老师的冷落、辱骂、甚至体罚，这些歧视，不一定是教师的自觉行为，但后果却让学生丧失自信，感觉丢了尊严。在学生想要改过自新的时候，却没有得到老师的肯定。上了初中后，觉得改过自新的机会又来了，又由于长期的散漫而坚持不了，多次尝试失败，失去信心，沉重的自卑感又来了，如此恶性循环，本来可以改正踏上正轨的，却成了老师眼中的"差生"。

初中阶段，是个性发展的一个重要时期，由于学生的不正当交友，因而染上社会恶习。

作为班主任，我觉得在转化“后进生”时，首先要把他们放在整个集体教育中来教育，我在教育中特别注意以下两个方面：

首先，师生面前，人人平等，面对“后进生”，我注重感情倾斜，这种倾斜并不是偏爱，而是怀着强烈的人道主义情怀给他们心灵的呵护，帮助他们找回信心，树立尊严。让班级的同学们也参与到关心和帮助“后进生”的行列来，教会学生发现“后进生”的闪光点，真诚地尊重、帮助和关爱他们，进而唤起他对班集体的热爱，并把这种感情转化为上进心。在工作中，我注意引导集体舆论帮助后进生，尽可能地把个人对学生的批评、表扬、肯定、鼓励、关心和帮助变成全班对这个学生的批评、表扬、肯定、鼓励、关心和帮助。

其次，是讲究有效的方法，进行家校联合，学生的进步或问题，及时向家长反映，家长也要及时向老师反映孩子在家的表现情况；课余时间，可以与后进生一同活动，把后进生带到集体中来，让学生在班级中有所为，在班级中找到自我价值。

浩文最后能在恢复健康后重新回到学校，离不开学校老师、同学的关爱，也离不开他父母转变好的教育方式。

传承传统文化，造就现代君子

汕尾市陆丰东海中学
案例负责人：林祖浮
案例主要贡献者：施展翎　黄文平

一、产生背景

传统文化教育对构建和谐校园的目标、新课程改革的实施、思想道德教育实效性的提高等具有极为有益的意义。对学生进行传统文化教育，倡导传统道德体验教育，造就现代君子已显得十分紧迫，这有利于重建精神家园，凸显人文精神。

二、理念支撑

确立“为学生的全面、健康、协调、个性化成长提供有效服务，为学生的终身发展和一生幸福奠定基础，培养现代君子”的办学理念。确立发展性教育质量观，坚持全面多元评价标准。

三、主要做法

1. 推行学校人文管理，为传统文化教育和培养现代君子提供保障

确立“为学生的全面、健康、协调、个性化成长提供有效服务，为学生的终身发展和一生幸福奠定基础，培养现代君子”的办学理念。确立发展性的教育质量观，坚持全面多元评价标准。以是否有利于“学生终身发展和一生幸福”为教育评价最高标准，统领学校教育的一切方略、制度、机制、过程、评价。制定课堂教学评价指引和教师绩效考核制度，均以“促进学生发展”作为核心价值标准。推行“课堂阳光语言”，以“赏识孩子、成就孩子未来”为信条。加强师德建设，以孔子“学而不厌，诲人不倦”为教师精神品质，以陶行知“捧着一颗心来，不带半根草去”为教师职业道德操守。立足校情，博采众长，以苏格拉底、苏霍姆林斯基、蔡元培、陶行知、布鲁姆等古今中外教育家的教育思想为教育探索的航灯。

2. 注入教育新内容，构建传统文化教育和培养现代君子的育人体系

提出“厚德、博学、强能、笃行”的校训，校徽设计特别标示“航海人的冲浪扬帆”，校歌中特别强调“木棉参天，学子翩跹”“弄潮扬帆，气薄云天”。在严格执行新课标开齐开足国家规定课程的前提下，编印《孔子》《论语选读》《感悟名人人生境界》《转变思路，学会学习》《新生入学读本》等校本教材。组织学生品读经典，开展读书演讲比赛，每周一升旗礼后全体师生向孔子铜像行三鞠躬礼并齐诵和解读感悟《论语》章句，开设文化经典品读讲座。

3. 深化“三位一体”教育模式，创设评价体系，筑牢传统文化教育和培育现代君子的教育机制

校园内的学生活动由学生唱主角，让学生在评价老师的同时也自我评价自己。学生管理规范的制定与实施往往都伴有学生的充分讨论或班会论坛阐述。构建家校的沟通与激励机制，学校推动教师与学生及其家长的有效沟通，要求教师引导家长学会赞赏激励孩子，并引导学生及其家长正确及时表达对教师工作的赞赏和价值认可。在学校周围社区设置宣传栏，在通往学校道路悬挂传统文化宣传画、标语，让传统文化教育由校内向社区延伸。把传统文化教育和培养现代君子纳入学生德育考核体系，并作为评价学生自主发展的重要标准，其结果与学生的发展综合评定、评优评先、毕业鉴定等结合起来。

4. 营造浓郁教育氛围，让传统文化教育处处渗透学生心灵

通过LED屏，每天滚动呈示传统文化经典名言。借助多媒体教学设备，定期播放传统文化主题教育片。搭载校园广播系统，在课余时间播放经典篇章的名家朗读。教室内外、楼梯走道处处悬挂科学、文学、艺术名家的肖像画与人生警言。校园正中竖立孔子铜像，主楼镶刻校训，教学楼镶刻孔子、墨子、苏轼、苏格拉底等名人名言。出版“感动中国十大人物”、学生笑脸墙、校园之星宣传栏。开展科技创新比赛、校园歌手比赛、器乐比赛、书画比赛以及各种体育比赛；开展课外读书活动比赛、“学习挑战行动”、“告别陋习行动”、“规范仪容仪表”、“青年志愿者行动”、成人礼仪式教育、爱国主义教育和社会实践基础的生活体验教育等。

四、基本成效

我校以传统文化为基调，吸纳中西文化精华，营造富有生机活力和强大感染力的现代学校文化，孕育“现代君子”成长的生命力量。作为本德育方案的负责人、主要探索者的林祖浮校长，在不断探索的过程中总结经验，形成论文《“文以化俗，气以蓄势”——浅议学校文化管理兼析东海中学的探索》，该论文被省教育厅主管的、广

东教育学会主办的《教育创新》（2011.3）列为核心内容予以刊载。我校教师在培养现代君子的实践中，形成了论文专著《知困集》、书画作品集《东海扬帆》等。由林祖浮校长亲自主持的课题《基于“顿悟”的高中政治学习指导策略研究》《高中政治课促进学生“顿悟”的教学策略》都被立项为省级课题，其中《基于“顿悟”的高中政治学习指导策略研究》为省级“十二五”重点立项课题。

我校被全市群众公认为全市初中三所强校之一。中考成果喜人，参考率、合格率、优秀率均居全市前列，培养出像蔡映洁（2008年）、赵梓凯（2011年）的汕尾市中考状元。2011年，陈万钧同学代表汕尾参加全国英语综合能力竞赛和英语口语演讲大赛获得全国特等奖第二名。在初中学科竞赛中，五年来东海中学稳居汕尾市第一获奖大户。五年来，有32人获全国一等奖，47人获全国二等奖，58人获全国三等奖；有75人获省一等奖，92人获省二等奖。2014年，我校高考再创佳绩，一本上线2人，二本上线9人，三A上线23人，是陆丰市城区唯一能够完成教育局高考达标的学校。

我校先后获得“广东省体育锻炼达标先进单位”“广东省中学共青团建设先进单位”“广东省中学生社会实践教育活动先进单位”“广东省群众体育工作先进单位”“广东省巾帼文明岗”；“汕尾市巾帼文明岗”“汕尾市安全文明校园”；“陆丰市文明窗口单位”“陆丰市教育系统先进集体”“陆丰市德育工作先进单位”“陆丰市先进基层党组织”“陆丰市文明学校”；“东海镇教育系统单位”等荣誉称号。

五、社会反响

我校的做法得到社会的普遍好评和同行的充分认可。我校一批批深受学生和社会高度赞赏的教师，和走出社会取得不凡成就以及在学术上成绩骄人的校友，究其身上，都具有现代君子的共同品质。近几年来，江门台山高级中学、韶关仁化中学和曲江一中、本市的彭伟学校、上英中学等学校在校际交流中，纷纷学习和参照了我校的做法。《汕尾日报》曾以《与好书相伴与经典为友 东海中学摆开读书“盛宴”》《扬儒家文化做现代君子 东海中学学生人手一本〈论语选读〉》等为标题不下10次先后在头版报道了我校推行传统文化教育，竭力培养现代君子的做法。《羊城晚报》粤东版、汕尾电视台、汕尾党政信息网、《陆丰报》、陆丰政务通讯也曾做了相关专题报道。

雏鹰从这里起飞

汕尾市陆河县实验小学
案例负责人：罗思丹
案例主要贡献者：彭伟洒　叶纂妹

陆河县实验小学创办于1997年秋，虽地处广东省贫困县，却是粤东山城教育的一颗明珠。学校现有35个中队，少先队员2090人。

多年来，我校非常重视少先队的德育功能。“少先队教育的真谛不是把真理直接地给孩子们，而是带领孩子们在实践中去探寻真理。”因此，我校少先队工作一直以少先队活动为载体，以社会主义核心价值观为导向，以创建宽松、和谐、文明、诚信的校园生活环境为根本出发点，让学生快乐生活，健康成长，我们通过异彩纷呈的少先队特色活动，用先进文化教育感染孩子们。把校园人文环境建设与少先队文化建设相结合，让队员们在实践体验中成为具有高尚道德情操、充满活力和创造力的一代新人。

一、主题队活动，引领少先队文化主流

围绕一个中心内容有目的、有组织地对少先队员进行的一种自我教育活动。丰富多彩的主题队活动能创建良好的人文环境，较好地引领班级文化主流。多年来，我们结合学校实际和对小学生教育的成果容易出现反复等情况，采取整合资源，齐抓共管，心理疏导等新模式，开展了专题教育月活动，为学校的德育工作开辟了新的渠道。少先队工作形成每月有主题，活动方案环环相扣，每月主题相互渗透的良好局面，达到巩固育人的效果。如在3月的文明礼貌月活动中，我们从启动仪式开始，举行了向“不文明陋习告别”签字仪式；举行了“文明伴我行”主题班会观摩；文明标语设计比赛；学习雷锋，清扫街道活动；儿童心理学专家到校举办讲座；文明小标兵、文明班级等系列活动，让文明的春风温暖了整个校园。队员在耳濡目染和实践参与中，文明礼仪教育逐渐走进他们内心，并逐渐将文明行为内化为习惯。现如今，举止文明、谈吐文雅、助人为乐、孝敬父母等文明习惯已在队员中蔚然成风，受到家长和社会各界的一致好评。教育月活动已经成为全县，乃至全市少先队工作中的亮点，经验在全市进行推广。

二、节日纪念活动，深化少先队文化内涵

学校根据少年儿童的年龄特点，通过多渠道、多层面、全方位对队员进行思想情感教育，并寓节日教育于活动之中，深化少先队文化内涵。大队部利用妇女节、劳动节、建队日、母亲节等有利契机，利用国旗下讲话，红领巾广播站，烈士纪念碑等校内外教育阵地，让队员在潜移默化中受到情感的熏陶。

三、创新特色活动，促进少先队工作发展

（一）爱心传承接力活动

培养队员的爱心和社会责任感，是我校少先队工作的重要组成部分。每学期，我们都要举行多次献爱心活动，向需要帮助的人伸出援助之手。从全校响应上级号召总动员开始，到中队讨论会，再到《致家长的一封信》，活动组织有条不紊，在社会上形成了广泛的影响。近几年来，我校共筹得爱心款7万多元，上缴到广东省红领巾基金，以实际行动为“希望家园”的小伙伴奉献爱心、提供帮助，为“共建幸福家园”贡献了自己的一份力量。

（二）“红领巾相约中国梦”系列活动

自“红领巾相约中国梦”活动开展以来，学校大队部结合自身特色，开展了“我的梦、中国梦”系列活动，每一个孩子都有一个小小的梦想，一个个小梦想的凝集，正是未来的中国梦，通过国旗下讲话、校园广播、黑板报、宣传栏等形式，宣传“中国梦”的内涵。通过演讲、征文、手抄报创作设计、儿童画、主题队会等活动，让队员进一步了解新中国成立以来特别是改革开放以来的辉煌成就，激发队员对伟大祖国的崇敬之情，刻苦学习，发愤图强，树立属于自己的“中国梦”。

（三）少先队品牌特色活动

1. 社会实践和科技实践活动

因为我县地处偏远山区，广阔的自然资源为少先队活动的开展提供了有利条件，为此大队部组织了红椎林、青梅、客家擂茶、花鳗鲡等家乡特产的研究实践活动。让队员们走进丛林山涧，领略家乡之美，并通过独立学习、积极思考等方式，把大自然蜕变为丰富的教材，培养他们关注环境、积极探索的优秀品质。其中《红椎林——我们陆河的骄傲》《我爱家乡的青梅》实践成果分获全国科技实践活动评比一、二等奖。科技实践活动成为了学校少先队工作的一支奇葩。另外，我们积极创造条件组织开展了海陆丰红色之旅，争当优秀“小导游”，参观省科技馆等开拓视野、增长见识的活动，为雏鹰的高飞指明了方向。

2. “红领巾手拉手”活动

资源共享，团结奋进，是我校在全县范围内掀起的“红领巾手拉手”的活动高潮。多年来，我们用书信、到校交流、联欢等方式加强了校际交流，在校际间掀起了合作互助的热潮，是全县校际活动的先行者。我们把爱心把丰富多彩的节目带到了共联小学、樟河小学等薄弱学校，为两校儿童带来了欢乐；把共联小学请到学校参观、联欢，也把我校先进的育人理念传播了出去，真正实现了教育共赢、均衡发展，为山区教育贡献力量。在“六一”我们还把活动场地延伸到了县消防大队，队员与消防战士携手联欢，其乐融融，让队员度过了一个难忘的儿童节。

3. 主题队日活动

我校认真开展少先队队日活动，每次活动做到有计划，有实施，有总结。有“寻找雷锋足迹”的助人为乐，有“民族精神代代传”的红色之旅，有“营造书香校园”的琅琅书声，有“雏鹰争章”的你追我赶，处处争先……至2013年，我校已有二十多个队日活动在“飞扬红领巾”队日竞赛中获奖，其中，二（3）中队的“关爱生命、自护自救、安全逃生”活动案例入选省少工委主编的《广东省少先队理论与实践》一书；彭海珠老师的队日活动《红领巾心向党 我与祖国共成长》获得了2012年度的“十佳队日”奖。

另外，亲子活动、雏鹰争章、阳光少年评选活动等各项特色品牌活动也在学校中如火如荼地开展，队员在活动中健康成长。这一个个精彩的活动，都为学生提供了表现自我的平台，也给学生的思想进行了一次次洗礼。

四、勇于探索，硕果累累

近几年来，在少先队活动方面，学校也是硕果累累，2009年被评为首批“广东省红领巾示范校”。2011年获全国优秀少先队集体称号，另外，获省级荣誉4个，市级荣誉5个，县级荣誉17个。

学校少先队工作是一项复杂而且艰巨的细致工程。我校的少先队工作在校领导、教师、学生的全员参与下取得了一定的成绩。在成绩面前我们不会停步，我们深信：在上级组织的关怀、学校领导的正确指导下，通过全体教职工的共同努力，我校少先队工作一定会再上一个新台阶，为青少年的成长撑起一片晴空，让更多的雏鹰在这里起飞。

校园心理剧在轻中度智障儿童心理健康教育中的应用研究

中山市特殊教育学校
案例负责人：张国涛
案例主要贡献者：汤剑文　张国涛

一、背景

随着我国特殊教育事业的发展，智障儿童的心理健康问题已逐渐引起特殊教育工作者的重视，如何通过教育有效提高智障儿童的心理素质，已经成为特殊教育工作的重点。但就我国目前而言，相关的心理健康教育书籍很多，而针对智障儿童的特殊性进行心理健康教育的教材与辅导书籍较少。

有研究结果表明，智障儿童的孤独倾向和冲动倾向比较明显，并且年龄越低的学生，冲动行为也就越多。具体而言，由于轻度智力落后的学生智力低下，学习成功率不高，失败的经历比较多，对学习和考试存有逃避的心理，所以他们有学习焦虑；另一方面，他们在众人面前容易退缩、不敢讲话，行为缺乏独立性，情绪容易波动。培智学校目前心理健康教育的途径较单一，利用午间广播宣传心理和生理健康的知识较多，由于这种活动依赖于学生的认知活动，对于智力落后的学生来说效果不大。“校园心理剧”这一心理健康教育形式符合智障儿童的发展特点，选题直接来源于实际生活，易于理解和接受，形式轻松自由，能够达到寓教于乐的目的，为提高智障儿童心理健康教育水平提供了一种新的思路。

二、理论基础和实践意义

心理剧在国外应用的范围较广，他们发现心理剧对一般人的人际困扰、失眠、忧郁、家庭暴力、性侵害创伤以及轻度的精神病患都有明显的帮助。

1993 年心理剧传入我国，并逐渐融入了具有中国本土文化特质的东西。在中国知网首页中输入词条心理剧，可以搜索到5660条相关信息，多项研究结果表明心理剧治疗可以帮助精神分裂患者消除自卑心理，提高自尊水平，同时研究也发现心理剧治疗可以帮助恢复期精神病患者消除回归社会前的负性情绪，提高自身心理防御和社会适应能力。心理剧治疗还能够使癫痫患者较多地使用成熟的应对方式，能改善癫痫患者的负性情绪，提高心理健康水平，是促进癫痫患者神经功能康复的有效方法。心理剧治疗还可以帮助灾区人民建立安全信任感、引导情绪宣泄、举行告别仪式、与新生活联结、重塑生活的信心等。

在中国知网首页中继续输入词条校园心理剧，可以搜到1012条相关信息，可见，当前我国教育界将校园心理剧应用于大中小学校园已经比较常见。很多研究结果表明校园心理剧的治疗效果比较显著。校园心理剧不仅能帮助学生发现自己的心理问题、引起他们的情绪体验和行为反应以及改变他们的认知，还有利于提高他们的社会技能。

而将校园心理剧在应用于特殊儿童心理健康教育研究方面的，则非常少，在中国知网中几乎搜索不到。仅搜索到的结果中，研究者大都尝试将音乐心理剧用于自闭症儿童心理健康教育中，并取得了显著的效果。

校园心理剧和音乐心理剧有相似之处，前者针对普校学生取得了显著的效果，后者针对自闭症特殊儿童也取得了一定的治疗效果。校园心理剧这一心理健康教育形式，选题直接来源于实际生活，易于理解和接受，形式轻松自由，能够达到寓教于乐的目的，符合智障儿童的发展特点。因此，将校园心理剧应用于轻中度智障儿童的心理健康教育中具有充分的理论基础和重要的实践意义。

三、主要做法

1. 结合学生实际情况，初步界定研究对象

课题组成员组织班主任老师和任课老师对研究对象进行为期6周的观察记录，填写《轻中度智力障碍学生心理行为问题记录表》，结合对班主任老师和任课老师的访谈，课题组成员研究讨论。对研究对象进一步进行筛选。界定本课题研究对象。

2. 编写轻中度智力落后儿童心理行为问题剧本

组织者把存在同一心理行为问题的学生，约十人左右，集中在一起，充分调动同学们的积极性，引导同学们编出校园心理剧的每一幕，组织者记录整理出剧本的轮廓，再丰富内容，最后完成剧本。

3. 排演分享校园心理剧剧本

剧本完成之后进入正式排演阶段，组织者把存在同类心理行为问题的学生约十人左右（与编写剧本的人员相同），集中在一起，进行校园心理剧的排演分享。引导学生讨论、分享和反思自己存在的心理问题和应有的解决方式，进而达到对学生心理行为问题改善的目的。

4. 撰写研究报告

存在同一类心理行为问题的智力障碍儿童经校园心理剧干预后，课题组成员要进一步跟踪调查，再一次通过班主任老师和任课老师进行为期6周的观察记录，同时，根据观察情况，再次填写《轻中度智力障碍学生心理行为问题记录表》，并对前后两次填写的结果进行对比分析，撰写研究报告。

5. 撰写结题报告

智力障碍儿童几大类心理行为问题都干预完成之后，再对研究结果进行总结分析，最后，撰写结题报告。

四、基本成效

通过校园心理剧研究实践，有效地促进了学校心理健康教育的工作的开展，使学生心理行为问题得到改善，提升了学生的整体心理素质；提高了教师的专业素养，培养了一批实践性强的特殊教育心理健康教师；促进家校合作，更新家教观念，促进亲子关系；并探索出了校园心理剧在智力障碍儿童中运用的实践经验。整理出轻中度智力障碍儿童《心理与行为问题实录》一册，形成了一套有推广实践价值的智力障碍儿童心理教育的校园心理剧示例集。该示例包含了如何运用校园心理剧的方法为智力障碍儿童解决常见心理行为问题的过程和结果，为各兄弟学校进行推广使用提供实践参考，对以后各类心理行为问题改善研究具有较强的借鉴价值。通过校园心理剧研究实践，编写出了适合智力障碍儿童的校园心理剧剧本；总结出了智力障碍儿童常见心理行为问题的种类；形成了一系列关于智力障碍儿童心理行为问题研究的论文集。

五、社会反响

本研究将校园心理剧应用于智力障碍儿童的心理健康教育中，在干预过程中，积累了丰富的实践经验，并最终取得明显效果。本领域的研究填补了国内外在此领域研究中理论和实践应用的不足；走在了特殊教育领域研究的前沿，为特殊儿童的心理行为问题的干预提供了新思路；对特殊儿童心理健康教育研究具有一定的影响。并于2013年12月获得广东省中学校教育创新成果三等奖；于2014年1月获得中山市第八届教育科研成果三等奖；于2014年5月获得首届全国基础教育科研成果网络博览会一等奖。本课题还获得特教心理教师的广泛关注，佛山、台山等特校心理老师特地前来交流学习，并给出肯定和好评。其因为课题成果突出，2014年5月28日获得《南方日报》专访，以《72名智障儿3年编演36剧目》为标题大篇幅报道，并有幸成为《南方日报》当天特别推荐版块。

大手牵小手　爱心齐飞翔
——情牵汶川灾区亲子义卖案例

中山市东区雍景园小学
案例负责人：詹海洲
案例主要贡献者 李余仙　潘　演

一、案例的提出

踏伟人故里，行博爱善举。为大力倡导中山市助人为乐的社会公德，弘扬中华民族扶贫济危的传统美德，雍景园小学有针对性、创设性地设计了义卖支教活动。

此活动充分利用社区资源，通过社区、家庭、学校三位一体的共同参与开展，不仅能够引导学生走出课堂，奉献爱心，培养积极的情感，而且更密切了学校与家庭的纽带联系，营造和睦孝顺、健康积极、富有爱心的家庭氛围，又能唤起公众的公益精神，关心他人的社会热潮，为“国家文明城市”——中山的各项建设营造更加文明、和睦的社会氛围。

二、案例主题、形式和内容

“大手牵小手，爱心齐飞翔——情牵汶川亲子”为主题的义卖活动，由雍景园小学同雅居乐公司共同组织亲子义工在东区雍逸廷汇臻台广场开展。以年级为单位评选出：募捐资金排在前三名的班级和展台布置富有创意的班级三名，获赠慈善募捐纪念标志襟贴一个，并向亲子义工家庭赠发此次活动的纪念标贴和礼物。

三、案例要求

各班级要高度重视，按规划人数，组织落实好人员参加。凡参与活动的学生和义工家长，我校应对他们的善举给予肯定和表彰。

在募捐活动中，以班级为单位，并对参加活动的人员做好交通安全、工作方法和技巧等方面的教育、培训。

学校和义工家长要做好宣传和新闻报道。义卖募捐活动使用的慈善募捐标志、捐款箱等物品由学校设计提供。

义卖募捐过程中的财务工作要清晰、透明、严谨、规范，每阶段的慈善活动结束后，做好汇总工作。并请义工家长做好财务的监督、计数工作。

本次活动以募集资金为主，一切捐助活动在自愿原则下进行。

四、时间、地点安排

准备阶段：2009年3月1—3月14日

开始阶段：2009年3月18日8:30—11:30

总结阶段：2009年3月18日14:30—16:30

地点：东区雍逸廷汇臻台广场。

五、案例活动形式

鲜花队欢迎仪式、师生现场义演拍卖、小记者现场采访报道、班级分摊义卖、亲子义工分组在广场附近兜售、亲子家长当场结账颁奖、亲子义工分享交流会。

六、准备工作

1. 雍景园有限公司

做好宣传、发动工作，鼓励附近地区居民积极参与。

备好现场义演设备：舞台、音响（最少2支麦克风）、布幕、拍卖物品（200份）、26个义卖摊位（规格：约3米×1.5米）。

2. 雍景园小学

做好亲子义工家长的动员沟通工作。

制定好家长与学生的签到表，准时签到。

组织学生做好前期的捐物工作。

布置好展台（展台设计新颖，美观，不许雷同）。

准备好学生当场义演的节目。

对鲜花队和小记者的严格要求要到位。

3. 亲子义工

设计一个募捐箱，学生和附近居民购买物品所捐献的钱全部上缴到募捐箱中。

保管好募捐箱的财物，随时做好统计总数的工作。

准备好一批义卖的东西（实用、有新意）。

分组在广场附近兜售。

七、案例过程

各摊位上开展义卖活动。（分布于广场四周，由正副班主任一起做好管理工作）

卖旗筹款。（晓华组织其中15组的亲子义工队在场内卖旗）

拍卖活动。（舞台上，物品由雍景园房地产有限公司提供，冯月梅老师组织学生拍卖）

爱心义演。拍卖结束后，孩子、家长可以随意捐款到舞台的捐款箱后，上舞台表演一个节目。

小记者采访队。（由文学社、广播站组织一批小记者进行现场采访，并拍下录像。）

八、项目活动操作流程

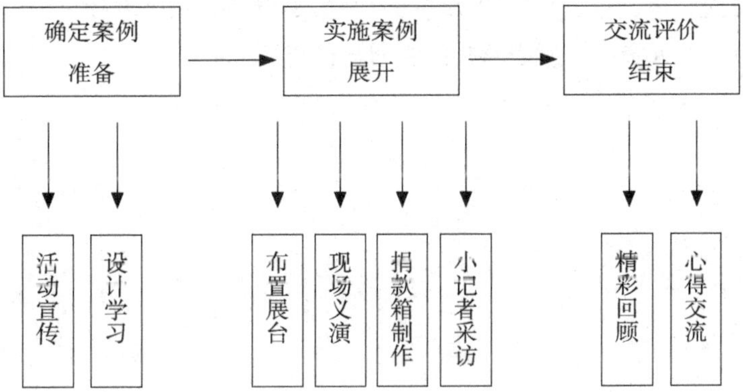

九、案例评述、反思

知识经济时代，社会日新月异的变化，传统意义上教育观念已不再符合时代发展的需要，家庭教育观念更新的滞后与学校教育的与时俱进形成的反差是导致学校工作举步维艰的根本所在。家庭是孩子接受教育的第一课堂，家庭教育是学校教育的基础。

如何加强学校与家长的合作，做好家长工作，不仅是学校德育的一个重要方面，更是培养健康健全少年儿童的必然途径。雍景园小学的亲子义工首次开户的义卖之路无非是一条符合家校合作规律的大胆、有意义的尝试。它使我们对学生的教育内容成为终身有用的东西。

时间带走了平凡的一天——3月18号，却给在场的每个人留下了不朽的回味：闷热的天气与如火如荼的“义卖”热火劲；暴晒的阳光与义工家长额角闪烁的汗珠；干渴的喉咙与教师们不停吆喝的叫卖声；酸楚的双脚与孩子们来回穿梭不止的步伐……我们感受到孩子们爱的温暖，整个卖场成了一个爱的海洋，处处涌动着爱的力量……

这次“爱心义卖”对孩子们来说具有非常好的教育意义。我对这次活动主要有以下几点深刻思考：

活动目的性较强，但宣传力度不够。如果条件允许的话，我们应该先把汶川县的教育状况在电视里播放，播放一些爱的歌曲，这样更能体现出汶川县教育的真实性，孩子们听了看了，体会更深刻，更形象，这样效果会更好，也让附近的居民更有感触。

分段亲子“爱心义卖”。这样让每个孩子都有机会尝试，这种买卖交易，把自己东西交换过来的钱，亲自投放到爱心箱里。这种切身实际的行动，让孩子对爱的传递感受会更加深刻……

最后总结阶段，教师、义工家长畅所欲言，分享心得体会，直抒感想胸意，气氛好不浓烈。只是由于时间的仓促，没有召集好所有参加此次活动的人。如：雍景园有限公司负责人、小记者、附近居民等等。最好是以两到三个老师为一组举行分组讨论，让更多参加的人多一份发表感想的空间与机会。

故事育人效能实践与研究

东莞市莞城英文实验学校
案例负责人：黄旭珍
案例主要贡献者：林的萍　姚晓灵

一、产生背景

莞城英文实验学校创办于2004年，现有40个教学班，学生近1800人，教职工153人。学校秉承“热爱生活、自主学习、快乐成长”的办学理念，为学生的终身发展、人生幸福奠基。基于这个出发点，我们把促进个体生命的健康、自由、全面、和谐的发展，与培养适应未来社会发展需要的现代公民结合起来，开启学生面向未来的精神之窗。

在德育工作中，我们以创新常规工作、培育品德活动、课题带动、构建三级德育课程等方式，促进德育观念、方法、手段、机制的改变和更新，保证德育工作实效的同时，也形成了自己特色的德育形式——故事育人。

二、理论支撑

一直来，我们以紧扣社会主义核心价值观，遵循小学生的身心发展规律和成长需要，培养热爱生活、自主学习、放眼世界的一代新人为目标，以全面开展、全员参与、全过程育人的“三原则”，开展故事育人德育活动。

三、主要做法

“故事育人”旨在通过故事育人，在学生的成长过程中，了解中国人民和中华民族的共同利益和共同需求，共同的价值观，使学生成长为中国特色社会主义合格建设者和可靠接班人。以故事的形式把社会主义核心价值体系融入教育全过程，培养学生知识素养、意志品德，提高小学生的道德意识和道德体验水平，引导学生志向高远、意志坚强、不怕困难、昂扬向上。同时，通过优化故事教育的方式、措施、途径、过程等，让故事教育功能更好地服务于学校德育工作，成为学校教育有效的工作方式之一，更好地促进学生素质的全面发展和提升学校的办学品位。

（一）营造浓厚的“故事”氛围

为了达到“故事育人”的效果，我们首先对校园文化进行了科学的布局，让整个校园就好似一个大故事园。如预示着面向世界展翅飞翔的小鸟的校门前雕塑；以成语故事、名人故事、经典故事推介为主题，科学地设计了众多“故事”长廊、楼梯、走道；色彩鲜艳、设备齐全，融实践操作训练于一体的演播室、广播站；舒适安逸的图书室；宽敞明亮、功能强大的电子阅览室……营造出浓厚的“故事育人”氛围。

（二）“四法八式”中潜移默化、润物无声

“故事育人”这种德育形式，我们从2006年开始尝试到现在已有8年了，在这一过程中我们不断丰富内容、创新形式，现已形成了“四法八式”的做法。

“四法”指的是根据学生心理、生理特点而运用的听读模仿法、演绎延伸法、拓展创编法、故事治疗法等四种方法。

听读模仿法：以听、读、讲故事等形式，再现故事原本内容。

演绎延伸法：在原有故事的基础上去拓展思维、发挥想象地讲演故事、给故事命名、编辑故事、推荐故事书等。

拓展创编法：根据故事的内容进行反思、创编或编写故事等创作活动。

故事治疗法：用故事的形式缓解或者帮助儿童解决内心的挣扎、焦虑等等问题。

“八式”指的是寻找身边感人故事、我讲书中故事、“我演书中故事”赏识会、故事治疗、大手拉小手、创编故事、专题课（校园电视直播校会课、主题班队会、品德课、心理健康课）、学科渗透等八种活动形式。如下图：

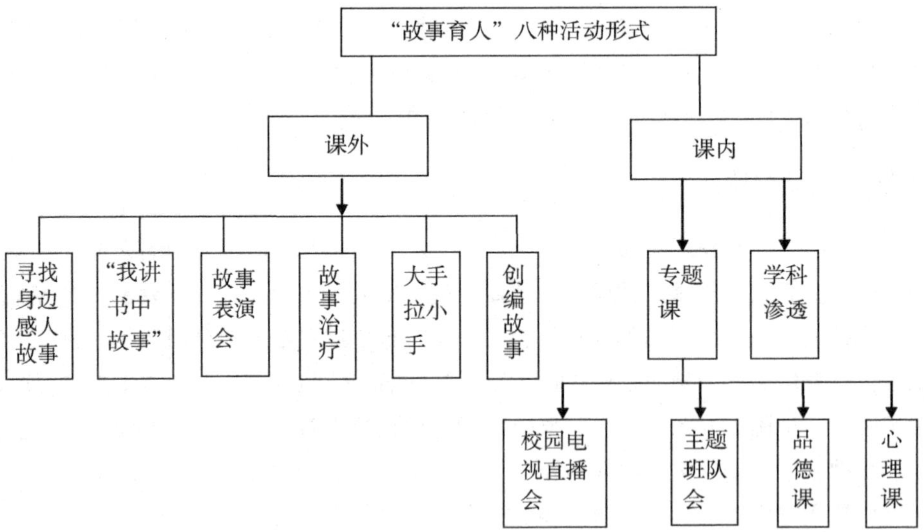

（三）其中几种形式的做法

1. 校园电视直播会

每学期我们都会围绕预定的德育主题，开展以班级或级部为单位轮流主持“故事育人”节目直播校会。每期的直播校会，都以学生为主，老师协助。把舞台交给学生，让他们去讲解、阐述、演绎故事。直播时，在教室收看的学生还同步进行本期“我最喜欢的故事”评选。通过直播校会，把学生群体中出现的普遍问题或者个体现象以故事形式真实再现，再进行正面宣传，以促进学生的自我教育和品格的形成。

2006年至今，“故事育人”电视直播节目开展过百期，这种直播的形式深受全体师生的喜爱。

2. 寻找身边感人故事

每学年的第二学期开始我们就会开展“校园十佳感人故事”的评选活动。“感人故事”有个体的，也有集体的。我们会引导全体学生参与每一个过程——日常积累、定期小结、班会推荐、故事直播、投票评选、表彰大会、展板展出。以活动树立典范，让参与强化榜样引领的作用，让学生从情感上的接受逐渐转变成行为的改善。

至今，我们一共进行了七届校园感人故事的评选，一共有230多个感人故事参与评选，我们从中进行挑选，编辑出版了校本读物——《我们的故事感动校园》。通过寻找身边感人故事的活动，增进了学生之间的相互了解，让孩子们懂得欣赏别人，感受身边的真善美，从而懂得爱身边的人、懂得热爱生活。

3. 大手拉小手

大手拉小手分两种形式，一种是高年级的孩子与低年级的孩子结成“一帮一”班级，定期给低年级的孩子讲故事，或谈自己读故事的经历、体会，介绍自己读书的方法，推荐优秀故事书目，赠送优秀故事书等。另一种形式是家长、老师与孩子牵手。家委会安排家长进班级讲自己的生活故事，讲自己的工作故事；结合学校或时事，家长与孩子一起写故事；亲子阅读，家长与孩子一起讲故事，分享阅读故事的感受；结合学生身边的事情，老师、家长、学生一起演绎故事，一起拍摄故事。

在拉手过程中，不仅增进大人与孩子的关系，而且锻炼了孩子们的语言、艺术表现的能力，更是让孩子们懂得关心、理解他人，热爱生活。

4. 故事表演会

把丰富多彩的故事演绎出来，让自己成为故事中的人物，更是受到孩子们的喜欢。主题班队会上，表演自己或身边同学的故事；语文课上，表演课本剧；拓展课堂里，表演情景剧；英语节中，表演英语剧；艺术节里，编排精品舞台剧、音乐剧。另外，我们还会组织学生把书中的故事或学生身边的故事拍摄成微电影或电视剧，通过校网络、电视台等媒体进行传播。去年，我们自编自演的宣传东莞形象的故事《盛开的桃花》走进央视，参加第九届全国电视小品大赛，得到了高度的评价。

把自己写进故事，演故事角色，甚至把故事搬上舞台，搬上荧幕，传上网络，孩子们在故事中满怀热情，在故事中感受身边的真善美，在故事中欣赏他人、改变自我。

5. 故事治疗

这里的“治疗”，不是医学上的医治或者精神病科上病患愈合，而是通过故事的形式让学生被了解、被陪伴、被帮助，产生同理心，获得能量或者新的领悟，并从自身的困境中找到出路，提升自身的心理素养。

我们学校是半寄宿性的学校，儿童最突出的心理卫生问题是行为问题，而行为问题背后常常隐藏着情绪问题。而我们家长和老师往往因为一些说教方式的陈旧，以及方法的单一，不能及时了解到孩子真正的想法，从而忽略了这些行为问题背后所隐藏的情绪问题，这使得很多孩子的问题不能及时解决，最后真正成了问题学生。为此，我们开始尝试运用“故事治疗法”来解决学生业已存在的各种情绪与行为问题。

我们主要通过个案辅导和团体辅导两种途径进行。其中，我们运用最多、效果最好的就是团体辅导。

我们全校每班每月一节心理健康课，住宿生每月一次专题心理活动，还组建了课外的心理活动小组。讲故事、写故事、说故事、看故事、演故事、评故事、互说故事，以“故事”为媒介，我们找到了与孩子沟通的方式和方法。

四、基本成效、社会反响

（一）确立社会主义核心价值体系融入学校教育全过程的理念和学校文化

“故事育人”在内容上紧紧扣住社会主义核心价值体系的内涵，按照社会主义核心价值体系的要求，引导学生逐步树立中国特色社会主义共同理想，把党的奋斗目标、国家的发展前景、民族振兴的伟业与个人的前途命运紧密联系在一起，引导学生继承和弘扬民族精神与时代精神，保持积极向上、奋发进取的精神状态，按照时代的需要培养孩子们正确的价值观、人生观和道德品质，因此学校也逐步形成了“热爱生活、自主学习、快乐成长”的办学理念。“故事育人”是践行办学理念的重要载体和手段，把办学理念渗透到了教育教学的各个环节中，进而形成了我校独特的学校文化。

（二）发挥“皮革马列翁效应”，形成持续效果

我们给予学生足够的时空和期待，让学生在教师孜孜不倦、和风细雨的感化下，激活美的心灵，从而达到品德素质的知行一致。

1. 加深学生的认知和行为体验，养成良好的习惯

教师按学生的年龄特点，挑出学生感兴趣的直接经验材料或间接经验材料，转化成带情景的故事形式，可以更大程度地激发学生的道德情感，加深学生的道德认识和行为体验，同时使正确的人生观、价值观的萌芽呈良性发展态势。

我们在故事育人过程中，积极运用榜样示范的巨大教育力量。学生不经意地拿故事中的优秀人物跟自己比，并以此为榜样，不断暗示、纠正自己不良的习惯。卫生习惯的改善、校园环境的干净整洁、随手丢果皮纸屑的现象极少、学生的秩序感增强……学校的校风校貌得到上级领导、家长和社会各界人士的一致肯定。

2. 促进学生积极情感的发展

学生通过在活动中产生的心理感受进行价值反思，将社会评价标准和个体自我评价标准相结合，从而发展其积极的情感。我们意在利用故事蕴涵的育人价值，通过在孩子中进行多种形式的故事教育，潜移默化地帮助孩子从知荣辱中建构积极情感，从而形成孩子健康的心理。

3. 培养了孩子的团队意识，激发他们的创造力

"故事育人"让孩子们在参与活动的策划、准备、展示等环节中，潜移默化地培养起团结、合作、互助等的团队意识。同时，我们将改革创新的时代精神融入到"故事育人"中，引导学生续编故事结尾，尝试用肢体语言、讲故事等多种方式表现故事作品，最大限度挖掘孩子们的创造力。

我校省级阅读之星刘梦梦同学已经自己编写了《狗狗日记》《梦幻姐妹》《糖果屋奇案》《糖果妙妙屋》《老家趣事》等书，共3万多字。小学毕业前，刘梦梦已经完成了《梦幻姐妹》《秘密花开》《糖果妙妙屋》三部小说及其他共10万多字的创作。她的博客访问量超过2.2万人次。

近几年来，学生作文、文章获奖，专著发表和出版的有66篇；学生个人获各种荣誉称号市区级的有28人次；学科竞赛以及体艺方面获奖的学生：国家级的有69人次、省级的有8人次、市级的有58人次、区级的有109人次。学生个人获奖情况综合起来高达292人次。

（三）促进教师专业成长，德育工作成效得到提升

开展"故事育人"以来，老师不仅在自身的专业精神方面得到形成和提高，还在专业知识和技能方面也得到了很大的发展。

在故事育人活动的开展中，教师们不断总结经验、不断改进德育工作方式，提炼出有广泛意义的德育策略与方法等，积累了丰富的经验。同时将这些宝贵的经验记录下来和他人分享，在相互学习、研讨及再次运用的做法中提升了业务水平，从而大大

提高了德育的实效性。老师们编写了《“故事育人”课堂实录集》《我们的故事感动校园》《故事案例集》《“故事育人”拾珍集》《学科渗透“故事育人”案例集》，以及建立了“故事育人”电子题材库。老师论文、文章获奖，专著发表和出版的情况，国家、省级、市级、区级综合起来高达430人次。

学生综合素质的提高、教师专业的成长的同时，学校整体声誉也不断提升。近几年学校先后获得“国际生态学校绿旗荣誉”“广东省绿色学校”“省安全文明学校”“广东省信息技术实验学校”“广东省体育特色学校”“市青少年科技活动先进学校”“‘手拉手’读书基地”“市文化建设先进单位”“市普教系统文明单位”“先进红领巾广播站”“市少先队三星级队部室”“省少先队先进中队称号”“市少先队‘红旗大队’称号”“市优秀红领巾小社团”等的荣誉和称号。

回顾过去，我们虽然在“故事育人”德育方面取得一定成效，但今后我们还要进一步加强社会主义核心价值观的教育，进一步探索现代德育的方法和手段，继续打造德育品牌活动，为学生健康成长和社会育人服务。

我和美　我阳光　我进取

——江门市蓬江区北郊中心小学手拉手特色活动成果案例

江门市蓬江区北郊中心小学
案例负责人：梁又晖
案例主要贡献者：肖兴波　林翠薇

费孝通曾这样说“各美其美，美人之美，美美与共，天下大同”。“美”则是美于德、美于行、美于心。江门市蓬江区北郊中心小学树立“和谐发展，各美其美”的办学理念，确立以“培养和谐发展，各美其美的蓬江少年”为办学目标，学校德育工作在“和美教育”理念的引领下构建“和”“爱”“美”三维德育教育框架，以“和”“爱”“美”统领学校德育工作，学校德育工作注重以美的追求来丰富学生的学习生活，引导师生崇尚美的追求，实现美的人生，创造美的生活，促进师生自主发展、和谐发展。

一、产生背景

北郊中心小学地处城乡结合部，学校外来工子女占学生人数的49%，还有相当一部分学生家境比较贫困。很多外来工学生和贫困学生由于家境原因而感觉到了自己与其他比较富裕家庭孩子的差别，使他们内心世界感受到强烈的社会差别，导致他们在班级学习生活中自卑、孤僻、不和人交际、不参与集体活动的情况；而且外来工子女大多来自经济社会、文明程度等各方面欠发达的地区，他们的父辈文化素质较低，并且外来工上班早出晚归，疏于对孩子的教育和管理，而这些孩子长期跟着父母到处奔波，学习基础较差，所以他们容易形成自卑、自由散漫、纪律性不强等问题。这也给学校教育和管理带来了很大的考验和难题，经过反复研究和论证，学校以手拉手为切入点，通过全方位的手拉手活动，相互学习，相互促进，也使家庭、学校、社会教育得到有效的结合和联动。通过活动让家长进一步了解孩子，增强与孩子的沟通；同时通过校外的手拉手实践活动的延伸，让贫困家庭和外来工家庭参与其中，让他们不仅体会到被关怀，而且让他们懂得关爱别人，从而让孩子们懂得“人人为我，我为人人”的社会美德，教育孩子关爱社会、关心他人，营造手拉手共创和美、手拉手关爱你我的氛围。

二、理念支撑

北郊中心小学将手拉手活动作为学校德育特色活动，将关爱贫困家庭、外来工家庭子女融入其中，使其意义更加深刻，同时也体现了学校在德育热点、难点问题上的重要突破。

1. 以课题为支撑

学校以广东省中小学心理健康“十二五”规划第一批科研课题“关注贫困家庭、农民工家庭子女的心理健康”为理论支撑，结合课题研究，使理论与实践密切结合，将心理健康教育和德育教育相结合，通过手拉手特色活动使课题研究有了更好的理论基础，有了更好的实践效果，同时又通过课题指导实践活动的开展，2014年5月，本课题顺利完成结题工作。

2. 以示范校为依托

北郊中心小学为首批广东省红领巾示范校，通过系列少先队活动以及手拉手活动的开展，发挥示范校的影响和辐射作用，注重学生实践活动的开展，让学生融入社会，让家庭融入学校，让学校结合社会，形成多层次立体教育网络，达到“关爱一个孩子，影响一个家庭，辐射整个社会”的目的。

三、主要做法

北郊中心小学全面渗透“我和美 我阳光 我进取”德育理念，通过手拉手特色活动的打造，培养队员奉献爱、传递爱的情感，体现和美理念的真正内涵。现在，这项活动已经成为学校的德育品牌，在市区都具有了一定的影响力和辐射性。

1. 校内队员、中队手拉手

在校内，北郊中心小学开展了中队与中队之间、队员与队员之间、关工小组老师与队员之间的手拉手活动，参与率达到100%，形成校园互帮互助、共同进步的校园氛围。

2. 与贫困学生手拉手

每年六一、元旦前后，学校都会对本校比较贫困的学生进行“爱心捐赠”活动，让他们感受到北郊大家庭的温暖和关爱；通过“红领巾手拉手”“送温暖”“参与活动”等，彰显北郊小学“乐善好施、互帮互助”的优良传统。

3. 与外来务工人员子女手拉手

学校结合外来务工人员子女较多的实际情况，积极开展关爱外来务工人员子女特色活动，使外来务工人员子女融入学校生活，享受学习乐趣。一是利用关工小组教师，与外来务工人员子女建立“一帮一”结对帮扶关系，组织他们一起参加关工小组组织的活动。二是开展了关爱外来务工人员子女活动，为困难的外来务工人员子女捐助衣物和学习用品。三是组建外来工亲子义工服务队，参与社区文明宣传、卫生整治、慰问孤寡老人行动。四是建立北郊中心小学“和美”学堂，对家长比较晚来接的外来务工人员子女由学校教师进行辅导，解决外来务工人员的实际困难。

4. 与农村学校手拉手

北郊中心小学曾先后与江西省赣县梅林镇中心小学、江西城关小学、广西柳州三江侗族自治区林溪乡中心小学、江西省赣州红旗二校建立了“手拉手”关系；2009年，学校又与棠下沙富小学结成了“千校扶千校”手拉手关系，开展了队员互访、互相通信、互寄照片、传阅校报（刊）等活动来了解、认识对方，加强和增进友谊。同时组织队员们为山区学校捐书、寄书、捐款，开展“千里建书屋”“红领巾送温暖”“共读红书心向党”活动。2013年11月9日和2014年6月30日，北郊中心小学两次与河源市龙川县田心镇陂角小学开展“城乡手拉手 共架连心桥”活动，并为陂角小学送去了电视、电脑等教学设备以及体育、学习等用品，两校队员还开展了结对活动。

5. 与社区孤寡老人、军烈属手拉手

北郊中心小学还与天龙社区孤寡老人、军烈属建立了手拉手关系，每年春节、中秋、端午节前后都会开展慰问活动。通过送礼物、节日表演、帮做家务、陪老人聊天等形式开展，既强化了学生的爱心教育，陶冶了学生的思想情操，又增强了学生的实践能力，而且还开展亲子义工慰问活动，让家长参与其中，这项活动也得到了广大家长的称赞和支持。

四、基本成效

2007年，学校获得“广东省少先队‘手拉手’互助活动先进集体”光荣称号。

2009年，学校被评为“江门市少先队红旗大队”称号。

2009年，学校获得“（首批）广东省红领巾示范校”称号。

2011年，学校大队部获得“广东省少先队红旗大队”称号。

2013年，学校顺利通过广东省红领巾示范校复评，特色活动得到专家的高度评价。

2013年，学校获得江门市德育示范校称号。

2014年，学校获得蓬江区天龙社区共建先进单位称号。

《江门日报》多次报道了学校的手拉手特色活动。

五、社会反响

北郊中心小学手拉手特色活动多次在《江门日报》进行报道；多次在市、区德育、心理、少先队活动中进行推广和宣传，并在蓬江区关工总结大会上作为优秀案例进行交流和推广，形成了较好的影响力。

学校注重理论与实践相结合，通过研究，形成了一套实用的校本研究教程。

让家长参与到学校活动中来，如学校建立的亲子义工队、家长护卫队等，促进了家校沟通、交流，学校的特色活动也得到了家长的肯定和赞扬。

在“和美”理念引领下，北郊中心小学积极探索家校、社区共同教育的德育新模式，结合本校实际开展手拉手特色活动，培养学生奉献爱、传递爱的情感，通过爱心行动凸显和美德育的内涵、外延和拓展，开展精彩纷呈的阳光德育活动，让每个孩子都崇尚“我和美　我阳光　我进取”的德育理念，力求达到至和、至善、至美的境界，形成内涵丰富、文化浓郁的“和美”德育特色，积极发挥广东省红领巾示范校的影响和辐射作用。

“活动德育　以文化人”的教育案例

江门市新会机电职业技术学校
案例负责人：林洪泳
案例主要贡献者：陈社广　林惠爱

一、案例背景

新会机电职业技术学校是一所区级中等职业技术学校，几年前，随着普通高中招生规模的不断扩大，学校学生的素质也逐年下降，待进学生越来越多，学生难教，班主任工作难分配，学生管理工作成了学校发展的瓶颈。为了突破瓶颈，创建省和国家级中职示范学校，学校坚持活动德育、以文化人的育人理念，大刀阔斧开展改革，短短的几年间，学校校风有了质的飞跃，校园文化氛围浓厚，学生朝气蓬勃，文明校风已逐步形成。

二、理念支撑

学校坚持“育人为本，德育为首”的教育理念，全力打造全程育人、全员育人、全面育人的“三全”德育工作机制，按照“不让一个孩子掉队，让每一个孩子都有人生出彩的机会”的思路去开展德育工作。通过认真分析，学校认为一个文明向上的校园，学校的每位同学都应该是不断进步的，决定木桶的容量不是最长的木板，而是那根最短的木块，所以待进生的进步与否起着决定性的影响作用。因此，学校近年来积极推行序列化德育活动，把爱国主义教育、法制法纪教育、职业道德修养教育、就业与创业教育等基本德育内容融入到各项活动当中，以活动塑造学生健康人格。学校还注重校园文化建设，以“天生我才必有用”的特色主题文化熏陶学生。通过多种措施结合，营造了良好校风，成效显著。

三、主要做法

1. 严格管理与激励引导相结合

学校以“塑造文明守纪、积极向上的机电职业人”为德育工作核心内容，以“法制法纪”教育作为转化后进生的关键与基础。

首先注重法制教育常态化，活动化、学校以广泛宣传《预防未成年人犯罪法》《未成年人保护法》等多种青少年法规为重点，开展了省级课题“中职学生规范管理与自主发展”的研究，成立后进生转化工作小组，着力使学生在校做一个好学生，在家做一个好孩子，在社会上做一个好青少年。在每一个阶段，制定了具体的普法教育的内容，落实的具体措施，形成了具有校本特色的普法教育序列。学校还将法制教育融入各项活动，近年来分别举办“和谐文化进校园”“法律知识伴我行”“法制小品进校园”等形式多样的法制教育活动。为提高学生的法律意识，学校还邀请了公安局法制科法官为学生作法制讲座。邀请新会区家庭教育讲师团和心理健康专家分别对全校男生和女生作生理和心理健康教育专题讲座，促进学生的身心健康和健全人格的养成。

其次是以拓展活动增强学生自信心。针对中职学校学生喜欢接受新生事物、思想活跃，但学习习惯不好、文化课基础薄弱、缺乏自控能力、纪律观念淡薄、关心他人与集体的观念较弱的特点。学校将具有先进理念的能力拓展训练融合到学生课间操、新生军训、班会、学生干部培训活动中去。让学生在拓展训练中去体会、去解决问题，让他们的心理受到挑战，思想得到启发。学校特别注重把拓展活动使用在待进生转化工作中，让后进生在拓展活动中品尝成功的喜悦，增强自信心。拓展活动既增强了师生的自信心，又增进了团队凝聚力。

2. 预防与转化工作相结合

青少年犯罪对家庭、对社会、对学生本人造成的危害十分严重，预防在校学生违法犯罪是学校一项长期的艰巨任务。因此，学校高度重视预防在校学生的违法犯罪工作，下大力气做好后进生的转化工作，把转化一个问题学生看作比培养一个优等生更重要的工作来抓。学校建立问题学生档案，要求每个党员教师与一个问题学生结对，当好问题学生的导师，多给问题学生一份关爱，为他们创造一个转化的良好环境。班主任和任课老师不仅深入了解问题学生家庭的情况，还要了解学生所在社区周边环境的情况，并经常同家长联系，共同做好教育转化工作，对家庭特殊的学生更多地给予关心，送去温暖，对有心理问题的学生给予耐心的疏导。经过一段时期的教育转化，许多问题学生在学习和行为习惯等方面都有了显著进步。

3. 文化育人与活动育人相结合

学校注重内涵发展，围绕“不怕吃苦，不怕吃亏，不怕吃气”的“三不怕”校训，致力打造“天生我才必有用”的特色主题校园文化，并把它渗透到学校的教育、教学、管理、校园活动和校园建设各个方面，确保校园文化建设高效有序地开展，熏陶学生情操。

学校序列化开展丰富多彩的校园文化活动，包括科技、读书、书法、文艺晚会、演讲比赛、田径运动会等，还请书法家、艺术家莅临我校，以校园文化为题材，即席挥毫绘画，思想性和艺术性的相互渗透提高了学生的综合素质。学校还把学生社团建设作为学生自主发展和创新的重要载体和阵地，组织各专业部建立了适合学生个性发展的各类社团组织66个，这些社团不仅丰富了校园文化，还在转化后进生方面建功立业。

四、结果与成效

经探索和完善，我校“活动德育 以文化人”的德育模式日趋完善，在构建和谐文明校园方面发挥了重要的作用：

1. 序列化德育活动丰富而有实效

学校月月有主题、周周有活动，序列化地搭建丰富多彩的舞台，把爱国主义教育、法制法纪教育、职业道德修养教育、就业与创业教育等基本德育内容融入到各项活动中，以活动吸引人，以活动锻炼人，以活动发展人，以活动成就人，塑造学生健康人格。

2. 富有特色的校园文化打造职教强校

融国学文化和企业文化于一炉、以“天生我才必有用”为特色的校园文化，让学生发挥特长，多元化发展，成为具有“金的人格，铁的纪律”、技能过硬的现代职业人。学校被评为江门市标兵文明单位，2013年更被江门市推荐参评广东省标兵文明单位。

3. 社团蓬勃发展，学生风采尽显

学校学生社团为学生发挥潜能、展现自我创设了广阔的平台。目前共有学生社团66个，内容涵盖文娱体育、实践活动、技能培训等方面，涌现了蔡李佛狮艺社团、魔术社团、数控俱乐部精品社团，涌现出数十位社团精英，荣获数十项省市级和国家级比赛奖项，蔡李佛社团被评为2013年广东省优秀社团。学校社团活动现已实现课程化和全员参与的态势，它已成为学生自主发展和创新的“联合舰队”，为活跃我校文化生活，拓展学生知识面，提高其综合素质，健全学生个性发展创造了良好的条件与氛围。

新形势下学校法制教育研究与探索

阳江市第四中学
案例负责人：冯全锋
案例主要贡献者：林　劲　关贵喜

2012年初，阳江市未成年人犯罪现象有上升趋势，个别案例社会关注度高，影响较大。为了遏制未成年人犯罪的不良势头，政府和教育部门布置开展预防和遏制未成年人违法犯罪工作，加强对青少年的法制教育，净化学校周边环境。我校积极贯彻上级精神，积极探索法制教育新途径，增强法制教育的针对性和实效性，在学校全体教师、驻校法制教育工作组、学生、家长和社会力量的共同努力下，从源头上有效地遏制了本校学生违法犯罪的发生，取得了较好的成效，现将工作总结如下：

一、强化领导，明确职责，为做好法制教育工作提供重要保障

因之前学校法制教育责任不到位，针对性不强，学生出现的一些问题给学校带来的负面影响较大。2012年2月，学校调整了校领导班子，新一届校领导把抓好学生的法制教育作为一项重要工作来抓。学校邀请了公安、街道等部门人员组成驻校法制教育工作组。工作组根据实际进行了具体的分工：关贵喜同志负总责，叶小玲同志负责社区和校园法制宣传教育活动；敖道孙同志负责校园周边环境的整治和法制教育课的开展；张任平同志负责指导老师开展帮教工作；莫纯轼同志负责法制教育档案材料的组织检查和宣传报道工作。同时四中也结合学校实际制定了《阳江第四中学预防和遏制未成年人违法犯罪工作方案》，成立了由冯全锋校长任组长、学校领导班子和级组长为成员的专门工作领导小组，为明确工作职责，对学校领导小组成员进行了明确的分工：每个成员分别挂点包干到班和问题学生，负责指导教师开展工作。该《方案》确立了法制教育统一组织领导、统一规划的工作架构，明确了检查考核制度和工作责任制，明确了法制教育内容方式方法，对全期预防和遏制未成年人违法犯罪工作进行了全面部署。经过几学期的工作开展，形成了校长、驻校工作组监督指导、政教处组织班级具体实施、师生共同参与、全社会各方面配合的工作格局。

二、抓好四个重点环节开展工作，法制教育工作取得较好成效

1. 抓好隐患排查，落实工作责任制

根据工作方案安排，每学期开学不久，学校组织各班进行安全法制隐患排查，通过学生自查互查、老师排查的方式，排查各班有隐患学生，并建立每个存有隐患学生的帮教档案。两年来，经过细密的排查，全校共有46名问题生，主要表现在：纪律散漫、无心向学；有早恋现象；上网玩游戏、结交社会青年等。为了教育他们，消除这些问题学生存在的隐患，学校根据实际情况制定了“三责”工作责任制，即责任到领导、责任到老师、责任到家长。通过多方形成合力教育问题生，帮助他们认清存在问题，分清是非，分清合法与违法、罪与非罪，帮他们解决一些矛盾误会，消除他们的认识误区，尽力转化他们。由于“三责”措施落实，四中问题生都有不同程度的好转，转化工作取得显著成效，转化率为100%。

2. 抓好法制教育创新，增强工作的针对性和实效性

在工作中，工作组和学校着重抓好法制教育活动的开展，以全校学生为主体、法制教育为载体，通过一系列的教育活动，让学生从中受到思想熏陶和激励，分清是非，分清合法与非法，激起他们的时代责任感和遵纪守法的强烈意识，从源头上消除隐患。

是每周坚持“一事一议”的主题班会制度，发挥班会课阵地作用。主要针对社会上某些不良现象和学生中存在的一些违规违纪行为，结合有关法律法规和学校规章制度，通过讨论、辩论、知识问答等形式让学生在课堂上充分发表看法，再由班主任从中归纳、引导，摆事实、讲道理，帮助学生理解法律精神，辨明是非。如：开展“了解钓鱼岛争端、奋发学习、振兴中华”“我与法同行”“江湖义气要不得”“做一个遵纪守法的中学生”等主题班会。

二是开展专题法制教育，普及中学生的法律知识，增强学生的法律意识和法律观念。开学第一天，组织全校师生由工作组成员、城南派出所所长李宗明和敖道孙副所长上法制教育课；定期组织全校学生开展“增强法律意识，远离违法犯罪”演讲比赛活动，并进行宣誓仪式，让学生写《预防和遏制未成年人违法犯罪承诺书》；定期举办法律知识“黑板报”评比活动；多次组织学生观看法律影片；定期组织全校学生开展法律知识竞赛，2013年，我校选派11名同学参加江城区法律知识竞赛，结果有9人分别获一、二、三等奖，其中有两人获江城区一等奖。通过一系列的活动，使学生加深对法律的认识，学生触动较大，起到很好的法制教育效果。

三是丰富学生文化生活，引导学生建立健康的课余生活方式。两年来，我校组

织成立了各种兴趣班，有围棋班、合唱队、美术班、书法班、科学探究班，引导和培养了学生各种兴趣，发展了学生特长。每年元旦前后，我校都举办校园文化艺术节，艺术节有学生书法、绘画、插花比赛、艺术摄影作品展览、文艺汇演等丰富多彩的活动，学生在活动中体验到成功的快乐，活跃了学生的身心，丰富了学生的文娱生活，陶冶了学生情操，营造出向真、向善、向美的校园文化氛围，引导学生建立健康的课余生活方式，有效地促进了预防和遏制未成年人违法犯罪工作。2012年，我校邀请罗相军先生作“我行，你更行”的人生励志报告。通过报告会，罗相军永不放弃、乐观面对生活的精神感动了全体学生，学生们表示要抓紧时间，好好学习，长大后回报社会，做一个自尊、自爱、自强和守法的中学生。2013年上半年，我校邀请犯罪刑满释放人员到我校现身说法，该人员用自己亲身的犯罪经历，介绍了自己所受到的法律制裁和历程，发人深省，教育了全校师生。2013年下半年，我校邀请全国“和谐校园演讲团”李杰老师来我校作感恩教育报告，家长和学生一起互动，情景动人，密切了亲子和师生关系，树立了学生亲社会、感恩社会的思想，也有利于预防和遏制未成年人违法犯罪。

3. 抓好家、校、社会三方联合教育，形成教育合力

在工作开展中，为加强对问题学生的帮教，工作组与学校着重从家庭、学校、社会三方联合开展教育，尤其侧重留守问题学生的教育，形成多方教育合力，实现学生的健康成长和综合素质的全面提高。

一是开展面对面谈心活动。结合每个问题学生的实际情况和性格特点，制订每个问题学生的帮教方案。通过多表扬、多鼓励、少训斥，做到以理服人、以情感人，让学生体会到老师的关心和爱心，也认识到自己的不足，进而内化为自身自觉转化的动力，接受老师的教育。

二是开展“教师走进家庭”家访活动。规定对问题学生家访或约谈每月不少于两次，以工作组成员、挂点领导、班主任为主、全体教师共同参与的原则，开展有针对性的家访活动，家访领导、教师主要向家长客观公正地反映学生在校情况，挖掘学生的闪光点，向家长积极宣传教育法规、政策和学校办学思路，与家长沟通教育思想，共同探讨对问题学生强化教育管理的方法，形成家庭教育与学校教育的合力，促进孩子的健康成长。

三是关爱留守少年儿童。我校了解到部分学生是留守少年，这部分学生缺乏监管和关爱，心理、行为偏差，有厌学情绪，容易接触不良社会青年，有走上违法犯罪的危险。于是，我们全面排查摸底，建立了留守少年档案，实行领导和教师分工包干负责制，谈心做学生知心朋友，生活和学习上无微不至地关心，跟踪教育和辅导，及时

发现他们的闪光点，及时表扬。通过一系列关爱活动，留守少年时时感受到广大教师的爱，不是父爱如同父爱，不是母爱如同母爱，进而爱社会、亲社会，达到预防和遏制未成年人违法犯罪的良好效果。

四是通过召开家长会、家长委员会座谈等方式加强家校沟通。

我校多次召开家长委员会，学校全体班子成员以及法制教育驻校工作组成员参加了会议，家长委员会及时反映家长的心声，使学校做到了发现问题迅速，解决问题及时，有效减少并遏制了学生不良行为的滋长蔓延，使问题消灭在了萌芽状态，更有利于做好预防和遏制未成年人违法犯罪工作。学校也多次召开全体学生家长会，会议内容重点是向家长讲述学生法制教育和安全问题，政教处发放预防和遏制未成年人违法犯罪有关资料，冯全锋校长多次就如何合力做好预防和遏制未成年人违法犯罪工作作了专题讲话，要求加强家校沟通联系，要求家长加强对子女的法制教育。

4. 抓好学校内外环境综合治理工作，减少不良因素影响

一是加强校门口值班护校工作，每天护校领导、教师落实到人，上下课时间准时在校门口值班。二是会同公安、工商、文化等部门对学校周边环境进行治理整顿，努力创造一个健康、文明、安定的周边环境，同时积极联合派出所、联防队时刻留意周边环境，对可疑人员滞留学校周围及时劝离，使学校真正形成“内稳外联”管理模式，消除不良因素影响，有利于学生的健康成长。

两年来，学校面向全体学生，通过开展各种有针对性的法制教育活动，全面提高了全体学生的法律意识，实现了师生安全事故为零、违法犯罪为零的目标。学校的校风、校纪越来越好，全校学生学法、守法、用法蔚然成风。

建立“以德立校”体系的一点探索

阳江市阳春春湾镇前进小学
案例负责人：黄远凭
案例主要贡献者：黄远凭

学校德育与整个社会的精神文明乃至物质文明建设都有十分密切的关系。学校德育优化着小环境，也会对整个社会大环境产生积极的影响。

我校在开展德育教育方面，不仅把它放在突出的地位来抓，而且在建立“以德立校”体系的方面积极探索，取得了良好的教育效果，得到了上级领导和社会人士的高度评价。现将我校在建立“以德立校”体系方面的一些做法概括如下。

一、德育管理网络化

根据德育工作的特点，我们理顺了三条德育教育的渠道，第一条是党支部、少先队大队部、队员。第二条是校长室、政教处、班主任、学生。第三条是校长室、教务处、教研组、教师、学生。

通过第一条渠道，充分利用队日课，发挥队支部的突击队作用，使少先队员的模范带头作用和先锋队作用得到充分发挥，以队风带动班风，以优良的班风来熏陶、影响学生。

通过第二条渠道，充分利用班会课、主题班会阵地，系统灌输社会主义政治思想理论，加强《中小学生日常行为规范》的教育，从而使学生的思想政治素质得到进一步提高。

通过第三条渠道，把德育教育渗透到各科教育中，使各学科老师熟悉“德育大纲”，努力挖掘学科内在的德育因素，在教学过程中自觉加强德育内容，做到有计划、有目标、有措施、有要求、见效果，真正达到教书育人的目的。

二、德育阵地多元化

我们根据德育工作的要求，注意到占领学生业余生活这块阵地的重要性，充分利用学校现有条件和设施。

根据学生在思想上追求进步、好学上进的特点，我校积极发挥业余队校的作用，系统地、有计划地举办了先进队员的队会和吸收新队员的培训班，全面学习少先队的基本知识，提高少先队员的思想素质。

为了培养学生的管理能力，我们放手发动学生，让他们积极投身到学校管理中来，通过少先队学生会等组织、班级值周制等形式，设立文明礼仪岗、校园卫生岗等手段。让学生从被管理的角色转换到参加与管理角色，激发了学生们参与管理的积极性和主动性，在参与学校管理的过程中，自我约束、自我教育，达到了管理育人的目的。

三、德育建设窗口化

教育学生，培养学生，首要提高学生的参与和主人翁意识，变“要我”为“我要”。学校从创建双文明单位的高度出发，要求全体师生积极投入到创建文明班级、文明办公室的活动中，为此开展了“雷锋杯”“文明标兵杯”“卫生先进杯”“文明集体杯”等竞赛活动。

文明办公室的建设，进一步激发了全体教工为人师表、教书育人积极性和创造性，使一个个教工成为文明的使者，一个个办公室成为文明的窗口。

文明班级的创建，有力促进了广大学生比学赶帮超的积极性，保持教室的整洁，创造良好的学风，严格的遵纪守规，逐渐地成为学生们的自觉行动，一个个教室成为培养学生合格的窗口。

四、德育手段社会化

随着学生社会交往的扩大，德育工作的触角必须伸向社会。学校、社会、家庭只有有机地结合起来，才能有效地教育学生。

请往届毕业高才生回校座谈，谈他们走上社会后的感想，谈他们取得成就的经历，请他们畅谈书本知识的重要性，书本知识与社会需求的关系，使学生从他们身上看到自己的明天。

请关心下一代社会的老干部、派出所的有关领导来校作报告，根据当前的社会形势谈小学生加强法制观念的重要性，强化学生的法纪意识。

每学期定期召开家长座谈会，举办家长委员会的专门会议，家庭教育与学校教育有机地结合起来。并建立家庭联系卡，同家长一起探讨教育学生的办法，相互配合，使每一个家庭也成为教育学生的良好场所。

五、德育活动系列化

根据青少年的特点结合学校实际，我校突出爱国主义教育重点，寻找热点，抓住焦点，开展了一系列寓教于乐、生动活泼、富有情趣的教育活动，以达到潜移默化地提高学生思想政治素质的目的。并结合各种节日，编排系列活动。

一月份，举办庆元旦文艺活动。二月份，开展献爱心，送温暖活动，帮助孤寡老人做好事。三月份，掀起岗位学雷锋，校园树新风的高潮。四月份，组织祭扫烈士墓。五月份，学习“五四”精神，发扬革命传统。六月份，开展向党的生日献礼活动。七月份，利用暑假，开展“赛好事”的竞赛活动。九月份，庆祝教师节，开展尊师重教活动。十月份，庆国庆系列纪念活动。十一月份，“法在我心中”等主题班会。十二月份，纪念“一二•九”系列活动。从而做到了每个月都安排好德育活动中心工作，每个活动达到一个目的，形成了一个教育体系，层层深入，循序渐进。

在更新教育观念的今天，学校是德育的阵地，作为一个热爱学生的教师，有责任让学生树立信心进而达到育人的目的。愿：我们携起手来乘赏识之风，捧起关爱之情，燃起信心之火，播下希望之种，使每一位学生都能沐浴在师生的关爱之中，成为德才兼备的人才！

培养特长，造兴趣小组之船，开启快乐人生之旅

湛江市坡头区坡头镇中心小学
案例负责人：李小梅
案例主要贡献者：李小梅　余土福

一、实施背景

由于应试教育实施多年形成的评价体系，以分数为中心，过分强调传授知识和技能，强调知识的熟练程度，把学习局限在课本范围内，致使学生无暇参与课堂以外的，各种对发展智商情商十分有益的活动。长期下来，使学生对学习感到厌倦，对校园生活感到不快，尤其是当学生离开学校后常常感到空虚无聊无事可做，因而旺盛的精力被各种网络游戏填满或聚众寻乐造成安全隐患，容易受社会不良风气影响，这对成长极为不利，对培养和丰富学生的个性十分不利。为有效冲破应试教育的牢笼，享受校园生活的多姿多彩，放飞快乐的童真，体验成功的乐趣，为以后正确的人生价值观奠定基础，我校开展了第二课堂兴趣小组活动，以培养特长作帆，以快乐课堂为船，用丰富多彩的第二课堂活动来疏导学生，使他们有事可干，使他们的激情得到舒展，从而有利于学生的长远持久发展。

二、基本做法

（一）造船——量身定做造兴趣科目之船

每个人都有被尊重的渴望，都渴望被肯定，被赏识，而小学生对这种渴望更是明显、迫切。第二课堂以其丰富活泼的形式、可操作性强以及容易体验成功等特点是最能实现学生个体价值，培养自信心的途径。如何将第二课堂这艘大“船”造好，如何开设课程，开设哪些科目显然尤为重要。因此，在设立兴趣小组的时候，我们充分明确了培养的目标要以尊重学生的个性，以人为本为基本准则，并且要根据学生的实际及教师的特长量身打造，造各具特色的“船”，造旗帜鲜明的“船”。

1. 一号船——舞蹈队

造船的目标为：让学生从小在音乐舞蹈的熏陶中受到美的教育，塑造优美体态、陶冶高尚情操，启发空间想象和创造力，提高舞蹈文化修养和审美能力，为学生终身全面发展奠定基础。

2. 二号船——合唱队

造船的目标为：培养学生对音乐的持久兴趣，涵养美感，和谐身心，陶冶情操，健全人格，丰富情感体验，培养良好的审美情趣和积极乐观的生活态度，促进身心的健康发展。

3. 三号船——足球队

造船的目标为：激发学生的运动兴趣，养成坚持体育锻炼的习惯，形成勇敢顽强和坚韧不拔的意志品质，促进学生在身体、心理和社会适应能力等方面健康、和谐地发展。

4. 四号船——篮球队

造船的目标为：使学生学会享受阳光体育锻炼的乐趣，培养积极乐观向上的精神以及不畏困难迎难而上的意志，进一步提高他们的集体意识和团队合作精神。

5. 五号船——小主持人班

造船的目标为：通过多方面、多手段、多形式的训练，提高学生对主持的学习兴趣，克服他们的畏难情绪，增强语言的表达能力和沟通能力。

6. 六号船——绘画班

造船的目标为：使学生形成基本的美术素养，体验美术活动的乐趣，丰富视觉、触觉和审美经验，激发创造精神，陶冶高尚的审美情操，美化环境和生活，完善人格。

7. 七号船——书法班

造船的目标为：提高学生的书法鉴赏力，培养学生的民族文化情结和创新精神，提升学生的人文素养。

8. 八号船——手工制作班

造船目标为：增强学生的审美情操，提高学生的动手能力，丰富学生课余生活和陶冶情操。

9. 九号船——科技制作班

造船的目标为：培养学生科学兴趣和创新实践能力，提高学生的科技素养，形成爱科学、讲科学、用科学的浓厚氛围。

舞蹈队

合唱队

足球队

篮球队

绘画队

书法队

手工制作班

科技制作班

构建好九艘兴趣小组之“船”，再根据“每艘船”所承载的功能进行精心打扮装饰，准备齐全开展活动所需的用具，等待“水手们”上船启程。

（二）扬帆——点燃热情扬起目标风帆

兴趣是最好的老师。一件事，只有主观意愿想去做，才会产生动力，才能全情投入，才会取得成效。为了积极引导学生自愿大胆参与第二课堂活动，扬起信念的火花，我们先是在学校红领巾广播站里进行动情的“煽风点火”，“鼓吹”第二课堂兴趣小组之船的意义和它的趣味性，号召同学们都来当勇敢快乐的水手，让学生在情感上产生跃跃欲试的念头，然后通过班级进行详细的讲解，再让学生实地考察——察看第二课堂的试场布置，观看教师的教学视频。当学生看到布置精美的教室，教师生动有趣的教学活动时，都纷纷被我们构建的这“九艘大船”给吸引住了，强烈的兴趣被勾上来了，产生了强烈要“上船玩”的念头。为了避免学生盲目从众，一窝蜂过于集中，使每个学生都能参与，我们根据各个年级学生的年龄特点细心引导，当然不排除特别感兴趣的学生。

低年级的学生活泼好动，感知观察比较片面，注意力容易被活动的、鲜艳的、新颖的、有趣的事物所吸引，因此我们鼓励低年级的学生到舞蹈队、手工制作班、绘画班这“三艘船”上“玩”。

绘画班成果展

科技制作班成果展

中年级的学生处于从低年级向高年级的过渡时期，总体发展较平稳，开始对需要独立思考的行为感兴趣，语言表达能力及身体协调能力长足发展，情感也越来越丰富，这时候是最适合到合唱队、足球队、科技制作班、小主持人班等“船”上欣赏学习的。

高年级的学生思维方式由形象思维逐步往抽象思维过渡，语言组织能力及表达能力较强，身体协调能力及自控能力迅速发展，集体观念及团队合作意识较强。因此，我们热情邀请高年级的学生到小主持人班、篮球队、书法班、科技制作班这“四艘船”舒展才艺。

手工制作班成果展

（三）起航——迎风破浪开启人生之旅

做任何事情，它的过程都是由最初的感兴趣，慢慢地就会变成了平淡。尤其是小学生，兴趣来得快，去得也快，要想让兴趣能够持久，一是思想认识要到位，要认识到学习的重要意义，二是开展的活动要新颖有趣，符合他们的年龄特点。显然，后者对学生持久的行动是更有保障的。因此，我们在开展第二课堂兴趣小组活动中，要求任课老师一要当好智勇双全、快乐的“船长”。因为老师热情参与了，学生才会热情高涨。一个有童心的老师必然会带出快乐的学生。二要把好方向，将“船”往既定目标行驶，要定好学期总目标和每节课的小目标，要将培养学生积极健康的人格和快乐自信的态度作为前进的方向。三要培养好特技，每个兴趣小组根据自己所承载的功能尽可能多地培养具有鲜明特长的学生。四要准备好课件，每节课上课前要认真备好上课内容，准备好教具、学具、道具。五要上生动活泼别开生面的课，上课时要全情投入，要组织形式丰富的课。六要组织成果展示。每隔一段时间就组织一次成果作品在自己的“船”上展示。每学期学校组织一次全校性的作品展示会，并且根据作品的质量公开表彰。成功的喜悦往往给学生无穷的力量，身边的榜样更能激起他们的兴趣。当获奖的同学拿到奖状时，旁边的同学都非常激动，羡慕不已。前苏联教育家苏霍姆林斯基说过：“你在任何时候也不要给学生打不及格的分数，否则容易使儿童产生自卑感，从而失去学习的乐趣。请记住：成功的欢乐是一种巨大的情绪力量，它可以促进儿童好好学习的愿望。”实践证明，成功，可以大大地调动学生主动参与的积极性。

兴趣小组成果展

三、基本成效

每到第二课堂兴趣小组的活动时间，学校里到处洋溢着孩子们轻松、自在、欢乐的氛围。篮球场和足球场上跳跃着男孩子们矫健的身姿，音乐室里传出优美动听的歌声，舞蹈室里闪动着婀娜多姿的身影，书法室里，同学们坐姿端正，挥毫泼墨，绘画室里，同学们拿起彩笔描绘五彩缤纷的世界……精彩纷呈的课外活动充分培养了学生的创新意识、实践意识，促进学生各方面能力的和谐发展，使学生的学习生活变得更

舞蹈队成果展

加丰富、绚烂多彩。现在，同学们在课余时间再也不会感到无事可做，在第二课堂兴趣小组的熏陶下，他们因有了底气而自信，因有了价值而充满活力，因有了特长而变得开朗。这项活动的开展，受到家长的极大欢迎，尤其是合唱队和舞蹈队更凸显了学校良好的艺术素养，得到群众的高度赞赏。

为了让孩子们在浸润了六年的校园生活后，能出落得思想端正，彬彬有礼，谈吐大方，自信开朗，快乐生活，我校将坚持将第二课堂兴趣小组活动开展下去，让孩子们登上兴趣之“船”，扬帆起航，乘风破浪，带着文明的种子，沐浴着智慧的雨露，插上理想的翅膀，踏上快乐的人生旅程！

优化学生心理品质，提高德育教育效率

茂名市高州中学
案例负责人：潘裕岳
案例主要贡献者：吕国环　程戈鹏

一、研究背景

素质教育是以促进学生身心发展为目的，以提高国民的思想道德、文化科学、劳动技能、身体心理素质为宗旨的基础教育。其中思想道德素质是最重要的素质，是素质教育的灵魂。目前，加强德育工作已成全体教育工作者的共识，我国中小学校对于德育工作投入了大量的人力、物力、财力，但是效果不尽如人意，实效性较差，德育工作陷入了困境。现代中学德育要想摆脱困境，重新获得发展的活力，必须探索产生这种困境的内在的、根本的原因。只有找出原因，才能把握德育的方向，才能走出困境，提高中学德育工作的实效。经我校长期的实践，发现从心理健康教育入手，通过优化全体学生心理品质，培养学生健康的心理、健全的人格，能够显著地全面提高德育效率。

二、理念支撑

林崇德认为："德育为一切教育的根本，是教育内容的生命所在，德育工作是整个教育工作的基础。"石鸥指出："尽管德育被提到首位，巨大的德育实践并未收到应有的道德效果。"如何提高德育实效性，我们可以从宏观和微观两个层面来总结。

宏观层面：华中师范大学教育科学学院陈萍认为，学术界上提出的德育模式可大致分为两类：理性德育模式和情感德育模式。其中，支持理性德育模式的人基本上主张道德和法律制度并重，代表人物如杜时忠教授。而注重道德教育这一派基本上是在挖掘德育自身的魅力，代表人物如朱小蔓、朱曦。微观层面：德育目标要注重现实性和超越性的统一，社会本位和个人本位的统一。持此观点的代表人物有西南师范大学的张敷荣、和学新，南京师大的鲁洁等。

经仔细研究，我们发现，心理健康教育恰好能够将上述宏观的"情感德育模式"

和微观上的“以人为本”“加强与现代生活相联系”的德育模式这两种大模式融为一体，而且还可以有效避免了“制度德育”所带来的负面效果（强制、说教、惩罚等会引起现代中小学生的抵触、反感，甚至是叛逆）。有鉴于此，我校就尝试从心理健康教育入手，通过优化全体学生心理品质，培养学生健康的心理、健全的人格，全面提高德育效率。

三、主要做法

（一）建立组织机构，统一工作思想

根据工作需要，我校形成了一套系统的组织机构：“校长—政教处—心理健康教育指导中心—班主任—科任老师—学生”，自上而下，相互联系。

（二）心理健康教育指导中心的软硬件建设

1. 硬件建设：中心的建设与完善

学校除了在图书馆一楼设置了一个专用室外，还配置了大量的相应的心理辅导设施。我们的辅导室离教学区较远，相对偏僻，环境幽静，可以减轻来访学生压力。

2. 软件建设：组织教师参加各种心理健康教育培训，提高师资水平

中心在几年内共派出了15人次到华南师范大学，参加广东省中小学心理健康教育指导中心组织的A证和B证学习，共有三人取得A证，十人取得B证，一人取得国家三级心理咨询师资格证。

（三）将心理健康教育纳入教科研工作，倡导教师进行心理健康教育的研究

我校教研室一直将心理健康教育纳入教科研工作，从2007年到2014年，我中心获得省级以上的奖励就超过30人次。通过科研，教师们不仅提高了自身的理论水平，而且能够站在一个新的高度来把握学生的心理问题，顺利地开展心理健康教育工作，促进学生的全面发展。

（四）切实开展对学生的心理健康教育工作

1. 中心的工作制度

（1）值班制度

我们共有11名专职心理辅导老师，从星期日到星期五的晚自修，每晚都安排两位老师到心理辅导室值班，并且值班老师要负责当天的咨询记录，以便跟踪辅导。

（2）预约制度

针对来访学生多的情况，我们制定了一套预约制度：可以通过电话、短信、电邮等方式预约；还有预约卡供填写。

（3）跟踪制度

每位来辅导过的学生，我们都为他做一份咨询记录，如果有特殊的学生，如一些有比较严重的心理障碍的来访学生，我们还专门为他做一份心理档案，跟踪辅导。如果有些更严重的，就要转交给上一级部门了。

（4）交流制度

辅导老师每个星期都聚会一次，交流彼此近段时间内的辅导心得，拿一些个案出来共同研究、解决，这样既对自身进行了一次调节，又提高了自己的业务水平。

（5）学生内部自我管理、教育制度

学校在每个班设心理委员男女各1名，让心理健康教育工作通达班级管理。另外中心专门建立了一个由100多名心理素质好、品学兼优的学生组成的心理协会，通过对心理协会做好教育、监督和调控等工作，让心理协会的学生和老师一起共同为全校学生服务。

（6）综合管理制度

中心在每个年级设有女生指导员1名，由中心派心理辅导工作经验丰富的女教师担任，他们将定期对各年级女生开展心理健康教育活动。中心的主要工作内容是：个别心理辅导与咨询，并建立学生心理档案以及做好跟踪调查工作；召开主题班会；心理健康教育讲座与宣传；大型团体心理活动；团体心理测试，团体心理辅导；研究学校学生心理问题特点及发展动向，制定相关应对措施和活动计划；开展课题研究；组织社团活动等。

2. 加强人文环境建设，积极创设育人环境

我校本着以人为本的思想，积极创设温馨、美丽、人性化的校园环境，提高学生的学校大集体归属感。

3. 加强宣传，使学生受到潜移默化的教育

利用学校的广播站定期宣传心理知识，组织学生制作心理专栏和心理小报。另外，心理咨询中心每个月还定期出一份心理知识墙报，由中心的老师根据学校实际轮流编写。

4. 开展心育班会、心理讲座、团体辅导活动等形式多样的心理健康教育

近几年我校积极倡导广大师生学习教育、心理理论知识，提高自身心理素质，重视心理工作对学生发展的重要意义。在咨询室的指导下，很多班主任都相应开展了心育班会，改变了以往工作总结时的方式，逐渐渗透心理辅导内容，以学生关心的心理问题为主题，互相探讨。定期开设主题讲座，如心理辅导室、各级女生指导员定期开设的“自信人生，成就你我”“关爱女生”“美丽女生”等主题讲座，每次都吸引了

很多学生参加，深受学生欢迎。

5. 号召各任课教师将心理健康内容渗透到教学实践中

通过学科渗透，让学生在学习各科知识的过程中，既能提高学科知识水平，又受到潜移默化的影响，心理素质逐渐地提高，学生也更加全面地发展。

（五）对学生进行精心的辅导

在实际工作中，我们发现学生的心理问题是多种多样的，我们不可能把所有学生的心理问题都解决，但我们都将所有来访的学生当作自己的子女、弟妹看待，尽力的去帮助他们解决问题。

四、基本成效

广大学生树立了正确的自我认识观。有正确自我认识观的学生，能够知道自己的优点和缺点，对优点能够积极去发扬，对不足能自觉去改进。他们有自尊心和荣誉感，更有责任感。

广大学生建立了良好的人际关系。通过个别辅导、小组以及班级的辅导活动，使学生学会了宽容他人、欣赏他人、帮助他人，学生之间、师生之间关系融洽。

广大学生养成乐观、积极的心境。学生们少了放荡不羁，少了破罐子破摔，少了悲观迷惘，少了郁郁寡欢。

丰富的心理健康教育，拓宽德育工作渠道，提高德育效果。教育者不再高高在上，而是以朋友身份与学生交流，排解他们的忧虑和困难，使他们放下包袱，学生也比较乐意接受老师的辅导和建议，使德育工作的实效得以提高。

通过对学生进行心理健康教育，使整个学校呈现一种融洽和谐的氛围，学生精神风貌积极、健康、蓬勃向上。学校一切平安和谐，荣获多项省级殊荣。

五、社会反响

实施“优化学生心理品质，提高德育教育效率”项目以来，学校德育工作、心理健康教育工作卓有成效，走在全市学校的前列。我们精心打造品牌形象，积极发挥示范学校的辐射引领作用。学校经常接待众多兄弟学校的领导和老师来观摩与学习，每年还组织老师参加由市教育局或团市委组织的各项关爱活动，以及参加省市级的研讨会、德育、心理教育课题研究等，受到专家、领导以及师生的高度评价。学校先后被评为高州市、茂名市、广东省中小学心理健康教育示范学校，高州市、茂名市、广东省德育示范学校。高州市、茂名市的新闻媒体曾多次对学校德育、心理健康教育工作做过报道。学校的德育、心理健康教育工作取得了令学生受益、家长满意、社会认可的成效。

践行十项承诺，创建特色教育

茂名市龙岭学校
案例负责人：郑明祥
案例主要贡献者：陈铁平　陈晓霞

悠悠小东江，巍巍竹园桥。在享有“西粤明珠”之美誉的历史名城——茂名市，冉冉升起一颗灿烂的教育新星。这是一个书声琅琅的校园，这是一片浇灌新蕾的乐土，这是一个孕育理想的摇篮；这里，是雏鹰展翅的地方，是梦想起飞的舞台；这里，就是茂名市龙岭学校。

茂名市龙岭学校创建于2007年，是茂名市教育局直属的一所九年一贯制学校。学校占地面积14372平方米，现有教学班61个，在校学生4298人，教职工165人。建校五年来，学校坚持以人为本、面向全体、创办特色、科学发展的办学理念，把关爱学生作为立校之本，践行“十项承诺”，规范办学，提升学校竞争力。目前已是一所校风严明，教风严谨，学风严肃，家校同心，师生同行，校园和谐的现代化学校。

一、承诺一：指导每个学生制订一个系统、科学的学习计划

凡事预则立，不预则废。要想成为学习的主人，就必须订立学习计划。每一个踏入龙岭学校的孩子，都有一张特殊的名片——成长档案袋，袋中除了有他们的生活照、成绩表、阶段性反思、师生寄语等，更有他们设定的每一天、每一周、每一次考试、每一个学期、每一个科目的学习计划，学习目标；同时，细心的您会发现，在每张课桌的右上角，都贴有一张便签，上面写着他们喜爱的座右铭、每一次考试的学习目标和竞争对手，每次考试后，他们还会适时进行调整更新。系统、科学的学习计划激发了同学们的学习积极性，提高了他们的学习效率，也极大地锻炼了他们的意志力。

二、承诺二：让每个学生每学期参与一次班级管理

班级，是学校教研活动的基本单位，是学生学校生活的基本场景。我校在班级机构设置、职权分配和角色安排等方面做了大量创新，颇具特色：1. 班内设置多样化小组。按其活动内容的不同，各班建立了班务管理小组，如：墙报编辑小组、财务管

理小组、图书管理小组、卫生监督小组、生活服务小组、学习小组等，每一个学生都可以加入一至几个小组，扮演各种角色，参与班级管理。2．在班级管理中“人人有岗位”。各班根据学生兴趣、爱好、能力、特长、需要把班级内的各种管理职能分解为一个个具体明确的岗位，如建立信息交流岗、板报宣传岗、图书管理岗、热心助人岗、环境保护岗、文体活动岗等，力求使每一个学生都能在班级管理中找到自己满意的位置。3．定期变化管理者角色。各班采用轮换、轮值的方法，帮助学生从管理角色的变换中学会自我管理，增强角色的自我调整能力。这样，每生每学期都有一次机会参与班级管理，让管理本身成为一种教育力量，促进学生参与，开发学生潜力。

三、承诺三：让每个学生每学期都能主持一次班会

一直以来，我校把班级管理的重心转为班级文化建设，让班级成为培育学生公民意识的重要基地，成为提升学生素质和能力的重要基地，让学生成为班级管理的主体。在每周的班会课上，学生以小组为单位，通过轮流做班会主持人，设计班级自治制度、班级有效活动、班级口号、班级目标、班级文化主题，形成共同愿景，开启学习的源动力。

为了组织好班会，教师在开学的前几周要对学生进行相关的培训，包括如何制作课件，如何快速搬动桌椅等。教师示范后，让学生轮流主持班会，争取每个学期每个学生都能轮到一次。学生通过轮流做班会主持人，为全班营造一个相互尊重的氛围，把班级建设成为一个和谐团结的共同体，营造出一个能让学生作出选择的安全环境，为学生自信、自主、成功的发展提供了一片沃土。班会主持轮流制，创设了一个能够让学生分享各自的想法，自行解决班级问题的班会制度，也培养学生的领导能力、组织能力、公共演说能力、思维能力、认知能力、问题解决能力以及人际交往能力，把班级打造成一个学习者共同体，形成了不同的班级文化特色。在一年一度的班级文化评选活动中，他们用集体的智慧彰显着独特的个性和飞扬的青春。

四、承诺四：与每个家长每月有一次互动

古语云：“养不教，父之过；教不严，师之惰。”学校和家庭自中国古代起就是一体的，在现代学校教育体制下，家庭的作用也非常重要。我校根据学生属走读、独生子女和留守儿童多等情况，创新家校合作模式，使有效教育落到实处。为开创家校携手共育新局面，我校大力推进家校合作，并形成了新特色：1.学校成立了“家校和谐委员会”，并定期召开成员会议。各成员可参与学校大型活动，并通过会议向学校提出建议，商讨学校工作事项，充分参与学校管理，有效体现家长对学校教育教学

工作的知情权、评议权、参与权和监督权。2.定期召开家长会。我校坚持每学期召开一次家长会，时间一般安排在月考过后，除了常规的家长会议程之外，我们还会经常邀请社会知名专家为家长做辅导和培训；同时，我校还通过亲子活动、家长论坛等方式，加强与家长的沟通与互动。3.每学年举行面向全体家长的家长开放日活动。家长可通过教学观摩等活动，深入了解自己孩子在学校的表现情况，了解老师的讲课水平，极大地增强了学校办学的透明度。4.定期家访。为了能更全面、客观地了解本班学生，每次考试过后，教师们就会放弃休息时间，深入学生家庭，了解孩子在家的表现情况，并和家长进行有效交流。此外，各科任教师还充分借助校讯通等平台，通过电访、信访等方式与家长沟通，增强家校合力，确保与每个家长每月有一次互动。

五、承诺五：与每个学生每周有一次交流

我校教师平均年龄只有27岁，他们大都毕业于北京师范大学、华东师范大学等211工程重点院校，他们教育理念先进，与学生的交流零障碍，沟通无代沟。我校实行“两次备课，三次反思”的集体备课模式，教师在上课前和上课后，都会通过与各层次学生交流的方式，根据学生的建议以及课堂的反应，三次反思教学中存在的问题，并形成最终完善的教案，做到“备课时关注每一个学生，备课本中有每个学生的身影”。在平等交流的过程中，教师不仅提升了自我，达到教学相长的目的，还能针对各个学生的情况，对其相机指导、激励、鼓舞。此外，学校还通过设立班主任信箱、教师加入班级QQ群、学生撰写周记、教师撰写《给学生的一封信》等方式，与学生进行平等交流和心灵的沟通，让每个学生每周都能与教师有一次交流，从而得到足够的理解和重视，也使他们能够以校为家，快乐成长，即使毕业，也不忘“回家”看看。

六、承诺六：让每个学生每学期每学科上课发言不少于三次

作为广东省“书香校园”，我校非常注重培养学生读书的乐趣，发挥教师对读书的“导向、导读、导行”作用，使校园充满书香气息。在“我读书，我快乐”的良好风气中，学生不仅爱好读书，更乐于表达。如每个科目每周都有指定同学向大家介绍一本本学科的好书；学生利用早读和语文、英语课朗读精彩语段，发表自己的感想；每节课前三分钟，还有学生分享该学科的小故事……师生在读书中感悟人生道理、深入了解本学科的同时，同学们的发言表达能力也在潜移默化中得到提高。为鼓励学生自由发言，教师还通过科学的问题设置、积极的启发诱导，个性的评价语言、德育量化考核表加分以及相应的奖品设置等手段，为学生提供一个宽松的说话环境，创设民

主宽松的课堂教学氛围，树立孩子积极表达的信心，鼓励学生大胆地说出自己的想法。因此，我校涌现出一批批敢于表达、乐于表达的学生，并在各类相关比赛中获奖。如我校成功举办了一年一度的演讲比赛、元旦晚会。在茂名市一中2011年的元旦晚会上，我校毕业的主持人占了四分之三。

七、承诺七：让每个学生每月都有一次展示的机会

我校一直坚持精心设计校本德育，让学生获得充分展示自己的机会。首先是“每周之星”的评比，包括学习之星、进步之星、劳动之星、爱国之星、环保之星等，各班利用班会进行初赛，参赛的同学在班级展示自己的特长、爱好、座右铭等信息，最后通过年级决赛选出的选手将获得在学校宣传栏展示的机会，获表彰同学的照片和相关材料将会在全校得以展示。这种评比的方法从多方面多角度挖掘了学生的优点，鼓励学生积极向上，全面提高综合素质。其次是表彰月考成绩优秀学生，以树典范，我校每次月考后会将各年级前100名学生的照片、人生信念进行全校公开表彰展示，年级前250名学生在本年级各班展示。最后是每学期由商家赞助的“龙岭之星”的评比，各班根据学生情况，推选出德智体美劳等各方面优秀的学生参加评比，并在元旦晚会、期末总结大会上予以表彰展示。此外，学校还开展了演讲比赛、朗诵比赛、书法比赛、作文竞赛、校运会、体操比赛、元旦晚会、手抄报比赛、班徽设计竞赛等多种活动，根据“班级——年级——学校”层层选拔的方式，让每一个学生的能力和特长得到认可，让每一个学生都能找到展现自己的舞台。我校独特的德育特色获得了上级领导、专家的认可，德育课题《整合区域资源》被评为省优秀课题，我校也被评为茂名市德育示范学校。

八、承诺八：让每个学生每天都能得到同学或老师的赞赏

爱是最好的教育，赞赏是最美的语言。为了让各层次学生感受到班集体的关心和呵护，我校教师在教学中因材施教，分层次教学。如针对不同层次的学生，根据难易程度布置A、B、C三类作业，不同基础的学生都可以得到学习的满足，教师根据学生的完成情况，或在作业本上留言、或全班口头表扬、或在《家校联系手册》批注、或在《德育考核量化表》加分……学生可以通过多种渠道得到老师的赞赏。同时，各班还号召同学们每天赞美一个同学、每天为同学鼓一次掌、说出任何一个同学的三条优点等方式，让每一个孩子每天都能获得他人的赞赏，感受到集体的关怀与呵护，懂得回报与感恩，身心得以健康成长，最终形成了一个个温馨和谐的班集体。

九、承诺九：对每个学生的作业每月至少面批一次

我校坚持实行德育导师制，注重做好优秀生的培养、中层生的发展和后进生的转化工作，每个科任老师担任四名“后进生”的德育导师，并坚持每学期与学生谈话60人次以上。德育导师制订工作方案，从生活、学习、思想上关心和帮助他们，定期向家长和政教部门汇报工作对象情况，撰写教育案例，写好《学生谈话记录表》，并定期总结。在与学生谈话过程中，教师还针对学生的作业情况，进行当面批改，切实帮助学生在学习、生活等方面得到提高。同时，学生还会根据教师在作业本上“面批”字样的留言，主动寻找老师面批作业。对于毕业班学生，各班更是根据学生的弱势科目情况，将他们分给相对应科目的教师辅导。有了这种细致而科学的作业批改方式，每个学生的作业每月至少能得到一次面批，学生学习成绩得以稳步提高。

十、承诺十：让每个学生参加一项以上体育或艺术等兴趣小组活动

特色就是个性，特色就是品牌。办学以来，我校一直倾力打造广东省体育特色学校。学校认真贯彻落实教育部关于二操一课一活动的要求，积极组织各种体育课外活动，保证每位学生每天在校有1小时运动时间。如：开展冬季晨跑活动、学生广播体操比赛等。学校每年成功举办了学校田径运动会，校田径队参加2011年市直运动会获得团体第二名和体育道德风尚奖，李嘉竞等三位同学被市一中录取为体育特长生。

我校音乐教学也颇具特色。全校开设合唱、舞蹈等兴趣小组，吸引爱好音乐的学生积极参与，发展学生的个性特长。每学年音乐教师利用业余时间组织学生排练20多个文艺节目，成功举办元旦文艺表演。由音乐科组编排的舞蹈《少年自然科学者进行曲》获得市优秀舞蹈节目一等奖。

同时，我校美术教育脱颖而出。我校积极开展剪纸、绘画、手工、书法等兴趣小组，培养了一大批美术人才，三年来，共有23人考取了茂名市一中美术特长生。学校是广东省文化传承学校之一。

此外，龙岭文学社也色彩纷呈。文学社通过开办演讲比赛、朗诵比赛、作文竞赛、作文讲座、校刊征文、广播室主持人竞选等方式，激发学生的写作兴趣和对文字文学的热爱。学校每年都培养了一百多名茂名市作家协会会员，并有多名学生在国家、市的作文竞赛中获奖。龙岭文学社每年都被评为茂名市优秀文学社。

丰富多彩的校园活动让每一个学生都能发挥自己的特长，找到自己的兴趣所在，每个学生参加一项以上体育或艺术等兴趣小组活动。

五年风雨流金岁月，一代园丁辛勤耕耘，茂名市龙岭学校通过践行十项承诺，使办学水平不断提高，如今，这棵桃李树已是根深叶茂，硕果累累。几年来，教师共有283人次获得国家、省、市或市直属级别的奖励；学生有1525人次在各级竞赛中获奖，学校被评为广东省“书香校园”、广东省“体育特色学校”、广东省“交通安全示范学校”、茂名市“安全文明校园”和茂名市“德育示范学校”。

巍巍竹园桥镌刻历史荣光，悠悠小东江流淌油城风韵。团结务实的龙岭人，用自己的智慧和汗水铸就了今日的成绩。我们完全有理由相信，充满无穷活力和魅力的龙岭学校，乘风破浪，扬帆远航，驶向更加灿烂辉煌的明天！

以诗育心　以美启真

——茂名市第十六小学“诗歌教育”评价案例

茂名市第十六小学
案例负责人：劳洁丽
案例主要贡献者：高天珍　李庆联

为贯彻落实党的十八大、十八届三中全会精神和教育规划纲要，促进学生全面发展、健康成长，从去年3月起，我校启动了以“诗文育品行·艺术润童心”为主题的诗词文化艺术特色教育活动，以“品读诗词经典，感悟先哲智慧”为载体，从环境、课程、特色活动入手，培养学生高尚情操，提升学生人文素养，丰富校园文化生活，并在活动中努力探究出一套行之有效的评价体系。以下是我校的几点做法：

一、加强组织领导，建立活动评价体系

学校成立了由校领导、教导处、少先队、年级组长、语文和图音体教研组长等相关老师组成的艺术特色教育领导小组，制订了特色教育方案和特色教育活动评价体系，明确把诗词文化艺术教育作为学校全面实施素质教育的重要组成部分，把特色教育活动评价体系纳入学校日常工作的日程，认真抓好落实。并在经费、时间、师资等方面给予充分保证，确保诗词文化艺术教育活动顺利开展，确保特色活动评价体系充分发挥教育评价的功能和作用，促进学生综合素质的全面提高。

我校活动评价体系坚持四项基本原则：一是主体性原则。即充分体现学生的教育主体地位，重视学生自评的组织，保证促进学生主动、活泼、全面地发展。二是方向性原则。即明确教育为社会主义现代化建设培养合格的建设者和接班人的办学方向。三是动态性原则。不用一个标准评价学生，不拿一个框框限定学生，充分体现并尊重学生个性特长发挥。四是全面性原则。即全面反映学生发展实际，反映学生各方面素质的到达程度，各育并举，全面发展。

围绕以上基本原则，我校活动评价体系确定了以下7个方面评价内容：思想品德素质、文化科学素质、身体素质、审美素质、劳动素质、心理素质、特长发展。每个

方面又结合特色活动内容细化为几项二级指标，在二级指标基础上制定出若干条全面、具体可行的三级评价标准。如“文化科学素质”细化为“诗词知识积累、诗词知识运用”，其中“诗词知识积累”又为分“课内积累篇目”“老师推荐积累篇目”“学生自主积累篇目”等三个具体的直接评价标准。

二、开展特色教育活动，实施活动评价方案

（一）读经典诗文，呼吸诗韵，争当“诵读之星”

经典诗文是文学的瑰宝，是语言的精华，是人性之美的闪光。学校分级编写校本教材，开展诵读经典诗文活动，通过科学的活动评价方案，激发学生学习祖国语言文字的兴趣，提升人文修养。

我校组织编写了诗歌教育校本教材《课前经典诗文诵读》，每本收集50—60首（篇）经典诗词，供一至六年级学生免费循环使用。其中一、二年级以童谣、童诗为主，适当编些古诗；三、四年级以古诗为主，适当编写一些浅显的小古文；五、六年级古诗词、小古文兼顾，每册均图文并茂、通俗易懂。学校组织学生每天课前诵读，每周至少背熟一二首。通过课前诵读古诗文，极大地丰富了学生的语言积累，培育了学生的文化底蕴。

此外，学校注重营造诗意般的文化氛围。首先，用古诗文点缀校园，在校园里的花圃、过道、走廊、班级墙壁等合适的地方辅之以名诗佳句，利用显示屏每周滚动宣传一首经典诗词，利用学校诗刊《小荷》刊登师生创作的优秀诗词作品，供师生学习借鉴。学校营造了诗意的环境，使学生每时每刻都呼吸着诗韵，感受着诗意的熏陶。接着，学校以年级为单位，组织学生开展一系列的活动，如经典诗文积累、诵读比赛等。老师根据课程标准学段目标来确定诵读的保底数量，上不封顶。第一学段、第二学段要求背诵优秀古诗文50篇，第三学段要求背诵优秀古诗文60篇。诵读的内容分为课内积累、校本教材、老师推荐和学生自主选择。每个班级分为八个诵读小组，每个同学轮流当诵读小组的抽查组长。谁背诵得多，谁就是班级的“诵读之星”。“诵读之星”每周评选一次，这样的动态评价让更多的学生有出彩的机会。有了“诵读之星”评价激励机制，每天走进教室，琅琅的读书声萦绕你耳边，同学们的诵读热情高涨，直接推动了班级形成一种努力向上的氛围。

（二）赏经典诗文，放飞诗心，争当“我是小诗人”

1. 创造诗意的课堂，培养诗情

课堂上，老师运用诗性的语言着力营造一种意蕴和情境，对学生的心灵产生撞击，让学生浸润在诗意的境界中。老师指导学生反复吟诵，发挥想象力，领略经典诗

文的语言美、意境美和情感美，让学生在模仿中学会运用语言。教师还给学生提供了广阔的创作平台，指导学生去发现、去感受生活，鼓励尽情挥洒诗兴，鼓励写随手妙句，让学生的心田在诗境中浇灌，让学生的思想在诗意中跳跃，让学生的童心在诗韵中飞扬。

2. 搭建诗歌创作平台，争当“我是诗人”

学校为学生搭建了诗歌创作平台，校级诗刊《小荷》（半月刊）向全校学生征集诗歌原创作品，班级周报《未来星》《小脚丫周报》等开辟了诗歌专栏，也登载学生创作的优秀诗歌，供师生共赏品鉴。此外，学校还连续举办了3期“浸润诗心，张扬个性”校园诗歌、童谣创作比赛，收到学生创作的诗歌4600多首，并将选出的优秀诗歌张贴在学校宣传橱窗，供全校师生欣赏。每在校刊、班刊上或诗歌创作比赛中刊登一篇诗歌作品，老师颁发一张刊用纪念卡，集够五张刊用纪念卡，班级评选颁发“我是小诗人”奖状，集够十张刊用纪念卡，学校评选颁发“我是大诗人”奖状。

（三）画经典诗文，抒发诗意，争当“我是小画家”

我校把诗词文化教育与美术教育融为一体。美术课上，美术老师结合课本内容与特色教育要求，指导学生选诗或自己作诗，根据诗意配上图画。美术老师根据学生作画、选诗的过程和诗配画的效果，给予科学的评价，并从中选出优秀的作品贴在教室诗歌板报上，悬挂于校园走廊、通道墙壁，凡选中的作品都给作画者颁发“我是小画家”的称号。这不仅激发了学生积极参与的热情，也真实地反映出了学生们对诗歌的理解以及他们对诗歌、对生活的热爱，培养了学生的想象能力，提高了学生的审美情趣，激发了学生对祖国优秀传统文化的热爱之情。

（四）奏经典诗文，吹响诗乐，争当“音乐之星”

我校把诗词文化教育与音乐教学融为一体。吹奏竖笛是我校音乐教学的一大特色，为把诗词文化融入竖笛演奏中，学校音乐教师收集了优秀的古诗文少儿歌曲作为《十六小古诗文歌曲集》校本教材。

每周利用一节音乐课进行经典诗文歌曲教学。三年级以上学生每节音乐课都要求吹奏竖笛。习古文，唱古诗，古诗词歌曲优美的旋律打动了孩子们的心，成了孩子们心头之爱。另外，学校还成立第二课堂“古筝队”，演奏古典诗词，例如《春晓》《游子吟》。音乐老师随机抽查与期中期末测试相结合，对学生的音乐素养进行评价，在期末时，评选出班级的“音乐之星”。

（五）舞经典诗文，释放诗情，争当“体育之星”

我校在特色活动中勇于探索，善于创新，把诗词文化教育与体育教育融为一体，开创了“跆拳道串诗文”大课间活动。大课间活动以磨练人的意志、振奋人的内在精神气质的跆拳道和绵延千年、源远流长的唐诗宋词结合起来，融诗词于拳道中。为使两者能很好地有机结合起来，我校邀请了跆拳道教练对师生进行了专业训练，大家密切配合，利用早操和课余时间组织全校师生一起边练跆拳道，边背诵古诗词，很好地将强身健体与古典诗词学习巧妙串联起来。

通过“跆拳道串诗文”大课间活动展示其刚柔并济、修身养性的独特魅力，该项活动的开展使大家同心协力、团结协作，心往一处想，力往一处用，增强了全体师生的凝聚力和向心力，让全体师生收获了幸福，感受了快乐，孕育了成功，达到了朗诵经典、陶冶情操、强健体魄的目的，充分展示了我校师生良好的精神风貌。

在活动中，体育老师对学生边练跆拳道，边背诵古诗词的过程进行评级，还通过“跆拳道配诗词”活动评价表进行自评和他评，老师和家长评价，最后评选出班级的“体育之星”。

（六）组织班际比赛，评选“优秀班集体”

德国作家席勒有句名言：“还有比生命更重要的，那就是荣誉。”学校通过先后开展了“班级诗文诵读”比赛、“优秀班级诗坛”评比、“古诗文大王”诵读比赛、“诗文知识竞答”、“诗配画”比赛、“师生对诗”“诗文书法”比赛和“诗文手抄报”比赛等。

通过这些班际比赛，给学生提供了一个展示才华的平台，让每个学生都参与到活动中去，大大激发了学生学习的兴趣，增强了学生学习的自信心，让他们在评价中享受快乐，享受成功。

（七）建立“家校联系卡”，及时反馈学生的活动成效

我校通过每月一次的“家校联系卡”实现家校的沟通，通过自评、师评、家长评多途径对学生参加特色活动情况进行评价，了解每个学生的优点、潜能、不足以及发展的需要。学生自评，充分认识自己的优缺点，为教师全面、准确评价获得第一手材料。家长参与评价则让学校教育和家庭教育达成一致性，促进教师、家庭和学生三方的感情交流，优化了育人的环境。通过评价，不但促使学生在原有水平的基础上提高，更要发现学生潜能，发挥学生特长，帮助学生认识自我，促使学生学会做人，学会做事，学会合作，学会学习，以达到教育的培养目标。

三、特色活动硕果累累，检验特色活动评价体系

我校自启动以“诗文育品行•艺术润童心”为主题的诗词文化艺术特色教育活动以来，已逐步探究出一套行之有效的评价体系，并取得了一系列可喜的成绩：

2013年11月，我校诗词文化艺术特色展示活动“诗文育品行•艺术润童心”隆重

举行，该展示活动形式之新，效果之好，受到茂名市政府及茂名市教育局领导的高度赞扬，并得到参观此次展示活动的全市各学校教师代表们的一致肯定。

2013年12月，广东省小学生诗歌节茂名地区有47首诗入围决赛，其中我校就有29首入围决赛，最后，有11人分别获全国一等奖、二等奖和优秀奖，其中，有三名老师获优秀指导奖。学校继2012年再次荣获“小学生诗歌节优秀组织奖”。

2013年12月，我校参加茂名市“现场作诗”比赛，荣获集体一等奖。

2014年3月，我校特色教育专题片《特色教育让学生快乐成长》在茂名市电视台《新闻聚焦》专栏播出。

2014年3月，我校特色教育纪实《特色立校　诗韵育人》在茂名市校长全员培训上播放，并在茂名市教育局网站上滚动播放。

此外，我校以诗歌教学为契机，将教育教学的方方面面拧成学校发展的一个整体，全面建设学生综合素质评价体系，有效提升了学校的教育教学综合水平。主要体现如下：

2013年6月，六年级毕业班学生在参加茂名市直属毕业水平测试中，三科平均分名列前茅。尤其是语文成绩，进步较大。取得了近几年来最好的成绩，这说明了我校开展特色教育活动及建立评价体系，不仅丰富了学生的文化内涵，提高了学生综合素养，而且对学生学习文化知识起到促进作用，两者是相辅相成、紧密联系、相互促进的。

2013年7月，我校联合茂名市博物馆在博物馆二楼举办了学生木偶美术作品专题展览。共展出学生美术作品200多件，其中包括平面脸谱，立体绘画、木偶造型设计、以戏曲为主题的半立体手工制作等学生美术作品。

2013年9月，我校被评为“广东省第一批规范汉字书写特色学校”。

2013年10月，我校参加市直属中小学生田径运动会，以团体总分212分荣获小学组第一名，并获“体育道德风尚奖”，实现了比赛成绩和精神文明双丰收，取得了飞跃性的进步。

四、特色活动总结，深化特色活动评价体系

“诗文育品行·艺术润童心”为主题的诗词文化艺术特色教育活动的开展以及特色活动评价体系的实施，不仅丰富了学生的文化内存，更重要的是孩子们在活动中展示了风采，受到了教育，他们逐渐能够把所学到的知识运用到生活和做人当中去。虽然我校取得了阶段性成果，但我们绝不满足于此，而是以此为新的起点，继续扎实地开展诗词文化艺术教育特色活动，完善特色活动评价体系，让评价体系成为学校开展

素质教育评价的一个典型，更好地提高学校的办学水平，促进学生的全面发展。

特色活动评价体系面向的对象是全体学生，它极大促进了学生综合素质的全面发展。评价不仅关注学生德智体美等多方面的发展潜能，关注终结性评价，而且关注学习过程和学习方法的评价，关注学习态度、情感体验以及心理素质等方面的发展。在活动评价实施过程中，既有形成性评价，又有终结性评价；既有定量评价，更注重定性评价；既有课内评价，又有课外评价。有教师、家长、学生多个评价主体共同参与评价活动，为学生提供多渠道获得反馈信息的机会，形成促进学生发展的合力。我们通过评选“诵读之星”“我是小诗人”“我是小画家”“音乐之星”“体育之星”“优秀班集体”，建立“家校联系卡”等对小学生综合素质评价进行了一些尝试，效果比较理想。

由于教师队伍专业水平参差不齐，在活动评价过程中，对学生的评价存在不及时，不全面。另外，家校沟通工程非常庞大，家长意识形态不尽相同，部分家长教育观念和学校的教育观念存在偏差，无法达到一致性，严重影响了活动评价的实施和效果。无论如何，小学生综合素质评价是一个较大工程，它需要我们在实践中去不断摸索、反思和改进。愿我们在综合素质评价工作上所做的一点探索能真正成为学生健康成长的动力源泉！

养积极人格，育阳光少年

肇庆市第十六小学
案例负责人：袁苑红
案例主要贡献者：黎彩萍　李东雄

广东省肇庆市第十六小学始建于1928年，是一所文化底蕴深厚、办学历史悠久、党政领导重视、社会关心支持、人民群众满意、学生家长欢迎、教师勤教、学生好学、校风学风好、教育教学质量高的名校。学校现有31个教学班，1914名学生，97名教职工。2004年12月被评为广东省一级学校，全面提升了学校的品位；2006年1月被评为端州区德育名校；2006年12月成为第六批广东省中小学心理健康教育示范学校之一；2011年12月被教育部评为第四届和谐校园先进学校；2012年被评为广东省红领巾示范学校；2013年12月被评为肇庆市德育示范学校，彰显了我校“养积极人格，育阳光少年”的德育理念。

学校从2006年提出“以人为本、助人自助，以普及化促进专业化的发展”的心理健康教育工作理念后，历经八年，我校现阶段开展心理健康教育的最大特色是“关注积极，传递正能量”。近三年来，我校积极开展积极心理学视角下的学校心理健康教育，并取得了很好的成效，充分发挥着中小学心理健康教育示范学校的辐射作用，带动了全区心理健康教育工作朝着积极心理的方向开展。在全校教师的共同努力下，我校心理健康教育形成了以下特色：

一、以开拓进取的心态，凝聚心育团队

学校拥有一支优质的师资队伍，其中小学高级教师以上职称70人，小学副高级教师4人，全国优秀校长1人、全国模范教师1人、广东省中小学校长工作室主持人1人、广东省中小学名班主任工作室主持人1人、广东省特级教师1人；肇庆市名教师、学科带头人数名；省、市、区级的优秀教师、师德标兵、南粤教坛新秀、端州区教坛新秀多名。他们都是我校心理健康教育工作的领头人，他们以开拓进取的心态，向我们诠释着积极心理，引领我校心理健康教育工作走向积极。

二、以课题研究为引领，切实解决热点和难点

我校心理健康教育工作以科研课题研究为引领，向深层次发展特色教育。学校定期以省市区级课题申报为契机，以教育和教学过程中遇到的问题为切入点，申请各种类型的课题研究。近年来，以心理健康教育工作为核心申请的研究课题有：

2006年学校的课题《小学生学习习惯与学习效果的关系研究》成功申报了广东省中小学心理健康教育“十一五”规划第一批科研课题。

2009年学校的课题《运用理情教育塑造小学生健全人格的研究》成功申报了端州区教育科学规划项目课题。

2011年学校的课题《小学生积极人格培养校本研究》成功申报了广东省中小学德育科研课题，并被立项为重点研究课题。2013年10月顺利结题，并被评为优秀课题；2013年12月荣获广东省中小学优秀德育科研成果评选一等奖。

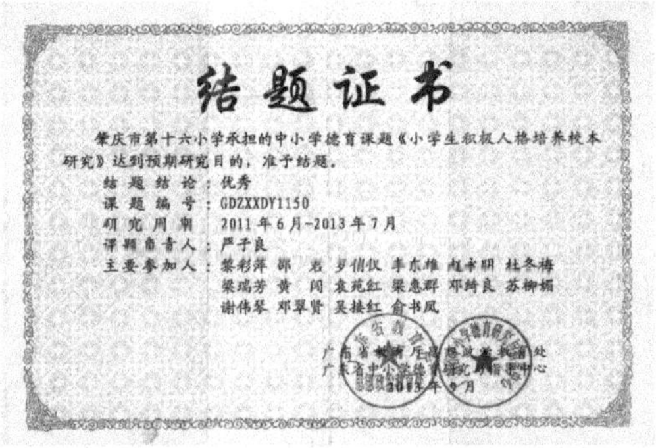
结题证书
肇庆市第十六小学承担的中小学德育课题《小学生积极人格培养校本研究》达到预期研究目的，准予结题。
结题结论：优秀
课题编号：GDZXXDY1150
研究周期：2011年6月-2013年7月
课题负责人：严子良
主要参加人：黎彩萍 邵 君 罗俏仪 李东雄 赵永明 杜冬梅 梁瑞芳 黄 闻 袁苑红 梁惠群 邓绮良 苏柳娟 谢伟琴 邓翠贤 吴接红 俞书凤
广东省教育厅思想政治教育处
广东省中小学德育研究与指导中心
2013年9月

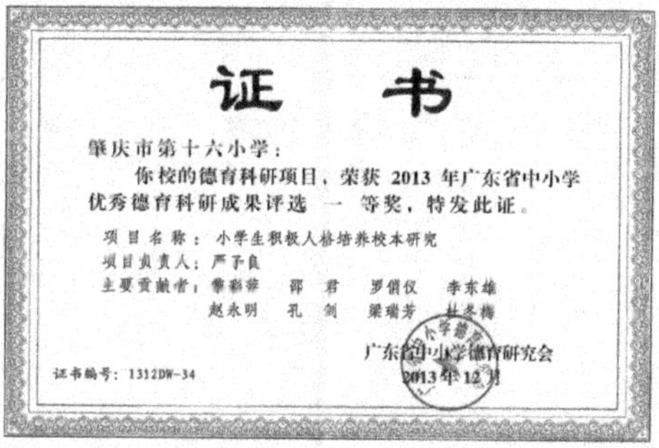
证书
肇庆市第十六小学：
你校的德育科研项目，荣获2013年广东省中小学优秀德育科研成果评选 一 等奖，特发此证。
项目名称：小学生积极人格培养校本研究
项目负责人：严子良
主要贡献者：黎彩萍 邵 君 罗俏仪 李东雄 赵永明 孔 剑 梁瑞芳 杜冬梅
证书编号：1312DW-34
广东省中小学德育研究会
2013年12月

2011年学校的课题《培养小学生学习兴趣的策略体系研究》成功申报了广东省中小学教学研究“十二五”规划课题，并被立项为重点研究课题。

2013年学校的课题《小学教师心理资本的现状、影响因素及其干预研究》成功申报了2013年度广东省中小学（中职学校）心理健康教育课题，并被立项为重点研究课题。

三、以课程为平台，扎实开展心理健康教育

我校心理健康教育课融合了团体心理咨询的方法和传统的教学模式，分别由上、下学期的团体辅导活动课和主题单元活动课组成，以“适应、合群、乐学、自信、进取、独立”为一至六年级的教学主题，力争在每一节课堂中，学生都有感悟，获得成长。经过几年来的探索，已形成了“课堂形式活泼多样，学生主体充分体现”的教学

特色。除此之外，我校还根据学校心理健康教育课题的研究，针对某一年级开展专题教学，例如：2009年根据区级课题《运用理情教育塑造小学生健全人格的研究》，在四、五、六年级开设了理情教育课程（见下表）。

心理辅导课根据之子课题《培养小学生坚韧的积极人格特质的研究》，在低年级开设挫折教育课程，并在高年级开设积极人格教育课程。

理情教育课程体系

单元名称	单元目标	活动内容摘要	活动准备
我对理情教育的了解	1. 学生初步认识“理情教育课程”。 2. 调查学生对课程的了解与接受程度。	1. 辨别“生理感觉”和“心理感觉”。 2. 辨别“想法”和“情绪”。 3. 辨别同样的“事件”，不同的“想法”引发不同的“情绪”。	1. 八个情境 2. 三个实例 3. 两种观念
感觉、情绪知多少	1. 引起学习理情教育课程之兴趣。 2. 认识感觉、情绪与其发生的情境。 3. 了解对同一事件，每个人的感觉不同，表达方式也不同。	1. 脑力激荡 2. 经验分享 3. 我演你猜 4. 理念学习	1. 曾经有过的一次感觉经验 2. 情绪、情境卡片 3. 八个关于积极情绪的理念
谁控制我们的情绪	1. 了解我们的想法决定我们的情绪反应。 2. 了解同一事件，会有许多不同的想法，而不同的想法会引起不同的情绪反应。 3. 能区分事件（A）、想法（B）、情绪（C）。	1. 温故知新 2. 听故事，说情绪、想法 3. 小组讨论 4. 区分练习	1. 故事《纸模型被坐坏》《开拓鞋业》 2. 三个生活小情境 3. 七个ABC情境
情绪ABC	1. 让学生深入地体会ABC三者间的关系。 2. 让学生了解“内在自我语言”的意义、影响及“自己是自己主人”的真意。 3. 让学生了解“麻烦是自找”“快乐自己找”的真谛，并了解我们可以通过改变想法来改变情绪。	1. 温故知新 2. 认识“内在自我语言” 3. 含义转述练习 4. ABC剧场	1. 五个“内在自我语言”分辨情境 2. 三个含义转述情境 3. ABC剧场剧情：数学考试59分

续表

单元名称	单元目标	活动内容摘要	活动准备
非理性的世界	1. 介绍理情教育课程的中心要旨。 2. 了解日常生活中常有的一些非理性想法。 3. 了解非理性观念的关键字。 4、培养学生利用关键字侦察自己非理性想法的观念。	1. 问卷调查 2. 认识非理性想法 3. 小组接力赛	1. 问卷《我的非理性世界》 2. “常见不合理理念及驳斥”学习资料
分辨理性和非理性想法	1. 了解理性与非理性想法的相异处，并能区辨。 2. 了解非理性想法不合理的理由。	1. 温故知新 2. 认识理性与非理性想法的相异 3. 活动“不进则退”	十个非理性想法及与之配对的理性想法
驳斥非理性想法	1. 更深入地了解如何区辨理性或非理性想法。 2. 了解如何“驳斥”非理性想法，建立合理的新想法。	1. 温故知新 2. 配对橱窗与小小“驳斥”师 3. 侦探大赛	1. 理性想法、非理性想法纸条 2. “常见不合理理念及驳斥”学习资料 3. 侦探大赛中表演的故事情景
情绪脸谱	1. 协助学生能以情绪形容词表达自己的情绪。 2.描述自己上周七天的情绪。	1. 情绪脸谱 2. 情绪脸谱猜猜猜 3. 情绪彩虹	1. A4纸 2. 彩色笔
情绪侦查员	1. 协助学生觉察自己体验某种情绪时的生理反应。 2. 协助学生习得“知觉自己与他人感觉”的技巧。 3. 协助学生站在他人的立场为他人着想。	1. 比武大会 2. 《不是我的错》故事学习	《不是我的错》故事
情绪放松训练	1. 引导学生了解舒缓负向情绪的方法。 2. 肌肉放松训练。	1. 技巧学习 2. 肌肉放松训练	1. 肌肉放松训练指导语 2. 轻音乐、音响设备

（本课程体系根据武典指导、吴丽娟所著一书——《理情教育课程设计》、台湾省台南市安顺国民小学《情绪教育课程对“国小”高年级儿童辅导效果之研究》的成果《小火龙——情绪管理课程》整理而成。）

2012年开始，根据省级课题《小学生积极人格培养校本研究》的研究，学校编写了三本校本教材——《小学生积极人格教育》，从知情意行出发，以认知、体验、感悟、拓展、内化为主线，整合中国传统文化的国学经典《三字经》《弟子规》《论语》，古诗词名句等内容，组织教师编写了《小学生积极人格教育读本》校本教材。教材根据高、中、低年级学段划分，分三册编写。每一册分为六篇，以自信、乐观、责任、感恩、坚韧、希望六个积极人格各自为一篇，每一个篇章以故事导读、名言励志、经典诵读、我行我秀四个模块为主线编写，选取学生喜爱的古今中外的寓言或故事为导读，启发学生感悟什么是积极人格，养成了这些积极人格对自己的成长有什么用；再通过诵读名言警句和中国传统的经典文化中的精髓，加深对积极人格的认识，以前人的智慧激励和内化自己的言行，所以最后设计了我行我秀的模块，增强学生的自信。

四、以辅导为途径，呵护学生的心灵

“我快乐！我成长！每天进步一点点！”这是我校学生心理辅导要传递给学生的信念。我校心理咨询室即心灵乐园的开放时间为每天中午2:00—2:30，下午4:30—6:00。开放的时间都有专职心理老师或获得B证的老师轮流值班，教师们凭着对学生的理解之心和尊重之心，为学生解除困惑，塑造良好的行为习惯，并定期进行师生、家长的心理咨询辅导。在这里，有适合辅导高年级学生，解决他们心理困惑的主题聊天室，也有适合低年级学生心理发展水平的儿童感觉统合训练室。很多低、中年级的小学生喜欢在心灵乐园开放期间前来玩一些围绕某一特定主题设计的游戏，在快乐的游戏中解决困惑，体验成长。

五、以主题活动为载体，陪伴学生的成长

心理学研究表明，组织开展丰富多彩的课外集体活动，组织学生参加社会有意义的实践体验活动，能形成积极向上、团结和谐的团队精神，使一些孤独、郁闷、焦虑的心理困扰在集体活动中得到及时化解。我校积极开展各种主题教育活动，常常结合重大事件、节假日，开展形式多样、生动活泼的主题教育系列活动。每天还定期跟肇庆学院的师生举行以年级为单位的团体心理辅导活动。例如：

2010年开展了以“阳光笑脸，健康心灵”为主题的5·25心理健康教育活动周活

动，其中包括以“珍惜友情，交往有度”为题的五六年级学生异性交往团体辅导、以“别怕挫折来敲门”为题的四年级学生挫折教育团体辅导。

2013年，我校又以“积极人格教育”为主题，开展5·25心理健康教育活动周活动，其中特色活动包括：以《珍惜生命中的每一天》为题的国旗下讲话、以五年级学生参与的《托起自信的太阳》积极人格教育团体心理辅导、以“我爱我宣言和我的十二行自信诗”为内容的积极人格教育活动展览、以“绽放笑脸，舞动心灵”为主题的手抄报设计比赛。

心理健康教育活动周的活动让学生体会绽放的笑脸、积极的心态，传递着无穷的正能量，让人身心愉悦。

六、心手相牵，硕果累累

我校全面开展心理健康教育的各项工作，定期开展心理健康教育教研活动，学生心理个案研讨，经常交流在开展心理健康教育中遇到的问题，分享成功经验。在积极探索，不断总结经验中取得了丰硕的成果：

2010年我校申报的《小学德育与心理健康教育整合研究》获广东省中小学德育创新成果展示活动三等奖。

2010年袁苑红老师撰写的论文《运用情理教育塑造小学生健全人格的实践与思考》获中国心理专业委员会学术年会论文评比一等奖。

2011年袁苑红老师撰写的论文《抹掉眼泪，重现笑容——对一名分离性焦虑小学新生的辅导》，4月发表在《贵州教育》；同年9月，本文经修改为《抹掉眼泪，重现笑容——应对孩子入学分离焦虑》后发表在《家庭医学（下半月）》。

2011年8月，黎彩萍老师撰写的关于自信的论文《正视逆反心理，给予正确教育》（字数约2300字），在《中小学德育》上发表。

2012年袁苑红老师设计的课例《挑战自己我能行》在端州区中小学心理健康教育活动课展示活动评选中获得特等奖。

2012年我校申报的《储存美德、润泽身心》获广东省中小学德育创新成果展示活动三等奖。

2013年袁苑红老师撰写的论文《信息化平台，育积极人格》在广东省中小学信息技术教育优秀论文、教学设计评选交流活动中荣获三等奖。

“以心育心，全员参与，心手相牵，呵护心灵”，我校将以此为目标，积极开展心理健康教育，打造心理健康教育品牌，努力为中小学心理健康教育的顺利开展起带头和示范的作用。

管理学生——家校联系

清远市连山县佛山希望小学·民族小学
案例负责人：蒙学琼
案例主要贡献者：马潜福　莫异乾

新世纪新人的形象是：既有较强认知能力，又具有正确人生价值观和时代所需要的自信、自强、热爱生命，能在学校教育中不断完善和超越自己。

请先看下面的镜头：

镜头之一：星期六的早上5点，手机一响，就把在深夜才入睡的班主任黄老师叫醒了，原来她班的学生昨天傍晚放学后至今仍未归家，彻夜未眠、忧心忡忡的家长顾不上什么礼节了，请求老师帮助找女儿。

镜头之二：平常傍晚6点钟准时回到家的儿子，现在一连几天了都是晚8点过后，才见儿子的身影，问其迟归的原因，说学校要排练节目，问其练啥节目，吞吞吐吐，语不出其道。打电话询问班主任，才恍然大悟，学校根本没有排练节目之事，原来是该学生放学后去了网吧，沉迷于电子游戏……

镜头之三：某校各项收费循规蹈矩，符合政策。忽有一天校领导收到上级部门转来一封某家长的信，某家长声称小孩在一个月之内，竟要交垃圾费、水费、环保费等7项之多，共200多元……经调查，是该学生为请同学去高级酒店过生日而骗家长的钱。

巡视上面的一个个镜头，不难发现是由于学校、教师与家长的联系脱节、缺乏沟通，家庭与学校的教育没有形成一股合力而造成的。虽然现代通信设备很发达，但家长要了解孩子或学生的日常行为、学习情况，家长与学校、教师的沟通不可能每一天都依靠打电话、发短信或发E-mail来进行的。因而非常有必要根据素质教育的理念，依据新世纪的新人形象之要求，在我们学校和班级的管理教育中建立家校联系手册，杜绝以上不和谐镜头的出现。

根据未来新人的形象，家校联系手册应包含有如下的内容：

1. 制定学籍表

包括项目姓名、班级、出生日期、注册编号、性别、家庭电话、紧急联系电话、就读本校的兄弟妹的姓名和班级、家长或监护人的姓名、办公室电话、其他电话及学生与监护人的关系、家长和监护人的签名印鉴式样等。

2. 建立家长须知

要求家长每天检查手册以了解学生在校的学习情况和家庭作业内容，指导学生完成家庭作业后签署确认。并且要指导学生的仪容及行为。

3. 制定好学生守则

按纪律方面、礼貌方面、勤学方面、整洁方面、诚实方面、节俭方面制定。

4. 建立学生健康纪录

为方便学校照顾有需要的同学及确保同学参与体育活动时的安全，请家长依时填报小孩的健康情况，如有病症，请呈交医生证明文件然后签署。

5. 确立奖惩准则

根据学生的“操行纪录”进行奖惩，奖励方面可以设有记优点、记小功、记大功、颁发奖学金或制订品学奖励计划。

惩罚方面可以用记过或留堂的形式。

6. 明确学生请假规则

7. 制定学生请假通讯

包括填写日期、请假日期、事由、家长签名、班主任签名。

8. 制定学校家长通讯

包括日期、通知事项、教师签名、家长签名。

9. 制定学生留校通知

明确留校时间、留校原因、离校时间、教师签名、家长签名。

10. 实行每天情况记录

记录学生每天学习、作业以及操行情况。

希望得到表扬、赞许是每一个人之常情，于是教师在“每天情况记录”中操行纪录栏里鲜红的（“√”），便成了学生每天追求的目标，前进的动力，这可望又可及的“赞扬”（红沟沟“√”），使学生品尝到了做个好学生的甜头。

通过建立、使用家校联系手册，可以杜绝学生说谎、骗家长钱财、找借口推卸自己的义务、责任的理由，尤其是学习成绩差、懒学习的学生，再也不能以一句“老师没有布置作业”来应付家长，肆无忌惮地骗自己没有文化或文化程度较低的家长，而继续悠然自得地看电视、玩耍。于是调皮捣蛋者销声匿迹了，学生内在的学习动机得到了激发，从而形成了你追我赶的乐学氛围。

通过建立、使用家校联系手册，学校能及时了解学生的变化动态，家长可以准确、一目了然地了解和掌握自己小孩每一天的一举一动、一言一行，家长可以根据自己小孩在学校的最新发展和小孩各类情况变化的最新信息，履行家长的义务和职责，监督、督促自己小孩的学习和行为，使其养成良好的道德品质和行为习惯。

通过建立、使用家校联系手册，把学生学习和生活紧密连接在一起，使“在校做个好学生，在家做个好孩子，在社会做个好公民”的教育理念得到很好的细化。学生的言行举止有非常切实明确的导向，学生的每一项评价都包括有非常具体的指标。全面发展素质教育在班级管理中得到渗透和展现，强化了对学生的管理，优化了班级管理，促进了家庭与学校的沟通与合作，实现了教育的目的。

三维发展，绿色育人，走低碳发展之路

揭阳市揭西县凤江镇东新小学
案例负责人：沈树忠
案例主要贡献者：王育群

在蜿蜒曲折的榕江之滨、钟灵毓秀的凤江大地上，矗立着一个古老而又年轻的学校。她就是诞生于1967年，历经40多年的风雨洗礼，积淀了深厚的文化底蕴，形成了“崇德、勤奋、严谨、创新”的良好校风的农村完全小学——揭西县凤江镇东新小学。近年来，东新小学围绕“将校园建成‘绿色学校’的总体发展思路”，大力加强校园“平面绿化”“垂直绿化”的建设，积极践行“绿色管理”理念，构建校园“绿色文化”，初步形成“三维发展，绿色育人，走低碳发展之路”的办学特色。

一、产生背景

东新小学创建于1967年，在长达40多年的办学过程中，学校逐步成长、发展壮大。但由于年驰月久，风雨侵蚀，校舍日益破旧，渐成危房，制约影响了学校的发展。至2002年，学校得到上级领导的高度重视，旅港、旅澳华侨和当地干群的鼎力支持，投入140多万元，改建老校区，开辟新校区。工程完成之后，新建教学楼巍然屹立，操场空阔规划合理，新老校区错落有致，教学区、运动区井然分开，一所现代化的学校初具规模。随着学校规模的扩大、办学条件的日臻完善，如何提高学校的办学质量、形成自己的办学特色就成了沈树忠校长及其带领的领导班子重点思考的问题。2010年，适逢揭阳市委、市政府实施“绿色揭阳”工程，在全市范围内全面推进绿色校园工程建设，沈校长从中受到启发，找到了学校的发展思路，及时抓住机遇，积极创建绿色校园。

二、理念支撑

“绿色校园”是指适合师生共同成长的自然的、和谐的、积极向上的育人环境。校园文化作为一种潜在的隐性课程，在对学生的思想品德教育和良好的行为习惯的养成教育中，具有情境性、渗透性、持久性、暗示性和愉悦性等特点。其教育功能是通过学校健康向上的精神因素以及优美的物质环境所施加给学生的积极影响和感染、熏陶而实现的。而绿色校园文化则是一种特色鲜明的校园文化，是有着无限自由和发展空间的文化，是在人文观念、道德情操诸方面引领时代潮流的文化，是有效促进学生、教师健康成长、促使学校快速发展的文化，是使学校真正成为美丽的花园、快乐的学园和精神的家园的文化。其内涵可简单概括为四点：其一，指“绿色的管理”，使管理工作有序、顺畅、无痕，直至无为而治。其二，指教师成长的“绿色通道”，让教师在专业化成长的道路上自由、自主、自然地发展。其三，指“绿色的学习方式”，通过学校教育帮助学生形成健康的体魄、丰富的情感和美好的心灵。其四，指“绿色的环境”，为师生撑起一片施展个性的蓝天。

三、主要做法

在创建绿色校园的过程中，东新小学逐步找到了自己的发展方向，准确地对学校定位：栽花植草铺设绿化带，打造“平面绿化”；植树培苗巧设绿意角，锻造“垂直绿化”；强化管理倡导绿课堂，彰显“绿色校园文化”。“平面绿化”“垂直绿化”“绿色文化”三维发展，绿色育人，走低碳发展之路。具体做法如下：

（一）明确意义，完善制度，构建绿色环保教育体制

1. 建立领导小组

学校成立由校长任组长，教导主任为副组长，少先队负责人、年级组长、教研组长、班主任和部分学科教师为组员的“绿色学校”创建工作领导小组，负责制订学校的环境教育工作计划并依据计划开展工作。根据本校的实际情况和学生特点，制定每学年的环境教育目标、活动内容、方法、措施等。学校各部门根据学校计划，制订相应的环境教育计划和职责。教务处负责教学，落实学科渗透，组织开展系列活动；教研组负责教师培训、学习；后勤负责校园环境规划、设计、环境教育设备、设施的增设等；德育负责人具体负责抓好校园文化建设，学生的日常行为规范教育和师生环保意识的培养等。

2. 制定与环境保护相关的规章制度

为了落实环境教育、创建绿色学校的目标，学校先后制定了一系列规章制度，如：《校园环境管理规定》《校园环境保洁制度》《实验室管理及赔偿制度》等，这些制度对校园内的环境卫生以及能源的节约利用提供了规范，也促进了全体师生的环保积极性。

3. 全员参与环境保护和“绿色学校”创建工作

学校把校园环境划分成若干环境保护区，每个班级都有包干区和劳动协作区，在

爱校劳动中人人参与、个个动手，实现了环境教育和劳动教育的全员参与。在各学科教学中渗透环境教育，每一位教师都自觉成为环境保护的宣传者、各种环保活动的策划者和组织者。

4. 设立校园环保值周制

全校各班轮流组建一批校园卫士，负责一周的执勤工作，每天督查各班教室内外及环境保护区的卫生、学生个人卫生以及文明行为，按照标准打分、通报、评比、考核。周考核结果纳入学期“文明班级”的评比中。

（二）加大投入，夯实基础，建设绿色环保校园

1. 精心规划，自然环境建设有成效

学校自创办以来，一直注重校园环境建设。特别是近几年来，按照学校的整体规划，投入大量资金对校园进行了绿化、美化的环境建设。建设了教学楼南面的绿化带，让鲜花与草坪相称，构成了一幅美丽的图画，学生坐在教室里一抬头就能看到绿色的花木。除此以外，还因地制宜利用农村小学校外随处都有美丽的花草这一有利条件，只要是容易种植的植物，我们会自己动手移植栽培。另外，在校园中心大道旁、围墙上、楼道内、走廊里设置古今中外名人名言警句，校徽、校训、校风宣传牌、环保标语，使学生受到潜移默化的熏陶和启迪，起到润物细无声的作用，形成了独特的校园风景线，达到了环境育人的效果。多年来，逐步形成本校的绿化特色：三维发展，绿色育人，走低碳发展之路。校园内植物种类丰富、景点美观，不仅有“平面绿化”，还有“垂直绿化”，春有绿、夏有荫、秋有果、冬有青，生机盎然；打造绿色课堂，倡导绿色唤醒，校园到处彰显“绿色文化”，一墙、一窗、一报、一室充分发挥育人功能，使师生一进校门就受到环境氛围的强烈熏陶。

2. 重视养成教育，不断净化学校环境

贯彻《中小学生日常行为规范》与环境教育，有许多共同的交叉点，两者相辅相成。东新小学把环境教育与学生良好行为习惯的养成教育结合起来，通过值周评分制度培养学生良好的环境习惯，爱护花草树木，不乱扔果壳纸屑。在绿化美化校园的同时，还重视净化。班班有值日生，负责本班的卫生打扫和卫生保洁，每周全校搞卫生大扫除一次，卫生作为文明班级评比的一项重要内容。使卫生工作做到责任落实，检查督促相结合，做到校园净化、教室美化、厕所干净。学校专门成立节能领导办公室，每学期通报用水用电情况，班级财产管理情况，要求学生节水、节电、节约能源、纸张，从自身做起，从小事做起，切实把环保落实在行动上。学校精心组织了创建“绿色学校”系列主题教育活动，通过开展“我的陋习有多少”自查活动、“我为校园文明献一计”“团队文明形象设计”活动，教育学生改变陋习，积极维护干净整

洁的校园，在洁净校园的同时洁净了学生心灵，促进了学生良好的行为习惯的养成。

（三）课内渗透，课外实践，突出绿色环保教育

1. 构建环境教育的课程体系，在各科教学中渗透环境教育

课堂是实施素质教育和环境教育的主渠道。新课程实施以来，各学科教材中都包含了环保知识内容，学校要求各教研组根据新教材，制订各学科渗透环境教育计划，并在各学科教学中加以落实，使学科教学与环境教育有机地结合在一起，让学生在学习文化知识的过程中，树立环境意识，达到环境教育的目的。在课堂教学评价中，将环境教育目标列为评价课堂质量的多元目标之一，有效地促进了教师成为环境教育先行者的自觉性。例如，在科学教学中注重热爱自然教育，使学生懂得地球是人类唯一的家园，使学生懂得花草树木能调节气候，改良土壤、保持水土、净化空气、美化环境，使学生在潜移默化中培养了爱护花草树木的好习惯，提高了学生保护环境的意识和主人翁的责任感等。

2. 开展丰富多彩的综合实践活动，提高环境教育的经济实效性

学校把综合实践活动纳入学校课程。在老师的指导下，开展以“汶川大地震带给我们的思考”“探索厨房消毒的方法”“一次性筷子与森林资源”“废旧纸的处理”“垃圾食品对小学生的危害”为主题的活动，获得了良好的环境教育效果。

3. 突出视听功能，加强宣传，营造氛围

学校把环境宣传作为环境教育的切入点，如在校园内设立环保宣传标语（牌），班级进行环保黑板报和手抄报竞赛，学校经常组织学生观看环境教育录像片，不断为环境教育营造浓郁的氛围。

4. 利用升旗仪式、主题班会，开展环保知识教育

学校把环境教育当成素质教育的重要组成部分，在每周一国旗下的讲话中，加入“珍惜地球上的有限资源”“以实际行动清除校园污染”等内容，召开“我是环保小卫士”主题班会，使环境教育渗透到爱国教育中，提高了师生的环境意识。

5. 结合重大纪念日，积极组织开展专题活动

结合“六五”世界环境日、“四二二”地球日、“三二二”世界水日等纪念日，开展“我爱家园征文比赛”“爱水、节水，共建和谐生活”专题讲座、纪念地球日讲故事大赛等丰富多彩的宣传教育活动。在每年的植树节中，学校都组织学生一起植树，达到潜移默化的教育。

四、基本成效

创建绿色校园以来，团结务实的学校领导班子，站在新世纪教育发展的前沿，

积极践行“绿色管理”理念，为学生打造多彩的“绿色平台”，使每一个学生在“绿色活动”“绿色实践”中接受“绿色”的体验，使学校环境教育走向了可持续发展之路。全体教师“激情工作、快乐生活”，坚持“把爱心带进课堂，把微笑带进课堂，把激情带进课堂，把兴趣带进课堂”，千方百计向学生传授环境科学知识。

学校运用审美化、整体化的观点进行校园环境的同步改造和不断优化，努力营造“绿色文化”氛围，创设“绿色教育”情境。如今的东新小学，仿佛是一座美丽而富有现代气息的公园，一年四季花不断，岁岁年年绿满枝。校内绿草如茵，树木成荫，花圃、绿篱错落有致，100多种花木点缀其间，绿化覆盖率达54%。校内既有本土的乡土树种，又有引进的各种落叶乔木；既有亚热带风光的棕榈科植物，也有各种原生的裸子植物等；既有修剪成型的茂盛灌木，也有色彩斑斓的草本花卉。登高俯瞰，校园里平面绿化、垂直绿化交相映衬，而又浑然一体，绿树衬白墙，鸟语伴花香，整个东新小学俨然是一座色彩艳丽的大花园。

五、社会反响

辛勤质朴的东新人在“环保护绿、文化育人”信仰的引领下，一步一个绿色的脚印，为莘莘学子营造了一个安静、舒适、幽美、洁净、文化氛围浓厚的校园环境，使之成为适合学生们安心学习、健康成长的绿色乐园，成为乡村一道亮丽的风景线。多年来，在“绿色理念”的引领下，东新小学的办学质量蒸蒸日上，稳居前茅，多次被评为县“文明单位”。在创建过程中，由于学校及早规划，行动到位，措施得力，效果显著，获得专家评审团的一致好评，“绿色校园”实至名归，于2010年12月被中共揭阳市委宣传部、揭阳市教育局、揭阳市环境保护局评为“揭阳市绿色学校”。2012年3月，《揭阳日报》旗下《教育周刊》的记者对全市绿色学校进行回访，回访之后，以《绿满校园 怡情育人》为题对学校进行了专题报道，高度评价了“创绿”取得的成果。同年6月，《教育周刊》的记者再次来到学校，采访学校德育活动的开展情况。在参观完学校丰富多彩的第二课堂活动后，两位记者不约而同地说：“仿佛回到了童年的快乐时光。”回去之后，特以《玩中学 学中乐》为题，介绍了东新小学“在游戏中学习，在快乐中成长”的“绿色学习方式”。

春华秋实，四十七载峥嵘岁月；开拓发展，廿一世纪绚烂前程。目前，学校已进入一个新的发展时期，具有创优传统的“东小人”正以积极的姿态，构筑和坚守着这一份厚重的历史，这一片蓬勃的绿色。“雄关漫道真如铁，而今迈步从头越。”我们相信：与绿色同行，东新小学的明天将更加朝气蓬勃，更加春光满园！

“感恩·责任·阳光”教育

佛山市顺德区乐从镇桂凤初级中学
案例负责人：林日文
案例主要贡献者：林日文　龙利红

一、案例简介

中国是礼仪之邦，自古以来有着“施恩不图报”的传统美德，但也不乏“知恩不报非君子”“滴水之恩当涌泉相报”的古训。秉承前人的古训及优良的传统美德，我校长期以来均非常重视学生的思想道德建设工作，始终把校风建设和提高学生的思想道德素质作为学校的头等大事。注重师生的“三感”（感受、感恩、感悟）教育，并贯穿德育实践始终。然而，当今不少学生认为“用父母的钱天经地义”，学校里逃课上网、打游戏，且言语、行为不懂尊重师长的学生不少。为了让这部分学生不荒废学业，体会父母的不易、老师的良苦用心，常怀感恩之心，勇于承担自身应尽之责任，阳光积极地面对学习与生活，我校便对德育工作进行积极创新，努力寻求一条贴近生活、贴近实际、贴近学生的“实效德育”之路：注重从学生年龄特点出发，把日常行为规范养成教育、道德教育、感恩教育、诚信教育、法制教育和心理健康教育有机结合，积极构建、完善“以校为核，以家庭为主，以社区为辅”的德育教育网络，创设有效的活动载体，多渠道、多形式地开展活动，增强德育工作的针对性、实效性。

自新学年开始，从基础德育入手，规范学生的行为习惯，以养成教育为切入点，遵循人的成长规律，结合初中学生的身心特点和接受能力，开展了形式多样的“感恩·责任·阳光”教育活动。

二、“感恩”教育

（一）感恩同学

每一个孩子都要与同学相处，度过十多年的读书生涯，学生在生活和学习中相互鼓励、相互支持、相互安慰，在交流中获得欢乐和充实，这是每个孩子在成长中所必需的，所以要学会对自己的同学感恩。

主要做法：

1．开展演讲活动：我为你点赞；

2．学唱一首赞美友情的歌；

3．对你想感谢的同学拥抱或握手；

4．互助结对子活动：利用课余时间，成绩好的同学为成绩较弱的同学进行帮助辅导，让同学们在互相帮助中共同进步，体会互助的力量；

5．写一篇自己受同学帮助的作文；

6．感恩卡制作比赛。

活动效果：

学生从“感恩同学”系列活动中体会到了同学之间的友情是多么的真诚，以及友谊所能带来的巨大力量，同学之间的互帮互助是多么的重要。与同学相处有爱心，便能让班集体充满爱，便能让每一个学生在和谐的、充满爱心的环境下健康成长。

（二）感恩父母

“感谢父母养育我”活动举例：

1. 布置感恩家庭作业

（1）送父母一张祝福的卡片；

（2）住宿生定期打电话问候父母；

（3）写一封感谢父母的信；

（4）欣赏中央电视台广告：“妈妈，洗脚”，回家给父母捶捶背、搓搓手（握握手）或者洗脚；

（5）出门回家都和父母打招呼；

（6）主动承担家务。

2. 体验活动

利用母亲节的契机，让学生们用心设计一个“感谢母亲”的主题活动，邀请自己的母亲参加。

（1）借用学校厨房，亲自为母亲做几道家常菜；

（2）展示儿时与母亲的合照；

（3）给母亲写感恩语和感谢信，勇敢地读给母亲听；

（4）送母亲一个拥抱。

3. 开展“二十四孝”故事会

（1）亲手制作“二十四孝”图的贴画，充实到校图书室，供学生欣赏学习；

（2）配合学校大楼长期的“二十四孝”图片展示，让学生广泛地受教育。

活动效果：

学生从“感恩父母”系列活动中体会到了父母把自己养育大是件非常不容易的事情，自己一定要从小好好学习，听从父母的教诲，学习之余要多关心父母，尊敬父母，要用优异的成绩感谢父母的养育之恩。

（三）感恩老师和母校

学校、老师为了学生的成长，付出了很多的心血。因为老师不仅赐予了学生知识，更是教会了学生如何做人。正是学校和老师们春风化雨式的教育，解开了学生成长路上的心结。

主要做法：

亲手做一张贺卡，写上祝福的话语送给老师；

开展主题班会“感恩老师”；

开展征文比赛：《老师，请听我说》；

开展“我为母校添光彩”活动；

要求全体学生在今后的学习道路上，在新的学习环境里认真学习，刻苦钻研，为母校争光。

学做“感恩的心”的手语；

出一期“老师，我爱你”手抄报比赛。

活动效果：

学生从“感恩老师和母校”系列活动中体会到了老师培养学生付出了辛勤的汗水，在每一个学生的身上倾注了大量的心血，自己一定要努力学习，听从老师的教诲，尊敬老师，以优异的成绩感谢学校和老师的培育之恩。

三、“责任”教育

学生对自我行为的管理、对父母的关心、对师长的尊重、对社会的职责，都离不开自身的责任意识，只有当学生拥有强烈的责任感与使命感时，他才会成为一个品德兼修的有用之人。

主要做法：

班级管理工作，重“自主”。学校德育处创造的“自我管理教育”已成为学校德育新的亮点，学生会全程加入课前、课间及课后管理；小组成员互相监督、相互批评，让班级、课堂有秩序、有纪律。

德育校本课程，重“系列”。通过探索出具有“桂中”特色的德育运行机制，用校本课程把“爱国教育”“青春期教育”“立长志，明责任”“孝道教育”“感恩教育”等有机联系起来，成为系列的德育培训内容，来加强对学生爱国情感、行为规范、文明礼仪、法制意识的教育，让学生“学会做人、学会学习、学会创造、学会生活”，明确并承担起对自身、对家人、对学校、对社会所应尽的责任。

基本成效：

学生在“责任教育”系列活动中，加强了自我管理意识，在潜移默化中自我塑造、自我发展，形成独特个性品质，达成思想品德内化与外化的高度统一。有力地推动了学校德育工作的发展与水平的提升，促进了学生人格的健康发展，效果明显。

四、“阳光”教育

学生是社会未来的栋梁，他们的身心是否能健康成长，对未来社会能否沿着积极方向发展有着重要的影响。因此，如何让学生拥有乐观、积极、向上的心理以及强壮、健康的体魄，成为了学校关注的重点之一。于是，学校以打造“气质阳光少年”为目标，展开了一系列的德育体验活动。

主要做法：

开展阳光大课间项目，通过韵律操、感恩操塑形、树心；

校级龙狮队建设，舞出体魄，健硕人生，打造气质阳光少年；

美术教育是我校特色教育的一大亮点。版画、书法课堂的有序开展，并以此带动了围棋班、书法班、版画班、音乐班、机器人班、信息技术兴趣班等社团活动开展。

基本成效：

这一系列“阳光教育”活动不仅丰富了同学们的课余生活，更营造健康向上的校园文化，增强学生的自信，提高学生的综合素质，促进学生个性发展，为学科教学增添了不少的文化张力，在镇区都引起较大反响。

五、其他

学校的德育教育除了关注学生，还非常注重与学生家长相结合、重相长，因为，只有学校教育与家庭教育相平衡、相扶持，学生的成长才能达到最佳效果，因此，学校便展开了家长学校的系列培训工作。

主要做法：

针对我校外来务工家庭较多，家长素质参差不齐的现实，我校近年积极探索，将“牵手我三年，幸福您一生”定为我校家长学校办学理念，以“设立顶层、普抓基层、立足课程、辅导分层、活动纷呈”的五层设计，从教材内容、培训方式、最适当的培训频率及教育活动的选用等方面考虑，依据学校活动月主题、学生年级特点、阶段学情等进行课程编排，在环境氛围上、课堂上、活动上，不断丰富家长学校的内容，不断拓展家长学校建设的广度和深度，以此加强家长对学校工作的了解及支持，增强家长与学校间的交流与合作。

基本成效：

通过家长学校培训活动，家长和教师在互相学习中，互为促进，和美共长，在教育线和社会上取得较大反响，2014年5月作为镇的家长学校创建示范点在全镇中小学作经验介绍。

六、案例启示

这一活动的开展，在社会上引起强烈反响，并受到了高度的肯定，使社会都来关注学生的“感恩·责任·阳光”教育。随着“感恩·责任·阳光”教育活动的深入开展，将中华民族的优良传统教育渗透在学生的日常学习和生活的方方面面，使学生的基础道德素养不断提升，并无声地内化为学生的自觉行动。我校以“感恩·责任·阳光”教育为核心的“实效德育”已形成一个良好态势，为未成年学生成长成才打下了坚实的基础。通过“感恩·责任·阳光”系列教育活动，使学生进一步理解父母的“不容易”，体会到老师的辛劳，培养了学生感恩的心，用自己的具体行动去感谢父母和每一位老师，主动、勇敢地承担起自己应有的责任，并用积极向上的乐观心态健康地成长。同时，也凝聚起全体师生的力量，激发起他们勤奋治学的斗志，有力地推动了学校的发展。

经典，让家校之花年年盛

——城区小学家校合作德育案例

佛山市顺德区北滘镇城区小学
案例负责人：卢汉生
案例主要贡献者：黄艳芬　黄思苑

顺德北滘城区小学办学历史悠久，文化底蕴厚实。自1999年易名以来，学校规模不断扩大，现有45个教学班，2145名学生，101名专任教师。

多年来，学校重视“家长—学校—社会”三结合教育网络，携力为孩子创造良好的学习、教育和生活环境，形成了“家校与经典同行，共铸时代英才”的德育教育模式。

一、产生理念

佛山传统文化是一枝独具特色的文化奇葩：2006年5月20日，国务院公布第一批国家级非物质文化遗产名录518项，广东佛山市申报的6个项目全部入选，分别有：佛山的狮舞（民间舞蹈）、粤剧、龙舟说唱、佛山木板年画、佛山剪纸、石湾陶塑技艺等。古诗文经典作品，如“先天下之忧而忧，后天下之乐而乐”“富贵不能淫，贫贱不能移，威武不能屈”“己所不欲，勿施于人”等富含德育内容。同时，我校是市传统文化教育基地，在教育教学工作中，开展经典文化书香活动，把“家校与经典同行，共铸时代英才”作为学校的德育特色，对继承和弘扬传统美德、培育具有爱国主义为核心的精神，培养“四好”美德少年等具有深远的意义。

第一，社会发展的需要。中华民族悠远的传统文化博大精深，含义广泛，既有包含思想精髓的文化典籍，也有陶冶性情，颐养心性的琴、棋、书、画等文化元素，对孩子进行“立德”“修身”“发蒙”“启智”等意义重大。

第二，学校育人目标的需要。为进一步贯彻落实《关于进一步加强和改进未成年人思想道德建设的若干意见》，学校坚持立德树人、家校共育，深化社会主义核心价值观，培养“四好”少年，开展经典教育活动是行之有效的途径。我们的经典传播通过家校合作，让学生接受经典教育，接受传统文化的熏陶，懂得怎样做人，怎样提高自我修养，不断陶冶性情，提升素养。

第三，学生健康成长的需要。小学期间学习经典、强化经典，培养孩子优秀的人格，是奠定孩子为人处世、幸福成功的关键时期。

二、理念支撑

家庭教育是学生接受教育的起点与归宿，家庭是孩子生活的第一场所，家长是孩子的第一任老师，学校重视“家长学校”的建设，把对学生的思想教育、道德品德教育工作落实到家庭。

以经典教育为基点，以体验式教育为途径，以人为本，因人制宜，寻求有背景有根据的德育，让学生对于传统道德、民族精神有全面的认识、深刻的思考、积极的认同和发扬的同时，提高全体师生的道德素养和教育能力，促进学校润泽德育的发展。

建设现代学校文化，需要以环境文化为基础，以制度文化为支撑，更需要以课堂文化为底蕴，丰富现代学校文化建设的内涵。

三、主要做法

1. 完善家校合作制度，确保德育工作开展

学校成立了家长学校领导小组，卢校长任组长，负责家长学校统领工作；分管德育黄艳芬副校长和家委会主任任副组长，具体负责家长学校工作的开展；家长委员会成员、少先队大队辅导员、教师代表组成领导小组成员，落实执行具体工作。学校还制定了《家长学校章程》《家长学校制度》《家长学校学员考勤制度》等家长学校制度，并严格贯彻执行。

2. 优化美化校园环境，营造经典美育氛围

学校从硬件建设入手，加强了学校图书室项目建设，购置大量图书，并对各教室及学校室场进行了整改和美化，营造了良好的读书文化氛围。现建有书香阁、书画长廊、“经典同行”长廊、《弟子规》壁画和学校发展足迹路等，各教室配备齐全，设有图书角、宣传橱窗，张贴“读书成习惯，书香飘校园”“爱读书，会读书，读好书”等标语，营造了浓浓的经典美育环境。

3. 开展经典系列活动，同为孩子成长努力

学校一直关注每个学生的成长，开展了系列经典教育活动，为学生、家长搭建交流平台。

（1）我们坚持每一年都举办大型的活动，家长作为志愿者协助参与其中

2009年举行“魅力城小　鼓舞传承”第十一届素质教育展示活动。

2010年开展“魅力城小　精彩每天”文艺晚会。

2011年举行“魅力城小　经典同行”中华经典诵读嘉年华晚会。

2012年举行“魅力城小　萨克斯之夜”迎新年音乐晚会。

2013年开展“魅力北涪　智慧城小”大型科技创意体验活动。

2014年举行“晒书”活动，加强了孩子与家长的互动和交流。

（2）开笔礼活动

学校每学期为一年级新生举办“明理博学，铸造时代英才”开笔礼活动。学生身穿书童服，朱砂启智，一撇一捺写“人”字，开启小学德育、智慧之门

（3）编写国学经典教材

倡导家长学生共阅。学校倡导教师家长“同悦读”，把“教师读书”纳入学校常规教学管理，把“家长读书”纳入家长学校评选活动。我校教师精心挑选、编排校本课程《经典诵读》（包括三类：一二年级、三四年级、五六年级），并赠送给家长，让教师、学生、家长一同“走进经典、感受经典、发扬经典”。

4. 拓宽家校合作渠道，促进活动形式多样

我校不断丰富家校活动形式，拓宽活动渠道，确保学校经典教育活动有序开展。

第一，学校每年都召开家长会，举行家教讲座。活动中，组织家长学习教育教学理论，学习有关教育的法律法规，提高家长对教育的认识，提高家长教育子女的水平与能力，使教育成为家长最关注的事，使孩子能在文明、和谐、稳定的家庭、学校和社会环境中快乐成长。

第二，召开座谈会。根据学生的群体现象，学校不定期召开家长座谈会，解决某部分学生群体出现的共同问题。

第三，坚持普访工作。我们坚持做好每学年的普访工作，让家长学校教育工作走进家庭，让学校与家长达成经典教育共识，促进学生品德向善发展。

第四，充分利用校讯通、微信、QQ群等电子平台，促进家校沟通。

第五，发挥致家长一封信的作用，引导家长有效监督与教育孩子。

第六，与社区紧密相连。我们通过家庭教育走进北滘社区的渠道，邀请了鞠艳梅教授举办《让孩子脱颖而出》讲座，顺德区、北滘镇妇联主办的“家庭教育大讲堂”的活动；“六一”同游北滘亲子活动；北滘社区居委会的“幸福家庭大家谈”主题活动和“暑假亲子乐，伴我共成长”活动；“春风学堂”之普乐课堂活动。这些活动让广大家长树立正确的家庭教育理念，为共同创造幸福和谐的家庭作了指引，建立起“家庭、学校、社区”三合一的教育网络。

四、基本成效

第一，丰富了学生们的经典文化知识。我校以经典文化为载体，学生们在诵读古诗词、理解感悟《弟子规》等时，积累了更多优秀传统文化知识，了解更多传统礼仪，感受中国传统文化的无穷魅力。

第二，促进学生们良好行为习惯的养成。传统经典的学习，使得学生们明确了各种礼仪知识和各种规范要求，从而帮助学生们养成了良好的道德习惯。活动为学生提供树立正确的人生观、价值观的精神资源。

第三，“家校与经典同行，共铸时代英才”的德育教育模式，为学生和家长搭建了心灵沟通的平台，让他们走进经典，体验自律自强、孝老尊长、助人为乐等，从中学会如何敞开心扉，坦诚相待，促进亲子关系。

五、社会反响

城区小学的家校合作实践，让佛山传统文化得到传承和发扬，学生的精神面貌、品德行为、综合素质等都有明显进步，取得了校内外公认的良好效果：学校先后被评为广东省一级学校、广东省体育特色学校、广东省交通安全文明示范学校、佛山市义务教育阶段优质学校、首批广东省现代教育技术实验学校、全国教育科学“十二五”规划教育部重点课题实验学校、佛山市传统文化教育基地，荣获“广东省巾帼文明岗”“广东省红旗大队部”“佛山市教育系统先进单位”“佛山市文明学校”“顺德区先进学校”“顺德区精神文明建设单位”“顺德区书香校园”等。

沐浴经典，洗礼灵魂；家校合作，德育芬芳。确实，经典让城小教师携手起来，让家长行动起来，让学生文雅起来。我们生活在满溢经典的家校合作中，享受着经典给我们带来的和谐发展。愿家校友谊之花年年盛，一如既往心手相牵，努力奋进，为孩子们的成长保驾护航！

精雕细琢育人才　职业价值显光彩

佛山市顺德区郑敬诒职业技术学校
案例负责人：司徒葵东
案例主要贡献者：郭秋生　韩　冰

职业学校的学生是顽石还是璞玉？坐落在集周大福、周生生、合禾等一批知名玉石珠宝企业之间，年产值数百亿乡镇的郑敬诒职业技术学校，在每位学生都是珍贵的璞玉、每位学生都可培养、每位学生均可成才的学生观和成才观指导下，遵循“为学生成功奠基，为社会发展服务”的办学宗旨，构建“大职教”合作育人平台，贯彻“琢玉”育人理念，培育职业生命力旺盛的高素质技能型人才，服务地方经济社会发展，发挥辐射示范作用。

一、深入实践，提出“琢玉”育人理念

玉，是炎黄子孙道德精神的重要象征；玉文化，是中华民族文化的重要组成部分。诸子百家对玉倍加推崇，并赋予玉以“德”的内涵，于是，玉有十一德、九德、五德之说，广泛传播，并被全社会所接受，成为我国玉器久盛不衰的精神支柱。我校地处有“中国珠宝玉石首饰特色产业基地”之称的顺德区伦教街道，在浓郁的玉石文化的熏陶下，我们对玉石精神的领悟更加深透。

目前，人们普遍认为进入职业学校的学生，都是“差生”。的确，他们的语、数、英等几门课成绩不算好，在考试中“屡战屡败”，自信心也屡次遭受沉重的打击，因而有不少人把他们当作顽石。但我们在教育教学实践中却始终坚信每位学生都是一块璞玉，经过精心雕琢，都可成为独一无二的美玉。

二、服务发展，培育“德能兼备”人才

在建设小康社会，实现中华民族伟大复兴梦想的进程中，我们在“每位学生都可培养，每位学生均可成才”的学生观和成才观指导下，将中华民族的玉文化、企业的玉石精神与校园文化深度融合，把培育“德能兼备”的人才作为学校“琢玉”育人理念的目标，以玉的品德引导学生，以玉的文化熏陶学生，以企业精神感染鼓励学生，

帮助学生树立信心，确立职业定位，规划职业生涯，提升职业素养，掌握专业技能，实现自我成长，服务社会经济发展，展现“玉入其国则为国之重器，玉入其家则为传世之宝”的职业人生价值。

三、精心雕琢，推动学生全面发展

古语说“玉不琢不成器”。任何一块璞玉，都需经过能工巧匠的精心雕琢，才能赋予其灵性，焕发其崭新的价值和魅力。“琢玉”育人分为“粗凿璞玉、细琢美玉、精雕灵玉”三个阶段和层次。

（一）粗凿璞玉

1\. 初识璞玉，树立自信

组织学生到玉石珠宝加工企业参观，初识可以加工成各种玉器珠宝的十分不起眼的璞玉，使学生认识到他们都是珍贵的璞玉，从而帮助学生形成正确的自我评价；开展学校“琢玉”育人文化体验活动，邀请校友开讲座，现身说法，让学生近距离感受师兄师姐们的风采，去感染和引导学生，让他们认识到每位学生均可成才；依托学校怡心园心理成长中心，开设自信心理训练营，进行自信心心理雕琢，帮助学生树立信心。

2\. 再识璞玉，定位生涯

组织学生到玉石珠宝加工企业识别不同的璞玉，特别是不同玉石的特点和价值，使学生认识到每位学生都是不同的，他们都有自己的特点和优势，帮助学生认知自己。开展职业生涯规划设计月主题活动，邀请师兄师姐们报告他们职业生涯发展经历和规划职业生涯的作用，进行职业生涯规划设计方案交流，帮助每一位学生在自我认知的基础上，定位自己的职业生涯。

（二）细琢美玉

1\. 玉石文化琢美玉

通过玉文化讲座，使学生认识“石之美者有五德。润泽以温，仁之方也，理自外，可以知中，义之方也；其声舒扬，专以远闻，智之方也；不挠而折，勇之方也；锐廉而不忮，挈之方也”。通过参与玉石珠宝企业文化活动，认识企业的文化和社会价值。周大福集团“真诚·永恒”传递着周大福对客户“以真诚续写永恒”的祝福；而对于周大福本身而言，这四个字既包涵了企业过去80多年成功经验，亦蕴藏着对自身未来永恒发展的期许——“真诚成就永恒”。

2\. 企业环境琢美玉

用企业名称为班级冠名，由企业代表、家长及班主任组成的董事会，学生自主设计班级口号、班服、班歌、教室布置方案。按企业模式设岗位，推行“6S”班级管理，学生“上学如上班、上课如上岗”，将德育学分以“工资”形式发放，以“班组”概念建设班级团队，强化学生的自我管理。学校宿管部引入企业节能减排的环保思维，用宿舍废旧物品维修和回收的收入，设立宿舍环保基金，用于宿舍评优以及宿舍文体活动支出，形成完善的基金运作、使用和监管制度。

3. 学生社团琢美玉

建设67个学生社团，学生覆盖率达100%。社团以企业化运作模式推动学生的职业素养和专业技能全面升级。一是构建企业化社团管理团队。设置“经理”“主管”“组长”等企业化岗位，强化社团管理者的岗位意识和责任意识。二是推行岗位责任制，即让每位员工（学生）在社团活动中都有自己的岗位和任务，做到“人人有事做，事事有人做”。三是推行绩效奖惩制，将社团活动日常管理与德育学分挂钩，通过优秀员工、优秀班组等学分奖励制度，培养学生竞争意识和进取精神。

4. 三节两赛琢美玉

学校与众多企业合作，以企业冠名赞助、学生与员工共同参与等形式联办“三节”“两赛”。“三节”指师生技能节、体艺节、社团文化节，“两赛”为“文明风采”竞赛、创新发明大赛。此外，学校还每学年举办变废为宝比赛以及创意市集等活动。通过丰富的比赛和文体活动，为学生创设发挥特长的舞台。

（三）精雕灵玉

1. 爱心活动雕灵玉

成立爱心基金会，通过爱心义卖等形式筹集资金，为需要帮助的学生提供力所能及的帮助，并为公益组织捐献。成立“琢玉”创业活动中心，下设文化传媒公司、生活服务公司、网络创业公司和公益服务公司，面向政府、村居、企事业单位开展演出、拍摄、礼仪、维修、网络和义工等服务。

2. 多元评价雕灵玉

改革传统德育评价体系，采用家、校、企多元评价模式。登录学校网站即可动态了解学生的全面表现，实现家、校、企共同管理学生的目的。将学生技能学习、实践活动、行为规范、志愿服务和创新精神等方面的表现全面纳入“琢玉”评价系统，实现评价的内容学分化、目标详细化、过程和成果成绩化。

四、三项保障，落实“琢玉”育人理念

1. 产学联盟的“琢玉”平台

成立产学联盟，成员包括政府部门、行业商会协会、企业、学校、社工组织共80家单位，建立合作办学长效机制，形成学校为主体，政府为引领，行业企业全过程、全

方位参与，“共商人才培养方案，共享教育资源，共建育人基地”的“琢玉”平台。

2. 全员参与的“琢玉”制度

围绕“琢玉”育人目标，实施全员跟踪教育学生责任制，形成师德考核实施办法、班主任工作考评办法、专业带头人骨干教师评选与管理办法、教师到企业实践方案等一系列完整的师资建设制度，倾力打造“琢玉”育人团队。

3. 精心设计的“琢玉”环境

学校对校园进行了整体规划。教室走廊和教室内部由班主任组织学生进行班级文化布置，体现专业和班级特色；实训区严格执行企业“6S”管理，标识清晰，分区操作，摆放规范，根据专业类别悬挂相关宣传图文；生活区、运动区配套设施完善。

五、玉汝于成，绽放灵玉璀璨光彩

1. 美玉之德

学校营造积极健康、蓬勃向上的“琢玉”校园氛围，学生乐观自信、敬业乐群，具备良好的职业素养，在顶岗实习和毕业生企业回访中，赢得广泛赞誉，学生深受企业青睐。机械专业的黎志辉同学毕业后在赛锐集团工作，刻苦钻研，不断攻克技术难关，现在独立主持激光焊接车间，其敬业精神与精湛技术得到公司领导的高度赞赏。

我校形成具有热心公益、志愿服务的优良传统，与伦教各社区均保持了密切的联系，在社区敬老大会、慈善晚会、康乐活动、企业文化活动中都活跃着我校义工的身影，赢得社区和企业的一致好评，打响了郑敬诒义工的品牌，学校义工社被评为2013年广东省优秀社团。

我校李卡维、冯柏曦、刘承恩三位同学，运用所学专业知识，自制的一辆四轮单车，在赈灾义卖中以2000元的价格被恒基创富公司购入，所得款项全部捐献给雅安灾区。

我校陈惠琳同学经过层层选拔，从众多选手中脱颖而出，成为顺德区交通安全形象大使，致力于宣传交通安全知识，创建和谐文明的交通环境。

2. 灵玉之技

我校学生凭借灵玉之技在2013和2014年广东省职业院校技能大赛中，共夺得13项一等奖。在2013年和2014年全国职业院校技能大赛中，共夺得3项一等奖、2项二等奖。学生“双证率”达98.47%，就业率100%。

学校在2013年第二届广东省中职学校学生社团优秀成果展示评比中获得“社团文化先进建设单位”。

乐善机械实业有限公司、赛锐集团等众多知名企业纷纷上门，主动寻求与我校开展合作，毕业生供不应求。

学校办学成绩得到了《中国教育报》、广东电视台、《珠江商报》、《南方都市报》等各类媒体的广泛报道。

六、慧眼识玉，深度激发学生潜质

职业学校尤其必须树立正确的学生观，坚信每位学生都是珍贵的璞玉，每位学生都可培养，每位学生均可成才。关键问题是我们如何去发现学生在思想品质上的闪光点和能力上的潜质和特长，并指导他们激发出潜质、发挥出特长，逐步成才。

礼仪教育，创特色，铸品牌

佛山市顺德区大良聚胜小学
案例负责人：张少娥
案例主要贡献者：张少娥　曾春销

聚胜小学位于顺德新城区，是伴随着新城区诞生而诞生的一所学校。聚胜小学结合政策、地缘和人文方面的特点，大胆创新，自2006年起，以“中华礼仪”教育为突破口，以礼仪塑造美德，打造“礼仪校园”品牌、走出了一条特色德育之路，成为了顺德区教育品牌创建的一个典型。

聚胜小学的礼仪教育，走过了一条坚实的实践之路。2006年至2009年开始探索尝试，并初步取得教育成效。2009年在顺德区立项进行礼仪课题研究《小学礼仪教育课程开发》，通过三年的研究实践，成功开发了礼仪教材、礼仪网站等，取得丰硕成果，课题于2010年顺利结题并获得华南师范大学梁永丰、张俊雄教授等专家的高度评价。2011年申请立项广东省中小学德育科研课题《小学礼仪教育实践研究》，得到广东省中小学德育研究与指导中心李季教授的引领，课题研究经过三年的实践，取得更显著的成效。礼仪教材进一步改版，礼仪网站、礼仪教育资源库建成，并推出礼仪教育教案集《烛光闪闪》、论文集《足迹串串》、学生优秀礼仪作品集《苔花点点》等，2013年7月课题顺利结题，得到李季教授等多位专家的一致肯定和好评。聚胜小学走出了一条扎实高效的特色德育之路，创造了学校的德育特色，打响了学校礼仪教育品牌。

一、礼仪教育产生的背景与意义

我校地处顺德新城区，距离市区繁华闹市有十多公里。学校周边只有政府部门行政办公大楼和一个大公园，社区教育资源不足。学生大多数来自农民（渔民）家庭，家庭环境和学习的条件较差，多数家长本身的素质也不高，学生普遍性格内向，言行举止不够文雅大方，比较粗俗。如何让学生的文明素养与区政府环境相适应，一直都是学校头痛的问题。从初期的探索成效可以证明，用中华礼仪教育和熏陶学生，我们的学生发生了根本的变化，性格开朗了，文明素养提升了，校园和谐了，学校办学水平也提高了，同时也不同程度推动家庭和社区的和谐。开展礼仪教育，符合学校发展的地域特点和学生特点，很有针对性和时效性。

温家宝总理在政府工作报告中也指出：“我们应该继承和弘扬中华民族优秀传统文化，建设有民族特色的精神家园。”所以，加强小学生礼仪教育，也是落实贯彻国家“十二五”加强文化建设的精神。

二、礼仪教育主要做法

（一）构建礼仪教育目标体系

学校根据各年段学生的特点制定礼仪目标，由行为目标和素养目标两个层次组成。所谓行为目标就是规范行为，根据小学生的生活范围，规范校园、家庭、社会的礼仪行为；所谓素养目标就是从说话、行为和道德品质生成礼仪智慧。

（二）开发校本礼仪教材，构筑校本课程体系

1. 开发并完善校本教材

“十一五”期间，我们先后开发了两套礼仪教材《礼仪伴我成长》《美德闪亮人生》。通过实践检验，我们不断完善整理，最后编写了一套系统完整、实践操作性强的礼仪教材《校园生活树仪范》等（共6册），同时配套以相关的视频教材。教材贴近学生生活，易学好用。同时，学校根据不同教育年段，制订了具体的教学计划。各阶段的内容相互衔接，构成一个完整的体系。做到学期有计划、每月有专题、每周有项目。

2. 研究学科渗透和活动渗透

除了礼仪课以外，我们也努力挖掘语文、英语、体育、美术等课程里的礼仪教育资源，全方位地推行礼仪教育。而学校的学科活动、少先队活动等也很注重渗透学生礼仪教育，如“学雷锋”“清明扫墓”“庆贺六一”等活动，把礼仪知识教育、礼仪行为训练与活动内和活动过程融为一体。

3. 开发了礼仪教育“资料库”

在礼仪教育过程中，我们积累了大量的紧贴学生实际的礼仪教育资源，建成了“资料库”，包括：教育特色网站；礼仪教育论文集和教案集；学校礼仪教育大事记和发展史；学生礼仪学习优秀作品集等。

（三）创新小学礼仪教育的方法与模式

1. 探索出了礼仪教育“课堂教学”规律

学校引导广大教师积极开展礼仪课堂教学研究，每学期至少推出4节研讨课，开展1—2次“礼仪教育论坛”。礼仪课，不同于品德课，也不同班会课，要在大量的实

践中，探索出礼仪课堂教学规律。2013年德育处曾春销主任撰写的论文《构建扎实高效的礼仪课堂》荣获顺德区德育论文一等奖。

2. 探索了礼仪教育“活动导行”策略

构建了主题参与式的活动体系：我们通过专项训练、主题活动、传统节日、故事演讲、志愿服务、行为训练、礼仪小品表演等形式，构建了丰富多彩的高效、长效、系统的礼仪教育活动体系。

形成自我教育、管理、监督系统：我们成立了一支能力强的学生“文明礼仪监督队”，制定了各种岗位职责和值勤制度，让监督队在思想、仪容、早操、早读、卫生、纪律等方面，担负起“自我教育、自我管理、自我监督”的职能。

3. 营造礼仪文化“隐性浸润”氛围

学校努力提升校园礼仪宣传品位，提炼出“善雅礼”的德育理念，设立了礼仪教育宣传专栏，把学校大堂设计成“礼仪大堂”，把学校一块荒地改建成“棋雅苑”。要求各年级各班的黑板报、学习园地、室内布置等方面都体现礼仪内容。使学生一走进校园就受到环境的熏陶，融入校园礼仪氛围。

4. 探索了礼仪“行为评价”策略

通过两年多的实践，我们探索了多样化的评价模式。随机评价：通过“文明班”评比活动对学生的在校礼仪表现作出即时的、多角度的、发展性的评价和反馈；阶段性评价：每学期，学校开展“礼仪之星”评选活动，定期表彰奖励，树立典范；长期性评价：对学生的礼仪表现，进行天天评比，月月奖励，持之以恒，不断强化，学生便逐渐形成文明高雅的礼仪行为习惯；多层面评价：在校内积极开展自评、互评、老师评等多层面的综合评价。同时延伸校外，构建“学校、家庭、社会”三合一的监督评价网络，通过问卷、给家长的一封信等形式，提高礼仪教育评价的成效。

三、教育成效及社会反响

1. 本校教育效果显著

学生养成了良好的礼仪行为，文明素养得到提升，推动了学校的整体发展。95%以上学生懂得校园、家庭、社会等方面的礼仪知识，能在学校、家庭、社会有良好的礼仪表现，受到学校、家长及社会群众的肯定和赞扬，塑造了良好的社会形象。

学校的师生精神面貌得到了很大的改变，快速推动了学校整体发展。先后被评为大良的先进集体、德育先进单位、优秀大队部、区绿色学校、区体卫先进单位、区精神文明建设先进单位、区德育示范学校、市德育先进等光荣称号，学校的教学质量也连年上升。

2. 辐射周边地区和学校，形成学校教育特色

我校的礼仪教育得到了上级领导、专家、广大家长和社会各界的一致肯定和高度评价。2007年承办大良街道教育组的礼仪教育现场交流会；2011年学校区级礼仪课题获得了佛山市优秀科研成果一等奖；2011年被邀请参加在重庆云阳县举办的“全国首届礼仪教育高峰论坛”并做专题报告，我校肖丽华老师在此峰会上获礼仪课说课比赛特等奖。我校“十一五”课题《小学礼仪教育校本课程开发研究》2012年12月顺利结题，并获得广东省中小学教育创新成果二等奖；2013学年7月我校立项的广东省中小学德育科研课题《小学生文明礼仪教育实践研究》又取得丰硕研究成果，推出礼仪教育教师论文集、教案集、礼仪网站、学生礼仪作品集等，课题顺利结题并获得李季教授等专家的高度评价。2013学年，曾春销主任的《构建扎实高效的礼仪课堂》获得大良街道中小学德育论文评比一等奖和顺德区教师优秀德育论文一等奖；张少娥、曾科华老师的作品《礼仪之花开满园》荣获第十七届全国教育教学信息化大奖赛基础教育组学科主题社区一等奖（中央电化教育馆）；四（1）班李培明同学的作品《礼仪伴我成长》获大良街道电脑网页制作二等奖。

我校的礼仪教育，在社会各界产生了积极的影响，广东卫视、佛山电视、顺德电视台等多次报道；《南方日报》《佛山日报》和《珠江商报》等权威报纸多次宣传，《中国教育报》于2011年11月9日曾对我校的礼仪教育经验进行详细的报道。区内、省内不少学校组团到我校观摩学习，省内及浙江、内蒙古等省外多所兄弟学校使用我校的教材。近几年，我校每年都举行一次礼仪教育现场会，以满足络绎不绝的观摩要求。